HUGH JOHNSON

HUGH JOHNSONS
Weinwelt

Deutsch von Reinhard Ferstl

Inhalt

Vorwort
SEITE 7

Ausblicke
SEITE 9 — I

Perlend
SEITE 77 — II

Weiß
SEITE 109 — III

Rot
SEITE 185 — IV

Süß
SEITE 335 — V

Register und Bildnachweis
SEITE 375

Für Judy, Lucy, Red und Kitty,
die mich gewähren ließen.

Vorwort

ÜBER ETWAS ZU SCHREIBEN, dem der Geist der Vergänglichkeit innewohnt, hat einiges für sich – aus Sicht des Autors und vor allem natürlich aus der des Verlags. Wenn ein Thema obendrein alle zwölf Monate von Neuem ersteht, wie es in der Weinwelt mit jedem Jahrgang geschieht, dann bekommt es sogar einen ganz besonderen Reiz. Derlei Überlegungen waren mir allerdings fremd, als ich mich vor 40 Jahren hinsetzte, um mein erstes Weinbuch zu schreiben. Ich sah einfach nur eine Marktlücke und verfasste einen Führer durch die herrlich vielfältige Welt der Weine und den Reichtum an Genüssen, den sie uns schenken. Nie hätte ich mir auch nur träumen lassen, dass ein Atlas, eine Enzyklopädie und eine Fernsehserie folgen würden – oder gar, dass sich eine Gedächtnisstütze für den vergesslichen Weinliebhaber zu einem jährlich in einem Dutzend Sprachen erscheinenden Handbuch mausern würde. Doch ich ging den eingeschlagenen Weg weiter – und fand einen fesselnden, abwechslungsreichen, erfüllenden Beruf. Mehr kann man nicht erhoffen.

Dabei kamen auch zuhauf Erinnerungen und Notizen zusammen, die für mich viel mehr sind als nur Bemühungen, auf dem Laufenden zu bleiben.

Proust hatte seine Madeleines, und ich habe meinen Bordeaux. Und meinen Burgunder und Champagner und Moselwein und Chianti und Coonawarra. Jede Flasche und jedes Glas knüpft eine Verbindung zu Flaschen und Gläsern, die vorausgingen. Sie rufen Erinnerungen wach, wecken Vorfreude und beflügeln die Fantasie. Besonders teuer sind mir jene Weine, die nicht nur meinen Gaumen ansprechen. Manche haben einfach mehr zu sagen als andere. Wenn man ihnen zuhört, ihnen nachspürt und ihre Geschichten mit denen anderer verknüpft, begibt man sich auf einen Weg, dessen Ende nicht in Sicht ist. Höchste Zeit, dass ich mich aufmache.

Wein ist zuallererst ein soziales Spiel und erst in zweiter Linie eine Liebhaberei wie die Musik oder das Sammeln. In seinem Mittelpunkt stehen Beziehungen, Gastfreundschaft, Nähe, Rituale ... alles, was menschliches Miteinander eben ausmacht. Und das immer unter dem – allerdings milden und wohltuenden – Einfluss von Alkohol. Also lege ich hiermit meine mit dem Korkenzieher verfassten Memoiren vor: ein Buch aus geschmacklichen Vorlieben und Ansichten, einigen Behauptungen, ein paar Folgerungen – und keiner einzigen Weinliste. Sie, liebe Leser, hegen Ihre eigenen Vorlieben und Ansichten, haben so viel Informationen zur Hand, wie Sie brauchen (und das Internet als zusätzlichen Wissensquell), und sind entschlossen, Ihr Verständnis zu vertiefen. So male ich Sie mir zumindest aus. Wir sitzen also im selben Boot, Sie und ich. Ich verrate Ihnen, was ich bisher begriffen habe. Manches mag Ihnen vertraut sein – mein Geschmack hat sich mit zunehmendem Alter und wachsender Erfahrung nicht groß verändert. Auch habe ich einige wenige Passagen aus früheren Artikeln und Büchern wiederholt, wenn sie mir nützlich erschienen. Und für die Abbildungen habe ich – mit mehr oder weniger glücklicher Hand – Familienalben geplündert.

Nach 40, nein, fast schon 50 Jahren, in denen ich Weine und Ansichten über Weine mit anderen ausgetauscht habe, stehe ich bei unzähligen Menschen in der Schuld – manchmal wegen ihres Weins, manchmal auch wegen ihrer Ansichten, aber immer wegen ihrer Freundschaftlichkeit. Damit diese Seiten nicht zu einer Auflistung von Gewächsen, Ereignissen und Begleitern werden, habe ich nur wenige erwähnt. Ich danke ihnen für ihre – bewusste oder unbewusste – Mitwirkung, ebenso aber den vielen hundert, ja, tausend Weinliebhabern, Weinbauern, Weinhändlern, Weinautoren und all den anderen, die mich über die Jahre »geformt« haben. Nie war dieses Formen formell; immer blieb reichlich Raum, in dem unorthodoxe und exzentrische Ideen auf fruchtbaren Boden fallen konnten. Gerade in Geschmacksfragen ist Konformität schnell fehl am Platz. *Tante teste, tante idee*, wie der Römer sagt. Oder, um es mit Rabelais zu halten, *fay ce que vouldras*. Ihre Meinung zählt, nicht meine.

Dank

Ich danke Michael Dover von Weidenfeld & Nicolson, weil er mich darin bestärkt hat, nach langer Zeit wieder einmal ein Buch zu schreiben, das kein Nachschlagewerk ist; Ken Wilson, der meine Bilder in sein Design integriert und das Beste aus diesem bunten Allerlei gemacht hat; all meinen Ansprechpartnern bei Weidenfeld und vielen Kollegen und Freunden, vor allem jenen, die meinem Gedächtnis auf die Sprünge geholfen oder selbst Bilder beigesteuert haben. Insbesondere danke ich auch Diane Pengelly, die bei meiner *Weingeschichte* zum ersten Mal die Redaktion übernahm und einem Autor so einfühlsam und hilfsbereit über seine Schwächen hinweghilft, wie man es sich nur wünschen kann. Es kommt selten vor, dass man nach Fertigstellung eines Buches sagen kann: Es war mir ein Vergnügen.

I Ausblicke

Meine Weinwelt

JEDER HAT EINE FRAGE, die ihm am häufigsten gestellt wird. Ich habe zwei. Die erste: »Wie sind Sie eigentlich zum Wein gekommen?« (Oft schickt man ihr gleich noch hinterher: »Kann ich mir die Weinwelt in meinem Alter überhaupt noch erschließen?«) Und die zweite: »Welches ist Ihr Lieblingswein?« Auf die zweite Frage komme ich noch zurück. Die Antwort darauf ist lang und uneindeutig; vielleicht bleibt sie bis zum Schluss offen.

Die erste lässt sich dagegen unschwer beantworten. Rückblickend erscheint es mir fast wie eine Offenbarung. Ich saß eines späten Abends in meiner Studentenbude in Cambridge und hatte mich, was selten genug vorkam, tief in meine Bücher und Aufzeichnungen vergraben. Mein Zimmergenosse war zu einem Empfang mit vielen Weinen gegangen. Plötzlich ging die Tür auf und er stand im Smoking und mit leicht gerötetem Gesicht vor mir. In der Hand hielt er zwei Gläser Rotwein, die er mir mit einem »probier mal« reichte.

»Was für Weine sind das?«, fragte ich ihn.

»Probier einfach. Was hältst du davon?«

»Ganz nett«, antwortete ich, »aber der hier scheint mehr Geschmack zu haben.«

»Genau. Dabei stammen sie aus derselben Lage und demselben Jahr. Die Trauben sind nur auf verschiedenen Seiten der Straße gereift.« Dann begann er mir einen Vortrag über Burgund und Vosne-Romanée und Grands crus und Premiers crus zu halten, den ich angesichts der späten Stunde für etwas deplatziert hielt. Schließlich marschierte er zu Bett und ich wieder zu meinem Schreibtisch. Doch die Saat war gesät. Als er das nächste Mal zu einem Essen ging, war ich mit dabei. Ich stattete dem Land des Weins meinen ersten Besuch ab.

Neugier war es, die meine Aufmerksamkeit zum ersten Mal auf Wein lenkte. Und diese Neugier treibt mich immer noch, wenn ich ungeduldig erfahren will, was unter einem jeden Korken schlummert. Natürlich bleiben Enttäuschungen nicht aus, doch lernt man mit der Zeit, aussichtsreiche Kandidaten aus der Heerschar der Bewerber herauszupicken. Jeder von ihnen macht das Thema mit unendlich vielen Variablen nur noch faszinierender.

Wie viel überschaubarer wäre eine Welt, in der Wein eine Ware wie Milch wäre. Doch ist das Rebenprodukt ungleich komplexer. Man denke sich nur ein Glas mit einer fast papierweißen, von einem Hauch grünlichen Goldes durchwirkten Flüssigkeit, die einen Anflug von Säure auf der Zunge erkennen lässt und erfüllt ist von Wildblumendüften und einer Frische wie Frühlingswasser. Das ist Wein. Oder man stelle sich eine Flüssigkeit wie Umbra vor, die sirupzäh im Glas liegt, fett wie Butter riecht und unergründlich viele eigenartige Geschmacksnoten birgt. Auch das ist Wein. Und parfümduftiges Rubinrot, adstringierendes Granatrot, erdbeerfruchtiges Karneolrot, nussiges, honigsüßes Altgold oder Purpurrot mit Brombeer- und Rumnoten ebenso.

UNTEN
Einen ersten Eindruck von Frankreich bekam ich Anfang der 1950er-Jahre, als ich mit Schulfreunden die Bretagne besuchte. Der mit der weißen Mütze bin ich.

GANZ UNTEN
So früh dem Wein verfallen? Diese Landschaft mit Reben malte ich im zarten Alter von acht Jahren. Der Teich ist mittlerweile ausgehoben, der Park bepflanzt.

»Wein ist einfacher, als man sagt, und komplexer, als man denkt.« Dieses Bonmot des französischen Weinphilosophen Pierre Boisset bringt uns ins Grübeln. Vielleicht meinte Boisset: Jeder Narr kann behaupten, ein Thema sei komplex, so wie auch jeder vorgeben kann, es sei einfach. Wie viel aber muss man verstehen, um die Dinge in ihrem Wesen zu begreifen?

Die meisten Menschen vertiefen sich entweder zu sehr oder zu wenig in das Thema Wein, möchte ich Boissets Denkspruch nicht minder rätselhaft hinzufügen. Wein ist eine Passion, der man sich mit ganzem Herzen oder gar nicht hingibt. Manche machen sich einen Sport daraus, das Verhältnis von Sauvignon zu Sémillon in einem Weinberg von Sauternes zu kennen oder über den wechselhaften Lebenslauf eines gerade populären Winzers Bescheid zu wissen. Sie haben die Klassifizierung von Bordeaux und natürlich auch jeden deklarierten Jahrgang jedes einzelnen Portweinhauses parat. Andere tun jede Andeutung echter Wertschätzung, jedes kurze Innehalten, um

sich mit einem Wein zu befassen, seinen Duft einzuatmen oder darüber nachzudenken, was er im Mund bewirkt, geschweige denn den Versuch, ihn zu beschreiben, als nicht nachvollziehbare Wichtigtuerei ab. »Ich weiß nichts über
Wein, aber ich weiß, was mir schmeckt«, ist ihr Motto. Das Wort »Wein« kann
man übrigens auch ersetzen durch Kunst, Musik, Gärten …

Was also muss der vernünftige, nicht zu Extremen neigende Weinfreund wissen? Dass Wein vieles ist. Um ihn zu schätzen, braucht man kein Lexikon zu ver-
schlingen, doch zuwenden muss man sich ihm schon. Ein gutes Gedächtnis
kann zwar hilfreich sein, unerlässlich aber ist es, die Aufmerksamkeit auf das zu
richten, was man trinkt. Und wenn dann aus dem Getränk ein Genuss wird, wer
wollte sich darüber beklagen?

Ich stehe vor den Treppen, die zu meinem Keller hinunterführen. Ein kaum
merklicher Duft begrüßt mich – mehr eine Atmosphäre als ein Geruch, feucht,
lebendig, alt. Keine sonderlich einladende Beschreibung, gewiss, doch ist eine
Ansammlung von Flaschen, die zum Teil seit Jahrzehnten Seite an Seite liegen,
zu präsent, als dass sie keinerlei Signale entsenden würde.

Dort unten ruht eine Bibliothek, ein Archiv verschiedener Aufnahmen von
ein und derselben Szene. Sie beginnt mit Reben, die ihre Wurzeln in die Böden
von tausend verschiedenen Feldern schicken. Sie nähren ihren Stock mit dem,
was sie im Erdreich aufspüren, sei es felsig oder sandig, nass oder trocken,
mager oder so fruchtbar, dass man darauf Kürbisse züchten könnte. Und sie
schließt mit der Luft, die aus dem Glas steigt, durch Nase und Mund strömt und
im Gehirn eine Reaktion hervorruft. Anfangs- und Schlusssequenz dieser Szene
sind eng und unauflöslich miteinander verbunden – über eine Kette von Ereignissen, deren Verlauf unzählige Wendungen nehmen kann. Auf einer Nano-
Ebene unendlicher Vielfalt hinterlässt alles seine Spuren. Wie der Flügelschlag
eines Schmetterlings im Regenwald weltbewegende Ereignisse in Gang zu setzen vermag, so kann ein vorbeiziehender Regenschauer oder eine Pilzspore den
Ausschlag dafür geben, dass Sie eine weitere Flasche bestellen – oder auch nicht.
Aber noch viel größeres Gewicht haben natürlich all die Entscheidungen der
Weinbauern, Kellertechniker, Chemiker, Anwälte, Bankleute – mithin der
Armee von Entscheidungsträgern, die die Weinwerdung beeinflussen.

Es werden großzügige und kleinliche Entscheidungen getroffen, intelligente
und dumme, gute und schlechte. Zusammengenommen ergeben sie nicht nur
eine Flasche oder einen Jahrgang, sondern eine Identität und eine Reputation.
Die Unterschiede zwischen Weinen sind in den Genen festgelegt; Rebstock und
Rebberg geben das Erbgut von Generation zu Generation weiter. Doch vieles ist
auch erworben: wann der Stock geschnitten wird, wie die Trauben reifen, zu
welchem Zeitpunkt die Lese stattfindet, wie der Wein vergoren und ausgebaut,
abgefüllt und gelagert wird. Wein hat ein Gedächtnis. Er erinnert sich an den
steinigen Untergrund, in den die Wurzeln tief eindringen mussten, an die Steinmauer, die dem Rebstock Schutz gewährte, an den Frost im Mai, der die Hälfte

der Triebe erfrieren ließ und damit den zu erwartenden Ertrag dezimierte, an die Sonne, die sich morgens über die Rebzeilen erhob und sie abends zum Leuchten brachte, an die plötzlichen kalten Schauer. Als im September ein Tief vom Atlantik heranzog und die dunklen Fichten auf den Anhöhen durchnässte, gingen die Familien, die sich auf lange Tage im Weinberg gefasst gemacht hatten, zurück in ihre Häuser und warteten. Drei Tage lang prasselte der Regen auf die Stöcke, bis sich Pfützen unter ihnen bildeten. Nachdem der Himmel sich aufgehellt hatte, wartete man noch einen warmen Tag lang, dann nahm man die Körbe wieder auf und schnitt vom Morgengrauen bis zum Sonnenuntergang die Trauben von den Reben. An all das erinnert sich der Wein. Seine süße, marmeladige Geschmackskonzentration erzählt von den trockenen Tagen im August, während er durch einen Anflug von Schwäche beim Schlucken die Regengüsse vor der Lese preisgibt.

Im einfachsten Fall reduziert sich die Identität eines Weins auf seine Farbe Rot oder Weiß. Das andere Extrem sind Gewächse, bei denen sich Fässer desselben Jahrgangs aus demselben Keller unterscheiden – und Jahre später schließlich sogar Flaschen aus ein und demselben Fass.

Es gibt keine großen Weine, nur große Flaschen, heißt es im Weinhandel. Die Einheit, die genossen und beurteilt wird, ist letztendlich die Flasche. Stimmt mit ihr etwas nicht, hat sie ihren Daseinszweck verfehlt – ganz gleich, wie hoch ihr Preis ist und worin das Problem liegt. Dieses Risiko ist stets vorhanden, denn Wein ist etwas Lebendiges, und alles Lebendige verändert sich, bis es stirbt.

Wein im Wandel

Rascher, radikaler Wandel ist der Weinwelt nicht fremd, dennoch empfindet sie jede Neuerung als Umweg – und die der jüngsten Zeit gar als Irrweg. Wein spricht heute eine neue Sprache. Sie ist oft lebendiger und überzeugender als das alte Idiom, das voller Klischees und nahezu bedeutungsloser Wiederholungen war. Es gibt keinen Grund, warum sich neue Generationen von Weintrinkern immer wieder dieselben Geschichten anhören sollten. Die Erfahrungen aus dem Bau von Kutschen waren für die ersten Automobile von unschätzbarer Bedeutung, haben jedoch nur noch wenig Einfluss auf die Fahrzeuge des Elektronik-Zeitalters und so gut wie keinen mehr auf die Luftfahrt. Gilt das auch für Wein?

Freilich, es handelt sich nach wie vor um ein berauschendes Getränk. Und man kann es nur durch Vergärung von Trauben herstellen. Das sind die beiden Konstanten. Die besten Rebsorten wurden vor langer Zeit entdeckt und auf die bestgeführten Weingärten abgestimmt. Jahrhundertelange Beharrlichkeit brachte in Erfahrung, welche Bereitungstechnik in welchem Weinkeller die optimale war. Die erfolgreichsten Gewächse bekamen exakte Profile, wurden idealisiert und imitiert. Definiert aber wurden diese Modellweine von Beschränkungen, natürlichen wie menschgemachten – von mangelnder Fruchtbarkeit und Reife, von Unwissenheit, Krankheiten, den Unbilden des Wetters, vom Markt, von rechtlichen Hemmnissen, gesellschaftlichen Normen, Geldknappheit.

14 / AUSBLICKE

Was ist Fortschritt anderes als die Überwindung von Beschränkungen? Warum soll eine neue Welt Regeln und Zwänge akzeptieren, die ihr gar nicht eigen sind? Wärmeres Wetter (oder auch die globale Klimaerwärmung) sorgt für reifere, Bewässerung für mehr Trauben. Der Geschmack verändert sich dadurch zwar – aber das gilt auch für Menschen, Umstände, Lebensweisen und Nahrungsmittel. Wäre es nicht absurd, einem Idealbild anzuhängen, dessen Voraussetzungen obsolet geworden sind? Sicher, man kann es bewundern wegen seiner Eleganz und Langlebigkeit, seiner Fähigkeit, auch dann noch Aufmerksamkeit zu erregen, wenn sich Zeitgemäßeres anbietet. Aber sprach Chippendale das letzte Wort über Stühle?

Auch ich bin ein Chippendale. Ich lebe in einem Haus, das im 16. Jahrhundert (vermutlich aus noch älteren Baumaterialien) errichtet und im 17. Jahrhundert verändert wurde, wenn auch nur unwesentlich. Die Außenmauern bestehen aus Ziegeln, das Fachwerk aus Eiche, der Boden aus Eiche oder Stein. Das Mobiliar gibt vor, aus derselben Zeit zu stammen oder zumindest im selben Geist gefertigt worden zu sein. Unsere Stühle stehen um einen Walnusstisch und sind im beruhigenden ländlichen Barockstil gehalten, den Chippendale erkannt, vielleicht sogar gewählt hätte. Ästhetisch gesehen lebe ich in einer Welt, die vom englischen Landadel des 17. Jahrhunderts geformt und im 18. und 19. Jahrhundert nur hie und da von den damaligen Hausbesitzern verändert wurde. Sie scheinen mit diesem gemütlichen, vielleicht ein bisschen überladenen Heim zufrieden gewesen zu sein.

Der Maler Paul Hogarth illustrierte einmal meinen Kleinen Johnson. *Seine Ansicht von Saling Hall war ein Überraschungsgeschenk und entstand 1984. Die »holländischen« Giebel wurden dem elisabethanischen Gebäude 1699 hinzugefügt.*

Unter den Flügeln zu beiden Seiten des Hauptgebäudes befinden sich zwei Keller. Warum zwei? Einer besteht nur aus einem einzigen Raum und enthält aus Backstein gemauerte Weingefächer. Man gelangt auf einer Ziegeltreppe unter der Haupttreppe dorthin. Der Keller unter dem Ostflügel setzt sich aus drei großen Räumen zusammen. Hier müssen sich zu Tudorzeiten die Küche und die Wäscherei befunden haben. Man lagerte darin vielleicht Frischwaren und Wildbret und aller Wahrscheinlichkeit nach auch Apfelwein, der im Gegensatz zum ganzjährig gebrauten Bier nicht ständig erzeugt werden konnte. Genau lässt sich das nicht mehr klären.

Fest steht der Verwendungszweck eines zusätzlichen, kleineren Kellerraums unter dem Hauptgebäude: Er diente als Weinkeller. Als einziger Gebäudeteil entstand er im 18. Jahrhundert. Sein Boden ist aus Ziegeln gelegt. Auf einer Seite sind sechs, auf der anderen vier Backsteingefächer gemauert. Nach außen wird dieser Bereich von den großen Kellern abgeschirmt. Allem Anschein nach wurde er nicht mehr verändert, seit sein Inhalt im Bestandsverzeichnis des Hauses aufgelistet wurde: »1769, Inhalt des Kellers auf Saling Hall im Besitz von Mr Raymond: 20 Flaschen Port, 17 Flaschen Wein aus Lissabon und 1 Pint Surfet-Wasser.« Ob Surfet das Perrier von damals war?

Wonach ich wohl suche? Im frühen 18. Jahrhundert wurde unter dem Haus ein kleiner Weinkeller gegraben.

Auf den aktuellen Inhalt meines Kellers werde ich noch zu sprechen kommen. Zunächst einmal möchte ich – und sei es allein um meinetwillen – die große Rolle rechtfertigen, die Wein in meinem Leben spielt, seit ich vor fast 50 Jahren auf ihn stieß. Warum ziehe ich nach wie vor mit Eifer und voller Neugier Korken, warum geht mir immer noch das Herz auf, wenn ich den ersten Schluck nehme, ihn im Mund hin und her rolle und Luft einsauge, um seinen Charakter zu ergründen? Welche Prüfung erlege ich ihm auf? Was erwarte ich von ihm? Auf jeden Fall mehr, als dass er meinen Durst löscht. Oder mich ins Land des Vergessens befördert. Und damit bin ich auch schon geradewegs beim größten Schönheitsfehler dieses großartigen Begleiters angelangt. Wenn man zu viel – oder auch nur genug – trinkt, bekommt man weiche Knie und trübe Gedanken. Man kann vielleicht noch gehen, aber sicher nicht mehr fahren.

Schon paradox: Wein ohne Alkohol gibt es nicht. Ohne die Vergärung der Frucht, die aus ihm eine Droge macht, fehlen ihm sämtliche Eigenschaften, die der Weintrinker schätzt. Der Geruch, der Geschmack, die Textur, der Genuss bei jedem Schluck, die komplexe Reaktion des eigenen Körpers – von Traubensaft ist nichts dergleichen zu erwarten. Wie viel Alkohol Wein braucht, warum manche Weine mit wenig Alkohol völlig zufriedenstellend ausfallen, andere dagegen ohne eine massive Dosis mager und fade wirken, davon später mehr.

Was erwarte ich also vom Wein? Ich will keinen K.o.-Tropfen, aber mehr als ein Glas Wasser. Es gibt eine Eigenschaft, die das einfachste Erzeugnis ebenso aufweisen muss wie das kostbarste Gewächs. Man mag sie Ausgewogenheit oder Harmonie nennen, ich empfinde sie als Energie. Sie macht aus Wein so etwas wie einen lebenden Organismus, der in Interaktion mit meiner Zunge und meinem Gaumen tritt. Gute Vertreter der Spezies offenbaren ungenutzte Energiereserven, zumindest dem Verkoster, der unter die Oberfläche blickt, um ihre Entwicklung abzuschätzen. Großer Wein ist in seiner Jugend eine noch nicht explodierte Bombe.

Wie teilt sich diese Energie dem Gehirn mit? Sie scheint aus gegensätzlichen Eigenschaften zu bestehen. Beispielsweise Süße und Schärfe. Als Anschauungsobjekt dafür bietet sich ein Riesling von der Mosel förmlich an. Er ist außerordentlich klar und durchsichtig; kein Körper, kein ausladender Geschmack und nur wenig alkoholische Wärme – alles reduziert sich auf den scheinbar einfachen Kontrast zwischen süß und sauer. Wenn aus diesem Gegensatz Harmonie wird, hat der Wein zu sich gefunden. Das ist allerdings alles andere als einfach, wie eine Gegenüberstellung ähnlicher Erzeugnisse veranschaulicht. Ihr Zucker- und Säuregehalt pro Liter mögen nahezu identisch sein, doch vergleicht man ihre Energie und die Empfindungen, die sie im Mund hervorrufen, dann liegen dazwischen Welten.

Es gibt eine Schule, die Kraft über alles stellt. Ihr Credo lautet: je intensiver der Geschmack, desto besser der Wein. »Intensität punktet«, meint ein kalifornischer Weinkritiker. (Auf die Punkte komme ich später zurück. Mit ihnen ist eine numerische Bewertung gemeint, die sich auf vergleichende Verkostungen stützt.) Auch professionelle Degustatoren tappen leicht in diese Falle. Wenn man ein Defilee von rund 50 ähnlichen Weinen vor sich hat, die es zu bewerten gilt, dann sticht die Intensität als Charakterzug am ehesten hervor. Der Gaumen ist ein empfindliches Organ – oder sollte es zumindest sein. Wenn man ihn immer wieder mit Alkohol, Säure und Tannin traktiert, bleiben die feineren Töne unbemerkt. Tannin, das darf man nicht vergessen, ist der Stoff, der aus Haut Leder macht; Säure zwingt das Empfindungsvermögen in die Defensive, und Alkohol betäubt nicht nur die Nervenenden, sondern das ganze Nervensystem.

Vielleicht hätte ich als Erstes die Frage aufwerfen sollen, wozu Wein eigentlich da ist – darüber herrscht möglicherweise gar nicht so viel Einigkeit, wie man denkt. Ich beispielsweise trinke ihn nur selten, ohne etwas dazu zu essen – und wenn, dann handelt es sich fast immer um Weißen. Wein ist für mich im Wesentlichen ein Begleiter von Mahlzeiten, doch die Generation meiner Kinder sieht das ganz anders. Ich schätze ihre Fähigkeit, Wein ohne feste Materie zu sich zu nehmen. Dass sie da einen Tropfen brauchen, der selbst etwas fester schmeckt, wundert mich nicht.

Wie man Wein gegenübersteht, hängt davon ab, ob man ihn in erster Linie als Getränk oder als Freizeitvergnügen sieht. Als Getränk soll er erfrischend, wohlschmeckend und nicht zu aufdringlich sein. Obendrein soll er weder die Speisen noch die Gedanken zu sehr beeinträchtigen. Wie oft aber nimmt man einen Schluck? Manche Menschen greifen sehr selten zum Weinglas; sie nehmen zwischen dem ersten Schluck und dem Wegräumen der Teller keine Notiz mehr davon. Andere, und zu diesen zähle ich auch mich, frischen den Kontakt immer wieder auf; sie berühren das Glas, betrachten die Farbe des Weins, schicken jedem Bissen ein paar Tropfen – selten einen kräftigen Schluck – hinterher und sinnieren darüber. Man mag es Verkoster-Tick nennen oder die automatisierte Reaktion von jemandem, der an zu vielen Degustationen teilgenommen hat.

Bei Tisch nutze ich Wein als eine Art Sauce oder Schmierstoff für mein Essen. Ein Bissen, ein Schluck, das Essen und der Wein gemeinsam in meinem Mund – die Geschmäcker vermählen sich, als hätte der Wein Eingang in den Kochtopf gefunden. Das funktioniert aber nur, wenn beide dieselbe oder fast dieselbe Intensität haben. Ist das Gericht wesentlich schmackhafter, sehr würzig, scharf oder sauer, wird der Wein zur bloßen Flüssigkeit, die den Weg frei macht für das, was noch kommt. Falls er hingegen geschmacksintensiver, fruchtiger bzw. süßer ist als das Essen oder den Gaumen mit einer gehörigen Ladung Tannin attackiert, dann war die Mühe des Kochs vergebens. Was bleibt, ist Konsistenz – und selbst die verblasst gegenüber einem Kraftprotz noch.

Mich überrascht allerdings die Gleichgültigkeit, die nach einem oder zwei Glas Wein dem Essen entgegengebracht wird. Wenn ich mich beim Degustieren auf Gerüche und Geschmackseindrücke konzentriere, sie zu analysieren und meine Gedanken auf Papier zu bringen versuche, kann ich den Appetit stundenlang verdrängen, wenn auch gelegentlich nur mit Mühe. Sobald ich aber etwas Wein hinunterschlucke, ist es mit der Beherrschung vorbei, und mein Magen gibt mir unmissverständlich zu verstehen: »Danke. Jetzt bin ich in Stimmung. Sollen wir einen Blick auf die Speisekarte werfen?«

————————————

Wenn Sie an ein abendliches Glas Wein denken, was geht Ihnen als Erstes durch den Kopf? Wägen Sie ab, ob Sie statt Weißen nicht besser Roten wählen sollten, weil Sie dadurch das Risiko eines Herzinfarkts minimal senken? Ich auch nicht.

Woran also denke ich? Zunächst einmal an meine Mittrinker. Dann an das in Aussicht stehende Essen. An die Weine, die ich probieren möchte – oder muss. An meinen Kontostand. Am vehementesten indes drängt sich mit dem nahenden Abend die Vorfreude in meine Gedanken. Es ist, so seltsam es auch klingt, ein ganz konkretes Verlangen.

Ich denke an Süße, lebhafte Frucht, fest gewirkte Tannine, reinigende Säure oder inspirierende Bläschen. An Rebsorten, Regionen, Länder, Lagen, Erzeuger, Jahrgänge. Mein Unterbewusstsein enthält neben einer Speisekarte eine Liste von Geschmacksnoten. Das wird bei Ihnen nicht andes sein: Lamm, Obst, ein Ei, Lachs, ein Schinkenbrot, all das ist in Ihrem geistigen Menü gespeichert. Eine dieser Erinnerungen drängt sich in den Vordergrund und wird zum Verlangen.

Natürlich spielen auch praktische Überlegungen eine Rolle. Wo befinde ich mich? Je nachdem, ob ich in einem Restaurant, einem Ferienhaus, einer Berghütte oder einer Stadtwohnung bin, kommen mir unterschiedliche Flaschen in den Sinn. Es gibt Weine für Konferenzräume und für Südseeinseln. Und in Erzeugerländern wäre es töricht, nicht das zu trinken oder zumindest zu probieren, was vor unseren Augen produziert wird.

Wofür ist der Wein gedacht? Habe ich spontan beschlossen, mir heute ein Glas zu füllen, oder brauche ich ihn für einen besonderen Anlass? Will ich ihn zum Mittagessen, zum Abendessen oder zum Picknick trinken? Ist Sommer oder Winter? Stehen Kristallgläser oder nur Plastikbecher zur Verfügung? Kurzum: Was ist der Anlass, und welche Erwartungen werden an ihn gestellt? Übertriff sie nur geringfügig, und jeder wird lächeln.

Zurück zur Frage »mit wem«? Ich habe liebe Freunde und nahe Verwandte, die ich in Sachen Wein als Säue einstufe. Die Perlen hebe ich mir für jemand anderen auf. Oft genug habe ich diesen Barbaren ein Gewächs eingegossen, das mir besonders gefiel und von dem ich hoffte, dass es auch ihnen zusagte. Ich habe versucht, sie mit einem »Was haltet ihr von diesem Wein?« auf den rechten Weg zu bringen. Man sieht schnell, ob Interesse aufflackert – und gleich darauf, ob es reine Höflichkeit ist. Ich bin unendlich dankbar, wenn eine meiner Säue an der Perle schnüffelt und mit einer Frage auf den Lippen aufsieht. Das zweite Glas folgt auf dem Fuß – aber dann muss ich mein Mitteilungsbedürfnis schon unterdrücken. Voltaire scherte sich dem Vernehmen nach nie um solche Bedürfnisse. In seinem Exil bei Genf goss er seinen Besuchern Beaujolais ein, während er Volnay trank.

Kennen Sie die Geschichte von den zwei australischen Wermutbrüdern, die sich im Schatten eines Baums zum Plausch zu treffen pflegten – es muss in der Nähe von Jacob's Creek gewesen sein. Eines Tages erschien der eine, Barry, mit einer Flasche Wein. Er nahm einen langen Schluck, wischte sich den Mund am Ärmel ab und reichte die Flasche seinem Kumpan Kevin, der es ihm gleichtat. »Wie findest du ihn?«, fragte Barry.

»Grad richtig«, antwortete Kevin.

»Was heißt ›grad richtig‹?«

»Na, wenn er besser wäre, würdest du mir nichts abgeben, und wenn er schlechter wäre, hätte ich nichts getrunken.« So einfach kann die Kunst der Weinwahl sein.

Mit dem richtigen Gesprächspartner kann schon ein einziges Gewächs reichlich Konversationsstoff bieten. Wein ist eine Erfahrung, die man teilt oder gern teilen möchte. Ich befürchte, manche von uns tauschen sich sogar über den Geschmack von Provenienzen aus, denen sie nie begegnet sind – oder über Erzeugnisse, die noch nicht einmal bereitet wurden. Das Gespräch ist das Ziel.

Als vor langer Zeit noch nicht so viele Flaschen im Hause Johnson herumstanden und überhaupt weniger Etiketten in der Welt des Weins darauf warteten, bewertet zu werden, gab es bei uns im Kühlschrank des Öfteren eine Flasche mit Resten. Man stelle sich vor: Wir gossen tatsächlich das, was von einem Gewächs übrig geblieben war, in eine andere nur teilweise geleerte Flasche und gaben manchmal sogar noch ein drittes Erzeugnis dazu, das wir gemocht, aber nicht ganz geschafft hatten, schüttelten das Gebräu sanft und hoben es für den nächsten Tag auf. Ich kann mich allerdings nicht entsinnen, dass wir je Rot und Weiß gemischt hätten. Es gibt schließlich Grenzen. Aber an unangenehme Nebenwirkungen unserer Kompositionen erinnere ich mich auch nicht. Wir wollten einfach nur darauf vorbereitet sein, ein Glas Wein in seiner Eigenschaft als einfaches Getränk – gleich einem Glas Wasser – zu trinken oder Freunden anzubieten.

Das beiläufige Mischen verschiedener Weine scheint aus einer anderen Zeit zu stammen. Wir haben gelernt, dass jede Flasche eine kostbare Identität hat, die es zu erhalten gilt. Man kann sie kritisieren, ja, sogar wegschütten, aber ihre einmalige Wesensart zu besudeln ist ein Sakrileg. Höchstens ein Weinbesserwisser würde vielleicht noch ein Quäntchen Cabernet in einen Shiraz kippen, um seine meisterhaften Verschneidekünste zu demonstrieren.

Warum trauen wir uns eigentlich nicht, unsere eigenen Cuvées zu kreieren? Haben wir uns nur von einer geballten Ladung Weinwerbung beeindrucken lassen oder fasziniert uns an einem Eden Valley wirklich etwas, das ein Clare nicht hat? Bietet uns ein Russian River, was einem Alexander Valley fehlt? Es gibt viele Antworten auf diese Fragen – genug, um Bücher zu füllen.

Ich wäre nicht so ehrerbietig. Die meisten preiswerten Weine sind genauso Industrieprodukte wie das Gros der Biere. Niemand wird in seinem Stolz verletzt, wenn man ein bisschen verschneidet. Existieren Tabus, hat jemand ein Interesse daran, dass sie nicht gebrochen werden – und dieser Jemand sind nicht Sie.

Preis und Wert

Wer sich mit Trinken seinen Lebensunterhalt verdient, verliert leicht den Blick für das finanzielle Maß. Für sich zu entscheiden, ob der exorbitante Preis für einen Kultwein angemessen ist (wahrscheinlich nicht), oder welche von zwei Etiketten das Rennen macht, ist eine Sache; von alltäglichen Zwängen vorgegebene Prioritäten setzen zu müssen, eine andere. Die Hausfrau fragt: »Ist der Preis für diese Flasche, die so viel wie ein Hähnchen kostet, angemessen?« Wer aber auf dem Markt zum besten und frischesten Hähnchen greift, wird beim Wein ebenso entscheiden. Er will echten Genuss und keinen Ersatz. Der französische Food-Journalist Curnonsky brachte es auf den Punkt: Essen soll nach dem schmecken, aus dem es gemacht ist. Beim Wein ist das nicht anders.

Stellen wir uns zwei Flaschen Wein vor. Die eine, ein Chianti Classico, soll das frei laufende Geflügel auf dem Weg in Ihren Magen begleiten. Sie stammt von einem passablen, wenn auch nicht gerade allzu ehrgeizigen toskanischen Erzeuger und kostet zufällig genauso viel wie das Geflügel. Der Freund, den Sie zum Essen eingeladen haben, bringt eine Flasche mit, zufällig ebenfalls eine toskanische Kreszenz – aber ein Geburtstagsgeschenk. Natürlich muss sie etwas Besonderes sein. Für ihren Preis hätte man fünf Hähnchen und obendrein eine Flasche Olivenöl bekommen. Sie öffnen beide Flaschen, freuen sich über die Form (sehr hoch), die Farbe (tintenschwarz) und insbesondere das Gewicht der teuren. Sie wiegt leer so viel wie die andere voll. Sie gießen von jedem Gewächs ein Glas ein.

Der Bratenduft des Hähnchens erfüllt den Raum; es war eine gute Idee, ihm ein Rosmarinzweiglein beizufügen. Sie nippen vom Chianti. Er passt so perfekt zum Geflügel wie dessen eigener Bratensaft, würzt das Fleisch zurückhaltend mit fruchtiger Säure, einem sanften Feuer und einem Anflug von Rauheit beim Hinunterschlucken. Es läuft Ihnen das Wasser im Mund zusammen. Sie lassen sich ein Stück vom Schenkel schmecken und greifen zum zweiten Glas. Aber hallo, welche Farbe! Der Chianti war granatrot – das hier ist blutrotes Rubin. Und erst die Nase! Eine geballte Ladung süßer Beeren mit einem deutlichen Anflug von Kaffee. Sie nehmen einen Schluck. Sie vergessen das Hähnchen. Das hat die Kraft eines Ferrari, die Eleganz eines Gucci-Schuhs. Aber was machen Sie damit? Was um alles in der Welt sollen Sie dazu essen? Angesichts des Preises muss die Antwort wohl lauten: gar nichts. Sie sollen nur trinken und sich wundern.

Wenn Geld keine Rolle spielt, hält einen Mann nichts mehr. Mehr, größer, lauter, schneller sind dann keine Wünsche mehr, sondern Befehle. Sobald man jedoch jedes Huhn nur noch mit Trüffeln genießen zu können glaubt, hat man sich um 99 Prozent aller Tafelfreuden gebracht. Und sobald man seinen Wein nur noch aus übergewichtigen Flaschen trinkt, hat man einem Großteil der Weinwelt den Rücken gekehrt.

Würde ich auch fünf Hähnchen und eine Flasche Olivenöl für einen Wein geben? Aber klar doch. Sogar hundert Hühner, wenn es sein müsste. Und für welchen? Zum Beispiel eine alte Eminenz, über die ich viel gehört, deren Biographie ich gelesen habe, die die Eigenheiten einer bestimmten Zeit und Lage virtuos zum Ausdruck bringt. Ich lege mich bewusst auf einen alten Wein fest, denn teure Tropfen sind nicht oder nur sehr selten gemacht, um jung getrunken zu werden. Die kostspieligen Elemente bleiben zunächst hinter Unmengen reifer Frucht und getoasteter Eiche verborgen; sie tun ihre Anwesenheit anfangs lediglich durch Blockieren der Geschmacksempfindungen kund. So eindrucksvoll die drei Dimensionen Frucht, Terroir und Handschrift des Winzers aber auch vertreten sein mögen, wirklich großer Wein ist vierdimensional. Und die vierte Dimension ist die Zeit.

Wie alles begann

Aber zurück zu der häufig gestellten Frage, wie ich zum Wein kam. Mein Schlüsselerlebnis in Cambridge blieb nicht ohne Folgen. Vorlesungen waren nicht länger meine einzige Passion. Die Colleges in Cambridge hatten damals beachtliche Keller vorzuweisen, und niemand hielt die Studenten davon ab, sich daraus zu bedienen. Zweifellos gab es auch einige Fächer, zu denen nur Dozenten Zugriff hatten, doch der Lynch Bages von 1953 oder der 1949er Lafite waren für alle da. Ich kann mich noch heute daran erinnern, wie köstlich diese Roten schmeckten. Allerdings ließ mein bescheidener Geldbeutel nicht viele Ausflüge in die oberen Sphären der Bordelaiser Klassifizierung zu. Ich gebe zu, dass ich mehr Geld für Schaumwein ausgab – und erinnere mich noch gut an die Reaktion meines Vaters, als ich eines Tages mit einigen Flaschen als Notration im Reisegepäck heimfuhr. Nicht dass mein Vater etwas gegen Wein gehabt hätte. Er war Anwalt und Mitglied der Wine Society. Die Sherrys und Alltagsroten dieses Weinclubs standen bei uns zu Hause immer griffbereit, und sonntags gab es einen Château Les Ormes de Pez. Schaumwein aber hatte in Durham, der provinziellen Heimat meines Vaters, einen anrüchigen Beigeschmack.

Die University Wine & Food Society in Cambridge war Treffpunkt einer lebensfrohen Klientel und bei Londoner Weinhändlern als Brutstätte potenzieller künftiger Kunden bekannt. Unter dem Vorwand, für den jährlichen Verkostungswettbewerb gegen Oxford zu trainieren, degustierten ihre Mitglieder alles, was sich anbot – und das konnte sich wahrlich sehen lassen. Wir veranstalteten in einem fort Verkostungen von Schaumwein, Sherry, natürlich auch Port, Bordeaux und Burgundern. Der liebenswürdigste und nachsichtigste unter all den Weinhändlern, die mit Kisten voller Verkostungsproben den Weg von London nach Cambridge auf sich nahmen, war Otto Loeb, der Gründer des Unternehmens OW Loeb & Co in London und in seiner Heimatstadt Trier an der Mosel. Er führte in ganz London das beste Sortiment deutscher Weine – Provenienzen, die damals einen wesentlichen Teil unseres Degustationsmaterials ausmachten. Zudem war er offen für alles. So hatte er bereits einmal Kalifornien einen Besuch abgestattet (wie ich mit siebzehn, also noch vor Beginn meines Studiums). In Großbritannien wusste damals niemand etwas über kalifornischen Wein. Allerdings gab es auch wenig zu wissen: Die Weinwirtschaft war immer noch damit beschäftigt, sich von der Prohibition zu erholen. Als Loeb mit Kostproben von Martini, BV, Inglenook, Almaden, Christian Brothers und Italian Swiss Colony anrückte, waren wir schwer beeindruckt. Da hatte einer wirklich das Neueste vom Neuen zu bieten.

Uns standen nicht bloß die Keller-, sondern auch die Küchentüren offen. Mr. Brownstone, der Butler, und Mr. Tabor, der Koch, waren nur zu bereit, uns in unseren Zimmern mit ausgefeilten Dinners zu verwöhnen. Wenn ein Händler aus London anklopfte und noch dazu einen seiner Lieferanten bzw. einen Gutsbesitzer mitbrachte, starteten wir so richtig durch. Dann ließen wir Essen, Silberbesteck und Geschirr stapelweise auf schweren, mit grünem Tuch bezogenen Holztabletts quer über das College herbeischaffen.

Unsere Menüs waren wohl eher konservativ zu nennen. Es gab Suppe, Fisch, wenn möglich Wild und eine spektakuläre Crème brûlée. Sie wurde in einer großen Terrine serviert und lag unter einer bernsteinfarbenen Schicht von gebranntem Zucker verborgen, so dick, dass ihr Widerstand erst nach mehreren Schlägen mit einem schweren Silberlöffel brach. Dann aber quoll aus den Rissen köstliche gelbe Creme hervor.

GANZ OBEN
Kaum zu glauben: Einst residierte ich inmitten eines solch ehrwürdigen Ambientes.

OBEN
Im Wren's Court des Trinity College feierte die University Wine & Food Society 2002 ihr 50-jähriges Bestehen – allem Anschein nach ohne Wein.

22 / AUSBLICKE

Ich ging nie für Cambridge ins Rennen. Vermutlich war das Angebot an talentierten Degustatoren einfach zu groß. Mein Zimmergenosse, der mir die Tür zur Welt des Weins aufgestoßen hatte, holte regelmäßig die meisten Punkte und sorgte dafür, dass Oxford sich geschlagen trollte.

1960 machte ich einen »Gentleman's Degree« – einen Abschluss also, der offenbarte, dass ich mich nicht allzu sehr ins Zeug gelegt hatte. Ich bewarb mich für mehrere Stellen, für die zumindest rudimentäre Rechenkünste von Vorteil gewesen wären, doch die Firmen lehnten mich klugerweise ab. Dann schrieb ich Magazine an. Das Verlagshaus Condé Nast, das *House & Garden* und die Modezeitschrift *Vogue* veröffentlichte, holte mich zu einem Vorstellungsgespräch, und prompt bereicherte ich die Redaktion der *Vogue* als etwas ganz Seltenes: als männlicher Auszubildender.

Meine Kolleginnen waren schrecklich. Die *Vogue* rekrutierte ihre Angestellten nämlich in der Regel über einen Talentwettbewerb, an dem nur Frauen teilnehmen durften. Vier der gescheitesten, besterzogenen und schönsten Frauen Englands in einem Büro sind zu viel. Im Dezember 1960 durfte ich endlich einen Artikel mit dem Titel »Sprechender Truthahn« schreiben. Wenn ich ihn heute lese, fällt mir auf, dass ich seinerzeit unter dem Einfluss des britisch-amerikanischen Autors PG Wodehouse stand – kein schlechtes Vorbild für einen angehenden Schreiber. Ich wusste natürlich nur wenig über Truthähne und den dazu passenden Wein. Doch Unwissenheit ist ein idealer Ausgangspunkt für einen Journalisten. Ich machte Kenner ausfindig, rief sie an, schrieb mir ihre Antworten auf und setzte meinen Namen unter den Artikel. Mein Stargast, wenn ich so sagen darf, war Nubar Gulbenkian, einer der bekanntesten Londoner Bonvivants der damaligen Zeit – ein Mann, der sein eigenes Taxi besaß und die Karosserie mit Weidengeflecht verkleiden ließ, damit jeder Oberkellner

UNTEN
Mein erster Artikel über Wein erschien 1960 in der Weihnachtsausgabe der Vogue.

GANZ UNTEN
Zu meinen redaktionellen Pflichten gehörte es, schöne Frauen (in Chanel-Kostümen) während des Essens in die Geheimnisse des Verkostens einzuweihen. Links mein Chef Harry Yoxall.

gleich wusste, wer da anrückt. Auf meine Frage, welchen Wein er denn nun zu Truthahnbraten trinke, antwortete er: »Das hängt vom Wetter und von meinen Gästen und von der Nacht davor ab. Aber es ist entweder ein Château Lafite von 1949 oder ein Clos de Vougeot von 1928.« Ich war einem Gesinnungsgenossen begegnet. Den Lafite, ließ ich meine Leser wissen, gab es bei Dolamore & Co für 39 Shilling und einen Pommard von 1928 bei Hatch Mansfield für 27 Shilling und 6 Pence (Clos de Vougeot war aus).

Sind interessierte Kreise erst einmal auf einen Journalisten aufmerksam geworden, nimmt alles von selbst seinen Lauf. »Wer ist dieser Hugh Johnson? Egal, er schreibt in der *Vogue* über Wein.« Ob man sich mit mir zum Essen treffen könne? Ob ich nicht vielleicht in die Champagne reisen möchte? Es dauerte nicht lange und meine Artikel erschienen auch in anderen Zeitschriften: zuerst in *House & Garden*, dann in den New Yorker Magazinen von Condé Nast. Ich entdeckte bald, dass diese wesentlich längere Beiträge druckten, viel mehr zahlten und obendrein erwarteten, dass man ihnen hin und wieder einen Besuch abstattete. Auch galt ihr Interesse nicht allein dem Wein. José Wilson, der für lange Artikel zuständige Redakteur von *House & Garden*, begann mich auf Reisen zu schicken, von denen ich berichten musste.

Heute findet sich in nahezu jedem Magazin und sogar vielen Tageszeitungen eine Weinkolumne, wenngleich sie zumeist nur den besten Supermarktschnäppchen der Woche gewidmet ist. Damals allerdings gab es gerade einmal eine Hand voll Weinautoren – allen voran André L. Simon, der die klassische Linie vertrat, und Raymond Postgate, seines Zeichens Verbraucherschützer und Gründer des Restaurantführers *The Good Food Guide*. Cyril Ray, einstiger Moskaukorrespondent der *Sunday Times*, schrieb außerdem eine köstlich nonchalante Kolumne im *Observer*. Technisches Wissen war anscheinend nicht notwendig. Ich bekam irgendwie mit, dass die *Sunday Times* meine Dienste vielleicht brauchen könnte, und wurde bei dem zuständigen Redakteur vorstellig. Das war der Beginn einer Zusammenarbeit mit dieser Zeitung, die bis heute anhält. Der Haken an der Sache: Condé Nast hielt absolut nichts von heimlichen Nebenverdiensten. Mein Name durfte also nirgends erscheinen. Weil bei der *Sunday Times* sowieso niemand meinen Namen für wichtig hielt, legte ich mir das Pseudonym John Congreve zu.

Congreve überlebte mehrere Jahre und verwirrte jeden – einschließlich sich selbst –, indem er die Identität wechselte wie ein Protagonist in einem Stück seines Namensvetters. Seltsamerweise schien niemanden zu interessieren, wer er wirklich war. Man traf ihn nie bei Degustationen oder den langen Banketten in der Londoner City, die damals von Weinlieferanten ausgerichtet wurden. Immer öfter hingegen sah man – mich.

Ich begann allmählich zu begreifen, dass jemand über meine Geschicke bestimmte, den ich zwar achtete, aber kaum kannte: Harry Yoxall, der Präsident von Condé Nast und Gründer der britischen *Vogue*. Wahrscheinlich sorgte er dafür, dass ich den Auftrag bekam, André Simon zu interviewen. Ich besuchte ihn in seinem Londoner Büro in der von ihm 1931 selbst gegründeten Wine &

OBEN
Eine Unterweisung in französischer Geographie von André Simon höchstpersönlich. Gab sie den Anstoß zu einem Weinatlas?

UNTEN
Ebenfalls inspirierend für mich: Elizabeth Davids Hauptwerk von 1960.

Food Society. Simon war 85, ich 23. Offensichtlich hatte Yoxall den Entschluss gefasst, Simon einen würdevollen Rückzug aus der Society zu ermöglichen. Also kaufte er zunächst deren vierteljährlich erscheinendes Magazin *Wine & Food* auf. Und ich sollte der neue Herausgeber sein (übrigens erst der zweite in der Geschichte der Zeitschrift). Nach dem Gespräch mit Simon wurde ich wieder eingeladen und einer Menge Leuten vorgestellt. Im Winter 1962/63 schließlich trug man mir meine Debütausgabe auf, die im Frühjahr 1963 erscheinen sollte. Dieser erste unbeholfene Gehversuch liegt gerade vor mir. Kühn führte ich die ersten Illustrationen in der Geschichte dieser Zeitschrift ein: alte Holzschnitte, deren Reproduktion nichts kostete. Mein größtes Verdienst aber war es, Elizabeth David für einen Beitrag über ein Schinkenrezept aus dem 18. Jahrhundert zu gewinnen.

1960 war Davids wichtigstes Buch *French Provincial Cooking* erschienen, ein wegweisendes Werk über die traditionelle französische Küche. Ich hatte meinen ganzen Mut zusammengenommen und sie in ihrem Haus in Chelsea aufgesucht, um sie zu einem Artikel zu überreden. Noch heute sehe ich ihre Küche vor mir. Der blank geschrubbte Küchentisch nahm fast den ganzen Raum ein. Er war zur Hälfte mit Büchern und Zetteln, Töpfen und Tellern belegt. Neben einem ganz normalen weißen Herd stand eine Weinflasche mit Gläsern. An einem Ende des Raums türmte sich ein mächtiger Schrank auf, und die Wände waren voll mit hölzernen Tellerregalen. Ein köstlicher Geruch von Gebackenem hing in der Luft.

Niemand sollte einen größeren Einfluss auf mich, den Herausgeber wie den Autor, haben als Elizabeth David. Im Laufe der nächsten zwei Jahre wurden wir Freunde und Kollegen. Dabei hatte sie es wohl nicht einfach mit mir. Was sie nicht ausstehen konnte, war Dummheit – und ich muss damals viel Dummes gesagt und getan haben. Gleichzeitig musste ich stets auf der Hut sein: Ihre Stimmung schlug blitzschnell um; was als Lachen begann, konnte in Verärgerung enden. Doch lehrte sie mich auch, genau zu sein. Nie gab es eine kleinlichere Schreiberin als sie. Genauigkeit und Ehrlichkeit gingen ihr über alles. In ihren späteren Werken wurde sie allerdings pedantisch, so dass nichts mehr von den breiten poetischen Pinselstrichen zu erkennen war, mit denen sie England die traditionellen Gerichte Italiens und Frankreichs nähergebracht und die Farben mediterraner Märkte geschildert hatte, während ihre Beschreibungen der engstirnigen Gier französischer Bürgerfamilien sich lasen wie Zola. Ihre Artikel im *Spectator* waren Höhepunkte humoristischer Literatur gewesen.

Meine Arbeit für *Wine & Food* war fesselnd und nahm mich vollauf in Anspruch. Ich wurde in meiner Suche nach Autoren kühner, überredete Evelyn Waugh, über Schaumwein zu schreiben, und den Dramatiker Christopher Fry, drei Gedichte von Philippe de Rothschild ins Englische zu übertragen. Allerdings schien niemand von diesem literarischen Anspruch Notiz zu nehmen. Zur gleichen Zeit wurde meine Arbeit für André Simon immer umfangreicher. Ende 1963 ernannte man mich zum Generalsekretär der Wine & Food Society. Der Titel klang hochtrabend, doch bestand meine Hauptaufgabe darin, Mittag- und Abendessen für die Mitglieder zu organisieren.

Heute erscheint es fast anmaßend, dass ich schon mit 24 Jahren im Connaught und Mirabelle, den damals besten Restaurants in London, ein und aus ging. Es ist nicht wahr, dass es im England jener Tage nichts Essenswertes gab, wie viele behaupten. Das Connaught Hotel lag nur 15 Gehminuten von den Büros der Society am Hyde Park Gate Nr. 2 entfernt. Der Weg lohnte sich, und ich ging ihn so oft wie möglich.

Der Keller auf Saling Hall

Wer einen Blick in meinen Keller wirft, meint sogleich zu wissen, woran mein Herz hängt: an rotem Bordeaux. Er ist häufiger vertreten als alle anderen Etiketten zusammengenommen. Die dunklen, schlanken Zylinder sind allgegenwärtig – in Regalen und Gefächern oder, wenn der Öffnungstermin nicht mehr fern ist, auf dem Tisch bzw. Boden harrend. Noch mehr Präsenz vermitteln die bleichen, zugenagelten Kisten aus Kiefernholz: hier ein Stapel, dort ein Stoß, jede Kiste mit einem schwarzen Brandzeichen, das bei einigen eine Art Wappen, bei anderen der Umriss eines Châteaus, bei manchen auch nur ein – wenngleich klangvoller – Name ist.

In der Tat gab ich rotem Bordeaux lange Zeit den Vorzug. Heute bin ich etwas offener gegenüber anderen Anbaugebieten geworden, wie die Flaschen mit den kantigen Schultern und die Kartons bezeugen. Dennoch werden Bordelaiser Provenienzen dort unten stets in der Mehrheit sein. Das hat einen simplen Grund: Sie halten länger. Bei ihnen beträgt die Wartezeit oft zehn Jahre und mehr – in manchen Fällen sogar bis zu 30 Jahren. Daher sammeln sie sich naturgemäß an, während andere Kreszenzen viel schneller kommen und gehen.

Burgund trat erst vor kurzem in mein Leben und meinen Keller. Der Stil und die Qualität von Burgundern haben sich in den letzten zehn Jahren enorm gewandelt; zudem sind immer mehr gute Erzeugnisse aus dieser Region verfügbar. Und was für Burgund gilt, trifft heute auf fast jedes andere Weinbaugebiet und -land zu. Soll also auch Bordeaux einen Wandel anstreben? Das ist im Moment die große Frage.

Weißweine durchfließen die Lagerstätten naturgemäß schneller. Doch es gibt Ausnahmen. Einige deutsche Essenzen ruhen schon seit drei Jahrzehnten in meinem Keller. Es wird Zeit, dass ich sie trinke – aber mit wem? Jahrelang stöhnten meine Freunde, wenn ich ihnen routinemäßig die »Wollt-ihr-keinen-Riesling?«-Frage stellte. Auch das hat sich in letzter Zeit geändert.

Roter Bordeaux wie dieser hier verbringt seine Jugend in hölzernen Fässern. Im siebten Jahr öffne ich eine Flasche, um zu sehen, wie der Wein sich entwickelt, und verstaue den restlichen Posten in Kellerfächern.

Im Grunde herrscht bei mir ein Zweiklassensystem. Da sind zum einen die Produkte, die ich baldmöglichst verkosten muss, ganz gleich, wann sie ihren mutmaßlichen Höhepunkt erreichen, und die Kreszenzen, die ich aus schierer Leidenschaft horte, um ihre Entwicklung vom Anfang bis zum Ende zu verfolgen. Die erste Gruppe könnte man vielleicht meinen Arbeitskeller nennen. Doch kann man überhaupt eine Trennlinie zwischen dem ziehen, was man aus reiner Neugier verkostet, und dem, was man aus Überzeugung trinkt? Wenn es einen Unterschied gibt, dann den, dass ich im Zweifelsfalle Letzterem den Vorzug gebe. Sicher, es mag schon bessere Tage gesehen haben, aber es weckt alte Erinnerungen. Ein Weinliebhaber sollte romantischen Gefühlen nicht abhold sein – sie können alle möglichen Risse kitten. Und ein Schluck genügt bisweilen, um von einem neuen Wein überzeugt zu werden.

Womit wir beim Problem der Objektivität wären. Kritiker müssen wertfrei urteilen. In ihrer den Augen der Öffentlichkeit ausgesetzten Rolle der Richter sollten ihnen Vorlieben und Vorurteile fremd sein. Gerade deshalb habe ich mich mit dem Begriff »Kritiker« nie anfreunden können. Dann schon eher »Kommentator«. Mich selbst sehe ich als beflissenen Dilettanten, als einen Liebhaber, der tief in sein Thema eintaucht – aber nicht so tief, dass die Wellen über seinem Kopf zusammenschlagen.

Mir gefällt, wie mich meine französischen Verleger nennen: *vulgarisateur*. Vulgate heißt die Bibel in ihrer nicht lateinischen, für das Volk verständlichen Version. Wenn ein *vulgarisateur* eine Rechtfertigung braucht, dann nehme ich meine von Pierre Poupon, einem alten Freund und Philosophen aus Burgund. Er schrieb: »Qui, ayant ressenti à certains moments la montée incomparable de la joie intérieure, n'a jamais éprouvé le désir de révéler aux autres que le bonheur existe?« Wer empfindet in unvergleichlichen Augenblicken innerer Erhebung nicht das Verlangen, anderen sein Glück zu offenbaren?

Es gibt da den jungen Offizier, dessen Vorgesetzter über ihn schrieb: »Seine Männer folgen ihm überallhin – und sei es aus Neugier.« Dieselbe Neugier treibt mich zum Öffnen jeder Flasche. Leider muss dabei fast immer das Gros des Inhalts weggeschüttet werden – schließlich ist man nicht zum Konsumieren verpflichtet. Den Weg in den Ausguss gehen stets Erzeugnisse, die als »Blockbuster« gepriesen werden. Meine Geschmacksnerven sind mir zu kostbar für solche Hämmer. Ich verkoste sie, aber ein Glas reicht völlig.

Das linke untere Regalbrett in meinem Keller ist mir so vertraut geworden wie die Tapete in meinem Zimmer. Hier liegen nämlich seit über 30 Jahren dieselben Flaschen (zumindest einige davon). Worauf ich warte? Auf Anlässe, für die zu öffnen sich ein Jahrgang 1961 lohnt.

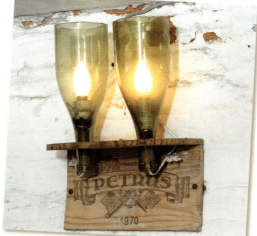

Selbstgebastelt: Burgunder Magnumflaschen mit abgeschnittenem Boden geben gute Lampen ab.

Es war einfach nur Glück, dass der erste Bordeaux-Jahrgang, ja, der erste Jahrgang überhaupt, den ich erstand, der 1961er war. 1960 war mein erster Artikel über Wein erschienen, und ich hatte die Verlockungen einer Weinliste kennen gelernt. Schon sehr bald hatte ich gemerkt, dass die Kellerprofis sich bei Avery's in Bristol eindeckten. Warum, erfuhr ich erst später: Ronald Avery war ein Weinhändler, der seinesgleichen suchte. 1962 bekam ich zum ersten Mal eine seiner Listen in die Hand, in der er den 1961er als außergewöhnlichen Jahrgang zum Einlagern pries. Es hieß, es sei der beste seit 1959 – was an und für sich noch keine große Leistung war – und vielleicht sogar noch besser als dieser. Die Erträge waren von Spätfrösten sehr stark reduziert worden, und der sonnige September ließ die Trauben hervorragend reifen. Die Farbe der Weine in den Fässern war angeblich dunkler als alles, was Avery bislang gesehen hatte. Auch die Nase ließ, obschon noch in einem von reiner Frucht geprägten Frühstadium, keinen Zweifel daran, dass der 1961er sich zu gegebener Zeit als einer der ganz großen Jahrgänge erweisen würde. Wegen der geringen Mengen war er allerdings außerordentlich teuer. Deshalb ging Avery's ungewöhnliche Wege und bot eine gemischte Kiste mit jeweils drei Flaschen der vier Premiers crus zum Vorzugspreis von 50 britischen Pfund an. Ich verdiente zwölf Pfund die Woche – ein, wie mir jeder versicherte, gutes Gehalt. Mehr als ein Monatsgehalt für einen Wein auszugeben, den ich jahrelang nicht anrühren würde, schien sehr viel. Es muss die Beschreibung von Avery's gewesen sein, die mich schließlich verleitet hat.

Vier Flaschen aus der Kiste sind noch übrig – jeweils ein Lafite, Latour, Margaux und Haut-Brion. Keine Ahnung, welcher Anlass mich dazu bewegen wird, sie zu öffnen oder zu berühren, so ikonenhaft sind sie mittlerweile geworden. Und doch: Gelegentlich ziehe ich sie aus ihrem Hort und lese die staubigen Etiketten, die am Rand schon braun zu werden beginnen, bewundere ihre Farbe, die nach wie vor wesentlich dunkler ist als bei Weinen dieses Alters üblich, und sehe nach, wie viel noch vorhanden ist, denn das Füllniveau einer Flasche sinkt im Lauf der Jahre unerbittlich. Wie schnell, das hängt von der Qualität des Korkens sowie der Temperatur und Luftfeuchtigkeit im Keller ab. Die längste Lebenserwartung hat ein Gewächs, das nie seine Ruhestatt verlassen musste. Meine 1961er haben in der Abgeschiedenheit ihres Kellers fast nichts an Inhalt eingebüßt. Der niedrigste Füllstand befindet sich auf oberster Schulterhöhe, also dort, wo die Wölbung der Flasche in den geraden Hals übergeht.

Ob eine dieser Kreszenzen die hohen Erwartungen erfüllen kann, die an sie gestellt werden? Der Latour sicher, sofern er von einem guten Korken verschlossen wird (das Risiko eines schlechten ist immer gegeben). Als ich ihn das letzte Mal degustierte, gerieten mir meine Verkostungsnotizen vor lauter Begeisterung unzusammenhängend. »Negerinnen« gehören heute nicht mehr zu meinem Weinvokabular. Auch der Haut-Brion war das letzte Mal noch groß. Der Geldwert des Lafite und Margaux liegt, um ehrlich zu sein, höher als ihr Genusswert. Nur eine Mischung aus Nostalgie und Neugier hält mich davon ab, sie einem Broker zu überlassen, der sie für ein Dutzend Flaschen eines jüngeren und bescheideneren Gewächses mit weit größerem Spaßpotential eintauschen würde.

Es ist wohl zu spät, den Inhalt meines Kellers von einem Computerprogramm verwalten zu lassen. Zu spät und zu kontraproduktiv. Das Vergnügen, das ich beim Durchforsten meiner Bestände habe, kann man annähernd mit einem Besuch im Buchladen vergleichen. Man betritt das Geschäft, weil man einen Reiseführer über die Karibik sucht, und kommt mit einem Spionagekrimi wieder heraus. Ich tauche auf der Suche nach einer Flasche rotem Bordeaux in die Tiefen meines Kellers hinab und komme 20 Minuten später mit einem Corbières und einem südafrikanischen Sauvignon blanc, der gerade richtig für den Aperitif heute Abend ist, wieder herauf.

So gut ein Wein sein mag, das, was man selbst mit ihm verknüpft, lässt ihn noch besser werden. Das wird keinem lahmen Tropfen Flügel verleihen, macht ihn aber zumindest zum Gesprächsstoff. Vor allem bietet es Leuten, die nicht so gern über Wein fachsimpeln, die Möglichkeit, ein Gespräch zu beginnen. Wein kann schnell zu einem Thema werden, mit dem man andere ausgrenzt. Ich habe ständig Angst davor, in Gesellschaft von blutigen Anfängern mit einem Kenner fachsimpeln zu müssen. Dann werden meine Antworten von Mal zu Mal kürzer, während ich krampfhaft versuche, das Thema zu wechseln. (Ebenso verdrießt es mich, wenn Leute, die eine Provenienz von der anderen unterscheiden können, endlos darüber reden, anstatt sich dem Inhalt ihres Glases zu widmen.) Auf dem besten Weg zum Weingenießer ist, wer sein kritisches Urteilsvermögen außer Kraft zu setzen vermag. Professionelle Degustatoren können sich das kaum je erlauben. Die Ärmsten. Ich hege versteckte Vorräte aller möglichen Weine, die auf niemandes Liste stehen, für mich aber besondere Bedeutung haben. Dazu gehört natürlich ein Geburts- oder Hochzeitsjahrgang. Die Freude, die man spendet, wenn man eine Flasche davon zur rechten Zeit hervorzaubert, macht eventuelle Unzulänglichkeiten des Inhalts wett. Ich aber horte in meiner Sentimentalität sogar noch das Produkt eines Erzeugers, der mir sympathisch war, oder eines obskuren Anbaugebiets, dem ich einen Besuch abstattete, oder auch nur ein Mitbringsel von einem unbeschwerten Urlaub, wenn die Hoffnung besteht, dass ich damit eines Tages angenehme Erinnerungen heraufbeschwören kann.

Jahrgänge

Ich kam in einem schrecklichen Jahr zur Welt. Niemand in Europa scheint auf seinen 1939er-Jahrgang stolz zu sein. Außer vielleicht jener Bulgare, der einen Mavrud aus seinem Keller holte. Die große, schwere Burgunderflasche trug ein Holzetikett um den Hals, das er mit Sicherheit nicht in letzter Sekunde beschriftet haben konnte. Der Mavrud ist ein Wein, von dem es heißt, dass man ihn in seinem Taschentuch tragen könne. Die Zeit hatte ihn flüssig gemacht, doch war er noch immer dunkel, pflaumig und ein großer Genuss. Château Latour gelang ein 1939er, den ich mehrmals ohne Grimassen schneiden zu müssen getrunken habe. Angeblich war auch ein Madeira meines Jahrgangs vorzeigbar. Wenn ich wüsste, ich käme damit durch, ich würde 1945 zu meinem Geburtsjahr erklären. Ich kenne Altersgenossen, die das tun.

In jedem Teil eines Hauses lebt die Erinnerung an Menschen und Begebenheiten, doch ein Weinkeller besteht buchstäblich aus Reminiszenzen; das ist sein Daseinszweck. Was so still da unten in der Kälte und Dunkelheit liegt, knüpft symbolische Verbindungen zu Ereignissen aus vier Jahrzehnten meines Lebens. Gerade am Anfang allerdings klafft eine Lücke. Ich habe nichts aus dem Jahr 1965, in dem Judy und ich heirateten. Ein schrecklicher Jahrgang. Wir wussten es nur zu gut. Jahre später versuchten wir doch noch etwas Brauchbares in Portugal und Spanien, Frankreich, Italien und Deutschland aufzutreiben. Irgendwo musste es doch erfolgreiche Weine geben! Sicher, aber am anderen Ende der Welt: Seppelts Chalambar Burgundy. Vor einem Jahr verkostete ich ihn bei einem Essen. »Schicht für Schicht Geschmack, Samt. Alter Kirschbrandy; ein Wunder«, notierte ich. In Europa hingegen: Fehlanzeige. Wie die in einem ungünstigen Jahr Geborenen, die sich mit dem Zeitpunkt ihrer Zeugung trösten, sind Judy und ich dafür ausgesprochen zufrieden mit dem Jahr, in dem wir uns erstmals begegneten. Unsere wenigen verbliebenen 1964er werden wir noch eine Weile über die Zeit retten.

1966 erschien mein erstes Buch, *Wine*, dt. *Das große Buch vom Wein*. Das Jahr brachte lagerfähige Bordeaux hervor, fiel in Burgund und an der Rhône gut und in der Champagne hervorragend aus. In unserer Wohnung im obersten Stockwerk eines Hauses in der Notting Hill Gate war kein Platz für Wein. Die Flaschen, die mir von damals geblieben sind, muss ich gekauft haben, als wir

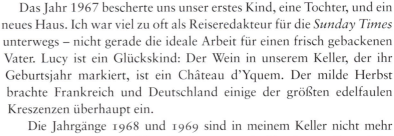

nach Islington umgezogen sind und damit in den Besitz eines für kleine Londoner Häuser typischen »Kellers« gelangten: eines Kohlenlochs unter dem Gehsteig. Mehrere Bordeaux sind aus jener Zeit noch bei uns; zuletzt ließ uns ein Château Gruaud-Larose in Erinnerungen an damals schwelgen.

Das Jahr 1967 bescherte uns unser erstes Kind, eine Tochter, und ein neues Haus. Ich war viel zu oft als Reiseredakteur für die *Sunday Times* unterwegs – nicht gerade die ideale Arbeit für einen frisch gebackenen Vater. Lucy ist ein Glückskind: Der Wein in unserem Keller, der ihr Geburtsjahr markiert, ist ein Château d'Yquem. Der milde Herbst brachte Frankreich und Deutschland einige der größten edelfaulen Kreszenzen überhaupt ein.

Die Jahrgänge 1968 und 1969 sind in meinem Keller nicht mehr vertreten. 1968 kam nichts Kaufenswertes in Flaschen, während der 1969er in Burgund zum triumphalen Erfolg geriet, in Bordeaux aber misslang. Ich hatte das Hochglanz-Modemagazin *Queen* als Herausgeber übernommen, das alle 14 Tage erschien und den Anspruch erhob, nicht nur über Mode zu berichten, sondern Diskussionen zu vielerlei Themen anzuregen. Ich hatte damals nicht viel Zeit für Verkostungen oder Reisen. Von dem Wein in den italienischen Restaurants, in denen ich mich mit Models und Fotografen traf, ließ man am besten die Finger. Ich erstand zwar zum Glück ein paar Burgunder des Jahrgangs 1969, doch schrieb man da schon 1970 – das Jahr, in dem man mich mit einem Angebot, das ich nicht ablehnen konnte, von *Queen* weglockte: Ich wurde gefragt, ob ich einen Atlas über die Weine der Welt schreiben könne. Die Antwort dauerte fünf Sekunden: »Ja, wenn genug Geld für gutes Kartenmaterial da ist.«

James Mitchell hatte soeben meinem ersten Verleger Thomas Nelson den Rücken gekehrt, um einen neuen Verlag mit John Beazley als Produktionsleiter aufzubauen. Wie alle britischen Jungverleger, die auf eigene Faust ins Geschäft einsteigen wollten, hatten sie Büroräume in Covent Garden angemietet. In dem

OBEN LINKS
Mein Debüttitel als Herausgeber der Zeitschrift Queen. *Das Thema Essen hatte ganz offensichtlich noch immer einen hohen Stellenwert für mich.*

LINKS
James Mitchell (Mitte) und John Beazley gründeten ihren auf Atlanten spezialisierten Verlag im Jahr 1969. Mitchell war eine laute, aber unwiderstehliche Persönlichkeit.

Karten- und Atlantenverleger George Phillips fanden sie einen Unterstützer. »Wovon können wir außer von Straßen und Ländern noch Karten verkaufen?«, fragten sie sich. »Wie wär's mit dem Universum?«, lautete James' typisch bescheidene Antwort. Also kartographierte man das Weltall. Es wurde ein Riesenerfolg, ebenso wie der Mondatlas, der als Nächstes erschien – schließlich waren die Amerikaner gerade erst auf dem Mond gelandet. »Und jetzt? Sollen wir mal sehen, ob Johnson einen Weinatlas für uns macht?«

Also verbrachte ich 1970 mit Übersichtskarten von Weinregionen, die ich mit Farbstiften in Weinkarten verwandelte. Der Sommer war herrlich und die Lese erbrachte ausgezeichnete Trauben von hoher Qualität. Große Zufriedenheit allenthalben. In jenem Herbst bekamen wir zum ersten Mal Saling Hall zu Gesicht. Die Reben an der Fassade beugten sich unter der Last der Trauben, die Blätter leuchteten golden. Was, ein Keller war auch dabei? Wir zogen Ostern 1971 ein.

Ich muss noch erzählen, wie wir zum zweiten Keller kamen. Der Immobilienmakler hatte uns den im Westflügel gezeigt, ein echtes Traumgewölbe. Nachdem Monate später der Vertrag unterzeichnet war, ging ich mit Gooday, dem Gärtner, die Einzelheiten durch. »Wohin fließt das Regenwasser? Und was ist hinter dieser Tür?«

»Der Keller«, antwortete Gooday.

»Aber das ist doch die andere Seite …«

»Das ist der Hauptkeller«, sagte er. »Ich hole den Schlüssel.«

Ich könnte dieses Buch mit einem Rundgang durch den Raum füllen, den wir zu unserer größten Überraschung dort vorfanden: den Weinkeller aus dem 18. Jahrhundert – ein spinnwebenverhangenes Gewölbe, das förmlich nach Geschichte roch.

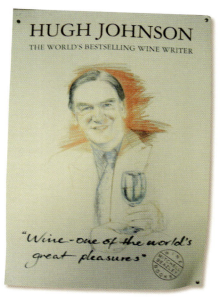

Werbung für die Marke Johnson. Mitchell Beazley beauftragte mit diesem Porträt den Künstler Adrian George. Sieht es mir ähnlich? Entscheiden Sie.

1970er Bordeaux stand bei uns sehr oft auf dem Tisch. Die Ölkrise von 1973 hatte die britischen Brauereien, die soeben erst viel Geld in Weine und den Weinhandel investiert hatten, in Panik versetzt. Plötzlich tauchte die gesamte Palette des 1970er-Jahrgangs wieder auf dem Markt auf – zu weniger als dem halben Preis. Wenn man St-Julien und Pauillac für ein Pfund die Flasche bekommen kann, braucht man Stauraum. Ich ließ meine Freunde nur zu gern ihre Kisten neben meinen stapeln. Im Juni 1970 kam unser Sohn Red zur Welt. An Geburtstagsflaschen für ihn hat es uns nie gemangelt. Mittlerweile allerdings sind sie fast alle leergetrunken.

In den 1970ern bot sich fast jährlich ein weiterer Anlass, den Keller zu ergänzen. 1971 war ein ausgezeichnetes Jahr in Burgund und eines der besten überhaupt in Deutschland. Wir zogen von Islington nach Saling, und mein Weinatlas erschien. Ich habe oft erzählt, dass ich ihn im Umzugswagen fertig schrieb. Das ist gar nicht einmal so weit hergeholt. Ich habe noch immer einen kleinen Posten 1971er Auslesen von Rhein und Mosel – einige der vollendetsten, elegantesten und intensivsten Süßweine, die ich kenne. Sie werden mit zunehmendem Alter pikanter und schmecken immer mehr nach Orangen, wie es alte Botrytisweine so an sich haben.

1973 gab es viele Anlässe, Weine einzulagern, doch wenig lagerfähige Weine. Im Januar kam unsere zweite Tochter Kitty zur Welt, im August gründeten wir den Sunday Times Wine Club, und im Oktober erschien mein *International Book of Trees*, dt. *Das große Buch der Bäume*. Ein paar wenige Flaschen Champagner sind die letzten Überlebenden aus dieser Zeit – wen kümmert's, dass die Bläschen spärlich geworden sind. Der nächste Jahrgang, der Anspruch auf einen Kellerplatz erhob, war der 1975er. In den frühen 1970ern waren gute Bordeaux Mangelware; vier Jahre lang hatte es keinen wirklich aufregenden Jahrgang gegeben. 1975 war Großes zu erwarten – jeder war davon überzeugt. Der Sommer war heiß gewesen, und so gerieten die Weine dunkel, kraftvoll und tanninreich. Das Tannin ist immer noch präsent; bei manchen dieser Gewächse fühlt man sich an rostige Nägel erinnert. Ein großer Jahrgang auch für Sauternes. Und die letzten Flaschen Champagner schmecken nach wie vor köstlich. 1975 begann ich unter dem Pseudonym Tradescant auch meine monatliche Gartenkolumne für *The Garden* zu schreiben, die Zeitschrift der Royal Horticultural Society. Heute, nach 30 Jahren, teile ich noch immer allmonatlich meine gärtnerischen Gedanken mit den Mitgliedern der Königlichen Gartenbaugesellschaft.

1976 war Trockenheit das Problem – Trockenheit und das Ulmensterben. Die altehrwürdigen Ulmen hatten das Ihre dazu beigetragen, dass wir uns in Saling Hall verliebt hatten. Mit ihren mächtigen Stämmen und den lichten Kronen beherrschten sie die Landschaft und den Blick von jedem Fenster aus. 1973 hatten sie begonnen abzusterben. Wir kämpften um ihr Leben und spritzten zur Abwehr der Pilzkrankheit sogar Fungizid in ihre Stämme. Vergeblich: 1976 mussten wir Bäume mit Stämmen fällen, die dick waren wie Flusspferde – ein herzzerreißender Anblick. Ich weinte ihnen viele Tränen nach. Weine zu ihrem Gedenken? Deutschland schrieb Erfolgsgeschichte; die heißen Sommer hatten seine Süßweine schon fast zu zuckerhaltig werden lassen. Nur noch wenige sind übrig.

Es gibt Erinnerungen, die immer auf dieselbe Art und Weise wiederkehren – gleich einem Standfoto. Ich stand am Küchenfenster, als James Mitchell zu mir sagte: »Weißt du, Hugh, alles, was man wirklich über Wein wissen muss, passt im Grunde in ein Büchlein wie dieses«, und sein Tagebuch herauszog. Er hatte meinen *Kleinen Johnson* erfunden – und zahllose andere Taschenführer über alle möglichen Themen von Antiquitäten bis Sex. Wir schrieben das Jahr 1977 und verewigten es im Keller mit einem exzellenten Portjahrgang, der jetzt erst den Zenit seines Lebens erreicht.

Ich brauche wenigstens einen Wein, der mich zurückführt ins Jahr 1979, als mein Lieblingswerk *The Principles of Gardening*, dt. *Das große Buch der Gartenkunst*, erschien. Es forderte nicht nur meinen ganzen Geist, sondern führte auch dazu, dass ich mich meinem Garten verschrieb. Er begann allmählich zusammenhängend auszusehen und machte nunmehr doppelt so viel Freude. Der einzige verbliebene 1979er ist ein Champagner. Rote Bordeaux habe ich mir aus diesem Jahr mit rekordverdächtigen Erträgen nie angeschafft.

An was erinnere ich mich, wenn ich die wunderbaren Bordelaiser Roten von 1982 trinke, dem besten Jahrgang zwischen 1961 und 1990? An ein angenehmes Jahr: Die Kinder waren in der Schule, der Sommer fiel warm aus, und in New York kam die Zeitschrift *Cuisine* mit mir als Weinredakteur heraus. Sie erschien gerade einmal zwei Jahre, dann kaufte *Gourmet* sie auf – aus reinem Neid, wie ich später erfahren habe. Ich besuchte Australien und Kalifornien, musste aber soeben in meinem Tagebuch nachschlagen, um diese Reisen überhaupt zeitlich zuzuordnen; sie sind keine Ereignisse, die das Jahr denkwürdig machen. Überhaupt wüsste ich nicht, was das Jahr denkwürdig machen könnte, so schön es auch war.

1983er sind keine mehr übrig. Ich habe sehr wenig Weine dieses Jahrgangs gekauft, weil mein Etat mit dem Kauf der 82er erschöpft war. Das Jahr 1983 war zurückblickend eher von Arbeit als von Spaß und Spiel geprägt. Ich beendete meinen *Wine Companion*, dt. *Der große Johnson* – eine Erfahrung, die Judy veranlasste, mir das Versprechen abzunehmen, nie wieder ein »so verdammt großes und wichtiges Nachschlagewerk« zu schreiben. (Aktualisierungen natürlich ausgenommen.)

1984 ist ausgetrunken. Es lohnte auch gar nicht, sich einzudecken. Trotzdem werde ich das Jahr nie vergessen. Wir verwandelten Saling Hall mitsamt Keller und Garten in einen Drehort für einen Film über Wein mit einem ansehnlichen Staraufgebot britischer Schauspieler. Regie führte mein Schwager Simon Relph, auch er ein begeisterter Weinliebhaber. Die köstlichen 1985er-Gewächse aus Bordeaux, Burgund und der Champagne müssen die Lücke füllen, die der 84er hinterlassen hat. Sie sind nach 20 Jahren zum Musterbeispiel eines idealen Jahrgangs geworden, der in jedem Stadium gut zu trinken ist.

1986 wurde ich Geschäftsführer von Château Latour. Manche geben den Bordelaiser Erzeugnissen aus diesem Jahr sogar den Vorzug vor dem 1985er. Der 86er geriet ganz anders als sein Vorgänger – tanninlastiger, kantiger. Château Latour brillierte in diesem Jahr leider nicht. Ich habe keine Ahnung, was schief lief; an den frischen Geschmack des neuen Weins erinnere ich mich bis heute. Wahrscheinlich war der unerfahrene Geschäftsführer nicht gerade eine große Hilfe.

Neil Stacey (der Kellner), John Fortune und Louise Travers auf Saling, als wir 1984 How to Handle a Wine *drehten. Ich spielte einen hilfsbereiten Geist.*

1988 ist in meinem Keller durch langlebige rote Bordeaux, die besten Burgunder der 1980er und lebendige Champagner vertreten. Ich war in diesem Jahr kaum zu Hause, sondern bereiste die ganze Welt, weil ich für das Fernsehen eine Serie über die Geschichte des Weins drehte. Es entstanden 13 halbstündige Folgen, die im nebligen Kaukasus begannen und mit Beaujolais nouveau in Tokio endeten. Die Filmcrew wollte alles bis ins Detail wissen und jeden Wein probieren. In gewisser Hinsicht war sie das eigentliche Publikum. Ich wusste, wenn ich ihr Interesse wecken und sie unterhalten konnte, würde das auch mit den Fernsehzuschauern funktionieren. Der Haken: Die Mannschaft kehrte vermutlich mit teuren geschmacklichen Vorlieben zurück. Der 1988er, den sie deshalb kaufte, wird sie nicht enttäuschen. Ich freue mich auch darauf, die 1989er eines Tages öffnen zu können. Tropische Hitze beherrschte die Saison, weshalb die roten Bordeaux nach Hochsommer schmecken. Der Sauternes könnte kaum üppiger sein. Wieder einmal war der Champagner der Wein, über dem man brüten konnte, während seine Bordelaiser Jahrgangsgenossen heranreiften. Worüber ich brütete? Über dem Buch, das im Anschluss an die Fernsehserie entstand, *The Story of Wine*, dt. *Hugh Johnsons Weingeschichte*, und der Geburt eines schwierigen Kindes, der Royal Tokaji Wine Company.

Mit unserer Silberhochzeit 1990 füllte sich der Keller mit allerlei Gutem aus Bordeaux und Burgund, von Loire und Rhône, aus dem Elsass und der Champagne, aber auch mit deutschen Rieslingweinen, italienischen Gewächsen aus dem Piemont und der Toskana, Cabernets aus dem Napa Valley, Kreszenzen von Penfolds Grange. Eine Art önologischer Grand Slam, bei dem trotzdem nur ein Bruchteil der Begehrenswerten einen Startplatz ergatterte. Seither hat es wohl mehr großartige Jahrgänge als Höhepunkte in meinem Leben gegeben. 1991 kauften wir unseren Bauernhof im Bourbonnais – Weine blieben außen vor. 1992 konnten James Halliday und ich unsere Koproduktion *The Art & Science of Wine*, dt. *Wie Wein entsteht*, mit einem ausgezeichneten Portjahr begießen. 1993 entstand unser erster Jahrgang in Mézes Mály, dem einst berühmtesten Weinberg in Ungarn, der während der kommunistischen Ära beinahe aufgegeben worden war. Wir hatten Glück: Unser Debüt geriet prächtig – wir werden es noch Jahrzehnte trinken.

In der ersten Hälfte der 1990er-Jahre klafft in meinem Keller eine Bordeaux-Lücke, doch 1995 kam alles wieder ins Lot. Die Bordelaiser Roten aus dieser Saison werden uns dereinst daran erinnern, dass wir in Nordwales ein Waldstück am Meer erwarben. Der Jahrgang wird immer noch gut zu trinken sein, wenn die Fichten dort längst gefällt sind und Eichen an ihrer Stelle wachsen. Im selben Jahr entstanden auch schöne Burgunder, Champagner, Reservas aus Rioja und kalifornische Cabernets.

Die nächste Generation drängt nach vorn. Zu meiner Überraschung fand Kitty, unsere jüngste Tochter, ebenfalls einen Zugang zur Weinwelt – und eine Menge neuer Witze.

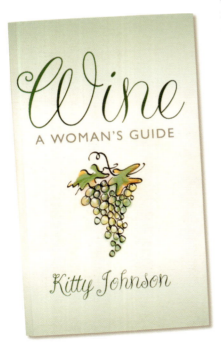

1996 bestockten wir unseren kleinen Weinberg im tiefsten Frankreich. Rasche Ergebnisse waren davon nicht zu erwarten, doch entschädigte uns das Jahr mit Bordeaux-Weinen, insbesondere aus Pauillac, die den 1995er noch überleben werden, aber auch jahrelang haltbaren roten und außergewöhnlichen weißen Burgundern sowie ausgezeichneten Vouvrays, Barolos, Nordkaliforniern und Südaustraliern. Bei einer solchen Auswahl werden wir kaum genug Anlässe zum Feiern finden. 1998 war das Jahr der Pomerols. 1999 kamen rote Burgunder und Tokajer an die Reihe. Der Mézes Mály aus diesem Jahr hat das Zeug, mich lange zu überleben.

Der Millenniumsjahrgang 2000 lieferte rote Bordeaux für die nächsten 50 Jahre, und seither hat mir jedes Jahr viel Gutes gebracht, an das es sich zu erinnern lohnt. Das Jahr 2003 bescherte uns das erste Buch unserer Tochter Kitty, *Wine: A Woman's Guide*, dt. *Die Johnson. Weinführer für Frauen*, und 2005 wurde unser erstes Enkelkind geboren. Mein Glas wird nicht leer.

Listen

Ich habe einen nicht unwesentlichen Teil der letzten Jahrzehnte damit verbracht, Listen zu erstellen. Listen von Weinen, Regionen, Erzeugern, Rebsorten, Lagen ... Listen haben in meinen Augen einen ganz eigenen Reiz, ja, sogar eine Art poetischer Kraft. Die Namen französischer Güter und Weinberge können zur hypnotischen Litanei werden: Cheval Blanc, Les Fourneaux, Les Perrières, Les Charmes – übersetzt klängen sie wesentlich profaner. Doch nicht allein das Französische hat in meinen Ohren Wohlklang. Der heitere Singsang des Italienischen, die Weichheit des Spanischen, das Erdige des Australischen, das alles spricht mich an. Nach einer kleinen Eingewöhnungsphase sogar das zungenbrecherische Stakkato des Deutschen.

Der *Weinatlas* ist eine Liste, die von selbst Form annimmt. Am Anfang stand der Entschluss, jede Lage der Welt zu kartographieren. Natürlich nicht alle in derselben Ausführlichkeit: je wichtiger, desto genauer. Wie aber stellt man fest, was wichtig ist? Ich orientierte mich an den Etiketten: Je ausführlicher sie sind, desto mehr Aufmerksamkeit widmen Erzeuger wie Verbraucher in der Regel dem Inhalt der Flasche. Also erforderten die in winzige Parzellen aufgeteilten, exakt benannten und gesetzlich festgelegten und erfassten Lagen in Burgund oder Deutschland eine Darstellung, die ihrer minutiösen Topographie Rechnung trug. Sie zu beschreiben bereitete mir am meisten Spaß, etwa wenn ein Weg durch den Weinberg die Frage aufwarf, wo man eine Mauer überqueren und wo man sich zu einem Picknick niederlassen konnte. Intime Details vermitteln das Wesen eines Ortes, sie erwecken den Wein zum Leben. Andererseits hatte es wenig Sinn, industriell bewirtschaftete Weinberge genauer als auf Straßenkartenniveau wiederzugeben oder Lagennamen zu erfassen, die nie auf einem Etikett erscheinen würden.

Manche meiner Leser – und natürlich auch einige Winzer – meinen, dass ich beispielsweise einen Wein von Paso Robles nicht so sehr mag wie sein Pendant

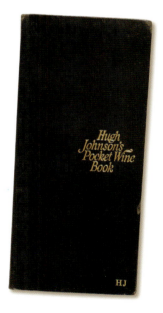

Ich hatte mir ein Exemplar meines ersten Kleinen Johnson *für festliche Abendessen in schwarzes Leder binden lassen.*

aus dem Napa Valley oder einen Chianti einem Rioja vorziehe, nur weil die Karten unterschiedliche Maßstäbe haben. Das hat nichts mit meiner Wertschätzung zu tun, sondern einfach nur damit, dass die Namen der Lagen nicht auf den Etiketten erscheinen. Sobald sie das tun, werden sie auf den Karten zu finden sein. Wenn Details für das Verständnis der Informationen auf den Flaschen hilfreich sind, wird man diese auch vorfinden.

Auch mein *Kleiner Johnson* ist nichts anderes als eine Liste. Anfangs betrachtete ich ihn als eine Art Gedächtnisstütze. Ich schrieb alle Weine auf, die mir in den Sinn kamen, und ordnete sie nach Ländern. Das einzige Nachschlagewerk, das ich dafür verwendete, war mein *Weinatlas*. Dann verfasste ich launige Einträge und dachte mir die Symbole aus. Woher stammt der Wein? Ist er rot oder weiß? Süß oder trocken? Die ersten beiden Ausgaben wirkten richtig groß, denn sie waren in einem anderen Format als die heutigen Taschenführer gehalten und auf ziemlich gutem Papier gedruckt. Ich hatte eine in Hirschleder gebundene Version für den Tag und eine in schwarzes Leder gekleidete für meine Fracktasche.

Ab der dritten Ausgabe wurden wir zwangsläufig nüchterner. Das Format schrumpfte, während die Zahl der Einträge und Seiten stieg. Bald erwähnte ich zu meinem Bedauern Erzeugnisse nur deshalb, weil sie existierten und jemand vielleicht auf die Idee kommen könnte, sie nachzuschlagen. Sollte ich schlechte Weine aufnehmen, oder wäre ihre Nichtaufnahme schon Information genug? Durften nur Weine, die es auch tatsächlich gab, erwähnt werden? Nein, sagte ich mir, und erfand ein paar Tropfen, um den Leser wach zu halten. So enthielten die Listen einen Coteaux d'Affreux (*affreux* = frz. miserabel), über den ich schrieb: »Sollte vielleicht Trauben für seine Weine verwenden.« Oder einen Domaine Des Gueulasses (*dégueulasse* = frz. ekelhaft). Der Beggar's Belief Chardonnay wurde von einem Leser beigesteuert: »Eine Mischung aus Eiche und Zucker, verantwortlich für Mitgliederzuwachs im ABC-Club (ABC = *Anything But Chardonnay*, wahlweise auch *Anything But Cabernet*, dt. etwa »Alles, bloß keinen Chardonnay/Cabernet«). Dann war da noch der St Sheila's »mit den Traummaßen 91-56-96; körperreich und prickelnd. Ein Prachtexemplar«. Heute, fast 30 Jahre später, wird der *Kleine Johnson* jährlich von einem internationalen Team aktualisiert.

Aber das Erstellen von Listen ist auch nicht mehr, was es einmal war. Sie sind sind nicht nur haarsträubend lang geworden und werden von Jahr zu Jahr um Hunderte von Namen ergänzt, die neu Hinzugekommenen haben oft keinen Bezug zur Wirklichkeit mehr. Was für einen Sinn hat es, sich mit den Erfindungen einer Marketingabteilung zu befassen, die im nächsten Jahr vielleicht schon wieder auf eine ganz andere Bezeichnung setzt? Ich erinnere mich an eine Signierstunde in einem Belfaster Buchladen. »Haben Sie keinen Wein mitgebracht?«, lautete die erste Frage. Ich marschierte also los, um etwas Interessantes aufzutreiben – vielleicht zwei gegensätzliche Erzeugnisse, die ich den Kunden anbieten und erklären konnte. Haare raufend stand ich im nächstgelegenen Supermarkt vor den Regalen. Da gab es Hills und Valleys und Creeks und Ridges aus Chile, Kalifornien, Australien, ja, sogar aus Ungarn, die alle aus den gängigen internationalen Rebsorten gekeltert worden waren und meines Wissens nichts mit einem tatsächlich existierenden Ort auf der Landkarte zu tun hatten. Ich erstand einen Roten und einen Weißen. Da war wenigstens ein echter Unterschied zu erkennen (wie ich hoffte), anhand dessen ich meine Kunst demonstrieren konnte.

Früher dachte ich, es sei unstrittig, was einen guten Wein ausmacht: Bestimmte grundlegende Komponenten wie Alkohol und Frucht mussten dabei sein, aber auch ein gewisses regionales Profil. Ich wäre schließlich auch erstaunt, wenn ich in Rom eine Straße entlang ginge und ein *tabac* oder *urinoir* sähe. Ich wäre ebenso überrascht – vielleicht auch erfreut, aber mit Sicherheit überrascht –, wenn ich eine Provenienz aus Italien ins Glas bekäme, die französisch schmeckt. Der Sinn des Reisens ist, etwas anderes zu sehen, der Sinn des Importierens, etwas mit Eigenschaften zu bekommen, die typisch für die Herkunftsregion sind.

Das alles muss fürchterlich altmodisch klingen. Schließlich lebt der moderne, weltgewandte Mensch heute in austauschbaren Städten. Das Land ist zum Themenpark geworden. Wohin fahren wir in Urlaub? An den billigsten Ort mit Sonne, See und sauberem Bad. Wein ist auch nicht homogener geworden als alles andere. Ich sage mir das immer wieder, um mich zu beruhigen.

Auf den ersten Blick scheint es logisch, die Weine der Welt in eine Arena zu schicken und sie ausfechten zu lassen, wer der Beste ist. Natürlich in annähernd vergleichbaren Gruppen, also nach Preisen, »Stil« (traubenduftig oder eichensatt), Herkunft oder, wie heute oft üblich, Rebsorte geordnet. Man lernt nicht viel, wenn man einen Cabernet gegen einen Pinot noir antreten lässt, außer welchen Geschmack man bevorzugt.

Also arrangiert man den Kampf der Cabernets und lässt Flaschen aus Bordeaux, der Toskana, aus Kalifornien, Chile, Australien und Argentinien gegeneinander antreten – die Liste wäre sehr lang. Die Etiketten werden erst nach der Verkostung gelesen. Man liest, was man über die Weine notiert hat, und stellt fest, dass die Provenienzen aus wärmeren Klimazonen in der Regel dunkler und alkoholischer ausfallen. Dass manche so sehr in Eiche gebadet wurden, dass es unerheblich geworden ist, woher sie stammen. Dass einige unter ihnen frische, saftige Geschmacksnoten und andere erdigere Töne offenbaren. Einige scheinen zugänglicher als andere, vielleicht auch interessanter, als gebe es in ihnen noch mehr zu erkunden.

Dann versucht man sich an einer qualitativen Rangfolge. Was ist besser, ein dunkles, geschmacksintensives Gewächs oder die frischere, leichtere Variante? Besser wofür? Welchen würde man mitnehmen und zum Essen trinken und welchen hält man für den teuersten? Wenn fast alle Variablen gleich sind, urteilen Degustatoren oft nach der Devise »größer ist besser«.

Dieses Buch ist keine Liste, obgleich es ein Register hat. In einem Restaurant hat man die Auswahl aus dem gesamten Sortiment im Keller. Auf der Suche nach einem passenden Essensbegleiter kann man stundenlang die Weinliste durchblättern. Als Gast ist man aus dem Schneider. Man muss nicht selbst entscheiden, man hat den Gastgeber.

Standpunkte

DER MANN IM NADELSTREIFENANZUG geht die St James's Street entlang, ich kann ihn vom Fenster meines Büros aus sehen. Von den schönen Dingen des Lebens hat er eine ziemlich präzise Vorstellung. Die leicht abfallende Straße vom Piccadilly Circus zum roten Backsteintor des St James's Palace gehört auf jeden Fall dazu. Auch die Bewohner des Palasts sowie der nahen Gebäude – Clarence House und Buckingham Palace – können sich seiner Wertschätzung sicher sein. Tief in sein Herz geschlossen hat er ferner die Grünflächen unweit seiner Lieblingsstraße: den St James's Park mit seinem malerischen See, der von Enten belagerten Brücke, den Brunnen und Flamingos sowie den Green Park, der ihn mit mächtigen Platanen, im Frühling mit unzähligen Narzissen und im Herbst mit einem Laubteppich erfreut. Eine nicht minder enge Beziehung hegt er zu seinem Club, in dem gerade das Mittagessen – eingelegte Shrimps, Colchester-Austern, Rebhuhnbraten – zubereitet wird, zu seinem Schneider, seinem Waffenschmied und seinen beiden Weinhändlern, die sich in ein und derselben Straße direkt gegenüberliegen und ihren Wettstreit um die Gunst der Klientel mit Noblesse austragen.

Die St James's Street ist Londons altehrwürdige Einkaufsstraße. Viele Geschäfte, die sich vor dem Tor zum St James's Palace drängen, tragen stolz das königliche Wappen, das sie als Hoflieferanten ausweist. Weil Berry Bros & Rudd einst das Herrscherhaus mit Lebensmitteln versorgten, ist heute noch die Kaffeemühle ausgestellt, obwohl man schon seit langem auf Wein und Spirituosen umgestiegen ist. Lock heißt der Hutmacher, Lobb der Schuster und Chubb der

Frühstück in St James's mit Ausblick auf die alten Läden in der traditionellen Londoner Einkaufsmeile und die Westminster Abbey jenseits des St James's Park.

Türschlosser. Zwischen all diesen angelsächsischen Namen stimmen Justerini & Brooks ein fast schon exotisches Intermezzo an, doch Apotheker Harris, Waffen Evans und Zigarren Fox kehren sogleich wieder zum vertrauten Klang zurück. Tradition schwingt auch in den Namen der Clubs mit: Brooks's, White's, Boodles. Hier schlägt Englands Herz, hier haben fünf Jahrhunderte lang seine Monarchen regiert und seine Minister debattiert. Der Untergrund ist ausgehöhlt, Weinkeller durchziehen ihn. Mit den passenden Schlüsseln, so heißt es, könne man unterirdisch die Straße auf und ab gehen oder sie sogar unterqueren.

Angesichts der gesetzten, vornehmen – manche würden sagen spießigen – Atmosphäre in der St James's Street vergisst man ganz, dass sich hier die Einkaufsmeile des 18. und 19. Jahrhunderts befand. In diesem Viertel rotierte das Drehkreuz einer Weltmacht, hier wurde über die Geschicke und Geschmäcker eines Großteils der Erde bestimmt. Spuren davon sind kaum noch zu finden. In der Weinwelt hingegen lassen sie sich nicht ganz so leicht verwischen. Port, Sherry, Champagner, roter Bordeaux, sie alle wurden gemacht, um den Nabobs von St James's zu gefallen. Auch Cognac, Scotch und deutscher Weißwein wären ohne sie nicht dieselben. Die einzige klassische Weinregion, auf die London nur einen marginalen Einfluss ausübte, ist Burgund.

Die Vorlieben unseres traditionsbewussten Passanten sind eindeutig: Der beste Weiße kommt aus Burgund, der beste Rote aus Bordeaux. (Nicht einmal die Tradition indes ist in Stein gemeißelt – vor 50 Jahren hätte er Deutschland anstelle von Burgund genannt.) Und so komisch es auch klingen mag: Ich bin ganz seiner Meinung. Aber es wird noch seltsamer: Drei Viertel der Weinwelt denken ebenso. Nicht dass sie darauf bestehen würden, ihre Gläser mit Gewächsen aus den genannten französischen Anbauregionen gefüllt zu bekommen, doch fordern sie entschieden weitere Geschmacksrichtungen in der Art, wie Frankreich sie schuf.

Schuster, bleib bei deinen Leisten: Meine Karriere als Anbieter von Glas- und Silberwaren für Weinliebhaber in der St James's Street war nach zehn Jahren zu Ende. Die Erinnerungen sind positiver als die Bilanz.

Wie aber kam es in der heutigen Weinwelt zum Siegeszug von Cabernet aus Bordeaux und Chardonnay aus Burgund? Der Kasus Cabernet ist schnell erzählt. Die beste Traube der wichtigsten Rotweinregion bot sich den Pionieren in Kalifornien und Südamerika, Südafrika und Australien förmlich an. Sie war wie geschaffen für das kalifornische und chilenische Klima, während sich für das australische alles in allem Syrah von der Rhône als geeigneter erwies. Wo Cabernet guten Wein erbrachte, reichte kein Konkurrent an ihn heran. Er lieferte tiefgründige, haltbare, eigenständige Erzeugnisse. Die volle Anerkennung blieb diesen Gewächsen bis zum Ende der Prohibition zwar zunächst versagt, doch dann hatten sie leichtes Spiel. Man braucht sie nur gegen die ganz Großen aus Bordeaux antreten zu lassen, dann besorgt die Qualität den Rest.

Nicht ganz so einfach hatte es der Chardonnay. Selbst in Frankreich wurde die Traube nicht allzu häufig kultiviert. Sie fand zwar früh den Weg nach Kalifornien, doch in andere Regionen gelangte sie erst spät. In Australien gab es bis in die 1970er-Jahre hinein nur einen winzigen Bestand, und in Südafrika war ihr Anbau nicht einmal erlaubt. Warum sie so bedeutungslos war? Weil niemand sie zu sonderlich gutem Wein verarbeiten konnte. Die anerkannte weiße Traube war der Riesling; er lieferte duftende, oft süße Kreszenzen. Weißer Burgunder hingegen führte ein Außenseiterdasein, denn der ernsthafte Weinliebhaber bevorzugte roten. Erst mit französischer Eiche wurde alles anders. In Kalifornien brach das neue Zeitalter Anfang der 1960er-Jahre an. Nicht so sehr von französischen Trauben war das Bild geprägt, das sich die Öffentlichkeit von gutem Wein machte, sondern von französischer Eiche.

Mein Freund in der St James's Street ist heute eine harmlose alte Weinnase. Einfluss nehmen mittlerweile ganz andere, daran besteht kein Zweifel. Das Zentrum des Weinimperialismus ist Washington, und der Diktator des Geschmacks lebt in Baltimore. Er heißt Robert M. Parker, Jr., und seine Urteile rasen in Internetgeschwindigkeit um den Globus. Sie reisen nicht nur unendlich weiter und schneller als früher, sie sind auch vollstreckbar geworden. Daumen nach oben ist das Signal für Kaufen, während Daumen nach unten für Erzeuger an der Rentabilitätsgrenze das Aus bedeuten kann.

Doch es gibt noch einen weiteren Unterschied zu früher, den ich als beunruhigender empfinde. Geschmack war einst größtenteils eine harmlose Modeangelegenheit. In amerikanischen Händen mutiert er fast schon zum moralischen Kreuzzug. Robert Parker regiert absolutistisch und schickt Abtrünnige in die Verdammung.

New York, 1985. Es ist schon 20 Jahre her, dass mein erstes Buch herauskam. Ich habe, ich kann es kaum glauben, denselben Verleger wie mein Vorbild PG Wodehouse – ja, sogar denselben Redakteur: den verschmitzten Peter Schwed, einen Mann mit rauer Stimme. Er hat sich für die Hälfte meiner Lieblingswerke die Titel ausgedacht und sogar mein Buch über Bäume veröffentlicht, obwohl er es vorgezogen hätte, wenn ich beim Wein geblieben wäre. Sein neuer Kollege Dan Green entwickelt sich gerade zum Weinfanatiker. Mit den Worten »lesen Sie das mal« drückt er mir ein Manuskript in die Hand. Ich nehme es mit nach Hause und entdecke lebendige, ausgefeilte, facettenreiche Verkostungsnotizen zu hunderten von Weinen. Der Autor heißt Robert Parker. »Das sind hervorragende, ganz außergewöhnliche Notizen«, erkläre ich Dan Green am nächsten Tag. »Dieser Parker muss ein ausgezeichneter Degustator sein, der sich seiner Sache sehr sicher ist. Aber was bedeuten die Zahlen am Rand?«

Ich hatte soeben Bekanntschaft mit dem 100-Punkte-System gemacht, das Parker sich für seinen Newsletter *The Wine Advocate* ausgedacht hatte. Er sei Anwalt, erklärte mir Green, und der Auffassung, die Weinwelt brauche einen Verbraucherschützer vom Schlage eines Ralph Nader. Nader, der in den USA als Symbolfigur des Konsumerismus gilt, hatte vor einiger Zeit die Automobilindustrie demontiert und Detroit in die Defensive gedrängt. »Wein«, so Parker, »ist ein Konsumprodukt wie jedes andere.« Ist es nicht, dachte ich bei mir. Ich hatte ein flaues Gefühl, wenn ich mir vorstellte, dass einige mir bekannte Winzer sich Parkers unerbittlichem Urteil stellen müssten. Sie taten weiß Gott ihr Bestes. Doch in Amerika gingen die Uhren anders.

Wie verkauft man ein Buch von Robert Parker? Dan Green, der in den 1980ern bei Simon & Schuster in New York meine Bücher herausgab, erörtert mit Joan Wexler die optimale Taktik.

Es ist müßig zu erwähnen, wie es mit Parkers Punktesystem weiterging. Er hatte eine Bewertungsmethode erfunden, die der Weinwahl das Geheimnisvolle nahm und jeden Unsicherheitsfaktor ausschloss. Parker sagt einem nicht nur, ob ein Wein gut ist, sondern auch, wie gut er genau ist. Je mehr Punkte, desto besser. Damals hätte ich nie auch nur geahnt, dass so viele Menschen ihre Meinung von der Stange kaufen würden.

Dabei ist Parkers Methode gar nicht einmal so simpel. In jeder seiner Veröffentlichungen legt er sie exakt offen. Als Grundlage dient ihm das US-amerikanische High-School-Zensurensystem. 50 Punkte bekommt man allein für Anwesenheit, also sind 60 Punkte vernichtend, 70 ziemlich mager und 80 nicht schlecht. Man kann unschwer Parallelen zu anderen numerischen Bewertungssystemen finden, die besonders im englischen Weinhandel seit langem gang und gäbe sind. Manche Experten bevorzugen eine siebenstufige Rangskala, viele andere gehen bis 20; und wieder andere, denen nicht so sehr an Präzision gelegen ist, begnügen sich mit fünf Qualitätsstufen.

Auch sie erfüllen samt und sonders ihren Zweck, sonst würden sie nicht funktionieren. Beispielsweise vergleichen sie alle Gleiches mit Gleichem. Doch 100 ist eine magische Zahl. Jeder ist an Prozentangaben gewöhnt. Vermutlich war nur ich überrascht, als Amerika auf diese Zahl setzte, um dem Rätselraten in der Weinwelt ein Ende zu bereiten.

Die Epigonen ließen nicht lange auf sich warten, allen voran der *Wine Spectator* – heute ein gewichtiges Organ, damals aber ein kleines Magazin, das gerade erst auf den anrollenden Weinzug aufgesprungen war. Dennoch gab es einen Unterschied zwischen Robert Parkers einzelkämpferischem Ansatz und einer Zeitschrift, die ein ganzes Team aus Verkostern einsetzte, um zu einer Bewertung zu gelangen. Ein Durchschnittswert ist nicht so kategorisch wie das Verdikt eines Einzelnen. Immerhin lernt der Leser, der einem einzigen Kritiker anhängt, dessen Vorlieben und Schwächen kennen, um sich langfristig sein eigenes Urteil bilden zu können.

―――――――――

Wer gern Degustationsnotizen liest und ein Faible für Übertreibungen hat, findet keinen selbstbewussteren Führer durch die Weinwelt. Parker beschreibt seine Eindrücke bis ins Detail und zieht interessante Schlüsse. Man kann, wenn man sich so weit vorwagen will, durchaus aus seinen Kommentaren auf die Arbeitsweise eines Winzers schließen. Doch sein System hat einen Schwachpunkt: Es basiert nicht auf dem Trinken, sondern dem Verkosten. Irgendein Erzeuger, ich weiß nicht mehr, wer es war, sagte einmal: »Ich mache meine Weine, damit sie zum Essen getrunken werden, und nicht, damit sie zu anderen Weinen getrunken werden.« Doch genau das ist das Problem aller professionellen Degustationen. Für Weinliebhaber im wirklichen Leben – und zu diesen zähle ich auch mich – ist der Kontext … nun, vielleicht nicht alles, aber mindestens der halbe Genuss. Und deshalb richte ich auch mein Urteil zur Hälfte danach aus. Wer kann sagen, wie ein ausschließlich im Vergleichswettbewerb mit anderen Gewächsen verkosteter Wein sich solo bei Tisch schlägt? Je kategorischer ein Urteil, desto größer der Justizirrtum.

Nichts bewahrt einen vor dem »Verkostergaumen«, dem anscheinend unvermeidlichen Drang, in einem Defilee von Weinen konzentrierteren Tropfen den Vorzug zu geben. Wenn Geschmacksintensität das einzige Qualitätskriterium wäre – nicht nur amerikanische Degustatoren behaupten genau das –, gäbe es keine Diskussion mehr. Ausgewogenheit und Nuancenreichtum als entscheidende Kriterien anzusehen – die traditionelle Haltung, die zunehmend als die der Alten Welt gilt – macht ein Urteil hingegen angreifbar. Das gilt aber auch für die gesamte Verkostungsmaschinerie, bei der man Weine in großer Zahl antreten lässt und über sie ein Urteil fällt, so als sei jeder von ihnen gleichberechtigt zu Wort gekommen.

Man sollte sich der traditionellen amerikanischen Vorliebe für süßere, einfachere Geschmacksnoten zumindest bewusst sein. Champagner-Cuvées wurden einst entsprechend angepasst und mit dem Zusatz *goût américain* oder *goût anglais* etikettiert. Wenn wir anderen Weinen ebenso kulturelle Unterschiede zugestehen würden, vermieden wir jede Menge Missverständnisse – und gelegentlich sogar böses Blut unter Kritikern.

An der numerischen Bewertung von Weinen und insbesondere dem 100-Punkte-System mit seinem absoluten Beiklang melde ich jedenfalls Zweifel an. Letzteres erfordert die Vergabe von maximal fünf Punkten für die Farbe, 15 für die Nase, 20 für den Geschmack und 10 für den Gesamteindruck. Zu einer solchen rationalen Leistung bin ich vollkommen unfähig. Nun kann ich zwar mit Zahlen generell nichts anfangen (um die einfachste Mathematikprüfung zu bestehen, musste ich viermal antreten), doch will sich mir bereits die Verbindung zwischen der Farbe eines Weins und einer Zahl einfach nicht erschließen. Gut, wenn es eine völlig unpassende Farbe wäre, würde ich null Punkte vergeben, aber heißt dunkler (in akzeptablem Rahmen) nun mehr oder weniger Punkte? Und warum? Die Nase: unangenehm – null Punkte, sensationell – volle Punktzahl. Was dazwischen liegt, ist relativ. Genauso beim Geschmack. Wenn ich Noten vergeben müsste, würde ich als Erstes beim Gesamteindruck ansetzen. Finde ich den Wein großartig, siedle ich ihn irgendwo im oberen Neunzigerbereich an. Dann wird es schon wieder mathematisch, denn ich müsste Einzelpunkte vergeben, die zusammengezählt die Zahl ergeben, für die ich mich schon am Anfang entschieden hatte.

Die scheinbare Genauigkeit der Zahlen dient dazu, die unterschiedlichen Genüsse, die zwei Weine bieten, zu bewerten und miteinander zu vergleichen. Warum hat man dieses Bedürfnis gerade bei Wein? Die Vergabe von Sternen für Restaurants ist uns zwar nicht fremd, doch wer dächte daran, einen Manet mit einem Monet, einen Hemingway mit einem Fitzgerald oder *Aida* mit *Lohengrin* zu vergleichen? Wir alle haben schon einmal unser Urteil am Esstisch zum Besten gegeben. War der Volnay oder eher der Pommard heute Abend der Star? Der Stag's Leap oder der Araujo? Unter Freunden ist ein Konsens nicht schwer zu finden (obschon man sich meist am überzeugendsten Fürsprecher orientiert). Doch wer wollte gleich am nächsten Morgen in die Welt hinauseilen und die Tatsache veröffentlichen, dass einer 90 und der andere 88 Punkte bekam?

Weiterer Nachteil: Punkte haben ein altes Gespenst zum Leben erweckt, das nun mit mehr Macht als je zuvor sein Unwesen treibt – den Weinsnob. Das war früher jemand, der mehr zu wissen glaubte als man selbst und immer einen Weg fand, einem das auch unter die Nase zu reiben. Man konnte sich jedoch mit einem »alles eine Frage des Geschmacks« unschwer gegen ihn wehren. Doch nun kommen absolute Zahlen ins Spiel, und da muss man seinen Geschmack neu überdenken. Der Ort: eine Weinhandlung. Kunde: »Ich fand den Cabernet, den Sie mir verkauft haben, nicht so besonders.« Verkäufer: »Aber Parker hat ihm 90 Punkte gegeben.« Kunde: »Dann nehme ich eine Kiste.«

Ein weiteres Weinaxiom: »Lafite bereitet den besten Lafite und Latour den besten Latour.« Wer nach dem Geschmack des einen sucht, wird ihn nicht beim anderen finden. Ich gebe zu, ich bin ein Relativist. Ich versuche die ureigensten Tugenden eines jeden Weins zu ergründen und genieße ihn so, wie er ist. Gleichzeitig bin ich Humanist. Wenn ein Winzer durch ein Gewächs seine Persönlichkeit offenbart, dann leistet er seinen Beitrag zur unendlichen Vielfalt des Lebens. Fundamentalistische Urteile hingegen halte ich für gefährlich und irreführend.

———————

Vielleicht hatte ich auch einfach nicht verstanden, was Robert Parker mit seinen Perfektionsprozenten beabsichtigte. Auf jeden Fall hatten diese Zahlenspielereien einfach keine Bedeutung für mich. Sollte er nur bewerten, wie es ihm beliebte – ich würde meinen Wein ungestört genießen. Erst nach Jahren dämmerte mir, dass seine Punkte die Weinerzeugung beeinflussten. Zu ihrem Vorteil, würde er natürlich sagen. Wir haben aber unterschiedliche Geschmäcker. Parker legt Wert auf Konzentration, Kraft, Dichte und »Mundgefühl«. Wenn er einen roten

Bordeaux als »viskos« beschreibt, dann ist das ein Lob. Mich dagegen lässt ein solches Produkt erschaudern. Ich bevorzuge klare, fest umrissene, frische Weine mit einem Alkoholgehalt, der so niedrig liegt, dass er Geschmack und Genuss gerade noch unbeeinträchtigt lässt – Gewächse also, die Weinhändler gern als »elegant« beschreiben. Genau deshalb werden Rote schließlich in den Keller gelegt: Sie sollen ihre Grobheit verlieren; ihre Bestandteile sollen Zeit bekommen, sich zusammenzufinden und die chemische Choreographie einzustudieren, die sie für ihren großen Auftritt brauchen. Abgesehen von geschmacksästhetischen Überlegungen aber haben reife Weine meiner Erfahrung nach auch weniger unangenehme Folgen. Die von Robert Parker bevorzugten Etiketten hingegen scheinen nicht nur in ihrer Jugend Kopfschmerzen zu verursachen.

Vor allem aber haben seine von einer breiten Verkostungspalette und umfassenden Beschreibungen untermauerten Bewertungen etwas Autoritäres an sich. Man erliegt nur zu leicht dem Glauben, seine Kriterien seien die einzig wahren. Dem Markt kommt ein einziger Bezugspunkt zupass. Investitionskäufe werden zum Kinderspiel, sobald man neben dem Preis einen festen Richtwert hat, mit dem man den Computer füttern kann. Kenntnisse sind dabei nicht erforderlich, Wertschätzung verkommt zur bloßen mathematischen Größe. Doch auch Winzer merken, woher der Wind weht. Die Regeln und Vorlieben des Punkterichters sind schließlich unschwer zu erkennen. Wer wollte es den Erzeugern verdenken, wenn sie den Herstellungsprozess modifizieren, vielleicht indem sie die Trauben etwas später ernten, um maximale Alkoholstärke zu erzielen, sie in der Kellerei anders verarbeiten als früher, die Maischestandzeit verlängern, um intensivere Farbe und mehr Dichte zu erzielen, und die Weine in so viel neuer Eiche wie möglich baden, kurzum: wenn sie auf Weine mit mehr Dichte, Süße, Kraft, ja, Viskosität setzen, um 90 statt 85 Punkte einzuheimsen? Zumindest Selbstzweifel werden sich einstellen. »Vielleicht ist mein Wein zu leicht«, grübelt der Winzer oder der Erbe eines renommierten Châteaus. »Ich bin mit diesem Geschmack am Gaumen aufgewachsen und deshalb vielleicht zu voreingenommen. Besser, ich ziehe einen Berater hinzu.« Aber welchen? Logischerweise den, dessen Klientel bei Parker regelmäßig hoch punktet. Das ist nicht nur theoretische Gedankenspielerei: Eine ganze Reihe von Bordelaiser Châteaux änderte in den 1990er-Jahren den Stil ihrer Weine. Und auch die kalifornischen »Kult«-Cabernets wirken wie gedopt.

Ich befürchte, dass der Prozess sich nicht umkehren lässt. Sobald allgemein Einigkeit darüber herrscht, dass größere, kräftigere Weine auch höhere Preise erzielen, wer könnte es sich da noch erlauben, gegen den Strom zu schwimmen? Sicher, das Ganze ist ein amerikanisches Phänomen, aber Amerika ist nun einmal ein wichtiger Markt für die Modevorreiter unter den Weinen. Auch der wachsende asiatische Markt lässt sich vermutlich von Zahlen beeinflussen, wenngleich man in Fernost nicht unbedingt auf kraftvolle Erzeugnisse steht. Wein ist nicht die einzige Domäne, die die amerikanische Kultur mit imperialistischer Brachialgewalt erobert hat. Werden bald alle Erzeuger auf den Zug aufspringen und damit meine kostbaren Lieblingsweine überrollen?

Doch der Widerstand derer, die Wein als Getränk und nicht als Sammler-
gegenstand schätzen, formiert sich – allerdings ungeordnet und ohne eine so
schwere Artillerie wie das 100-Punkte-System. Meine Kollegin Jancis Robinson
warf den Fehdehandschuh, als sie auf einen typisch fetten und schwülstigen
roten Bordeaux nach Art von Lady Bracknell beherzt reagierte. »Also wirklich«,
schrieb sie und wollte damit sagen: »Das geht zu weit.« Nun hatte man ihn also,
den *casus belli*, einen Wein, über den man in aller Öffentlichkeit debattieren
konnte. Handelte es sich um die authentische Verkörperung des Terroir in einem
heißen Jahr oder um ein gekochtes Monster? Die Zeit wird es zeigen.

Der schlitzohrige Herausgeber der seriösen Schweizer Weinzeitschrift *Me-
rum* hat seine eigene Bewertungsmethode gefunden. Er lädt regelmäßig acht
Kolleginnen und Kollegen zum Essen ein und stellt ein Dutzend Weine ähnlicher
Herkunft auf den Tisch. Die Punktezahl orientiert sich an der Füllhöhe des in
der Flasche verbliebenen Weinrests, ausgedrückt in Zentimetern. Gewinner
sind die leeren Flaschen.

———————

Mit Zahlen aber kann man natürlich mehr tun als nur Punkte anzuhäufen. Die
praktikabelste – und vielleicht tiefgründigste – Bezifferung, auf die ich je gestoßen bin, stammt von einem Pariser Weineinkäufer namens Pierre Boisset, der
viele Jahre lang Frankreich und andere Länder bereiste, um für das Unternehmen
Nicolas Etiketten zu erstehen. Er ersann eine Formel, mit der er für sich und andere festhielt, wie gut ein Wein seinen eigenen Idealvorstellungen entsprach. Jede
Kreszenz wird auf zehn Kriterien hin geprüft. Das erfordert zwar einen professionellen Verkoster, ist aber für jeden erhellend, der Weine verstehen möchte.

Die Kriterien sind Farbe, Duft, Ausgewogenheit, Sauberkeit, Finesse, Körper, Charakter, Säure, Härte und Entwicklung. Jeder Aspekt wird auf einer
Skala von null bis neun bewertet. Bei den Qualitätskriterien gilt natürlich: je
höher, desto besser. Zu viel Ausgewogenheit, Sauberkeit, Finesse oder Duft
(»Bukett«) gibt es nicht. Die anderen bewegen sich um die ideale Mitte von
fünf. Eine Zensur von null bis vier für die Farbe heißt, dass sie zu schwach ist,
während sechs bis neun auf eine zu kräftige Tönung hindeutet. Das Gleiche gilt
für den Körper – null bis vier ist leicht, sechs bis neun schwer – und den Charakter, auch »Typizität« genannt; sie wird definiert als Intensität der Geschmacksrichtungen, die den Ursprung des Gewächses offenbaren, also in der
Regel auf Rebsorte und Terroir zurückzuführen sind. Was über sieben Punkten
liegt, hält Boisset für übertrieben, weniger als vier Punkte dagegen deuten auf
einen zu vagen Ausdruck der Herkunft hin. Säure und Härte sollten ebenfalls in
der Mitte angesiedelt sein. (Nicht vergessen: Das System dient ebenso zur Beschreibung wie zur Beurteilung eines Weins.) Und für die Entwicklung ist fünf
die Bestnote; eins ist der Ausgangspunkt, an dem das Erzeugnis gerade den Gärprozess abgeschlossen hat, neun ist *complètement claqué* – fix und fertig.

Das große Plus von Boissets System: Es räumt jedem Aspekt, der bei der Entscheidung zugunsten eines bestimmten Weins eine Rolle spielen könnte, gleiches

Gewicht ein, einschließlich der Zukunftsaussichten. Damit ist diese Bewertungsmethode eine echte Hilfe für den Verbraucher. Einziger Nachteil: Ein Code wie 6788966454 ist für die meisten völlig unverständlich. Er taugt allenfalls als Chiffre für Verkoster, aber nicht als als Platznummer für eine Rangliste der Weine.

Eine Rangliste ist letztendlich immer Geschmackssache. Doch noch vor dem Geschmack steht die Philosophie. Die eine Schule hält Qualität für etwas Absolutes. Dabei geht es nicht darum, ob man einen Wein mag. Entweder er ist gut, oder er ist es nicht – und ein professioneller Juror kann genau sagen, wie gut, ob mit oder ohne Zahlen. Die andere Schule – Sie haben es geahnt – ist die, zu der ich auch mich zähle. Ihr Hofdichter ist jener Chronist, der einst schrieb: »Ich würde sogar einen schlechteren Wein vorziehen, wenn er mehr zu sagen hätte.«

Immer lauter

Es gibt Zahlen und es gibt Wörter. Die Frage kam irgendwo aus der Mitte der langen Gewölbehalle und schien zunächst völlig harmlos. Ich hielt einen Vortrag auf einem Literaturfestival. Wir hatten soeben kleine Plastikbecher mit vier verschiedenen Weinen an die drei-, vierhundert Zuhörer verteilt, während ich darüber plauderte, was sie voneinander unterschied – launig natürlich, das ist nun einmal mein Stil. Riesling verheißt diese Freuden, Fino Sherry jene, Beaujolais ist wieder ganz anders usw. Solche Exkurse können gar nicht allgemein genug sein. Für die meisten Menschen ist es schon ungewöhnlich, wenn jemand überhaupt etwas über Wein erzählt. Und wer mit dem Thema bereits vertraut

Bei einer Degustation australischer Weine im Londoner Hotel Aldwych mit Weinautor Oz Clarke und Master of Wine Angela Muir. Hier wird wissenschaftlich gearbeitet – zumindest scheint es so.

ist, hat nichts gegen eine Wiederholung einzuwenden. Im entsprechenden Kontext und kombiniert mit einer fachkundigen Führung durch die Welt des Geschmacks sind Weinvorträge leichte Unterhaltung und können sogar den Verkauf von Büchern fördern.

Die Frage? »Sie mögen es nicht, wenn im Fernsehen Wein mit Fruchtnoten beschrieben wird, oder?« Damit nahm der Fragesteller Bezug auf die TV-Weinstars Oz Clarke und Jilly Goolden, die im BBC-Abendprogramm frei über Geschmacksnoten assoziiert und sich zischend, schnüffelnd, saugend und augenrollend eine große Fangemeinde erkostet hatten. Jilly: »Fantastisch. Ich schmecke Mandarinen. Birnenbonbons. Reichlich feine, reife Melonen …« Oz: »Zitrone. Ein bisschen Zahnpaste. Tennisschuhe.« Ein Witz? Auf jeden Fall ging das Ganze in eine Art Stammtischgeplauder über.

Das mache sich im Fernsehen ganz gut, war meine Antwort, aber ich glaube nicht, dass das, was sich wie ein Rezept für Obstsalat anhöre, jemandem wirklich helfe, Wein zu genießen. Riesling schmecke in erster Linie nach Riesling und erst in zweiter nach Zitronen und Äpfeln. Sobald man einmal Riesling getrunken habe, wisse man, wie Riesling schmecke. Wie viele Äpfel müsse man probiert haben, um einen Apfel zu erkennen?

Am Tag darauf – und deshalb erzähle ich die Geschichte – fand ich mich in der Presse wieder. Eine Zeitung schrieb, ich hätte gesagt, Wein schmecke wie Wein. In der *Times* erschien ein halbseitiger Artikel mit einer Schlagzeile über saure Trauben und einem großen Bild meiner Nase, gefolgt von einem feierlichen Vortrag des blatteigenen Weinkorrespondenten. Ob ich nicht wüsste, dass Wein und handelsübliches Obst dieselben Aromastoffe hätten? Ich war ein Reaktionär und eifersüchtig auf die jüngere Generation.

Die Kellertechnologie hat in den letzten 30 Jahren große Fortschritte gemacht. Wir wissen heute viel mehr über Rebkultur, Keltern, Vergärung, Ausbau und alle anderen Abläufe, die dem Trinken vorausgehen. Auch in der Kunst des Definierens und Beschreibens unserer eigenen Reaktionen haben wir uns enorm gesteigert. Früher blieben Weinautoren erschreckend uneindeutig – manchmal vielleicht sogar mit Absicht. »Gute Farbe, hübsche Nase, fruchtig, charakteristisch. Ein guter Wein«, mehr wagte kaum jemand zu schreiben. Das Weinvokabular war nicht nur begrenzt, es wirkte vor lauter Hemmungen auch gespreizt. Hätte man geschrieben, was man wirklich dachte, wäre es lächerlich bzw. dem geneigten Leser gegenüber unfreundlich gewesen oder hätte nach Werbung geklungen.

Statt Geschmacksnuancen und Aromen zu beschreiben, verlegten sich Autoren wie mein Mentor André Simon und seine Freunde auf Vergleiche und Metaphern, die häufig ihren ganz eigenen Reiz hatten. Die beliebtesten waren anthropomorph und verliehen dem Rebensaft menschliche, oft weibliche Charakterzüge. Weine waren da hübsche Mädchen, Frauen in voller Blüte, breit in den Hüften, matronenhaft, in reifem Alter milde oder gebrechlich. Ein Erzeugnis konnte leichtfüßig auftreten, einen Wanst vor sich herschieben, graue Haare bekommen und alle möglichen Tugenden, Laster und Gefühle haben – der ganze Facettenreichtum menschlicher Existenz wurde aufgeboten. Diese Schriften kann man leicht ins Lächerliche ziehen, man sollte sie aber nicht für snobistisch halten. Ihre Verfasser versuchten Unterschiede oder Gefühle zum Ausdruck zu bringen, für die es kein Fachvokabular gab. In den Ohren ihrer Zeitgenossen klang das bisweilen höchst ausdrucksvoll. In meinen tut es das manchmal noch heute.

In den 1960er-Jahren hielt in der Weinwelt der akademische Anspruch Einzug. Die renommiertesten Universitäten hießen Bordeaux, Montpellier, Dijon, Geisenheim, Davis (Kalifornien) und Roseworthy (Südaustralien). In England begann das Institute of Masters of Wine eine formelle Berufsausbildung für Weinhändler anzubieten. Wenn Begriffen eine exakte wissenschaftliche Bedeutung zugewiesen wird, verbreitert sich das Bezugsfeld, während der Spielraum für Metaphern kleiner wird. Ein Riesenschritt nach vorn war die Entwicklung von Laborgeräten, mit denen man die chemischen Bestandteile von Wein analysieren und bis zu einem gewissen Grad auch die Geruchsstoffe isolieren und somit benennen konnte. Was aber bringt es, wenn man weiß, dass der Geruch, den man als zitrusfruchtig erkennt, von einer Verbindung verursacht wird, die Isobutoprochlorosniffazin heißt? Für Weinbeschreibungen nicht das Geringste – aber vielleicht eine ganze Menge, wenn man das Verhalten der Moleküle verstehen und wissen möchte, in welcher Beziehung sie zueinander stehen, wie sie sich verhalten und möglicherweise entwickeln.

Eine graphische Form bekam die Weinanalyse 1984 mit dem von Prof. Ann Noble an der University of California in Davis entwickelten »Aromakreis«. Er erinnerte an die erste praxistaugliche Farbanalyse, die rund 100 Jahre zuvor in Frankreich erarbeitet worden war, und unterteilte die Weinaromen in 13 Felder, angefangen von fruchtig bis hin zu holzig und erdig. Auf zehn Felder kam der größte französische »Geschmackslehrer« der Weingeschichte, Professor Emile Peynaud, allerdings unterteilte er sie geringfügig anders. Beide Skalen gaben Verkostern und Autoren ein Instrument an die Hand, mit dem sie ein von beschlagener Seite abgesegnetes Aromaporträt der Gewächse liefern konnten. Davor musste man sein Gedächtnis und seine Fantasie bemühen, nach Düften suchen, die denen des Weins ähnelten, musste sie verwerfen, erneut erriechen, einen weiteren Vergleich bemühen und das Ganze nicht selten genug abbrechen. Mit einer anerkannten Liste scheint das alles nun einfacher. Ist das Aroma fruchtig, muss es irgendwo in der langen Liste der Früchte stehen, und lässt sich partout keine exakte Entsprechung finden, wähle ich eben mehrere. So entstehen Beschreibungen wie: »Frische Kräuter, Stachelbeeren und im Abgang ein Anflug von Limone und Zitrone, reifen Tropenfrüchten, Melone, Guave und Ananas.« Hört sich das verlockend an? Oder eher verwirrend?

Manchmal weiß man nicht so recht, ob sich eine neue Geschmacksrichtung oder nur eine neue Beschreibung durchgesetzt hat. Vor einigen Jahren war »fruchtbetont« en vogue; soviel ich weiß, verwendete man das Adjektiv zuerst für australi-

Mitglieder des Wine Club vor dem Geschmackstunnel. Hier kann man Weine mit Frucht- und anderen Düften vergleichen, an die sie angeblich erinnern.

sche Erzeugnisse. Ist »fruchtbetont« etwas anderes als »fruchtig«? Es hatte mehr Nachdruck, bedeutete aber manchmal wohl einfach nur »ziemlich süß«. Dann war mit einem Mal »mineralisch« in. Das scheint sich eher auf eine Empfindung als einen tatsächlichen Geschmack zu beziehen. Das einzige Mineral, das ich eindeutig schmecke, ist Salz – es fällt mir besonders bei einigen australischen Roten auf. »Verschwitztes Sattelleder« meint vermutlich genau dasselbe. »Mineralisch« ohne nähere Erläuterung deutet auf eine lebendige Frische am Gaumen hin – ein auf jeden Fall positives Merkmal. Auch »kristallin« dürfte wohl in diese Richtung gehen, denn kein Verkoster macht Kristalle im Glas aus. Mineralien finden sich im Boden, also spiegeln »mineralische« Weine das Terroir wider. Es reicht, wenn ein einziger Autor einen Charakterzug mit einem einprägsamen Wort benennt – etwa »Toast« für Eichennoten oder »butterig« für gewisse reife Chardonnays (wobei Letzteres wohl auf mein Konto geht, wie ich fürchte). Dringt das Konzept erst einmal ins Bewusstsein der Degustatoren, ist die Saat gesät.

Eindeutige, im Großen und Ganzen schlüssige Entsprechungen zwischen Weinen und alltäglichen Substanzen haben vor allem ein Gutes: Menschen, die sich nie Gedanken über den Geruch von Wein gemacht haben, richten ihre Aufmerksamkeit plötzlich auf das Getränk vor ihnen. Ich dachte mir einmal für das jährliche Vintage Festival des Sunday Times Wine Club in London eine einfache Installation aus. Wir nannten das Ganze Geschmackstunnel. Er besteht aus überdimensionalen Weingläsern, die einige der mutmaßlichen Aromabestandteile verschiedener Weine oder zumindest Rebsorten enthalten. In das »Chardonnay«-Glas etwa legten wir eine Melonenschnitte, eine Vanilleschote, einige Gewürznelken, Dosenpfirsiche und eine mit Butter bestrichene Scheibe Toast. Das »Gamay«-Glas enthielt stellvertretend für einen Beaujolais frische und eingemachte Erdbeeren, Rosenblätter und weißen Pfeffer. Im »Cabernet-Sauvignon«-Glas lagen Schwarze Johannisbeeren aus der Dose, frische Minze, grüne Paprika

Organic. P. Bianco, Chard, Riesling...
12.5° fl yellow straw. V. little nose, fierce st.
caramelly fl. Completely nasty.

Ser Lapo 1990. Chianti Classico
Not deep, but red-hearted like a robin. Not aromatic,
just warmly Sangiovese — you can smell the rasp on
well as the raspberries. Smooth on entry, then
sandpaper with the fruit. Long and even; good
balance, v. well-made, genial and long.
Scarcely a sensation, but roundly gentilhomme.

How boring this book, & how much better it
would be enlivened with doodles, quotes,
reflections on the brevity of life, the passing
seasons, the flowering of plants & the flowering
successes of children. Very well then...

ARS LONGER

21.1.02 Kell Joly Ries. '99. Hochgewächs trocken, Zell, Mosel
11.0° Clear green Ries. smells appetizing. First keennen
mighty full flav. Dry, lush fruit, no point

Mariner P. Noir, Pfalz Ries (unfiltered) 1999
Cheerful light   Nose caramelly with
burnt oak. Caramel dominant all the way.
Dull to drink

und Bleistiftschnipsel. In das »Syrah/Shiraz«-Glas kamen Lakritze, Pfeifentabak, eingekochte Pflaumen, Himbeeren und ein Stückchen Leder. Genauso verfuhren wir mit Sauvignon blanc, Sémillon, Muscat und Viognier (eine einfache Wahl: Aprikosen). Dazu gibt es ein Glas Wein, an dem man riechen kann. Zugegeben, groß wissenschaftlich ist der Ansatz nicht, aber er sieht gut aus, unsere Clubmitglieder sind begeistert davon, reden darüber und probieren mehrere Weine. Manchem gab die Installation die Initialzündung für eine spätere Karriere als Degustator – in deren Verlauf man natürlich erfährt, dass derlei Vereinfachungen zwar das Interesse wecken können, die Realität aber dann doch komplizierter ist.

Möglicherweise gibt es eines Tages ein System, mit dem sich die Gesamtheit der Aromen eines Weins erkennen und beschreiben lässt. Vielleicht aber ist auch die Musik dafür besser geeignet als Farbkreise oder die Biochemie oder ein anderer Zweig der Wissenschaft. Warum gerade Musik? Weil auch in ihr verschiedene Noten miteinander in Wechselwirkung treten und daraus etwas Harmonisches oder Unharmonisches entsteht – und vor allem, weil auch bei ihr Zeit eine wichtige Rolle spielt. Ein Arsenal aus Adjektiven ist ein nützliches Rüstzeug, doch Verben sind aussagekräftiger. Charaktervoll und interessant wird ein Wein nicht nur durch das, was er ist, sondern vor allem durch das, was er tut: wie er entsteht, sich entwickelt, verweilt und endet. Wie Musik ist er manchmal lauter und manchmal leiser (seine Geschmacksintensität), wobei zwischen Tonstärken ein inneres Gleichgewicht herrschen soll. Ein Akkord der Blechbläser mag zwar den Raum erfüllen, doch ebenso fesselt eine neue Phrase der Geige oder ein Flüstern der Holzbläser die Aufmerksamkeit. Hält das Thema an? Kehrt es wieder? Welche Botschaft trägt es an unser Ohr? Ebenso stimmt Wein im Mund geschmackliche Nebenthemen an und lässt sie wieder versiegen. Oder eine zu Beginn entdeckte Melodie, etwa eine Andeutung von Eiche, Süße oder flüchtiger Säure, schwillt an, um schließlich zu dominieren und im Gedächtnis haften zu bleiben.

Weitere Analogien lassen sich ausmachen. Die Qualität eines Orchesters oder Chors drückt sich in der Organisation seiner Energie aus. Energie hat nichts mit Lautstärke zu tun, man spürt sie noch in den leisesten Passagen. Ich meine mit Energie vielmehr die Reserven an Kraft und Können, die im Lauf der Zeit freigesetzt werden. So verhält es sich auch mit Wein: Seine Qualität spürt man wie einen gespannten Muskel unter der Haut. Werturteile, die allein auf Dezibel basieren, sind unter Weinkritikern gang und gäbe. Sie schwärmen von »Fruchtcrescendi« oder »Paukenschlägen« dieser oder jener Eigenart. Das eine Gewächs schlägt »unüberhörbare Erdbeernoten« an, das andere »birst förmlich vor getoasteter Eiche« – ständig wird Lautstärke mit Qualität verwechselt.

Ernest Dowson war ein nicht sonderlich bekannter englischer Dichter des ausgehenden 19. Jahrhunderts. In einem Gedicht, das anhebt mit den Worten »Als letzte Nacht sich trafen ihre Lippen mit den meinen«, rief er »nach wild'rer Musik und nach stärk'ren Weinen«. Der Arme lebte und starb viel zu früh.

LINKS
Auszug aus meinem Notizbüchlein, das ich in der Küche liegen habe. Ich trage darin jeden Wein ein, den ich zu Hause verkoste. Nach vielen Bänden dachte ich, dass es an der Zeit für Illustrationen sei.

Technisches

»**I**HR KÖNNT GETROST EINEM SCHREINER ZÜRNEN, der Euch einen schlechten Tisch gemacht hat, obwohl Ihr selbst keine Tische zu fertigen versteht. Es ist nun einmal nicht Euer Handwerk, Tische herzustellen.« Mit diesem Bonmot, einer von Kritikern gern vorgebrachten Rechtfertigung, verteidigte sich der englische Schriftsteller und Dichter Samuel Johnson, genannt Dr. Johnson, für den Verriss eines Theaterstücks. Ich würde mich zwar nicht unbedingt als Kritiker bezeichnen, doch habe auch ich mich damit 30 Jahre lang gegen Angriffe zur Wehr gesetzt. Bis die Neugier stärker wurde. Wenn ich nicht eigenhändig Wein bereite, dachte ich mir, habe ich tatsächlich keine Ahnung, wovon ich spreche.

Die erste Hürde, die es zu überwinden galt, war der Hohn meiner Freunde. »Das wird dir noch Leid tun«, lautete ihr vielstimmiger Chor. »Das ist ein Mühlstein um deinen Hals. Du setzt ein Vermögen in den Sand. Erwarte nicht, dass ich den Wein trinke. Du wirst ihn ganz alleine trinken müssen.« Doch Neugier ist eine starke Triebfeder.

Wir wählten das kalte Hochland im Bourbonnais nicht gerade wegen seiner Reputation für gute Weine zu unserem Schlupfwinkel. Aber zumindest lag es weit weg von den spöttischen Blicken echter Winzer. Meine Reben standen ganz allein auf weiter Flur. Dafür gab es gute Gründe – Gründe, die einst der bäuerlichen Weinwirtschaft in großen Teilen Europas den Todesstoß versetzt hatten: die Reblaus, ein Import aus Amerika, der Mehltau, ein Pilz aus Amerika, die Abgeschiedenheit, die Konkurrenz aus dem warmen Süden, die Auswanderungswellen nach Amerika. Wenn ich es mir recht überlege, war Amerika keine große Hilfe gewesen.

Der Weinbau überlebte all diese Widrigkeiten, sofern die Erzeugnisse trinkenswert waren und es eine Bevölkerung gab, die sie auch tatsächlich trank. In Frankreichs Mitte hingegen war weder ein nennenswerter Absatzmarkt vorhanden noch ein günstiger Transportweg in Gegenden, wo ein solcher existierte. Und die Erzeugnisse selbst … nun, das Bourbonnais ist das Land der Eiche, nicht der Rebe. Die besten Weinberge des Bezirks hatten einst 30 ha eines Guts bedeckt, das für sein Jagdgebiet und nicht für seine Weine bekannt war. Als ich mehr darüber wissen wollte, zeigte mir der Besitzer seine alten Eichenbottiche, Pressen und Fässer, die in einem nicht gerade kleinen *chai* neben den prächtigen Ställen vor sich hin moderten. »Ich würde zu gern Ihre alten Etiketten sehen«, bat ich. Das riesige Gut kam darauf sicher gut zur Geltung. »Etiketten?«, lachte der Besitzer. »Glauben Sie bloß nicht, der Wein sei je in Flaschen gefüllt worden. Man transportierte alles in Fässern zu einem Mann in Sancerre.«

Sancerre 130 km weiter nördlich kam als Vorbild in Frage. Anderes Klima (an der Loire ist es mild, im Bourbonnais abwechselnd heiß und trocken), andere Böden (in Sancerre Kalk, im Bourbonnais Granit), gleiche Sprache – wenigstens annähernd. Die Bauern – ja, es gab hier nicht nur Aristokraten auf der Jagd – pflanzten Gamay, in der Hoffnung, daraus Rotwein bereiten zu können. Bei der einheimischen Technologie kam dabei eher ein dunkler Rosé heraus. Also entschied ich mich für Weißwein. In einem kühlen Klima 300 m über dem Meeresspiegel standen die Chancen damit höher, reife Trauben zu lesen; zudem ließen sich Weißweine einfacher und schneller herstellen. Ein enormes Zugeständnis – aber schon allein die Tatsache, den Winzer spielen zu wollen, obwohl man eigentlich nicht vor Ort lebt, ist keine sonderlich gute Idee.

Zuerst musste ich den *chef de douane*, den Zolldirektor des Départements, für die Sache gewinnen. Monsieur Brun kam zum Essen – in Begleitung von Madame Brun mit schwarzem Lederrock und hochhackigen Schuhen, die im nassen Gras versanken. Er brachte einige Flaschen mit, ganz offensichtlich die Früchte der Arbeit seiner anderen Kunden. Brun war ein leutseliger Mann und überhaupt nicht darauf aus, anderen Steine in den Weg zu legen. Wie er mir bei einer Magnum eines zehn Jahre alten Grand cru aus Chablis beipflichtete, konnte man durchaus argumentieren, dass ein Rebhang erst vor kurzem auf dem Anwesen gerodet worden sei, das *droit de plantation*, das Recht auf Bepflanzung, also noch bestünde. Von den Stöcken war zwar nichts mehr zu sehen, aber die Wahl des Standorts fiel trotzdem nicht schwer. Das Land hinter den Hofgebäuden zieht sich hinauf auf eine Anhöhe und von dort durch tiefsten Wald 100 m bis zu einem Fluss hinunter. Wir nennen es Tractor Hill, weil es dort einen alten Traktor ohne Anlasser gab. Der Hang vom Gipfel der Anhöhe zurück zum Hof liegt nach Süden ausgerichtet, ein sanfter, perfekt der Sonne und dem Wind ausgesetzter Sattel mit einem leichten Dreh nach Ost und nach West. Wein mag einen exponierten Hang, lautete Vergils Axiom, also war das unser Rebberg. Wir pflügten das Land tief um und stellten fest, dass die obere Hälfte aus krümeligem braunem Granitboden bestand. Dann liehen wir uns einen Bulldozer und rissen mit einem Metallstab 1 m tiefe Furchen in den Boden. In sie kam ein Stall voll Dung von den Schafen, die hier jahrelang geweidet hatten. Wenn die Reben diesen Vorrat aufgezehrt hatten, mussten sie wohl oder übel tiefer ins Erdreich vorstoßen.

Welche Rebsorten durfte ich pflanzen? In jeder französischen Region – ja, selbst dort, wo niemand, der noch bei Verstand war, je Reben pflanzen würde – gab es drei Kategorien: »empfohlen«, »erlaubt« und »bloß nicht«. Damals bepflanzte Peter Vinding, ein Freund in Bordeaux, gerade ein altes Gut in Graves neu. Er hatte alte Reben einer in dieser Gegend seltenen Sorte namens Sauvignon gris aufgetrieben. *Gris*, »grau«, bedeutet, dass die Schalen rosa oder hell purpurrot statt gelbgrün sind; das bekannteste Beispiel dürfte Pinot gris sein. Sauvignon gris reifte anscheinend relativ früh und war auf jeden Fall nicht so krautig-grün wie seine bekanntere weiße Cousine. Ich mochte den Geschmack; das waren Trauben, die man auch essen konnte. Aber würde ich sie pflanzen dürfen?

Niemand sagte Nein. Also kamen tausend winzige Sauvignon-gris-Reben aus Bordeaux. Ich fuhr nach Burgund, um 750 Chardonnay-Sämlinge zu erstehen, die so klein waren, dass sie allesamt in mein Auto passten. Sie würden, dachte ich, den perfekten Bourbonnais ergeben, einen Wein mit Graves- und Chablis-Zügen. 1750 Reben, im Abstand von 1 m gepflanzt, ergaben 0,175 ha; mein Limit war damit alles andere als ausgeschöpft. Ich orientierte mich an der klassischen Bordeaux- und Burgund-Stockdichte von 10 000 Reben pro Hektar. In modernen Pflanzungen hätten dieselben Pflanzen zwei- bis dreimal mehr Platz eingenommen.

Bestockung des Chardonnay-Weinbergs in klassischer Dichte mit jeweils 1 m Abstand zwischen den Pflanzen. Ich bin mit dem Wässern der Winzlinge an der Reihe.

Es war Mai, die ideale Pflanzzeit. Gute Freunde besuchten uns, um zu helfen. Ich borgte mir ein Werkzeug namens *bicyclette*, »Fahrrad«, mit dem man tiefe, schmale Pflanzlöcher stoßen konnte. Reben werden in der Rebschule in Sand veredelt und kultiviert; ihre Wurzeln sehen aus wie lange braune Haare. Es bricht einem das Herz, wenn man drei Viertel davon wegschneiden muss, weil sie im Pflanzloch nicht einmal annähernd Platz haben. Welche Verschwendung!

Meine Lokalmannschaft setzte sich aus Bertrand und Hermione zusammen. Bertrand hatte anfangs Drucker gelernt, war dann auf Koch umgestiegen, aber am besten gefiel ihm die Arbeit an der frischen Luft. Hermione hatte die Figur eines Models, rotes Haar und immer eine Geschichte parat. Sie war die Frau eines benachbarten Bauern und machte sich unverzichtbar. Eines Tages kam sie aus dem Weinberg und meinte: »Ich habe mir Ihre Rebstöcke angesehen. Ich möchte mich um sie kümmern.« Meine Weinbergpflege war wohl verbesserungsbedürftig. Peter und Susie Vinding reisten aus Bordeaux an. Susie ist ein winziger Dynamo. Während Peter und ich Methoden erörterten und über das Ergebnis spekulierten, pflanzte sie dreimal so viele Reben wie ich.

Fünf Jahre später: Tadellos geschnittene Rebreihen bereichern die Landschaft des Bourbonnais. Hermione in Besitzerpose.

Sie sahen so herzzerreißend verletzlich aus, meine kleinen Stöcke. Vor allem, als die ersten grünen Triebe erschienen. Doch dann: Hasenalarm! Mein Gewehr erwies sich als nutzlos. Die Biester haben einen anderen Tagesrhythmus als ich; sie stellen den Wecker auf Sonnenuntergang und machen Feierabend, kurz bevor der Tag anbricht. Ein renommierter Verfechter des biologisch-dynamischen Landbaus hatte die Lösung. Schieß einen Hasen, sagte er, das ist schon das Schwerste. Häuten. In Senfsauce oder sonstwie nach deinem Gusto servieren. Den Pelz auf einem Feuer verbrennen. Die Asche zu feinem Pulver zerstampfen, drei Prisen davon in sechs Liter Wasser auflösen und das Ganze außen um die Off-Limits-Zone für Hasen verteilen. Ein anderer hatte mir schon einmal gegen das Ulmensterben ein ähnliches Gebräu aus Heidelbeeren empfohlen – die Hoffnung starb zuletzt. Trotzdem hielt ich mich an die Anweisungen. Doch die Hasen müssen Schnupfen gehabt haben.

Die nächste Aufgabe erforderte Geschick: das Spannen der Drähte. Kaum zu glauben, dass es sie vor der industriellen Revolution noch nicht gegeben hatte. Jede Rebe stand für sich allein; ihre Triebe hingen nach unten. In Italien zog man sie an Bäumen hoch, in Frankreich schnitt man sie hart zurück, formte eine Art

Miniaturstamm und verhinderte mit einfallsreichen Mitteln, dass die Trauben auf den Boden hingen. Früher konnte man einen Weinberg in alle Richtungen durchwandern. Heute muss man zwangsläufig parallel zu den Stockspalieren laufen.

Im Spannen von Unterstützungssystemen aus drei Drähten bin ich ebenso bewandert wie im Schreinern von Tischen. Wenn sie stabil genug sein sollen, um Reben und ihre Frucht Jahr für Jahr zu tragen, dann muss jemand mit Erfahrung ans Werk gehen. Ich rief die Winzergenossenschaft des nächsten Ortes an, in dem ernsthaft Wein bereitet wird: das 50 km entfernte St-Pourçain-sur-Sioule. St-Pourçain belieferte einst die Bourbonenherzöge mit Wein, die später zu Frankreichs Königen gekrönt wurden. Heute entstehen in der Gemeinde respektable Rote, Weiße und Rosés, die überwiegend von der einheimischen Bevölkerung konsumiert werden. Mit meinem Weinimperium würde ich St-Pourçain unweigerlich vom Markt fegen. Die Hilfsbereitschaft der Nachbarn kannte dennoch keine Grenzen. »Sie wollen *wo* Stöcke pflanzen? Ja, ich glaube, ich finde einen Weinbauern, der vorbeikommen könnte. Ich kenne einen, der ist genau der Richtige.«

Denis Barbara, groß und still, war ein Meister des Pfahls, Hammers und Drahts. Er zeigte Bertrand und mir – wenn ich sage, »ich« würde auf dem Gut arbeiten, meine ich immer Bertrand und mich oder auch nur Bertrand –, wie man die Drähte befestigt und sie spannt, bis sie singen. Als er fertig war, fragte mich Barbara, ob ich mich noch an einen Brief von einer jungen Frau erinnerte, den ich vor vier Jahren um die Weihnachtszeit erhalten hätte. Sie war Lehrerin und stand kurz vor der Heirat mit einem angehenden Winzer. Ob ich ihrem Verlobten schreiben könnte, wie großartig Wein sei und wie sehr ich den Beruf des Weinbauern schätzte, fragte sie mich. Ich entsprach ihrem Wunsch – und vier Jahre später stand dieser Mann vor mir, jetzt glücklich verheiratet.

———————————

Die Rebe ist eine Gastarbeiterin in Frankreich. Ihre angestammte Heimat liegt weiter südlich. In Frankreich braucht sie viel Aufmerksamkeit und aufwendige medizinische Versorgung. Zwei Arten von Mehltau warten nur darauf, sie zu infizieren, und die Rote Spinnmilbe ist lediglich der hartnäckigste von rund einem Dutzend Schädlingen, die ihr Laub als Leckerbissen erachten. Wie man die Rebe am besten schneidet, erfordert ein eigenes Kapitel, das ich Ihnen erspare. Mit dem Spritzen, Erziehen und Stutzen ist man so gut wie nie fertig. Es macht Spaß, zum Tagesausklang zwischen dem grünen Laub im Rebhang herumzuspazieren – aber schon wesentlich weniger Freude, gleich am nächsten Morgen mit der Arbeit von gestern neu beginnen zu müssen, weil der Regen in der Nacht alles zunichte gemacht hat.

So richtig aufregend wird es im Jahre zwei. Der Frühjahrswuchs treibt beunruhigend schnell aus, doch dann erscheinen Ende Mai kleine Büschel aus Blütenknospen. Im Juni öffnen sie sich – sie tragen winzige grüne Blätter mit einem Bündel aus Staubgefäßen, die einen süßen, schwachen Dufthauch entsenden. Von nahem nimmt man ihn kaum wahr, doch kann man ihn riechen, wenn der

Wind ihn heranträgt. Dem Volksglauben zufolge ist er außerdem ein wirkungsvolles Aphrodisiakum. Eine Juninacht ist also ideal für einen Spaziergang über die Felder.

Auf eine Ernte wartet man im zweiten Jahr allerdings vergebens. Und im dritten beginnt man gerade erst eine Ahnung davon zu bekommen. Im vierten Jahr steigt die Lernkurve schon an. Zeit herauszufinden, wer die echten Freunde sind. Zeit der Lese.

Selbst die auf den ersten Blick einfache Aufgabe, eine Rebe ihrer Frucht zu entledigen, hat ihre Tücken. »Fang doch einfach mit der dritten Reihe an.« Chardonnay. Die Trauben sind perfekt, trocken, schwer von goldenen, durchscheinenden Beeren (ich fantasiere), die eine Haaresbreite voneinander entfernt sind, um den Sonnenschein hineinzulassen … Das erste Problem: Wie finde ich sie? Man schreitet die Reihen ab und stellt fest, dass der untere Ast der Rebe mit einem halben Dutzend Trauben behängt ist. Man zückt die Schere und versucht sich einen Weg durch das Gewirr aus Blättern und Ranken zu bahnen. Die Trauben sind miteinander verwachsen, ihre Stängel tief in den Beeren verborgen, im Draht verhakt. Man braucht die andere Hand, um die Traube zu halten, während man sie abschneidet. Für Finger ein gefahrvolles Geschäft – es vergeht kein Tag ohne Blutvergießen.

Perfekte Trauben sind selten. Die Realität ist in der Regel durchwachsen. Idealbedingungen, unter denen jede Blüte befruchtet wird und zur Traube heranreift, sind Wunschtraum. Kälte und Regen funken ständig dazwischen. Die Hälfte der Blüten bleibt auf dem Weg zur Frucht in einem Stadium stecken, in dem sie nichts weiter als kleine grüne Kügelchen sind. Eine Traube mit entwickelten wie unentwickelten Beeren leidet an Kleinbeerigkeit. Die kleinen Beeren sind nutzlos. Wenn andererseits jede Blüte zur Frucht wird, stehen die Beeren in der Traube oft so dicht gedrängt, dass sie anfällig für Fäulnis werden. Fällt Regen auf die fast reifen Beeren, schwellen sie an, platzen und sind ein gefundener Nährboden für Pilze. Alle Eventualitäten zu kennen ist eine Sache, etwas dagegen zu tun eine andere.

Eine Rebe kann nur eine bestimmte Zahl von Trauben ansetzen. Der Zucker in den Beeren entsteht durch die Fotosynthese in den Blättern. Trägt der Stock im Verhältnis zum Laub zu viele Trauben, wartet man vergebens darauf, dass sie ausreifen. Ambitionierte Güter dezimieren regelmäßig die Zahl der Trauben pro Rebe, wenn nötig durch das so genannte Ausdünnen, das auch als Frühlese bezeichnet wird. Manchmal lassen sich die Weinbergarbeiter nur schwer dazu bringen, die Hälfte der Frucht ihrer Arbeit abzuschneiden und auf dem

Nicht immer war unser Traubengut so fotogen wie bei der Chardonnay-Lese 2003. Für einen Hauch von Luxus sorgen die Kunststoffkisten – ein Kniff, den wir uns von renommierteren Erzeugern abgeguckt haben.

VON LINKS NACH RECHTS
Das Sortieren der Trauben ist ein klebriges Geschäft. Meine Familie und Freunde brauchen dafür viel Geduld. Bruder Brian (rechts) ist fast schon zu wählerisch.

Bernard, Leo und Thierry betätigen die Quetschmühle, das fouloir.

Arbeit an der Presse: Jeder tut, als würde er sich mächtig ins Zeug legen.

Bernard beim Maischeschaufeln nach dem Pressen. Ich messe mit der Mostwaage den Zuckergehalt.

Boden liegen zu lassen. Nicht minder schmerzlich allerdings ist die Ernte halb ausgereifter, halb verfaulter Trauben, die man vor dem Keltern noch aufwendig sortieren muss. Niemand steht gern klebrig bis zu den Ellbogen am Sortiertisch und pickt gut geratene Beeren aus einer Masse fauliger heraus. Die Lesemaschinen, die von fast jedem modernen Industrieweinhersteller eingesetzt werden, holen wahllos alle Trauben von den Stöcken, ohne zwischen Gut und Schlecht zu unterscheiden.

Weiß der Himmel, wie vielen Winzern ich bei der Arbeit zugesehen habe, bei wie vielen Lesen ich zugegen war. Doch das Zuschauen und Studieren der Lehrbücher reicht nicht einmal annähernd als Vorbereitung auf den eigenen Körpereinsatz aus. Kaum etwas lässt sich vorhersehen. Bertrand, Hermione und ich erzeugten zusammen fünf Jahrgänge. Man hätte meinen können, da käme Routine auf. Weit gefehlt.

Die erste Stufe der Weinbereitung ist das Keltern. Selbst wenn man die Trauben umgehend presst – bei Weißwein der beste Weg –, sollte man vorher die Beerenhaut aufreißen. Das Zerdrücken intakter Früchte erfordert wesentlich mehr Energie, als man mit bloßer Körperkraft aufzuwenden vermag. Bei pneumatischen Pressen hätte man dieses Problem nicht, doch wir arbeiten noch manuell. Also kommt das Lesegut zuallererst in eine Quetschmühle. Dazu schütten wir einfach den Inhalt eines unserer Plastikeimer in einen Trichter und drehen die Kurbel, so dass die Walzen die Beeren anquetschen und sich der Brei aus Häuten, Stielen und Saft in einen Behälter unter der Mühle ergießt.

Von dort aus wandern sie in die eigentliche Presse. Diese besteht aus einer breiten Eisenschüssel auf drei kurzen Beinen. In der Mitte ragt eine Stahlspindel 2 m in die Höhe. Sie ist von einem hölzernen Lattenkäfig umgeben, in den die

Trauben kommen. Ist der Käfig gefüllt, deckt man ihn mit Brettern und Holzklötzen zu und dreht den massiven Presskopf aus Eisen die Spindel hinunter, bis er die Klötze nach unten drückt. Nun beginnt Saft zwischen den Latten auszutreten und sich über den Schüsselrand plätschernd in einen Plastikbehälter zu ergießen. Mit jeder knarrenden Bewegung des Hebels erhöht sich der Druck, so dass sich das Behältnis unter der Presse immer mehr mit dem Saft füllt, den man nun stolz »Most« nennen darf.

Wie süß ist diese Flüssigkeit? Ich fülle einen Glaszylinder und stecke einen Schwimmer hinein, der so kalibriert ist, dass er über das spezifische Gewicht den potentiellen Alkoholgehalt anzeigt. Zehn Volumenprozent – gar nicht einmal so schlecht. Soll ich Zucker hinzufügen? 17 kg Zucker auf 1000 l Wein erhöhen den Alkoholgehalt um ein Prozent. Würde ich Wein gewerblich erzeugen, würde ich nicht zögern. Napoleons Landwirtschaftsminister Chaptal empfahl die Aufzuckerung in seiner *Traité sur la vigne*, die seit Generationen zur Pflichtlektüre jedes Winzers gehört. Doch hinter seiner Anleitung steckte mehr als nur das Bemühen um eine Vereinfachung der Weinbereitung. Er wollte damit gleichzeitig den Anbau von Zuckerrüben fördern, nachdem die britische Flotte Frankreich von der Versorgung mit Zuckerrohr aus der Karibik abgeschnitten hatte.

Warum soll ich stärkeren Wein erzeugen? Ich persönlich greife eher zu schwächeren Tropfen, vorausgesetzt, der Geschmack stimmt. Außerdem möchte ich wissen, was die Natur uns ungeschönt schenkt, und den unverfälschten Geschmack unserer Trauben sowie unseres Bodens entdecken. Als einzigen Zusatzstoff verwende ich Schwefel, den Weinbauern schon seit der Römerzeit einsetzen; ohne seine antioxidativen Eigenschaften würde die Flüssigkeit braun wie ein angebissener Apfel werden. Man bekommt das Schwefelpräparat in einem Plastikkanister und muss zunächst einmal Schwindel er-

Len Evans, Weinkenner und Bildhauer aus Australien, stattet uns einen Besuch ab, um einen Steinkopf für uns zu schaffen. Sein monumentales Werk überblickt seither von unserer bewaldeten Anhöhe aus das grüne Val d'Aumance.

regende Rechenoperationen anstellen, um seinem Wein die empfohlene Dosis zu verabreichen. Schnell einen bescheidenen Spritzer hinein – es sieht ja niemand.

Unsere Gärbehälter, *cuves* genannt, sind völlig unspektakuläre Glasfasertanks. Sie haben zwei große Vorteile: Sie sind (fast) durchsichtig und wiegen so gut wie nichts. Ich kann sie ohne fremde Hilfe nach draußen rollen und mit einem Schlauch auswaschen. Die Haare würden mir zu Berge stehen, sähe ich sie im Keller eines ambitionierten Gutes stehen, aber wir haben nun mal keine hohen Ansprüche, wir Winzer im Bourbonnais.

Bertrand kippt Trauben in die Quetschmühle. Er ist Besitzer der riesigen hellbraunen Kühe, die man 10 m weiter kauen hört, und bereitet fetten, würzigen Käse, den man frisch und krümelig genießt. Bei der Lese greift er uns unter die Arme. Hermione hat die kleine summende Elektropumpe eingeschaltet, die den Most in einen Gärbehälter pumpt. Phase eins der Bereitung nähert sich dem Ende. Wir haben unseren Trauben den Saft entzogen. Nun wird die Natur ohne unser Zutun den Most in Wein verwandeln. Für mich ist das Werden des Weins noch heute ein Wunder. Es passiert einfach. Wo die Hefe herkommt? Aus der Luft. Sie stammt aus dem Rebberg – vielleicht sogar von den Beerenhäuten. Mittlerweile hat sie sich wahrscheinlich auf den Steinen unserer Scheune angesiedelt, in der sie während der Gärung entstand. Gärung ist nichts anders als die explosionsartige Vermehrung von Millionen dieser winzigen Kreaturen, die weder Pflanze noch Tier sind. Genährt werden sie vom Zucker im Most. Dabei entstehen Abfallstoffe, je zur Hälfte Alkohol und Kohlendioxid. Dass die Hefen mit der Vermehrung begonnen haben, erkennt man an den Bläschen im Most.

Der Prozess setzt nicht im Handumdrehen ein, zumindest nicht bei diesem kühlen Herbstwetter in der letzten Septemberwoche. Die Feststoffe in der Flüssigkeit haben Zeit, sich zu setzen. Binnen 24 Stunden ist das Gros der Schalenreste und des Fruchtfleisches auf den Boden gesunken – Zeit für den ersten Abstich, das Trennen des Safts bzw. Mosts von seinem Trub. Wir pumpen die Flüssigkeit von einem Tank in den nächsten, spülen den ersten aus und füllen sie wieder zurück. Dabei holt sie sich den Sauerstoff, den sie braucht. Jetzt ist es nur noch eine Frage der Zeit, bis sie gärt. Wer die Spannung nicht erträgt, kann Bäckerhefe hinzufügen – oder eine speziell gezüchtete Hefe, die dem Wein ganz bestimmte Eigenschaften verleiht. Viele moderne Kellereien setzen solche Kulturhefen ein und berauben ihr Produkt damit seiner Eigenheiten. Vor einigen Jahren tauschte eine Hand voll Bordelaiser Château-Besitzer Hefen aus. Jeder startete eine Versuchsgärung mit den Kulturen eines anderen Guts – anscheinend mit dem Ergebnis, dass die dabei entstandenen Weine eine bizarre Melange aus Eigenschaften zeigten. Niemand wollte das Experiment fortführen. Ich gebe zu, dass ich einmal schwach geworden bin und Bäckerhefe verwendet habe. Man erwärmt einen Löffel voll mit etwas Most und Zucker (die so genannte Johnson-Methode), bis sie buchstäblich wie ein Hefeteig aufgeht. Dann gibt man sie in den Gärtank, wo sie ihre Wirkung frei entfalten kann.

Ich war schon zur Lese in Jerez. Dort ist es um diese Zeit noch so heiß, dass die Gärung praktisch sofort einsetzt – »tumultartig« nennt man sie, wenn sich vor lauter Hefeaktivität Schaum auf dem Most bildet. Allerdings lässt man den Tumulten nur selten ihren Lauf, denn im Land des Sherrys herrschen strenge Ansichten hinsichtlich der Idealtemperatur – und man hat Mittel und Wege, sie durchzusetzen. Ich und meine randvollen Gärtanks beschränken uns auf das, was uns das Wetter zuteil werden lässt. Meine Technologie besteht darin, die Scheunentür morgens zu schließen, damit es drinnen kühl bleibt, und sie abends zu öffnen, um die nächtliche Frische hineinzulassen.

Im legendären Supersommer 2003, als wir mit der Lese zwei Wochen früher begannen und selbst die Nachttemperaturen noch tropisch hoch waren, konnte ich nicht viel unternehmen. Vor vielen Jahren hatte ich einmal zugesehen, wie ein Erzeuger in Pomerol Eisblöcke vom Fischhändler in seine Tanks hievte – und das nicht einmal in Plastiksäcken, damit er sie wieder hätte herausholen können. Meine bescheidenen Bemühungen bestanden aus Decken, die ich um die Tanks wickelte und mit einem Schlauch nass hielt. Die Temperaturen in der Scheune stiegen kurzzeitig auf 30 °C, so dass die Gärung nicht wie sonst in etwa zehn Tagen abgeschlossen war, sondern schon in fünf – nicht gerade das, was ein Önologe empfohlen hätte. Wie viel besser der Wein ausgefallen wäre, wenn ich ihn hätte kühlen können, weiß ich nicht. Aber beschwert hat sich niemand.

Der Gärung zuzusehen ist wunderbar – aber noch herrlicher ist ihr Geruch. Anfangs treiben nur einige vereinzelte Bläschen an der Oberfläche. Dann tauchen sie häufiger und regelmäßiger auf. Gleichzeitig wird der Duft des Traubensafts süßer und schwerer und mischt sich mit dem Geruch von Hefe. Man beobachtet den Vorgang am besten in einem Glasgefäß. Ich habe dazu immer einen gefüllten Glasballon neben meinen Tanks stehen. Am zweiten Tag ist der Most klar, am dritten nicht mehr, wobei einige wenige feine Bläschen an den Seiten hochsteigen. Am vierten Tag ist er vollends trüb und sandfarben geworden, während champagnerartige Bläschen eine dünne Schaumschicht auf der Oberfläche bilden. Sechster, siebter und achter Tag: Die Bläschen drängeln sich im ganzen Tank. Der Most ist spürbar warm und zischt leise. Am Abend des achten Tags verlangsamt sich der Prozess, und am Boden sammelt sich ein sandartiges Sediment mit sanften

Noch gärt gar nichts. Die duftende Schaumkrone hat sich beim Einfüllen des Mosts in unseren 700-l-Glasfasertank gebildet.

Gipfeln gleich einer vom Wind durchwehten Dünenlandschaft. Die Hefezellen haben ihr Werk getan; sie sinken sterbend zu Boden. Du hast Wein gemacht.

Ein Kälteeinbruch zu diesem Zeitpunkt trägt dazu bei, den Wein zu klären. Ich warte in der Regel ein paar Wochen, ziehe ihn ein paar Mal ab, gebe ein Quäntchen Schwefel hinzu – das Allzweckantiseptikum des Weinkellers – und vernagle die Scheune bis zum Frühjahr. Ambitioniertere Kellermeister, die es ganz genau nehmen, arbeiten immer wieder an ihrem Produkt. Sie lassen es auf der Hefe liegen, die sie sogar gelegentlich mit einem Stab aufrühren, damit die Flüssigkeit etwas von ihrem Geschmack annimmt. *Bâtonnage* nennen sie das, von frz. *bâton* für »Stock«. Früher oder später durchläuft der Wein außerdem je nach Wetter einen weiteren Prozess: die malolaktische Gärung, auch biologischer Säureabbau genannt.

Die Gärung wird also nicht nur von vermehrungsfreudigen Hefen über die Bühne gebracht. Vor langer Zeit war die Fermentation ein unerklärliches, möglicherweise sogar magisches Phänomen. Niemand wusste, was da ablief, bis Frankreichs größter Chemiker, Louis Pasteur, die Lösung fand. Dann kratzte man sich noch einmal hundert Jahre am Kopf, bis man verstand, warum der Wein erneut anfing zu perlen, obwohl die Hefe doch mit dem ganzen Zucker aufgeräumt hatte. Die »Malo« ist eine Angelegenheit von Bakterien und hat kaum mit Hefeaktivitäten zu tun. Milchsäurebakterien bemächtigen sich der Apfelsäure und wandeln diese in Milchsäure um.

Apfelsäure ist scharf, Milchsäure cremig. Wer einen cremigeren Wein bevorzugt, weiß, auf welche Seite er sich zu schlagen hat. Noch Mitte des 20. Jahrhun-

Ostern trifft sich die Familie zur Abfüllung des Weins vom letzten Jahr. Von links nach rechts: Judy, Chris, Lucy, Hermione, Red, Lydia und Kitty. Wir versiegelten die Flaschen mit Bienenwachs.

derts hatte niemand eine Ahnung, was da eigentlich vor sich ging. Das leichte Schäumen im Frühjahr wurde mit dem letzten Aufbäumen einiger versprengter Hefezellen erklärt, was durchaus vorkommen kann und bei Champagner sogar notwendig ist. Heute hingegen gehört die »Malo« zum festen Repertoire des Kellermeisters, mit der er den Wein nach seinem Gusto justieren kann.

———————

Hätte ich rote Rebsorten gepflanzt, wäre das Ganze anders vonstatten gegangen – allerdings nur in Bezug auf den zeitlichen Ablauf. Die Lese: kein Unterschied. Zerquetschen der Trauben in der Mühle: kein Unterschied. Dann hätten wir, statt den Saft auszupressen, die gesamte Maische, also Häute, Fruchtfleisch und sogar die Stiele, in einen Tank gepumpt, wo sie zusammen und möglichst bei etwas höheren Temperaturen als beim Weißen hätten gären können. Für optimale Farb- und ausreichende Tanninextraktion aus der festen Materie hätten wir verhindert, dass diese obenauf schwimmt, und sie immer wieder in die Flüssigkeit getaucht – »Untertauchen des Tresterhuts« nennt das der Fachmann. Alternativ pumpt man Most vom Boden des Tanks nach oben und berieselt den Hut damit. (Kellermeister können über diese Verfahren stundenlang reden.) Manchmal reicht eine Woche, manchmal aber sind drei nicht genug, um dem Wein optimale Tiefe und Tannintextur zu verleihen. Nachdem der Wein lange genug eingeweicht wurde, um alles Gute aus den Feststoffen herauszufiltern – man nennt das Standzeit –, presst man die Maische.

So sieht Weinbereitung in ihrer einfachsten Form aus. Man kann das Ganze unendlich verfeinern. Von größter Bedeutung ist die Verwendung der Fässer, ob für den gesamten Gärprozess (bei Weißen) oder zur Beendigung der Gärung nach dem Pressen (bei Roten) oder zum Ausbau des Weins vor dem Abfüllen (bei beiden). Die Franzosen nennen diese Phase im Leben eines Weins *élevage*, »Aufzucht«. Weiße brauchen in der Regel weniger davon als Rote. Weine ohne besonderen Anspruch werden anschließend höchstens noch filtriert, bevor sie eilends in die Flasche kommen.

Weiße Schafe waren in der von braunen Tieren geprägten Landschaft einst ebenso selten wie unser Weißwein unter den Gamay-Erzeugnissen der Gegend. Das Etikett entwarf mein Freund Paul Hogarth.

Aufzucht

Professionell gemachte, ambitionierte Weine entstehen anders. Ebenso wichtig wie ihr Anbau ist die *élevage*. Auf Les Boutons hatten wir nicht einmal einen Keller. Dabei ist der Keller das Wohnzimmer, die Werkstatt, der Tresor, der Ausstellungsraum, die Kinderstube des ernsthaften Winzers. Er zieht seinen neuen Wein wie ein Kind auf. Er stillt täglich jedes Fass, damit es bis zum Spundloch voll bleibt, er wechselt seine Windeln, indem er den Wein abzieht. »Er wurde gerade abgestochen« oder »er muss abgestochen werden« hört man oft in Kellern, wenn es ans Verkosten geht. Will heißen: Jetzt ist nicht gerade der ideale

Zeitpunkt für Degustationen. Diese Aufgaben bekommen fast rituellen Charakter. Bei Gesprächen zwischen Winzern wird das immer wieder deutlich. Mit welchen Schönungsmitteln arbeitet ihr, hört man da beispielsweise. Diese Substanzen fördern das Ausfällen von Trub, indem sie die Inhaltsstoffe absorbieren oder sich mit ihnen zu Flocken verbinden, die zu Boden sinken. Das traditionellste Schönungsmittel ist schaumig geschlagenes Eiweiß – noch älter ist höchstens Stierblut, das aber nicht mehr verwendet wird oder sogar verboten ist. Zu den moderneren Klärsubstanzen gehört Hausenblase bzw. Fischleim. Welches Schönungsmittel man wie und wann anwendet, wird oft von Generation zu Generation weitergegeben.

Für Besucher sind Keller ein einziges Mysterium. Wie kann ein Winzer jedes einzelne Fass kennen? Nun, er lebt quasi dort unten. Jede kleinste Veränderung fällt ihm sofort ins Auge, so wie uns auffällt, wenn ein Fremder in unserem Bett geschlafen hat. Er kennt die Gerüche, er kennt die Geräusche. Beim neuen Wein wartet er auf die malolaktische Gärung. Als fast alle Kleinwinzer ihre Erzeugnisse noch Händlern verkauften, wussten sie nichts von diesen Frühlingsgefühlen, die den Wein befallen – und wenn, dann hielten sie den Vorgang für eine zweite Gärung, die einsetzte, weil ein Zuckerrest noch unvergoren geblieben war. Der Winzer kann die »Malo« herbeiführen, indem er den Keller erwärmt. Solange sie aber noch läuft, lässt er die Finger von seinem Wein. Mit Halbwüchsigen diskutiert man lieber nicht.

Und die Fässer? Hört man Küfer reden, könnte man meinen, sie hätten das Rad erfunden. Was in gewisser Weise auch stimmt. Das Fass ist nicht gerade eine Konstruktion, die sich zwangsläufig ergibt. Zwischen ihm und den vor ihm verwendeten Amphoren liegen Welten. Ein falsch gefertigtes Fass ist unbrauchbar – wie beim Rad gibt es keine halben Sachen. Welcher geniale Geist kam auf die Idee, Bretter so in Form zu schneiden, dass man sie aneinander legen und mit einem Reifen verbinden konnte? Früher wurden Fässer von Reifen aus geflochtenen Weidenruten zusammengehalten und hatten Zylinderform. Das Formen der Dauben ist keine leichte Arbeit und erfordert allerlei Ausrüstung. Mit Seilen – heutzutage auch Drähten – wird ein starker Zug ausgeübt. Wesentlich leichter geht das vonstatten, wenn man das Holz vorher mit Dampf oder durch Einweichen in Wasser biegsam macht und das halbfertige Stück über ein Feuer hält. Als man feststellte, dass die Glut die Innenseite der Fässer anröstete, war eine weitere Variante des Ausbaus erfunden, die sich der Winzer zunutze machen konnte, denn getoastete Fässer verleihen dem Inhalt einen Karamellgeschmack.

Fässer waren Frankreichs erster Beitrag zur Zivilisation. Sie scheinen von Zeitgenossen der Gallier Asterix und Obelix erfunden worden zu sein. Nach wie vor gibt es kein besseres Behältnis für den Ausbau von Wein.

Eiche spielt im Weinvokabular heute eine so wichtige Rolle, dass wir alle zu Fachleuten im Taschenformat avanciert sind. Wo immer Wein bereitet wird, jongliert man mit den Namen französischer Eichenwälder. Einer sorgt allenthalben für ehrfürchtiges Raunen: Tronçais. Eichenholz aus diesem Forst erzielt die höchsten Preise. Es ist wegen seiner dicht gepackten Jahresringe am feinsten gemasert. Das erste Mal war ich in den 1980er-Jahren dort, um im Auftrag der *New York Times* einen Bericht über die edelsten Wälder der Welt zu schreiben. Ein Bild vom Forêt de Tronçais, dem entlegenen Wald im Département Allier in der alten zentralfranzösischen Provinz Bourbonnais, führte mich dorthin. Die blattlosen Bäume breiteten einen purpurgrauen Schleier über den braunen Boden, der im Januar eine noch leuchtendere Farbenvielfalt aufbot als im Sommer. Ich war fasziniert von der unendlichen Intimität der Szene, den vielen Wegen, die im Dunst verschwanden, und der Größe des Waldes. Auf 10 000 ha Forst wachsen Eichen jeder Statur, von Sämlingen bis hin zu Giganten wie der Chêne de la Résistance, einer 35 m hohen Säule mit 6 m Stammumfang. Der Wald birgt versteckte Seen, kiefernbewachsene Moore und entlegene Holzfällerhütten mit einem romantischen Rosenbusch neben der Tür. Tronçais ist eine eindrucksvolle Landschaft, in ihrer Wirkung mit einem Gebirge oder Meer vergleichbar.

Die Ernte erbringt riesige Zylinder duftenden Holzes. Sie können, noch in der Erde wurzelnd, bis zu 16 000 Euro einbringen. Als Staatseigentum werden sie alljährlich im Oktober versteigert, sobald sie ein Alter von 180 Jahren plus/minus zehn Jahren erreicht haben. In den umliegenden Dörfern zersägt man sie zu *merrains*, Rohdauben, aus denen später die eigentlichen Dauben für die Weinfässer entstehen.

Das beste Holz hat die Farbe von Räucherlachs und duftet nach Wein. Zumindest könnte man das meinen, weil heute so viel Wein nach Eiche riecht. Tronçais und seine Eichen haben mittlerweile einen festen Platz in meinem Leben, denn unser Hof befindet sich am Waldrand – dort, wo Bäche hervorfließen und einen behäbigen braunen Fluss speisen, der manchmal urplötzlich in Hochwasserlaune gerät. Wir hatten Eichen und pflanzten mehr davon: Fässer für die Zukunft. Ausgerechnet an diesem Fleckchen Erde musste ich meinen Rebhang anlegen, um Wein ohne Fässer zu bereiten. Rasch zu konsumierende Weiße brauchen keine Eiche.

Meine Lieblingseiche im Forêt de Tronçais ist nach einem Professor für Forstwirtschaft in Edinburgh benannt. Die Chêne Stebbing hat einen Umfang von 4 m und ragt 30 m in die Höhe. Eichen für den Fassbau werden bereits gefällt, wenn sie halb so hoch sind, kosten aber selbst dann schon viele tausend Euro.

Erzeuger guter Weine mit feinen Geschmacksnoten schätzen Eiche wegen ihrer physischen Eigenschaften und nicht wegen ihres Geruchs. Eine Fasswand besteht aus einer daumendicken, fast undurchdringlichen Holzschicht, die in Faserrichtung geschnitten wurde. Wein dringt bis in eine gewisse Tiefe in sie ein, und gleichzeitig passieren winzige Mengen Luft die Barriere, so dass eine langsame Reaktion im Fassinhalt stattfinden kann. Kein anderes Behältnis bietet diese Vorteile. Eiche mit eng aneinanderliegenden Jahresringen ist nicht so durchlässig und aromatisch wie andere Sorten. Zwar verfügt nicht nur Tronçais über diese Eigenschaften (sehr langsam wachsende baltische Eiche übertrifft sie darin sogar noch), dennoch liest man ihren Namen immer wieder in Kellern, in denen Geld keine Rolle spielt. Wer auf Eichengeruch aus ist, wie ihn etwa die Cognac-Hersteller bevorzugen, greift zu der unter günstigeren Bedingungen gewachsenen Limoges-Eiche. Und wer *nur* auf Eichenduft aus ist, ohne auf die anderen Vorteile dieses Holzes Wert zu legen, der bedient sich Methoden, die einen erblassen lassen. Das Eintauchen von Eichenschnipseln in die Fässer oder das Filtern des Weins durch Sägemehl sind gängige Praktiken. Am schamlosesten aber erscheint mir das Hinzufügen von Eichenessenz aus der Flasche. In einem Keller, der sein Produkt wie einen Cocktail mixt, ist das Wort »Aufzucht« fehl am Platz.

»Wie viel Prozent neue Eiche verwenden Sie?« Jeder Weinjournalist konfrontiert jeden Kellermeister mit dieser Frage. 100 % sind sündhaft teuer, nur etwas für absolute Luxusetablissements – und obendrein kontraproduktiv, wenn der Wein nicht die Konzentration und chemische Struktur hat, um so viel Geschmack zu absorbieren. Vor 100 Jahren war neue Eiche die Regel, zumindest bei den Reichen. Man war gemeinhin der Ansicht, dass Fässer schon im zweiten Jahr nicht mehr vollwertig seien. An ihrer Innenseite hatten sich Weinsteinkristalle gebildet, die schmutzig aussahen und auch tatsächlich als unrein galten. Außerdem wurde Wein in seinem Behältnis verkauft. Worin denn auch sonst?

Nun hat es ein Winzer im Gefühl, wie lange sein Wein in welcher Eiche liegen muss. Wie einfühlsam man dabei vorgehen kann, lässt sich am Beispiel Burgund illustrieren. Ein Erzeuger kann ein Dutzend unterschiedliche Gewächse in seinem Keller liegen haben. Sie bilden für ihn eine natürliche Hierarchie: Die Besten – Grands crus, falls er zu den Glücklichen gehört, eine solche Lage zu besitzen – bekommen die neuesten Fässer, die Premiers crus Behältnisse, die bereits einmal benutzt worden sind, und die Geringeren unter den Weinen vier- bis fünfjähriges Holz. Doch dieses System wird nicht kategorisch angewandt – ein Fass kann seinen Inhalt zu stark oder zu gering beeinflussen. Beim Besuch eines solchen Kellers bekomme ich manchmal das Gefühl, dass er ein lebender Organismus ist – und der Besitzer sein Gehirn. Manche Konventionen müssen befolgt werden: Die besten Kreszenzen haben die besten Plätze in der Mitte. Besucher sollten diesen Ort mit einer gewissen Ehrerbietung betreten, denn es ist ein Privileg, in dieses Allerheiligste eingelassen zu werden. Gute Winzer versuchen Mängel ihres Weins niemals mit einer Flut von Adjektiven auszugleichen, wie ich festgestellt habe. Ihre Selbstachtung verbietet ihnen solche Manöver. Sie kennen den Wert ihrer Erzeugnisse selbst am besten, denn schließlich leben sie mit ihnen zusammen.

Kostbare Weine werden direkt vom Fass auf die Flasche gezogen. Wann das zu geschehen hat, gehört zu den Entscheidungen, die der Kellermeister und sein

Wein in Absprache treffen. In unserer Wohlstandsgesellschaft wird diese Wahlfreiheit als selbstverständlich hingenommen. Wer erinnert sich heute noch daran, dass Wein einst so lange im Fass lag, bis ihn jemand erstand? Der Gutsbesitzer hatte nicht das Geld, Flaschen zu kaufen. Bei einer Diskussion über die Frage, wie lange Wein vor dem Abfüllen im Fass verweilen sollte, ist man gut bedient, sich nicht auf Traditionen zu berufen. Ein berühmtes Beispiel ist der Barolo. Weil er regelmäßig jahrelang aufgehoben wurde, machte man aus dieser Gepflogenheit irgendwann einmal eine Vorschrift, obwohl der Wein im Holz buchstäblich verwelkte und bereits erschöpft war, als er es verlassen durfte.

Ob Weine schon kurz nach der Abfüllung in Hochform sind oder ihren Zenit erst nach längerer Flaschenreifung erreichen, muss die Erfahrung zeigen. Dem Ausbau in der Flasche wird in diesem Buch ein hoher Stellenwert eingeräumt. Es ist schon erstaunlich, dass dieses geringfügige Extraquäntchen ein solches Eigenleben entwickelt – über Jahre und manchmal sogar Jahrzehnte hinweg. Unser Winzer aber hat nur ein Ziel: den Wein in Bestform abzufüllen. Schon allein das kann die Gemüter mehr erregen, als man glaubt. In dem Buch *Wie Wein entsteht* gehen James Halliday und ich auf die damit verbundenen Probleme ein. Im Zweifelsfalle, schrieben wir, sei Winzern anzuraten, ihren Wein zu filtrieren (wir sprachen von Roten – Weiße werden sowieso fast immer gefiltert). Manche Kritiker reagierten, als habe in dem Buch nichts anderes gestanden. Alles Gute aus den Gewächsen herausfiltern? Um Himmels willen! Natürlich muss alles Gute aus dem Fass auf direktem Weg in die Flasche. Exakt diese Philosophie steckt dahinter, wenn auf einem Etikett ein Wein als unfiltriert angepriesen wird.

Unterschiedliche Regionen haben aber unterschiedliche Methoden und Ziele. Wein kann in süßer, schäumender oder auch oxidierter Form bereitet werden. Die kathedralenartigen Bodegas in Jerez, in denen Sherry in andalusischer Hitze lagert, haben einen ganz anderen Ansatz als eine Kellerei im kühlen Norden. Manchmal gehört auch das Verschneiden zum Herstellungsprozess. In den meisten Fällen aber ist die Aufzucht von Wein nichts anderes als die Vorbereitung auf eine Auslieferung unter stabilen Bedingungen, wobei der Charakter, die Qualität und – um ein hochtrabendes Wort zu verwenden – die Integrität, die in Traubenkörben aus dem Weinberg geholt wurden, möglichst bewahrt werden sollen.

Appellationen und andere Hemmnisse

Anfangs hatte ich vor, Riesling in meinem Weinberg zu pflanzen – einfach, weil ich den Geschmack mag. Er wäre in unserem Klima mit viel Herbstsonne vielleicht ganz gut gereift. Man kann Riesling sogar noch im viel weiter nördlich gelegenen Luxemburg anbauen, wo es wesentlich kälter ist. Außerdem wollte ich sowieso nur Wein für den Hausgebrauch keltern, warum also sollte so viele Kilometer von anerkannten Anbaugebieten entfernt sich irgendjemand darum scheren, was auf meinem Rebhang wuchs? Ich hatte die französische Bürokra-

68 / AUSBLICKE

tie unterschätzt. »Pas autorisé, Monsieur« heißt »Trau dich, Bürschchen«. Hätte ich Sauvignon blanc angegeben, stattdessen Riesling gepflanzt und die Lieferscheine verbrannt – ob das jemandem aufgefallen wäre? Allerdings meldet die Polizei sich nicht an, wenn sie mit Ferngläsern durch die Gegend streift und nach Betrügern Ausschau hält. Das Risiko war mir zu groß.

Wer heute seinen Unmut über das französische Appellationssystem oder auch jedes andere Regelwerk äußert, das, ob italienisch, spanisch oder deutsch, die Identität eines Weins durch feste Vorgaben schützen will, befindet sich in guter Gesellschaft. Kritiker sind Nörgler. Warum den Erzeuger gängeln? Warum ihm Vorschriften machen, welche Rebsorten er wo anzubauen hat? Warum darf er seine Gewächse weder mit Zucker noch mit Säure oder Eichenschnipseln aufpeppen, wenn er sie dadurch leichter verkauft? Wen geht das überhaupt etwas an?

Die französischen Appellationen und ihre Pendants in anderen Ländern sind in der Tat nicht ohne Schwächen. Sie entstanden in den 1930er-Jahren, einer schwierigen Zeit, als Erzeuger Unterstützung und ihre Kunden Gewissheit brauchten. Die Reblaus hatte fast alle europäischen Anbauflächen verwüstet. Betrügereien und Panschereien in bislang ungekanntem Ausmaß waren an der Tagesordnung. Der Staat war gefordert; faire Handelsbedingungen mussten durchgesetzt werden. In der Weinwirtschaft heißt das: eindeutige Identifizierbarkeit der angebotenen Ware.

Alle Qualitätsweinregionen hatten bereits rudimentäre Regelwerke der einen oder anderen Art. Bordeaux war zwar relativ neu im Geschäft, doch für einige Güter gab es dort bereits seit 250 Jahren eine Bewertung, und die sehr weit reichende Klassifizierung von 1855 war ein legendärer Erfolg gewesen. In Burgund hatte man schon im 12. Jahrhundert erstmals die Grenzen der besten Lagen festgelegt und in den darauf folgenden Jahrhunderten immer einmal wieder Korrekturen vorgenommen, doch erst im 19. Jahrhundert machte man sich an eine systematische, detaillierte Einstufung. In den 1930er-Jahren wusste man schon lange, was eine Premier- oder Grand-cru-Lage war. Mit den offiziellen Appellationen hielt man also lediglich Bekanntes fest. Eine allgemeingültige, grenzübergreifende Methode für die Bestimmung, Definition und schließlich Kartographierung von gefragten und weniger gefragten, erst- und zweitklassigen Lagen hat es nie gegeben. In Châteauneuf-du-Pape befasste man sich erst um 1920 mit dem Thema, als Baron Leroy festhielt, wo bestimmte Wildblumen bevorzugt wuchsen – das war Boden, der sich besonders gut für ambitionierten Weinbau eignete. Im Elsass setzte man sich erst 50 Jahre später an eine ernsthafte Klassifizierung, ein Prozess, der bis heute nicht abgeschlossen ist.

Ab wann soll der Staat eingreifen? Soll er warten, bis sich aus Praxis und Erfahrung ein gewisser Konsens gebildet hat, und ihn dann verbindlich festlegen? So hat man es in Italien gemacht, nur leider zur falschen Zeit. Die italienischen DOC-Gesetze wurden verabschiedet, als die Weinwirtschaft kurz vor dem Kollaps stand. In den meisten italienischen Regionen führten die so genannten Traditionen nirgendwo hin. Viele DOCs entstanden aus einer Kombination von halbgarer Überlieferung und landwirtschaftlichen Praktiken, die aus der Verzweiflung geboren wurden. Das bekannteste Beispiel ist der »traditionelle« Chianti, der so viel Weißwein enthielt, dass man ihn kaum mehr als rot bezeichnen konnte – obendrein mischte man ihm die minderwertige Trebbiano-Traube bei. Trotzdem wurde seine Zusammensetzung 1966 per Gesetz vorgegeben. Erst nachdem man sich eine Generation lang über die Vorschriften hinweggesetzt hatte, mauserte Chianti sich wieder zum respektablen Rotwein.

Appellationen und ihre Pendants gewährleisten keineswegs bessere Erzeugnisse. Sie sind lediglich Garant für die Herkunft, einen bestimmten Inhalt, die Alkoholstärke und die Herstellungsweise. Ob der Wein einer prestigeträchtigen Bezeichnung auch würdig ist oder gar ein gutes Preis-Leistungs-Verhältnis bietet, ist eine andere Sache. Das überlässt der Staat dem Markt. Es gibt einen rudimentären Kontrollmechanismus: Jahr für Jahr lässt das INAO, die französische Appellationsbehörde, durch Verkoster aus den Anbaugebieten jeden einzelnen Wein prüfen, für den ein Antrag auf die Verwendung des Appellationsnamens gestellt wurde. Die Degustatoren selbst forderten schließlich das INAO heraus. Wie hoch der Anteil der Weine sei, der nach der Prüfung das DOC-Siegel bekomme, fragten die Experten (die ehrenamtlich tätig sind). Das INAO versuchte dem Thema auszuweichen. »Unser Verhältnis zu den Winzern hat für uns einen hohen Stellenwert ... das ist eine heikle Angelegenheit.« Die Behörde druckste so lange herum, bis man sie zwang, die Zahlen offenzulegen. Grundlage dafür war ein kürzlich verabschiedetes französisches Gesetz, das der Öffentlichkeit ein Informationsrecht einräumt.

Weiße Kittel vermitteln nüchterne Wissenschaftlichkeit – auch im Verkostungsraum. Übergroße Gläser bringen jede Nuance des Weins zur Geltung und lassen ihn edelsteingleich erstrahlen.

Selbst in Paris war man über den hohen Anteil entsetzt. 98 Prozent aller eingereichten Weine erhielten die DOC-Weihen. Der INAO-Präsident trat zurück. Was aber hat sich sonst noch verändert?

Die Genehmigungspraxis des INAO erklärt die entsetzliche Qualität vieler DOC-Weine und den zwangsläufig verwässerten Geschmack zahlreicher Sonderangebote aus französischen Supermärkten, aber auch die Skepsis der Erzeuger. In ihren Augen ist das Appellationssystem ein Druckposten für schwerfällige, denkfaule Bürokraten. Paris ist berühmt für seine Schikanen und seine Aversion gegen alle, die Initiative zeigen. Die Haltung der französischen Behörden wird auf der ganzen Welt mit Unverständnis quittiert. Wenn eine Rebsorte ausreift, baue sie an, lautet das Credo – und das Gesetz – in Übersee. Der Markt wird dir schon zeigen, ob du deine Zeit verschwendest.

Wenn die Franzosen ihr System rechtfertigen, verweisen sie zunächst auf ihre Geschichte. Durch jahrhundertelanges Herumprobieren brachte man den europäischen Wein dorthin, wo er heute steht. Rebsorten wurden zumeist vor Ort selektiert. Wir kennen die Ursprünge einiger weniger Trauben, das Gros aber ist ein Vermächtnis, dessen Herkunft sich im Dunkel der Zeit verliert. Viele hundert Sorten sind in den spezifischen Klimazonen und auf den ureigenen Böden bestimmter Anbaugebiete von Bedeutung; wie sie (und ihre Gene) sich jedoch andernorts machen würden, ist kaum noch erprobt. Die Eignung für Riesling am Rhein, für Pinot noir an der Côte d'Or, für Chardonnay in Chablis, für Merlot in Pomerol und für Nebbiolo in Barolo aber steht zweifelsfrei fest. Und dafür sollten wir einfach nur dankbar sein.

Die zweite Rechtfertigung ist komplexerer Natur. Es geht darin nicht um die Wahrung eines Mindeststandards – dem spricht die Praxis des INAO Hohn. Vielmehr geht es um Identitäten und die Frage, warum es uns Spaß macht, etwas zu erkennen. Den Namen einer Person zu wissen, sich an die Bezeichnung einer Rose zu erinnern, eine Stimme oder ein Automodell wiederzuerkennen – all das verschafft uns Befriedigung. An bekannte Namen knüpfen wir gewisse Erwartungen.

Was hat die Côte d'Or in Burgund an sich, dass man ihr so viel Hingabe entgegenbringt – eine Aufmerksamkeit, die so gar nicht im Verhältnis zu ihrer Größe steht (die Produktion in Bordeaux ist zehnmal so hoch)? Nun, ihre Weine können mehr als köstlich geraten. Ebenso wichtig aber ist deren hohe Zahl. Es gibt insgesamt 1500 Lagen mit ebenso vielen Besitzern. Dadurch ergeben sich Kombinationen zwischen Lagen und Winzern in einer Menge, die kein Weintrinker jemals bewältigen wird. Allein diese Komplexität ist schon Rechtfertigung genug für die Appellationen.

Die Weine der Côte d'Or wurden von den *négociants*, die sie verschnitten und veräußerten, früher relativ simpel gehalten. In den letzten 20 Jahren aber haben die Winzer die Initiative übernommen und begonnen, ihre Gewächse selbst abzufüllen und zu verkaufen. Ob das nun gut oder schlecht ist, sei dahingestellt – auf jeden Fall ist es persönlicher. Schreckt es die Klientel nun ab, weil sie so viele Namen kennen muss? Im Gegenteil: Sie fühlt sich geehrt, dass sie jetzt tiefer in diesen eigenartigen Bund privilegierter Bauern eindringen darf, der fest in seinen landwirtschaftlichen Traditionen verwurzelt ist und trotzdem auf der Weltbühne des Weins mitspielt.

Logischerweise könnte man daraus folgern, dass eine ähnliche Entwicklung auch andernorts erkennbar sein müsste, sofern der Wein dort gut genug ist. In Coonawarra beispielsweise oder Hawkes Bay bzw. zwischen Rutherford und Oakville im Napa Valley. In der Tat gelten Lagen wie Eisele oder Gravelly Meadow bereits als herausragend. So begann es auch mit Clos de Vougeot um 1100 n. Chr. Vielleicht ist die Differenzierung bis 2200 im Napa Valley ebenso weit fortgeschritten wie in Vosne-Romanée – obwohl sich der Boden dann sicher in den Händen von Milliardären und nicht einfachen Bauern befindet. Aber Appellationen richten sich nach den Komplexitäten der Geologie, und kaum ein Terrain ist so vielschichtig wie die Côte d'Or. Außerdem braucht man – so seltsam es klingen mag – mehr als nur Geld. Wein und die sozialen Strukturen dieser zutiefst vom Menschen geprägten Gegend sind untrennbar miteinander verknüpft.

Überhaupt ist eine Appellation mehr als nur ein abgegrenzter Bereich. Sie ist eine Art Schablone. Schüler, Broker, Sommeliers, Kunden und Kinder aus Winzerfamilien richten alle ihre Erwartungen und ihr Leben an dem fast schon metaphysischen Begriff dessen aus, was die Franzosen *cru* nennen. Die typische Médoc-Art, Nuits-Art, Côte-Rôtie-Art (und entsprechend Sancerre-Art) sind existentielle Realitäten. Das Gleiche gilt für Rioja, Montalcino, Port. Vor allem aber ist eine Appellation ein gewinnbringender Aktionsplan. Kennzeichne deinen Wein als Erzeugnis aus der Appellation, so lautet das Credo, und es wird sich eine Schlange von Menschen bilden, die das Geld schon in der Hand hält. Warum? Weil der Verbraucher Genuss in vorhersehbarer Form kaufen möchte.

Gläser und Dekantieren

Soll man dekantieren, und wenn ja, wie lange? Diese Frage wird bei jedem Essen aufgeworfen. Ich dekantiere fast alle Roten und die meisten Weißen. Das Dekantieren von Weißen wird regelmäßig mit Stirnrunzeln quittiert. Den Trick habe ich allerdings von Ronald Avery gelernt, der zu sagen pflegte, dass alte Weiße »so richtig durchgeschüttelt gehören«. Er hielt die Flasche beim Eingießen so hoch, dass der Wein förmlich ins Glas plätscherte und die Flüssigkeit erst einmal Atem holen konnte, bevor er sie unter die Lupe nahm. Er unterzog alle Provenienzen dieser Prozedur, vom Chablis bis zur kostbaren alten Auslese aus Deutschland. Ich gelangte zu der Überzeugung, dass Avery ihnen zu Recht die Möglichkeit zu atmen gab. Als ich einen Weinladen mein Eigen nannte, ließ ich sogar spezielle Dekantiergefäße für Weißwein anfertigen. Gießen Sie Ihren Wein direkt aus einer frisch geöffneten Flasche ein – wenn das zweite Glas besser schmeckt als das erste, dann wissen Sie Bescheid.

Dekantiergefäße sind anscheinend eine britische Erfindung. Die Franzosen nennen sie *carafe*, unterscheiden sie also nicht von Karaffen, oder verwenden gleich das englische *decanter*. Früher pflegten sie nicht zu dekantieren – und die Engländer fingen möglicherweise damit auch nur an, weil ihre Nummer eins der Port war, der oft einen Bodensatz hatte. Man kann das Dekantieren auch Abstich in letzter Minute nennen. Zweifellos war es eine Zufallsentdeckung, als man feststellte, dass Wein nach ein paar Stunden Luftkontakt nicht nur klarer, sondern auch besser, duftiger und vielleicht sogar weicher am Gaumen geworden war.

Niemand hat damit mehr Erfahrung als Michael Broadbent. Er verfolgt die Entwicklung jedes Gewächses ab dem Dekantierzeitpunkt. Dazu nimmt er seine Armbanduhr ab und legt sie neben sein Notizbuch auf den Tisch. Dann hält er Aufstieg – und manchmal Fall – des Dufts fest, der für ihn (und mich) schon der halbe Genuss ist. Das Kennzeichen eines feinen Weins ist sein Bukett, das sich aufbaut und langsam öffnet. Verwelkt es oder wird sauer, handelt es sich eindeutig nicht um eine große Kreszenz. Weine entwickeln sich zweifellos an der Luft – in der Regel werden sie sogar besser. Wer schon beim ersten Schnüffeln ein Urteil fällt, hat es zu eilig. Man muss allerdings fairerweise hinzufügen, dass es durchaus sehr einflussreiche Fachleute gibt, die Veränderungen nach dem Eingießen kategorisch in Abrede stellen. Für Professor Peynaud galt nur der Eindruck, den das erste Glas Wein aus einer frisch geöffneten Flasche vermittelte. Bedauerlicherweise brachte er sich damit um viele Freuden. Ich lasse Dekantiergefäße mit sehr guten Provenienzen gewohnheitsmäßig über Nacht stehen – am liebsten, wenn die darin verbliebene Menge gerade noch für ein Glas reicht. Man möchte nicht glauben, wie oft der Atem des Weins am Morgen noch süßer als am Abend davor ist.

Mein Lieblingsdekanter lebt auf dem Küchentisch. Hier essen wir an einem normalen Arbeitstag zwei- bis dreimal täglich. Bei schönem Wetter speisen wir im Garten, bei warmem, aber unbeständigem Wetter im Wintergarten. Mein Dekanter ist ein einfaches, man könnte auch sagen, primitives, Glaserzeugnis. Ich habe ihn in einem Ramschladen im Bourbonnais gekauft. Er trägt in schwarzem Schablonendruck die Aufschrift »Rosé du Terroir«. Beim Wort Terroir denkt man gemeinhin an exquisite Burgunder, an feinste Reife- und Duftunterschiede zwischen den einzelnen *clos*, doch die Alltagsrealität ist profaner. »Terroir« bedeutet im Bourbonnais schlicht und einfach »von hier«. Warum Rosé? Gamay, das Arbeitspferd unter den Reben, reift auf den Granitböden der Gegend in 300 m Höhe und wird aus Verzweiflung über das regnerische Septemberwetter oft zu früh gelesen. Daraus entstehen dann Weine, die ebenso blass in der Farbe wie dünn im Geschmack sind. Mein Rosé-Dekanter steht nicht aus falscher Bescheidenheit auf unserem Tisch, sondern eher als Entschuldigung für geringe Erwartungen. Ironischerweise kommen in ihn alle Roten, die wir trinken.

Freunde, auf die man sich verlassen kann: In dem Krug links befand sich ebenso wie in der Karaffe schon so ziemlich alles vom Vin de Pays bis zum Château Latour. Das Weinglas für den Alltagsgebrauch habe ich 1964 entworfen.

Die schlichte Karaffe hat in ihrem Leben schon einige aufregende Höhepunkte erlebt. Ob sie sich noch an den Opus One oder den Grange Hermitage erinnert, den sie für kurze Zeit enthielt? Sie mag eifersüchtig auf das Kristallglas sein, das ich bei Essensempfängen hervorzaubere, doch ihr eigentlicher Rivale ist ein kleiner bauchiger Glaskrug, den ich ebenfalls in einem Trödelgeschäft entdeckt habe. Er hat mir so gut gefallen, dass ich ihn von einer Glasmanufaktur in Suffolk kopieren ließ und in meinem Londoner Geschäft zum Verkauf bot. In meiner Zeit als Ladeninhaber bot ich der Welt ein halbes Dutzend dieser Modelle an, angefangen von einem recht schönen »Bordeaux-Krug« mit Silbergriff und Silberdeckel über das klassische Design aus dem frühen 19. Jahrhundert, eine einfache Birnenform mit drei Glasringen am Hals als Griff, bis hin zu meinen Alltagsfavoriten. In der Regel kamen zwei Arten von Kunden in meinen Laden: Die einen bestanden auf klassischen Dekantern und die anderen betrachteten den freundlichen Suffolk-Krug als Alliierten im Kampf gegen Dünkelhaftigkeit und Angeberei. Mein kleiner Dicker ist ein echter Gleichmacher.

Man könnte meinen, dass ein gutes Weinglas einfach zu entwerfen sei, aber seltsamerweise haben es noch nicht viele probiert. Hübsche, elegante und eindrucksvolle gibt es zuhauf. Ich habe mehrere zweitausendjährige Vertreter; sie entstanden anscheinend in Syrien, das einst ein Zentrum römischer Glasherstellung war. Die kleinen Becher wiegen so gut wie nichts – es ist, als hielte man eine Glühbirne in der Hand. Sehr leicht und dünn ist auch venezianisches Glas, das ab dem 16. Jahrhundert entstand. Das im England des 17. Jahrhunderts aufgekommene Bleikristall hingegen war dick und schwer und glänzte im Kerzenlicht. Was das Weintrinken betraf, waren die Gläser alle gleich: Sie machten einen Genuss nach heutigen Maßstäben so gut wie unmöglich. Man bat mich einmal, Weingläser für ein Hotel in einem historischen französischen Schloss auszusuchen. Sie sollten im Louis-quatorze-Stil gestaltet sein. Ich antwortete, dass die Gäste sicher nicht darauf erpicht seien, ihre sorgfältig ausgewählten, schön dargebotenen und sündhaft teuren Kreszenzen in Gläsern serviert zu bekommen, die alle Versuche, den Inhalt zu genießen, zunichte machten. Die Gefäße aus jener Zeit und den folgenden 200 Jahren waren zu klein und oft auch zu dünn, immer aber in einer Form, die wir heutzutage als ungeeignet für das Weintrinken ansehen.

Ich kann darüber nur spekulieren, bin aber der festen Ansicht, dass Weingläser und Wein sich gemeinsam entwickelt haben. Bis zum späten 17. Jahrhundert gab es keine feinen Weine, wie wir sie heute kennen. Die einzigen Ausnahmen kamen – selten genug – aus Burgund. Dann wurde Bordeaux-Wein und Champagner revolutioniert. Das Konzept der Flaschenlagerung hielt Einzug, und mit ihm wurde ein Bukett, das zu riechen und zu ergründen sich lohnte, überhaupt erst möglich. Sämtliche Gläser davor waren lediglich Vorrichtungen zur Beförderung von Flüssigkeit in den Mund. Wein stand in guten Häusern in so geringem Ansehen, dass nicht einmal Gläser auf den Tisch kamen; erst auf Verlangen holten Diener sie von der Anrichte. Die Etikette sah vor, sie zu leeren und sogleich zurückzugeben. Der wesentliche Unterschied zu heute ist einfach die Größe. Ein antikes Trinkglas füllt man bis zum Rand. Wenn man aber einen Wein vor dem Trinken prüfen will, also ihn sich

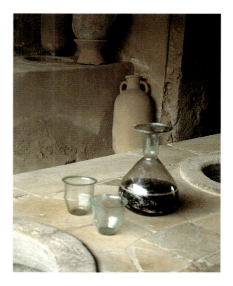

Eine kurze Geschichte des Glases: syrische Karaffe mit Gläsern aus dem Jahr 200 n. Chr. (oben), ein venezianischer Kelch (unten links) und englisches Bleikristall aus dem 18. Jahrhundert.

genau ansieht, an ihm schnüffelt und sich Zeit nimmt, das Aroma zu ergründen, dann braucht man Raum für die Flüssigkeit und ihren Duft.

Die ersten Gläser mit einem Volumen, das diese Art des Genießens ermöglichte, entstanden im frühen 19. Jahrhundert. Sie hatten die Form einer Trompete oder weiteten sich zumindest leicht nach oben hin. Wer ersann wohl als Erster ein Glas, dessen Öffnung kleiner war als der Umfang der Schale, so dass sich das Bukett darin fing und konzentrierte? Schwer zu sagen.

Schon in den 1960er-Jahren musste ich mich mit der Glasform befassen. Die Wine & Food Society war immer wieder gebeten worden, gute Trinkgefäße zu empfehlen. Als ihr Sekretär suchte ich nach einem einfachen, großen, preiswerten Glas mit einwärts gebogenem Rand. Dann begann ich eiförmige Varianten mit Stiel zu entwerfen. Schließlich setzte ich mich mit dem Keramikinstitut des Royal College of Art in London in Verbindung. David Queensberry, ein junger Professor, hatte die Lösung. Wir entwarfen zusammen ein Weinglas für den Normalverbraucher. Ich benutze es noch immer. Es hat keine Schönheitswettbewerbe gewonnen und ist nie auf renommierten Verkostungen aufgetaucht, aber es versieht seinen Dienst. Hergestellt wurde es so billig wie möglich von der Manufaktur Ravenhead Glass aus einem Glas, wie man es auch für Bierkrüge verwendet. Es blieb nicht bei diesem ersten Gehversuch im Glasdesign: Richtig ernst zur Sache ging es 20 Jahre später, als David Queensberry und ich für einen schwedischen Buchclub eine Serie von Weingläsern entwarfen.

Das Problem war, dass viele Anbauregionen ihre Idealgläser hatten, deren Form sich aus den dort vorherrschenden Geschmacksvorlieben und Traditionen entwickelt hatte. Standen mehrere zusammen auf einem Tisch, wirkten sie wie Kraut und Rüben. Man erkannte keine gemeinsame Linie, kein informatives Designkonzept. Das zu schaffen war Queensberrys Aufgabe. Wir entwickelten Gläser für Champagner (eine leichte Aufgabe: ein hoher, einwärts gebogener Schlauch), roten Bordeaux (mehr oder weniger das in renommierten Châteaux verwendete Modell), Weißwein (ähnlich, aber kleiner), Burgunder (nach der Art eines Cognacschwenkers, aber mit längerem Stiel), Sherry (eine modifizierte *copita*) und Port- oder andere Dessertweine (vergleichbar mit einem Eierbecher für Enteneier). In Reih und Glied gestellt funkelten sie wie ein Infanteriezug in Uniform: unterschiedliche Monturen für unterschiedliche Aufgaben, aber erkennbar aufeinander abgestimmt.

Ich ließ sie von der Manufaktur Reijmyre in Schweden in den tiefen Wäldern weit südlich von Stockholm herstellen, in denen Glasbläser gelegentlich eine Jagdpause einlegen, um Gläser von erstaunlicher Regelmäßigkeit herzustellen. Ich verliebte mich in die Hütte und die Glasherstellung und ließ dort auch gleich Dekantiergefäße fertigen. Daraus entstand eine Zusammenarbeit mit dem Cognac-Haus Hennessy. Wir gründeten ein Unternehmen, das meinen Namen trug und unsere Gläser in geeigneten Märkten anbot. Einmal betrieben wir in japanischen Kaufhäusern insgesamt ein Dutzend Boutiquen, die wir allesamt nach dem Vorbild meines grün-goldenen Geschäfts in der St James's Street gestalteten.

Dann war Japans *bubble economy* am Ende und die Spekulationsblase platzte. Unseren Boutiquen war ein kurzes Leben beschieden.

Unterdessen hatte sich Wein zum Lifestyle-Symbol gemausert, und mit Accessoires zur Erbauung Konsumwilliger ließ sich viel Geld verdienen. Der Korkenzieher wurde mehrmals, das Weinglas unablässig neu erfunden. Der Boom erfasste bald auch seltene Provenienzen, was in übertriebenen Beschreibungen ebenso Ausdruck fand wie in exorbitanten Preisen und den Glashütten neue Absatzmöglichkeiten bescherte. Mehrere wussten den Trend zu nutzen, doch einer von ihnen erwies sich als genial. Georg Riedel, der die Glashütte seiner Familie in Österreich übernommen hatte, schätzte hochwertige Gewächse und brachte es in der Entwicklung von Gläsern zur Optimierung des Weingenusses zu einer bis dato unvorstellbaren Perfektion.

Riedel begründete damit in der Beziehung Wein-Mensch eine neue Wissenschaft. Ihr Fachgebiet: der Kontakt zwischen Weinglas und Mund. Änderten sich Radius oder Form des Kelchs, so Riedel, ändere sich auch der Strom der

Die Gläser, die ich zusammen mit David Queensberry für meinen Laden entwarf, sind nach wie vor wichtige Trinkutensilien für uns. Oberes Regalbrett: verschiedene Gläser für Port, Tokajer und Likör. Zweites Brett: das Spalier für Weißwein, zur Rechten flankiert von Champagner-Flûtes. Drittes Regal: Gläser für Rotwein, rechts alte Champagner-Flûtes. Unterstes Regal: Behältnisse für Wasser sowie dieses und jenes.

Flüssigkeit beim Kontakt mit Lippen, Zahnfleisch, Zähnen, Zunge und Gaumen. Er behauptete nicht nur, er demonstrierte auch mit höchst überzeugendem kaufmännischem Geschick, dass der Geschmack des Weines beeinflusst wird, wenn man die Flüssigkeit in diesen oder jenen Winkel des Mundes leitet. Weine mit hoher Säure, etwa deutsche Riesling-Erzeugnisse, serviert man daher am besten in dieser, Provenienzen mit mehr Alkohol und Körper in jener Glasform. Am Anfang gab es nur die generelle Unterscheidung zwischen Bordeaux und Burgunder, doch bald verfeinerte Riedel sein Sortiment immer mehr und schuf schließlich sogar die Idealform für jede Rebsorte: Cabernet braucht dieses, Sangiovese jenes Glas. Burgunder als Wein mit der voluminösesten Nase verlangt auch das größte Glas, damit die Anklänge an Kirsche, Pflaume, Minze, Rote Bete, Fell, Wild, Unterholz, Trüffel und alle anderen sonst noch vorhandenen Aromen verschmelzen und zum Ausdruck kommen können. Sich ein fast kopfgroßes Glas unter die Nase zu halten, dessen Wand nicht viel dicker als Zellophan

Voller Bewunderung für die schönen Dinge des Lebens: Michael Broadbent (links), Glasmacher Georg Riedel und sein Sohn Maximilian.

ausfällt, ist allein schon ein Erlebnis. Der schwingende, anschwellende Klang, wenn solche Gläser sich berühren, wird zum festen Bestandteil des luxuriösen Rituals einer Zaubertrankverkostung. Das Glas avanciert zum Statussymbol, und der Besitz einer Vitrine für dieses sowie die übrigen zehn Modelle, die man für seine anderen Weine anschafft, deutet schon auf ein beträchtliches Vermögen hin.

Braucht man solche Gläser überhaupt? Der Weinwirtschaft nach zu urteilen: ja. Georg Riedels Unternehmen hat sich ein Quasimonopol für hochkarätige Degustationen gesichert. Er verleiht Gläser als Gegenleistung für eine Würdigung im Programm. Täuscht mich mein Gedächtnis oder habe ich tatsächlich einmal den Spruch »Ein Dank an Riedel, denn durch ihn wird Wein erst möglich« gelesen?

In den Verkostungsräumen rund um den Globus geht die Tendenz allerdings eher zur Standardisierung als zur Differenzierung. Das Office International de la Vigne et du Vin (OIV), das seit dem 1.1.2004 Organisation Internationale de la Vigne et du Vin, dt. Internationale Weinorganisation, heißt, fungiert als eine Art statistisches Bundesamt für die Welt des Weins. Es genehmigte das Design eines Kostglases, das gleiche Bedingungen für alle Degustatoren bietet. Das sonderbare Ding leitet wie ein Kamin sämtliche Aromen zur Nase – beraubt einen dabei aber auch jeglicher Freuden. Es gibt für Designer noch viel zu tun.

II Perlend

Die Gesellschaftsdroge

CHAMPAGNER ist Frankreichs genussvollster Beitrag zum menschlichen Glück. Höre ich Einwände? Gut, Frohsinn statt Glück, aber weiter lasse ich mich nicht herunterhandeln. Diese ausgesprochen künstliche, leicht perverse Mischung aus Wein und Gas ist die Gesellschaftsdroge par excellence, ein Eisbrecher, ein Katalysator und auf der ganzen Welt das Sinnbild des Feierns.

Nun, fast auf der ganzen Welt. 1999 bat man mich um die Eröffnung der neuen Moët-&-Chandon-Vertretung in Schanghai. Das erste Mal war ich 1989 dort gewesen, als die *godowns* genannten Lagerhäuser verfielen, die Uferpromenade Bund verheerend aussah und das berühmte Peace Hotel ums Überleben kämpfte. Jahre später traf ich eine neue Welt an: Wir speisten im 88. Stockwerk des höchsten Hotels in ganz Asien. Die Lifestyle-Presse von Schanghai war um eine riesige runde Tafel versammelt, trank Brut Imperial und lauschte höflich meinem kurzen Exkurs in die Geschichte des Champagners. Natürlich fiel dabei auch der Name Dom Pérignon, doch ging ich wesentlich länger auf Napoleons viel besungene Freundschaft mit Jean-Rémy Moët ein. Die Chinesen mögen mächtige Männer. Neben mir saß die Herausgeberin der *Vogue* (auch dieses Magazin gab es in China bereits), ein winziges Persönchen in einem rehfarbenen Samtkostüm, das ihre unglaublich rehfarbene Haut nur noch begehrenswerter machte. »Hat noch jemand Fragen?«, wollte ich wissen. »Bitte«, hörte ich ihre seidenzarte Stimme fragen, »warum hat dieses Getränk Bläschen?«

Was soll man da sagen? Weil wir es so mögen? Weil die alkoholische Gärung Kohlensäure hervorbringt, die sich be-

Ich amüsiere mich in Hongkong. Während ich den Menschen Wein näherbringe, komme ich ihnen selbst nahe. Gibt es einen angenehmeren Vorwand?

reitwillig in Flüssigkeit auflöst und vor drei Jahrhunderten durch eben diese Eigenschaft für Aufsehen sorgte? Ich entschied mich für die erste Version und bekam einen Dämpfer. »Wir Chinesen mögen keine Bläschen.« Statt nun Vergleiche mit Coca-Cola zu bemühen, wechselte ich das Thema. Ich erzählte von Models und Fotografen und dem bezaubernden Effekt der Perlen, wenn man sie im Gegenlicht betrachtet, und kam, um auf der sicheren Seite zu sein, auf ihren Ehemann zu sprechen. Doch sie wollte etwas viel Profaneres: Würde Moët & Chandon in der *Vogue* inserieren?

Was wir heute als selbstverständlich hinnehmen, ist in der Tat nicht einfach zu begründen. Warum machten sich die Winzer einer kleinen französischen Region daran, ihr Produkt auf eine andere, schwierige und anfangs sogar gefährliche Weise zu erzeugen? Anders, weil der Wein noch vor der Beendigung der Gärung abgefüllt werden musste, schwierig, weil keine geeignete Technik dafür existierte, ja, nicht einmal berstsichere Flaschen, und gefährlich, weil niemand im Voraus wusste, wie viel Kohlensäure mit welchem Druck entstehen würde. In manchen Jahren platzten die meisten Flaschen, in anderen waren es weniger. Auf jeden Fall betrat niemand den Keller ohne Eisenmaske.

OBEN & LINKS
Für das Öffnen einer Champagnerflasche gibt es klare Techniken – und eindeutige Motive, wie die Zeitschrift La Vie Parisienne *zu wissen glaubt.*

Dabei war Champagner in seiner ursprünglichen Form als Stillwein keineswegs ein Ladenhüter gewesen. Ganz zu Beginn hatte man die Gegend mit Reben bestockt, um Burgund wirtschaftlich Paroli zu bieten. Die Chancen standen gar nicht einmal so schlecht, denn die Champagne lag günstig: Durch sie führte ein Fluss, der direkt nach Paris floss, und auch die reichen Städte Flanderns waren gut zu erreichen.

Die Rebsorten stammten aus Burgund. Man pflanzte Pinot noir und Pinot meunier als Rotweinlieferanten und einen geringen Anteil Chardonnay für die Weißweinerzeugung, außerdem Pinot gris und autochthone Trauben, die heute nur noch Erinnerung sind. Als Zielgruppe für die Roten hatte man die Pariser Oberschicht im Visier. Leider erwies sich der Wein als nicht sonderlich rot. Pinot noir erbringt von Haus aus keine farbintensiven Gewächse – und so weit nördlich erst recht nicht. Als Fast-Weißer indes geriet er bisweilen köstlich.

Gris, »grau«, lautet die offizielle Bezeichnung für Weine, die zwischen Weiß und Rosé angesiedelt sind und lediglich andeutungsweise von der roten Schale eingefärbt werden. Gern verwenden die Franzosen dafür aber auch das weniger triste »Œil de Perdrix«, wörtlich Rebhuhnauge.

Der begüterten Klientel an der Seine schmeckten die weißen Roten. Mehrere Angehörige der Pariser Prominenz besaßen Güter an der Marne, dem Hauptfluss der Champagne. Ein gutes Trinkgeld für die Sommeliers, und schon wurde ein Fass Ay oder Bouzy zum Renner, den man einfach im Keller haben *musste*. Was dann geschah, ist nicht unumstritten: Wie verwandelte sich dieser angesagte und ohne Zweifel köstliche Wein in ein schäumendes Getränk?

Das Ganze begab sich zu einer Zeit, als Dom Pérignon Schatz- und Kellermeister der Benediktinerabtei Hautvillers war. Das Kloster steht zum großen Teil noch heute. Zwischen den Weinbergen oberhalb des Flusses ragen seine grauen Mauern auf, die mittlerweile ein abwechslungsreiches Museum über das Leben und den Weinbau zu Pérignons Zeiten beherbergen. Der Mönch war ohne Frage ein berühmter Weinkenner, der den Rebensaft wesentlich besser zu verschneiden und verkaufen verstand als die benachbarten Winzer. Die Cuvée war seine Stärke. Aus den besten Posten der Gegend mixte er ein Produkt, das besser war als das aus einer Einzellage. Allerdings war er überhaupt nicht erpicht auf die Bläschen, die im kühlen Klima der Champagne nach dem Winter spontan im Wein erschienen. Er wartete mit dem Abfüllen, bis der Wein ausgeperlt hatte, sonst hätte es die Korken aus den Flaschen geschleudert.

Dom Pérignon bzw. seine Wachsfigur sitzt noch heute in seinem Studierzimmer im Kloster von Hautvillers an der Marne. Ich wollte ihn für eine Fernsehsendung interviewen, doch er erschien abweisend und wortkarg.

Mittlerweile war Champagner in England ebenso angesagt wie in Paris. Ein blaublütiger Exilfranzose, der Marquis de St. Evremond, scheint sich jenseits des Kanals als genialer Verkäufer hervorgetan zu haben. In Paris wäre ihm sein Sinn für Späße fast zum Verhängnis geworden. Zur Freude der Briten zog er London einer französischen Gefängniszelle vor. Damals war es unter Englands Reichen üblich, jeden Wein, ob aus der Champagne, aus Burgund oder aus Bordeaux, im Fass zu kaufen und ihn umgehend in Flaschen zu füllen – allerdings nicht ohne ihn vorher mit allerlei unappetitlichen Ingredienzien »verbessert« zu haben. Zucker war da noch das Naheliegendste. Denn Zucker brachte bestenfalls eine latente Nachgärung in Gang.

Aus dieser Zeit gibt es ein Dokument, das angeblich beweist, dass der Autor Dr. Christopher Merrett den Schaumwein erfunden hat. »Unsere Weinabfüller geben neuerdings allen Arten von Wein Unmengen von Zucker und Melasse hinzu, auf dass sie erfrischend zu trinken sind und schäumen«, heißt es darin.

Dr. Merrett stellte ein Werk mit dem Titel *The Mysterie of Vintners*, »Das Geheimnis des Weinhändlers«, zusammen, das für die Mitglieder der neu gegründeten Königlichen Gesellschaft der Weinhändler als Anleitung für die Verarbeitung von Fasswein gedacht war. Einen vielleicht überzeugenderen Beweis für das Vorhandensein von Bläschen im damaligen Wein liefert aber das Theater. »Sieh, wie es im Glas scherzt und schäkert«, schreibt der britische Komödiendichter George Farquhar in seinem 1698 erschienenen Stück *Love and a Bottle*. Was sich da im Trinkgefäß amüsierte, dürfte außer Frage stehen.

Warum barsten die englischen Flaschen nicht? Englands Glasöfen waren von Holz auf die heißere Kohle umgestiegen, mit der sich festeres, dunkleres Glas herstellen ließ. Man musste sogar den Korken mit einer Schnur befestigen, die von einem speziell geformten Rand am Hals gehalten wurde. Wenn man Wochen oder Monate später die Schnur durchtrennte, konnte man den ersten perlenden Champagner trinken.

Wäre das Aussehen der einzige Unterschied gewesen, hätte sich Schaumwein wohl kaum durchgesetzt. Die ersten Experimente offenbarten jedoch wesentlich Interessanteres: Er stieg zu Kopf. Andere Weine machten glücklich, offenherzig, blutrünstig oder krank. Champagner aber brachte zum Kichern.

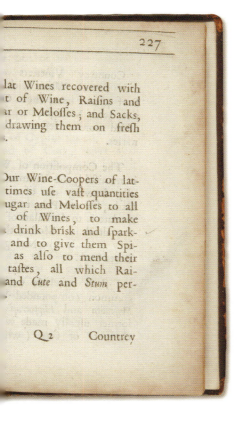

Die aus dem Jahr 1669 stammende Ausgabe des Werks The Mysterie of Vintners, *das der Engländer Dr. Merrett am 16. November 1662 der Royal Society in London vorlegte. Sie soll belegen, dass Merrett den Schaumwein erfand.*

Nur zu gern wäre ich derjenige gewesen, der die Botschaft nach Paris trug (statt nach Schanghai). In Paris wusste man genau, was mit dem »Kicherwein« anzufangen war. Es dauerte jedoch seine Zeit, bis der Groschen fiel – solange die Glashütten eben brauchten, um die englischen Techniken zu übernehmen. In den 1690ern war der Transport von Champagner nur in Fässern erlaubt – er musste damals also noch still gewesen sein, denn man kann Schaumwein nicht in Fässern lagern. Der Champagner-Boom setzte an der Marne im 18. Jahrhundert ein. Kohlensäure war der Treibstoff, der Schwung in die *petits soupers*, die kleinen Mahlzeiten, brachte und sie zu schwelgerischen Gelagen aufblähte. Das Palais Royal in Paris ist nie ganz den Ruf losgeworden, den es sich in jenen Tagen erwarb, als Richelieu zufolge »die Orgien erst begannen, als alle in jenem Zustand der Freude waren, den Champagner herbeiführt.«

In einer solch empfänglichen Stimmung befand sich auch Indien, als ich – wieder einmal – für das Haus Moët & Chandon in Sachen Champagner unterwegs war. Schauplatz Bombay: ein Ballsaal, der an beiden Enden mit Palmwedeln und dichtem Grün geschmückt war, das Ganze von unten schwach blau beleuchtet. In der Mitte standen zwei lange Tische. Man hatte sie mit rotem Tuch und goldenen Tellern sowie Kerzen geschmückt, die sich in den dunkelsten und tiefsten Augen der Welt spiegelten. Hier war Bollywood in Partylaune. Man sah feine Saris, schweres Gold und Männer in dunklen Nehru-Jacken. Das Essen war scharf, das Stimmengewirr groß. Niemand fragte, warum in diesem Getränk Bläschen waren. Überhaupt wäre mir alles ohne Bläschen in dieser Gesellschaft ziemlich trist erschienen. Es gab auch andere, weniger formelle Partys. Champagner hätte kaum auf fruchtbareren Boden fallen können.

Dabei hat Indien sogar seinen eigenen Schaumwein. Es gibt mittlerweile viele Orte auf der Welt, wo man örtlichen Wein zum Perlen bringt, doch einer der ungewöhnlichsten, dabei alles andere als erfolglosen, befindet sich in den Bergen unweit von Bombay. Ein wagemutiger Geschäftsmann begann dort in den 1970er-Jahren mit der Herstellung eines leicht schäumenden Tropfens, der sämtliche für Champagner typischen Charakteristiken aufwies – mit Ausnahme des Geschmacks. Er heißt Omar Khayyam und ist inzwischen von der Getränkekarte guter indischer Restaurants nicht mehr wegzudenken. Und was Indien kann, können natürlich alle Länder dieser Welt, in denen Wein einen höheren Stellenwert hat, genauso.

Wenn aber das Kichern das wichtigste Verkaufsargument ist, warum wurde die Champagne, jener kühle Winkel in Nordfrankreich, wo die Bedingungen für den Weinbau alles andere als ideal sind, dann nicht schon längst von Gegenden mit niedrigeren Produktionskosten und höheren Temperaturen in den Schatten gestellt, aus denen preiswertere Erzeugnisse kommen?

Kehren wir zurück zum Wein. Der Burgunder-Ersatz, der den Hof von Ludwig XIV. speiste, bis dessen Leibarzt angeblich ein hübsches Sümmchen aus Burgund einsteckte und seinem König fortan nur noch Beaune verschrieb, war kein gewöhnlicher Wein. Sogar ohne Kohlensäure war und ist er etwas Besonderes. Rassig, duftend, delikat sind angemessene Beschreibungen. Hat er obendrein Perlen, kann sein Geschmack zu einem der größten Genüsse der Weinwelt werden. Dieser Geschmack aber lässt sich nicht beliebig kopieren. In England entstehen seit kurzem Kreszenzen, die ihm so nah kommen wie kein Wein, den ich bislang verkostet habe. Was gar nicht einmal so abwegig ist, denn die Sussex Downs verfügen über dieselben Kalksteinböden wie die Champagne; lediglich das Klima ist geringfügig maritimer.

Die Champagne

Die Provinz mit Reims als alter Hauptstadt hat wenig Malerisches an sich. Sie macht der Beauce, der Ebene südwestlich von Chartres, den Rang als Frankreichs langweiligste Landschaft streitig. Der Boden verschlingt Unmengen von

Dünger, liefert aber auch eine enorme Ernte, zumindest für die Großbauern. Hat man die nackte Ebene hinter sich gelassen, atmet man im Weinbaugebiet mit seinen relativ belebten Dörfern richtig auf. Kompost zum Nähren der hungrigen Erde kam einst aus dem einzigen Wald auf dem Mittelgebirge mit dem großspurigen Namen Montagne de Reims. Bis in die 1980er-Jahre hinein mussten die Winzer der Champagne sogar mit *gadoux* düngen, dem gemahlenen Pariser Müll. Man mag gar nicht daran denken, was da alles zu Füßen von Chardonnay und Pinot entsorgt wurde.

Einigen Fotografen gelingt es tatsächlich, in der gigantischen Geometrie aus Stockreihen entlang der sich windenden Marne dramatische oder zumindest rhythmische Impressionen zu entdecken. Man sieht sanft geschwungene Hänge, doch springt das Klima manchmal recht rau mit der Landschaft um – vor allem im Herbst, wenn sich die Reben rostbraun oder gelb färben. Im Winter singen die Drähte im eisigen Wind oder glitzern im Eismantel, und Rauchschwaden hängen in der Luft, während Winzer sich mit Helfern durch die Kälte arbeiten, um den Rebschnitt durchzuführen.

Wenn Touristen in die Gegend kommen, dann wollen sie die Städte sehen – oder die Landschaft unter der Erde. Die Römer holten sich von hier ihren Kalkstein und hinterließen Höhlen und Stollen, die für die Menschen, die sie im Mittelalter wiederentdeckten, schier unfassliche Dimensionen hatten. Ob man in der Antike eine Vorahnung von der Industrie hatte, die sie zweitausend Jahre später mit Millionen Flaschen Wein füllen würde? Tief unten im Kalkfels herrschen ideale Bedingungen bei stets gleich bleibender Temperatur (10 °C) und Luftfeuchtigkeit. Die größte *crayère*, Kalkhöhle, gehört Pommery & Greno. Sie ist in einen bescheidenen Hügel südöstlich von Reims gehauen. Die Witwe Pommery – in der Geschichte des Champagners tauchen auffällig viele Witwen auf – verwandelte sie im 19. Jahrhundert in eine Untergrundfabrik. Eine monumentale Treppe führt 30 Meter durch den Fels nach unten. In diesem riesigen

Im Herbst 1965 fotografierte ich meine mir frisch angetraute Frau in den Weinbergen der Champagne (im Hintergrund der Forêt de Reims). Damals schrieb ich gerade an meinem ersten Weinbuch, Das große Buch vom Wein.

Hohlkegel kann man noch die Reste der von Sklaven benutzten Wendeltreppe erkennen. Bei einem Blick zurück bekommt man den Eindruck, als könne man das Eingangsloch weit oben mit einem Korken schließen. Madame Pommery ließ neue Gänge graben und mit dem Schutt 60 m tiefe Höhlen füllen. Was für ein spektakulärer Anblick müssen sie gewesen sein. Nie sah jemand diese großen dunklen Räume – Kerzen hätten sie nicht erleuchten können.

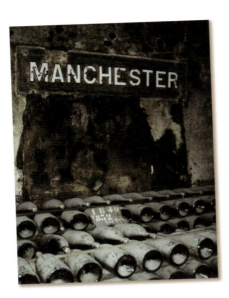

Die Witwe Pommery nutzte die von Römern in den Fels gehauenen Kalkhöhlen in Reims als unterirdische Produktionsstätten. Die Stollen sind nach den Märkten benannt, auf denen ihr Wein verkauft wird.

Man geht durch breite Schächte mit zehntausenden gelagerter Flaschen und durch enge Verbindungstunnel. Jeder trägt den Namen einer Stadt, in der man Pommery trinkt: Buenos Aires, Freetown, Kyoto, Manchester ... Hoch oben an den Wänden hängen riesige rostige Zahnräder und Flaschenzüge im Dunkel; sie sind alles, was von einer Vorrichtung geblieben ist, mit der man Flaschen in Körben beförderte. Die Pommery-Keller verfügten im 19. Jahrhundert über die fortschrittlichste Technik der ganzen Champagne. Hinter der Ecke hört man ein langes, klirrendes Rattern. Es wird von den Gyropaletten erzeugt, die die Champagnerherstellung revolutionierten. Wieder war Pommery das erste Haus, das sie einführte. Das aufwendige Rüttelverfahren – manche würden es Kunst nennen –, das man in Mannstunden pro Flasche maß, wird nun von Maschinen erledigt, die Tag und Nacht mit höchster Präzision arbeiten. Sentimentale Gemüter wie ich versuchen den Lärm zu überhören oder statten gleich den *crayères* auf der Straßenseite gegenüber einen Besuch ab. Hier befanden sich die Keller der Abtei St. Nicaise, bis die Revolutionäre die Ordensbrüder vertrieben und das große gotische Bauwerk als Steinbruch nutzten. Heute gehört St. Nicaise zum Haus Taittinger, und das Geflecht aus Gängen im Kalkgestein erinnert in seinen eigentümlichen Formen mehr an ein Werk von Henry Moore als an frühindustrielle Zeiten.

Reims und Epernay sind zwei ungleiche Städte: die Hauptstadt der Champagne eine graue, vom Krieg zernarbte Stadt, Epernay ein Provinzort mit New-Market-Flair. In beiden errichteten die Champagnerhäuser bizarre Jugendstil-Bauwerke, doch Reims hat mit seinen zwei grauen Basiliken, der Kathedrale und der Kirche von St. Rémi obendrein die heilige Würde uralter Gemäuer zu bieten. Sie alle waren im Ersten Weltkrieg bevorzugtes Ziel der deutschen Artillerie, obwohl die Hälfte der bekanntesten Champagnerfirmen von deutschen Familien gegründet worden war. Eine besondere Anziehungskraft übte die Champagne auf Bierbrauer aus. Die Regelung der Gärung und das Abfüllen riesiger Flaschenmengen waren für sie wohl vertrautes Terrain.

Troyes blieb von den Zerstörungen unberührt. Wenn man einen Eindruck davon bekommen will, wie die Champagne im Mittelalter aussah, sollte man dieser Stadt einen Besuch abstatten. Heute allerdings kann man sich ihre einstige Bedeutung kaum noch vorstellen. Reims war das Heiligtum, eine Stadt klerikaler Macht, während in Troyes, wo die größte Handelsmesse Europas stattfand, der Mammon regierte. Dass die Champagne zu den wichtigsten europäischen Transitregionen gehörte, war für sie Segen und Fluch zugleich. Ich kann mir die weite Ebene vor Troyes allerdings beim besten Willen nicht von einer Brueghel'schen Menge bevölkert vorstellen, die aus Italien und Skandinavien und England und Spanien anreiste, um hier ihre Zelte aufzuschlagen und Handel zu treiben. Heute steuern die meisten von weither Angereisten ein Restaurant an.

Lohn der Reife

Wie soll man den Geschmack von Champagner beschreiben? Ich fange mit Apfelkuchen an. Der säuerlich-süße Geschmack von Äpfeln ist ein typischer Charakterzug von jungem Champagner. Bei einem guten Vertreter kommen noch die Kirsch- und Pflaumennoten eines reifen Pinot noir hinzu, bei einer einfachen Abfüllung sind die Äpfel mutterseelenallein. Allerdings sind Äpfel nicht gleich Äpfel. Es kann sich um Golden Delicious oder um Cox Orange Pippin handeln. Sie können mal mehr, mal weniger reif sein, aus einem guten oder schlechten Jahr stammen und optimal oder unsachgemäß gelagert worden sein – und das alles, noch bevor der Koch sie zerschneidet, in zerlassener Butter schmort und mit Zucker bestreut. Dazu kommt noch der Teig: Ist es ein Mürbteig oder ein Blätterteig? Wurde er cremiggelb gebacken oder hat er eine karamellbraune Kruste?

Je besser und reifer der Champagner, desto mehr Patisserie schwingt in ihm mit. Wie bei allen Weinen aber ist Ausgewogenheit oberstes Gebot. Champagner will ergründet werden; man muss immer wieder an ihm riechen und nippen wollen, damit man nur ja sicher ist, nichts zu verpassen. Ein guter Jahrgangs-Champagner durchlebt diese Phase mindestens 15 Jahre lang, bevor er in ein neues Stadium eintritt. Das finale Genusserlebnis bei einem großen alten Schaumwein ist nicht allein der *goût anglais*, der »englische Geschmack«, wie ihn die Franzosen abfällig nennen, der sich in einer kräftigen Madeira-Note äußert, sondern in manchen Fällen ein Anflug von Champignons in Sahnesauce. Oft wird auch anerkennend von einem Duft nach »nassem Stroh« gesprochen.

Dass ein Wein, der in erster Linie wegen seiner Lebendigkeit geschätzt wird, einen Alterungsprozess benötigt, überrascht viele. Das gilt natürlich nicht für die herkömmlichen, durchaus trinkbaren, aber dünnen Erzeugnisse, denen man in Form von Alltags-Cuvées begegnet, sondern für die feinen Auslesen, aus denen Jahrgangs-Editionen komponiert werden. Kein Jahrgangswein wird länger zurückgehalten als Champagner. 1998 konnte man 1996er (oder sogar 1997er) Bordeaux und Burgunder kaufen, doch die besten Jahrgangs-Champagner von 1996 kamen erst 2003 auf den Markt – sieben Jahre nach der Lese. Und sie werden noch ein weiteres Jahrzehnt lang Geschmacksreichtum anhäufen, werden sich von stechend scharfer Frucht verabschieden und breitere, biskuitartige Nuancen entwickeln. Das Haus Krug gab seinen außergewöhnlichen 1990er, einen der größten Champagner, die ich je verkostet habe, erst nach 14 Jahren frei. Ein so grandioser Jahrgang bleibt – zumindest in meinem Haus – noch rund 30 Jahre auf der Höhe. Die Säure, das Kernstück jeden Fruchtgeschmacks, hält ihn am Leben, und je intensiver sie ist, weil der Wein von Rebstöcken mit nur wenigen Trauben stammt, desto größer ist seine Lebenserwartung und desto zufriedenstellender sein Finale.

Lässt ein Hersteller den fertigen Wein auf der Hefe liegen, bekommt er einen noch längeren Atem und vertieft die Gebäck- und Teignoten. »Autolyse« nennt man diese Reaktion mit der Hefe über einen längeren Zeitraum. Champagnerhäuser lassen grundsätzlich einen Posten von Spitzenjahrgängen für besondere Gelegenheiten und Gäste undegorgiert liegen und geben ihnen erst am Morgen des großen Tages den letzten Schliff. »Mein Gott, der schmeckt ja viel jünger«, ist die gängige Reaktion auf diese Essenzen. Bollinger hat seinen *Récemment Dégorgé* (kürzlich degorgiert) sogar zum Premiumwein erkoren.

Weil ich meinen Champagner länger liegen lasse, als meine Freunde es tun, halten mich manche für einen Nekrophilen. Die Franzosen verschmähen von einigen Ausnahmen abgesehen diese warmen, goldenen Weine, dessen Schäumen zu einem feinen Prickeln abgeklungen ist, und tun sie als »maderisiert« ab. In ihren Augen schmecken sie nach Madeira, einem Wein, den man bewusst dem Luftsauerstoff aussetzt, bis er so braun wie Karamell ist. Das einzige Gas in einer Champagnerflasche aber ist Kohlendioxid, das die Flüssigkeit bestens vor Luftkontakt bewahrt. Kein anderer Wein ist besser vor Sauerstoff geschützt. Kohlendioxid ist der Schlüssel zur Frische und Langlebigkeit von Champagner.

Wie lange aber lebt Champagner? Ich müsste es eigentlich wissen, schließlich kaufe, lagere und trinke ich ihn schon eine Ewigkeit. Ich pflege meinen Champagner grundsätzlich lange bevor ich ihn brauche zu kaufen – zum Glück habe ich reichlich Platz. Meine Sammlung reihe ich in der hinteren rechten Ecke meines Kellers auf den beiden obersten Regalbrettern auf. Ich ordne die Flaschen zunächst nach dem Alter und dann nach dem Namen. Auch ungeöffnete Kisten haben ihren Platz. Jahrgangslose Champagner, sozusagen unsere Alltagsschäumer, werden mindestens ein Jahr, besser noch zwei Jahre im Voraus angeschafft. Ich finde, die Wartezeit tut ihnen gut. Sie verlieren ihre Unreife, werden runder und bekommen mehr Gewicht. Als wir für die Hochzeit unserer Tochter Kitty eine größere Menge brauchten, fragte ich den englischen Importeur von Pol Roger, ob er nicht einen Posten auftreiben könne, der bereits eine gewisse Zeit gelagert worden war. Er fand eine erkleckliche Menge, die drei Jahre lang in einem Freilager zugebracht hatte. Bei der Feier bemerkte ich beileibe nicht als Einziger, wie gut er sich trinken ließ. Allerdings würde ich nie alte Bestände auf Verdacht kaufen. Sie müssen aus einer absolut verlässlichen Quelle stammen.

In meinem Keller stehen mehr jahrgangslose Champagner als solche mit Jahrgang, dafür ist bei Letzteren die Bandbreite der Erzeuger größer. Wenn mir ein Jahrgang besonders zusagt, wie es zum Beispiel beim 1990er und 1996er der

Fall war, versuche ich mir einen repräsentativen Querschnitt von der Saison zusammenzustellen, also jeweils etwa sechs bis zwölf Flaschen von rund einem Dutzend Weinen, damit ich ihre Entwicklung über die Jahre hinweg beobachten kann. Falls sich die Gelegenheit ergibt, kaufe ich aber auch alten oder sogar antiken Champagner.

Der denkwürdigste Uralt-Schaumwein, den ich je besaß, war der Perrier-Jouët von 1911 – und nicht nur eine Flasche, nein, gleich ein ganzes Dutzend. Jemand ließ die Kiste törichterweise bei Christie's versteigern, als der Wein gerade einmal 75 Jahre alt war, und ich bekam den Zuschlag – zum Preis eines aktuellen jahrgangslosen Champagners. Mein ehemaliger Chef André Simon hatte den 1911er einmal zweideutig als »letzten der großen Jahrgänge« beschrieben. Meinte er damit den besten vor dem Ersten Weltkrieg, als sich die Rebberge an der Marne in ein einziges großes Schlachtfeld verwandelten?

Das Jahr 1911 ging wegen der extremen Hitze in die Geschichte ein, aber auch wegen der Aufstände, die die Region traumatisierten. Die Behörden hatten das Weinbaugebiet, aus dem Champagner-Trauben kommen durften, gesetzlich festgelegt – ein erster Schritt zur regionalen Ausweisung von Anbauzonen, die in den 1930er-Jahren mit der Einführung der *appellations contrôlées* endgültig Wirklichkeit wurde. Das Problem: Sie wiesen auch das Département Aube viele Kilometer südlich von Reims, Epernay und dem Herzen der Champagne als Champagner-Bereich aus.

Önologisch ging das völlig in Ordnung; in dem auf halbem Weg nach Chablis gelegenen Département wächst exzellenter Pinot noir. Geografisch und politisch allerdings war der Anschluss an die Champagne ein Fauxpas sondergleichen. Er brachte die Bürger von Dörfern wie Ay derart in Rage, dass sie die Lagerhäuser von ihrer Meinung nach betrügerischen Abfüllern in Brand setzten. Im Midi sind Winzeraufstände von jeher gang und gäbe und hinter Rugby fast schon eine Art zweiter Volkssport, im Norden allerdings kannte man solches Rebellentum nicht. Schließlich wurden die Aufständischen so gewalttätig, dass die Regierung 40 000 Soldaten in die Region schickte. Das Gesetz wurde zurückgenommen, die Meuterer (mit Ausnahme von dreien, die die Krawalle nicht überlebt hatten) gingen nach Hause – und der Jahrgang fiel ruhmreich aus.

Im Juli 1993 öffneten wir vor einem Essen des Bordeaux Club – sechs Freunde, die sich dreimal im Jahr treffen – die erste Flasche der Kiste unter einem Apfelbaum im Garten. Am nächsten Tag entstand folgende Notiz: »Noch immer strohblass mit Unmengen winzigster Bläschen, beim Eingießen sogar noch leicht schäumend. Eine erstaunliche Flasche – höchst lebendig und champagnertypisch, mit einer Tiefe wie der beste Madeira. Überragend.« Ich wünschte, ich hätte Worte gefunden, die ihm gerecht geworden wären.

Noch erstaunlicher war sein Zustand angesichts des steinharten Korkens. Er ließ sich so leicht herausziehen wie ein Stöpsel. Wie hatte er bloß dem Druck im Inneren standgehalten? Wenn man sich nach einer solchen Flasche noch auf elf weitere freuen kann, darf man sich glücklich schätzen. Nur zwei Exemplare der Kiste enttäuschten. Wie aber war es möglich, dass man überhaupt noch einen kompletten Originalkarton mitsamt Einschlagpapier bekam? Nun, Perrier-Jouët feierte 1911 sein 50-jähriges Bestehen. Zum 100. Geburtstag im Jahr 1961 trennte sich das Haus von den Resten seines größten Jahrgangs.

Ich habe noch andere Flaschen von 1911 verkostet. Moët und Clicquot waren ebenfalls ausgezeichnet. Von Clicquot besaß ich die süße Version und den Brut; der trockene Champagner hatte sich besser gehalten. Doch die 1911er sind bei weitem nicht die ältesten, die ich in meinem Notizbüchlein stehen habe. Der Rekord geht an einen Sillery von 1864, der ebenfalls bei Christie's unter den Hammer kam. Dabei war dieser Champagner aus dem einst berühmtesten Dorf der Region keineswegs ein Hochdruck-Schaumwein gewesen, man hatte ihn nicht einmal aus den klassischen Trauben bereitet. Er war still oder bestenfalls *crémant*, also nur schwach perlend, und überwiegend aus Fromenteau bzw. Pinot gris gekeltert.

Weitere Berühmtheit in meinem Keller waren der Pol Roger von 1921 und der Krug von 1928. An alle kann ich mich leider nicht mehr erinnern, doch Weine wie diese hinterlassen einen unauslöschlichen Eindruck. Andere Kreszenzen bleiben in der Erinnerung aus Gründen haften, die nicht direkt mit Geruchs- und Geschmackseindrücken zu tun haben. Ich erzählte einmal dem mittlerweile verstorbenen Präsidenten von Bollinger, Christian Bizot, dass ich eine Flasche des Bollinger von 1945 getrunken hatte. »Sie Glücklicher«, meinte er. »Der 45er wurde abgefüllt, als ich noch ein Kind war. Man musste einen Traktor mit Riemenantrieb ausleihen, der die Abfüllmaschine antrieb. Abgefüllt wurde nur, wenn der Traktor gerade nicht pflügte.« Die Champagnerhäuser stehen heute im Ruf, keinerlei Kosten zu scheuen. Das war nicht immer so.

Und die Bläschen?

Kohlendioxid ist das Gas, das die Menschen ausatmen und die Pflanzen einatmen. Es hat großen Anteil am Treibhauseffekt und ist schuld, wenn unglückselige Kellereiarbeiter ersticken. Es ist das Nebenprodukt der alkoholischen Gärung. Dass es sich in Wein – oder auch Wasser, siehe Perrier – auflöst, spielte vor der Erfindung der Flasche keine Rolle. Den einzigen Beweis seiner Auswirkungen auf den menschlichen Organismus trat Kohlendioxid an, wenn sich Lesehelfer früher ein paar Schluck von dem halbvergorenen süßen Most aus den Bottichen gönnten. In Burgund nennt man diesen köstlichen Nektar *paradis*. Natürlich war er ausgesprochen instabil und kurzlebig. Außerdem bringt zu viel davon angeblich die Gedärme zum Rumoren – ein Gerücht, das von den Gutsbesitzern in Umlauf gebracht worden sein könnte, damit der Traubensaft nicht zu sehr schwand und die Arbeiter nüchtern blieben. Ich habe nie so viel davon getrunken, dass ich es hätte überprüfen können.

Warum Kohlendioxid in so kurzer Zeit die Stimmung des Trinkenden beeinflusst, hat mir einmal ein Arzt erklärt. Anscheinend ist unser Organismus gar nicht so erpicht auf dieses Gas. Sein Anstieg etwa bei körperlicher Betätigung veranlasst das Herz, das Blut schneller umzuwälzen, damit der unerwünschte

Stoff von den Venen zur Haut transportiert wird, wo er sich verflüchtigen kann. Ein Schluck Champagner befördert eine beträchtliche Menge CO_2 direkt in den durchlässigen Magen, der es zusammen mit dem Alkohol umgehend ins Blut einspeist. Das Herz verteilt es und man spürt die Wirkung im Gehirn. Die Lippen formen sich zum Lächeln.

Im Champagner befindet sich so viel gelöstes Gas, dass es sich ihm nur schwer gänzlich entlocken lässt. Wie hartnäckig es ist, machte mir ein Freund klar, der seinen Schaumwein gewohnheitsmäßig dekantiert. Diesen Landbewohner konservativ zu nennen wäre eine Untertreibung – der Mann musste in seinem Leben noch nie Möbel kaufen und serviert alten Wein nach Art seiner Vorfahren. Ich habe ein einziges Mal einen Champagner-Dekantierer in einem Museum gesehen: Man präsentierte ihn als Beispiel für exzentrische Glaswaren im 18. Jahrhundert. Dieser Freund begnügt sich mit einem simplen Glaskrug. Er gießt jede Flasche vorsichtig in das Behältnis, so dass der Wein den geschwungenen Rand entlangrinnt und unter einer dünnen Schaumschicht zur Ruhe kommt. Ob er nicht flach schmeckt? Keineswegs. Er scheint mehr Geschmack denn je zu haben. Und sieht obendrein herrlich gehaltvoll aus. Außerdem kann ihn der Gastgeber wesentlich zügiger an die Gäste verteilen und diese können ihn früher trinken, weil sie nicht warten müssen, bis sich der Schaum im Glas gesetzt hat.

Der anregendste Champagner, den ich je getrunken habe und der mir eine völlig neue Sichtweise auf diesen Wein eröffnete, wurde mir an einem heißen Tag in der Toskana im Schatten eines Feigenbaums serviert und diente als Auftakt eines Mahls von epischer Länge. Man hatte den Wein in eine mit zerstoßenem Eis gefüllte Glasschale gebettet. Nackt und bloß lag er mit seiner zwischen Silber und Gold angesiedelten Farbe in einer Kristallflasche zum Dekantieren, während einige Bläschen obenauf schwammen. Das beschlagene Kristall hüllte ihn in Dunst und ließ ihn zugleich glitzern. Ich schmecke noch heute den ersten Schluck. Er berührte meinen Gaumen so frisch und rein, dass sich seine silbrige Kühle in meinem ganzen Körper ausbreitete.

Champagner ist ausgesprochen transportfähig. Nie könnte man mit einem Weißoder Rotwein gleichen Preises bei der Beförderung so rüde umspringen. Überdies lässt er sich überall und jederzeit öffnen. Man braucht keinen Korkenzieher. Ob in Augenblicken des Triumphs oder der Verzweiflung, er ist allzeit bereit.

Manchmal wird darüber diskutiert, wie Champagner in einem Flugzeug auf 10 000 m Höhe schmeckt. Hat der niedrige Kabinendruck, der halb so hoch wie der auf der Erde ist, wirklich keine Auswirkungen auf ihn? Er verändere seinen Charakter, sagen die, die es wissen müssen. Ich sage, dass er am Anfang eines langen Flugs ganz außergewöhnlich köstlich schmecken kann. Als Berater für British Airways wurde ich allerdings auch nicht in die letzten Reihen der Economy Class gezwängt. In der First Class bekommt man Etiketten, die auf den ersten Blick als hochpreisig erkennbar sind, und gerade Concorde-Passagiere hatten ganz spezielle Wünsche. British Airways orderte daher für viel Geld Krug und Dom Pérignon.

Umgekehrt wollen Erzeuger sehr teuren Champagners aber auch von First-Class-Fluggästen gesehen werden, weshalb die Gastfreundschaft ambitionierter *marques* bisweilen keine Grenzen kannte (für mich allerdings schon, möchte ich eilends hinzufügen). Hoch oben über der Erde benehmen sich Passagiere gelegentlich etwas sonderbar, und Champagner ist nicht gerade geeignet, sie zu zügeln. Stewards hätten da sicher einiges zu erzählen …

Rituale sind fester Bestandteil des Champagner-Vergnügens. In Epernay gibt man gerne vor, dass die traditionelle – und schnellste – Methode der Flaschenöffnung das Kappen des Halses mit dem Säbel ist. Man brachte mir den Trick für meine Fernsehserie über die Geschichte des Weins bei. Ich übte fleißig, und im Film wirkte das Ganze recht beeindruckend, wie ich fand. Man hält die Flasche (am besten eine Magnum) in relativ sicherer Entfernung und führt die Klinge mit festem Schwung über die Flaschenschulter. Dabei trifft man den Wulst an seiner Unterseite, an der der Drahtkorb befestigt ist. Der Hals bricht sauber ab und fliegt mit dem Korken davon.

Ich sollte das Ritual allerdings bei der Präsentation des Videos in einem Theater in Chicago wiederholen. Als Requisiten drückte man mir eine Flasche New Yorker Schaumwein in die Hand und ließ mir die Wahl zwischen einem Schnitzmesser und einer Machete der US Navy. Ich entschied mich für die Machete, marschierte auf die Bühne und schwang die Klinge. Die Welt verschwand hinter einer Wand aus Schaum – die Flasche war in meiner Hand explodiert. Zum Glück kam niemand zu Schaden.

———————————

Champagner wird nicht einfach bereitet, er wird *élaboré*, »ausgearbeitet«. Dazu bedient man sich der *méthode champenoise*, ein Begriff, der nur in der Champagne verwendet werden darf (andernorts spricht man u. a. von *méthode classique* oder *méthode traditionnelle*). Und in der Tat ist die »Ausarbeitung« komplizierter als bei anderen Weinen.

Keine Region versteht sich besser auf die publikumswirksame Show als die Champagne. Man bekommt Gelegenheit, den gesamten Ausarbeitungsprozess zu verfolgen. Als ich neulich an einer Touristenführung durch die Keller teilnahm, war ich allerdings erstaunt über den Unsinn, den der Führer verzapfte (und über manche Besucherfragen wie: »Wird der Wein vollständig aus Trauben hergestellt?«).

Zunächst einmal wird das Lesegut sanft gepresst und kühl vergoren. Aus den drei in den unterschiedlichsten Lagen gereiften Rebsorten der Region – Pinot noir, Pinot meunier und Chardonnay – entstehen viele verschiedene Weine. Sie werden je nach Geschmack selektiert und verschnitten. Einige Häuser bereiten das Gros ihrer Weine von Trauben aus eigenen Lagen, die meisten aber kaufen Lesegut oder fertige Weine oder beides. Im Frühjahr nach der Lese werden sie abgefüllt und mit einer genau bemessenen Menge Zucker angereichert. Bei der Gärung dieses Zuckers entsteht Kohlendioxid – es fallen aber auch reichlich tote Hefezellen an, die den Wein trüben. Und ab nun wird ausgearbeitet.

Die Champagner-Industrie nahm ihren Anfang, als die Witwe Clicquot – zumindest schreibt man ihr das Verdienst zu – ein Verfahren entwickelte, mit dem man die Hefe aus der Flasche bekam, ohne jede Flasche dekantieren zu müssen. Ich werde die Auflösung nicht vorwegnehmen: Es lohnt sich, selbst Zeuge zu werden, mit welcher Gelassenheit Kellerarbeiter in kalten Höhlengängen ihr Leben der Erzeugung von strahlend klarem Champagner widmen. In modernen Kellern kann man aber auch zusehen, wie das ganze aufwendige Rütteln von Wunderwerken der Technik übernommen wird.

Während des gesamten Herstellungsprozesses hat man vielerlei Möglichkeiten einzugreifen – und genau das macht den einen Champagner besser als den anderen bzw. verleiht ihnen allen ihren charakteristischen Geschmack. Welcher Weinberg? Welche Trauben? Wie stark werden sie gepresst? Gären sie in Stahltanks oder Fässern? Unendlich viele Varianten ergeben sich beim Verschneiden, wo man aus vielleicht hundert verschiedenen Weinen wählen kann. Lädt man mich ein, es auch einmal zu versuchen, ist völlige Verwirrung die Folge. Ich mag den einen Wein, und ich mag den anderen. Ich mische sie und finde das Ergebnis haarsträubend. Ich füge einen dritten Wein hinzu, und es wird noch schlimmer. Ich füge einen vierten hinzu, und es schmeckt schon wieder interessant. Mache ich mit einem fünften alles besser oder schlechter? Mit tiefem Respekt für den Verschneider und einem großen Verlangen nach dem fertigen Produkt gehe ich in die Mittagspause.

Eine Champagnerpresse fasst vier Tonnen Trauben. Das Lesegut wird darin äußerst langsam und sanft zerdrückt.

Auch das Endprodukt aber lässt sich alles andere als einfach verkosten. Jedes Jahr im Frühling lädt das Londoner PR-Büro des Comité Interprofessionnel du Vin de Champagne im Banqueting House in Whitehall zu einer Massendegustation mit etwa hundert Champagnern. Das dortige Deckengemälde von Rubens ist keine Voraussetzung für die Beurteilung von Champagner – im Grunde genommen schenkt ihm niemand Beachtung. Das Fenster, durch das König Karl I. einst zum Schafott schritt, steht voller Flaschen, die nur darauf warten, geöffnet zu werden. Ich gehe mit gutem Willen zur Sache, verkoste mich schlückchenweise durch die Weine, die ich noch nicht kenne, und stelle mich in die Schlange, die sich vor dem Gemeinschafts-Spucknapf gebildet hat. Nach einem Dutzend Weinen schwirrt mir der Kopf. James Halliday, Australiens erfahrenster Weinjuror, brachte die Sache auf den Punkt: Der Mund, so sagte er, fühlt sich bei einer solchen Verkostung an wie eine Waschmaschine – voller Schaum. Der eine Champagner ist spürbar vielschichtig, der andere spitz, der hier aromatisch, der fade, und dieser schmeckt seltsam. Eine nüchterne Begutachtung von so vielen aber ist mir nicht möglich.

Markenware

Natürlich habe ich meine Favoriten. Weine, die sich in ihrer Kraft, Frische, ihrem weichen Geschmack und möglichst auch im ausgewogenen Miteinander all dieser Eigenschaften von anderen abheben. Auch gibt es langjährige Begleiter, die ich regelmäßig trinke, immer wieder kistenweise bestelle oder in Restaurants ordere. Ich freue mich, wenn ich sie bei einer Blindverkostung aus dem ins Rennen geschickten Pulk herauskenne, bin aber nicht überrascht, wenn sie unerkannt an mir vorüberziehen. Meine längste Beziehung hege ich zu Pol Roger, dem ersten Champagnerhaus, dem ich einen Besuch abstattete – als Gast der anglophilen Odette Pol Roger. Ihr Salon in der Avenue de Champagne in Epernay erschien mir damals – ich war gerade Anfang zwanzig – als Quintessenz ländlichen französischen Geschmacks. Später erfuhr ich, dass die tiefen Sessel in Frankreich als ganz und gar britisch galten. Trotzdem wurden ihre schwülstigen Chintz-Stoffe und Blütenregimenter für mich zum Inbegriff mustergültiger Inneneinrichtung, so wie Pol Rogers White Foil mir als die perfekte Erfrischung erschien. (Heute trägt der jahrgangslose Champagner des Hauses einen anderen Namen.) Später fand ich heraus, dass einer der blaublütigsten Bordelaiser Gutsbesitzer meine Vorlieben teilte. Ich traf ihn an einem tropisch heißen Augusttag in seinem dunkelgrünen Salon an, als er von einem hohen Trinkglas nippte. Er bot mir das Getränk an. Es handelte sich um White Foil, vermischt mit Wasser. So hatte er auf seine Weise das Ei des Kolumbus gefunden: Mit Champagner allein kann man nämlich den Durst nicht löschen.

Dieses Bild, ein Souvenir von einem Besuch in der Champagne vor 40 Jahren, machte ich in Madame Pol Rogers Salon. Ich hatte damals wohl Ambitionen als Fotograf von Stillleben.

Heute, nach 40 Jahren, ist Pol Roger noch immer unser Familien-Champagner für Hochzeiten und Feste. Doch das Champagnerregal im Keller birgt mehr. Namen kommen und gehen, und während sie verweilen, lerne ich sie kennen, die unabhängigen Erzeuger, kleinen Marken oder Cuvées. Unter den regelmäßigen Zugängen zählen Bollinger, Clicquot und Roederer sozusagen zum schweren Geschütz, mit anderen Worten: zu den Champagnern mit ausgeprägtem Weincharakter. Alfred Gratien gehört zur selben Kategorie; er empfiehlt sich für lange Lagerung. Ich kaufe Charles Heidsieck's Mis en Cave – gar keine schlechte Idee, das Abfülldatum jeder Cuvée anzugeben, denn es gibt Auskunft über das genaue Alter und ein bisschen auch über den Charakter. Das Konzept wird Schule machen. Jacquesson hat vor kurzem begonnen, seine Cuvées zu nummerieren: 728 war der Code für eine großartige Komposition aus dem Jahr 1998. Eine weitere Marke, die ich regelmäßig ordere, ist Deutz. Ruinart hat eine lebendige Frische, die mir sehr gefällt. Vor kurzem durfte sich Billecart-Salmon in den Kreis meiner Favoriten einreihen. Ich mag Bruno Paillards relativ spröden Charme und den klar definierten Clos des Goisses, einen Einzellagenwein von Philipponnat. Von den Luxus-Cuvées beschaffe ich mir Pol Rogers

DIE GESELLSCHAFTSDROGE / 93

Sir Winston Churchill, Taittingers Comtes de Champagne, Pommerys Cuvée
Louise, den Dom Pérignon als seidigsten Verwöhn-Champagner und Krug, um
ihn mit anderen Enthusiasten zu teilen.

Kein Champagner ist ein Durstlöscher, doch bei Krug ist schon allein die Vorstellung absurd: Jeder Tropfen ist so geschmacksintensiv, dass ein kräftiger
Schluck einem den Atem rauben würde. Die Grande Cuvée von Krug besticht
durch Konsistenz, und bei den Jahrgangs-Editionen des Hauses handelt es sich um
stets dieselben Melodien, in den unterschiedlichsten Tonarten oder auf immer
neuen Instrumenten gespielt. Rémi Krug ließ mich einmal jeden Jahrgang bis
zurück ins Jahr 1964 degustieren. (Er spricht ja so gern über seinen Wein. Nach
einer ausgiebigen »Sitzung« soll er einmal gesagt haben: »Jetzt aber genug mit
Krug. Sprechen wir über Sie. Was halten Sie von Krug?«) Meine Notizen dazu
lesen sich stellenweise wie die versponnenen Paradoxien eines mittelalterlichen
Philosophen. »Saure Schokolade und grünes Stroh.« »Eingelegte Frucht.«
»Soja.« »Seetang.« »Gefällt durch Extreme.« »Wie Don Giovanni« (Rémis Beitrag). »Bierhefeextrakt und Karamell.« »Bratapfel.« »Blätterteig.« 1982 gesellten
sich zu den »Reneklauden« noch »Nüsse« und »Kaffee« hinzu. 1981 erkannte ich
»Mandeln und Unterholz«. Der 1976er leuchtete im Glas wie eine goldene Tulpe
und roch nach verbrannten Sahnebonbons, Sahnesauce und Ingwer – »ein Cello-
Klang«, notierte ich. Der 1973er bekundete Minze und Zitronen, Bienenwachs
und Blüten (ohne nähere Angabe der Art). Der 1964er perlte nur noch sanft –
»Sahnekaramell«, schrieb ich, »perfekt zu Gruyère«, meinte mein Gastgeber.

Als wir vor vielen Jahren auf der Suche nach einem Eigenheim waren, be-
sichtigten wir ein altes Pfarrhaus bei Bath. Es war viel zu groß für uns, aber mir
war zu Ohren gekommen, dass es einen Keller hatte. Und was für einen Keller.
Er bestand wie das Haus aus feinem cremegelbem Mauerwerk. Eine breite Stein-
treppe führte zu ihm hinunter. Tiefe, rechteckige Gefächer aus Stein säumten die
Wände. Über jedem Abteil hing eine mit Kreide beschriftete Schiefertafel. Da-
rauf stand zu lesen: Bollinger, Moët, Pommery, Roederer, Mumm, Perrier-Jouët,
Heidsieck ... Man konnte sich den Pastor nur zu gut an seinem Sekretär ein
Stockwerk höher vorstellen, während er seine Predigt schrieb. Sonntagmorgen.
Wir lesen heute aus dem 1. Brief an Timotheus. Strenge und Verzicht. Vor dem
Mittagessen vielleicht einen Pommery und zum Lamm einen Bollinger '09. Ja,
streng ist das richtige Wort für ihn. Aber er hat einen guten Abgang.

Das Image einer Marke aufzupolieren ist eine Kunst, die die Franzosen perfektioniert haben. Andere Länder haben ihre Tiffanys und Rolls-Royces, ihre Ar-
manis und Porsches und Patek Philippes. Nur die Franzosen können ein ge-
wöhnliches Produkt wie eine Flasche Wein oder ein Parfüm hernehmen und so
lange daran reiben, bis ein Geist erscheint. Louis Vuitton war ein einfacher Kof-
fermacher, Hermès ein Sattler. Pétrus heißt ein Rotwein, Krug oder Dom Pérignon
ein Wein mit Bläschen. Dann werden die Namen irgendwann zum Geheimwort
für exklusives Savoir-vivre, bei dem Geld keine Rolle spielt. Das geht nicht über

Nacht, doch wenn man die Angelegenheit einem französischen Team anvertraut – einer verschwiegenen, wortkargen, skrupellosen Truppe, deren Namen der Ruch des Ancien Régime anhaftet und deren Büros im 16. Arrondissement liegen –, dann nimmt das Image einer Marke unaufhaltsam Form an.

Der Preis ist von entscheidender Bedeutung. Für die Prestige-Cuvées muss er »astronomisch« sein, also unerreichbar für alle mit Ausnahme der Superreichen. Und selbst sie, so schick und elegant sie sich geben, müssen ganz artig sein, damit sie überhaupt etwas abbekommen. Für alle anderen Marken geht es darum, sich von hundert anderen abzuheben, die ähnliche Qualität zu bieten haben. Wer es sich aber leisten kann, besetzt auf dem Markt eine Nische ganz für sich allein und verteidigt sie wie ein Tier sein Revier. Moët & Chandon präsentiert sich gern als Champagner der Modewelt. Veuve Clicquot als Champagner des Gesellschaftslebens, Pol Roger als ausgesprochen britisch, Mercier (gibt es den überhaupt noch?) als Schaum, mit dem sich Formel-1-Piloten gegenseitig bespritzen. Auch die Super-Cuvées haben sich ihr Terrain erobert: Krug spricht die wirklich Reichen an, Taittinger Comtes de Champagne eine sehr schicke Klientel, Roederer Cristal eher die Glitzer- und Glamourwelt.

Ich bin einmal mit einem berühmten japanischen Fotografen gereist, der den Auftrag hatte, mit seinen typischen Schwarz-Weiß-Bildern das Wesen eines Luxus-Champagners einzufangen. Er legte seine Kameras nie beiseite und fotografierte alles, was ihm auffiel: eine Hand, die eine Flasche berührte, den Saum eines Kleides, den Nacken eines Mannes, den Drahtkorb einer Flasche, das Spiegelbild auf dem Fenster eines Autos, den Dunst, der aus einer gerade geöffneten Flasche aufstieg. Seine Bilder erschienen mit all der Bedeutung, die Hochglanzpapier vermittelt. Protzig? Ein Urteil darüber steht mir nicht zu.

Grande Marque nennt sich das Dutzend großer Häuser, das die Geschichte des Champagners geprägt hat. Sie sind für die meisten Menschen das Tor zur Welt des Schaumweins. Ihre vertrauten Namen geben Sicherheit, wenn man einmal mehr Geld als üblich für eine Flasche ausgibt. Zumindest war das bis vor kurzem der Fall. Heute sind die Supermärkte eine Herausforderung für alle Häuser – *Grandes Marques* erwartet man in diesen Regalen nicht. Je mehr die Region und ihre Industrie in die Hände einer immer kleineren Zahl immer größerer Konzerne fallen (zwei von fünf Flaschen stammen heute von Unternehmen, die zur Gruppe Louis Vuitton Moët Hennessy gehören), desto unwichtiger werden historische Namen. Wenn der banale Name auf einer Flasche vom Discounter dem Genuss keinen Abbruch tut, lässt sich bares Geld sparen. Man kann heute in der Tat Champagner bekommen, der so gut – und manchmal besser – ist wie die Basislinie der berühmten Häuser, aber weniger kostet. Er stammt dann fast immer von einer der großen Genossenschaften aus der Region. Um welche es sich handelt, kann man aus dem codierten Kleingedruckten auf dem Etikett erschließen. Es herauszufinden ist zum beliebten Zeitvertreib unter Schnäppchenjägern geworden.

Auf jeden Fall ist Champagner im Vergleich zu anderen Luxusweinen immer billiger geworden. In den 1940er-Jahren beispielsweise kostete der beste Jahrgangs-Champagner in einem der besten Restaurants der damaligen Zeit doppelt so viel wie der beste Bordeaux. Mir liegt eine Weinliste vor, die vor allem deshalb etwas Besonderes ist, weil sie aus dem Jahr 1940 stammt, als die Deutschen Bombenangriffe auf London flogen. Sie gehörte Pruniers in St James's, der Londoner Filiale des besten Pariser Fischrestaurants. Sie befindet sich genau unter meinem Büro, in dem ich sitze und schreibe. In Kriegszeiten wurden die Restaurantpreise ebenso festgelegt wie die Zahl der Gänge, die man bestellen durfte. Für das Air Raid Lunch, das »Luftangriffs-Mittagessen«, musste man nach heutigen Maßstäben umgerechnet 15 Euro, für das aus vier Gängen einschließlich Austern bestehende Black Out Dinner, das »Verdunkelungs-Abendessen«, knapp 20 Euro zahlen.

Der beste – oder zumindest älteste und teuerste – Bordeaux auf der Weinliste war der Château Haut-Brion von 1904 und kostete umgerechnet etwa 50 Euro, der beste Champagner, ein Bollinger von 1928, rund 70 Euro. Vergleichbare Bordeaux wären heute mit über 1300 Euro notiert, während man für einen aktuellen Champagner desselben Kalibers knapp 300 Euro berappen müsste. »Angesichts der jüngsten Bombenangriffe«, steht am Ende der Liste zu lesen, »wird angeraten, die Rotweine zu dekantieren.« Madame Prunier stellte echte Londoner Gelassenheit zur Schau. Ich bin jedoch nicht sicher, ob das Dekantieren einem von einer Bombe erschütterten alten Bordeaux wirklich geholfen hätte.

Ein ausgesprochen erfolgreicher Marketingkniff der Champagnerhersteller ist die »Deklarierung« von Jahrgängen nach Art der Porthäuser. Zwar wird das Wort »Deklarieren« nie erwähnt, doch herrscht relative Einigkeit darüber, welche Jahre sich als »Jahrgang« qualifizieren. In der letzten Dekade des 20. Jahrhunderts wurden der 1990er, der 1992er, der 1993er, der 1995er, der 1996er, der 1997er und der 1998er zumindest von einigen Häusern als Jahrgang abgefüllt. In den 1970ern deklarierte man den 1970er, den 1971er, den 1973er, den 1975er, den 1976er und den 1979er, in den 1960ern den 1961er, den 1962er, den 1964er, den 1966er und den 1969er. Die Tendenz ist also steigend. Man kann die wachsende Nachfrage oder aber die globale Klimaerwärmung dafür verantwortlich machen. Zweck der Ausrufung eines Jahrgangs ist es auf jeden Fall, ein Jahr zu einem Ereignis werden zu lassen – und den in ihm entstandenen Wein zu einer Art Marke innerhalb der Marke. Die Initiative liegt beim Erzeuger. Mit seinen jahrgangslosen Gewächsen wiederum gleicht er Höhen und Tiefen aus. Wie viele Probleme könnte Bordeaux lösen, wenn die dortigen Châteaux ein ähnliches System einführen würden!

An einem Ende des Spektrums stehen die *Grandes Marques*, am anderen die Fantasiemarken, die aus einem Großhändlerkatalog in der Hoffnung ausgewählt wurden, dass möglichst wenige einen Unterschied bemerken. In diesem Fall hilft das von Restaurants oft angebotene einzelne Glas weiter. Zwar zahlt man für dieses eine Glas oft einen Preis, der dem einer halben Flasche im Einzelhandel entspricht, trotzdem ist es ein fairer Deal: Wer vorab ein Glas Champagner bestellt, erkauft sich Zeit, in Ruhe die Speise- und Weinkarte zu studieren, er gibt sich als Kunde mit einem gewissen Mindestniveau zu erkennen, kommt in Stimmung für die zu erwartenden Freuden und erfährt obendrein, ob das Haus sich beim Champagner Mühe gibt. Knausert es, weiß man Bescheid.

Ich meide halbe Flaschen, so groß die Verlockung auch sein mag. Meiner Erfahrung nach sind sie weder so frisch noch so geschmacksintensiv wie ganze Flaschen. In ihnen scheint früh eine falsche Entwicklung einzusetzen. Ich kaufe ein paar und bewahre sie für alle Fälle in einem Stapel neben dem Regal mit den gewichtigeren Flaschen auf. An einem ruhigen Sonntagabend öffnen wir manchmal eine dieser Kleinausgaben. Ansonsten sind sie als Einsatztrupp für Notsituationen und Krisen gedacht. Doch selbst in solchen Augenblicken stelle ich fest, dass ihr Feuer ungebührlich schnell verlischt. Bis 2002 füllten manche Häuser ihre halben Flaschen mit dem Rest, der beim Degorgieren von ganzen Flaschen anfiel, was ihren mangelnden Schwung erklärt. Zwar ist diese Praxis mittlerweile nicht mehr zulässig, doch verabschiedet sich die Spritzigkeit nach wie vor enttäuschend früh.

Ganz anders die Magnumflaschen. Ich wünschte, es gäbe mehr Gelegenheiten, die ihren Einsatz rechtfertigten. Eine Gesellschaft, die die Menge von zwei Flaschen braucht, ist mit einer Magnum immer besser bedient als mit zwei Normalflaschen. Erscheint eine Magnum, schnellt die Stimmung nach oben. Zudem reift der Champagner in ihr fast doppelt so gut. (Gleichzeitig aber wirkt sich ein schlechter Korken, so selten er auch sein mag, in einer Magnum doppelt so verheerend aus.)

In der Champagne stehen Rebhänge selten zum Verkauf. Die Familien hüten sie wie einen Schatz – insgesamt 15 000 dieser Clans gibt es, deren Mitglieder meist andere Berufe als den des Winzers ausüben. Ein Weinbauer hat zwei Möglichkeiten: die Trauben verkaufen oder den Wein selbst bereiten. Ambitionierte Weinbauern nehmen die Dinge heutzutage gern selbst in die Hand. Das aber ist schon die einzige Neuigkeit in der Champagne. Ansonsten bleiben die Region und ihre Weine wohltuend unberührt von den Modeströmungen, die andernorts kommen und gehen. Niemand wäre so töricht, das Bewährte durch Spielereien zu gefährden. Champagner ist seit langem perfektioniert, und ein Herumdoktern am Erfolgsrezept wäre absurd.

Durchaus verändert aber hat sich der Stand der *Grandes Marques*. Sie stehen nicht mehr unangefochten und einsam an der Spitze. Unabhängige Winzer haben die althergebrachte Weisheit Lügen gestraft, dass Champagner ein von unterschiedlichen Trauben aus unterschiedlichen Lagen assemblierter Wein war, ist und sein sollte. Ein Blick in die Vorschriften hilft nicht weiter. Die Champagne ist eine einzige riesige Appellation, die bei weitem größte unter den Qualitäts-DOCs in Frankreich. Dass das so bleibt, war den großen Häusern von jeher recht. Die Marken sollten die einzigen Unterscheidungsmerkmale sein. Warum aber nicht Alternativen anbieten: Weine, die den Charakter einer Einzellage zum Ausdruck bringen – die Vorzüge von Burgund, gepaart mit den

Vorzügen der Champagne? Zunächst kam der Blanc de Blancs ins Spiel, ein reinsortiger Chardonnay ohne die klassischen Ingredienzen Pinot noir und Pinot meunier. Leichter, reiner, frischer, finessereicher ... die Verkaufsargumente sprudeln nur so. Blanc de Blancs hat traditionellen Champagner nicht übertrumpft und wird ihn auch nie ausstechen. Außerdem ist Chardonnay zu selten; gerade einmal 28 Prozent der Rebflächen sind mit dieser Rebe bestockt. Gleichwohl hat er durchaus seine Qualitäten, und ein Vergleich zwischen beiden Lagern kann Spaß machen. (Ich persönlich werde beim Blanc de Blancs das Pinot-noir-Element immer vermissen.) Rosé ist ein weiterer Exot in der Champagner-Landschaft. Man betrachtete ihn früher als freche Subkultur, frivol und für die Frauen. Er entstand, indem man den Weißen einen Schuss Roten hinzufügte – in anderen Teilen Frankreichs käme man dafür hinter Gitter. Rosé-Champagner ist noch nicht etabliert, aber er sieht hübsch aus und kann köstlich schmecken, warum also nicht?

Die *Grandes Marques* selbst brachten das Einzellagen-Konzept ins Spiel. Gegen Ende der 1970er-Jahre gab Krug einen exklusiven Blanc de Blancs aus dem ummauerten Clos du Mesnil in einer der am höchsten eingestuften Chardonnay-Anbaugemeinden heraus. In etwa zur selben Zeit wartete Bollinger mit dem Vieilles Vignes Françaises aus einem singulären Pinot-noir-Weingarten bei Ay auf, dessen Stöcke von der Reblaus verschont geblieben waren. Die Reben werden noch heute *en foule*, also auf die chaotische Art, erzogen: hier ein Stock, dort ein Stock und dazwischen Triebe, die abgesenkt werden, damit sie wurzeln. In Frankreich war diese Art der Weinbergpflege die Norm, bis die Reblaus eine Veredelung erforderlich machte und die Weinbauern zur Anordnung der Reben in sauberen Reihen zwang, damit man Drähte spannen konnte. Keines dieser Erzeugnisse hat den klassischen Champagner-Charakter; es fehlt ihnen die Glätte und Ausgewogenheit ihrer herkömmlichen Vettern. Ob sie billiger sind? Dumme Frage.

UNTEN LINKS & UNTEN
Mein Pinot-noir-Stock hat eine Pergola im Garten von Saling Hall völlig überwuchert. Die Lese eines schönen Spätherbsts liefert uns gesundes Traubengut, das gerade reif genug ist, um daraus Wein zu machen.

Als ich Bollingers seltsamem Weinberg 1979 einen Besuch abstattete, fragte ich, ob ich einige Triebe mitnehmen dürfte. Die Beständigkeit dieser wuchernden Weinstöcke faszinierte mich. Ein und dieselbe Pflanze, alljährlich vielfach vermehrt, erbringt seit Jahrhunderten Champagner. Einen Teil dieses Schatzes wollte ich zu Hause kultivieren. Die Rebe ist mittlerweile zu enormer Größe herangewachsen und überwuchert heute eine eiserne Pergola in unserem ummauerten Garten. In guten Jahren liefert sie 25 kg kleiner dunkler Trauben und in sehr guten, wenn sich der goldene Herbst lange hinzieht, eine Oktoberernte so reif wie in der Champagne. Ich habe keine Presse, und zum Zerstampfen mit den Füßen ist nicht genug da, also verwende ich, ich gebe es zu, einen Kartoffelstampfer und lasse den Saft zwei Tage lang auf der Maische liegen, damit er etwas Farbe von den Schalen abbekommt. Anschließend darf er in einem Glasballon gären. Große Ambitionen habe ich mit meinem »Rebhuhnauge« nicht. Mancher würde ob seiner Säure erschauern. Aber der Duft ist die Quintessenz eines Pinot noir – die Seele der Champagne.

Champagner zu allem

Nach wie vor trinken die Franzosen 60 Prozent des Champagners selbst und lassen sich von den *Grandes Marques* weniger beeindrucken als wir ignoranten Ausländer. Sie hegen viel Sympathie für den *petit fournisseur*, den Kleinlieferanten. Neu ist, dass auch Sommeliers in ambitionierten Restaurants, die ihrer Weinkarte eine persönliche Note geben wollen, auf ihn aufmerksam werden. Sie müssen Weine unterschiedlicher Stile für unterschiedliche Gerichte vorschlagen – etwas, was den meisten Champagner-Liebhabern völlig fremd ist.

Es gibt durchaus kleine Champagner-Erzeuger, deren Namen etwas hermachen. Salon war vermutlich das erste dieser Mini-Häuser – die Kreation eines exzentrischen Millionärs, der einfach seine eigene Marke haben wollte. Ein Salon kommt aus dem Dorf Le Mesnil und besteht zu 100 Prozent aus Chardonnay. Er erscheint nur in Spitzenjahren und präsentiert sich als kraftvoller, für meine Begriffe allerdings ziemlich rauer, plumper Wein. Unter den Herstellern der neuen Generation ist Jacques Selosse aus Avize der Star. Er hat das lang gehegte Konzept der Geschmacksbeständigkeit über Bord geworfen und bereitet so ausdrucksvolle Weine wie möglich. Dazu vergärt er sie in unterschiedlich alten Fässern von verschiedenen Küfern und aus verschiedenen Wäldern, unterdrückt den weich machenden biologischen Säureabbau und verzichtet auf die Dosage, mit der er das Produkt nur auf eine vorgegebene Linie einschwören würde. Das Ergebnis ist ein fast schockierend intensiver Geschmack und manchmal auch beißende Säure. Jede Region hat ihre Extremisten; ihr Wein soll herausfordern, anregen, provozieren, Reaktionen hervorrufen. Verglichen mit ihnen sind die Roederers und Dom Pérignons mit ihrem verlässlich gleichen Charakter Komfortweine für das obere Marktsegment, die das vertraute Terrain nicht verlassen. Von Leuten wie Selosse indes kann jeder lernern – und sei es nur, von welchen Weinen man gelegentlich besser die Finger lässt.

Originalität hat viele Formen. Die Gebrüder Aubry aus Jouy-lès-Reims, wo überwiegend Pinot noir wächst, haben vergessene historische Rebsorten aus der Versenkung geholt, indem sie Steckhölzer von knorrigen alten Stöcken schnitten, die sie in vernachlässigten Weinbergen fanden. Sie nennen ihren Wein Campanae Veteris Vites, und wenn man ihn trinkt, versteht man, warum drei der verwendeten Traubensorten heute nicht mehr angebaut werden. Eine Begegnung mit diesem scharfen und bisweilen eigentümlich wilden Geschmack aus der Vergangenheit hat durchaus etwas für sich, doch moderner Champagner ist anders. Allerdings bereiten die Aubrys einen meiner Lieblings-Rosés. Er schimmert im blassesten Lachsrosa und entwickelt nur den halben Druck eines herkömmlichen Champagners, perlt also nur leicht. Sein Name: Sablé.

Je stilistisch vielfältiger Champagner wird, desto besser stehen seine Chancen, zum Essensbegleiter zu avancieren. Vor hundert Jahren hatte er einen festen Platz als Sorbet-artiges Intermezzo irgendwo in der Mitte eines mehrgängigen Menüs, was wir heute als barbarisch abtun würden. Die Franzosen als treueste Champagner-Trinker weisen ihm eine Rolle als Dessertbegleiter am Ende eines Mahls zu. Angelsachsen gefriert das Blut in den Adern bei dem Gedanken, trockenen Schaumwein zu sahnigen Puddings oder überhaupt irgend etwas Süßem zu trinken.

Hongkong-Besucher durften früher die Noonday Gun abfeuern. Hier hatte ich gerade das O des Sony-Schriftzugs auf einer Werbetafel ins Visier genommen.

Wir Engländer konsumieren ihn mit Begeisterung – und immer häufiger – vor dem Essen, also ohne Essen. Dabei kommt Champagner oft nur zufällig mit Speisen in Berührung, etwa wenn das letzte Glas des Aperitifs beim ersten Gang ausgetrunken wird. Schon der bewusste Abgleich einer Marke oder eines Jahrgangs mit einem Gericht ist relatives Neuland. Die Auswahl verschiedener Champagner als Begleiter für ein ganzes Menü aber erscheint regelrecht avantgardistisch. Manche Köche und Sommeliers versuchen geradezu fanatisch zu beweisen, dass Champagner zu buchstäblich jedem Geschmack passt. Teure fernöstliche Speisen? Warum nicht? Ich musste in Hongkong ein ganzes Menü aus Abalone durchleiden: Abalone mariniert, gekocht, gefüllt, frittiert, mit Pilzen, mit Tamarinden … es war endlos. Die verschiedenen Dom-Pérignon-Jahrgänge machten es erträglich.

In Osaka ist Kugelfisch, der Russisch-Roulette-Fisch, die große Delikatesse. Kenner dieser gefährlichen Speise versammeln sich wie Veschwörer in einem nüchternen Café unter der Eisenbahn, wo das Donnern der Züge ihre Seufzer der Ekstase übertönt. Sie essen nichts anderes – das ganze Menü besteht aus Fugu, Kugelfisch. Erster Gang: Fugu Sashimi, fein wie Folie geschnitten. Eine knorpelige

Angelegenheit ohne Geschmack. Zweiter Gang: gebratener Fugu. Die besten Stücke ergeben eine passable Tempura. Der Höhepunkt: Fugu-Fondue. Alle übrigen Bestandteile – Flossen, Schwanz, Augenbrauen, die ganze Anatomie – werden gekocht. Alle bis auf einen: die Leber. Schon ein winziges Stückchen davon befördert angeblich einen Sumoringer ins Jenseits. Selbst das angrenzende Fleisch beschert einem noch Todeserfahrungen, berichten Fachleute. Als Erstes lähmt es noch während des Essens die Lippen, dann das Gesicht. Der Wein dazu? Natürlich Champagner. (Ich entschied mich für Sake.)

Im Land des Champagners hingegen nimmt man die Auswahl des richtigen Champagners zum Essen nicht auf die leichte Schulter. Das hört sich recht unverdaulich an? Mit säuerlichen jungen Jahrgangslosen als Speisebegleiter hätte mein Magen in der Tat schwer zu kämpfen, doch bei ernsthaften Gastronomen bleibt diese Art von Champagner normalerweise im Keller. Ich denke da zum Beispiel an ein Erlebnis mit Richard Geoffroy, dem Kellerchef von Dom Pérignon.

In den Weinbergen über der Marne an der langen Südflanke der Montagne de Reims steht das Royal Champagne. Vor dem Hotel taucht die Sonne den Fluss in perlendes Licht, während man am gegenüberliegenden Ufer in der Ferne die Côte des Blancs erkennen kann. Hinter dem Gebäude erstreckt sich ein bizarrer Wald. Niemand weiß, warum seine Buchen in gewundener Form wachsen oder wie alt dieser scheinbare Fluch ist.

Das Royal Champagne hatte an diesem Abend ein offensichtlich schwieriges Menü zusammengestellt. Kammmuscheln in einer orangefarbenen Sauce aus Seeigelrogen bildeten den Auftakt. Kammmuscheln sind die idealen Champagnerhappen, üppig und einschmeichelnd. Seeigelrogen schmeckt wie Jodcreme. Geoffroy brachte seinen kraftvollen jungen 1985er, den aktuellen Jahrgangs-Champagner aus dem Hause Dom Pérignon, ins Spiel, weil Seeigelrogen ein gutes Gegengewicht braucht.

Saumon à l'unilatéral war als Nächstes an der Reihe, ein hübscher Name für ein einfaches Lachsfilet in Weinhefe, das nur auf einer Seite angebraten war – ein Gericht mit üppigem, ja, fettem Geschmack. Geoffroy zauberte einen Dom Pérignon Rosé von 1985 aus dem Ärmel. Man geht heute gemeinhin davon aus, dass Pinot noir der ideale Begleiter zu Lachs sei. Dieser Rosé hatte mit seiner roten Frucht und einer Spur Tannin genug Pinot noir an sich, um diese These zu stützen. Der dritte Gang bestand aus Foie-gras-Ravioli mit cremigen grünen Le-Puy-Linsen als Beilage. Geoffroy spielte den reifsten und opulentesten Wein aus, den er hatte: den Dom Pérignon von 1976. Mit ihm war das Essen auf dem Höhepunkt angelangt. Das nächste Glas schmeckte zum kräftigen einheimischen Maroilles-Käse süßer, während sich ein weiteres als klarer und erfrischender Gesellschafter für zwei bemerkenswerte Desserts bewährte: eine gebackene Birne mit Akazienhonig und Lakritzcreme sowie Obsttörtchen mit frischen Feigen und Mandeln. In diesem Fall passte der Champagner zu Süßem bestens. Eigentlich passte er zu allem. Aber das war auch ein Champagner von besonderer Klasse.

Schaumweine der Neuen Welt

CHAMPAGNER ist im Grunde ein vulgäres Geschmackserlebnis – zumindest in der vom lateinischen *vulgus*, Volk, abgeleiteten Bedeutung. Ein volkstümlicher Geschmack also, dessen Reiz sich jedem erschließt und weniger Ehrfurcht erweckt als sein Geldwert und das mit ihm verbundene Prestige. Der Besitzer einer Flasche Château Lafite weiß unter Umständen nicht so recht, was er damit anfangen soll. Mit welchen Freunden soll er sie teilen? Halten sie ihn für einen Prahler oder fühlen sie sich geschmeichelt? Denn sein Wein ist teuer, aber auch etwas für Leute mit differenziertem Geschmack, eine Kreszenz, die sich Uneingeweihten wohl kaum erschließt. Champagner hingegen bereitet weniger Kopfzerbrechen. Eine humorvolle Bemerkung zur Marke fällt jedem leicht, ob es sich um einen Roederer Cristal oder die Hausmarke aus dem Supermarkt um die Ecke handelt. Leute, die den Charakter verschiedener Champagner analysieren und kennen, sind die absolute Ausnahme.

Aus diesem Grund wird Champagner auch überall auf der Welt so gern kopiert. Welches Land in der Neuen Welt als erstes auf die Idee kam, sich an Plagiaten zu versuchen, weiß ich nicht. Australien und Kalifornien kommen auf jeden Fall in die engere Wahl. Was in Kalifornien vor der Prohibition geschah, ist heute größtenteils vergeben und vergessen, doch hatte man damals weder in den USA noch in Australien Bedenken, den Namen Champagner – bzw. Chablis oder Burgund – zu verwenden, sosehr die Franzosen auch protestierten und beteuerten, dass es sich dabei um eine Ortsbezeichnung und keineswegs um ein Synonym für Schaumwein handele. Letzten Endes setzte sich die Champagne aber doch durch, weil sie das Geld hatte, um sich Gehör zu verschaffen.

Das Haus Korbell in Kalifornien war die erste Marke, die mir auf- und gefiel. Ich stattete seinen Weinbergen in Sonoma unweit der Küste in den 1960er-Jahren einen Besuch ab. Ein beeindruckender Anblick, weil sie dort angelegt worden waren, wo vor gar nicht allzu langer Zeit noch ein Redwood-Wald gestanden hatte. Zwischen dem frischen Grün der gerade austreibenden Reben sah man noch immer die Stümpfe der Riesen herausragen. Sie hatten die Größe kleiner Hütten und waren schwarz – vielleicht hatte man versucht, sie zu verbrennen. In den Kellern herrschte damals wie bei den meisten kalifornischen Erzeugern noch eine Art Blockhüttenflair. Die Bottiche waren glatte Türme aus warmem, braunem Redwood-Holz. Einige Weine – ich glaube, es handelte sich durchweg um Schäumer – waren recht süß und wiesen die verschiedensten unangenehmen Geschmacksnoten auf. Der Natural mit dem weißen Etikett aber enthielt genug Säure und nicht allzu viel Zucker: Wild West Champagne war eine passende Bezeichnung. Es gab noch ein weiteres von Deutschen gegründetes Haus mit dem täuschend ähnlichen Namen Kornell. Es bereitete Riesling-Weine, die mir immer unerfrischend erschienen.

Der deutsche Beitrag zur kalifornischen Weingeschichte war zwar nicht so groß wie der italienische, doch ein Name wurde zum Mythos: Jacob Schram. Erst mit der Prohibition verblasste sein Ruhm. Auch der englische Schriftsteller Robert Louis Stevenson, der den Kontinent mit der Bahn durchquerte und vom Napa Valley begeistert war, lernte Schram kennen. Er besuchte ihn in seinem weiß gestrichenen Holzhaus mit Veranda und Türmchen, um seinen Wein zu trinken, den er als »Poesie in Flaschen« empfand.

In den 1960er-Jahren wurde die Kellerei Schramsberg wieder ins Leben gerufen – von einem jungen Akademikerpaar, das den Wein und Nordkalifornien gleichzeitig für sich entdeckte: Jack und Jamie Davies. Schram hatte Cabernet und zweifellos auch einige weiße Rebsorten angebaut, doch die Davies' träumten von Schaumwein. Mein erster Besuch auf ihrem Gut war ein denkwürdiges Erlebnis. Ich hatte mir von Freunden in San Anselmo einen kleinen dunkelgrünen MG-Zweisitzer ausgeliehen. Als ich auf der Straße durch den Wald stilvoll den Hang hochfuhr, war ich wie einst Stevenson begeistert von dem weißen Haus auf einer Lichtung und zutiefst beeindruckt von den dahinter liegenden Kellern, die Schrams Tagelöhner in den 1860er-Jahren in den Fels gehauen und gesprengt hatten.

Ferne Erinnerungen: ein Picknick mit Jack und Jamie Davies auf dem Schramsberg-Gut.

1998 fand in diesen Kellern eine Überraschungs-Geburtstagsparty statt, zu der man mich unter einem Vorwand gelockt hatte. Die Keller sind, wie Keller es so an sich haben, dunkel, bis jemand das Licht anmacht. Als das geschah, sah ich plötzlich tief unten in der Erde einen Garten vor mir – mit Gras, Buchsbäumen, Zitronenbäumen und einem rosenbewachsenen Laubengang. In diesem Garten stand etwas, das aussah wie mein Schreibtisch. Molly Chappellet ist eine langjährige Freundin von mir, eine begeisterte Gärtnerin und Veranstalterin der angesagtesten Partys in ganz San Francisco. Sie hatte sich mit meiner Frau Judy zusammengetan, die Dokumente, Bücher und Familienfotos aus meinem Büro entwendet und heimlich nach Kalifornien geschafft hatte. Das Gras war in Schalen gesät und die Rosen in letzter Minute unter Tage gebracht worden, so dass sie gar keine Zeit hatten zu welken. Während ich sprachlos dort stand, tauchten aus dunklen Ecken meine Familie und alte Freunde auf, während Gitarren erklangen. Und das war erst der Aperitif. In einem anderen Kellergewölbe wartete eine lange Tafel mit hohen Magnolienzweigen, deren weiße Blüten sich in einer Tischplatte aus schwarzem Glas spiegelten. Goldfische schwammen zwischen orangefarbenen Tulpen im Kerzenlicht. Das Essen, das folgte, war unbeschreiblich ...

Aus dieser Höhle hatte Jack Davies vor vielen Jahren den kühlen, glitzernden Schäumer gebracht, den wir an jenem heißen Tag auf der Veranda verkosteten. Es war kein Champagner, aber das Champagnerähnlichste, was Amerika je zustande gebracht hatte. Jack bereitete nichts anderes. Mit seinen Erzeugnissen legte er für alle Schaumweine in den Vereinigten Staaten die Messlatte höher. Mehr als der Wein aber ist mir die Rückfahrt nach unten in Erinnerung geblieben. Der MG verlangte nach Starthilfe, aber das war ja kein Problem. Es ging eine Meile steil bergab, so dass er schon irgendwann anspringen würde. Er stotterte, wollte aber nicht starten und war auch dann noch nicht in Gang gekommen, als ich ganz unten auf dem Highway 420 lautlos zum Halten kam – direkt neben einer Gruppe von Hell's Angels.

Sie machten Eindruck. Die Ortsgruppe Kalifornien nahm die Sache anscheinend ernst. An der Gabel ihrer mächtigen Motorräder mit den hohen Lehnen und weit vorn angebrachten Fußrasten waren lange Halfter befestigt: ein Bike, ein Ballermann. Und dazu ein Girl in schwarzem Leder. Schutzlos trat ich die Flucht nach vorn an. »Guten Tag, meine Herren. Weiß jemand von Ihnen, wie man einen Motor zum Laufen bringt?« Fürs Erste war ich noch einmal davongekommen. Drei schwer mit Ketten behängte Angels beugten sich über den Motorraum. Was, dachte ich bei mir, wenn sie es nicht schaffen, es aber vor ihren Kumpels nicht zugeben wollen? Werden dann die Knarren gezogen, damit klar ist, wer hier auf der Straße das Sagen hat? Sie schafften es nicht. Sie sagten aber auch nicht viel. Sie lächelten nicht einmal. Einer nach dem anderen schwang sich mit baumelnden Ketten in den Sattel, gab Gas und zog seinen Chopper wieder auf den Highway. Ich hielt ein vorbeifahrendes Auto an.

Geburtstagsfeier tief unter der Erde: Molly Chappellet verwandelte die Keller von Schramsberg in einen Garten, ein Büro und einen Festsaal mit märchenhafter Tafel.

Schramsberg gehört nach wie vor zu den besten Schaumschlägern Kaliforniens. Jack Davies lebt nicht mehr, doch Jamie und die Söhne führen die Geschäfte fort. Ihr Vorbild ist Krug: üppig und weinig statt strahlend und prickelig, lautet die Devise. Das gilt vor allem für ihre Cuvée J Schram. Anscheinend hat ihnen Jacobs Geist eingehaucht, dass sie es wieder mit Cabernet probieren sollen. Die Trauben stammen aus Weinbergen hoch oben auf dem Spring Mountain westlich von St Helena, eigentlich eine günstige Voraussetzung.

Von der Größenordnung her aber ist Schramsberg heute ein Winzling verglichen mit den riesigen kalifornischen Niederlassungen von Moët & Chandon, Louis Roederer, Taittinger und Mumm. Ihre klangvollen Namen aus der Champagne bringen Amerika zum Prickeln. Als die Domaine Chandon 1970 nach Napa ging, wollte das Haus beweisen, dass sich Schaumwein in Amerika auch ohne das Prädikat »Champagner« verkaufen ließ. In der Tat erwies sich die Aufschrift »Aus dem Hause Moët & Chandon« als ebenso werbewirksam.

Allerdings debütierten die Kellermeister aus der kalten Champagne im ausgesprochen warmen Napa Valley zunächst nicht sonderlich erfolgreich. Noch nie hatten sie ihre Trauben schon im August lesen müssen. Chandon mietete Räume in einer der großartigsten alten Holzscheunen Kaliforniens an, die der nahe gelegenen Kellerei Trefethen gehörte. Die ersten Erzeugnisse verströmten einen scharfen Geruch. Man musste noch viel über Temperaturregelung lernen. Wichtiger aber war es herauszufinden, wo Pinot noir und Chardonnay wachsen mussten, damit daraus Wein bereitet werden konnte, der auch nur annähernd die für Champagner typische Balance zwischen Reife und Säure hielt.

Die Lösung waren Trauben aus kühleren Gegenden. Carneros am Südende des Napa Valley bekommt den frischen Wind aus der San Francisco Bay ab, weshalb das Haus Taittinger dort eine Nachbildung seines Schlosses bei Epernay bauen ließ. Anderson Valley hoch im Norden in Mendocino unweit der Pazifikküste wiederum lockte Louis Roederer und Pommery an. Mit seinem Quartet versucht Roederer an den reichhaltigen, trockenen Stil der jahrgangslosen Champagner anzuknüpfen; die Marke gilt als das Beste, was Kaliforniens Schaumweinlandschaft zu bieten hat. Iron Horse, einer meiner langjährigen Favoriten, erzeugt in Green Valley in Sonoma einen knackig frischen Schäumer. Die Herausforderung besteht stets darin, die Trauben zu lesen, bevor sie kalifornische Reife erlangt haben. Das Ergebnis ist in den meisten Fällen ein weicher, nicht zu trockener Stil, an dem sich nichts aussetzen lässt.

In puncto Klima und Boden sind Nordkalifornien und Südaustralien austauschbar. Keine Region hat auch nur annähernd Ähnlichkeit mit der Champagne. Was Australiens »Weinmacher« mitnichten davon abhält, Schaumweine zu bereiten – und sehr gute obendrein. Die Schaumkrone Australiens gebührt schon seit dem Goldrausch der 1850er-Jahre dem Bundesstaat Victoria. Die Goldsucher hatten nicht allzu viele Möglichkeiten, einen guten Fund zu feiern. Am naheliegendsten war es, eine Runde des teuersten Getränks auszugeben, das es vor Ort zu kaufen gab. Das Knallen einer gut geschüttelten Champagnerflasche war Musik in ihren Ohren; wahrscheinlich beglückten sie ihre Kumpels mit dem Inhalt, wie es heutzutage unter Formel-1-Piloten Brauch ist. Der eine trank ihn aus dem Eimer, der andere ließ seine Mädchen darin baden. Dem Geschmack schenkte wohl kaum einer Beachtung; die, die es taten, waren aber der Ansicht, dass die Herren Moët, Mumm, Roederer und Konsorten wohl nicht unbedingt ihre besten Cuvées nach Australien geschickt hatten. Das konnte man mit den Trauben aus den einheimischen Weinbergen, von denen in der Umgebung der Goldfelder jede Menge angelegt wurden, besser und zum halben Preis.

So einfach aber war es dann doch nicht. Selbst wenn man einen Franzosen auftrieb, der über das nötige Know-how verfügte, waren die einheimischen Erzeugnisse den säuerlichen Schaumweinen in der Champagne diametral entgegengesetzt. Man brauchte dickwandigere Flaschen, man brauchte einen kühlen Keller und man brauchte Arbeiter, die nicht lieber nach Gold suchten oder Schafe hüteten.

Great Western hieß das Unternehmen, das sich von Anfang an auf Bläschen spezialisierte. Glücklose Goldschürfer ließen sich von ihm zum Graben von Kellern statt Stollen überreden. Als Great Western 1918 von Seppelt aus Barossa übernommen wurde, fand der neue Eigentümer einen florierenden Betrieb vor, der nicht nur mit Schaumweinen erfolgreich war.

In den 1980er-Jahren ließ sich Moët & Chandon im Yarra Valley nieder, um dort einen jahrein, jahraus konstant gleich schmeckenden Schaumstoff herzustellen. Zuvor hatten schon Pioniere wie James Halliday in Coldstream Hills bewiesen, wie gut sie Chardonnay und Pinot noir anzubauen verstanden. Als James und ich im März 1987 schwitzend von Melbourne nach Coldstream fuhren, war von dem angeblich kühlen Klima, das zarte Weine hervorbrachte, nichts zu merken. Doch als wir uns abends auf dem Balkon des Hauses zu einem Grillfest zusammenfanden, hörte ich den Ruf, den ich schon in vielen berühmten Weinbaugebieten rund um den Globus nach dem Abendessen gehört hatte: »Schatz, bringst du mir bitte meinen Pullover?« Kalte Nächte, sagen Winzer, bewahren die Frucht in der heranreifenden Traube.

Moët schickt sich an, Australien zu erobern. Len Evans (sitzend), James Halliday und ich verkosten die ersten Ergebnisse. Rechts Tony Jordan, der verantwortliche Leiter.

Der denkwürdigste Wein an jenem frischen Abend war allerdings der perlende Shiraz, Australiens ureigenster Beitrag zur Schaumwelt. Vor vielen Jahren hatte ich schon einmal einen schäumenden roten Burgunder verkostet und ihn in meinem ersten Buch mit einem dicken, alten Mann im Feenkostüm verglichen. Der Seppelt Sparkling Shiraz – es könnte sich um den Jahrgang 1982 gehandelt haben – war 1987 eine Offenbarung. Mit seinem Perlenspiel und einer spürbaren Tanninstruktur, die einen beträchtlichen Körper und wohl auch eine gewisse Dosis Zucker untermalten, hatte er etwas Italienisches an sich. Ich war begeistert. So sollte auch ein Lambrusco aus der Lombardei sein. Wenn ich das nächste Mal vor einem üppigen Bologneser Essen sitze, werde ich mir den Seppelt bestellen.

Abgesehen von Champagner finden sich nur wenige Schaumweine in meinem Keller. Sie kommen und gehen und hinterlassen leider nur selten einen bleibenden Eindruck. Unterwegs trinke ich jedoch alles Prickelnde, was die Gastgeber empfehlen. Wenn es sich dabei um ein Produkt handelt, das einem Champagner so nah kommen will, wie es die vorherrschenden Bedingungen eben zulassen (und die Schaumweine der Neuen Welt eifern dem französischen Vorbild fast immer nach), dann fällt es schwer, es nicht auch an Champagner zu messen.

In Europa gibt es äußerst typische Varianten. England orientiert sich unverhohlen am Champagner-Vorbild – aber mit so viel Erfolg, dass sogar Leute aus der Champagne große Augen bekommen. Am häufigsten trinken wir Ridgeview; Nyetimber ist etwas voller im Geschmack, aber deutlicher von Champagner entfernt. Deutschland betont in seinem Sekt die Fruchtnoten der Trauben; hefige Töne sind da fehl am Platz. Handelt es sich bei der Rebsorte um Riesling, kommen zwei Vorzüge zusammen: Riesling und Bläschen. Ob eins und eins in diesem Fall aber mehr als zwei ergibt, wage ich zu bezweifeln. Ebenfalls nicht so recht erschlossen haben sich mir die Tugenden von Cava, der in einem unversiegbaren Strom aus den angeblich größten Schaumweinkellern in Penedès bei Barcelona auf den Markt fließt. Wie beim Champagner reicht sein Qualitätsspektrum vom scharfen, dünnen, trostlosen Tropfen zu allerbester handgemachter Winzerkunst. Nur sprechen einige Weine eben nicht meine Sprache.

Anders verhält es sich mit italienischen Schaumweinen. Wenn sie den Champagner-Dialekt sprechen, haben sie einen bezaubernden Akzent und ein perfektes Vokabular. Das gilt vor allem für Ca' del Bosco bei Brescia östlich von Mailand, doch ist dieses Haus keineswegs allein. Recht unterhaltsam sind auch die Spezialitäten aus Asti und dem Veneto, der Moscato Spumante und der Prosecco.

Die Verkaufszahlen für Prosecco sind in letzter Zeit vermutlich in die Höhe geschnellt. Man begegnete ihm einst ganz sicher in Venedig – und durfte nicht vergessen, dass er auch die Grundlage für den schäumenden Mix aus Pfirsichsaft und Schaumwein, Bellini genannt, bildete, der (von oder für Hemingway?) in Harry's Bar am Canale Grande erfunden wurde. Heute ist Prosecco allgegenwärtig und das leicht traubige, ziemlich trockene, sehr kalte und perlende Mittel gegen den Durst nach einem langen Tag. Ich habe einmal angefangen, die Worte zu sammeln, die man in den verschiedenen italienischen Städten für ein kaltes Getränk verwendet. In Venedig sagt man *ombra* dazu. Alle Begriffe aber scheinen dieselbe Bedeutung zu haben: »Nur einen kleinen, Luigi, und lass die Flasche da.«

Mein Bruder lebt klugerweise seit vielen Jahren in der Maremma, dem südlichen Küstenstrich der Toskana. In seinem Garten trinke ich Prosecco am liebsten. Unerbittlich kalt perlt er in einem großen dicken Weinglas, während ich mir An-

Blick vom Fonte Pitacchio. Mein Bruder Brian malt und gärtnert und serviert seinen Freunden hoch über der Küste der Maremma Prosecco.

chovis in Öl aus Porto Santo Stefano aus einer Schale herauspicke. Unter einem Saum aus Oliven und Eichen ist hinter den sanft geschwungenen grünen Hügeln gerade noch die Bucht von Talamone sichtbar, in der sich die Küste zur purpurnen Halbinsel Argentario formt. Am silbrigen Horizont zeichnet sich dunkel die Insel Giglio ab. Im Winter ragen die schneebedeckten Berge von Korsika wie Topsegel aus dem Meer. (Nein, der Prosecco trägt nichts zum Panorama bei.)

Wenn dieser Aperitif in jedem ausländischen Heim in der Toskana und in Umbrien sowie entlang der gesamten italienischen Küste getrunken wird, dann müssen die Bauern noch viele weitere Prosecco-Reben mit den kleinen weißen Trauben pflanzen. Als erster Markenname kommt mir Bisol in den Sinn, aber auf meiner einzigen Pilgerreise ins Prosecco-Mekka Valdobbiadene 50 km nördlich von Venedig wurde mir klar, dass es sogar bei der Herstellung dieses einfachen Erfrischungsgetränks zahlreiche Variablen und viel zu erfahren gibt. Zum Beispiel, dass Bläschen nicht nur wie bei Champagner unter großen Mühen zur Welt kommen. Prosecco entsteht im Tank nach dem Tankgär- oder Charmat-Verfahren. Die Kohlensäure verfliegt schneller und der Geschmack bleibt einfach (wenn keine Hefe in der Flasche ist, um die Zweitgärung zu absolvieren, können sich auch keine Teignoten entwickeln). Das Lächeln aber ist das gleiche.

Jedesmal wenn ich Asti Spumante trinke, frage ich mich, warum wir ihn nicht öfter trinken – und dann fällt es mir wieder ein. Das erste Schlückchen, das erste Glas dieses süßen Federgewichts ist einfach hinreißend – Treibhausreben auf Eis mit Bläschen. Kohlensäure und ein Quäntchen saftiger Schärfe geben der Süße auf dem Weg durch den Schlund das Geleit. Noch ein Schlückchen, noch ein Glas, und mit einem Mal spüle ich ihn in großen Schlucken hinunter, weil ich versuche, den Durst zu löschen, der mit jedem Mund voll größer wird.

Eigentlich das ideale Erfolgsrezept – zum Glück hat Asti Spumante nur halb so viel Alkohol wie normaler Wein. Nur wird er einem irgendwann einmal zuwider. In einer Flasche kann viel Wein sein.

Die Schaumgewächse der Neuen Welt – damit meine ich derzeit vor allem Australien, Neuseeland und Kalifornien – sind Champagner manchmal vielleicht vorzuziehen, etwa bei Hochzeitsfesten oder auf Partys, wenn vor allem geredet wird und das Essen auf sich warten lässt. In solchen Situationen einen Unterschied zu erschmecken ist schwer. Die Neuseeländer Versionen haben meines Erachtens mehr Fleisch, manchmal so viel, dass sie schon plump wirken.

Dann sind da noch die ganzen Crémants aus Frankreich: von der Loire, aus Burgund, aus dem Elsass. Früher nannte man Erzeugnisse mit geringerem Flaschendruck als Schaumweine *crémant*, perlend. Die Champagne erklärte sich bereit, vom Anspruch auf diesen zweiten traditionellen Diamanten in ihrer Krone abzurücken, sofern die französischen Nachahmer – man wollte sie keinesfalls als Rivalen anerkennen – jeden Hinweis auf die *méthode champenoise* unterließen. Dabei pflegt man am Mittellauf der Loire die nicht perfekt gereifte Chenin-blanc-Ernte seit langem mit Bläschen aufzupeppen, wobei Saumur den Maßstab setzt. Diese Erzeugnisse sind rechtmäßige Schaumweine, blitzsauber, wenngleich meist nicht sonderlich interessant. Mehr Eindruck auf den Gaumen macht die Burgunder Version, weil Chardonnay von Haus aus geschmacksintensiver als Chenin ist. Zudem ähnelt Crémant de Bourgogne stilistisch stärker dem Champagner. Die Elsässer Version ist überwiegend aus dem zahmeren Pinot blanc bereitet.

Doch die Schaumwein-Produktion beschränkt sich nicht nur auf diese tragenden Säulen französischen Weinbaus. Die kleine Enklave Limoux in den Hügeln von Corbières bei Carcassonne behauptet, den Trick mit den Bläschen vor hunderten von Jahren unabhängig von den anderen entdeckt zu haben. Sie macht ihre Sache gar nicht schlecht. Wichtigste Traube ist die einheimische Mauzac, doch gewinnen Chardonnay und Pinot noir immer mehr Terrain. Wenn ich einen Champagner-Ersatz nennen müsste, stünde der Blanquette de Limoux weit oben auf meiner Hitliste. Ganz anders, ohne die Gebäck- und Teignoten, dafür mit der Frische von den Bergen, präsentiert sich der Seyssel von Varichon & Clerc aus Savoyen. Schließlich verdient noch Luxemburg Erwähnung. Diese ungewöhnliche Anbauregion an der Mosel hat ihren eigenen Stil gefunden und erzeugt herbe, aber ausgesprochen angenehme Schaumweine.

Bläschen verleihen einem Getränk eine zusätzliche Dimension. Sie können aus einem schlechten keinen guten Wein machen, aber durchaus einen faden Tropfen aufpeppen. Sie sorgen für Frohsinn, doch wenn das Gewächs keine eigenen Qualitäten mitbringt, ebbt die Laune mit dem Sprudeln ab. Die Champagne hat Dom Pérignon heilig gesprochen, weil er hochwertiges Grundmaterial mit dem Hauch des Luxus beseelte. Er schuf einen würdigen Gegner für den Burgunder, indem er Pinot noir als delikaten, stilvollen Wein neu definierte. Er erfand, sofern man der Überlieferung glauben darf, die Kunst des kontrollierten Verschneidens. Er war der erste Perfektionist. Die Bläschen? Ein glücklicher Zufall.

III

Weiß

Sportfest auf Loggerheads

SPORTFEST. Eine alte Schultradition, aufrecht erhalten von Australiens Hohepriester des Weins, Len Evans. Von Evans' Gut Loggerheads hat man den schönsten Blick über das Hunter Valley mit Weinbergen und Teichen sowie Lens privatem Stück Busch, in dem Kängurus grasen, schlafen und springen. Das Hunter Valley erstreckt sich 160 km nördlich von Sydney in einem Gebiet, das eigentlich zu heiß und zu nass für den Rebbau ist und in dem doch einige der besten australischen Weine entstehen.

Rund hundert Freunde von Len haben sich versammelt, um mit ihm seinen 70. Geburtstag zu feiern. Das dreitägige Ereignis beginnt mit dem typisch australischen Great Wine Dinner und klingt mit dem Imperial Ball aus, zu dem sich jeder in kaiserlicher Verkleidung einfindet. Len ist Napoleon, seine Frau tritt als Josephine auf. Judy und mich hat man angewiesen, als Oberon und Titania zu kommen. Die Weine werden ausnahmslos im Impériale-Format gereicht: seltene Australier, Erste Gewächse aus Bordeaux, Château d'Yquem ... Jede Bouteille vereint unter einem mächtigen Korken den Inhalt von acht Normalflaschen.

Samstag ist Sportfest. Kleiderordnung: sportliches Weiß. Wir erscheinen alle im Cricket-Dress, doch Len verteilt einheitliche T-Shirts im Schlabberlook. Das sportähnlichste Ereignis ist eine Schatzsuche. Als Preis winkt eine Jeroboam Bollinger – ohne Korken.

Loggerheads ist ein blechgedeckter Bungalow im Kolonialstil mit breiten Verandas um einen Hofgarten. In der Mitte steht ein langes weißes Zelt mit

Riesling in nicht etikettierten Magnumflaschen, Seafood eimerweise.

langer weißer Tafel. Draußen vor dem Zelt blubbern zwei riesige Kessel und locken mit ihrem Duft die Gäste an. Len hat den Hafen von Sydney geplündert und alle Garnelen, Krabben und Hummer, Austern und Miesmuscheln aufgekauft. Wir setzen uns an einen leeren Tisch – vor uns erstreckt sich nichts als ein riesiges weißes Plastiktischtuch. Dann wird das Seafood in Eimern hereingetragen und entlang der Tischmitte zu einem rosa, grauen und perlmuttfarbenen Wall geschichtet. Ab jetzt ist jeder auf sich allein gestellt. Catch-as-catch-can.

Dann der *coup de théâtre*. Zwischen jeweils zwei Gästen wird eine hohe grüne Magnum aufgetragen. Kein Etikett ziert die Flasche, nur ein Beschlag, der sich wegen des kalten Inhalts auf dem Glas gebildet hat. Haben wir ihn aus Pappbechern getrunken? Unwichtig. Es war der neue Wein von Petaluma aus dem Clare Valley in Südaustralien, ein Geschöpf von Brian Croser, Lens berühmtestem Jünger: rassig, reich, trocken, appetitanregend und traubenduftig, wie nur ein Riesling sein kann. Zwei Dynastien feierten hier Hochzeit: das süße frische Fleisch des Meeres und die durchdringende Frucht australischer Reben. Sie ließen eine Verbindung hochleben, die auf der ganzen Welt gefeiert wird: die perfekte Harmonie von Wein und Speise.

Niemand war überrascht, als Len als Napoleon mit Trish als Josephine an seiner Seite erschien.

Ein Tisch in Sichtweite des Meeres, frischer Fisch und kalter Wein ... dieses Erfolgsrezept verfehlt nie seine Wirkung. Meine Notizbücher sind voll von ekstatischem Gekritzel, entstanden an den Küsten rund um den Erdball. Manchmal fühle ich mich als Wassermann, ein halb kannibalischer obendrein, weil ich mich mit solcher Begeisterung von dem reich gedeckten Tisch des Meeresbodens bediene. Ich erinnere mich noch an ein *plat de fruits de mer*, das ich in Honfleur in der Normandie genossen habe. Das Gericht bestand einfach nur aus den harten, schuppigen oder weichen Tieren, die irgendwo zwischen den Wracks am Meeresboden liegen, kriechen und schwimmen, Sand aufwühlen oder sich als Steine tarnen. Da gab es Garnelen und Austern und Wellhornschnecken, Herzmuscheln und Venusmuscheln und Miesmuscheln. Die Servietten in Meergrün trugen Krustentiermotive. Die Porzellanteller waren wie eine Muschelschale geformt. Und der Wein wiederum schimmerte in hellstem Grün, rann aus einer dunkelgrünen Flasche und war kalt und fast so frisch wie das Meer.

Das Café-Restaurant hieß Aux Deux Ponts und war gerade einen Hummertopfwurf von der Kaimauer entfernt, wo sich Pyramiden aus teergetränktem Takelwerk schwarz gegen den Mond abzeichneten. Das Lokal erschien mir wie die Fortsetzung des Meeresbodens an Land, nur dass hier das Wasser kochte. Abend für Abend kehrte ich mit einem unstillbaren Appetit nach gegrillter Seezunge, gedämpftem Steinbutt und Miesmuscheln hierher zurück.

Nicht alle einladenden Cafés an den Kais werden den Erwartungen gerecht. In Bergen wurde ich schwer enttäuscht. Ich hätte dem Taschenreiseführer nicht glauben sollen, dass gekochter Kabeljau einen Versuch wert ist. Das Lokal hätte nicht teeriger sein können. Ein Stockwerk höher, dessen war ich mir sicher, musste die Segelloft sein. Die zerlassene Butter, mit der wir ein ganz und gar unglückseliges, monochromes Kabeljau-Kartoffel-Einerlei in gekochter Form vergolden mussten, erwies sich als Margarine. In puncto Wein war Bergen Brachland.

Dann gab es da noch jenes Restaurant in Juneau, Alaska, wo eine riesige, absolut köstliche Scheibe Königslachs – das Tier hatte fast 45 kg gewogen, und das Stück auf meinem Teller war entsprechend groß – mit Spaghetti bolognese serviert wurde. Dazu röhrte eine heiße Braut zu den Klängen eines schnarrenden Kornetts *The Lady is a Tramp*.

Auf der Suche nach Fisch bin ich an einigen ungewöhnlichen Orten gelandet und habe Seltsames erlebt. Nicht minder seltsame Ereignisse zog mein Wunsch nach sich, das Meeresgetier vor dem Verspeisen zu fotografieren. (Man hat mir zu verstehen gegeben, dass dieses Verlangen etwas sonderbar sei.) Wie hätte ich der Frau, neben der aus heiterem Himmel ein zappelnder Hummer auf der Parkbank landete, erklären sollen – und auch noch auf Portugiesisch –, dass ich beim Essen auf dem Balkon über ihr den Hummer nur mit einem Glas Wasser übergossen hatte, weil die Sonne seine Schale sonst unfotogen braun gefärbt hätte?

Jahrelang war ein kleines Hotel an der Hafenmauer in Le Crotoy an der Mündung der Somme in der Picardie unsere Zuflucht. Chez Mado lag direkt gegenüber der Brücke, an der Mados Boote anlegten, um Mados Fisch an Land zu bringen. Madame Mado Poncelet herrschte, wenn sie nicht gerade in ihrem roten Zweisitzer und der Pucci-Bluse zur Messe fuhr, über ein Haus, in dem die Schöpfung am zweiten Tage abgebrochen worden zu sein schien.

Vom Aperitiv, neben dem delikate zartrosa Garnelenhäufchen auftauchten, bis zum Augenblick, wo man erleichtert aufatmete, weil einem Hummerkaffee erspart geblieben war, wurden gnadenlos sämtliche Meeresfrüchte aus dem Ärmelkanal – und vor allem der Somme-Bucht – hervorgezaubert. Als am Morgen das Frühstück aufs Zimmer kam und die Fensterläden zurückklappten, sah man gerade noch, wie der Fang der Nacht angelandet wurde. Und bevor man zu Bett ging, wurden schon wieder Kisten mit zappelndem Silber von Bord gehievt.

Der kürzeste Weg von Saling Hall zum nächsten Fischerboot führt zum Strand von West Mersea. Hier gründeten die Römer angeblich die ersten Zuchtfarmen für die üppigsten Austern der Welt, um damit ihre britische Hauptstadt Colchester zu versorgen. Wenn ein Engländer es nicht erwarten kann, bis die Austern zu ihm nach Hause gebracht werden, setzt er sich in eine Hütte am Strand, The Company Shed genannt. Dort bekommt er den frischesten Fang auf den Teller (nicht nur Austern, sondern alles, was das Boot heranschafft). Ansonsten ist Selbstversorgung angesagt: Man muss sein Butterbrot, seine Mayonnaise (Salate hat man verboten, weil sie so ein Durcheinander sind) und seinen Wein selbst mitbringen.

Der Geschmack von frischem Fisch ist so flüchtig wie kräftig. Es ist schwer, eine passende Beschreibung dafür zu finden. Salzig und süß treffen immer zu,

Le Crotoy an der Somme-Bucht ist nur eines von vielen hundert beschaulichen Hafenstädtchen, die von Köstlichkeiten aus dem Meer leben. Hier stillten wir an so manchem Sommerwochenende unsere Gier nach ihnen.

doch scharf, nussig und fruchtig – also jeder Vergleich mit anderen Nahrungsmitteln – nur selten. Süßwasserfische schmecken oft nach Erde oder Schlamm, ansonsten aber lässt sich der Unterschied zwischen einer Seezunge und einem Lachs oder einem Glattbutt und einem Thunfisch leichter charakterisieren, wenn man statt des Geschmacks Eigenschaften wie Textur und Reichhaltigkeit bzw. Öligkeit beschreibt. Der Geschmack wird zu einem beträchtlichen Teil von der Zubereitungsart geprägt: Wird das Tier gedünstet, gegrillt, gebraten, gekocht oder gleich roh serviert?

»Fisch ist ein viel zu wässriges Wesen, als dass er zu Wein passen würde.« Eine Alternativansicht ist immer begrüßenswert – vor allem wenn sie von einem alten Gönner stammt. André Simon muss ungewöhnlich schlechte Laune gehabt haben, als er das in den 1940er-Jahren von sich gab. Ich erinnere mich, dass er strahlend vor einem Teller mit Seezungen-Gougères saß, dünnen Filets, die in Semmelbröseln knusprig gebraten worden waren. In dem Meursault-Charmes, dem das Alter bereits einen feinen Goldton verliehen hatte, hatte dieses Gericht seinen vollkommenen Begleiter gefunden. Was hatte Simon bloß mit »zu wässrig« gemeint?

Es gibt aber in der Tat Fische, die zu ölig sind, als dass sie sich mit Wein vertrügen. Ich möchte den sehen, der etwas Passendes für Makrelen auftreibt. Hering, sogar in einfacher gebratener Form, ist ein bestenfalls ungeschickter Gegenspieler für Wein. Wenn die Amsterdamer im Sommer kleine Grüne Heringe am Schwanz nehmen und ungarniert in den Mund schieben, schicken sie milden kalten Gin hinterher.

Das Verhältnis zwischen Fisch und Wein stellt sich wirklich anders als bei anderen Speisen: Es fällt schwerer, den Wein in den Mittelpunkt zu rücken. Von Gourmets hört man Bemerkungen wie »Pauillac braucht eigentlich Lamm« oder sogar »Für den 1990er La Chapelle wäre Wildschwein-Salmi ideal«. Bei Rotwein bieten sich bestimmte Arten Fleisch förmlich an. Umgekehrt verlangen auch Fleischsorten nach ganz bestimmten Rotweinen. Gut abgehangenes Moorhuhn – lebhafter junger Burgunder, Fasanbraten – reifer Bordeaux. Beim Fisch heißt es eher: teurer Fisch – teurer Wein. Es kommt also auf den Status an.

Mit Chablis kann man nicht danebenliegen. Er zeigt mehr Charakter als Persönlichkeit. Er behauptet sich, ohne sich in den Vordergrund zu spielen. Er hat keinen spezifischen Geschmack, nichts Aromatisches an sich, dafür aber ein bestimmtes Auftreten im Mund: etwas rassig, etwas fett, ohne Frucht. Premiers crus gehen recht bereitwillig Verbindungen ein, vor allem nach drei, vier Jahren. Grand crus geben sich im Alter gehaltvoll und selbstbewusst – gut für Sahnesaucen. Junger Chablis hingegen stützt den Fisch und stellt den Trinkenden zufrieden, ohne die Aufmerksamkeit auf sich zu lenken. Zum Glück gibt es viele weitere Weine rund um den Globus, die diese Rolle auch spielen können.

Die verschiedenen Küstenstriche in Australien haben alle ihre idealen Weinquellen im Hinterland. Loggerheads liegt in Neusüdwales. Das Problem in Sydney ist die Auswahl. Man mag es glauben oder nicht: Vor 30 Jahren gab es in der Stadt kaum ein Restaurant, das diese Bezeichnung verdiente. Interessierte Exzentriker versammelten sich um den Bulletin Place, wo der bereits erwähnte Len Evans ein clubartiges Establishment führte, das zum ersten Wein- und Speisenforum Australiens avancierte. Gäste, die Len langweilten, ließ er angeblich die allerbesten Weine für jene Gäste zahlen, die er interessant fand. »Sie trinken nicht?«, hörte ich ihn einmal sagen. »Sie haben nicht genug Persönlichkeit, um nicht zu trinken.«

Doyle, ein Restaurant der ersten Stunde, steht für die alten Tage: eine Hütte am Strand (heute natürlich wesentlich mehr als eine Hütte), wo die Auster frisch ist und die Küche einfach. Man gelangt zu diesem Speiselokal, indem man die Fähre von der Circular Bay zur Watson's Bay nimmt. Eines Tages saßen wir an Peter Doyles Strand und diskutierten über einen milden, einschmeichelnden Semillon, wie er für das Hunter Valley typisch ist, als wir Sand in unseren Austern bemerkten. Der Wind jagte ihn über den Strand. Wir blickten nach Sydney hinüber und sahen schwarze Wolken und weiße Segel in Aufruhr. Der Sturm zersprengte gerade eine Regatta; die Jachtsegel purzelten wie die Kegel. »Komm mit«, sagte Doyle, und schon waren wir damit beschäftigt, immer blauer werdende Segler aus dem Wasser in sein Motorboot zu hieven.

The Bathers' Pavilion steht für das Neue. Das stilvolle Relikt aus jener Zeit, als die Männer noch in langen Badeanzügen ins Wasser gingen, befindet sich am Hafen im Stadtteil Rose Bay und gewährt einen Blick auf die Einfahrt und den Pazifik dahinter. Im Pavilion sind die Fischgerichte Kunstwerke. Die weiße Schale mit Garnelen, pochierten Wachteleiern und Schwarzwurzeln, einem durchsichtigen roten Tomatengelee und grüner Wasserkresse könnte von Fabergé erdacht worden sein.

Als Nächstes wurden Bay Bugs gereicht, eigentümliche Krustentiere mit süßem Fleisch, serviert in einer Schale mit süßem

Meeresküche traditionell, festgehalten bei Doyle im Hafen von Sydney.

Schweinefleisch, Brokkoli, Grasbarsch und delikaten Pilzen. Darauf folgte Thunfisch-Sashimi in einem Dagwood-Sandwich *en miniature* mit Kräutern und dünnen Tintenfischscheiben, weiteren Kräutern und Paprika. Anschließend gab es Jakobsmuscheln über Ochsenschwanz-Ravioli auf einem Kohlblatt mit Ingwer-Soja-Sauce. Dann Cappelletti mit Ziegenkäse und süßen Zwiebeln mit Anchovis, Oliven und Schnittlauch. Danach eine auf der Zunge zergehende Scheibe Saibling (ich hätte auf Lachs getippt) auf Krabben-Kartoffel-Auflauf mit gelbem Kaviar und Aïoli. Verwirrt? Halten Sie noch durch bis zum gebratenen Barramundi auf Lauch und Blumenkohlpüree mit Garnelen. Zum Abschluss Obst.

Das Ganze hätte in Verwirrung enden können. Hätten wir verschiedene Weine ausprobiert, wäre ich überfordert gewesen. So sagten wir uns »Fisch ist Fisch« und tranken eine Flasche Crawford River Riesling (leider von weither, aus Victoria). Sein klarer, leicht traubiger Geschmack und sein merkliches Säurespiel hielten das Essen zusammen. Wir waren glücklich und die Aussicht auf den Hafen großartig.

Warum aber musste es Wein aus einem anderen Bundesstaat sein? Warum nicht eines der exzellenten Erzeugnisse aus Neusüdwales? Es gibt zwei klassische Weiße aus dieser Region: den Hunter Valley Semillon, den wir bei Doyle getrunken und den die Weinbaupioniere einst Hunter Riesling getauft hatten, sowie die enorm viskosen Chardonnays aus demselben Tal und ein, zwei anderen Anbaugebieten. Die Semillon-Versionen von Erzeugern wie McWilliam's (der Lovedale und der Elizabeth), Tyrrell's, Rothbury Estate (aus der Zeit vor 1995) und Tower sind in ihrer Jugend eigentümlich schüchterne Tropfen ohne besondere Alkoholstärke, sanft und zitrusfruchtig. Nach zehn Jahren aber entwickeln sie Geschmacksnoten wie Lanolin und Toast, bleiben dabei aber weiter pikant – ein faszinierender, verführerischer Stil, den man nirgendwo sonst findet. Ich mag sie sehr, befürchtete aber, dass die Phalanx so vieler kräftiger Fisch- und anderer Geschmacksnoten ihre Feinheiten überdecken würde.

Beim Hunter Chardonnay hatte ich ganz andere Bedenken. Das warme Klima im Tal verleiht Chardonnay einen goldenen Schimmer. Fügt man Eiche hinzu, wird er sehr opulent. Die meisten Erzeuger setzen trotzdem Eiche ein und orientieren sich dabei an Rosemount, der vor noch gar nicht allzu langer Zeit Australiens ersten Spitzen-Chardonnay kelterte. Man möchte es fast nicht glauben, dass in Australien bis in die 1960er-Jahre hinein überhaupt keine Chardonnay-Stöcke standen. Eichengetönte Opulenz bzw. opulente Eiche ist das

Wie sich die Geschmäcker ändern. Jeder Gang im Bathers' Pavilion ist eine Komposition. Hier Bay Bugs – schon allein ihretwegen ist Sydney eine Reise wert.

Letzte, was Fisch braucht. Umso wichtiger ist dafür ein Schuss Zitrusfrucht. Wie beim Riesling.

Herbsttag in Kyoto. Die Leute strömen aus den Häusern, um spazieren zu gehen, zu meditieren und sich zwischen den Ahornbäumen gegenseitig zu fotografieren. Wo Hokusai den langen Brückenbogen über den Fluss Kyoto zeichnete, kann man ein Boot mieten, um die breite Wasserstraße zwischen den in brillanten Herbstfarben leuchtenden Hügeln hochzurudern. Es ist bereits November, man braucht einen Mantel. Familien lehnen sich auf die Ruder, lassen sich bis zur Brücke treiben und betrachten begeistert das Farbenfeuerwerk in Orange, Scharlachrot und Gold. Dann zieht ein Fischkutter vorbei. Wir sind in seinem Windschatten, weshalb er uns in den Rauch seines kleinen Ofens hüllt. Widerstand ist zwecklos.

Wenn es um Fisch geht, sind wir verglichen mit den Japanern ein unbeschriebenes Blatt. Meine Ausbildung in Sachen Fisch begann in einem Hörsaal der Ecole Technique Hotelière Tsuji in Osaka. Als ich die Tür öffnete, standen vor mir hundert Lernwillige in Schwarz, die die glänzenden Klingen ihrer ellenlangen Messer prüften. Als Erstes zerschneidet man die Medula oblongata. »Wir nennen diese Methode Iki Jime, das Abtöten des Gehirns. Dabei bleibt der Fisch am frischesten.« Man lernt tausend weitere Schnitte, bis man in einer ernsthaften Sushi-Bar von der Leine gelassen wird. Anschließend lernte ich unter Anleitung von Shizuo Tsuji, dem Besitzer der Schule, bei einem Besuch in Osakas alten öffentlichen Bädern, wie man badet: Man sitzt auf einem Stuhl und schrubbt sich ab, dann taucht man mit all den anderen in heißes Wasser ein – und genießt anschließend, dass kleine Masseurinnen einem auf dem Rücken auf und ab laufen.

Damit wurde ich auf einen Besuch bei Fuki Sushi vorbereitet, der renommiertesten Sushi-Bar in ganz Osaka – und vielleicht sogar ganz Japan. Vor der Bar sechs Stühle, hinter der Bar zehn Köche. Betritt Professor Tsuji das Zelt, ruft man »Hai« in gut einstudiertem Gleichklang und geht gleich darauf in untertänige Entschuldigungen über: »*Simasen, Simasen, Simasen.*« Es gibt kein Menü, keine Diskussionen. Die gesamte Menagerie des Meeres wird in eine Abfolge exquisiter Happen zerteilt, die liturgisch zelebriert werden: eine noch lebende, ihrer Schale beraubte Garnele, dann der Carapace, Panzer, über einer Flamme geschwärzt. Eine Scheibe fetter Thunfischbauch, rosa und weiß marmoriert, und ein Stück Tintenfisch, gewürzt mit Wasabi. Jedes Stück wird vorsichtig auf ein blasses Brett vor einem gelegt, und sofort schiebt man es in den Mund. So wird fleißig weitergeschnitten, während immer wieder lautes Krachen zu hören ist (das Formen von Reis ist eine geräuschvolle Angelegenheit),

Shizuo Tsuji, mein Lehrmeister in den japanischen Tafelkünsten, nimmt mich mit zu einem Ausflug auf dem Kyoto. Das Boot hinter uns befindet sich in der Richtung, aus der der Wind weht, und brät duftenden Fisch.

bis jeder einzelne Fisch in seine anatomischen Bestandteile zerlegt ist. Als Dessert schließlich 5 cm heißer karamellisierter Aal. Und die ganze Zeit gießt der Kimono direkt neben mir unter süßen, entschuldigenden Verbeugungen meine Schale mit warmem, süßem Sake voll.

———————

Ich bin hier, um Japan etwas über Wein beizubringen. »Welchen Wein, verehrter *sensei* Hugh« – eine echte Ehrerbietung: *sensei* heißt Lehrer — »sollen wir zu Sushi trinken? Einen einzigen Wein zu allem oder zu jedem Fisch einen anderen?« Ich bin zwischen Skylla und Charybdis gefangen. Öffnen wir jedesmal eine neue Flasche, wird der Korkenzieher bald glühen. Sage ich aber, ein Wein reicht, denken sie, ich hätte von den Feinheiten des Sushi keinen Schimmer. Ich bringe Alternativen. Soll es eine einfache Sache sein? In diesem Fall Champagner. Oder eine feinere Abstimmung? Ein Glas jahrgangslosen Champagners, dann einen Chablis des jüngsten Jahrgangs, dann einen drei oder vier Jahre alten Chablis Premier cru. Diese Konstellation mit dem Anregenden und Schäumenden als Einleitung, gefolgt vom Einfachen, Reinen und Frischen und schließlich dem Geschmackvollen mit etwas mehr Substanz scheint zur klassischen Reihenfolge eines Sushi-Mahls zu passen. Auf jeden Fall ist es eine crescendoartige Steigerung. Manchmal eignet sich auch Riesling als Alternative. Und mit etwas Humor kommt man auch weiter. Aber jetzt fange ich schon an, Berufsgeheimnisse zu verraten.

Überhaupt musste ich feststellen, dass die Japaner etwas von Humor verstehen. Am Tag vor meinem Rückflug sprach ich mit einem befreundeten Japaner über das Essen bei den Fluggesellschaften. Am Abend kam er mit einem hübsch eingeschlagenen Päckchen zu mir. »Bento«, erklärte er, »für den Flug morgen.« Ich war aufgeregt, hielt ich doch richtiges Bento in meinen Händen. Auf dem Etikett stand Fuki-Sushi. Hochnäsig lehnte ich am nächsten Tag die Mahlzeit im Flugzeug ab. »Ich habe mir selbst etwas mitgebracht«, sagte ich und packte mein Bento aus. Es sah herrlich aus: eine ganze Schachtel mit Sushi-Nachbildungen aus Kunststoff, wie man sie in Schaufenstern immer sieht.

Die einfachste Tempura sei die beste, ließ mich *sensei* Tsuji wissen, weil sie von hungrigen Männern in Eile bestellt werde. Eine Schnellpfanne im Grunde genommen. Eines Abends fuhren wir in seinem schwarzen Jaguar zu den Docks von Kobe und setzten uns in ein Hafen-Café, wo Seeleute in Arbeitsanzügen herein- und wieder hinaushasteten. Ich verstand sofort, warum diese frischen, blassen, leichten Päckchen aus ramponiertem Fisch, ramponierten Zwiebelringen, ramponierten Garnelen und ramponierten Shiso-Blättern besser waren als jedes Tempura in Grandhotel-Restaurants. (In den zehn Minuten, bis das alles fertig war, tranken wir Bier.). Denn ich hatte begriffen, was mein *sensei* sagen wollte: Tempura gleich Tempo. Denk schnell. Vergiss Wein.

Ich vergesse Wein aber nur selten, und so sind im Lauf der Jahre unzählige Notizen über Mahlzeiten und die dazu getrunkenen Weine entstanden – oft auch in Japan. Wenn man solo reist, isst man oft allein und zu ungewöhnlichen

Zeiten – dafür sind die Sushi- oder Tempura-Bars ideal (in Hotels findet man häufig beides vor). Der Koch leistet einem Gesellschaft, und oft erfährt man zumindest den Namen seines Lieblingsfischs. Unter anderem finde ich unter meinen Aufzeichnungen ein Abendessen im Okura, dem luxuriösesten und gesetztesten Hotel in ganz Tokio. Dazu habe ich eine Flasche Trefethen Riesling aus dem Napa Valley getrunken

Oishi lautet das japanische Wort für lecker. Nicht vergessen. Megochi ist ein winziger flascher Fisch mit langem Schwanz, sehr *oishi*. Anschließend drei grüne Ginkgo-Nüsse auf einen Zahnstocher gespießt, das stärkt die Lendenkraft. Auch gut. Lotuswurzel sieht wie Gruyère aus. Man kann sich darauf verlassen, dass sich die Franzosen – ihr Tisch stand in der Mitte – durch das ganze Sushi kettenrauchen. Kosten für das Abendessen: 17 000 Yen, das sind rund 700 Euro, zuzüglich Wein. Eine halbe Flasche Chablis: 10 000 Yen, gut 400 Euro. Ebi sind nicht zu schlagen. Mein Riesling findet diesen Shrimps-Brei hervorragend. Das ist der Unterschied zwischen Wein und Sake: Wein erinnert einen daran, dass er da ist. In meinem Kopf beginnt sich alles zu drehen. Ich werde mein nächstes Buch *Gaumen und Geist* nennen. Wie nannte sie mich? *Genki* – ein weiteres schönes Wort. Es bedeutet »lebhaft« oder so etwas Ähnliches.

Für das Brutus Magazine *durfte ich einem japanischen Fernsehstar, Honami Suzuki, beibringen, wie man Wein verkostet. Dafür unterwies sie mich in der Kunst der Anfertigung von Schriftrollen. Zwischen uns ein früher Versuch.*

In einem englischen Garten

IM LAND DES WEINS gibt es – angenehme Gesellschaft vorausgesetzt – viele Kulissen für den vollendeten Genuss. Ganz weit oben auf der Hitliste stehen Kaminfeuer und Kerzenschein. Einen ganz anderen Reiz hat das edle Tuch und klingende Kristall in einem Sternerestaurant. Was aber mag bloß der Grund dafür sein, dass ich mich immer wieder beim Tafeln unter freiem Himmel wiederfinde?

Das hat wohl viel mit dem englischen Klima zu tun. Warum sind die Engländer Nummer eins im Gärtnern? Warum sind jede Menge Sportarten englischen (für die Golfer unter uns: schottischen) Ursprungs? Weil es in einem Klima ohne Extreme fast immer möglich, wenn nicht gar angenehm ist, Zeit an der frischen Luft zu verbringen. Und wenn der Himmel auch noch klar ist, fällt dieser Aufenthalt im Freien sogar sehr angenehm aus.

Der perfekte Ort für eine Tafel ist für mich die Küste, wo Fisch und Krustentiere den direkten Weg auf meinen Teller nehmen, die Luft salzig riecht und *le grand large*, wie die Franzosen die endlose Weite des Meeres und des Himmels nennen, den Hintergrund abgibt. Gleich dahinter aber rangiert der Tisch im Garten, am besten auf dem Rasen unter einem Apfelbaum. Dieses Obstgehölz wirft einen ausgeprägten Schatten und dient als Klimaanlage, die nur an wenigen Sommertagen ihren Dienst versagt.

Ich spaziere barfuß durch das kühle Gras, lese, rede, höre den Vögeln zu, beobachte die Wolken, die am Sommerhimmel vorbeiziehen, versuche die Erinnerungen zu fassen, die mein Wein heraufbeschwört. Es ist ein Riesling von der Mosel in einer schlanken, grünen Flasche – ein Gewächs von ganz anderer Überzeugungskraft als seine würzigen, strukturierten Konkurrenten aus Frankreich oder jedem anderen Land. Er schmeckt, als seien die Trauben nicht durch Gärung in einen anderen Stoff verwandelt worden, sondern durch Seelenwanderung im buddhistischen Sinne.

Sommer auf Saling Hall. Der Maler John Verney schuf diese nicht ganz realitätsnahe Darstellung eines Gartenfestes auf einer Tischplatte. Die Büste zur Linken ist ein Selbstporträt.

Das Karma der goldenen Trauben aus dem sommergrünen Deutschland ist stets lebendig, apfelfrisch, saftig – ganz gleich, wie viel Süße mitspielt. Nie spürt man die alkoholische Weinigkeit, die Wärme am Gaumen, die allen anderen Gewächsen eigen ist. Ohne diese Stütze aber muss sich die Flüssigkeit allein auf ihre innere Vitalität verlassen, auf ihre Süße und die triebfederartige Wirkung der Säure. Halbseidene Imitate deutschen Weins werden zu Recht als Zuckerwasser abgetan. Ganz anders meine Flasche.

Es gibt ein internationales Freimaurertum der Riesling-Liebhaber. Wir erkennen uns an Zeichen, die Nichteingeweihten entgehen; am häufigsten handelt es sich hierbei um eine schmale grüne, manchmal auch braune Flasche. Wir schreiben der ungewöhnlichen Rebe einzigartige, ja, magische Eigenschaften zu. Nicht, dass der Riesling allzu viel Konkurrenz hätte. Lediglich Chardonnay reicht qualitativ an ihn heran – aber wäre Chardonnay ohne seine Eichenkrücke überhaupt noch interessant?

Riesling allein ergibt einen reinen, von Eiche unbefleckten Wein, dessen Spektrum von blumig und federleicht über nervig, trocken und mineralisch bis hin zu ölig und cremig oder likörhaft wie göttlicher Nektar reicht. Nur Riesling erbringt – in seiner Mosel-Variante – Weine mit einer unbedeutenden Alkoholstärke von 7,5 Prozent, die sich von Anfang an mit Genuss trinken lassen und trotzdem noch 20 Jahre lang immer mehr Fleisch und Geschmacksnuancen entwickeln. Nur Riesling kann an trockenen australischen Hängen zitronenfrisch mit rassig-pikanten Akzenten geraten. Nur Riesling kann an einem Felsen über der Donau oder an den sonnigen Hängen der Vogesen auf einer Vielzahl von Bodenarten von Sandstein bis Mergel zu massiver Kraft und Dichte heranreifen und trotzdem seinen Charakter, die nervige Energie seiner Fruchtsäure, bewahren.

Nerv, Spannung und Frische sind die Grundvoraussetzung eines guten Weißen, so wie bei Roten die fest gewirkten Tannine als Maß dienen. Fruchtige Säure, die sich nicht von der Honigsüße vereinnahmen lässt, sondern mit ihr in harmonischer Zweisamkeit lebt, so dass der Gaumen lediglich eine unvergleichlich appetitanregende Geschmacksnuance verspürt – das ist des Rieslings Kern. Zu seinen faszinierendsten Eigenschaften gehört es, in Deutschland wie in Australien, zwei gänzlich unterschiedlichen Ländern, seine Kühle zu bewahren. Seine historischen und geistigen Wurzeln allerdings liegen in den Hügeln an Rhein und Mosel.

Die Flasche in meinem Garten ziert ein Stich, der den Scharzhof zeigt, das beschaulich-anheimelnde Landgut unterhalb des Scharzhofbergs, in dem die Familie Müller seit vier Generationen residiert. Verkostet wird auf Scharzhof in der Eingangshalle, einem düsteren Raum, von dem aus dunkle Treppen gegenüber der schweren Eingangstür nach oben führen. An den Wänden hängen die Geweihe einstiger Jagdopfer, während zur Linken vor einem von grünen Vorhängen umrahmten Fenster ein kleiner grüner Tisch mit einem Ring goldener Gläser steht, in denen sich das Licht fängt.

Es gibt auf Scharzhof für neue Jahrgänge eine Art Degustationsprotokoll. Viele Jahre lang habe ich dort alle neuen Weine mit dem Vater des jungen Egon Müller verkostet. Er sprach wenig dabei. Wir pflegten mit dem Kabinett zu beginnen, einem duftigen, rassigen Tropfen ohne viel Substanz. Er verströmt ein vielversprechend süßes Aroma frischer Trauben. Am Gaumen indes ist von Süße nicht viel zu spüren. Man ordnet ihn auf einer Skala ein, die von schwachem Nerv bis zu einem elektrischen Schlag aus silbriger Säure reicht, der die Kehle hinunterfährt. Dann beginnt man die Reifeleiter emporzuklettern. Als Nächstes ist die Spätlese aus merklich reiferem Lesegut an der Reihe; ihr Alkoholgehalt liegt um zwei, drei Prozent höher. Sie hat für gewöhnlich dieselbe Stromstärke, aber etwas mehr Substanz und Zucker. Das ergibt einen fester geknüpften Geschmacksknoten. Allerdings hat man zu diesem Zeitpunkt das Gefühl, vor verschlossener Tür zu stehen, während drinnen Interessantes abläuft. Der Wein hält sich bedeckt.

Auf Scharzhof verkostet man in der Eingangshalle an einem runden Tisch. Egon Müller ließ mich etliche Jahrgänge seines überragenden Moselweins probieren.

Die Spezialität des Guts sind seine Auslesen: Weine von goldener Süße, die spät geerntet werden, wenn das Laub sich schon lange gelb gefärbt hat. In guten Jahrgängen erzeugt Müller mehrere Auslesen. Von der höchsten Stufe mit einer Goldkapsel statt der regulären golden-weißen Kapsel werden nur winzige Mengen bereitet. Kapsel mit Farbcode sind eine deutsche Spezialität. Früher waren vor allem im Rheingau mit seiner Vielzahl stolzer Güter die verschiedenen Tönungen und Streifen so aussagekräftig wie

Signalflaggen auf See. Man musste einen Fähnrich mitnehmen, der sie entschlüsseln half.

Auf Scharzhof hingegen braucht man kein Flaggenalphabet, ja, man kann sogar farbenblind sein. Die Steigerung ist schmeckbar. Jedesmal wenn man glaubt, dass nun der Gipfel der Ausdruckskraft erklommen sei, dass mit Sicherheit keine zusätzliche Geschmacksnote mehr in diesen Schluck passt, legt das nächste Glas die Messlatte schon wieder höher. Sie sind im Lauf der Zeit sündhaft teuer geworden, diese der sinkenden Sonne abgetrotzten Juwelen. Es dauert Jahrzehnte, bis sich das starre Gefüge der Geschmacksnuancen löst und zu fließen beginnt. Das Warten lohnt sich.

Der vor einigen Jahren verstorbene Egon Müller liebte seine Bibliothek. Von der Eingangshalle gelangte man direkt in den von Büchern gesäumten, in der Farbe alter Einbände gehaltenen Raum mit weichen Sesseln. Hier bekam man den Lohn Wein gewordener Geduld in Form von Flaschen, die zum Teil noch aus dem Zweiten Weltkrieg stammten. Egon Müller senior hatte 1941 als Offizier an der russischen Front gedient, als sein Vater starb. Im August 1945 kam er aus englischer Kriegsgefangenschaft nach Hause – gerade noch rechtzeitig, um eine katastrophale Ernte einzufahren. Das Frühjahr hatte verheerende Fröste über die Weinberge geschickt. Für die Arbeit im Weinberg hatten nur alte Männer und Frauen sowie einige wenige Kinder zur Verfügung gestanden. Das Unkraut wuchs so hoch wie die Stöcke, an denen kaum Trauben hingen. Egon Müller erzählte das 1995 in der Britischen Botschaft von Paris bei einem Essensempfang, mit dem der 50. Jahrestags des Kriegsendes begangen wurde. Er war der einzige anwesende Deutsche. Mitgebracht hatte er seine letzten beiden 1945er. Unter all den Weinen, die bei dieser Feier getrunken wurden, waren sie die denkwürdigsten: nach wie vor blassgrün, mit frischem, mildem, rauchigem Duft und einem Geschmack, der sich jeder Beschreibung entzieht, sonnig und stark, intensiv und zart, mit einer Honignote, die noch nachklang, lange nachdem man den Wein hinuntergeschluckt hatte. Eine Auslese? Gab es nicht, sagte Egon. Es waren nicht genug Trauben da. Der Weinberg hatte mit einer einzigen Stimme gesprochen.

Die Britische Botschaft in Paris war Schauplatz eines Essensempfangs, mit dem der 50. Jahrestag des größten Jahrgangs im 20. Jahrhundert gefeiert wurde. Der Herzog von Wellington kaufte das Herrenhaus einst von Napoleons Schwester Pauline Borghese.

Deutsch lernen

Meine Lehre in Sachen deutscher Wein begann bei Otto Loeb, dem nachsichtigsten und intelligentesten unter all den Weinhändlern, die ihre Perlen vor uns Säure warfen, als wir in Cambridge studierten. In den 1960er-Jahren war jeder neue deutsche Jahrgang in London ein Ereignis. Das Haus OW Loeb & Co lud seine Kunden zur Verkostung der letzten beiden Jahrgänge von rund 30 deutschen Spitzengütern ins Charing Cross Hotel. Hier war geballtes Wissen versammelt, kluge Sammler, die allesamt etwas von Wein verstanden und zum Ausdruck zu bringen wussten. Loeb hatte sich auf die Gewächse aus seiner Heimat konzentriert – er stammte aus Trier an der Mosel –, doch auch die bedeutenden Güter aus dem Rheingau, aus Rheinhessen, der Pfalz und von der Nahe waren gut vertreten. Sie hatten glorreiche Kreszenzen bereitet.

Als ich in den 1960ern nach Deutschland zu fahren begann, war Peter Hasslacher mein Lehrer, Dolmetscher und Reiseführer. Seinen Vettern gehörte das berühmte Haus Deinhard in Koblenz und London. Die Transparenz und der relativ niedrige Alkoholgehalt der meisten deutschen Weine haben u. a. den Vorteil, dass man Unmengen davon verkosten kann, ohne dabei zu ermüden oder ins Trudeln zu geraten. Hundert waren durchaus möglich, zumindest wenn man jene übersprang, bei denen einen allein schon der Geruch abschreckte. In Bordeaux oder Burgund, geschweige denn in Kalifornien oder Australien, kam ich nicht einmal annähernd an diese Menge heran.

Die reichhaltigsten Weine stammen aus der Pfalz, stellte ich bald fest. Damals waren sie nie trocken (falls es welche gab, bekamen wir sie nicht zu Gesicht), aber auch nicht pappig süß. Ihre Harmonie wurde nicht durch die Säure gewahrt – zumindest nicht merklich –, sondern anscheinend durch die mineralischen Elemente, die die Rebe aus dem Boden aufgesogen hatte. Namen wie Forster Kirchenstück, Forster Freundstück oder Forster Jesuitengarten hört man heutzutage nicht mehr oft, doch mit einer Leidenschaft, wie sie heute nur noch Burgund hervorzurufen scheint, tranken und diskutierten wir uns damals durch die Geologie des Bereichs Mittelhaardt, Herz der Pfalz und direkter

Die Weinliste zum Essen in der Botschaft. Größte Überraschung: der deutsche Wein, ein außergewöhnlicher Scharzhofberger. Er entstand nicht gerade unter Idealbedingungen.

Nachbar des Elsass. Verglichen mit der Mosel mutet diese Gegend fast subtropisch an. Bäume wachsen hier zu enormer Größe heran; man sieht sogar die eine oder andere kümmerliche Palme. Die Stadthäuser in Deidesheim, Wachenheim und Bad Dürkheim künden von einem bürgerlichen Reichtum, der nicht zu vergleichen ist mit dem kleinen Wohlstand der bescheidenen Moseldörfchen. Die Nationalsozialisten taten anscheinend alles, um die Region in den Ruin zu treiben, indem sie die Juden vertrieben, die wie andernorts auch der Motor des Weinhandels waren. Damit der Rebensaft aber weiterhin floss, zwangen die braunen Machthaber Städte in ganz Deutschland, Weindörfer quasi zu adoptieren und ihre Produktion aufzukaufen. Nur ein paar wenige etablierte, aristokratische Gutsbesitzer schienen in den 1960er- und 1970er-Jahren zu prosperieren, allen voran »die drei Bs«: Bürklin-Wolf, Bassermann-Jordan und von Buhl. Die restliche Weinindustrie setzte sich überwiegend aus den unglaublich leistungsstarken deutschen Winzergenossenschaften zusammen. In ihren Kellern reiften neue Ideen heran, sie kelterten preisgünstige Überraschungen, die jenseits der Regionsgrenzen völlig unbekannt blieben.

Der Rheingau, der den Fluss dort begleitet, wo er sich hinter dem Ballungsraum Frankfurt-Mainz-Wiesbaden in theatralischer Geste nach Westen wirft, hatte von jeher einen ganz anderen Zeitgeist. Die großen Institutionen waren dort die Klöster gewesen und deren Nachfolger Adelige. Manche von ihnen hatten sich zu lange auf ihren Lorbeeren ausgeruht und allein auf den Namen vertraut. Auf jeden Fall ist der Wein nicht ganz so zugänglich wie die erfrischenden Moseltropfen und die drallen Pfälzer. Der Rheingau ist Deutschlands Médoc, hier gehört eine gewisse Sprödheit dazu, und ein Anflug von Hochmut im Schloss war alles in allem nicht schlecht für den Handel. Besonders gefielen mir die Erzeugnisse aus der Gemeinde Hochheim, die flussaufwärts unweit von Mainz direkt am Rhein liegt. Für mich ist sie Graves am Rhein. Ein scharfsinniger Degustator meinte einmal, Médoc und Graves seien wie der glänzende und der matte Abzug ein und derselben Fotografie. Da ist was dran.

Das Weinverkosten war in Deutschland von jeher eine sehr persönliche Angelegenheit. Dieses Büro atmet die typische Atmosphäre des Rheinlands – einer Anbauregion, die ich lieben lernte.

Wenn Riesling eine geistige Heimat hat, dann im massivsten und großartigsten aller deutschen Keller: dem des Zisterzienserklosters Eberbach. Die Erbauer von Eberbach im Rheingau stammten aus Burgund. Sie hatten gerade erst die Abtei Cîteaux in der Ebene zwischen Beaune und Dijon gegründet und den Weingarten Clos de Vougeot gepflanzt. Die Zisterzienser mochten einsame Orte. Sie lebten gern am Rande der Zivilisation: in Yorkshire, wo bei Fountains und Rievaulx die Dales-Berge beginnen, oder in Deutschland, wo sich die Ausläufer des Taunus unterhalb von Mainz zum Rhein hinunterziehen. Im Sommer ist das Gemäuer

OBEN LINKS
Die Keller des Zisterzienserklosters Eberbach aus dem 12. Jahrhundert.

OBEN
Der mutmaßliche Entdecker der Rieslingtraube, Graf Katzenelnbogen.

ein Backofen und im Winter ein Eisschrank – ich habe es am eigenen Leib erfahren. Die gotischen Kammern, die Gewölbe und Kreuzgänge und hallenden Treppenhäuser, die 100 m langen Dormitorien und die riesige Kirche, sie bieten keine Zuflucht vor den Witterungsextremen. Die fanden die Klosterbrüder in den torbewehrten, von Fässern gesäumten Gewölbekellern, deren Dunkelheit vom flackernden Kerzenlicht kaum durchdrungen wurde. Hier lag ihr Glück.

Man könnte meinen, dass sie als Erstes Rotwein anbauten. Falls sie ihre Weinstöcke aus Burgund mitbrachten, muss es sich um eine frühe Form der Pinot-noir-Rebe gehandelt haben, die in Deutschland Spätburgunder heißt und noch heute in Teilen des Rheingaus angebaut wird. Für Spätburgunder ist es bei Eberbach aber zu kalt. In der deutschen, ebenfalls von einer massiven Trockensteinmauer umgebenen Version des Clos de Vougeot wurde Weißwein angebaut – und irgendwann im Mittelalter, das Datum ist nicht mehr bekannt, eine revolutionäre weiße Traube namens Riesling gezüchtet.

Der Name des Rebgartens hat etwas Hartes an sich: Steinberg. Beim Klang dieses Worts denkt man nicht unbedingt an fruchtige kleine Weine oder Gläser voll goldener Saftigkeit. Tatsächlich waren und sind die großartigen Kreszenzen vom Steinberg hartkantig, mineralisch, vegetabil.

In Bordeaux und Burgund war man nie im Zweifel, wie die Weine zu sein hatten. Es gab ein Ideal, und jeder tat sein Möglichstes, um ihm nahezukommen. Anders in Deutschland. Der Rheingau kennt zwei Traditionen. Die ältere fußt auf trockenen Weinen, die man früher jahrelang in großen Fässern ausbaute, wo sie weich und – für heutige Maßstäbe – braun wurden. Die Trauben wurden früher gelesen und brachten entsprechend viel Säure mit, so dass die Weine Jahre brauchten, um geschmeidiger zu werden. Die jüngere, eine Süßweintradition, blieb zunächst die Ausnahme und Jahren vorbehalten, in denen das Wetter dem Winzer den Weg wies. Als man später die Bereitung besser beherrschte, wurden Süßweine zur Routine. Heute sind zumindest bei deutschen Weinliebhabern wieder Trockene in Mode, doch jahrelang wurden sie geschmäht und vom unglückseligen deutschen Weingesetz sogar stiefmütterlich behandelt.

Ich machte mich als einer der Ersten mit diesen Gesetzen vertraut. Nicht aus Liebe zu den Paragraphen, sondern weil ich gerade an einem Atlas schrieb, während man sie erarbeitete. 1971 sollten sie in Kraft treten, und im selben Jahr sollte mein Atlas herauskommen, was zu einer hektischen Korrespondenz mit dem Ministerium in Mainz führte. Ich konnte kaum glauben, was man mir da mitteilte. Die große Mehrheit der alten deutschen Lagennamen wurde abgeschafft. Man erfand neue Bezeichnungen für neue Bereiche und Unterbereiche, die oft eine verdächtige Ähnlichkeit mit den ausradierten historischen Namen hatten.

Die überlieferten Maßstäbe für Qualität und Stil wurden hinweggefegt und durch einen reinen Öchslewert ersetzt. Eine Regierung war durchgedreht und hatte ohne auf verwirrte Verbraucher und ambitionierte Erzeuger Rücksicht zu nehmen ein neues System durchgesetzt. Das Ganze war eine populistische Stimmenfängerei, mit der man den gesamten Weinbau auf das Niveau Tausender Kleinwinzer drückte, die in vielen Fällen mit dem Anbau von Kartoffeln besser dran gewesen wären. Und es ruinierte die deutsche Weinwirtschaft.

Als ich einmal einwarf, dass nicht jedes Land gleich gut für die Rebenkultur geeignet sei und 1000 Jahre Weinbau gezeigt hätten, wo sich die besseren Lagen befänden, wurde ich als elitär niedergeschrien. Landbesitzer, die ihre Stimme hätten erheben können, erschienen mir ungewöhnlich fügsam. Selbst während der Revolution hatte Frankreichs Regierung nie propagiert, dass Château Lafite und Château La Pompe auf gleichem Niveau arbeiteten und einzig und allein der Zuckergehalt von Bedeutung sei. 30 Jahre lang dauerte es, bis die wichtigste Winzerorganisation, der Verband Deutscher Prädikats- und Qualitätsweingüter (VDP), das in den 1970er-Jahren verlorene Terrain wieder erobert hatte. Unterdessen gingen einige Perfektionisten eigene Wege.

Bernhard Breuer aus Rüdesheim war einer von ihnen. Die Reinheit des Rheingau-Weins war seine Leidenschaft: Er wollte unbedingt wissen, wie er das Terroir der Rebhänge seiner Familie – ein deutsches Wort für *terroir* gibt es nicht – am besten zum Ausdruck bringen konnte. An einem Winterabend ließen er und sein Bruder mich an einer recht exzentrischen Degustation aller schlechten Jahrgänge des Guts bis in die 1920er-Jahre zurück teilnehmen. Es war sehr aufschlussreich zu sehen, wie bestimmte Nuancen oder zumindest ein gewisser Charakter von Zeit zu Zeit hinter unglückseligen Säuregraden und sogar Spuren von Fäulnis hervorschimmerten.

Von dieser Offenheit und Bescheidenheit kann man viel lernen. Man kann sie als Demut des Weinbauern gegenüber seiner Scholle interpretieren. Sie ist das krasse Gegenteil der Hatz nach Punkten und Goldmedaillen, die die Weinwelt heute in Atem hält. Was aber hat der Winzer davon? Selbstachtung, Zufriedenheit, Erfüllung – aber nicht unbedingt jedes Jahr einen neuen Mercedes.

Dennoch sind die deutschen Weinregionen gastfreundlich und bescheiden. Es gehört zur Tradition, das Haus für jedermann offen zu halten. Eine überraschend hohe Zahl von Winzern hängt einladende Schilder auf die Straße: »Weinstube« steht darauf. Die Kellereien brauchen Laufkundschaft und bieten ein bescheidenes Mahl im Garten oder am Kamin an. Dazu gibt es eine Liste der Weine im Keller. Ich freue mich jedesmal, wenn ich acht, neun Weine offen angeboten sehe – und noch mehr, wenn die Hausherrin sie in einem Karrussell mit ebenso vielen Löchern bringt und in die Tischmitte stellt.

Jetzt fehlen nur noch ein paar Trinkgenossen. Es gibt keine schönere Art und Weise, sich einen leichten Schwips zu holen und etwas über das Land und die Vielfalt seiner Erzeugnisse zu erfahren. Der Winzer bietet auf seinen Listen oft schon nützliche Orientierungshilfen in Form von Beschreibungen wie »herb«, »fruchtig« oder »lieblich«. Allerdings treten diese Wesenszüge in vielerlei Kombinationen auf und werden durch zahlreiche weitere Eigenschaften bereichert. An der Mosel und im Rheingau keltert man die Weine meist aus der Riesling-Traube. Anderen Rebsorten schenkt man auf diesem privilegierten Boden keine oder kaum Beachtung. In der Pfalz und in Rheinhessen begegnet man Weißen aus der Scheurebe (intensiv duftend), dem Silvaner (leicht, vegetabil), Müller-Thurgau (ein weicher, holunderduftiger Bastard), Grauburgunder (schwer, gelegentlich sogar wuchtig) und verschiedenen modernen Züchtungen wie Bacchus, aber auch zunehmend Rotweinen.

Trockene Weine brachte Bernhard Breuer dem Rheingau näher. Einen Seelenverwandten fand er in Erwein, dem 29. Graf Matuschka, dessen Linie die lange Geschichte der Region widerspiegelt: Seine Vorfahren, die Greiffenclaus, residierten sechs Jahrhunderte lang auf Schloss Vollrads. In den 1970er-Jahren schickte sich Graf Matuschka an, der Welt zu zeigen, dass Riesling aus dem Rheingau der Wein für alle Gelegenheiten und jede Speise ist. Er lud Spitzenköche in sein Schloss, damit sie die Journalisten verwöhnten. Seine Menüs waren so reichhaltig wie genial. Er bereitete Weine, die die gesamte Palette von knochentrocken bis extrem süß abdeckten. Das Ergebnis war leider Verwirrung. Seine Kollegen in anderen Schlössern am Rhein waren weniger wagemutig – oder gründlich. Matuschka musste eine Hypothek auf seinen alten Stammsitz aufnehmen, und als die Bank sie schließlich einforderte, nahm er sich das Leben.

Ein Weinbauer, der sein Land wirklich kennen lernen will, tut nichts. Das ist in Deutschland nicht anders als anderswo. Nichtstun aber ergibt trockene Weine. Dann wird der Zucker in der Traube ganz oder größtenteils in Alkohol umgewandelt. Früher konnte man diesen Vorgang nicht stoppen, obwohl er sich über einen sehr langen Zeitraum hinzog. Allerdings gibt es eine chemische Möglichkeit, der Gärung Einhalt zu gebieten: das Hinzufügen von Schwefel. Diese Methode ist schon seit der Antike bekannt, doch griff man kaum je auf sie zurück, bis ungeduldige niederländische Händler das so genannte »holländische Streichholz« erfanden, um den Wein für den Transport im Frühstadium seiner Existenz haltbarer zu machen. Es bestand aus einer Schwefelschnur, die man im Inneren eines Fasses abbrannte. Als Zeit noch nicht Geld war, konnte sich ein großes Fass in einem kalten Keller gemütlich dem Zustand der Stabilität nähern. Gelegentlich rülpste es, wenn sich zu viel Gas in seinen Eingeweiden angesammelt hatte, wo der Inhalt gut konserviert in seiner eigenen Säure lag. Als Thomas Jefferson im besten Gasthaus Frankfurts weilte, kredenzte man ihm die Gewächse aus den berühmten Lagen im Rheingau, also aus Hochheim, Rüdesheim, Johannisberg und Marcobrunn, Jahrgänge, die bis zu 60 Jahre alt waren und noch immer in ihren Fässern lagen. Wein vom Rhein, so kann man sagen, wurde damals ähnlich wie Sherry verarbeitet – eine nach heutigen Maßstäben haarsträubende Behandlung.

Das aktive Festsetzen der Süße eines Weins durch Abstoppen der Gärung zu einem bestimmten Zeitpunkt und das Beibehalten dieses Zustands, obwohl noch vergärbarer Zucker vorhanden wäre, sind Erfindungen des 20. Jahrhunderts. Früher gaben Kellermeister gar nicht so gern preis, wie sie die Fermentation zum Stillstand brachten. Oft verriet sie der stechende, zum Husten reizende Schwefelgeruch. Einfach, sauber und verlässlich wurde das Abbrechen des Gärvorgangs letztendlich durch die Entwicklung sehr feiner Filter durch die Firma Seitz in Bad Kreuznach an der Nahe. Sobald man die Hefezellen aus dem Wein holt, ist Schluss mit der Umwandlung in Alkohol. Füllt man ihn obendrein in eine sterile Flasche (ein gar nicht so unkomplizierter Vorgang), wird er in exakt dem Zustand konserviert, in dem man ihn haben wollte. Das brachte den Kellermeister natürlich auf allerhand Ideen. Warum nicht die Süße nach oben korrigieren? Warum nicht einen Teil des Traubensafts unter sterilen Bedingungen lagern und ihn dem fertigen Produkt vor dem Abfüllen wieder zusetzen, um die Geschmacksnoten von Wein und frischen Trauben gleichzeitig zu erhalten? »Süßreserve« wurde zum Zauberwort für Winzer, deren Geduld durch die zeitraubenden alten Verfahren zu sehr strapaziert wurde.

Allerdings standen mittlerweile reichlich Methoden zur Verfügung, damit die Reben doppelt, fünfmal, ja, zehnmal so viel Wein lieferten wie früher. Ein Stock kann Unmengen Flüssigkeit produzieren, doch nur eine begrenzte Menge von Stoffen, die dem Wein Geschmack verleihen. Die Versuchung war für Deutschlands Weinbauern größer als für ihre Kollegen andernorts, denn sie konnten den Geschmack problemlos justieren. Im 19. Jahrhundert warfen die besten deutschen Rebhänge rund zehn Hektoliter pro Hektar ab – im 20. Jahrhundert waren es hundert, ja, sogar zweihundert.

Breuer, um auf ihn zurückzukommen, hielt der Versuchung stand, was auch auf die anderen VDP-Winzer zutrifft. Vielmehr setzten sie freiwillig auf Produktionsbeschränkung und Vorschriften – was ist eine Spätlese? Wie reichhaltig muss eine Auslese sein? –, die das deutsche Weingesetz bis zur Lächerlichkeit aufgeweicht hatte, und setzten sie rigoros um.

Mit dem neuen Gesetz hatte man die althergebrachten Unterschiede zwischen guten und schlechten Weinbergen nivelliert. In den ersten drei Ausgaben meines *Weinatlas* waren daher alle deutschen Lagen einheitlich rosa eingefärbt, als seien sie samt und sonders gleich gut – ein grobes Zerrbild der Wahrheit. Nach 23 Jahren und zahllosen Diskussionen mit dem VDP und anderen Erzeugern einigte man sich mehr oder weniger auf eine provisorische (und natürlich inoffizielle) Klassifizierung. 1994 besaß ich die Kühnheit, in Rosa- und Lilatönen ganz nach der Art des Grand-cru- und Premier-cru-Systems in Burgund zwischen »sonstigen Rebflächen«, »Lagen Klasse I« und »Spitzenlagen Klasse I« zu unterscheiden. Dabei behaupte ich nicht, dass die Klassifizierung perfekt oder auch nur komplett war: Gegenden ohne ruhmreiche Geschichte konnte ich nicht einmal ansatzweise einordnen, so gut die Qualität ihrer Produkte mittlerweile sein mochte. Vor allem die Pfalz ist voll von solchen weißen Flecken auf der Weinlandkarte. Der VDP hat sich seither unermüdlich für eine weitere umfassende Klassifizierung stark gemacht und 2003 ein erstes Modell präsentiert. Inzwischen hatte jedoch auch der Staat neue Kategorien wie »Classic« und »Selection« eingeführt, so dass aus dem Puzzle letztendlich ein Wirrwarr wurde.

Der Rheingau schlug jedoch – größtenteils auf Initiative von Breuer – eine andere Richtung ein als die übrigen Regionen (die allerdings keineswegs eine einheitliche Marschroute haben), um den eigenen trockenen Weinen wieder die Vorherrschaft zu sichern. 2001 hatte man nach jahrelangen Debatten und Justierungen ein Konzept der Ersten Gewächse ausgearbeitet. Sie müssen trocken sein und allen möglichen Kriterien genügen, haben aber nicht viel mit »Ersten Gewächsen« anderer Länder, etwa den Premiers crus in Burgund, zu tun. Bernhard Breuer starb; seine Kampagne fand ein schmerzliches Ende. Sie meinen, meine Erklärungen trügen nicht unbedingt dazu bei, das zu genießen, geschweige denn zu verstehen, was die unvergleichlichen deutschen Weinberge heute zu bieten haben? Ich wasche meine Hände in Unschuld.

––––––––––

Wie bei allen feinen Weinen winken dem Geduldigen große Genüsse. Das für deutsche Weine reservierte Regal in meinem Keller enthält ein paar verstaubte Flaschen aus den 1950er-Jahren; sie wurden ohne Einsatz moderner Technik von Familien bereitet, die sich noch von den Folgen des Krieges erholten. 1953 und 1959 waren zwei große Süßweinjahrgänge. Die Spitzengewächse wirken wie Fotografien aus jener Zeit: Sie verblassen und faszinieren gleichzeitig. Ein, zwei 1964er von der Mosel und aus der Pfalz bewahre ich nur noch aus Nostalgiegründen auf. Die letzte Flasche einer wunderbaren Auslese aus dem Rheingau trägt die Jahreszahl 1967 – eine Saison, in der die Edelfäule sich der letzten Trauben im Weinberg bemächtigte und sie in Nektar verwandelte. Doch der erste Jahrgang, den ich bewusst gekauft und mit Freude eingelagert habe, war der 1971er.

Ironischerweise fielen die größten deutschen Jahrgänge unserer Zeit – oder zumindest meiner Zeit – mit der Einführung des neuen Gesetzes zusammen, das den deutschen Wein beinahe ruiniert hätte. 1971 hatte es eine große Ernte gesunder, nicht gestresster Trauben gegeben, aus denen qualitätsbewusste Winzer große Weine jeder Kategorie vom Kabinett (bis zur önologischen Gesetzesreform durfte man jeden Wein ohne künstliche Zusätze »naturrein« nennen) bis zur seltensten Trockenbeerenauslese (mehr dazu auf den klebrigen Seiten des letzten Kapitels) bereiten konnten.

30 Jahre lang hielt der 1971er mit dem vergleichbaren 1970er aus Bordeaux Schritt, der ebenfalls ein großer Erfolg gewesen war und Millionen von Weinliebhabern über viele Jahre hinweg Freude bereitete. Heute wäre es absurd, von einem Riesling und einem Cabernet dieselbe Lebensspanne zu erwarten. Man hat uns Verbrauchern eingeimpft, dass deutsche Weine so früh wie möglich abgefüllt und getrunken werden müssen, was auf die für den Massenmarkt hergestellten Zuckerwässer der 1970er, 1980er und leider auch 1990er durchaus zutrifft.

Bernkastel, vom steilen Schieferhang des Doktorbergs aus gesehen. Riesling kann hier nur an Südhängen reifen, trotzdem entstehen Weißweine von einer zarten Fülle, die ihresgleichen sucht.

Bei dem 1970er-Jahrgang eines Bordelaiser Spitzen-Châteaus rechnet man nach 30 Jahren damit, dass die Farbe verblasst ist und ätherisch süße Noten aus der Erde und dem Keller die Aromen aus der Traube ersetzt haben. (In Wirklichkeit haben sie sich in der Flasche entwickelt, doch ich gebe mich gern der Illusion hin, dass diese Variationen über das Originalthema auf den Keller zurückzuführen sind, in dem die Flasche jahrein, jahraus in sich gekehrt liegt, während draußen Regierungen kommen und gehen.) Bei deutschen Rieslingweinen lässt sich eine ähnliche Entwicklung beobachten, ob sie nun von den Tonschieferböden an der Mosel, dem Löss- und Kiesschotter des Rheingaus, dem Sandstein von Nierstein in Rheinhessen oder den Vulkanböden der Mittelhaardt stammen. Die Farbe wird dunkler und geht in Gold oder sogar Orange über (zumindest bei den süßeren Versionen), der traubige Charakter verschwindet, und die Düfte aus dem Boden brechen sich Bahn, vermischt mit Honig und einem einzigartigen Geruch, bei dem ich immer an Tankstellen denken muss. Die geradlinigen Australier nennen das unverhohlen »Petroleumton«. Nun, die australischen Rieslinge werden praktisch damit geboren: Bei preiswerteren Modellen manifestiert sich diese Note schon ab dem zweiten oder dritten Jahr. In Deutschland necken teure Gewächse aus guten Jahren ungefähr ab ihrem zehnten Jahr mit einem Anflug von Tankstelle, der allerdings nie dominant werden sollte. Der Unterschied zwischen deutschen und australischen Rieslingen dürfte auf die Sommertemperaturen zurückzuführen sein. Eine mehr oder weniger ausgeprägte Benzinnote verströmen auch die kalifornischen Versionen – d. h. die wenigen, die noch übrig sind. Am Pazifik entstanden zwar gute Rieslinge, doch verkauften sie sich nicht.

Was haben sich diese deutschen Siedler bloß gedacht, als sie Riesling aus dem kühlen Deutschland im Napa Valley und dem fast tropischen Barossa Valley pflanzten? Arme Einfaltspinsel, ist man geneigt zu denken; sie wussten es halt nicht besser. Und ob sie es wussten: Die hügelige Landschaft im Barossa, Eden und Clare Valley hat ihre Rieslinge einer Feinabstimmung unterzogen, so dass sie heute ihren deutschen Vettern Paroli bieten. Man sieht die braunen Hügel, die Schafe, die riesigen, weißrindigen Eukalyptusbäume und die Sommerlandschaft, in der die Weinstöcke als Einzige ihre grüne Farbe bewahren, und denkt sich: »Was für eine Pflanze.« Welch eine Virtuosin ist diese Rebe, dass sie mit derselben lyrischen Stimme in so vielen unterschiedlichen Lagen singen kann!

Ich erinnere mich noch, als ich zum ersten Mal dem Barossa Valley einen Besuch abstattete, dort durch einen Rebberg namens Steingarten spazierte und – ebenfalls eine Premiere – den dort gereiften Wein verkostete. Das war 1972. Als wir uns den steinigen Hügel hochschwitzten, brannte die südaustralische Sonne gnadenlos auf uns herab. Colin Gramp, der uns durch den Hang führte, hatte jedoch geschickterweise oben eine gekühlte Flasche versteckt. Der Geschmack dieses blassgrünen, trockenen Weins oszillierte zwischen grün und mineralisch. »Nicht schlecht, Colin«, sagte ich damals wahrscheinlich. Australier mögen unterkühlte Engländer. Ich habe auch den Trick mit der versteckten Flasche nicht vergessen – mit ihr wird jeder Spaziergang zum Fest.

Riesling ist noch immer eine Entdeckungsreise. Die nächste Station war für mich das Clare Valley. Jeffrey Grossets Polish-Hill-Etiketten reifen wie Moselweine von einer dornenspitzen Jugend mit Säure als Hauptbestandteil zu einem komplexen Ensemble aus Honig-, Petroleum- und sogar Türkisch-Honig-Noten heran. Jeffreys Frau Stephanie betreibt ein Konkurrenzunternehmen im selben Gebäude und keltert ebenfalls Rieslingweine, die Mount Horrocks heißen und faszinierende Vergleichsobjekte abgeben. Ihre Erzeugnisse sind, wie ein Blick in meine Notizen offenbart, sanfter und schmecken mehr nach Pfirsich. Vielleicht bin ich einem affektiven Trugschluss aufgesessen, als ich das schrieb. Oder ich war einfach nur sexistisch oder habe anthropomorphisiert. Man kann nicht vorsichtig genug sein. Diese Boden-Honig-Öl-Vergleiche wecken Begehrlichkeiten. Gehören

Stephanie Toole bereitet im südaustralischen Clare Valley einige der überzeugendsten australischen Rieslingweine. Die Keller teilt sie sich mit ihrem Mann Jeffrey Grosset, der ebenfalls ein Weingut führt.

Sie auch zu denjenigen, die an keinem Rosenbusch vorbeikommen? Sie pflücken eine Blüte, und während Sie sie an die Nase führen, um die Mischung aus Zitrone, Tee, Puder und etwas, das sich nicht beschreiben lässt, einzuatmen, berühren die kühlen Blütenblätter Ihre Lippen. Doch das, was Sie begehren, entzieht sich immer knapp Ihrem Zugriff.

Ich darf nicht zu sehr auf der Notwendigkeit der Alterung herumreiten. Schließlich schmeckt Riesling schon kurz nach der Abfüllung ausgesprochen köstlich. Subtile Tönungen offenbaren sich in der Explosion honigartiger Traubenfrucht anfangs zwar noch nicht, doch der Genuss wird dadurch nicht geschmälert. Nach diesem jugendlichen Überschwang folgt eine verschlossene

OBEN
Eine einzige Flasche des 1540er Steinweins ist noch übrig. Sie wird an einem geheimen Ort in Deutschland gelagert.

OBEN RECHTS
Hier das Fass, in dem der Steinwein knapp 200 Jahre seines Lebens zubrachte. Es steht in den Kellern der Würzburger Residenz.

Periode von zwei, drei oder mehr Jahren, in der das Bukett nicht viel hergibt (je besser die Kreszenz, desto länger zieht sich dieser Zeitraum leider hin). Man genießt den elektrisierenden Geschmack, die aufgestaute Energie, das Gleichgewicht der Kräfte, aber auf Erfüllung wartet man vergebens. Sie kommt erst mit den älteren Jahrgängen, die man in kluger Voraussicht beiseite gelegt hat.

Sie werden mir die Antwort auf die Frage »Was ist der älteste Wein, den Sie je getrunken haben?« nicht glauben. 1540. Ja, fünfzehnhundert. Er war 424 Jahre alt, als ich ihm das letzte Geleit gab. Natürlich handelte es sich um eine geschichtsträchtige Flasche, denn sie hatte einst dem bayerischen König Ludwig II. gehört, der sie von seinen Vorfahren geerbt hatte. Sie lag in den Kellern der Würzburger Residenz – der mit dem Tiepolo-Deckengemälde über den Treppen – und blickte auf eine lange, exakt dokumentierte Geschichte zurück. Es gibt nicht viele Jahrgänge wie den 1540er, der 24 Jahre vor Shakespeares Geburt entstand; das nächste Jahr, das ihm zumindest statistisch halbwegs nahekommen könnte, ist 2003.

Superjahrgänge wurden damals mit Superfässern gefeiert. Das Fass, in dem der 1540er zumindest die ersten 200 Jahre seines Lebens lag, befindet sich nach wie vor in den Kellern der Residenz. Der König hätte den Wein zweifellos früher abgefüllt, wenn ihm Flaschen zur Verfügung gestanden hätten und jemand bereits den Korken erfunden gehabt hätte. Auf Flaschen zog man ihn erst im frühen 18. Jahrhundert. Hielt man ihn vielleicht für zu außergewöhnlich, um ihn zu trinken? Nach London brachte ihn Rudy Nassauer, der viel Gutes importierte und ihn 1962 in seinem Geschäft in Mayfair für ein Dutzend Ausgewählter, zu denen auch ich gehörte, öffnete. Wie er schmeckte? Wie alter Madeira, aber nicht so säuerlich. Das Besondere an ihm war weniger sein Sortencharakter als vielmehr sein hartnäckiges Festhalten am Leben. Er war zweifellos noch lebendig – und das, obwohl die Uhr für ihn länger getickt hatte als für jedes andere

Lebewesen (oder halten Schildkröten so lange durch?). Nach ihm klafft in der Chronologie meiner alten Jahrgänge eine 255-jährige Lücke.

Lust auf die neueren Jahrgänge dieses Weins? Bayern hat nur ein einziges Anbaugebiet. Hoch im Norden, wo der Main weit weg von der Landeshauptstadt durch das Bundesland fließt, liegt Franken. Das barocke Würzburg ist seine Weinkapitale, doch der Frankenwein ist alles andere als barock. Als Erkennungszeichen dient ihm die flache, bauchige Flasche, die man ohne zu erröten als Bocksbeutel bezeichnet. Die Reben wachsen in Franken oft auf Muschelkalk, einem ähnlichem Gestein wie in Chablis und Sancerre 500 km weiter westlich. Mit diesem Untergrund kommt am besten der Silvaner zurecht, der andernorts gern als schlicht abgetan wird. Riesling fühlt sich auf dem Boden und in dem kontinentalen Klima Frankens nicht sonderlich wohl, doch der Silvaner erbringt Weine, die so sauber, kräftig und appetitanregend sind wie ein Chablis der oberen Kategorie. Ich habe Frankenweine zu Hause schon 15 Jahre und länger liegen lassen. Die geräumigen Würzburger Weinstuben – bei den größten handelt es sich um ehemalige karitative Einrichtungen – schenken allerdings zu ihren Würsten in allen Variationen selten etwas aus, das mehr als zwei Jahre auf dem Buckel hat.

Reist die deutsche Weintradition? Der Riesling ist ein Weltenbummler, doch sein deutscher Stil ist einmalig. Er ist so fest mit dem Rheintal verwurzelt, dass er hier in all seinen Ausprägungen zu finden ist. Kein anderes Land, keine andere Region zieht so viel Nutzen aus dem Zucker in ihren Trauben. Nirgends muss man auch mit einem so kühlen Klima zurechtkommen, könnte man einwenden. Der älteste und größte nichtdeutsche Vertreter dieses Stils ist das Elsass. Die Region gehörte im Verlauf ihrer Geschichte immer einmal wieder zu Deutschland. An einem klaren Tag kann man von den Weinbergen aus den Rhein sehen.

Doch das Elsass ist auch die sonnenreichste Gegend Frankreichs – das behaupten zumindest die Statistiken. Dank der hohen Gipfel an der Westflanke der Vogesen liegen die nach Osten gerichteten Weinberge im Regenschatten. Hier ist das Land des goldenen Herbsts, wo die Trauben Reifegrade erreichen, von denen deutsche Weinbauern oft nur träumen können. Auch im Elsass ist Riesling der Star; er bewahrt sich außerordentlich hohe Säuregrade, selbst wenn er vor lauter Süße eine monströse Kraft entwickelt. Gleichwohl geben sich die Elsässer Winzer nicht mit einem einzigen Trumpf zufrieden. Ihre Versicherung – und oft auch ihr ganzer Stolz – sind die Pinot-gris-Traube mit ihrer Sirupkonsistenz und die am wenigsten zurückhaltende aller weißen Rebsorten, der Gewurztraminer. Außerdem, aber das ist nicht so einfach zu verstehen, Pinot noir.

Aufnahme in die Elsässer Weinbruderschaft Confrérie Saint-Etienne. Zum Ritual gehört das Trinken aus einem wahrhaft riesigen tastevin.

Weinhändler behaupten gern – und das meines Wissens schon seit mindestens 40 Jahren –, dass das Elsass ein unterschätztes Anbaugebiet sei und ein ausgezeichnetes Preis-Leistungs-Verhältnis biete. Außerdem werde es bald so populär wie Burgund werden. So bald wohl nicht. Die Deutschen kaufen Unmengen von Elsässer Rebprodukten. In Frankreich findet man sie als preiswerte Zechweine auf der Karte jedes Restaurants und oft auch in den Regalen der Supermärkte. In der angelsächsischen Welt indes sind sie den Eingeweihten vorbehalten. Warum? Wie andernorts auch findet man zwischen den unzähligen passablen bis guten Produkten nur einen Bruchteil hochwertiger Kreszenzen – und die zu erkennen ist gar nicht so einfach. Das Gros wird von den Genossenschaften bereitet, die sich im Elsass ohne weiteres sehen lassen können. Etwa ein Dutzend Spitzenwinzer und eine Hand voll Stars genießen internationales Renommee, doch in den Dörfern finden sich nur wenige Weinliebhaber zurecht. Wegen der hohen Flaschen werden Elsässer Provenienzen oft für deutsche Erzeugnisse gehalten. Und die Etiketten geben leider kaum Auskunft darüber, ob der Inhalt trocken oder süß ist.

Die Weine haben sich geändert. Traditionell bereitete man im Elsass trockene Gewächse mit einem ansehnlichen, aber nicht übermäßig hohen Alkoholanteil. In den 1960er- und 1970er-Jahren jedoch begannen ambitionierte Winzer unter der Führung des angesehenen Hauses Hugel – sein gelbes Etikett ist allgegenwärtig – süße Spätlesen zu keltern. Man nannte sie entweder *Vendanges tardives*, Spätlesen, wenn die Trauben überreif verarbeitet wurden, oder *Sélections de grains nobles*, wörtlich »Auslesen aus edlen Trauben«, die man erst am Ende der Lese vom Stock schneidet, wenn sie zu Rosinen geschrumpft oder sogar von der Edelfäule befallen sind; dazu mehr am Ende des Buchs. *Vendanges tardives* sind reichhaltige Süßweine, die man gut zu *foie gras* trinken kann. *Sélections de grains nobles* indes wollen mit Château d'Yquem gleichziehen. Johnny Hugel, Chef der gleichnamigen Kellerei, eine fröhliche und zugleich bärbeißige Persönlichkeit, die in jedem französischen Speiselokal der Erde begrüßt wird, lud an

Marc Beyer hält während eines Essens im Elsässer Restaurant Aubgere de l'Ill einen Vortrag über die Vorzüge der Anbauregionen Elsass, Burgund und Bordeaux. Rechts neben ihm das Winzerurgestein Johnny Hugel.

jenem herrlichen Frühlingstag einmal Journalisten in die Auberge de l'Ill, das bekannteste Elsässer Restaurant. Das Erste, an was ich mich erinnere, war jener Kollege von Hugel, der auf eine Weide geklettert war und dort gerade die Äste zurechtrückte, als wir ankamen. Man legte Wert auf Details, wie ich feststellte.

Ich überspringe das Menü, das ungebührlich große Mengen aller Spezialitäten umfasste, für die die regionale Küche berühmt ist, aber auch Burgunder als Beweis für Elsässer Weltoffenheit enthielt. Zum Schluss jedoch ließ man Hugels feinste *Sélection de grains nobles* gegen einen Spitzenjahrgang von Château d'Yquem antreten. Ich weiß nicht mehr, wer nach Punkten gewann; ich vergesse solche unwichtigen Details. Aber: Diese Geschichte gehört eigentlich in das Süßweinkapitel – und genau das ist der Punkt. Die beste Elsässer Kreszenz stammte nicht mehr aus dem Lager der regulären Tischweine; die Süßen hatten die Trockenen verdrängt. Nicht in jedem Keller, muss man fairerweise hinzufügen. Viele halten nach wie vor die stahligen, trockenen Rieslinge aus dem Hause Trimbach für die Spitzenreiter. Trotzdem ist ein klarer Trend erkennbar. Als ich den ehrenwerten Monsieur Muré – ich trinke seinen Clos Vorbourg seit vielen Jahren – fragte, warum seine Rieslinge süßer als früher schmeckten, meinte er, es liege am Jahrgang.

In Burgund käme man damit nicht durch. Einen Chablis oder Meursault mit einem solchen Zuckergehalt würde man zurückgehen lassen. Im Elsass, so mein Briefpartner, sei es vorrangig, die Trauben bei maximaler Reife zu ernten und den Rest der Natur zu überlassen. Naturhefen könnten aber vielleicht nicht den ganzen Zucker in Alkohol umwandeln. Wenn durch die globale Klimaerwärmung reifere Beeren heranwüchsen, als die Hefen bewältigen könnten, sollten wir dann der Natur ins Handwerk pfuschen? Für ihn scheint das eine moralische Frage zu sein. Der vehementeste Verfechter dieser Philosophie ist Olivier Zind-Humbrecht in Turckheim. So arbeitsintensiv seine biologisch-dynamische Wirtschaftsweise im Weinberg ist, so zurückhaltend bereitet er seine Erzeugnisse. Jeder Wein darf seine latenten Charakteristiken frei entfalten. Es gibt Jünger, die solchen Weingurus bedingungslos folgen.

Elsässer Gewächse halten mit ihrem Geschmack nicht gerade hinterm Berg. Sicher, es gibt noch diesen schlichten Café-Wein, der als Edelzwicker ausgeschenkt wird (bevor man ihm edle Züge andichtete, hieß er Zwicker). Auch der Silvaner mit der leichten Kohlnote – ich liebe diesen Wein – und der Pinot blanc, der einfach nur schwach und flach ist, fristen schweigend Randexistenzen. Der Schwerpunkt aber liegt auf den lautstarken Sorten. Wenn man seine Gastfreundschaft herausstreichen möchte, trifft man mit ihnen stets ins Schwarze. Man sollte die Verführungskraft eines Flammkuchens und eines Glases Gewurztraminer nicht unterschätzen. Beim Durchblättern meiner Notizbücher stelle ich allerdings fest, wie selten ich diese Waffen einsetze. Stattdessen steht in etlichen Einträgen »zu viel Alkohol«. Wenn mir bei einem Wein der Alkohol auffällt, dann hat er zu viel davon.

Dass für Marktschreierei kein Anlass besteht, beweisen meine Notizen über einen Gewurztraminer Réserve aus dem Clos des Capucines von Théo Faller, einem meiner Lieblingswinzer im Elsass. »Blassgolden, mit einem so intensiven

Duft nach Rosen (und Grapefruit), dass er für die rosa Teehybride Columbia Climber in der Vase daneben eine ernsthafte Konkurrenz darstellt. Eine ansprechende, relativ leichte Interpretation der Rebe, trocken im Charakter, zart, aber mit guten Steherqualitäten, ausgezeichnet zu Räucheraal.«

Wie Sie sicher schon bemerkt haben, nehmen Weine wie diese – und insbesondere deutsche Rieslinge – viel Platz in meinem Keller auf Saling Hall ein. Das Regal zur Linken direkt neben der Tür ist für interessante Einzelflaschen sowie für Etiketten reserviert, die nicht in eine der anderen, nach Regionen und Rebsorten lose geordneten Kategorien passen. Sie stehen deswegen auch auf dem Tisch oder am Boden in Kartons. (Lassen Sie sich nicht einreden, dass es um einen Wein geschehen ist, wenn er nur einen Tag lang aufrecht steht. In einem kühlen, feuchten Keller trocknet ein guter Korken tage-, wochen-, ja, monatelang nicht aus. Selbst in einer warmen Küche kann man eine Flasche eine Woche lang bedenkenlos stehen lassen.)

Aus psychologischer Sicht ist es (für mich, nicht für die Weine) wichtig, dass einige Etiketten aufrecht stehen. Sobald sie liegen, wirken sie gut gebettet. Sie werden zum Dekor, als sei es ihr Schicksal zu schlafen, statt geöffnet und genossen zu werden. Aber es muss auch einen gewissen Durchgangsverkehr geben, damit ich nicht ständig zum Vertrauten greife. Langjährige Favoriten eignen sich zwar für die Bewirtung – ich will schließlich wissen, was ich Gästen anbiete –, doch im Alltag möchte ich forschender sein. Was nicht unbedingt vor unliebsamen Überraschungen schützt.

Das wird mir klar, wenn ich einen Blick in mein Küchennotizbuch werfe. »Ein ziemlich schlechter Limonadenersatz«, schrieb ich kürzlich über einen spanischen Weißen. Ein anderer aus Argentinien war »alles was ich nicht mag: fett und schwer, mit bitterem Nachgeschmack«. Noch ein Spanier: »Eiche, Limetten – ein moderner Wein, nicht mehr, nicht weniger. Könnte aus jeder Hemisphäre stammen. Oder vom Mond.« »Was ist mit diesem berühmten Haus [in Chablis] geschehen? Mit fünf Jahren alt und wässrig!« Über einen »nicht fassgereiften« australischen Chardonnay: »Kein Wunder, dass das Zeug in Eiche ausgebaut wird. Ein Loch mit Alkohol drum herum.« Das Leben eines Kommentators ist nicht immer eitel Sonnenschein.

Doch es geht auch anders. »Ausgesprochen schmissig, voll im Geschmack, wie eine Kreuzung zwischen Chablis und Frankenwein. Feine Textur, angemessene Alkoholstärke. Sehr gut.« Das galt einem Grünen Veltliner aus Langenlois in Österreich, der mich daran erinnerte, dass diese Rebe gerade zum Kritikerliebling avanciert. Ich liebe frische, pfeffrige Veltliner und bisweilen auch die reichhaltigeren, reiferen Versionen, ansonsten aber wünschte ich, ich käme mit den österreichischen Weinen besser zurecht. Sie lassen zwar alle die Modeattribute Mineralität, »Fokus«, kristallklare Reinheit und reintönige Sortenfrucht erkennen. Weiterer Vorteil: Sie kommen kaum je in die Nähe von neuer Eiche. Rein analytisch gesehen sind sie also höchst eindrucksvoll. Aber müssen sie solche

Hämmer sein? Ich betrachte die hochkonzentrierten Kreszenzen, die aus kleinen Erträgen und sehr reifen Trauben entstehen, im wahrsten Sinne des Wortes mit gemischten Gefühlen: Am liebsten würde ich sie manchmal mit einem Schuss Wasser mischen. Natürlich hängt das damit zusammen, dass ich kein Nipper, sondern ein Schlucker bin. Das gleiche Problem habe ich mit Österreichs Rieslingen. Durch perfektionistische Selektion des Leseguts geraten sie bisweilen zu explosiv für meinen Geschmack, so stahlig und geschliffen sie auch daherkommen. Sie sind auf dem besten Weg, zu Wuchtbrummen zu werden.

Es mag absurd klingen, aber ich finde, Kellermeister legen sich manchmal zu sehr ins Zeug. Mein simples Gemüt verlangt Wein, der leicht zu trinken ist und vor allem Lust auf das nächste Glas macht. Österreich hat sich in den letzten Jahren von einem Land ohne Ruf – nicht: mit schlechtem Ruf – zu einem Vorbild für andere hochgearbeitet, darunter auch die Deutschen. Man will, dass wir die für gewöhnlich ziemlich hingeschluderten Machwerke vergessen, die wir voller Überschwang unter einer Laube in einem Wiener Vorort tranken. Heute muss ein Gewächs schon allein deshalb abgefüllt werden, damit man nicht das Gefühl bekommt, es sei gesundheitsschädlich. Die Selbstachtung des Winzers verlangt, dass er seine Erzeugnisse in Verkostungswettbewerbe schickt. »Man hat uns getäuscht,« lässt uns die Weinkritik wissen. »Das Zeug, das wir aus dem Fass in der Ecke tranken, war eine Plörre.« Und heute? Zahlen wir fünfmal so viel für eine Provenienz, die mit unendlicher Sorgfalt bereitet wurde – und haben irgendwie keine Freude daran. Damals brauchte man sich nicht so viel Kopfzerbrechen zu machen; man bestellte das, was auch die anderen tranken. Denke ich an Wien oder – so unwahrscheinlich es klingen mag – Prag, kommen mir lebendige, leicht trübe und gärende, saftige Weine mit Restzucker und natürlichem Säuregehalt in den Sinn. Einfach aufregend.

Sie erinnern mich an eine Weinsafari für den Wine Club der britischen *Sunday Times* während des Kalten Krieges. Tim Bleach, der Einkäufer des Clubs, war in Bulgarien so erfolgreich gewesen, dass wir nicht genug Lastwagen finden konnten, um die Jagdbeute, den Cabernet, nach England zu bringen. Die Fahrer hatten nicht die geringste Lust auf den ganzen Papierkram, der sie an den fünf Grenzübergängen zwischen Bulgarien und Großbritannien erwartete. Schließlich trieben wir Trucker auf, die gerade von einer Lieferfahrt mit Bädern nach Arabien heimkehrten, und überredeten sie, einen Umweg über Sofia zu nehmen. Tim und ich waren von der bulgarischen Regierung gebeten worden, beim Aufbau eines einfachen Appellationssystems zu helfen. Die erste Verkostung von Weinen aus den mit den französischen AOCs vergleichbaren Controliran-Bereichen verlief chaotisch. Auf einer der Reisen nach Bulgarien trafen Tim und ich uns in Bratislava; er war von Sofia und ich von Budapest ge-

Tim Bleach, Einkäufer für den Wine Club, und ich schreiten eine Abordnung österreichischer Weine ab. Wir befanden uns gerade auf einer Verkostungsmission in Osteuropa.

kommen. Wir übernachteten in einem Hotel voller Herren in grauen Anzügen und warteten auf unsere Begleitung. Ohne Aufpasser ging niemand irgendwohin. Es wurde Mittag, doch weit und breit war niemand zu sehen. Also setzten wir uns in mein österreichisches Auto und fuhren los, ohne zu wissen, wo wir Wein finden würden und wie wir ohne ein Wort Bulgarisch zu sprechen durchkommen sollten. Weinberge, sagten wir uns, sind meist ein ziemlich unübersehbarer Wegweiser.

Wir entdeckten eine neue, breite und ziemlich leere Straße, die nach Moravia im Westen führte. Sie muss als Piste für Sowjettruppen auf dem Weg nach Deutschland gebaut worden sein. Kaum sahen wir Reben, verließen wir die Piste und hielten in einem Dorf namens Znojmo an. Es sah hübsch und sauber aus, doch ein Café oder ein Laden war weit und breit nicht in Sicht. Wir hielten die nächstbeste Passantin an und kramten unser bisschen Deutsch hervor. Konversation war nicht möglich, doch mit Händen und Füßen und einem Lächeln machten wir uns halbwegs verständlich. Wir verbrachten den Nachmittag in ihrem hellen Wohnzimmer, hörten Schubert, aßen Kuchen und warteten, wie sich herausstellte, auf den Dorfschulmeister, dessen Französisch besser als unser Deutsch war. Seine Mutter arbeitete als Sekretärin in der örtlichen Genossenschaft. Natürlich durften wir den Betrieb besichtigen – sein trockener, duftender Sauvignon blanc lohnte den Besuch. Vladimir hält mich noch heute über die Ereignisse in dem mittlerweile erfolgreichen kleinen Anbaugebiet auf dem Laufenden.

Nicht im Traum hätte ich damals gedacht, dass nur wenige Jahre später einer der größten deutschen Winzer in der Slowakei auf dem Gut, das der Familie seiner Frau nach dem Zusammenbruch des Kommunismus zurückgegeben wurde, einen Riesling bereiten würde, der an seinen herausragenden Moselwein heranreicht und es vielleicht sogar mit ihm aufnehmen kann. Egon Müller nimmt Château Belá fast so ernst wie seinen Scharzhofberg. Man wird sehen.

———————

Natürlich sind Weine deutscher Machart nicht die einzigen Genüsse für den Garten. Und umgekehrt sind nicht alle deutschen Gewächse oder Rieslinge gute Freiluftweine. Ich habe mich als Gartenliebhaber geoutet, doch der Apfelbaum ist nicht das einzige Fleckchen zum Zechen. Wir haben noch den Tisch am Swimmingpool (unter einem weiteren Apfelbaum), das schattige Sommerhäuschen am Wassergarten oder den Temple of Pisces. Um unter freiem Himmel zu schmecken, muss ein Wein zur Open-Air-Stimmung passen. Er sollte nicht zu subtil und nicht zu kräftig auftreten. Allerdings auch nicht zu ernsthaft. Ein Garten ist grundsätzlich der falsche Ort für einen liebevoll dekantierten Bordeaux oder einen alten Vintage Port. Doch kann selbst ein einfaches Gewächs zu ungeahnter Schönheit erblühen, während man den Tag unter seinem Lieblingsbaum in aller Stille zwischen Blüten ausklingen lässt.

Chablis

ALS PASSEPARTOUT BEZEICHNET ZU WERDEN, das sich für jeden Rahmen, jedes Gericht und jede Tages- oder Jahreszeit eignet, taugt eigentlich nicht als Empfehlung für einen Wein. Doch genau das ist Chablis. Gleichzeitig aber ist er auch mein Lieblingsweißer, den ich am ehesten zum Vergnügen und aus Interesse trinke. In meiner Chablis-Ecke im Keller hinten links herrscht ein regerer Durchgangsverkehr als in fast allen anderen Regalen. Warum? Weil Chablis mit den Fisch- und Krustentiergerichten, die ich so mag, eine natürliche Partnerschaft eingeht und weil er sich auch als Sologetränk hervorragend eignet. Wenn ich sage, dass er im Wesentlichen die gleichen Vorzüge wie Wasser hat, dann klingt das zwar wieder wie ein zweifelhaftes Kompliment. Doch so, wie ein Schluck kühles Wasser keine Wünsche offenlässt, so hat die mineralische Frische und die flintige, leicht säuerliche Süffigkeit eines guten Chablis etwas elementar Komplettes an sich. Süßer? Absurd. Alkoholstärker, eichenlastiger, trockener, aromatischer? Alles absurd. Chablis, so habe ich manchmal das Gefühl, wurde auf die Erde gesandt, damit ihn sich alle Kellermeister zum Vorbild nehmen.

Was sie denn auch taten. Jahrzehntelang wurde jeder trockene Weiße, der um die Aufmerksamkeit des Verbrauchers buhlte, als Chablis etikettiert – ob in Kalifornien oder Australien, Spanien oder Bulgarien. Natürlich reichten diese Regionen nie auch nur annähernd an das Original heran: falsches Land, falsche Trauben, falsche Lagen. Dann stiegen die Winzer endlich auf die richtige Rebe – Chardonnay – um, bereiteten sie aber noch falsch. Meursault war da schon ein einfacheres Vorbild. Das Rezept: ebenfalls Chardonnay-Trauben, schön und reif, das Ganze in Eiche vergoren oder ausgebaut bzw. zumindest mit Eiche eingefärbt. *Et voilà*. Es gibt in Australien, Kalifornien und Südamerika Regionen so groß wie Burgund, die damit ein gutes Auskommen haben.

Dabei macht keineswegs jeder Chablis seinem Namen Ehre. Der Weg des Erzeugers ist gepflastert mit Versuchungen, die die enorme, scheinbar mühelos errungene Popularität dieses Weins mit sich bringt. Die Anbauregion im Norden Burgunds, die die Appellation Chablis für sich beanspruchen darf, ist in 30 Jahren von 730 auf 4300 ha angewachsen. Es war jedoch eine alles andere als willkürliche Expansion: Die Geologie des neu bestockten Landes ähnelt der des Ursprungsgebiets, gleicht ihm zum Teil sogar aufs Haar. Alle Weinberge wurden auf dem kalkigen Tonmergel eines ehemaligen Meeresbodens angelegt, der noch heute zahlreiche Muschelfossilien birgt. Die Gesamtanbaufläche der Region war vor der Reblausinvasion sogar noch größer. Trotzdem setzt Chablis derzeit wie allen herausragenden europäischen Anbaugebieten das Fehlen von Arbeitskräften ebenso zu wie der Mangel an geeigneten Böden. Deshalb werden die meisten Rebflächen auch von mechanischen Monstern abgeerntet, die keinen Unterschied zwischen guten und schlechten, reifen oder unreifen, gesunden oder fauligen Trauben machen. Das gilt allerdings auch für das Gros der Champagner-Weinberge – und dort beschweren wir uns nicht darüber. Schwer zu sagen, ob die Basisqualität unter der mechanischen Lese leidet. Die Besitzer der Erntemaschinen argumentieren, dass die Fähigkeit, sofort mit der Lese zu beginnen oder sie bei einsetzendem Regen sekundenschnell zu unterbrechen, ebenso wichtig ist wie die Auswahl der Trauben per Hand – und dass das Sortieren ja auch im Keller vorgenommen werden könne. Fest steht jedenfalls, dass die Trauben für die besten Weine manuell aus dem Rebgarten geholt werden.

Der Wohlklang eines Namens spielt eine großes Rolle. Würde man allenthalben nach einem Chablis verlangen, wenn er Pernand-Vergelesses hieße? Die beiden klangvoll-kurzen Silben haben aber auch eine andere, überraschende Bedeutung. Ich erfuhr sie nach dem verheerenden Sturm von 1990, der in fast ganz Frankreich Bäume zu tausenden umknickte. *Chablis* nennt der französische Forstmann die Verwüstungen, die ein Orkan im Wald hinterlässt: entwurzelte Gehölze, zersplitterte Stämme, Bäume, die wie Kraut und Rüben umherliegen – an ein kühles Glas Wein denkt man dabei jedenfalls nicht im Entferntesten.

In den meisten Anbaugebieten sind Erntemaschinen heute die Norm. In Regionen wie Chablis ist ihr Einsatz umstritten. Die Handlese kommt teurer. Was will der Kunde?

Aber nicht nur der Wohlklang, auch die Übersichtlichkeit ist wichtig: Jeder Chablis heißt Chablis. Die besseren Lagen sind als Premier cru, die besten als Grand cru klassifiziert. Die Weine der drei Qualitätskategorien schmecken anders, altern anders und haben andere Schicksale. Natürlich hat der Name des Erzeugers wie anderswo auch viel Gewicht, doch in Chablis ist er nicht ganz so bedeutsam wie in den meisten Weinregionen und hat bei weitem nicht den Stellenwert wie an der Côte d'Or. In Chablis arbeitet nämlich eine höchst kompetente Genossenschaft, La Chablisienne, die unter den weniger professionellen Weinbauern die Spreu vom Weizen trennt. Sie erzeugt Weine aller Güteklassen – und sogar Spitzengewächse. Verglichen mit den vielen Hürden und Wassergräben auf dem Weinparcours der meisten anderen Anbaugebiete klingt das fast so, als könnte der Verbraucher stressfrei seine Entscheidung treffen, was in der Tat der Fall ist. Wenn aber die mit Unrat gefüllten Talsohlen fehlen, sucht man dann auch die inspirierenden Gipfel vergebens? Das scheint zumindest die vorherrschende Meinung der Weinwelt zu sein. Der teuerste Chablis kostet halb so viel wie ein x-beliebiger Montrachet. Ein faires Verhältnis?

Heute werden gebrauchte Weinflaschen nicht mehr befüllt, geschweige denn von Hand ausgewaschen. In Chablis war das in den 1960er-Jahren noch üblich.

Nicht in meinem Buch. Ich habe hunderte von Flaschen verkostet, die ein Denkmal verdient hätten. Der älteste Chablis war zum Zeitpunkt der Verkostung 44 Jahre alt. Avery's in Bristol hatte ihn 1926 in halbe Flaschen aus schwerem grünem Glas mit Braunton abgefüllt – die Franzosen nennen diese Farbe *feuilles mortes*, »welkes Laub«. Die meisten Weinhändler hätten halbe Chablis-Flaschen dieser Altersklasse weggeschüttet, doch Ronald Avery erkannte ihren Wert, öffnete eine für mich und verkaufte mir dann eine Kiste. Der Wein war – ich schäme mich, es zuzugeben – zu gut, um ihn mit anderen zu teilen. Wir wohnten damals in einem kleinen Londoner Haus. Ich erinnere mich noch, als sei es gestern gewesen, an den einzigartigen, reichhaltigen Geschmack dieses Chablis-Sherry, der sich seine feuersteingetönte Frucht bewahrt, aber gleichzeitig einen Toastgeschmack und eine cremige Textur angenommen hatte.

Ein jüngerer Eintrag bezieht sich auf den 2000er Chablis Premier Cru Les Beauroys von Pascal Bouchard. »Strohfarben, mit grünen Reflexen. In der Nase zunächst zurückhaltend und mild, der erste Schluck rund und gefällig, dann zart-sauer am Gaumen, mit Anklängen an Renekloden und Japanische Pflaumen. Mineralische Nuancen, keine Restsüße. Öffnete sich, während er im Glas wärmer wurde; schwang sich nach dem Essen zur Höchstform auf.« Diese Eigenschaften sind typisch für einen Chablis, vor allem für die Premier-cru-Versionen, die sich nur langsam entfalten. Wenn er, wie in Restaurants üblich, im Eiskübel serviert wird, schafft er es nie über die zurückhaltende und milde Phase hinaus. Kein Wunder, dass viele lieber eines der unverkennbaren Sauvignon-blanc-Erzeugnisse ordern.

Das Wörtchen »sauer« – ich muss es aus meinem Wortschatz streichen oder in Ihren hineinbekommen. Es könnte kaum eine schlechtere Presse haben. Das *Dictionnaire Moët-Hachette du Vin* definiert *sauer* als »stichig« und »mit Essiggeruch«. Wie aber soll man dann den Geschmack von saurer Sahne beschreiben, die ja wesentlich weniger »sauer« ist? Die Säure in Chablis erinnert mich eher an den leicht säuerlichen Gerinnungsgeschmack von Sahne oder Käse, der meilenweit von Essig entfernt und bei Chablis so wichtig wie Zitrone für Austern ist.

Hier ein weiterer Premier cru von 2000, der Montée de Tonnerre von Louis Michel. »Mit seinem feinen, sehr hellen Grün so etwas wie das Paradebeispiel eines höchst intensiven Chablis. Ungekühlt am Ende des Mahls sogar noch besser als beim frischen, kiesigen Auftakt.« Über denselben Wein, Jahrgang 1990, schrieb ich während derselben Verkostung: »Nach wie vor blassestes Zitronengelb. Frisch, erster Eindruck in der Nase absolut frühlingshaft, dann saure Mineralien (Feuerstein) und Äpfel. Auch Zitrusfrucht, vielleicht Limetten. Sehr trocken und irgendwie ausgesprochen leicht und außergewöhnlich lang.« Er begann gerade nachzulassen. Fazit: Der Montée de Tonnerre gibt zwischen dem dritten und dreizehnten Lebensjahr alles. Aber nun ein Grand cru, der Les Grenouilles von 1976, wieder von Louis Michel. Ich verkostete ihn 2001, 25 Jahre nach der Lese. »Unheimlich blass, an der Oberfläche reichhaltig, aber darunter nackter Stein – ein Bach, der über Kiesel rinnt. Lang gekochte Reneklauden und Honig, fast wie das Trugbild eines Sauternes. Wie kann er nur so hervorragend ausgewogen sein? Und so lang?«

Warum ich mit einem Mal so viele umständliche Beschreibungen zitiere? Weil guter Chablis mein Lieblingsaxiom bestens veranschaulicht: Große Weine machen keine Aussagen, sie stellen Fragen. Ein Ausrufezeichen ist ebenso schnell gesetzt wie ein Fragezeichen, aber das Fragezeichen macht die Sache wesentlich interessanter. Es ist vor allem der schwer greifbare Geschmack, der in Worte gefasst werden muss. Jeder Beschreibung eines reifen Weins möchte ich allerdings eine Warnung vorausschicken: Entscheidend ist, wo die Flasche gelagert und wie sie transportiert wurde. Das scheint vor allem für die Vereinigten Staaten zu gelten.

Ich machte auf einer PR-Tour einmal Station in New York. Ein Reporter der *New York Daily News* – sonst eigentlich mehr auf Baseball spezialisiert – sollte mich in meinem Hotel, dem luxuriösen St Regis an der Fifth Avenue, Ecke East 55th Street, interviewen. »Erzählen Sie mir etwas über Wein«, forderte mich der Mann auf. Ich bat den Zimmerservice um einen Gallo Chablis Blanc aus Kalifornien und den besten echten Chablis, den sie auf der Liste hatten: einen zwei Jahre alten Grand cru Les Clos. Mit den beiden würde ich eine klare Aussage treffen können. Ich zeigte dem Journalisten, wie man die Flaschen öffnet, den Inhalt eingießt und am Wein riecht, bevor man ihn in den Mund nimmt. Kaum hatte ich daran geschnüffelt, wusste ich, dass der Schuss nach hinten losgegangen war. Der Gallo war in tadellosem Zustand. Er hatte zwar nicht das Geringste mit einem Chablis zu tun, aber man konnte ihn trinken. Der siebenmal teurere Grand cru hingegen hatte einen bräunlichen Ton angenommen, roch übel und war flach – völlig oxidiert also. Wie viele Käufer würden merken, fragte ich mich, dass der trinkbare Langweiler nur eine billige Kopie war, und wie viele würden beschließen, nie wieder Geld für einen französischen Chablis auszugeben?

Chablis ist als Weinregion eher unscheinbar. Es gibt keine berühmten Sehenswürdigkeiten, keine großartigen Keller, keine Châteaux, die diesen Namen verdienten, und nur ein einziges gutes Restaurant. Nicht viel, verglichen mit Beaune und der Côte d'Or. Landschaftlich ist Chablis die Fortsetzung der öden Aube, die wiederum eine Verlängerung der Champagne ist. Auch der Boden ist der gleiche: blasser Ton. Die Gebäude sind aus grauem Kalk errichtet. Überhaupt spielt Grau eine große Rolle in Chablis, der Himmel eingeschlossen. Wenn ich nach Südosten in die Gegend fahre, die für die meisten das eigentliche Burgund ist, komme ich durch grüne Täler, in denen Kühe die einzigen Lebewesen zu sein scheinen, und man fühlt sich, als hätte man plötzlich eine grün getönte Brille aufgesetzt bekommen. Hier unten leuchtet das Land. Fährt man hingegen die gleiche Entfernung nach Südwesten, kommt man nach Sancerre, das im selben Grauton wie Chablis gemalt ist. Wir befinden uns dort eben noch auf demselben prähistorischen Meeresboden wie in Chablis. Auf dem offenen Plateau um Chablis schlagen Weinberge plötzlich Breschen in Getreidefelder. Beginnt hier der Kimmeridgium-Mergel und der Portlandium-Kalk? Portland liegt in der englischen Grafschaft Dorset vor der Südküste Großbritanniens. Die Insel gab einer ganzen geologischen Formation den Namen – und lieferte obendrein das ehrwürdige graue Baumaterial für die St Paul's Cathedral in London. Kimmeridge wiederum ist ein Dorf an der englischen Kanalküste, dessen Untergrund sich am augenfälligsten aus den Vorfahren der Austern zusammensetzt. Auf ihre kleinen Schalen kann man sich eben verlassen. Nach jahrtausendelanger Auslese hat man sie zu einer Größe gezüchtet, die den Verzehr lohnt. So schließt sich der Kreis: Auf Boden aus Austernahnen wächst Wein für Austern.

In den Chablis-Dörfchen Fontenay, Fleys, Béru und Préhy verkehrt außer Traktoren nicht viel. Die Stadt Chablis gibt sich mondän, doch meine frühen Erinnerungen an diesen Ort sind in erster Linie von einem Hotel geprägt, das bei einem Ungemütlichkeitswettbewerb dem Norden Frankreichs alle Ehre gemacht hätte. Ich denke da vor allem an die krächzenden Bettfedern, den Lino-

Chablis hat nichts Glamourhaftes an sich. Die Freuden der einfachen Leute stehen im Vordergrund.

leumbelag in der Ecke des Zimmers, in der das Bidet nur unzureichend verdeckt worden war, die Kleiderstoffvorhänge und das erinnerungsschwere Bukett aus Gauloises, Desinfektions- und Bleichmitteln im unbeheizten Foyer. Hinter der Glastür im Speisesaal allerdings wehte ein anderer Wind. Hier begrüßte einen der Butter- und Petersiliengeruch von Schneckengerichten, während aus einer anderen Pfanne ein kräftiger Duft nach angebräunter Butter emporstieg und einen veranlasste, einen Blick auf den grauen Käse unter der rosa Serviette zu werfen. Heute kann man im Luxushotel Les Clos residieren, wo das Badezimmer warm ist, ein Kaminfeuer den Gast im Foyer begrüßt, die Weinkarte ein Kilo wiegt und der Hotelbesitzer Englisch spricht. Ich habe nicht den geringsten Grund, der alten Absteige auch nur eine Träne nachzuweinen. Oder doch?

Gleich hinter der Kirche in Chablis steht ein ehemaliges Kloster namens L'Obédiencerie. Michel Laroche, ein sehr geschäftstüchtiger Starwinzer der Gegend, hat das düstere alte Gemäuer in Keller, Büros und ein Museum für die Weingeschichte von Chablis umfunktioniert. Warum soll ich die Erinnerung an die gegrillten Austern unterdrücken, die er mir bei meinem ersten Besuch servierte? Wenig Butter und reichlich Schalotten, weiter nichts. Der Wein – in einer Magnum, wie es sich für Chablis gehört, wie wir noch sehen werden – war der 1973er Les Blanchots aus einer Grand-cru-Lage, in der Laroche ein paar alte Stöcke besitzt. Mit zehn Jahren befand er sich im Zenit und schrie förmlich nach Austern.

So viel Aufwand, um eine Traube zu zerdrücken? Mittelalterliche Technik in Chablis.

Laroche bot an, die mittelalterliche Traubenpresse für unsere Filmaufnahmen zu betätigen. In Burgund stehen noch viele dieser Ungetüme herum, doch nur wenige Winzer sind bereit, sie in Gang zu setzen. Es ist schon erstaunlich, welchen Aufwand man früher betrieb, um einer Traube auch wirklich den letzten Tropfen zu entlocken. Vermutlich hat jeder schon einmal ein solches Modell gesehen – auf historischen Stichen gleichen sie sich alle mehr oder weniger. Der größte verfügbare Baumstamm diente, grob zum quadratischen Balken gehauen, als Gewicht und Hebel. In der Presse von L'Obédiencerie wird das freie Ende (das andere ist befestigt) von einer mächtigen Holzspindel durchbohrt, die über ein Rad gedreht werden kann. Die Beeren wurden in kompletten, ungequetschten Trauben unter der Spindel zu einem hohen Haufen aufgeschichtet und mit Brettern beschwert. Nun legten die für das Drehen des Rads zuständigen Arbeiter los. Die nicht geschmierte Spindel quietscht und kracht furchterregend, als sie den Baumstamm nach unten drückt. Zunächst tropft, dann rieselt der Saft aus den Trauben – zu einem richtigen Schwall reicht es nie – und fließt in eine Rinne am Boden. Der Balken wird wieder nach oben gedreht, der Haufen neu aufgeschichtet, und das Ganze beginnt von vorn. Es muss eine unglaublich mühselige Arbeit gewesen sein. Man fragt sich, was diejenigen anstellten, die keine Kelter, keine Baumstämme und kein Geld hatten.

Verglichen mit einem solchen mittelalterlichen Monstrum sind moderne Edelstahlpressen richtiggehend langweilig. Sie bestehen aus einer horizontalen Trommel von der Größe eines Motors aus der Zeit, als Züge noch Kessel hatten. Die vorgequetschten Beeren werden durch einen Schlitz ins Innere gekippt. Bei älteren Modellen werden zwei Kolben gegeneinander gedrückt, während das Ganze sich langsam dreht. Die Kolben fahren immer wieder zurück, so dass ein System aus Stahlketten den Tresterkuchen aufbrechen kann und noch mehr Saft durch die Korbwand in den Behälter darunter fließt. Schonender und auch leistungsstärker sind die pneumatischen Pressen, die mit einem langen schwarzen Ballon arbeiten. Wenn das Lesegut eingefüllt ist, wird dieser Balg aufgeblasen. Er drückt die Trauben gegen den mit Schlitzen versehenen Presskorb. Die Traubenkerne und -stiele bleiben dabei ganz.

Chablis wird fast ausschließlich in *inox* vergoren, wie die Franzosen Edelstahl nennen. Die hohen Tanks enthalten Kühl- bzw. Heizschlangen, um die Temperatur des Inhalts je nach Bedarf zu verändern. Der Großteil der Weine bleibt bis zur Abfüllung im ersten oder zweiten Sommer nach der Lese in Edelstahl. Die alte Garde hingegen verwendet für die Gärung und den Ausbau alte Eichenfässer – entweder das im Chablis verbreitete klassische *feuillette*, das mit 135 l Fassungsvermögen kleinste in Frankreich gebräuchliche Fass, das *pièce* der Côte d'Or mit 228 l oder das dicke *foudre* mit bis zu 1000 l Inhalt. Ein paar Winzer brechen mit der Tradition und bauen ihre Weine auch in neuen *barriques* aus.

Warum soll man für einen Chablis mit seinem unverkennbaren Duft nach Feuerstein und grüner Frucht und Heu und einem Hauch Zitrone neue Eiche verwenden? Die Montrachets und Meursaults riechen nach diesem Holz – es ist ihr Markenzeichen. Aber ein Chablis? Bei den Leichtgewichten aus den durchschnittlichen Lagen, den Chablis Villages, kommt auch niemand auf die Idee mit der Eiche. Die konzentrierten, fest gewirkten Grands und Premiers crus aber absorbieren und übertönen den Eichengeschmack nicht nur – behaupten zumindest ihre Befürworter –, sie integrieren ihn sogar in ihre Struktur und ihren Charakter und gewinnen dadurch. Eichenfässer lassen selbst bei daumendicken Dauben einen langsamen Austausch zwischen Wein und Sauerstoff zu. Doch sie geben dem Inhalt auch Geschmacksnuancen mit. Wer das nicht will, verwendet altgediente Eichenfässer. So mancher kleine Keller ist noch heute gesäumt mit alten *foudres*, die im Lauf der Zeit glänzend und schwarz geworden sind. Sie zu säubern ist nicht leicht, doch gibt es gewichtige Argumente, die für diese angejahrten Behältnisse sprechen. Liegt es an ihrer Mikroflora, ihrer Durchlässigkeit oder der Neutralität ihres reaktionsträgen Materials, dass der Inhalt in ihnen mindestens so gut aufgehoben ist wie in Edelstahl? Oder geraten die Weine nur deshalb so vorbildlich, weil Erzeuger, die ihre Traditionen mit so viel Aufwand verteidigen, einfach das Herz am rechten Fleck haben?

146 / WEISS

Ich erinnere mich an einen Kellerbesuch vor Jahren, als gerade eine Hitzewelle über das Land zog und in den Gewölben die Verkostungsgläser beschlugen. In Chablis werden wie an der Côte d'Or traditionell die kleinen runden *ballons* verwendet. In meinem ersten Weinatlas war ein Foto von einem auf den Spund eines schwarzen Fasses gestellten *ballon* zu sehen. Das durch die Kellertüre und die Tauperlen auf dem Glas fallende Licht unterstrich die grünen Tiefen des Weins und rief, wie mir mehrfach berichtet wurde, bei den Lesern dieselben Reaktionen wie bei mir hervor: Der kalte, pflaumenartige, mineralische Heuwiesengeschmack wurde vom Auge absorbiert und entfaltete sich wie durch eine wundersame Metamorphose im Mund. Ansonsten finde ich mich meist an frostigen Wintertagen im Keller ein, wenn man von einem Fuß auf den anderen tretend um die Fässer herumsteht und die Kälte jede Nuance des Weins unbeschönigt herausziseliert.

Bei einer solchen Gelegenheit – ich stattete 1988 Michel Laroche einen Besuch ab – war ich so angetan von dem Gewächs, dass ich gleich ein ganzes Fass davon für mich allein bestellte. Heutzutage verlassen wohl nicht viele *feuillettes* Chablis randvoll, denn der Wein wird von den Erzeugern in der Regel selbst abgefüllt. Als Grund dafür führt man vermutlich Authentizität an. Das gedrungene leere Fässchen aus heller Eiche steht noch immer in meinem Keller – als Erinnerung nicht nur an einen recht preiswerten und ausgesprochen angenehmen, wenn auch nicht großen 1987er, sondern auch an einen netten Abend. Wir schmückten den Keller mit Reben, stellten einen Tisch mit Austern, Brot, Schinken und Käse hinein und ließen unsere Freunde einen nach dem anderen an den Zapfhahn. Die Hälfte des Fasses füllten wir in Magnumflaschen, was meines Erachtens das passende Maß für einen so vielseitigen, geselligen Wein ist. Wenn vier Esser an einem Tisch sitzen

UNTEN & UNTEN RECHTS
Das kleine feuillette, *Standardfass in Chablis, eignet sich bestens für Hausabfüllungen.*

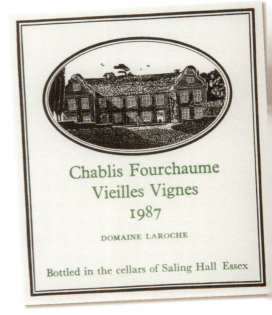

und ein Wein das gesamte Mahl halten soll, braucht man mindestens zwei Normalflaschen. Eine Magnum ist nicht nur schöner, der Wein hält sich darin auch besser und reift meiner Erfahrung nach zu größerer Vollendung heran.

Das Verkostungsritual läuft in Chablis ebenso ab wie im restlichen Burgund. Man startet mit einem neuen Villages oder Petit Chablis und geht dann zu einem zweiten, ein Jahr älteren Erzeugnis dieser beiden Kategorien über. Als Nächstes kommt ein Chablis Premier cru an die Reihe (die meisten guten Kellereien verfügen über mehrere Parzellen). Den Schlusspunkt setzt ein Grand cru, falls vorhanden, mit viel Glück auch eine ältere Flasche, die Erinnerungen aufleben lässt. Bald findet man heraus, was dem Gastgeber Kopfzerbrechen bereitet. Im Frühjahr sind es meist die Fröste. Sie können verheerende Auswirkungen haben. In den 1950er-Jahren hätte eine extreme Kältewelle Chablis als Weinbaugebiet fast ausgelöscht. Heute stehen in jedem Weinberg kleine Öfen; in einer klaren Nacht sieht man sie überall leuchten, während ihr Rauch wie Nebel zwischen den Drähten hängt. Als High-Tech-Lösung bietet sich bei Minustemperaturen das Besprühen der Reben mit Wasser aus Spritzdüsen an. Das Eis bildet eine Schutzschicht um die empfindlichen neuen Triebe. 0°C halten sie aus, aber nicht viel weniger.

Und wenn es nicht der Frost ist, beschäftigen ihn andere Winzersorgen: neue Pflanzungen auf dem falschen Boden, Maschinenlese, neue Fässer und natürlich das Geld. Was soll ein Chablis kosten? Im Supermarkt muss er oft als Lockware herhalten, weshalb man von ihm automatisch einen niedrigen Preis erwartet. Ist er tatsächlich billig, wird er ziemlich dünn im Geschmack ausfallen. Doch sogar dünner Chablis schmeckt oft noch gut und regionaltypisch. Der ausgewachsene Premier oder Grand cru eines absolut kompromisslosen Perfektionisten nimmt verglichen damit schon fast monströse Züge an. Ich ließ einmal den Premier cru von einem solchen Winzer, Jean-Marie Raveneau, zurückgehen oder fragte den Sommelier zumindest, ob auch er finde, dass er eigenartig rieche. Ich glaubte Käse zu erschnüffeln, einen milchigen Ton mit Kräuternote als Ouvertüre zu einem Geschmackseindruck von fast schmerzlicher Intensität. »Er ist doch herrlich!«, meinte der Sommelier. Er wurde in der Tat herrlich, als wir ihn zu Muscheln und Endivien in cremiger Käsesauce tranken – und noch besser, als er nicht mehr so kalt war und das Käsebrett schon auf dem Tisch stand. Käse mag für einen Chablis ein ungewohntes Aroma sein, als Begleiter für den Wein aber eignet er sich ausgezeichnet.

Zu den Binsenwahrheiten des Tafelns gehört die perfekte Partnerschaft zwischen Chablis und Krustentieren. Wenn eine Ehe so gut funktioniert, ist es müßig, sich anderweitig zu orientieren. Das Jod-Element der Auster findet in Chablis ebenso seinen Widerhall wie die Süße von Garnelen ihre Antiphon. Am Ende einer Mahlzeit aber bietet sich manchmal Käse als passende Begleitung an. Für erfinderische Gourmets gibt es noch viel zu tun. Zum Wein von Raveneau: Am Ende legte ich mich auf Orangenblüten, Frühlingsunkräuter und Lagerfeuerrauch mit einer Andeutung von Mandeln und Nagellack fest. Klingt ungenießbar? Das ist das Kreuz mit den Worten.

Der goldene Tropfen

EUROPA HAT ZWEI GESICHTER, die nie eins werden: der Norden und der Süden, die Kälte und die Wärme, die Ernsthaftigkeit und die Lebenslust. Die Strecke von Chablis nach Meursault hat man an einem Vormittag absolviert, doch unterwegs wendet die janusköpfige Chardonnay-Traube ihr Gesicht. Wer mit der mineralischen Klarheit eines Chablis aufgewachsen ist, erkennt in den goldenen Zügen eines Gewächses von der Côte d'Or Verderbtheit.

Mein Bruder schnurrt vor Vergnügen, wenn ich ihm einen reifen Meursault eingieße. Einmal zitierte er aus Rupert Brookes Gedicht über *Grantchester* und die sinnlichen Freuden dieses Dorfs: »Aufregend süß und faul der Fluss, / Ein unvergesslicher Genuss / Der Moderruch des Wassers …« Gut, wenn ein Meursault wie ein fauler Fluss riecht, dann stimmt definitiv etwas nicht mit ihm, aber aufregende Süße und modriger Geruch kommen dem welken Charme eines großen Burgunders auf seinem Weg in die Abgeklärtheit des Alters schon nahe.

Man könnte provokativ behaupten, dass roter und weißer Burgunder zwei Seiten ein und derselben Münze sind. Dass sie mehr gemeinsam haben als etwa roter Burgunder und roter Bordeaux. Das hieße, dass roter Burgunder es nicht ganz zum ausgewachsenen Roten geschafft hat, weil ihm die tiefgründige Tanninstruktur eines Cabernet fehlt. Tatsächlich erbringt Pinot noir in der Champagne, die praktisch vom Verschnitt der beiden Burgundertrauben Pinot noir und Chardonnay lebt, einen Weißwein. Auch in Meursault kultiviert man beide Rebsorten und nennt einige Rote nicht Meursault, sondern Volnay. Was wäre, wenn man sie verschneiden würde? Wenn zwei und zwei in der Champagne fünf ergibt, warum sollte das Ergebnis an der Côte d'Or nur drei sein?

Während man roten Burgunder einen androgynen Rotwein nennen kann, ist weißer Burgunder mehr Weißwein als jeder andere Weiße. Sein Platz in der Weinliste kann von keinem anderen Gewächs eingenommen werden – von anderen Chardonnay-Erzeugnissen desselben Zuschnitts einmal abgesehen. Zum Glück lassen sich mit demselben Schnittmuster relativ problemlos passable Kopien von ihm produzieren – und manchmal sogar täuschend ähnliche Doubles. Das mag die Besitzer der großartigen Originale grämen, aber für uns Weinliebhaber ist das ein Segen. Ich habe noch immer kalifornische Chardonnay-Doppelgänger aus den 1970er-Jahren in meinem Keller liegen. Nur wenige bewahren einen Weißen 30 Jahre lang auf, aber meine Flaschen enthalten keine Weine, sondern geschichtsträchtige Augenblicke.

Wie soll ich diesen Zuschnitt nun umreißen? Chardonnay gehört nicht zu den aromatischen Rebsorten, die sich schon in der Nase zu erkennen geben. Der charakteristische Geruch eines Chablis scheint eher vom Terroir als von der Traube herzurühren. In seiner Jugend erinnert er an Äpfel, aber nicht so sehr wegen einer echten Ähnlichkeit, sondern weil andere Charakteristiken fehlen. Ein weißes Blatt Papier also? Eher eine schöne, feinkörnige, leicht cremefarbene Leinwand, die auf einen stabilen Rahmen gespannt wurde und Erwartungen weckt. Solange ein hochwertiger Chardonnay noch jung ist, fühlt man ihn so intensiv, wie man ihn schmeckt. Textur bedeutet Substanz. Wie jede Rebe kann auch ein Chardonnay-Stock zu Höchsterträgen getrieben werden, doch wenn man die Menge der Trauben begrenzt, gibt er seinem Lesegut mehr »Extrakt« mit als die meisten anderen Rebsorten. Extrakt vermittelt neben Alkohol, Zucker und Säure überhaupt erst das Gefühl, dass man Wein im Mund hat.

Das Überraschendste an Chardonnay war bis vor kurzem die geringe Verbreitung. Dabei ist die Rebsorte keineswegs schwierig, sondern robust, verlässlich und ertragreich – mithin des faulen Winzers Freund. Trotzdem gab es nur in Burgund und der Champagne nennenswerte Bestände. Selbst an der Côte d'Or ist die Traube mit einem Anteil von weniger als 20 Prozent eher die Juniorpartnerin des Pinot noir. Warum diese Zurückhaltung? Weil Anbaugebiete bis vor gar nicht allzu langer Zeit noch auf ihren lokalen Trauben beharrten und man Rebsorten erst seit kurzem als eigenständige »Marken« sieht.

Dabei läge das Vorbild, dem es nachzueifern gilt, vor Augen. Es sind die goldenen Hänge Burgunds, die man sieht, wenn man von einem Weinland träumt. Erkennen Sie die regelmäßigen Parzellen aus heckenartig aufgereihten, eng stehenden Reben? Ziehen sie sich lange, unterschiedlich steile, von Wäldern gekrönte Hänge hinunter? Erkennen Sie hin und wieder Trockenmauern aus honiggrauem Stein? Erstrecken sich weiter unten Dörfer, deren ebenfalls honiggraue Häuser sich um eine Kirche mit einem grauen Schieferturm scharen? Sie waren bereits dort, zumindest in Gedanken, und das gilt auch für jeden, der schon einmal die wichtigste Nord-Süd-Verbindung in Frankreich entlanggefahren ist.

Chardonnay aus dem eigenen Garten. Reife Beeren wirken durchscheinend. Kaum eine Rebsorte ist leichter zu kultivieren.

Einer dieser von Steinmauern gesäumten Weingärten heißt Le Montrachet. In Montrachet, darüber ist man sich seit mehreren Jahrhunderten einig, entstehen die großartigsten Weißweine der Welt. Wo war dieser berühmte *clos* gleich noch mal? Selbst wenn man die beiden Dörfer Puligny und Chassagne findet, die seinen Namen tragen, wird man vergeblich nach den Toren und Wächtern suchen, die das untrügliche Zeichen für Glanz und Gloria sind. Doch dann wird man zweier Touristen gewahr, die in der Hangmitte vor einem kleinen Torbogen aus Stein stehen. Sie haben Frankreichs berühmtesten Rebberg gefunden. Nichts unterscheidet ihn von den restlichen Parzellen in seiner Umgebung. Den Mauern täten ein paar Reparaturen gut, und das Gras am Straßenrand müsste gemäht werden. Die goldenen Trauben von hier – Chardonnay-Beeren nehmen mit zunehmender Reife einen Goldton mit grünem Schimmer an – erbringen Weine von fast schockierender Fülle und einer saftigen Geschmacksintensität, von der die Besitzer der anderen Felder nur träumen können. Warum? Die Antwort ist lang und voller Vorbehalte und Bedingungen, geologischer und hydrografischer Fakten und Statistiken über Sonnenstunden. Etwas konkreter ist da schon das Erzeugnis, das von den Weinbauern feilgeboten und von den Privilegierten dieser Welt als Partywein begehrt wird. Sie als Fremder können Burgund nicht kaufen. Wenn man lange genug wartet, bekommt man irgendwann einmal eine Kellerei in Bordeaux und vielleicht sogar ein Premier-cru-Château dort angeboten. In Burgund aber bleibt das Land in der Familie. Dynastien kommen und gehen, Eheschließungen zwischen ihnen machen das Bild noch komplizierter und verwischen die Konturen. Gelegentlich handelt ein Nachbar eine Pacht aus oder erwirbt still und heimlich eine Parzelle. Alle Jubeljahre einmal übernimmt ein – ausnahmslos aus der Gegend stammender – Magnat ein ganzes Gut. Aber Sie und ich müssen draußen bleiben und dürfen bestenfalls einen Blick hineinwerfen in das Land, in dem Familien stolz Weinbauern und Besitzer eines einzigartigen Fleckchens Erde sind.

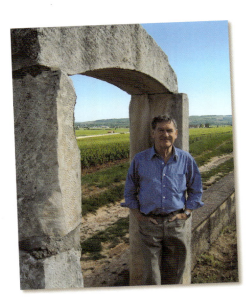

Enttäuschend nüchtern für eine Pilgerstätte: der Torbogen zum Weinberg Le Montrachet.

Als ich zum ersten Mal mit dem Glas in der Hand in einem Burgunder Keller stand, während der Kellermeister mit seiner Pipette von Fass zu Fass ging und mir Proben neun verschiedener Weißweine brachte, war ich überzeugt, dass er sie bewusst nach Qualität und natürlich Preis arrangiert hatte. Er bot mir ein Crescendo dar, das mit einem einfachen, leichten Wein begann, in dessen Verlauf jedoch Themen wie Sonne, Frucht und Wärme, Stein und Stahl, Erde und Eiche immer mehr Raum einnahmen. Cleveres Bürschchen, dachte ich mir, ich soll die Qualitätskontrolle spielen.

Doch nicht er hatte die Rangfolge festgelegt, sondern der Boden. Und genau in diesem Punkt bekommt die Beziehung zwischen Mensch und Terroir schon fast mystische Dimensionen. Unterschiedliche Lagen ergeben unterschiedliche Weine. Die Lagen existieren nur, weil sie von ihren Bewirtschaftern abgegrenzt und benannt wurden. Aber woher wussten die Besitzer, wo die Grenze zu ziehen war? Erarbeiteten sie sich ihr Wissen wirklich durch ständiges Ausprobieren und Verkosten – Jahrgang für Jahrgang, Generation für Generation? Oder durch Gespräche mit Nachbarn und Konkurrenten? Gestalteten sie ihre Experimente so, dass auch andere Unterscheidungen möglich waren, etwa ein Vergleich zwischen Weinen aus höheren und niedrigeren, nördlicheren oder südlicheren Lagen an ein und demselben Hang? Wurde eine bestimmte Parzelle gewählt, weil die Reben dort früher oder später reiften, weil der Boden trockener oder steiniger, heller oder dunkler war? Vielleicht reicht es zu wissen, dass diese Unterschiede tatsächlich existieren – immer unter der Voraussetzung natürlich, dass der Winzer sein Handwerk beherrscht. Nun kann man, wenn man will, die Medaillen vergeben. Wäre es nicht herrlich, wenn man das am wenigsten beliebte Gewächs am besten fände? Wie viel Geld sich damit sparen ließe. Seltsamerweise aber sorgt die Natur für einen Crescendo-Effekt, wie jede Degustation in einer guten Kellerei beweist. Irgendetwas in den Weinen aus den besten Lagen (je näher an Montrachet, desto besser), eine Art Kraft, bringt in uns dieselbe Saite zum Klingen.

Nirgends sind Lagen präziser abgegrenzt als an der Côte d'Or. Jede Parzelle hat einen Namen, Charakter und Wert.

Man könnte meinen, dass die Besitzer gerade wegen der feinen Unterschiede ihre Böden wie ihren Augapfel hüten. Jede Veränderung könnte schließlich das ganze ausgefeilte System aus dem Gleichgewicht bringen. Viele aber scheren sich keinen Deut um ihr Kapital. Sie traktieren es mit Düngern und Herbiziden und Fungiziden, als sei es ein »neutrales Substrat«, wie es in der Gärtnersprache heißt. Allerdings macht sich mittlerweile ein Stimmungswandel bemerkbar. Die meisten Erzeuger führen nach eigenem Bekunden heute eine *lutte raisonnée*, einen »vernünftigen Kampf«, gegen Rebschädlinge und -krankheiten. Immer mehr steigen auf »biologischen« Weinbau um.

Einige von ihnen setzen sogar auf mystische Kräfte und gehen den »biodynamischen« Weg. Zu ihnen gehört Anne-Claude Leflaive, Besitzerin einer der besten Montrachet-Kellereien. Die Frau mit den kantigen Gesichtszügen und dem vorzeitig ergrauten Haar unweht die Aura einer Äbtissin, und ihr nüchterner Keller erinnert an eine Molkerei. Von ihr bekommt man das wohl unverfälschteste, reinste aller Puligny-Erzeugnisse. Wenn das Land aber in seiner natürlichen Stimme sprechen darf, ohne Zwängen zu unterliegen, sagt es dann, was man erwartet?

Selbst in den besten Burgunder Gemeinden gibt es Areale, die geologische Ausschussware sind. Sie befinden sich meist in den untersten Lagen, wo die Hänge in die Ebene übergehen. Bourgogne Blanc ist die einzige Appellation, auf die sie Anrecht haben. Bei einer frühen Degustation des 2002er-Jahrgangs war Madame Leflaives Bourgogne Blanc blass, rauchig-grün, klar, zitrussauer, pikant ohne Reichhaltigkeit. Gut zu Fleisch- und Wurstwaren, dachte ich bei mir.

Mit dem Schritt auf Villages-Terrain, wo der Kalkboden beginnt, betritt man die kommunale Appellation Puligny-Montrachet. Sofort merkt man dem Wein einen gewissen Regionalcharakter an. Der grüne Zug ist verschwunden, dafür kommen Renekloden und ein Hauch von Nussigkeit ins Spiel. Das nächste Glas ist ein Premier cru vom unteren Hangbereich in Richtung Meursault: Clavoillon. Honig und eine festere Struktur kommen hinzu. Die Geißblattnote im Geruch müsste eigentlich vom Fass stammen, doch von Eiche ist nichts zu merken; offensichtlich lag der Wein nicht in neuen Fässern, zumindest nicht lange.

Wir gehen ein Stück nach Norden zu Leflaives neuem Premier-cru-Weinberg unter dem Eselsrücken. So heißt er nun einmal: Sous le Dos d'Ane. Er liegt hoch oben am südlichen Meursault-Hang bei Blagny. Entgegen meiner Erwartung unterscheidet sich der Wein nicht sehr vom Puligny. Er ist etwas breiter und grobkörniger, offenporiger, doch noch immer dicht (da ist ein Widerspruch) und lebendig. Nun zu den Premier-cru-Parzellen in Puligny, die der Stolz des Hauses sind: Les Folatières, Les Combettes und Les Pucelles.

Ersteren hat man mit Eiche erschlagen; er wirkt intensiv, trocken und unseidig. »Mehr Finesse«, sagt Anne-Claude, »weniger Geschmack«, hätte ich gern entgegnet. Der zweite, Les Combettes, ist hinreißend: ein Traum in Seide, zart von rauchiger Eiche eingehüllt, so fein austariert, dass ich von den verhaltenen Geschmacksnoten förmlich elektrisiert bin. Les Pucelles wiederum, eine überwältigende, intensive, komplexe, zitrusfruchtige Schöpfung mit langem Nachhall, hat mehr Kraft, aber weniger Charme. Den bekämer er, wenn man ihn länger lagern würde.

Le Montrachet hat vier Vettern: Bâtard, Bienvenues-Bâtard, Criots-Bâtard und Chevalier, die sich alle mit dem Namen Montrachet schmücken dürfen. Nach zwei und sogar vier Jahren stecken sie noch immer in den Kinderschuhen; erst nach zehn Jahren werden sie allmählich trinkreif. Der Bienvenues riecht nach Honig und Blüten, zeigt am Gaumen aber Biss. Der Bâtard lässt ein grüngoldenes Licht aufblitzen. Warum enthalten feine Weißweine Chlorophyll? Keine Ahnung, aber es ist immer ein gutes Zeichen. »Seidig, sauer, schmollend«, schrieb ich ins Notizbuch. Was sind »Gegenströme aus Energie«? Etwa Schalttafeln? Das Stichwort aber lautet: Energie. Sie ist allen guten Weinen eigen; manche haben sogar so viel davon, dass sie in der Tat förmlich elektrisieren. Wenn man ihnen in diesem Zustand begegnet, ist es nur eine Frage der Zeit, bis sie zu wahrer Größe heranreifen; doch vorerst schlummern sie noch im Seidenkokon.

Ich stelle nicht die Unterschiede in Zweifel, wohl aber, ob ich sie mit meinen Metaphern vermitteln kann. Ich stelle auch nicht die Lagen in Zweifel: Sie sind alle vom Dorf aus sichtbar und in 15 Gehminuten erreichbar. Aber ich bekomme Kopfschmerzen, wenn ich ihre Beziehungen, geschweige denn deren Verästelungen, zu verstehen versuche. Warum ist eine Flasche Chevalier dreimal so teuer wie eine Flasche Clavoillon? Ich kann es niemandem verübeln, dem das Ganze zu nervenaufreibend ist. Sind die Burgunder Bauern alle neurotisch? Zumindest sind sie die einzigen, die aus den kleinsten Unterschieden in ihrer Scholle gesetzlich abgesegnete Kulturmonumente gemacht haben. Ist es ihre Schuld, wenn darüber mit ebenso viel Leidenschaft diskutiert wird wie über eine Aufführung in Bayreuth? Der Zyniker fragt – vor allem nach einer teuren Enttäuschung im Restaurant – unumwunden: Wer profitiert davon?

Jemand muss es ja tun: Glas und Spucknapf sind für Bill Baker unverzichtbare Arbeitsutensilien. Der Weinkenner und -berater wählt die besten Weine der Welt für England aus.

Man kommt in Burgund nicht um das Thema Terroir herum. Terroir erklärt die Landschaft, die Kultur, die Wirtschaft, die soziale Struktur – ja, sogar die Tradition. In Puligny ist das Terroir eine geheimnisvolle Angelegenheit, auf dem Berg Corton hingegen springt es förmlich ins Auge. Ich bin einmal mit Noël Leneuf, dem genialen Professor für Geologie an der Universität von Dijon, die puddingförmige Kuppe hinaufgegangen. Von Süden aus gesehen wird sie rechterhand vom Dorf Corton und der Ebene flankiert, während sich linkerhand eine Lücke in der Côte auftut, durch die der Ort Pernand-Vergelesses im Hintergrund zu erkennen ist. Auf dem Gipfel trägt der Corton ein Barett aus dichtem Wald. Leneuf zog seine geologischen Geräte hervor: ein Taschenmesser und eine Plastikflasche mit Salzsäure. Auf halbem Weg zum Gipfel hob er einen Stein auf und schüttete ein paar Tropfen Salzsäure darauf, so dass es zischte. »Harter Kalk«, sagte er. »Und das« – er kratzte mit dem Messer über die Erde – »ist der Ton-Kreide-Boden, den Chardonnay so mag.«

Dieser Boden und der abrupt aus der Côte herausragende, nach Südwesten gerichtete Berg sind für den Charakter der Weißen aus der Lage Corton-Charlemagne verantwortlich. Sie geben sich weder fein und durchdringend wie der von fruchtiger Säure getragene Puligny, noch sind sie weich und seidig wie ein Meursault, sondern in ihrer Jugend streng und flintig, ja, korpulent, auf jeden Fall aber zugeknöpft. Manche nennen sie die Chablis von der Côte d'Or – Grand cru natürlich. Wie ein großer Chablis können sie eine uncharmante Phase durchleben, die sechs, sieben, vielleicht sogar zehn Jahre dauert. Aber selbst danach macht man in diesem dichten, trockenen, eher mineralischen statt fruchtigen Rätsel von einem Wein kaum charmante Züge aus.

Die zwei wichtigsten Erzeuger von Corton-Charlemagne sind der *négociant* Louis Latour und die Domaine Bonneau du Martray. Sie zählen zu den ältesten Kellereien in ganz Europa. Karl der Große schenkte Bonneaus Land anno 775 in exakt den Grenzen von heute der Kirche. Jean-Charles Le Bault de la Morinière, ein Architekt, erbte es 1994 von seinen Eltern. Es war schon so lange in Familienbesitz gewesen, dass es für einige Generationen nichts Besonderes mehr war. Nun ergeben elf Hektar viele Flaschen. Corton-Charlemagne ist einer der größten Grands crus in Burgund und der Martray-Anteil die größte in Einzelbesitz befindliche Grand-cru-Parzelle der ganzen Region. Als noch der Vater des jetzigen Besitzers das Gut führte, war es – im Gegensatz zu heute, wie ich hinzufügen möchte – nicht leicht, so viel Wein an den Mann zu bringen. Das wollte ich ändern.

Ich war damals des Öfteren für das fernöstliche Handelshaus Jardine als Berater in Japan unterwegs. Nachtclubbesuche sind auf Geschäftsreisen unausweichlich. Man zwängt sich in einen Lift, der einen in einen dunklen, lauten Raum bringt, wo man von russischen Mädchen in Netzstrümpfen in die Zange genommen wird, die Champagner wollen. Für Stammkunden stehen eigene Cognac- und Scotch-Flaschen mit ihrem Namen darauf bereit. Bläschen waren nicht jedermanns Sache, wie ich feststellte. Wie wäre es dann mit einem der größten französischen Weißen, dachte ich mir. Wenn es um Prestige geht, ist Corton-Charlemagne nicht so leicht zu schlagen. Doch das musste den Herrscherinnen über die renommierten Etablissements, den *mama-sans*, erst in einem Crashkurs vermittelt werden, denn sie hatten keine Ahnung von Weißwein, geschweige denn Burgunder. Meine Kollegen bei Jardine wussten Rat: Eine Weinverkostungsparty musste her. Auch der berühmte Shogun Daimyo Oda Nobunaga hatte 1572 bereits ein solches Happening veranstaltet – genau der Anknüpfungspunkt, den das traditionsbewusste Japan brauchte. So luden wir die *mama-sans* eines Nachmittags ins Imperial Hotel zu einem aufwendigen Mahl mit Degustationskurs ein. Ich moderierte.

Wo fängt man an, wenn man 50 Geishas in voller Montur und drei Jahrgänge Corton-Charlemagne vor sich hat? Die Damen, die bei der Arbeit noch in schlichte Couture gekleidet waren, hatten sich mit Kimonos, Trippelschuhen, Perücken und Kriegsbemalung ins Imperial begeben. Ich spielte mit dem Gedan-

Kursteilnehmerinnen im Kimono: 50 mama-sans *in voller Livree wollen etwas über die Vorzüge eines Corton-Charlemagne erfahren.*

ken, etwas über Geologie zu erzählen, entschied mich aber dann für *haikus*, traditionelle japanische Kurzgedichte. So erzählte ich ihnen kurz etwas über Karl den Großen und das Degustieren von Wein und startete anschließend einen *haiku*-Wettbewerb. Thema: meine Gefühle beim Verkosten des großen kaiserlichen Weins aus Frankreich. Nur zu gern hätte ich erlebt, wie sich die Poesie in der japanischen Seele artikulierte. Stattdessen marschierte die Hälfte der Kursteilnehmerinnen gleich zum Büffet. Immerhin saßen fünf oder sechs noch an ihren Tischen und kauten auf ihren Stiften herum, als der letzte Hummer schon verspeist war. Und der Wein? Ich fürchte, man blieb bei Dom Pérignon.

Jean-Charles Le Bault hat mit seiner riesigen Grand-cru-Besitzung ein Problem, das eigentlich eher für Bordeaux als für Burgund typisch ist: Wie bereitet man einen einheitlichen Wein aus dem, was in 200 Fässern aus 16 Parzellen ruht? In Burgund erwartet man eigentlich, dass kurzerhand weitere Unterteilungen geschaffen werden: Charlemagne L'Empereur, Charlemagne Barbe Blanche usw. Aber wer wagte es, Hand an ein solches Erbe zu legen? So setzt Le Bault auf großzügige Einfachheit: Er lässt seinen Wein jahrzehntelang reifen und serviert ihn in Magnumflaschen.

Am Anfang dieses Kapitels stand ein Meursault, in meinen Augen der Archetypus des weißen Burgunders. In ihm findet die Chardonnay-Rebe einen Ausdruck, der sich so grundlegend von ihrer Chablis-Persönlichkeit unterscheidet, dass man sie für eine andere Sorte halten könnte. Meursault sollte buttrig, voll, nussig, körnig sein (Zutreffendes bitte ankreuzen) und nicht so fruchtig und blumig wie ein Puligny oder so flintig und würzig wie ein Corton-Charlemagne daherkommen. Der breitere Geschmack eines Meursault vermählt sich mit dem von Eiche zum Chardonnay-Ideal schlechthin.

Ich weise ihm bevorzugt eine Rolle im zweiten Akt eines Dinners in drei Akten zu. Schauplatz: die Küste. Erster Akt: Krustentiere und Chablis. Zweiter Akt: gehaltvoller Fisch, etwa ein Steinbutt in cremigen Schichten mit Sauce hollandaise, und dazu ein Meursault aus den hervorragenden Premier-cru-Lagen Genevrières oder Charmes. Dritter Akt: freie Wahl, vielleicht Kaffee und Schokolade oder Brandy – das Verlangen nach einem körperreichen Wein wurde ja bereits befriedigt. Überhaupt ist es ungewöhnlich, im Verlauf eines Essens mehrere weiße Burgunder oder Chardonnays einem Vergleich zu unterziehen, was etwa bei roten Bordeaux-Weinen durchaus üblich ist. Ich kann mich gar nicht erinnern, dass es je vorgekommen wäre. Warum eigentlich nicht? Vielleicht können es die meisten nur nicht erwarten, zu den Roten überzugehen.

Die Nachfrage nach Chablis und Meursault ist dennoch unstillbar, wie ich während meiner Tätigkeit für British Airways feststellte. Mindestens einmal im Jahr rief die Fluggesellschaft ein Gremium zusammen, das sich durch 50 bis 60 Flaschen degustierte, um einen Sieger zu küren. Die besten Kreszenzen werden zwar nur selten in Posten à 2000 Kisten bereitet, doch genau solche Mengen benötigte BA. Nachdem wir uns eine Stunde lang durch das Sortiment geschnüffelt und gespuckt hatten, sahen wir uns oft seufzend an. »Da ist wirklich nichts dabei«, meinte Michael Broadbent nicht selten, worauf Jancis Robinson ihm nickend beipflichtete. Optimistisch wie immer schleppte ich sie den langen weißen Resopaltisch entlang zur Nummer 37. Noch ein Schluck.

»Vordergründig«, war von Michael oft zu hören.

Darauf Jancis: »Ich habe das Gefühl, er ist nicht ganz sauber.«

Ich: »Wie wär's mit der Nummer 45?«

»Komm schon, Hugh. Du probierst gern Neues aus, aber die Fluggäste müssen das den ganzen Weg nach New York trinken.«

Das Verkostungsteam von British Airways (um 1995). Stehend in der Mitte Michael Broadbent, Jancis Robinson, Colin Anderson und meine Wenigkeit.

Jancis erinnert sich in ihren doch etwas früh erschienenen Memoiren – sie war damals erst 47 – an unsere erste Begegnung auf einer Verkostung kanadischer Pionierweine im Londoner Ontario House. Es sei ihr aufgefallen, schreibt sie, dass wir Älteren – also wir alle außer ihr – Kommentare zu den Weinen austauschten, die sich oft völlig widersprochen hätten. Und trotzdem habe man das Gefühl gehabt, dass wir uns völlig einig gewesen seien. Wenn der eine beispielsweise gesagt habe: »Der ist fruchtig«, habe der andere geantwortet: »Ja, schlank, nicht wahr?« Sie schloss daraus nicht ganz zu Unrecht, dass es unwichtig ist, was man sagt – aber möglicherweise durchaus eine Rolle spielt, was man schreibt. Ich kann mir noch einen anderen Grund für unsere komplementären Meinungen vorstellen: Die Weine damals waren nichts Besonderes. Vielleicht wollten wir das vor unseren Gastgebern nur nicht so deutlich zum Ausdruck bringen. Ungefähr ein Jahr nach dieser Begegnung stellte mir Jancis eine Frage, die ich immer wieder höre: »Kann ich Ihren Job haben?«

»Ja«, antwortete ich. Und so geschah es denn auch: Sie arbeitete viele Jahre lang als Weinkorrespondentin der *Sunday Times* und stieg kürzlich beim *Weinatlas* mit ein. Daneben veröffentlicht sie aber auch eigene Bücher wie das *Oxford Weinlexikon* und widmet sich ihrer Webseite mit Nachrichten, Kommentaren und unzähligen Verkostungsnotizen so intensiv, dass ihr Laptop praktisch immer auf ihrem Schoß liegt.

Die Weisen von Burgund befanden Meursault nie für beeindruckend genug, um einen Teil der Lagen in den Rang eines Grand cru zu erheben. Sie sahen in ihm nie jenes Funkeln, dessen Faszination man sich nicht entziehen kann. In der Tat müsste man gegenüber Puligny geringfügige Abstriche machen. Ein Meursault Perrières kann zwar einem Puligny Combettes Paroli bieten, an einen Chevalier indes reicht er kaum heran. Gleichzeitig aber findet man Kreszenzen aus Meursault, die den meisten Corton-Charlemagne-Etiketten nicht nachstehen. (Diese Feststellung muss im Lauf der Jahre immer wieder für Unfrieden gesorgt haben.)

Meursault ist ein großer offener Marktplatz. Man spürt, dass hier, zumindest gemessen an Côte-d'Or-Maßstäben, Geld zu Hause ist – die bürgerlichen Häuser und langen, abschirmenden Mauern sprechen eine deutliche Sprache. Allerdings findet man hier auch Händler und Weinbergarbeiter. Die lange Liste von Doppelnamen erzählt von der Vereinigung zahlreicher Dynastien durch Eheschließung, durchschauen aber kann man das Wirrwarr deshalb noch lange nicht. Und der Meursault des einen Erzeugers – Meursault ohne angehängte Lage, wohlgemerkt – schmeckt oft aufregender als der Meursault Premier Cru Les Gouttes d'Or des anderen. Wurde der Faktor Mensch bereits erwähnt? Ich habe mein ganzes nächstes Leben für einen Überblick über das Beziehungsgeflecht zwischen allen Terroirs und ihren allzu menschlichen Hütern gebucht.

Gerade das Undurchschaubare aber macht das Verlassen ausgetretener Pfade immer lohnenswert. In höheren Hanglagen oder in den Talebenen findet man Weinbauern, die ebenso gewissenhaft arbeiten, deren Weinberge aber von der Öffentlichkeit nicht so intensiv ins Visier genommen werden wie die berühmten Lagen. Das winzige Dörfchen Blagny wurde mittlerweile von Meursault aufgesogen, doch jenseits davon liegen Auxey-Duresses und Monthelie sowie noch weiter oben Saint-Aubin und Saint-Romain, wo überall ein ansprechender Chardonnay bereitet wird. Der beste Auxey ist sogar ein sehr ernst zu nehmender Wein. Auch Gewächse aus Montagny und anderen Gemeinden weiter südlich an der Côte Chalonnaise können köstlich geraten. Allerdings stellt sich grundsätzlich die Frage, ob sie die Reichhaltigkeit eines Chardonnay bieten können, der unter zuträglicheren Klimabedingungen entsteht? Zum Beispiel in Kalifornien.

Kalifornien

Ich kann Ihnen genau sagen, wann die goldenen Strahlen der Chardonnay-Sonne zum ersten Mal auf die Neue Welt fielen. Die Erleuchtung kam mit Fässern aus Burgund. Chardonnay-Reben hatte es in Kalifornien schon seit einem Jahrhundert gegeben. Ich glaube, auf den Etiketten von Almaden in Los Gatos tauchte der Name zum ersten Mal auf. Die Weine der Kellerei wurden von Frank Schoonmaker ausgetüftelt, der in Europa gelebt und während der Prohibition als junger Mann seine Begeisterung für Wein entdeckt hatte. Nach der Aufhebung des Alkoholverbots erinnerten Schoonmakers Artikel in der Zeitung *The New Yorker* die Amerikaner 1933 erstmals daran, was sie versäumt hatten. »Sein ganzes Leben lang spannte er eine menschliche Brücke über den Atlantik ...« Ich zitiere meine eigenen Worte, denn 1967 war ich Herausgeber der ersten britischen Auflage seiner *Encyclopedia of Wine*. Kaum jemand hatte größeren Einfluss auf mein Weinverständnis. Schoonmaker arbeitete als Importeur – er verbrachte jedes Jahr sechs Monate in Südfrankreich – und als Berater für die darniederliegende kalifornische Weinindustrie.

Über Chardonnay schrieb er: »In Kalifornien baut man diese Rebe wegen ihres äußerst geringen Ertrags nicht oft an. Ihr Wein aber, der fast immer als Pinot Chardonnay etikettiert wird, ist der vielleicht beste weiße Tischwein der

Vereinigten Staaten.« Geringer Ertrag? Nun ja, vielleicht verglichen mit der be-
rüchtigten Thompson Seedless, aus der damals fast alle kalifornischen Weißen
gekeltert wurden.

Schoonmakers »bester weißer Tischwein« ließ sich allerdings keineswegs mit
weißem Burgunder vergleichen. Bis er von der Eiche geküsst wurde. Ich frage
mich manchmal, ob sich die Burgunder überhaupt darüber im Klaren waren, wie
viel sie mit ihren Fässern zum Charakter der Chardonnays in Übersee beitrugen,
bevor sie schockiert feststellen mussten, dass etwas aus einem fernen Land eine
bemerkenswerte Ähnlichkeit mit ihren eigenen Erzeugnissen hatte. Zunächst die
Fakten: Hanzell Vineyard in Sonoma importierte 1957 als erste Kellerei Eiche.
Anfang der 1960er hieß es überall in Kalifornien: Kauft französische Fässer. Von
den damaligen Flaschen ist keine mehr übrig, doch habe ich kürzlich erst den
1973er Pinot Chardonnay der beiden Pioniere Joseph Heitz und Beaulieu Vineyards ausgetrunken. Der Heitz duftete so anhaltend nach Freesien, Ingwer und
Sahne, dass ich es erst am nächsten Tag übers Herz brachte, die Gläser zu spülen.

Die Wellen der Begeisterung für die üppigen neuen Weine schlugen hoch.
Dass im Napa Valley herrliche Cabernets heranreifen konnten, wusste man
schon. 1966 war Chardonnay in aller Munde. Für Kalifornien markiert dieses
Jahr den Beginn einer neuen Zeitrechnung. Im selben Jahr eröffnete Robert
Mondavi im Napa Valley seine erste Kellerei seit der Prohibition. Aber er hatte
keinen Mâcon Blanc im Sinn – Montrachet war das große Vorbild. Montrachet
hieß auch eine speziell für Chardonnay gezüchtete Hefe. Die Fässer ließ man aus
der besten Küferei in Burgund kommen. Die Trauben und ihre Herkunft waren
anscheinend nicht so wichtig wie die Technologie – schließlich konnte man
noch auf keinerlei Erfahrungswerte über optimale Chardonnay-Lagen zurückgreifen. Man wusste nicht einmal, welche Rebsorte sich am besten für die Vergärung und den Ausbau im Fass eignete.

Ich arbeitete damals als Weinkorrespondent für die Zeitschrift *Gourmet*.
Die Entwicklungen in Kalifornien drangen nicht bis an das Ohr des Establish-
ments an der Ostküste, so viel war klar. Ich war gerade dabei, eine lange Artikel-
reihe über Weine aus jeder Anbauregion der Alten Welt abzuschließen: Portugal, Österreich ... klangvolle Namen, gewiss, und auch attraktive Ferienziele,
trotzdem konnte man sich kaum vorstellen, dass auch nur ein einziger Amerikaner Etiketten von dort kaufen würde. »Wie wär's mit Kalifornien?«, fragte
ich die Herausgeberin. »Unsere Leser trinken keine heimischen Weine«, bekam
ich zu hören. (Noch frostiger fiel die Antwort auf meine Frage »Wie wär's mit
Australien?« aus.) Ich insistierte jedoch und machte mich auf den Weg an die
Westküste. Nachdem ich mit jeder Menge Neuigkeiten zurückgekehrt war,
wurden mit Sicherheit etliche kalifornische Flaschen mehr entkorkt, doch ein
Strom von Feinschmeckern nach Westen setzte sich nicht in Gang. Das einzige
Lokal im ganzen Napa Valley, schrieb ich, sei das Grapevine Inn, wo man im-
merhin die besten Hamburger bekommen könne.

Das Renommee neuer Weine gründet sich nicht auf Appellationen, sondern
auf Leute. Wenn man wusste, dass Bill Bonetti in der Freemark Abbey und Brad

Webb in der Kellerei Charles Krug ihren Chardonnay bereiteten, hatte man sich eine ausgezeichnete Quelle erschlossen. Joe Heitz fand man in einem Keller in Napa, Fred McCrea in seinem Betrieb namens Stony Hill. Es wurden immer mehr. Anfang der 1970er-Jahre war Chardonnay der letzte Schrei. Jedes kalifornische Gut hatte eine Version dieses Weins im Angebot. Spitzenreiter war nach wie vor das Napa Valley, doch das benachbarte Sonoma folgte ihm auf den Fersen.

Die Goldrausch-Mentalität passt zwar zu Kalifornien, doch Chardonnay profitierte davon nicht immer. Ein paar Kellereien behielten einen kühlen Kopf und bemühten sich um Trauben, die so langsam wie in Burgund reiften (was im Napa Valley alles andere als einfach ist), damit Gewächse mit einem guten Gleichgewicht aus Säure und Kraft entstanden. Einige wenige entwickelten eine richtiggehende Leidenschaft für die Traube. In der Chardonnay-Abteilung meines Kellers lagen bis vor kurzem ein paar Exemplare aus den 1970ern – ein, zwei Flaschen warten noch immer dort. Auch sonst kann sich die Liste sehen lassen: Chateau St Jean, Stony Hill, Zaca Mesa, Freemark Abbey, Iron Horse, Chappellet, Chalone, Firestone (die letzten beiden entstanden ganz weit im Süden) und viele von Trefethen.

GANZ OBEN
Bill Bonetti bereitet seit den 1960er-Jahren hervorragenden Chardonnay unter behutsamem Einsatz französischer Eiche.

OBEN
Janet Trefethen lud zu unvergesslichen Picknicks. Man beachte die Helme, die Suppe in Farbdosen und die Garnelen in Spielzeuglastern.

John und Janet Trefethen hatten meiner Ansicht nach schon immer die richtige Philosophie: Mäßigung und Geduld. Soweit ich weiß, hielten sie als Einzige ihre Chardonnays (und Cabernets) bewusst als »Bibliotheksweine« zurück, um sie erst mit zehn Jahren freizugeben. Beim Bau eines neuen Hauses auf den westlichen Hügeln richtete Janet an der von Eichen beschatteten Quelle ihres Grundstücks ein Herbstpicknick aus, das zu einer schönen Tradition wurde. Als ich in Japan Werbung für kalifornische Weine zu machen begann, waren die Gewächse der Trefethens vorn mit dabei. (Der Erfolg stellte sich nach einem Bankett in Tokio ein, an dem der Kronprinz, der ehemalige US-Botschafter Mike McCarthy und Dianne Feinstein, Bürgermeisterin von San Francisco, teilnahmen.)

Eine Vorstellung von den Erzeugnissen der Trefethens vermittelt meine Notiz zu ihrem Reserve Chardonnay von 1979: »Leuchtend hellgolden; die grasige Napa-Nase vermählt sich mit Melone und grünem Tee, reichhaltig, aber fest. Ist dank seiner rassigen Säure in perfektem Zustand geblieben. Noch mehr Ausgewogenheit als Geschmack. Einer der besten Napa-Chardonnays, die es je gab – elegant, konturiert, lang.« Was meinte ich bloß mit der »grasigen Napa-

Nase«? Es gehörte zu den unverwechselbaren Erkennungszeichen der Napa-Chardonnays, dass sie während des Reifeprozesses etwas davon bewahrten. Das war zumindest mein Eindruck. So golden-reif, süß und kräftig sie ausfielen, es blieb immer der Hauch einer Note zurück, die einige als »Spargel« bezeichnen und die ich »Gras« nenne. Zu viel davon ließ den Wein grob und abstoßend wirken. Ein Hauch, und das Terroir sprach aus ihm.

In den 1980ern wurde Chardonnay-Trinken zum nationalen Zeitvertreib. Man konnte in kein Lokal gehen, ohne dass der Sommelier mit kaum unterdrückter Freude fragte: »Sie haben den neuen Hyman Kaplan noch nicht probiert?« Die Modewelle verdarb mir viele gute Restaurantbesuche. So wie an jenem Januartag in Chicago. Mit Appetit setzten wir uns an eine sonnenbeschienene Tafel, während von der Küche ein vielversprechender Duft heranzog. Aus dem angebotenen Glas hingegen stieg der abstoßende Geruch von roher Eiche und Sirup. Dann eine geballte Ladung Alkohol, wie bei diesen Weinen üblich. Ein Schlückchen, nein, ein kurzes Schnüffeln reichte. 75 Dollar zum Fenster hinausgeworfen. Nie wieder.

Die Eichenmanie lief aus dem Ruder. Der Duft einer Schreinerwerkstatt hat etwas für sich, wenn man einen Tisch kauft, im Glas aber ist er fehl am Platz. Wer nie guten Wein getrunken hatte, verband mit Eiche schlicht den »Premium« oder »Super-Premium« oder wie auch immer man die Produkte mit Designer-Etikett taufte. Ich kam mir wie ein Spielverderber vor, wenn ich darauf verwies, dass französischer Wein, der nach seinem Behälter riecht, nie zum Verkauf kommen würde. Wenn ein Erzeuger tatsächlich ein teures neues Fass einsetzte, was selten genug vorkam, dann nur deshalb, weil der Wein genug Charakter und Konzentration hatte, um den wesensfremden Eicheneinschlag zu absorbieren. Sobald er über den Ladentisch ging bzw. getrunken wurde, war das Holz nicht mehr als eine gerade noch erkennbare Nuance oder bestenfalls eine Note in einem Akkord. »Wenn ich Eiche schmecken will, lutsche ich an einem Brett«, stellte ein älterer Kellermeister einmal klar.

Australien

Australien wurde zehn Jahre nach Kalifornien erleuchtet, war zu diesem Zeitpunkt aber bereits ein Land mit einer gereifteren Weinkultur. Keine Prohibition hatte die Entwicklung unterbrochen. Die Familie Tyrrell hatte in der ältesten Weinregion auf dem Kontinent, dem Hunter Valley, schon seit hundert Jahren Wein bereitet. Auf das Konto von Murray Tyrrells Onkel Dan gingen 70 Jahrgänge. Erzeugt wurde Bordeaux, Burgunder, Chablis und sogar Riesling, indem man Trauben verschnitt – wenn nötig sogar regionenübergreifend. Es spricht nicht für einen verfeinerten Geschmack, wohl aber für einen gesunden, wenn man bereit ist, sein Lesegut über hunderte von Kilometern im Lkw zu transportieren, weil man vor Ort nicht das gewünschte Resultat erzielt. Das lässt zumindest durchblicken, dass das Terroir verstanden wurde – und sei es auch nur, um es zu überwinden.

Zur kleinen Gruppe der Hunter-Winzer gehörte auch Len Evans, dessen Gewohnheit, für seine Freunde die allerbesten Weine der Welt zu öffnen, schon so etwas wie australische Lebensart geworden ist. »Was war das noch einmal für eine Rebsorte, Len?« War es nach einer Flasche Montrachet, als Murry Tyrrell beschloss, es auch einmal zu probieren? Das Hunter Valley hatte bereits Berühmtheit erlangt, und zwar zu Recht, denn der Stil seiner delikaten, langsam alternden Weißen aus Semillon – man taufte sie Hunter Riesling oder auf irgendeinen anderen verkaufsfördernden Namen – war unverkennbar. Selbst als Tyrrell seine ersten Gehversuche mit Chardonnay machte, mischte er noch Semillon dazu. Aus reiner Gewohnheit vielleicht. 1973 nannte er seine in französischer Eiche ausgebaute Komposition Vat 47. Ich verkostete diese Kreszenz zum ersten Mal in Bristol: Avery's war seiner Zeit stets voraus gewesen. Das Haus hatte Wein aus Burgund jahrelang an die Wünsche seiner englischen Kunden angepasst. Als Großbritannien 1972 der EU beitrat, wurde diese Praxis untersagt. 1972 stattete ich Australien das erste Mal einen Besuch ab. Bis dahin hatte ich geglaubt, dass es neuweltlichen Chardonnay nur in Kalifornien gab.

Leider sind meine Notizen von damals nur skizzenhaft, dafür halten sie meine erste Begegnung mit Len fest. »Ein kleiner walisischer Bulle«, schrieb ich, »kommandiert alle herum, schneidet auf, und das alles ziemlich laut, 42 Jahre, hat eine hübsche blonde Frau namens Trish. Old Lindemans Chablis schmeckt nach Karamell, Len nennt ihn einen Honig-Hunter. Der Mount Pleasant Pinot Hermitage von 1952 ...« – blablabla, würde Len sagen.

In Australien wuchs so wenig Chardonnay, dass er zunächst noch ein Geheimtipp blieb. Die Brown Brothers aus Milawa waren ein altes Familienunternehmen wie die Tyrrells. Max Lake, ein Chirurg aus Sydney, führte im Hunter Valley eine Art Wochenendkellerei. Petaluma war in den Adelaide Hills neu gegründet worden (auch dort hatte Len seine Finger im Spiel), und das exzentrische Leeuwin Estate hatte sich (mit Robert Mondavi als Mentor) am entlegenen Margaret River südlich von Perth eingerichtet. Es gab etliche andere, doch nur diese besuchte ich. Den stärksten Eindruck aber hinterließ ein noch junges Hunter-Gut namens Rosemount Estate. Hier schuf man einen unverkennbaren neuen Chardonnay-Stil – exakt die Art von Wein, die man erwartet, wenn man die australische Vorliebe für Zurückhaltung nicht kennt. Ich fand, er sah aus und schmeckte wie mit Alkohol angereicherter Zuckersirup (natürlich eichenfassgereift). Die Juroren bei Wettbewerben waren beeindruckt, die Verbraucher liebten ihn, und so sah es ganz danach aus, als würde süßer, »buttriger« Chardonnay in Australien die Norm. Auf jeden Fall erwies er sich als Bestseller. Zudem konnte man eine passable, preiswerte Kopie von Trauben aus enorm ertragreichen, bewässerten Weinbergen produzieren. Und ihm den Eichengeschmack mit Sägemehl einhauchen. Chardonnay war auf dem Höhenflug.

Seltsamerweise schätzte man ihn als Getränk für gesellige Stunden. »Der Martini des Denkers«, beschrieb ihn jemand auf dem Höhepunkt des Booms. Es gibt viele Weißweine, die sich bestens zum Zechen, als Erfrischungsgetränk oder als Vorspiel zu einem guten Essen eignen. Als Erstes kommt mir Riesling in

OBEN
Yeringberg in Lilydale ist eine komplett erhaltene Kellerei aus viktorianischer Zeit.

UNTEN
Len Evans und James Halliday waren sich immer eine große Stütze – wie hier in den 1980ern in Sydney.

den Sinn; mit der ihm eigenen Frische bringt er ideale Voraussetzungen als Aperitif mit. Chenin blanc, Pinot blanc, Pinot gris … mir fallen viele Weine ein, die ich als Erfrischer empfehlen könnte. Chardonnay mit seiner Eichenlast aber scheint mir selbst noch ein Glas Wasser zur Erfrischung zu brauchen.

Australien musste sich stärker ins Zeug legen als Kalifornien, hatte aber auch eine größere Bandbreite an Möglichkeiten. Das kalifornische Klima steht unter dem beherrschenden Einfluss des Pazifik. Entscheidend ist, wie man zu ihm, seinen kalten Strömungen und dem Nachmittagsnebel steht, den er ins Land schickt. Man kann je nach Lage der Berge in Sonoma im Norden braten oder in Monterey im Süden vor Kälte zittern. Carneros an der Südspitze des Napa und Sonoma Valley steht unter dem günstigen Einfluss kühler Winde aus der San Francisco Bay. Hier fühlen sich Chardonnay und Pinot noir wohl. Weiter oben in den beiden Tälern herrschen ganz andere Reifebedingungen.

Die Erkundung Australiens ist noch nicht abgeschlossen. Das Hunter Valley ist im Grunde alles andere als ideal für die Rebkultur – möglich wird sie nur, weil eine Wolkendecke verhindert, dass die Beeren in der Hitze gekocht werden. An der Südküste aber gibt es unzählige Gegenden, in denen sich der Weinbau lohnt: im bergigen Binnenland von Victoria, wo die Große Australische Bucht die Adelaide Hills und das Clare Valley mit Niederschlägen versorgt, im fernen Süden Westaustraliens und entlang der Surferküste im Margaret-River-Bezirk. Manche wurden schon einmal als Weinland ausprobiert und wieder aufgegeben – weil man damals Weine mit anderen Vorzügen schätzte –, nur um später ein Comeback zu erleben, als sich die Geschmäcker zu ihren Gunsten änderten.

Zu diesen auferstandenen Anbaugebieten gehört das Yarra Valley nördlich von Melbourne. Es hatte dem Weinbau fast völlig den Rücken gekehrt, als ich zum ersten Mal dorthin reiste, um mir die tadellos erhaltene Kellerei in Yeringberg, ein Überbleibsel des Goldrausches, anzusehen. Zehn Jahre später kam ich in Begleitung von James Halliday erneut in die Gegend. Halliday ist einer von Len Evans besten Freunden und Jüngern, ein großartiger Anwalt und Weinjuror, der beschloss, sich selbst einmal als Winzer zu versuchen. Ich war an seinem Unternehmen Coldstream Hills in Lilydale im hügeligen Hinterland von Melbourne am Rande beteiligt. James ließ mich Chardonnay- und Pinot-noir-Weine von Trauben verkosten, die aus einigen der schönsten Weinberge Australiens stammten. Auf dem roten Boden dort gediehen vor allem auch Eukalyptusbäume, die aus versteckten Bachtälern und Dickichten zu unglaublicher Höhe emporwuchsen. Mit schönen Bäumen kann man mich immer locken.

Hier gab es alles, was ich in einem Chardonnay suchte. Gut, vielleicht nicht den Feuerstein von Chablis oder die Kernkraft von Montrachet, auch nicht unbedingt die buttrige, nussige Breite eines Vorzeige-Meursault. Aber Reichhaltigkeit, Frische, Klarheit, sukkulente Frucht und das von einer optimalen Säuredosis getragene Skelett. 1985 brachte James seinen ersten Jahrgang auf den Markt. Er vergor ihn in Eiche, trotzdem war er keineswegs zu holzlastig. Meine letzte Flasche trank ich 2003 – sie befand sich noch in tadellosem Zustand.

Der amerikanische Autor Alexis Bespaloff fotografiert den südafrikanischen Chardonnay-Pionier Tim Hamilton Russell. Im Hintergrund der Tafelberg.

Wenn ich die besten Beispiele australischer Chardonnay-Kultur vergleiche, erkenne ich keine Gemeinsamkeiten. Das Hunter Valley bringt weiche goldene Weine hervor, doch gibt es Ausnahmen. Die besten Provenienzen, ob sie aus dem Yarra Valley, von der Mornington Peninsula oder aus Geelong an der Küste südlich von Melbourne, von den Adelaide Hills oder vom Margaret River kommen, haben allenfalls eines gemeinsam: verhaltene Saftigkeit, süße, aber nicht zuckrige Frucht, eine den Speichelfluss anregende Säure und einen Anflug von Rauch, der einen zum nochmaligen Schnüffeln animiert.

Das Schöne an Chardonnay: Er gelingt. Den Italienern ist er gelungen – als Erstem Angelo Gaja. In Südafrika war Hamilton Russell der Pionier, in Spanien Jean León. Neuseeland muss sich lediglich vor *zu* viel Frucht hüten. In Sizilien, Israel, sogar Malta, überall gelingt er. Am Anfang stehen entschlossene Einzelkämpfer, die wissen, was zu tun ist. Sobald die Bâtards und Chevaliers der Zukunft herausgefunden haben, wo sich ihre besten Lagen befinden, werde ich meine Chardonnay-Ecke wohl vergrößern müssen.

Loire: die Leichtigkeit des Weins

»HIER IST ES«, rief Onkel Ronald. »Springen wir ins Wasser.« Wir hatten uns den ganzen heißen Tag lang auf die Loire gefreut, während wir im silberfarbenen Citroën über die Landstraßen geschaukelt waren. Das Gefährt sah aus wie ein überdimensionierter Autoscooter-Wagen und schlingerte noch stärker als die meisten Citroëns, weil der Kofferraum mit Wein vollgestopft war. Ronald Avery pflegte sein Auto am Provinzflughafen Cherbourg zu parken und stets mehrere Kisten darin zu lagern. Wir waren mit einer Ladung Burgunder im Gepäck aus Bristol eingeflogen. Wenn ich es richtig verstanden hatte, wollte er seinen Lieferanten in Beaune beweisen, dass er die Weine besser abfüllen konnte als sie. Die Lagerung im Auto gehörte anscheinend zum Belastungstest.

Vor mir lag die Loire – zum ersten Mal durfte ich einen Blick auf Frankreichs berühmtesten Fluss werfen. In meiner Vorstellung war er immer zwischen Reihen aus riesigen Platanen durch Parks geflossen, während man ab und zu Schlösser aus hellem Stein zwischen den Bäumen hervorblitzen oder Burgen hoch oben auf einer Felswand thronen sah. Hier in Pouilly war der Strand so breit wie an der Küste während der Ebbe. Onkel Ronald sprang aus dem Auto und zog sich aus. Judy und ich folgten ihm leicht bekleidet in das träge dahinfließende Wasser. Für eine Erfrischung war es eigentlich zu warm, weshalb mir unser Ausflug in den Fluss mehr als Taufe denn als Bad erschien. Dann marschierten wir zurück zum Auto und suchten uns ein Restaurant. Ich habe seinen Namen vergessen, doch aßen wir Zander – so etwas wie die Seezunge der Binnengewässer – und tranken Sancerre. Das Foto zeigt Onkel Ronald in seinem Element. Er hatte gut gegessen, eine weitere Flasche bestellt und nur noch 300 km bis Beaune zu fahren.

Onkel Ronald in seinem Element: 1966 beim Mittagessen in Pouilly-sur-Loire.

Die Loire der Schlösser liegt weiter flussabwärts. Auch dort bietet das breite Gewässer noch einen beschaulichen Anblick, während es sich an Sandbänken und Weiden vorbei durch die welligen Kreidehügel der Touraine schiebt. Deren weiches Gestein lieferte das Baumaterial für großartige Schlösser. Auch wurden zahlreiche Höhlen in den Fels gehauen – in Dörfern wie Montlouis und Hureau ist die Hälfte der Einwohner *troglodytes*, Bewohner von Höhlenhäusern. Höhlen sind perfekte Keller, denn sie sorgen für eine lange, langsame Gärung und Lagerung unter optimalen Bedingungen.

Es ist kalt im Fels. Selbst im Mai braucht man noch Pullover und Jacke. Der Eingang zu Philippe Vatans Höhle bei Saumur ist so groß, dass ein Lkw hindurchpasst. Dahinter fällt der Boden ab; die Wände formen Querschiffe, Gewölbe und Gänge. In der Mitte ein glitzerndes Spalier aus Stahltanks auf der einen und eine dunkle Allee bulliger Fässer auf der anderen Seite. Hier gilt es eine völlig neue Weinsprache zu lernen, fremde Gerüche zu entdecken und unbekannte Geschmacksnoten zu ergründen. Chenin blanc dient sich nicht als vordergründige Traube an; ihr Duft ist eher mineralisch als pflanzlich – besser gesagt eine an Moos auf feuchtem Fels erinnernde Kombination aus diesen beiden Nuancen. Mir fehlt ein passendes Wort für den Geschmack; er kann von stahlig zu buttrig wandern, ohne jemals Frucht zu offenbaren. Auch die Notizen, die ich mit kalter, vom Glas klammer Hand schreibe, sind wohl nicht sonderlich hilfreich.

»Gewissheiten sind langweilig«, philosophiert mein Gastgeber, als er seine Nase aus dem Glas zieht, in das er sie für eine ganze Weile gesteckt hatte. Er wirkt reserviert, sein gefurchtes Gesicht ist ernst (vielleicht ist er aber auch nur durchgefroren). Er wartet mit einer Reihe von Standardphrasen auf: »weißfleischige Frucht«, »weiße Blüten«, »großartige Textur«. Ich erkenne aber auch Honig, Melone, Mirabellen, Mineralien und Lanolin. Dann wechselt er schon wieder das Thema, spricht von den Dingen, die für einen Winzer von Belang sind: von seinem Kreideboden, dem Rebschnitt, seinem zurückhaltenden Einsatz von Dung und seinem Gefühl für den optimalen Lesezeitpunkt. Den Wein selbst kann man nicht beschreiben, aber man kann sagen, ob er schmeckt und welches Fass mehr zu erzählen hat, obwohl man seine Sprache nicht spricht. Was hat es mit dieser sprachlosen Rebe auf sich? Warum wächst sie nur hier an der Loire und sonst nirgendwo in Frankreich? Welchen Grund hätte ein Weinliebhaber, der heutzutage zwischen Erzeugnissen aus aller Welt wählen kann, sich mit einem Rätsel wie diesem herumzuschlagen?

Der geschichtliche Hintergrund ist schnell erzählt. Der Chenin blanc hat seine Wurzeln im Mittelalter, als Anjou und die Touraine Zentren klösterlicher Weinwirtschaft waren. Die geschäftstüchtigen Niederländer förderten seinen Anbau, weil sie den aus ihm bereiteten Süßwein mochten und weil er in einer

Ein kalter Keller in Montlouis bei Tours. Jacky Blot lässt seinem Chenin blanc alle Freiheit, um sein Wesen zu entfalten.

Weinregion wuchs, die sie problemlos auf dem Wasserweg erreichen konnten. Allerdings war es nicht ihr Stil, ihn dort zu kaufen, wo er bereits kultiviert und geschätzt wurde und ein etablierter Markt existierte. Es ist wohl kein Zufall, dass man in einer Gegend, zu der sie während ihres goldenen Zeitalters im 17. Jahrhundert auf einem anderen Fluss vorstießen, in etwa ebensolcher Entfernung vom Meer ähnliche Weine antrifft. Bergerac ist für die Dordogne, was Anjou für die Loire. Wenn die Weißen in Bergerac und Montravel traditionell eher süß ausfallen, dann haben die Holländer daran einen gewichtigen Anteil. Sie erschlossen sich am Fluss Layon gegenüber Anjou an der Loire ihre eigenen Quellen. Der Wein von dort war unberechenbar: manchmal süß, manchmal trocken und manchmal sensationell. Wen kümmert's, dass man ihn nicht beschreiben konnte? Sein Geschmack fügte sich in die Landschaft um Tours und Anjou ein, passte gut zur einheimischen Küche (Rillettes, Lachs usw.) und bildete eine natürliche Einheit mit den leichten Roten aus Saumur und Chinon. Die schicken Restaurants in Paris fügten ihn ihrer Palette ausgezeichneter Provinzspezialitäten hinzu. Die seidige Kreszenz mit Nuancen von Honig ergab einen guten Aperitif. Es entstand sogar ein neuer Begriff für den zwischen trocken und süß angesiedelten Charakter: *sec tendre*, »mild-trocken«. Mit »mild« ist die schmeichlerische Weichheit recht treffend beschrieben. In Jahren, in denen der Botrytis-Pilz den Beeren das Wasser entzog und den Zucker konzentrierte, geriet der Wein golden und ergab den idealen Begleiter zu *foie gras*.

Jo Pithon (mit Korkenzieher) bereitet Coteaux du Layon in allen Schattierungen von trocken über sec tendre *bis lieblich und süß. Terroir und Saison entscheiden, was aus dem Wein wird.*

Der Inbegriff des trockenen Tropfens ist der Chenin blanc aus dem Weinberg La Coulée de Serrant. Der steile Südosthang an der Loire befand sich wie so viele Lagen einst in klösterlichem Besitz. Sein heutiger Eigentümer, Nicolas Joly, ist Frankreichs bekanntester biologisch-dynamischer Winzer. Die Biodynamiker richten sich nach den Mondphasen – und den Tierkreiszeichen obendrein. Sie glauben an die Wirksamkeit homöopathischer Dosen, was nichts anderes bedeutet, als dass etwas Kompost mit einer Pflanzentinktur angereichert, in vorgeschriebenen Zeitabständen umgerührt und in einem Rinderhorn im Weinberg vergraben wird. Wie leicht rümpft man über derartige Praktiken, die aus dem Reich der Hexerei zu stammen scheinen, die Nase, doch die Ergebnisse lassen sich kaum von der Hand weisen. Wenn man auf alle Instantlösungen verzichtet, die Wissenschaft und Technik parat halten, und wenn man zweimal so viel Zeit im Weinberg verbringt und all das von Hand erledigt, wofür andernorts Maschinen zuständig sind, bekommt man zumindest die Abläufe in der Natur bis ins kleinste Detail mit und ist mit Leib und Seele bei der Sache. »Ohne Bauernfleiß kein Preis« oder so ähnlich lautet ein Sprichwort. Einige der weltbesten Weine stammen von biologisch-dynamischen Gütern – und es werden immer mehr. Diese alternative Wirtschaftsweise findet schneller Anhänger, als ich dachte. Auf den biologisch-dynamischen Weg schwören auch Leflaive und Lafon in Burgund, Zind-Humbrecht im Elsass und Chapoutier an der Rhône. Fairerweise muss man allerdings hinzufügen, dass es auch viele ausgezeichnete Kellereien gibt, die dem wissenschaftlichen Fortschritt unvoreingenommener gegenüberstehen.

Die Qualität zu beschreiben ist ebenso schwer wie an die Prinzipien zu glauben – vor allem bei einer so verstockten Rebe wie der Chenin blanc. Boden und Jahrgang spielen bei ihr eine noch größere Rolle als bei aromatischeren Sorten. Ich habe einen Coulée de Serrant von 1999 aus dem Keller geholt, um festzustellen, welche Worte ich für ihn finden würde. (Loire-Weine haben eine Ecke für sich, doch sie ist klein, denn den meisten Flaschen ist kein längerer Aufenthalt beschieden.) Auf dem Etikett wird längeres Dekantieren und nicht zu kühles Servieren empfohlen. Es funktioniert. Hier mein Eintrag, entstanden zur Mittagszeit: »Fest, mineralisch, dicht und seidig, reichhaltig, dabei vollkommen trocken, so wie sich das Fleisch – nicht der Geschmack – weißer Pflaumen im Mund ausnimmt. Wird etwas Konkreteres passieren, wenn der Wein sich öffnet? Ein stummer Star: Man braucht ihn nur zu trinken und nachzudenken.« Sechs Stunden später: »Kräftig und üppig zugleich. Warum riecht er wie ein Yquem? Außergewöhnliche Proportionen: kräftiges Fleisch, feste Struktur – und dazu ein Anflug von Sauternes, der sich einem einprägt.«

Der Serrant ist ein außergewöhnliches Gewächs, aber er ist keineswegs allein. Immer mehr Erzeuger in Anjou und der Touraine (mit Vouvray als berühmtestem Anbaugebiet) versuchen sich an Weinen dieses Stils und bereiten kompromisslos trockene, oft in Eiche ausgebaute Erzeugnisse. Dabei orientieren sie sich nicht an einem festen Schema, sondern lauschen einfach dem Flüstern einer leisen Stimme. Sie könnten auch in meiner Weinwelt eine feste Größe werden: Schon jetzt greife ich so oft wie möglich zu ihnen.

Für eine Flasche Coulée de Serrant bekommt man sechs Flaschen Muscadet eines beliebigen Herstellers. Es gibt weder einen Muscadet Grand cru noch eine andere Rangordnung, ja, nicht einmal eine andeutungsweise soziale Differenzierung bei diesem demokratischen, verhaltenen Schnelldrink. Er entsteht an der Mündung der Loire eine knappe Fahrstunde westlich der Chenin-Weinberge von Anjou in einer anderen, von Granit und Schwemmland geprägten Geologie. So wie das Médoc die Kiesdeponie von Garonne und Dordogne ist, so ist das Muscadet-Anbaugebiet ein Sand-Ton-Gemisch, das die Loire dem Herzen Frankreichs entreißt und unablässig in Richtung Meer schiebt. Hier findet man Böden, auf denen buchstäblich alles wächst. Sie sind so ziemlich das Gegenteil der klassischen, für anderweitige landwirtschaftliche Nutzung zu mageren Weinbergerde. Geprägt wird die Muscadet-Region von Seeluft und einem Licht, das den Atlantik hinterm Horizont erahnen lässt.

Wachsen hier die ältesten Reben Frankreichs? Henry Marionnet aus Soings in der Touraine besitzt einen Hang mit der autochthonen weißen Rebsorte Romorantin. Die Stöcke wurden lange vor der Reblausinvasion gepflanzt und liefern einen vierdimensionalen Wein.

Bei jeder französischen Anbauregion drängt sich die gleiche Frage auf: Wer ist darauf gekommen? Welches kreative Genie erkannte, dass der Ozean und seine Produkte ein eigenes Weinbaugebiet brauchen? Dass der Norden Frankreichs arm dran wäre, hätte er als Begleiter für all die Austern und Krabben und Garnelen seiner endlos ergiebigen Küste nur den Cidre aus der Normandie?

Die Antwort lautet wieder einmal: holländische Händler, die auf der Suche nach preiswertem Weißwein waren. Doch fruchtbarer Boden an der wolkenverhangenen Mündung der Loire ist beileibe keine Garantie für einen goldenen Oktober. Der Wein aus der Bretagne, so viel stand fest, würde wässrig ausfallen. Das soll nicht herablassend klingen: Wasser ist ein wunderbares Getränk. Können wir bitte etwas haben, das die neutrale Klarheit von Wasser mit genug Biss bzw. maritimer Frische, ein paar Tropfen Zitrone und einer Andeutung von Seetang verbindet, das man also mit einem Teller Meeresfrüchte auf den Tisch stellen kann? Natürlich: einen Muscadet. Was aber macht einen guten Muscadet aus? Ein winziges Kohlensäureprickeln unterstreicht die Frische, ein Hauch von Hefe im Hintergrund füllt die manchmal recht trockene Ödnis. So entstand die Tradition, Muscadet bis zur Abfüllung im Frühjahr *sur lie*, auf der Hefe bzw. den toten Hefezellen, liegen zu lassen.

Ich gestehe, dass ich schnell zufrieden zu stellen bin. Sobald ich mir Shrimps in den Mund stopfe, Butter aufs Brot streiche und meine Serviette um den Hals zurechtrücke, um mir Muscheln einzuverleiben, sehe ich kaum noch über den Tellerrand hinaus. Wenn der Ober die Flasche bringt, werfe ich einen Blick auf das Etikett, um sicher zu sein, dass er mir einen jungen Jahrgang serviert. Ab dem Sommer sollte er in der Regel aus dem Vorjahr stammen. Es gibt so viele Muscadet-Macher – die übrigens alle auf -ière zu enden scheinen, wie Boutonnière, Bretonnière, Fruitière, Mercredière –, dass man sich nur schwer auf einen Favoriten festlegen kann. Und ab dem zweiten Glas ist das sowieso zweitrangig. Ich wollte, es gäbe mehr Weine, die man, ohne Angst vor Enttäuschungen haben zu müssen, so beiläufig behandeln könnte.

Sobald ich meine Gier gestillt habe, konsultiere ich die Weinkarte allerdings erneut, denn nun will ich eine zweite Flasche, die etwas mehr hergibt. Das soeben getrunkene Gewächs würde mit der buttrig-braunen Seezunge, die gerade unterwegs ist, dünn schmecken. Einige Güter und auch ein, zwei Händler bieten *super-cuvées* an, die zwei bis drei Jahre liegen gelassen werden sollten. Der »M« von Louis Métaireau gehört dazu, auch der Cardinal Richard von Chéreau-Carré. Ich habe sogar schon Muscadet von einigen ambitionierten Winzern getrunken, die die unleugbare Einfachheit ihrer Gewächse satt hatten und sie in Eiche vergoren. Bei entsprechender Konzentration kann ein Muscadet mit der Zeit eine nussige Note anschlagen und seinen maritimen Nerv hervorkehren. »Guter Muscadet«, schrieb ich einmal, »sollte wie der Bauch eines Fischkutters riechen.« Natürlich nur andeutungsweise. In gewisser Hinsicht befindet sich der Muscadet in einer Sackgasse – sowohl geografisch als auch technisch. Weit und breit ist keine neue Weinregion in Sicht, in der man seine Trauben anpflanzen oder seinen entspannten Stil imitieren würde. Schade eigentlich;

in meinen Leben ist immer Platz für so etwas Unkompliziertes, Verlässliches und Preiswertes wie den Muscadet.

Es drängen sich aber auch nicht allzu viele Winzer darum, etwas nach Art des Chenin blanc von der Loire zu erzeugen. Warum? Weil dieser Wein ein Marketing-Desaster ist. Jeder Jahrgang kann die gesamte Palette von sauer und dünn bis ölig abdecken, und die Versionen aus den besten Jahren brauchen viel Zeit, um ihre Form zu offenbaren. Als Ausweg bieten sich Bläschen an: Saumur ist zum Zentrum der Crémant-de-la-Loire-Industrie geworden. Ein Champagner aber ist der Crémant nicht. Sicher, in Südafrika gibt es wesentlich mehr Chenin blanc als in Frankreich. Wahrscheinlich müssen wir auch dafür den Holländern dankbar sein. Die Tugenden dieser Kapweine sind gute Säure unter heißer Sonne und eine gewisse Fruchtigkeit ohne Aromaidentität. Damit sind sie gutes Rohmaterial für die ganze Palette von Schaumwein über »Sherry« bis Brandy. Als Südafrika sich in den 1990er-Jahren modischeren Rebsorten zuwandte, rümpfte man im Land – und auch hier in Europa – die Nase über die frischen, trockenen bis ziemlich süßen Chenin-blanc-Erzeugnisse, die oft als Steen etikettiert wurden. Ich habe sie schon immer für die verlässlichsten Schnäppchen unter den Rebprodukten gehalten, aber wie das Beispiel Muscadet zeigt, stehen Schnäppchen in der Weinwelt nicht sehr hoch im Kurs.

Mein Lieblings-Chenin aus der Neuen Welt ist in Kalifornien zu Hause. Das duftende Gewächs stammt aus einer der schönsten Lagen im Napa Valley, einem hoch gelegenen Amphitheater am Pritchard Hill. Tief unten im Tal sieht man den Lake Hennessy funkeln, und in der Ferne ragen der Mount St Helena und eine Kette graublauer Berge empor. Nachdem Robert Mondavi sich aufgemacht hatte, dem Tal Geltung zu verschaffen, entstand hier die erste moderne Kellerei in strikt zeitgenössischem Design. Donn Chappellet ließ sie 1969 in Form einer dreiseitigen Pyramide aus rostrotem Stahl errichten. Chappellet ist ein ausgesprochen geschmackssicherer Winzer. Seinen Cabernet schuf er nach dem Vorbild des Château Latour; bei seinem mittlerweile leider aus dem Programm genommenen Riesling orientierte er sich an den Weinen aus dem Rheingau, und als Blaupause für seinen Chenin blanc diente ihm – das kalifornische Vorbild. So entstand eine Art Chardonnay ohne Apfel und Eiche, stämmig, aber nicht süß, lebendig, frisch und trocken. Ich bin ihm zuletzt bei einem üppigen Essen mit Venusmuscheln am Napa River begegnet. Eigenartig, an was man sich alles erinnert.

Er muss mich nur erfrischen. Ich erinnere mich weder an den Jahrgang noch an den Ort, wo ich ihn trank, nur noch an den rassigen Eindruck am Gaumen.

Die Loire ist so lang, dass die Anbauzonen, die man am Oberlauf wähnt – Sancerre und Pouilly-Fumé –, in der Mitte der Strecke zu finden sind: Von der Brücke in Pouilly sind es sowohl bis zur Quelle als auch zur Mündung exakt

496 km. Auch kann man sich die Loire nur schwerlich als Fluss vorstellen, der durch Beaujolais fließt, doch genau das ist der Fall: Noch bevor er selbst Wein zu bieten hat, vermag er schon Weinfässer über hunderte von Kilometern nach Norden zu tragen.

Auf halbem Weg ist der Wasserlauf bereits unverkennbar Loire, jener träge Strom im überdimensionierten Bett, dem wir mit Onkel Ronald begegnet sind. Er nähert sich dem auf mehreren hundert Kilometer einzigen Berg, der diesen Namen verdient, einer Erhebung bei Sancerre, um sich sogleich wieder von ihm abzuwenden und ihm schließlich erneut entgegenzufließen. Auf der Höhe von Pouilly tritt auf flacherem Gelände am linken Ufer das Gestein von Chablis (oder zumindest eine sehr ähnliche Formation) zutage, von dem der Weißwein seine feuersteinartige Energie bezieht.

Die Nachfrage nach Rotwein ist in Frankreich so hoch, dass Sancerre einst fast vollständig mit Pinot noir bepflanzt war. Nach wie vor setzen viele Weinbauern in der Anbauzone auf diese Traube, deren Wein in manchen Jahren weit von einer ernsthaften Weinröte entfernt ist. Der eigentliche Hauptdarsteller indes heißt Sauvignon blanc. Das Suchen nach Vergleichen erübrigt sich bei ihm. Wir alle kennen den krautigen Geruch, den seine Bewunderer mit Stachelbeere (Laub wie Frucht) und seine Kritiker mit Katzenpisse oder in schlimmen Fällen mit »Kater« gleichsetzen. Das Aroma geht direkt von der Frucht in den Wein über und bleibt dort während des Alterungsprozesses praktisch unverändert bestehen. Die besten Sauvignon-blanc-Vertreter – sie stammen von Chablis-ähnlichen Böden in Sancerre oder Pouilly – werden getragen von einem rauchig-seidigen Fundament und empfehlen sich als pikanter, lebendiger, appetitanregender Trinkgenuss mit langem Abgang. In den verstreut liegenden Gemeinden westlich von Sancerre versteht man sich vorzüglich auf seine Kultur, selbst wenn die Böden einmal nicht ideal sind. Als wir ein Stückchen weiter südlich im Bourbonnais lebten, fuhren wir öfter nach Ménétou-Salon zu Pellé oder Clément und holten uns eine Kiste ihrer unwesentlich schwächeren und unwesentlich preiswerteren Versionen. Sie waren von unseren Salatgerichten am Mittag fast nicht mehr wegzudenken.

Die Rolle der Hauptstadt Paris als Förderin (und vor allem Verbraucherin) dieser Provinzprodukte kann gar nicht hoch genug eingeschätzt werden. Ohne die durstigen Pariser Kehlen wären viele wohl schon längst verschwunden. Eine nicht zu unterschätzende Rolle spielte der Sauvignon auch in Bordeaux, was nicht sonderlich bekannt ist. Allerdings befand man den Wein als zu roh und spitzig für sofortigen Genuss, weshalb man ihn mit dem erwachseneren Sémillon verschnitt. Das galt vor allem für trockenen weißen Graves. In ihrer Jugend passte diese Komposition gut zu eiskalten Austern, die man in der Gegend gern mit scharfen, würzigen Würstchen isst. Nichts bereitet besser auf *foie gras* und Sauternes vor. Aber lange gelagert? Ich werde immer bedauern, dass weißer, in Ehren gealterter Graves heutzutage fast völlig unbekannt ist. Er wurde früher mehr oder weniger nach feinem weißem Burgunder modelliert und wie dieser sogar in alten Fässern ausgebaut. Das Hinzufügen einer Schwefeldosis, die ihn auf Jahre ruhig stellte, war vermutlich wieder einmal eine niederländische Tradition. Wenn man besonders viel Glück hatte, erwies sich die 20 Jahre alte Flasche, die man noch im Keller liegen hatte, als traumhaft gut.

Die Wiederbelebung des trockenen weißen Graves-Weins gehörte zu den vielen Unternehmungen des unermüdlichen Len Evans. Mithilfe eines Financiers kaufte er Château Rahoul in Portets auf und ließ seinen Protégé Brian Croser aus Australien als Kellermeister kommen. Die Anfänge waren vielversprechend, und auch ihr kleines Sauternes-Château namens Padouen, in dem ein weiterer Freund, Peter Vinding, als Geschäftsführer arbeitete, gab zu großen Hoffnungen Anlass. Unglücklicherweise verstarb Lens Geldgeber, so dass das Unternehmen – man hatte auch im Napa Valley investiert – schließen musste. Peter jedoch gab nicht auf und überzeugte Freunde zum gemeinsamen Kauf des Château de Landiras. Dessen Ruine und die Reste seiner Weinberge erstreckten sich am südlichen Rand der Appellation Graves, wo die Kiefernwälder der Landes allmählich die Herrschaft über die Landschaft übernehmen. Wie Château Loudenne im Médoc, wo Peter Vinding vorher gearbeitet hatte, avancierte Landiras zur Anlaufstelle für angehende Kellermeister und ihre überwiegend britischen Freunde. Auf Susie Vindings Tisch, der im streng-eleganten, klassisch dänischen Stil mit weißem Geschirr und weißen Servietten von Handtuchgröße gedeckt war, standen berühmte Weine aus vielen Ländern. Aus Peters Versuchen mit unterschiedlichen Fässern, Hefen und Gärtemperaturen für Sémillon, Sauvignon blanc und Sauvignon gris lernten wir viel über Weiß- und Rotwein in Graves. »Weißer Pomerol« sei sein Ziel, so Vinding. Man braucht schon etwas Fantasie dafür.

Peter Vindings Gastspiel im Château de Landiras war leider nur kurz, erbrachte jedoch denkwürdige Weine. Hier der 1990er.

Dank Peters Kreativität konnten nennenswerte Erfolge verzeichnet werden. 1993 war generell ein schwieriges Jahr für weißen Bordeaux. Zehn Jahre später präsentierte sich der weiße Graves von Landiras noch immer hellgolden, frisch und sukkulent. Sauvignon und Sémillon werden ja gerade verschnitten, um Frische und Saftigkeit zu erreichen. Viele weniger komplexe Versionen aber machten deutlich, wie alter weißer Graves ebenfalls schmecken kann. In den Allées de Tourny gegenüber dem Grand Théâtre von Bordeaux mit seiner 12-säuligen Fassade gibt es eine Brasserie, der ich seit 40 Jahren immer wieder einen Besuch abstatte, um Austern und Würste zu genießen. Man führt dort seit geraumer Zeit einen Bestand an Château Respide. Dieser ehrwürdige weiße Graves – ich habe den Jahrgang vergessen – war trotz seiner vermutlich von einer Überdosis Schwefel verursachten Blässe fast perfekt: trocken, buttrig, mit einem Hauch Stahligkeit. Mein Mittagessen bestand immer aus Austern, dann einem großen Teller gedünsteter Endivien, braun, mit viel Butter, zuckrig und bitter. Was natürlich nach einem oder zwei Gläsern guten roten Graves verlangte.

Wer einen Freund necken will, der die besten französischen Weißweine samt und sonders kennt, dem verrate ich einen Trick, der noch nie schiefgegangen ist: ein alter weißer Rioja. Zugegeben, es gibt nur einen Wein, mit dem er funktioniert, doch es sind nun einmal die Ausnahmen, die die Welt des Weins interessant machen. Und wenn es ein Wein schafft, dann schaffen es auch andere, sage ich.

Der Keller, aus dem dieses Ausnahmegewächs stammt, heißt López de Heredia und ist ein lebendes Denkmal der Rioja-Tradition. Er wurde tief in das Ufer des Ebro in Haro gegraben, der Weinhauptstadt in der zerklüfteten nordspanischen Rioja-Region. In den Notizen zu meinem ersten Besuch in Haro vor 40 Jahren erwähne ich die übel riechenden Feuer aus brennendem Müll, um die zerlumpte Zigeuner herumstanden. Das faschistische Spanien war ein bedrückendes Land. Der von mir gehütete Rioja stammt aus exakt jener Zeit – sein Vorbild war tatsächlich Bordeaux. Der Viña Tondonia Blanco wurde 15 Jahre lang in Fässern ausgebaut, die durch das Alter schwarz geworden waren. Sie lagen in feuchten Kellern und reiften dort einer von Zitronenduft und wächserner Textur geprägten Ausgewogenheit entgegen. Weitere 25 Jahre in der Flasche brachten den Wein dem perfekten Gleichgewichtszustand nur noch näher. Was lernen wir daraus? Dass ein ausgewogenes, mit einfachsten Methoden bereitetes, so wenig wie möglich verändertes, auf natürliche Weise in einem kühl gelagerten Fass stabilisiertes Erzeugnis nichts zu befürchten hat. Wen wundert's, dass hastige Bereitung und Vermarktung das Leben eines Weins verkürzen?

Sieht man einmal von Rioja ab, war Spanien nicht unbedingt der geeignete Ort, um in den 1970er-Jahren nach frischen Weißen zu suchen. (Fino Sherry ist frisch, aber auf eine andere Art und Weise.) Mir begegnete eine solche Weißweinödnis, dass ich mir sicher war, etwas übersehen zu haben. Ich reiste nach Madrid, um den Mann zu treffen, den man mir als *den* Experten für die spanische Gastronomie beschrieben hatte: den Conde de los Andes. Er lud mich zum Essen in Madrids aristokratischsten Club ein. »Ich zeige Ihnen das Beste, was wir haben«, verkündete er mir, als der goldene Wein aus der Kristallkaraffe ins Glas strömte. Es war ein Rioja. »Das«, erklärte er, »ist alles, was wir haben.« Die einzigen iberischen Regionen, in denen man tatsächlich erfrischende Gewächse der spritzig-fruchtigen Sorte bekommen konnte, waren Nordportugal und – in ersten Ansätzen – Galicien an der spanischen Nordwestküste.

Die Popularität von Portugals Vinho verde nahm bis in die 1970er-Jahre noch zu; damals war der Wein sogar so etwas wie ein Modegetränk. In dem Maß, in dem die Isolation und Identität seiner Minho-Region schwand, sank allerdings auch der »grüne Wein« in der Gunst der Weintrinker. Die Erinnerungen an Portugal und Spanien während der Diktatur sind Erinnerungen an völlig andere Länder als heute. Bei meinem ersten Besuch in Portugal zur Lese waren die staubigen Straßen voll von Ochsenkarren. Das Quietschen ihrer hölzernen Räder begleitete zur Herbstzeit die Geigen und Sackpfeifen. Man kannte nichts anderes als natürliche Materialien. Die Gebäude waren aus Granit, grauem Holz und weißem Putz. Als Transportmittel benutzte man Ochs und Esel. Die Reben wurden an Bäumen oder hohen Pergolas erzogen, deren behauene Granitsäulen die Grundstücke – Felder konnte man sie nicht nennen – säumten. Alles wuchs unter dem grau verhangenen Himmel in größtem Chaos.

Eines Tages übernachteten wir im Monçao, einem Hotel am Minho-Fluss, das für seine Neunaugen berühmt war. Siedler aus den portugiesischen Kolonien in Angola und Mosambik kamen zur Neunaugensaison nach Hause, um sich diese exquisiten Flussfische mit scharfen Chilis und saurem rotem Wein schmecken zu lassen. An diesem Abend lauschte eine große Gesellschaft im Speisesaal Reden, die uns das Blut in den Adern gefrieren ließen. Am Flughafen bekamen wir Sardinendosen und Pamphlete über Gräueltaten in Angola. 1974 allerdings änderte sich in Portugal der Lauf der Dinge. Die Exilanten kehrten zurück und bauten Minho in Beton wieder auf. Der halb schäumende, aus halbreifen Trauben bereitete Weiße wurde zugänglicher und weniger schrill. Als ich den Vinho verde kürzlich in Porto wieder verkostete, schmeckte er eher wie ein perlender Muscadet.

Unterdessen brachte das nördlich der Provinz Minho gelegene Spanien seine Weißen auf den Markt. Galicien ist es gelungen, seinen Albariño als alkoholarmen, zart duftenden, spritzig-sauren Erfrischungswein mit Vorbildcharakter zu etablieren. Die grünen Hügel und grauen Eukalyptuswälder an der Küste südlich von Santiago de Compostela sind ganz anders als jede andere spanische Weinregion. Ihre nicht ganz trockenen, aber zitrusfrischen Provenienzen lassen eher an die Loire als an den Duero denken.

Die Exiltraube Sauvignon blanc hat ihre daheim gebliebenen Schwestern in puncto Ruhm und Bedeutung längst überrundet. In jeder aufstrebenden Region der Alten und Neuen Welt ist sie die obligatorische Alternative zu Chardonnay. Oft lese ich, dass diese Zweiteilung der Weinwelt in Alt und Neu etwas Kränkendes, Vereinfachendes an sich habe. Ich übernehme die Verantwortung für diese Polarisierung – vermutlich habe ich sie in meinem ersten Buch selbst geprägt. Europa war die Alte Welt, seine einstigen Kolonien die Neue Welt. Mittlerweile gibt es auch Neue-Welt-Anbaugebiete in der Alten Welt. Die Neue Welt beginnt dort, wo ein Winzer mit einem temperaturgeregelten Stahltank arbeitet.

Die Temperaturregelung war in warmen Ländern der Schlüssel zu frischen Weißen. Spanien und Teile Italiens brauchten sie ebenso dringend wie Kalifornien und Australien. Chardonnay machte sich als Erstes auf, vermählte sich mit Eiche und eroberte die Welt. Sauvignon blanc galt als leichtere und frischere Alternative – und als minderwertig, weil noch nie jemand ein großes Gewächs aus dieser Rebe getrunken hatte. Außerdem machte ein Alterungsprozess den Wein nicht besser.

Ich habe Sauvignons aus aller Welt verkostet, war aber nur selten von ihnen fasziniert. Zwei Versuche, die Vorzüge der Sorte herauszuarbeiten, haben jedoch Furore, wenn nicht sogar Geschichte gemacht. Der erste ging in den 1970er-Jahren auf Robert Mondavis Konto: Er verheiratete sie wie Chardonnay mit Eiche und nannte sie Fumé Blanc. Der Wein wurde zum Hit und von jedem imitiert. Ich kann mich für den Geruch von Sauvignon und Eiche beim besten Willen nicht erwärmen; ich empfinde ihn als aufdringlich und manchmal sogar abstoßend. (Geschmack, möchte ich wiederholen, ist eine subjektive Angelegenheit.) Der zweite Versuch war die neuseeländische Weinrevolution.

Vom obersten Stockwerk des 17-stöckigen New Zealand House in London unweit des Trafalgar Square hat man zweifellos einen der schönsten Panoramablicke über London. Im Juni 1984 hatten sich hier etwa 20 Journalisten eingefunden, deren Erwartungen wahrscheinlich nicht ganz so hoch lagen wie der Versammlungsort. Man hatte zur Verkostung des neuen neuseeländischen Jahrgangs geladen. Bald machte sich Aufregung breit. Bei fünf, sechs Exemplaren handelte es sich um Sauvignon blanc – aber mit hochgedrehter Lautstärke. Ich erinnere mich an die Duftwoge, den Schlag auf der Zunge, den 100-Ampere-Strom, der das System durchfloss. Ob man Sauvignon hasste oder liebte, hier hatte man die Rebe in ihren Grundfarben vor sich. Manche Geschmacksnuancen, dachte ich bei mir, sollte man besser leise spielen.

Inzwischen wissen wir, dass genau in dieser Extrovertiertheit Neuseelands Stärke liegt – nicht nur bei Sauvignon, sondern bei jeder Rebsorte. Der Breitengrad, auf dem sie wächst, entspricht den Regionen auf der nördlichen Halbkugel, wo feine Weine entstehen. Die Vulkanböden können unangenehm fruchtbar ausfallen. Vielerorts wechseln sich warme Tage mit kalten Nächten ab – beste Voraussetzungen für Fruchtkonzentration. Ob geplant war, das alles ausgerechnet mit der Rebsorte mit dem stechendsten Geruch unter Beweis zu stellen, bezweifle ich, aber über die Wirkung bestand kein Zweifel. Ein neuer Weinstil war geboren. Mit ihm konnte man Menschen gewinnen, die Wein bis dato kaum zur Kenntnis genommen hatten. Was denn auch geschah.

Marlborough in den 1980er-Jahren. John Simes zeigt mir das Brancott Estate an der Cloudy Bay 8 km landeinwärts. Windy Bay wäre ein passenderer Name.

Von der Sonne geküsst

DER TISCH ist in einem kühlen Raum mit diffusem Licht gedeckt, und das nicht ohne Grund: Die Augen schmerzen, wenn man jenseits der Markise und der Bäume auf die sonnengebleichte Landschaft blickt. Der Ventilator an der Decke wälzt nur noch warme Luft um. Jetzt in einem Salat stochern? Nein – heiße Länder bestehen auf heißem Essen. Und das in nicht unbeträchtlicher Menge. Ich erinnere mich an das Gewicht eines argentinischen Steaks, das über die Ränder meines Tellers hing, während die Würste und das Hähnchen noch auf dem Grill brutzelten. Nach dem Antipasto und der Pasta wollen eine Wildschweinkeule und eine Portion Bohnen verzehrt werden. Auf den Jamón Serrano folgt eine Paella-Pfanne mit einem Meter Durchmesser. Zu trinken? Keine spritzigen Durstlöscher, keine blassen Riesling- oder Sauvignon-Nordlichter, keine roséfarbenen Kompromisse. Man beginnt mit einem jungen, purpurnen, kräftigen Roten und geht über zu ein, zwei älteren, ziegelroten, ledrigen Jahrgängen, die nostalgische Gedanken nähren.

Es funktioniert. Ich habe nie verstanden, warum. Schwitzen wir den Alkohol aus? Warme Länder bereiten kräftige Weine. Es widerspricht der Intuition, aber sie erweisen sich als genau das, was man braucht: Essen und Wein sind wie aus einem Guss. Ich frage mich, ob das psychisch bedingt ist. Macht warmes Wetter offener? Gibt es extrovertierte und introvertierte Weine? Ist meine Vorliebe für Präzision und Finesse und die Nuancen des Terroirs nur ein Reflex, ein Signal, das sagt, ich habe Angst vor dem Getränk? Es wäre eine Erleichterung, analytisches Nachbohren und dumpfe Schlüsse beiseite zu lassen, das Kleingedruckte zu Appellationen, Erzeugern, Rebsorten, Jahrgängen zu vergessen. Doch das wird nicht geschehen. Nicht in unseren Breiten.

In Regionen, in denen Wein so selbstverständlich ist wie das Laub auf einem Baum, spielt seine Farbe, ob rot oder weiß, eine nur untergeordnete Rolle – zumindest war es so, bevor man sie als geldwerten Teil der Folklore zu schätzen begann. Weißwein war aber wertvoller. Wir verbrachten einmal eine gemütliche Zeit bei Freunden in der Nähe von Alicante. Wir kochten, eine Hausangestellte räumte ab. Auf dem Tisch standen Karaffen mit Rotwein, Weißwein und Wasser. Den Weißen und das Wasser stellte das Mädchen in den Kühlschrank, den Roten schüttete sie weg. Damals aber war auch noch Braun eine beliebte Farbe – die Antithese moderner önologischer Korrektheit. Heute steht Frische an erster Stelle. Oberstes Gebot ist der Schutz vor verderbender Luft. Niemand bereitet mehr braunen Wein, höchstens noch aus Versehen. Oder doch?

Man bekam ihn einst in allen südlichen Ländern. In den kleinen Hafenrestaurants an der Mittelmeerküste wurde zum Mittagessen als Dreingabe eine Karaffe mit einer Flüssigkeit auf den Tisch gestellt, die wie helles Bier ohne Schaum aussah. Sie hatte keinen Namen und keinen besonderen Geschmack, erinnerte bestenfalls an einen schwachen Fino Sherry. Mir schmeckte sie.

Eine alte Formel, die noch immer wirkt: frischer Fisch, Tomaten, Zwiebeln, Brot und ein weicher, sonnenverwöhnter Weißer. Irgendwo in Spanien.

Diese Tradition ist noch nicht ganz ausgestorben. Es gibt natürlich den Sherry und seinen nicht allzu entfernten Verwandten, den geschmacksintensiven Vin jaune aus dem Jura. Vor nicht allzu langer Zeit stattete ich einmal Arbois einen Besuch ab, der kleinen Stadt im Jura, in der Louis Pasteur zur Welt kam und viel über Gärung, Bakterien, Impfungen und alle anderen Themen nachdachte, mit denen er die moderne Welt auf den Weg brachte. Das Weingeschäft im Zentrum verkaufte etwas, das als *vin typé* etikettiert war. Offiziell gibt es nichts Derartiges, sagen die Behörden. Ich erstand einige Flaschen und ließ bei einem Essen in Frankreich ein paar Freunde vom Land davon probieren. »Mmm«, schwärmten sie, »das erinnert mich an Wein aus der guten alten Zeit.« Er war leicht oxidiert und roch etwas nach Firnis. »Heidenwein« nannte ihn einmal mein Bruder, der Gutes zu schätzen weiß. Vor kurzem bekam ich einen renommierten Sémillon aus Argentinien zugeschickt, ein weicher, flacher, oxidierter Weißer. Doch der Sauerstoff hatte ihn nicht sauer werden lassen, sondern ganz im Gegenteil weich gemacht.

Moderne Weißweinerzeuger im Süden denken nicht einmal im Traum daran, noch so etwas zu produzieren. Man beurteilt ihre Produkte nach der Frische ihrer Frucht und dem Gehalt an Säure. Dieser neue Trend hat uns einige exzellente Geschmacksrichtungen von Rebsorten beschert, deren Namen wir vor kurzem kaum kannten.

Beispiel: Viognier. Judy und ich fuhren in den 1970er-Jahren einmal in die Provence. Wir hatten die Wahl zwischen zwei Hotels, die sich damals an der Rhône in Condrieu gegenüberlagen. Das Beau Rivage direkt in Condrieu war luxuriöser, das Belle Vue auf der anderen Seite der Brücke in Les Roches de Condrieu für unseren Geldbeutel bekömmlicher. Wenn man im Speisesaal des Belle Vue saß, wälzte sich das braune Wasser der Rhône direkt auf einen zu – ein beunruhigender Anblick. Ich kannte Condrieu als legendäres Anbaugebiet, hatte aber noch nie einen Wein daraus verkostet und hielt ihn für praktisch ausgestorben. Dann entdeckte ich ihn auf der Weinkarte. Man brachte uns das mit einem eigenartig schwarz-goldenen Etikett beklebte Erzeugnis eines Jurie des Camiers, Weinbauer zu Condrieu. Der Sommelier goss ein – ich erinnere mich an den Wein, als sei es gestern gewesen. Er roch wie ein Garten mit unbekannten Blumen. Als Erstes kam mir der Weißdorn in einer Maihecke in den Sinn, dann Freesien (oder Aprikosen, denn die beiden Aromen sind identisch). So etwas kannte ich doch bereits aus Rheinhessen, vom roten Oppenheimer Boden. Ich nippte, fühlte eine kühle, schwere Flüssigkeit mit einem Anflug von Süße und einem trockenen Nachhall im Mund. Wir aßen *quenelles de brochet*, Hechtklößchen. Warum ich das noch weiß? Weil die beiden Geschmacksrichtungen untrennbar miteinander verbunden sind; ich sehe das Rosa des Fischs und das Gold des Weins noch heute vor meinem inneren Auge. Es gibt Dinge, die man nicht vergisst.

Am nächsten Morgen machten wir uns auf, Monsieur Jurie des Camiers auf der anderen Seite des Flusses zu finden. Man schickte uns schließlich zu einer hohen Villa in einem Garten; von Reben oder Menschen war zunächst weit und breit nichts zu sehen. Bis wir das Klacken von Tennisbällen hörten. Der junge Spieler erzählte uns, dass unser Mann in Lyon lebe, dass man keinen Wein verkaufe, aber man könne ja diese (eilends aus dem Haus geholte) Flasche und Visitenkarte mitnehmen.

Wir trieben nur diesen einen Condrieu auf. Auch den Haupterzeuger von Condrieu – Georges Vernay, wie man uns mitteilte – trafen wir nicht zu Hause an. Wo aber befanden sich die Weinberge? Dort oben. Wo genau? Zwischen den anderen Rebstöcken und den Pfirsichbäumen (und manchmal auch den Kohlbeeten) auf dem schwindelerregend steilen Hang hinter dem Dorf, in Richtung der unübersehbaren, gefeierten Côte-Rôtie-Terrassen ganz oben. Weitere Nachforschungen ergaben, dass die duftende Traube nur hier wuchs und in ihren letzten Zügen lag: Sie war degeneriert, heruntergekommen, niemand wollte ihren Wein – und sie hieß Viognier. Allerdings hatte sie sogar ihren eigenen Montrachet und ihr Château d'Yquem, ein Allerheiligstes namens Château Grillet. Der Weinberg lag am Hang hinter einer Mauer. Aber auch dort hatten wir kein Glück, und als ich den Wein schließlich doch verkostete, dachte ich bei mir: Zeitverschwendung. Er war braun und misslungen. Am gleichen Morgen allerdings rief ich beim Konkurrenzhotel an, um zu erfahren, was man dort auf Lager hatte. »Keinen Condrieu«, wurde mir verschämt beschieden, »dafür ist es noch zu früh. Aber wir hätten etwas *vin de table*.«

Das Glas, das mir an der Bar als *vin de table* vorgesetzt wurde, warf mich fast um. Es verströmte exotische Düfte – Freesien und Aprikosen – und schmeckte extrem süß. »Wir mögen ihn so«, erklärte mir der Barkeeper, »wir dürfen ihn aber noch nicht Condrieu nennen, weil er noch nicht fertig ist.« Vielleicht war Condrieu deshalb so selten: Fast alles wurde ähnlich wie *paradis* noch halbvergoren weggetrunken.

Viognier wurde nicht nur gerettet, sondern machte sogar als echtes Juwel die Runde. Allerdings hat die Traube in ihren neuen Heimatregionen noch nicht ganz den Durchbruch geschafft, wenngleich sie in Australien auf dem besten Weg ist, zum Star zu werden. Ihr Duft macht sich in vielen Verschnitten bemerkbar. Vor allem den gesichtslosen Chardonnays aus der Massenproduktion wird sie gern als Aufpepper zur Seite gestellt. Allerdings fällt es nicht leicht, sie mit Speisen zu kombinieren. Einen Condrieu schlug kürzlich der Sommelier in dem französischen Restaurant vor, das die Gemüseküche seines Landes neu erfunden hat. Es gehört Michel Bras und ist in der Auvergne ein einsamer gastronomischer Außenposten. Man erreicht es von der Besteckstadt Laguiole aus über Weidewege, die durch eine vom Wind durchpflügte Landschaft führen. An einem klaren Morgen habe ich dort in 250 km Entfernung die von der Sonne beschienenen Pyrenäen im Süden leuchten sehen.

Bras ist der Mönchspoet unter den Gastwirten, ein Asket, der seine Leidenschaft für die spröde Auvergne in Gedichten und Gerichten zum Ausdruck bringt. Das Mittagessen an seiner Tafel beginnt mit einem perfekt weich gekochten Ei und einem Blatt Papier mit Reminiszenzen an Eier: Eier als Ausdruck von Zärtlichkeit, Eier als Beginn der Gastronomie. Nie wieder vergisst man dieses Ei, das zu butterbestrichenen Toaststreifen und der erhebenden Landschaft als Kulisse mit den Fingern gegessen wird. Welchen Wein man dazu trinken soll? Sommelier Serge aus Argentinien sprüht vor Ideen.

Bras' Markenzeichen ist die *gargouillou*, ein wie ein Gemälde komponiertes Gericht mit allerlei Gemüsesorten der Saison. Ein trockener, ein tanninreicher, ein rassiger, ein eichenbetonter Wein, sie alle würden zwischen dem eigenen Gaumen und diesem Gartengedicht stehen. Der Condrieu hingegen passte so selbstverständlich dazu wie die Biene zur Blüte.

Hoch in den Bergen der Auvergne malt Michel Bras Stillleben mit Gemüse.

Die Route Paris-Provence existiert nicht erst seit gestern; schon die Römer legten sie zurück. Möglicherweise wurde sie sogar bereits genutzt, als die Griechen sich im späteren Marseille niederließen, Wein bereiteten und ihn gegen Sklaven eintauschten, die Asterix' Vorfahren bei benachbarten gegnerischen Stämmen gefangen nahmen. Der damalige Wechselkurs war eine Amphore für einen Sklaven.

Am Wegrand findet man zuhauf Restaurants für die Wohlhabenden. Die Intervalle zwischen ihnen sind zwar größer geworden, seit wir breitere Straßen haben und rascher auf ihnen entlangfahren können, doch fügen sie sich nach wie vor zu einer gastronomischen Tour de France voller Nostalgie und romantischer Erlebnisse zusammen. Die beiden Hauptadern von Paris in den Süden verkörpern vielleicht sogar verschiedene kulturelle Ausrichtungen: Zwar streben beide Richtung Italien, doch führt eine über die Alpen, während die andere zum Mittelmeer und dann die Küste entlang verläuft. Obwohl sie Paris aber durch verschiedene Tore verlassen, begegnen sie sich seltsamerweise unterwegs zweimal: einmal bei Fontainebleau und einmal bei Lyon. Die N6 führt in Avallon und Saulieu an den Türen berühmter Küchen vorbei, bevor sie die Côte d'Or quert, mit Chagny, Châlons und Mâcon Städte streift, die nach Wein und appetitanregenden Genüssen klingen, um schließlich Lyon zuzustreben. Hinter Lyon wird ihr Verlauf etwas unsteter. Ein gutes Essen wartet zweifellos noch in Chambéry, aber dann prägen bis zum Mont-Cenis-Pass, dem Tor nach Italien, enge Täler und die Entsagungen der Bergwelt die Reise.

Die N7 verlässt Paris über die Porte d'Italie, erweist der Krone bei Fontainebleau ihre Ehrerbietung und macht sich dann auf nach Süden in Richtung Loire. Auf dem Weg nach Lyon verkettet sie sich mit den schmalen Sträßchen von Moulin im Département Allier, wo die Bourbonen-Herzöge ihre Residenz hatten, bevor sie den König von Frankreich stellten. Vor Roanne, einer hässlichen Stadt, die wegen des Gourmettempels Les Frères Troisgros zur kulinarischen Pilgerstätte geworden ist, schlängelt sie sich bis heute durch schwieriges, hohes Terrain. Hinter Lyon hingegen weitet sie sich zur gierigen Autobahn, die die Rhône über Vienne (La Pyramide), Valence (Restaurant Pic) bis Orange und Avignon begleitet. Etwas Poetisches wohnt diesen Namen inne. Die restliche Strecke bis Rom legt man auf der alten römischen Via Aurelia zurück.

Bevor der Train Bleu reiche Briten an die Riviera beförderte, stieg jeder in den gleichen Hotels ab und erörterte dieselben Menüs. Zur Sonne zog es Größen wie Lawrence Johnston, der mit einem Butler und zehn Hunden zwischen seinen Gärten in Hidcote und Menton pendelte, aber auch Lebemänner wie Wolf Barnato. Er startete von London aus in seinem Bentley zur selben Zeit wie der »blaue Zug« und legte nur einmal eine Pause ein, bei der er sich eine Flasche Champagner genehmigte, bevor er in einer Staubwolke die N7 hinunterbrauste und auf seinem Weg etliche Hühner aufscheuchte – um schließlich noch vor dem Train Bleu in Nizza einzutreffen.

Nicht nur Edelrestaurants servieren gutes Essen. Als Telefonnnummern noch einstellig waren, konnte man in ganz Frankreich vorzüglich speisen. Pauchouse ist ein Fischragout von der Saône.

Die Rotweine, so könnte man mit Recht einwenden, sind auf der Route in den Süden aufregender als die Weißweine. Hinter Lyon locken die Côte Rôtie, dann Saint-Joseph, Hermitage und Cornas, Châteauneuf-du-Pape und schließlich die Villages an der Rhône. Aber so, wie die Côte Rôtie ihren Condrieu hat, so findet man auch in Hermitage und Châteauneuf-du-Pape weiße Appellationsvertreter. Der Hermitage Blanc wurde im 19. Jahrhundert auf Weinlisten als der größte Weißwein neben Montrachet gepriesen. Überraschenderweise war die Langlebigkeit seine größte Tugend: Er überdauerte 100 Jahre. Sein Geheimnis? Zwei Rebsorten, die fast nirgendwo sonst wuchsen: Marsanne und Roussanne. Plisch und Plum sind völlig wesensverschieden. Marsanne ist etwas angesehener und hat sogar einen kleinen Fanclub in Australien: Mit den Eigenheiten der Rebe – sie ist anfangs ausdruckslos und viel zu schwer, kehrt nach einigen Jahren aber ein nussiges Wesen hervor – versteht man im Bundesstaat Victoria gut umzugehen, wie Chateau Tahbilk beweist. Außerdem bildet Marsanne den Hauptbestandteil der eigenartigsten Spezialität an der nördlichen Rhône, des saftigen Schaumweins von Saint-Péray. Roussanne dagegen verfügt über mehr Säure und Aroma. Überdies ist sie alterungsfähiger. All das löst aber noch nicht das Rätsel um den 100-jährigen weißen Hermitage. Ich bewahre ein paar Flaschen seit nunmehr 30 Jahren auf und habe festgestellt, dass sie in ihrer Jugend wenig und im Alter nicht sehr viel mehr zu sagen haben, sofern man sie nicht wie Rotwein behandelt. Wer behauptet, dass Dekantieren bei Weißen nicht notwendig sei, hat noch nie einen alten weißen Hermitage getrunken.

Wenn man bei Avignon nach Osten Richtung Italien fährt, werden weiße Rebsorten immer seltener. Man erfährt vielleicht etwas über die Küstenzone Cassis bei Marseille, doch zu lange sollte man dort nicht verweilen. Sobald die Grenze zur Provence überschritten ist, muss man sich mit Rosé arrangieren.

In diesem Buch kommen viele Klischees zur Sprache, doch nur wenige sind so verbreitet wie der Spruch vom Wein, der nicht gerne reist. »Als wir unter der Pergola mit dem Meer zu unseren Füßen saßen, war er perfekt. Die Anchovis im Nizza-Salat schmeckten wild und urwüchsig, die Eier hatten Dotter von Van Gogh, die Tomaten waren von Gauguin, und die Zwiebeln hatte Cézanne geschaffen. Und erst der Wein: Ich dachte zunächst an frisch aus dem Wald mitgebrachte Erdbeeren. Dann glaubte Vanessa Kirschen und Sebastian einen Anflug von Teer zu schmecken. Angelo erzählte etwas von Trüffeln. Ich weiß nicht mehr, wer Minze ins Spiel brachte. Schon die Flaschen sahen köstlich aus, während das Kondenswasser an ihnen herablief. Zu der Zeit hatten wir schon viel zu viel gebechert, um uns das Etikett genauer anzusehen. Auf jeden Fall war er himmlisch. Als wir aber versuchten, ihn bei uns zu Hause aufzutreiben, verkaufte man uns diese Batteriesäure.«

Ich würde sie zu gern alle kennen, diese Weißen aus roten Trauben, die über einen ganzen Landstrich von Aix bis Saint-Tropez und von Nizza bis Draguignan herrschen. Im Anbaugebiet Bandol, das auf den besten Rotwein der Provence stolz sein kann, geraten die Rosés tiefgründiger und runder und sind fast schon ernsthafte Weine. Das In-Volk im Strandrestaurant Club 55 von Saint-Tropez – die braunen Körper werden nur von ein, zwei Goldkettchen verhüllt – stochert in seinem Rohkostteller und freut sich über den blassen Rosé de Pampelonne aus Weinbergen direkt am Meer. Frage einen Mode-Kellermeister und er wird dir sagen, dass blasser Rosé besser sei: Ideal ist, was die Kalifornier *blush*, »hellrosé«, nennen. Aber irgendwie komme ich bei meinen Studien nie über die zweite Flasche hinaus. Man kann seine frivolen Gedanken nie lang genug im Zaum halten.

Meine Tochter Kitty lebt in Südfrankreich und weiß, welcher Rosé der richtige ist.

Lenkt man in Avignon aber nach Westen, sind hinter dem Tavel-Buckel, dessen intensiv orangefarbenen Rosé jeder gute Franzose wie die Trikolore salutiert, die Hügel und sogar die Ebenen des Languedoc ein vielversprechenderes Terrain. Wir kommen in die Neue Weinwelt, wo es nur wenige Fixpunkte gibt, an denen man sich orientieren kann. Bei den meisten handelt es sich um Rotweine sowie kräftige, süße Muscat-Erzeugnisse. Doch auch hier funktioniert die Zusammenarbeit zwischen Weißweinreben und Kalkböden, wie ich auf der einstigen Insel La Clape feststellte. Hier erstreckte sich vor langer Zeit die erste römische Provinz Galliens; ihre Hauptstadt war das Städtchen Narbonne. Auch heute noch legen überall Bauwerke Zeugnis ab von dem Schaffensgeist der alten Römer. Nirgendwo indes waren je ehrgeizigere Ingenieure am Werk als in Ensérune, wo über 100 ha Ackerland zu einem riesigen Rundteich geformt wurden, der über ein Abflussloch in der Mitte entwässert wird.

La Clape war zur Römerzeit eine Insel im Aude-Delta, ein vom Mittelmeer umspülter Kalksteinhügel mit flachem Gipfel, wie es ihn an der gesamten französischen Küste wohl kein zweites Mal gibt. Ich war einmal auf einer Weinexpedition mit meinem Wine-Club-Partner Tony Laithwaite dort. Hier regierten Rote und Rosés. Man konnte Tonys System der Klassifizierung örtlicher Rugby-Helden auf sie übertragen: je kräftiger, desto besser. Damals, in den 1970er-Jahren, begann sich in Sachen Wein hier gerade erst etwas zu regen. Demolombe und Dubernet waren die ersten Önologen, die sich so weit südlich vorwagten. Wir grillten in einer Ruine hoch oben am Clape, die Demolombe erst kurz zuvor gekauft hatte. Es gab Fisch und Kräuter und einen trüben, nach Kräutern duftenden Weißen, an den ich mich klarer erinnere als an alle potenten Roten, die wir nachher noch tranken. Er hatte nicht die rassige Säure, die ansonsten für die Frische in Weißwein zuständig ist, aber irgendwie vermisste ich sie dort auch nicht. Das Gewächs war dicht, trocken, roch nach *garrigue* und Meer und schmeckte nach honigverschmierten Felsen. Ich bin diesem Wein später noch einmal begegnet und bekam zu hören, dass ich ihn nicht kaufen könne, weil man alles an Air France veräußert habe, wo er für die Erste Klasse gebraucht wurde. Heute scheinen alle Weine von La Clape rot zu sein. Immerhin aber bekam ich damals einen Eindruck davon, wie ein Weißer aus dem Midi sein kann. Er fiel unter den Chardonnays der Umgebung auf wie ein Gemälde unter Drucken.

Derartige Provenienzen finden sich in meinem Keller kaum. Der einzige Weiße aus dem Midi, den meine Freunde verlangen und den ich ihnen gern eingieße, ist die exotische Erfindung von Aimé Guibert, der in den 1980er-Jahren mit seinem Gut Mas de Daumas Gassac die darniederliegende Anbauzone Coteaux du Languedoc im Alleingang rettete und als ernsthaftes Anbaugebiet etablierte. Sein Weißer ist, wie es ein amerikanischer Freund formulierte, »noch einmaliger als Guibert«: ein Verschnitt aus Chardonnay, Viognier und Petit Manseng, einer Traube, die hier weit von ihrer baskischen Heimat entfernt eine Bleibe gefunden hat. Außerdem hat man der Komposition des Duftes wegen wohl noch einen Schuss Muscat hinzugefügt. Er ist wie der Gewürztraminer einfach unverkennbar.

Während ich die Mittelmeerküste nach Weißen absuche, die so denkwürdig sind wie ihre Meeresküche, bin ich auf Enttäuschungen gefasst. Der häufigste Makel dieser Erzeugnisse ist ihre Geschmacksarmut. Kellermeister gehen auf Nummer Sicher, schotten ihre Weine vor der Luft, vor Temperaturen oberhalb der Frischegrenze, vor Naturhefen, kurz: vor sämtlichen Realitäten ab und sterilisieren sie damit förmlich. Der Fluch der italienischen Küste lautet Trebbiano und ist eine im Überfluss vorhandene, Wein gewordene Leere. In Italien streckt man mit ihr Chianti, in Frankreich produziert man aus ihr unter dem Pseudonym Ugni blanc Cognac. In den letzten Jahren sind allerdings wesentlich bessere Versionen aus Vermentino, Asprinio und Ansonica entstanden. Aber muss man wirklich zwischen ihnen unterscheiden? Ich pflege in der Regel die zu trinken, die gerade in der Nähe wachsen. Von Nord nach Süd sind dies Vermentino (um La Spezia sowie auf Elba, Korsika und Sardinien), Vernaccia (in der Toskana und auf Sardinien), Grecchetto (in Umbrien), Malvasia (um Rom und auf den Inseln im Tyrrhenischen Meer), Greco und Fiano (weiter südlich um Neapel) sowie Inzolia (in Sizilien). Sie bieten mehr Textur und saftige Frucht als Aroma.

Kaum eine Rebe ist saftiger als Malvasia von den Vulkaninseln im Tyrrhenischen Meer nördlich von Sizilien, also von Lipari, Stromboli und deren Nachbarn. In den Anfangstagen des Wine Club setzten wir einmal mit dem Schiff von Griechenland zu diesen Inseln über, weil wir eine Fahrt der alten Griechen nachempfinden wollten. Der sehr alten Griechen sogar – nämlich der Mykener, die viele Jahrhunderte vor dem Aufstieg Athens am Peloponnes lebten. Vielleicht sogar der noch älteren Phöniker. Agamemnons Männer holten sich aus Lipari ihre Rasierklingen, denn aus dem dortigen Vulkangestein Obsidian konnte man damals die schärfsten Schneiden überhaupt schleifen. Vermutlich brachten sie auch die Rebe mit, die später unter der Bezeichnung Malvasia oder Malmsey Bekanntheit erlangte. Beide Namen sind anscheinend vom Hafen Monemvasia auf der Halbinsel Peloponnes abgeleitet. Überhaupt bezog ein Großteil Italiens, Spaniens, Nordafrikas und sogar Portugals seine Trauben und Weinbereitungstechnologien aus Griechenland. Als ich auf Lipari in der lauen Abendluft unter

Mittagessen auf der Insel Ischia. Es könnte aber auch jedes andere Eiland gewesen sein. Die zweite von rechts ist Judy.

einer Rebe saß und auf das weindunkle Meer hinausblickte, konnte ich mich unschwer zurückträumen in die Zeit, als Galeeren und Trireme mit drei Reihen von Ruderern knarzend die grauen Wogen auf ihrem Weg nach Italien teilten. Der bernsteinfarbene, nussige, dichte, starke Wein auf den Inseln schien wie geschaffen für die Soldaten des Trojanischen Kriegs.

Heute hat Griechenland dem Weintyp, den es der Welt schenkte, den Rücken gekehrt. Ich entdeckte die vermutlich letzten Spuren auf einer weiteren Vulkaninsel, Santorini, wo die verstreut wachsenden Stöcke sich wie Vogelnester in den Felsen vor dem austrocknenden Wind ducken. Höhlen in der Felswand dienten als Fasskeller. Wein erzeugte Santorini selbst während der islamischen Herrschaft der Osmanen. Die Insel war Hauptlieferant der russisch-orthodoxen Kirche, des Todfeinds der Türkei – eine eigenartige Verbindung. Kaum weniger sonderbar ist die jüngste Renaissance dieser Weinberge. In ihnen entstehen heute Weiße, die aus einer anderen Welt zu kommen scheinen: Sie sind frisch, blass, lebendig, durch und durch modern – und zählen zu den besten Weinen des heutigen Griechenland.

OBEN LINKS & OBEN
Santorini in der Ägäis. Der Wind weht hier so hartnäckig, dass die Reben sich ducken müssen. Sie haben jahrhundertelange osmanische Herrschaft überlebt.

Der Ort, an dem die griechische Tradition der Bereitung alkoholstarker, oxidierter Weine am besten Fuß fassen konnte, war nicht Italien, sondern Spanien. Andalusien perfektionierte diese Kunst. Der Fino aus Jerez ist meines Erachtens das südlichste Pendant des Champagners, ein stilistisches Extrem, das aus der Not eine Tugend macht. In der Champagne wuchsen unreife, zu saure Trauben, in Jerez genau das Gegenteil. Was macht man mit solchem Lesegut? Man verarbeitet es mit größter Sorgfalt.

In meinem Keller findet sich kaum ein Sherry. Übersehen wird er vielleicht oft gerade wegen seines eigenen Geschmacks, der allerdings in seinen besten Ausprägungen fast so frisch wie kalte Milch auf der Zunge liegt. Auch süße Versionen kann man gelegentlich auftreiben. Mehr davon in meinem süßen Kapitel. Ich lagere jedoch immer nur ein, zwei Flaschen meines Lieblings-Finos gleichzeitig. Er leidet zwar nicht unter der Lagerung (das geschieht erst, wenn die Flasche offen ist), aber sie hat auch keine Vorteile. Außerdem kann man den Menschen nur schwer begreiflich machen, dass Fino überhaupt ein Wein ist, allzu anders ist sein schwerer, staubtrockener Geschmack. Keine andere Provenienz schmeckt nach Oliven oder passt so perfekt zu ihnen. Allerdings verlangt auch kein anderer Wein so oft nach Speisen als Begleiter und wird doch so gern solo getrunken.

Das ist allerdings nicht der Fall in Spanien. Ein Blick auf die Esskultur Andalusiens – *tapas* sind fast immer in Reichweite – erklärt, warum sich die Einheimischen so gern zum Essen zusammensetzen. An einem Septembertag während der *feria* in Jerez waren wir um 23.30 Uhr zu einem Essensempfang geladen. Weil wir nicht wie typische Engländer pünktlich erscheinen wollten, ließen wir uns bis Mitternacht Zeit (was nicht einfach war). Wir waren als Erste da. Im Garten hatte man einen langen Tisch gedeckt. Es gab Fino (wir hatten an dem Tag bereits etwas davon getrunken) und *tapas* (auch nicht unsere erste Portion). Um ein Uhr nachts setzten wir uns mit gemischten Gefühlen an die Tafel, denn das Tischtuch war feucht vom Tau und unsere Beine und Füße bald nass.

Sushi und *tapas* sind enge Verwandte, stellte ich bei meinem ersten Besuch in Japan fest. Zu Sushi trinkt man Sake. Sake und Fino ähneln sich in Konzentration und Alkoholstärke (allerdings wird Fino nicht aufgewärmt). Wäre es nicht einmal interessant, dachte ich bei mir, wenn man eine experimentelle Verkostung mit Essen veranstalten würde, bei der Fino zu Sushi und Sake zu *tapas* gereicht würde? Gesagt, getan. Als Experten standen mir ein japanischer Professor für kulinarische Künste und der ausgesprochen weltmännische – und wahrscheinlich auch viel zu diplomatische – Mauricio Gonzalez-Gordon, Marqués de Bonanza und Direktor des Hauses Gonzalez-Byass, zur Seite.

Wir machten es zu kompliziert, denn wir probierten nicht nur Fino, sondern auch Manzanilla, Amontillado, Palo Cortado und Old Dry Oloroso. Die Spanier aus Jerez können der Versuchung einfach nicht widerstehen: Sie wollen, dass man die gesamte Palette der Produkte probiert, die sie aus ihrer ziemlich unscheinbaren kleinen Traube, der Palomino, bereiten. (Dasselbe kann man mit Sake machen, wie mir japanische Freunde weismachen wollen. Ich glaube es nicht.) Der reinste und appetitlichste Vertreter der Jerez-Fraktion ist der Manzanilla. Es läuft einem schon das Wasser im Mund zusammen, wenn man nur an das kleine, vor Kälte beschlagene Glas denkt – und dazu einen Teller knusprigbrauner Garnelen und den weichen, warmen Sand unter den Füßen. Ich schweife in Gedanken hinüber zu den Manzanilla-Schuppen am Strand von Sanlúcar de Barrameda. Gießt man dort Salzwasser in den Wein? Es würde die Schärfe erklären.

Palo Cortado nennt man auch den Unentschlossenen; er ist weder fein noch duftend. Der weiche, reiche Wein bringt einen ins Grübeln: Man überlegt, was man zu ihm essen soll. Wären wir bei einem oder zwei Fino – oder auch Sake – geblieben und hätten uns mehr auf die Vielfalt der Miniatur-Bankette vor uns konzentriert, hätte ich Ihnen weitere Forschungsergebnisse präsentieren können. Was für ein Abend!

IV Rot

Des Weins erste Pflicht

HABEN SIE JE BORDEAUX UND BURGUND VERWECHSELT? »Nicht seit dem letzten Mittagessen.« Diese ehrliche Antwort wird Harry Waugh zugeschrieben, einem der talentiertesten Weinhändler Englands, dessen Gaumen der Weinwelt bis ins 95. Lebensjahr diente. Warum könnte er die beiden verwechselt haben? Und warum wäre das von Belang? Weinliebhaber stellen sich gern gegenseitig auf die Probe, und dafür bieten sich die beiden großen Klassiker unter den französischen Roten regelrecht an: Theoretisch haben sie keinerlei Ähnlichkeit, aber in Hochform nehmen sie einen – oder zumindest mich – so sehr gefangen, dass man sie nicht mehr unterscheiden kann.

Also: In meiner Linken halte ich ein Glas Burgunder, in meiner rechten einen Bordeaux. Der eine ist ein Volnay, der andere ein Pauillac. Wo soll ich anfangen? Ich sehe mir zunächst die Farbe an, indem ich die Gläser neige und gegen ein Tischtuch, ein Blatt Papier oder einen anderen weißen Hintergrund halte. Hier könnte schon die Antwort liegen. Der helle, durchsichtige, entweder kräftig kirschrote, leicht purpurne oder bräunliche Wein muss der Burgunder sein. Ein Bordeaux, der etwas auf sich hält, würde nie so auftreten. Warum? Der Wein aus den dickschaligen, blau bereiften Cabernet- und Merlot-Beeren kann hell oder dunkel ausfallen, aber nie so durchsichtig rot wie der aus der dünnhäutigen Pinot-noir-Traube.

Wenn die Farbe noch keinen Aufschluss gibt, muss die Nase die Herkunft verraten. Entströmt dem einen Glas ein süßer, frischer, kirsch- oder pflaumenartiger, vielleicht etwas erdiger, an Rote Bete erinnernder Geruch? Das ist der Burgunder. Entdeckt man Schwarze Johannisbeeren oder grüne Paprika mit einem Hauch Jod oder Eisen und eventuell Bleistift? Das riecht mir sehr nach Médoc, wenn nicht gar Pauillac.

Klingt alles sehr einfach. Gilt aber leider nur für relativ junge Gewächse. Man kann es auch mit trügerischeren Noten zu tun bekommen, vor allem mit dem grünlichen Duft von frischer Eiche oder dem kaffeeartigen Aroma von innen angerösteter – »getoasteter« – Barriques. Sowohl Burgunder- als auch Bordeaux-Weine können diese Züge aufweisen. So richtig kniffelig wird es, wenn sie erst einmal zehn bis fünfzehn Jahre alt und überdies atypisch sind. Geben Farbe und Bukett keinen Aufschluss, dann hilft der Geschmack womöglich auch nicht weiter. Aber natürlich lautet die eigentliche Frage: Schmeckt er? Wie gut schmeckt er? Und schmeckt er so, dass man ihn auch öfter trinken möchte?

Es gibt wesentlich mehr Rot- als Weißweine. Ich bin, wie Sie vielleicht schon gemerkt haben, nicht der Ansicht, dass es des Weins erste Pflicht sei, rot zu sein. Doch es gibt viele, die so denken, und sie haben gute Gründe dafür. Rotwein enthält Tannine. Sie geben einem Wein Textur und einen Biss am Gaumen, der wie ein zu enger Schuh kneifen oder wie Sandpapier kratzen, aber auch beleben und liebkosen kann. Ein Roter füllt den Mund mit Wärme. Rotwein ist mehr »Getränk« als Weißwein – glauben zumindest meine französischen Freunde. Wir sitzen zusammen in einem Café. Sie trinken einen Roten und ich in der Regel einen Weißen. Ist es ein schlechtes Lokal, zeigen sie mit ihrer Wahl, dass sie mehr Erfahrung haben als ich, denn schlechte Weiße sind noch schlimmer als schlechte Rote.

Auf zehn wirklich nützliche weiße Rebsorten kommen dreißig rote. Die Rotweinlandschaft hat nicht nur mehr Trauben, sondern auch mehr Traditionen und Kulturen zu bieten. Als Erste schwangen sich Burgunder und Bordelaiser Provenienzen zu Luxusgütern und internationalen Ikonen auf. Ihre Saat ist in aller Welt aufgegangen, trotzdem trennt das rote Lager nach wie vor sauber – wenngleich nicht korrekt – nach der Form der Flaschen in Gewächse, die Erinnerungen an Bordeaux bergen, sich der Region verpflichtet fühlen oder wenigstens eine Nähe zu ihr bekunden, und solche, die sich in spirituelle Abhängigkeit zu Burgund begeben haben. Die erste Flaschenkategorie gibt sich an ihren geraden Wänden, der hohen, runden Schulter und dem eckigen Halsansatz zu erkennen, die zweite an der eleganteren Form mit steil abfallenden, langen Schultern, die ansatzlos in den Hals übergehen.

In meinem Keller hält – wie auch in der Welt draußen – Bordeaux den Löwenanteil. Das liegt zum Teil an meinen Vorlieben, zum Teil aber auch am langen Atem dieser Weine: Sie kommen, um zu bleiben. Ich habe nie ganz verstanden, warum die Standardgröße für Weinkisten bei zwölf Flaschen liegt. Das Dutzend muss schon allein die Verfechter des Dezimalsystems in Rage bringen. Doch hat es zweifellos seine Vorzüge, denn es lässt sich durch zwei, drei, vier und sechs teilen, während die Zehn nur durch zwei und fünf teilbar ist. Eine Zehnerkiste wäre außerdem unpraktisch lang und dünn. (Kaum zu glauben, aber Champagner wurde einst in Gebinden zu 50 Flaschen verkauft. Wer mag das wohl gehoben haben?) Zudem kann man mit zwölf Flaschen die Entwicklung eines Weins von seiner Jugend bis zur beginnenden Reife gut verfolgen und hat danach trotzdem noch ein halbes Dutzend auf Lager, um ihn in seinem Zenit zu genießen. Weil aber heute viel mehr gute Weine als früher zur Auswahl stehen und auch wesentlich höhere Preise verlangt werden, halte ich sechs Flaschen für die praktischere Menge. Ich kaufe halbe Kisten, sooft ich nur kann. Außerdem wiegen zwölf Stück 20 Kilo – und die Kellertreppe wird mit jedem Jahr steiler.

Unten angekommen, halte ich kurz inne und lasse den Blick schweifen. Rechter Hand steht der Tisch mit der laufenden Arbeit: Weine zum Degustieren, Neuzugänge, Papierkram und das Handwerkszeug der Verkosterzunft. Eine Nische daneben dient als Geschichtsschrein; sie enthält eine Amphore, die der ebenso inspirierte wie inspirierende Weinhändler und Gastronom Joseph Berkmann in Spanien beim Tauchen auf dem Meeresgrund entdeckte. In einer anderen Ecke befindet sich ein schrumpfender Bestand Vintage Ports mit zerfallenden Etiketten oder gänzlich fehlender Kennzeichnung. Ich habe ihn einmal in London erstanden. Ein Dutzend Flaschen wurde mir in einer alten Whisky-Kiste von Haig mit uraltem Scharnierdeckel geschickt. Als Füllmaterial diente Stroh. Ein Strich weißer Farbe zeigt an, mit welcher Seite nach oben die Flaschen gelagert waren. Der restliche Raum ist mit Holzkisten aus Bordeaux und deutschem Wein in Kartons vollgestopft. Die meisten sind geöffnet. Hier wird noch gearbeitet.

Für roten Bordeaux-Wein verwende ich gern das Wort »Claret«. Es ist vom frz. *clair* für »hell« abgeleitet, weil die Roten aus Bordeaux früher fast die Farbe eines Rosés hatten. Handelt es sich beim Claret nun um einen alten Anglizismus oder wird damit Wein eines bestimmten Stils bezeichnet? Mit anderen Worten: Gibt es eine Urform des Claret? Dazu müsste man die Listen konservativer britischer Weinhändler studieren, die wie schon ihre Väter und Großväter Wein selbst selektieren und unter ihrem eigenen Etikett verkaufen. Heute füllen sogar manche Supermärkte ihren eigenen Claret ab (mit dem Untertitel »Roter Bordeaux«).

Der Claret ist ein leichtes, erfrischendes Gewächs in kräftigem, aber durchsichtigem Rot. Er hat höchstens 12,5 Prozent Alkohol. Den Hauptanteil hält in den meisten Fällen Merlot – heute die wichtigste Traube in Bordeaux –, der ihm einen recht krautigen Geschmack verleiht. Er ist trocken, leicht tanninbetont und süffig. Das klingt fast wie Tee. In der Tat dient Claret einem ähnlichen Zweck.

Die Reise der Marqués

Froissarts Chroniken des Hundertjährigen Kriegs lieferten Shakespeare den Stoff für ganze Stücke. Auch ich blätterte früher gern darin. Vor allem eine Schilderung machte auf den Schuljungen Hugh einen solchen Eindruck, dass sie ihm noch heute gegenwärtig ist. 1372 bestand die englische Weinflotte, die die Gironde hinauf bis nach Bordeaux segelte, aus 200 Schiffen. Wahrscheinlich kamen sie nicht alle auf einmal mit der Flut an, dennoch muss ihr Anblick überwältigend gewesen sein: der ganze Meeresarm voller quadratischer Segel. Sie gehörten kleinen, dicken hölzernen Schiffen, die sich auf dem Meer förmlich drängten. Bei Tagesanbruch wechselten die Gezeiten, und die Flotte kroch die sumpfige Küste des Médoc entlang. Die Blöcke knarrten, die Bugwellen überschlugen sich, der Wind trug Stimmengewirr über das Wasser. Man sah Männer das Deck schrubben – machte man das damals überhaupt? –, während ihre Schiffe das Fort bei Saint-Mambert passierten, das einige Jahre später zum Schauplatz einer von vielen Schlachten zwischen Engländern und Franzosen wurde – und weitere 200 Jahre danach den Namen Château Latour bekam.

Ich wollte schon immer diesen Weg segeln und dieselbe Küstenlinie im selben perlmuttartigen Licht unter dem Tuch eines Rahseglers hart am Wind sehen. Dreimal habe ich es bereits getan: einmal als Besatzungsmitglied und zweimal als Passagier – auf Schiffen, die von einer klapprigen alten Balearen-Brigantine bis zum luxuriösesten Clipper aller Zeiten reichten. Natürlich haben alle traditionellen Seerouten etwas Romantisches an sich, doch für mich war die Fahrt nach Bordeaux untrennbar mit meiner Identität verbunden. Schließlich waren die rundlichen Koggen aus Froissarts Chroniken die ersten Schiffe, die Wein die Gironde hinunter transportierten und zu den britischen Inseln trugen.

Der Claret wurde damals als echter »Nouveau« verkauft – so frisch, dass er kaum Zeit gehabt hatte, sich nach der Gärung zu setzen. Schon im Oktober tauchte die Weinflotte auf, um ihn in Empfang zu nehmen. Damit er rechtzeitig reisefertig war, las man die Trauben gegebenenfalls sogar nur halb ausgereift. Eine Schönwetterwoche Anfang November, und die Fässer konnten einen Monat vor Weihnachten an der gesamten britischen Küste an Land gerollt werden. Für die Weinflotte wurde mehr oder weniger das letzte Aufgebot zusammengetrommelt: Alles, was selbst der kleinste Hafen entbehren konnte, musste nach Bordeaux; die meisten Schiffe stanken nach Fisch. Wenn man ein Fass zu zwei Dritteln abpumpen konnte, blieb der Konkurrenz, die die Flut verpasst hatte, nur der von aufgewühltem Sediment getrübte Rest. Das Ganze kam einem schnellen Abstich gleich. Claret war klar, hell (für ein langes Einmaischen reichte die Zeit nicht; außerdem legte man damals noch keinen Wert auf Tannine) und erste Wahl. In Frankreich gibt es keine Entsprechung für den Begriff, ja, nicht einmal in den Vereinigten Staaten.

Meine erste Seefahrt nach Bordeaux fand 1975 statt. Tony Laithwaite war damals ein einzelkämpferischer Weinhändler mit einem kleinen Laden in Windsor. Ein gemieteter Bogen unter der Bahnbrücke diente ihm als improvisierter Keller. Während seines Archäologiestudiums hatte es ihn von Durham nach Bordeaux verschlagen, wo er in Castillon an der Dordogne wohnte. Hier hatte Englands Heer 1453 die entscheidende Schlacht um Bordeaux gegen den französischen König verloren. Heute besitzt Tony Laithwaite ein Château und ein Handelsimperium mit Stammsitz in genau dem Dörfchen, in dem er seinen ersten Claret trank. 1975 hatte er den Herausgeber der *Sunday Times* mit seiner Rechtschaffenheit und seiner einfachen, kleinen Firma, die Weine aus Castillon nach Windsor auf dem Direktweg importierte – daher der Name seines Unternehmens Bordeaux Direct – so sehr beeindruckt, dass die beiden den ersten Weinclub einer Zeitung gründeten. Weil ich schon seit langem für die *Sunday Times* schrieb, trug man mir die Präsidentschaft an. So kam es, dass wir eines Tages gemeinsam in See stachen.

Warum? Weil in unseren Adern zweifellos Salzwasser fließt. Warum aber gerade 1975? Weil Bordeaux ins Schlingern geraten war. Durch Israels Krieg gegen Syrien hatte sich der Ölpreis verdoppelt, und der mit dem hervorragenden 1970er-Jahrgang ausgelöste Weinboom war jäh zu Ende gegangen. Der Weinpreis war plötzlich um die Hälfte gefallen. Die alte Seestraße mit einem annähernd mittelalterlichen Schiff zu befahren hielten wir für einen Akt der Solidarität mit unseren Zulieferern in Bordeaux. Die *Marqués* war zwar größer als die einstigen Koggen, unterschied sich in technischer Hinsicht aber gar nicht einmal so sehr von ihnen.

Wir luden den Erzbischof, den Bürgermeister und die Bürger von Bordeaux ein, uns am Kai der Stadt zu verabschieden, wo in unserer romantischen Vorstellung Millionen von Fässern auf Schiffe gerollt worden waren, um den Weg nach England anzutreten. Was spielte es schon für eine Rolle, dass man die Boote bis ins späte 18. Jahrhundert vom Strand aus beladen hatte? Falls der Bürgermeister und Erzbischof zugegen waren, muss ich sie übersehen haben, so begeistert war ich vom Fall der Topsegel von der schweren Rahe, dem Schlag des Basanbaums und dem Knarren der Takelage, die die Last aufnahm. Wie klein unsere Masten unter dem hohen Bogen des Pont d'Aquitaine, der Brücke über die Garonne, doch wirkten. Noch bis in die nachnapoleonische Zeit gab es hier überhaupt keine Brücke. Als wir Kurs aufs Meer nahmen, schluckten schließlich der Nebel und das Gezeitenwasser unseren kleinen Zweimaster.

Am nächsten Morgen zogen noch immer die Weinberge des Médoc an uns vorbei. Auf Höhe des Château Loudenne hatten wir eine Begegnung mit einem Leichter. Von ihm übernahmen wir eine Ladung Fässer, die zu den schon 600 Kisten Bordeaux-Wein im Laderaum dazukamen. Im Château Loudenne hatte ich zehn Jahre zuvor meine Frau kennen gelernt. Gilbey, die Firma ihrer Familie,

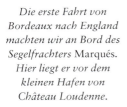

Die erste Fahrt von Bordeaux nach England machten wir an Bord des Segelfrachters Marqués. *Hier liegt er vor dem kleinen Hafen von Château Loudenne.*

hatte dort über ein halbes Jahrhundert lang Wein am kleinen Dock aufgenommen, bevor die Anlegestelle verschlammte und die Fässer fortan auf der Straße transportiert wurden. Wir gingen an Land, um auf den Gezeitenwechsel zu warten und mit den Lotsen auf dem Rasen eine Art Kricket zu spielen. Ein Lotse war für den Fluss und einer für die Mündung zuständig. Solche goldenen Tage bleiben ewig im Gedächtnis.

Die Biskaya kann sich zum Mühlenteich wandeln. Die See war so still, dass wir vom Bugspriet sprangen und um das Schiff herumschwammen. Die *Marqués* erinnerte mich an die *Hispaniola*, die Jim Hawkins, Squire Trelawney, Long John Silver und den Rest der Mannschaft zur Schatzinsel trug.

Es hätte nicht mehr viel zu erzählen gegeben, wäre nicht das Wetter umgeschlagen. Bei ruhiger See wären wir langsam nach Hause getuckert – ein Vorteil, den unsere Ahnen nicht hatten. Doch Ende August kann ein plötzliches Tief vom Atlantik Nordeuropa heimsuchen. Die Gerätschaften für die Wetterbeobachtungen waren auf der *Marqués* eher von der einfachen Sorte: Man machte den Zeigefinger nass und hielt ihn in den Wind. Wir liefen aus dem Hafen von Brest aus; soweit ich mich erinnere, hatten wir dort angelegt, um ins Kino zu gehen. Ein kräftiger Wind aus westlicher Richtung war vorhergesagt worden – es konnte ein Versprechen, aber auch eine Warnung sein. Kenner der maritimen Kriegsführung wissen, dass Küstenwinde in der Schlacht von Trafalgar die britische Blockade der französischen Flotte erst möglich machten und damit Napoleons Pläne zur Eroberung Englands vereitelten. Wir beschlossen, schnell auszulaufen und nach Hause zu segeln, bevor der Wind uns einen Strich durch die Rechnung machte. Eine überstürzte Entscheidung – wir wären beinahe gekentert, und unser Wein wurde gehörig durchgerüttelt. Trotzdem lohnte die Szenerie im Ärmelkanal den Umweg: Wir gaben das niederländische Gemälde eines Schiffs in Not ab, mit Focksegeln, die in Fetzen am Mast flatterten und vor der grauen See wie rote Bänder wirkten. Weiße Wellen, mastenhoch, hoben das Achterschiff wie einen Korken, um es wieder in den wütenden Schaum zu werfen.

Bei Windstärke 10 wird die Meeresoberfläche weggeblasen und jagt wie ein Sandsturm über die Wellen. Man sieht kaum, wohin man steuert. Wären wir vor einer Leeküste gefahren, wir hätten Schiffbruch erlitten, doch der Ärmelkanal ist nach Westen offen. Wir versuchten Cornwall anzusteuern, konnten uns aber nur in den Schutz von Torbay 240 km weiter östlich retten. Als wir die hohe, schützende Landspitze von Start Point passierten, schien es uns, als hätte man dem Sturm die Tür vor der Nase zugeschlagen. Antiklimax. Die Flasche mit dem Jahrgangs-Cognac hatten Tony und ich schon geleert, wie wir feststellten, und nun waren wir bereit für mehr, ganz gleich, ob Cognac oder Wind.

Es sollten allerdings noch viele Jahre ins Land ziehen, bis wir wieder eine Fahrt nach Bordeaux unternahmen. Die *Marqués* gab es nicht mehr, sie war anscheinend in einem ähnlichen Sturm vor Bermuda gesunken. Dieses Mal aller-

In der Takelage. Eine Erfahrung, die in der Erinnerung gar nicht mehr so mühsam erscheint.

dings zerriss ihr Tuch nicht; sie ging mit gesetzten Segeln unter. Und mit ihr die gesamte Mannschaft.

Das nächste Mal fuhren wir die Route zusammen mit einem Dutzend Mitglieder des Sunday Times Wine Club als Auszubildende auf dem Schulschiff *Astrid*. Ich war überrascht, wie viele sich auf dieser Miniaturversion von Nelsons Schiffen freiwillig für harte Arbeiten wie den Wachdienst oder das Setzen und Bergen der 16 Segel meldeten. Wir legten mit 400 Kisten Claret an Bord vom selben Kai in Bordeaux wie damals ab. In jedem Schrank an Bord stapelten sich Kisten. Wieder verabschiedete uns eine Reihe von Würdenträgern, doch diesmal begann die Fahrt mit einem schlechten Omen: Der Tisch mit Gläsern, Champagner und mit Shrimps und Pilzen gefüllten Teigschiffchen wurde von einer Böe erfasst und in den Fluss geschleudert.

Einen zweiten Bericht über die Fahrt durch den Ärmelkanal in einem Sommersturm erspare ich Ihnen. Mitten im wütenden Orkan stand der erste Maat auf dem Deckhaus und sah zu, wie seine Leichtmatrosen das windende Tauwerk zu zähmen versuchten und die Segel rafften. »Man bekommt heute keine guten Seeleute mehr«, meinte er nur. Am nächsten Morgen war die Bucht von Weymouth ein von Zephyr gestreichelter goldener See. Genau das Richtige für einen sadistischen Skipper, um seine erschöpfte Mannschaft das Kreuzen üben zu lassen. Dreimal Kursänderung, dreimal die Brassen und anderen Leinen für 16 Segel in der Morgensonne lösen, anholen, sauber aufschießen. Unsere Hände waren blutig, als wir segelbergend am Kai von Weymouth anlegten, während ein Böllerschuss fiel und die Menge jubelte. Einen Augenblick lang wusste ich, wie es gewesen sein musste, von einer langen Reise heimzukehren und die enge, gefährliche hölzerne Welt gegen endlosen Platz, Frieden und den Geruch von Grün einzutauschen.

Die Weine, die wir heimbrachten, sind längst getrunken. Es waren keine großen Gewächse, sondern jene leichten, trockenen Roten, die Bordeaux nach wie vor besser zu bereiten versteht als jedes Anbaugebiet der Welt. Sie schmecken etwas erdig und tragen in sich einen Anflug von Kies sowie die süße Krautigkeit der Cabernet-Cousins Sauvignon, Franc und Merlot. Wenn die Bordelaiser Winzer zurückblicken und hinter sich die ganzen Cabernets der Welt heranstampfen sehen, sollten sie eines nicht vergessen: Groß und stark zu sein ist leicht. Man kann einen Cabernet fast überall, wo die Sonne heiß genug ist, zu süßen, dunklen, alkoholstarken Kraftpaketen heranzüchten. Bordeaux allerdings ist bislang der einzige Ort der Welt, an dem großartige leichte Rotweine entstehen. Clarets eben.

Bei unserer jüngsten Bordeaux-Reise gönnten wir uns etwas Luxus. Wir befuhren die alte Weinhandelsroute zwischen England, der Biskaya sowie Porto und Lissabon noch weiter südlich.

Bordeaux mit Freunden

SIE WOLLEN EINEM WEINENTHUSIASTEN eine große Freude machen? Da gibt es etwas, das noch besser als eine gute Flasche ist: Machen Sie ihn mit einem Leidensgenossen bekannt. Eine kostbare Kreszenz zu besitzen und niemanden zu haben, mit dem man über sie sprechen kann, ist eine Qual. Ich lerne immer wieder Freundeskreise kennen, in denen jeder die Keller der anderen genauso gut kennt wie den eigenen. Bisweilen machen die Freunde einen Abend lang einfach nur die Runde, um zu sehen, wie sich ein Jahrgang entwickelt; gelegentlich stellen sie ihre Leidenschaft aber auch auf eine formale Grundlage, indem sie sich zu einem Vierer- oder Sechsergespann zusammenschließen und sich Verkostungszirkel nennen.

Das wiederkehrende Thema dieser Kreise lautet zumeist: Bordeaux. Kein anderer Wein ist in solchen Mengen und solcher Vielfalt verfügbar, hält so lange und bietet vor allen Dingen so viel Gesprächsstoff. Ich habe Puristen – seltsamerweise aus Burgund – einwenden hören, dass Bordeaux-Wein ein Bastard sei, weil er aus zwei, drei oder vier Rebsorten bestehe. Allerdings werden sie alle dazu verwendet, ein und denselben Wein zu bereiten. Die Unterschiede entstehen, weil das Mikroklima und der Boden für die eine Traube günstiger sind als für die andere. Natürlich aber auch, weil jedes Château seine eigene Tradition hat, ganz zu schweigen von den Vorlieben der jeweiligen Besitzer. Es ist interessant, die Weine der verschiedenen Güter zu identifizieren und den Reifeprozess der jeweiligen Jahrgänge zu verfolgen. Unnütze Spielerei? Nein: noch mehr Trinkgenuss.

The Bordeaux Club nennt sich eine Gruppe von sechs Freunden, die sich dreimal im Jahr im Haus eines Mitglieds treffen. Gegründet wurde der Club vom Weinhändler Harry Waugh und von Sir John Plumb, seines Zeichens Historiker, Master des Christ's College in Cambridge und Biograph des ersten britischen Premierministers. Wenn die Dinner und Weingespräche des Bordeaux Club bekannter als die aller anderen Verkostungszirkel sind, so geht das größ-

Der Bordeaux Club beim Champagner-Aperitif auf unserem von der Sonne versengten Rasen. Jack Plumb ist der mit dem Strohhut. Links Harry Waugh.

tenteils auf das Konto von Michael Broadbent, der jeden Wein festhält und seine Notizen in monumentalen Verkostungsbüchern veröffentlicht.

Wir sitzen an einem Januarabend um sieben in Jack Plumbs Wohnzimmer. Jack hat sich mit einer samtenen Smokingjacke unter einem glühenden Renaissanceporträt platziert. »Du bist unser Champagnerexperte, Hugh«, sagt er zu mir (womit er wohl andeuten will, dass ich nicht viel von Claret verstehe). »Ich bin mir bei diesem Jacquesson von 1976 nicht so ganz sicher.« Zum Glück werde ich nicht aufgefordert, ihn zu identifizieren. Ich halte ihn für etwas süßlich und seltsam rau für einen rund 20 Jahre alten Champagner aus einem Jahrgang, der wegen seiner Hitze in Erinnerung geblieben ist. Wenn Jack etwas nicht mag, tut er es auch kund.

Das Esszimmer befindet sich im Parterre. Es ist ein von Kerzen erleuchteter, getäfelter Salon mit Gemälden von Perücken tragenden Professoren an den Wänden und muss schon vor ein, zwei, nein, drei Jahrhunderten so ausgesehen haben. Wir sprechen darüber, ob das Essen und der Wein zu Zeiten von Jacks großem Helden Sir Robert Walpole anders waren als heute. Die Gerichte wohl nicht so sehr, wie ich meine; es muss sich um eine Art schnörkelloses Mensaessen gehandelt haben. Wir beginnen mit gegrillten Filets von Dover-Seezunge und trinken dazu Château Haut-Brion Blanc aus dem Jahr 1985. Das Gut bereitet alljährlich nur wenige Fässer dieses bei weitem teuersten Weißen aus Bordeaux. Wir beschließen einvernehmlich, dass dieser nicht besonders lebhafte Jahrgang mit merklicher Mandelnote den Preis nicht wert ist. Die Auswahl an Bordelaiser Weißwein-Erzeugern ist nicht groß – wir kennen alle erfolgreichen Gewächse auswendig. Manchmal greifen wir sogar auf weißen Burgunder zurück.

Mit einem Knall der schweren Tür bringen die Kellner die Fasanbraten und dazu große Silberschüsseln voller Selleriepüree, Rosenkohl, braun gerösteter Kartoffelscheibchen und grauer Brotsauce. Walpole wäre alles vertraut vorgekommen. Für den ersten Claret hätte er sich allerdings begeistert: ein Château

Canon von 1982 aus St-Emilion, fleischig, samtig, reichhaltig und komplex, wie meine Notizen mir verraten, aber mit einem minzig-frischen Nachhall. Jeden großen Bordeaux kann man an seiner Frische messen. Wir hatten an diesem Abend ein bunt gemischtes Weinprogramm – kein zum Appell angetretenes Regiment aus ein und demselben Jahrgang oder einem bestimmten Gut, sondern ein Potpourri als Untermalung für einen Plausch mit Freunden. Der Château Pichon-Lalande von 1978 war, wie ich festhielt, recht einfach. Sein charakteristisches rauchig-grünes Merlot-Aroma erinnerte an rote Etiketten von der Loire. Mit ihm hatte May-Eliane de Lencquesaing, eine der besten Gastgeberinnen in Bordeaux und mit jedem in unserer Runde befreundet, ihren Einstand gegeben.

Der Château Latour ist bei unseren Diners erfreulich oft mit von der Partie, was allerdings nicht für seinen rätselhaften 1975er-Jahrgang gilt. Warum rätselhaft? Weil wir uns nicht einig waren. Jeder verwies auf seine dunkle Farbe und den Tanningehalt. Für mich begann er voll frischer Hoffnungen, wartete dann mit den Latour-typischen erdigen, eisenartigen Noten auf und fiel anschließend ziemlich in sich zusammen. Noch warten, meinten einige; austrinken oder sogar wegschütten, rieten andere. So uneins wir uns waren, das Gespräch hatte auf jeden Fall mehr für sich als die vor Superlativen strotzenden Lobpreisungen untadeliger Spitzengewächse. Einen nicht minder guten Konversationsstoff bot die nächste Flasche aus einem relativ unbekannten Château der AC Margaux. Der Malescot-Saint-Exupéry von 1961 konnte mit Fug und Recht als Schläfer bezeichnet werden: dunkel, »süß« und würzig, ein Cabernet Sauvignon durch und durch, der eher nach Pauillac als nach Margaux schmeckte und beim Abschied den Eindruck süßlichen Verfalls hinterließ.

Wir waren nun bereit für einen Premier grand cru aus einem vorzüglichen Jahrgang: den Château Haut-Brion von 1953. Dem Fasan folgte ein Kaninchen aus Wales bzw. Abergavenny, um genau zu sein. Wir gossen den Haut-Brion ein – Korkschmecker. Und wir hatten nur eine Flasche. In einem solchen Fall kann man seine Enttäuschung nicht verhehlen. Natürlich hätte Jack ihn beim Dekantieren verkosten müssen – das sagten wir ihm auch. Wäre dieser Fauxpas uns passiert, hätte er sich sarkastische Bemerkungen nicht verkneifen können. Flaschen mit Korkgeschmack lassen sich nie vermeiden; wie häufig sie vorkommen, darüber ist man sich allerdings uneins.

Es folgten die unvermeidlichen Erzählungen von noch peinlicheren Desastern und eine Diskussion über das Problem des Korkelns im Allgemeinen. Bis zu zehn Prozent aller Flaschen seien verdorben, heißt es gelegentlich – eine Behauptung, die vor allem von Reformern gern vorgebracht wird, die Korken ganz abschaffen und alle Weine mit Schraubverschlüssen versiegeln wollen. Einige führen den Korkschmecker auf schlechte Hygiene, nachlässige Verarbeitung oder Überproduktion in der größtenteils in Portugal ansässigen Korkenindustrie zurück. Chemiker haben eine flüchtige, aber verheerende Substanz ausfindig gemacht, die in Korken schlummert und den muffig-modrigen Geruch verursacht. Würden ihn sämtliche Weintrinker erkennen und jede infizierte

Flasche zurückgeben, läge der Weinhandel bald am Boden. Seine Gewinne hängen somit von der Ignoranz der Verbraucher ab. Ein beunruhigender Gedanke.

Michael Broadbent erinnert sich an den jüngsten einer langen Reihe peinlicher Vorfälle. Er speiste mit einem wichtigen Weinauktionskunden von Christie's. Sein Gastgeber gießt eine kostbare Provenienz ein, verkostet sie und füllt die Gläser seiner Tischgenossen. Kaum hat Michael das Glas gehoben, merkt er, dass der Wein korkelt. Ein Dilemma. Soll er sagen: »Schade, der Wein korkelt«, und den Gast sowie alle anderen, die bereits davon getrunken haben, in Verlegenheit bringen? Oder soll er Stillschweigen bewahren und sich selbst der Gefahr aussetzen, wie ein Dummkopf dazustehen, wenn jemand anders auf den Fehler hinweist? Wir befürworten erstere Strategie (wir haben sie gerade beim Haut-Brion des armen Jack angewandt). Und wenn er nur ein bisschen korkelt? »Das ist, als ob man ein bisschen schwanger sei«, wirft der rotbackige Bauer in unserer kleinen Runde ein.

Zum Glück hatte niemand Lust, das Thema Schraubverschlüsse aufzugreifen, über das man in der Weinszene damals gerade endlos debattierte. Kork wird von einigen verteufelt, von anderen in den Himmel gelobt. Für die einen ist er ungesund, eine veraltete Verschlussmethode und ein Nährboden für Pilze, die einen Wein vernichten können. Das einzige Problem mit Schraubverschlüssen sei ihre mangelnde Aura: Sie verderben die Show. »Moment«, werfen die anderen ein, »ihr habt ja keine Ahnung, was mit einem reifenden Wein geschieht. Korken lassen ihn atmen. Ob er sich noch genauso entwickelt, wenn man ihn völlig vom Sauerstoff abschneidet?«

Süßes oder Käse? Der Wintergarten wird zum Labor, wenn es gilt, dieses ewige Dilemma zu lösen.

Nun zum Sauternes. Noch mehr Türknallen und eine Kristallglasschale mit Birnen in Rotwein tritt an die Stelle des Abergavenny-Kaninchens. Daneben steht ein schwerer, mit gelb schimmernder Creme gefüllter Silberkrug, der Walpole ebenfalls vertraut vorgekommen wäre. Jack füllt die Gläser mit der Frucht eines heißen, trockenen Sommers – einem dunkelgoldenen Château Rieussec von 1976, der für seine Farbe ebenso bekannt ist wie für seinen Karamellgeschmack. Wie berechenbar wir doch sind: Einer erklärt, dass er Sauternes zu Pudding nicht mag. Er sagt es jedes Mal. Dann folgt eine hitzige Diskussion. Sie erinnert mich immer an den Krieg in Gullivers Reisen, der darüber entbrennt, an welchem Ende ein Ei aufzuschlagen sei. Die Frage, ob zuerst der Käse oder das Dessert kommt, teilt England. Die Positionen sind so verhärtet, dass man allein an ihnen schon einen Royalisten von einem Republikaner, einen Sachsen von einem Normannen und vielleicht sogar einen Römer von einem alten Britannier unterscheiden kann. Aus heutiger rationaler Sicht kommt Käse als pikante Speise nach dem Hauptgang und schließt die Rotweinfolge ab. Das heißt, sofern man die Süßspeise nicht als Intermezzo vor dem eigentlichen Finale – Käse und ein Glas Port – betrachtet. Wir trinken Cognac, eine Tasse Kaffe, holen unsere Tagebücher heraus und gehen zu Bett. Es geht nichts über Rituale.

Ganz andere Dimensionen hat der Saintsbury Club. Sein Hauptthema ist der Wein im Allgemeinen und nicht der Bordeaux, trotzdem herrscht im Keller zwangsläufig der Claret vor. 50 Mitglieder, so verfügte sein Gründer, seien die passende Zahl. Wenn fünfzig zusammensitzen, bekommt jeder genau ein Glas aus der größten in Bordeaux gebräuchlichen Flasche, der fast nicht mehr zu stemmenden Impériale.

Die fünfzig treffen sich zweimal im Jahr, einmal im April und einmal im Oktober, in der Londoner Vintners' Hall, einem höchst geschichtsträchtigen Ort. 800 Jahre lang versammelten sich hier Weinhändler; bei einer Gelegenheit bewirteten sie gleich fünf Könige auf einmal. Mit ihrer langen Geschichte und ihren festen Zeremonien, ihren Pflichten, Privilegien und Verantwortlichkeiten, ihren Roben und Ritualen, auf die sogar ein Prinz stolz wäre, muten Londons alte Gilden fast wie eigene Königreiche an. Der Saintsbury Club ist hier zwar nur Gast und auch erst 60 Jahre alt, genießt jedoch ein kostbares, von seinen Gründern ausgehandeltes Privileg: Er verfügt im Keller der Vintners' Hall über sein eigenes, geräumiges Gewölbe.

Zu den Pflichten der Vintners' Company gehört das jährliche Fangen, Wiegen und Kennzeichnen eines gewissen Anteils der Schwäne auf der Themse. Jedes Zunftmitglied nimmt diese Aufgabe sehr ernst.

Wer war Saintsbury? Der Autor eines Buchs, das diesem hier gar nicht so unähnlich ist. Es trägt den Titel *Notes on a Cellar-Book* und beflügelt die Fantasie der Leserschaft derart, dass es seit seinem Erscheinen vor über 80 Jahren fast ununterbrochen in Neuauflagen herausgebracht wird. »Keine Geldausgabe«, schrieb er, »beschämt mich weniger und hat mir einen besseren Gegenwert eingebracht als die für die Flüssigkeiten, deren Chronik ich mit diesem Buch führe.« Und weiter: »Guter Wein hat meine Sinne betört, meine Stimmung gehoben, meine moralische Integrität und intellektuellen Fähigkeiten verbessert und mich befähigt, diese Vorzüge auch anderen zu vermitteln.« Danach geht es ziemlich unzusammenhängend weiter. George Saintsbury war Professor für englische Literatur an der Universität von Edinburgh und verfasste eine Geschichte des französischen Romans. Irgendwann einmal rieten ihm die Ärzte, aus gesundheitlichen Gründen keinen Wein mehr zu trinken (sein Kellerbuch dreht sich zur Hälfte um Gin, Whisky, Liköre und andere Spirituosen und sogar Bier). Er war zu krank, um an Zusammenkünften des zu seinen Ehren gegründeten Clubs teilzunehmen oder auch nur seine Gründer zu empfangen. Die konstituierenden Mitglieder hießen André Simon, Hilaire Belloc (Autor von *Cautionary Tales*) und A. J. A. Symons *(The Quest for Corvo)*. Ihnen allen war die Liebe zum Wein und zum Wort gemein. Zugelassen werden nur Männer (keine Frauen), die ihrer allumfassenden Leidenschaft für Wein wortgewaltig Ausdruck verleihen. Alle Mitglieder fügen dem clubeigenen Keller Provenienzen hinzu, die sie mögen und gerne mit Freunden besprechen. Beigesteuert werden üblicherweise 12er-Kisten. Es gibt einige sehr großzügige Spender.

Das Essen bei den Zusammenkünften des Clubs reißt niemanden vom Hocker, ist aber viel besser als noch vor 20 Jahren, als sich ein Mitglied einmal arglos erkundigte, ob irgendeine Vorschrift das Mitbringen belegter Brote verbiete. Klassisch sind allerdings die Weine und die Art und Weise, wie sie serviert werden. Ich wähle aus meinen Aufzeichnungen mehr oder weniger wahllos ein Menü aus. Zum Auftakt und noch bevor man sich an einem Hufeisentisch niederlässt, gibt es ein Glas Champagner. Es folgt eine klare Wildsuppe – klassischer geht's nicht – mit einem entbehrlichen alten Sherry oder Madeira: nussig und samtig, eichenduftig und durchdringend, zwischen süß und trocken schwebend. Zu jedem Gewächs wird der Spender genannt. Anschließend Muscheln in Käsesauce oder Seezunge in Dill mit einem Glas weißem Burgunder. Früher kam an dieser Stelle ein deutscher Weißwein zum Einsatz, mit dem man unter anderem alle Spuren des Sherrys verwischen wollte, um die Bahn für den Claret frei zu machen.

Zwei rote Bordeaux-Weine sind die Norm; gelegentlich werden auch zwei verschiedene Burgunder gereicht und nur ganz selten Kreszenzen von der Rhône, obwohl diese stets begeistert empfangen werden. Die Tradition gebietet: nie Bordeaux und Burgund zusammen. Warum eigentlich nicht? In Paris ist das jedenfalls kein Tabu. Wahrscheinlich meint man, dass ein Vergleich zwischen beiden, so gut sie auch sein mögen, keinem nützen würde. Als Hauptgericht gibt es meist Lamm mit vielerlei Gemüse. Ich kritzle Notizen auf meine Menükarte: Der Château l'Enclos von 1982 ist »sehr angenehm und ein bisschen einfach«, der 1985er Château Cheval Blanc »beginnt minzig-kühl, öffnet sich dann zu herbstlaubartiger Vielfalt, bleibt dabei aber lebendig, rassig und fast leicht am Gaumen. Schöne Textur und tanzende Länge.« Für meinen Geschmack viel zu schnell macht das Wort vom »Sieger« unter den Weinen die Runde, als ginge es um ein Rennen – und einen Sprint obendrein. Besser, man lässt jedem seinen Auftritt, philosophiere ich still vor mich hin. Allerdings bin ich ein langsamer Zecher – oder rede vielleicht auch zu viel –, weshalb der Port in der Regel zu schnell vor mir steht.

Gibt es im Saintsbury-Keller keine modernen Gewächse? Leben die Clubmitglieder in einer Epoche, in der die Neue Welt noch nicht entdeckt war? Sie werden sich das sicher bald fragen, also gebe ich Ihnen gleich eine Antwort darauf. Ich habe vermutlich als Erster australische, kalifornische und neuseeländische Weine ins Spiel gebracht. Als Neue-Welt-Premiere gab es von mir einen Chardonnay. Ich hätte ihn vielleicht besser mit dem Aufdruck »Der Weinminister warnt« oder einem Ablaufdatum versehen sollen. Der Kellerverwalter schmeichelte ihm, indem er ihn so lange aufbewahrte wie einen feinen weißen Burgunder. Er wurde durchweg für zu alt befunden.

Port. Seine Stunde schlägt zum Schluss. Allerdings hat der Saintsbury Club seine festen Spielregeln. Ganz gleich, ob Käse gereicht wird, es gibt zum Abschluss immer Digestive Biscuits, jene durch und durch britischen, leicht gesüßten Vollkornkekse, und dazu herrlich duftende Äpfel der Sorte Cox's Orange Pippins. Die beiden passen ausgezeichnet zusammen und bilden eine würdige Geschmackskulisse für Portwein.

Das Essen findet mit einem – nur selten kontroversen – Kommentar des Yeoman of the Cellar zu den getrunkenen Weinen und einem Hinweis auf eventuell zu erwartende Lücken im Kellerbestand seinen Abschluss (es gibt zum Beispiel nie genug Champagner). Dann werden wir für den Abend gerüstet entlassen – im geschilderten Fall, eine Oktobernacht des Jahres 1964, vielleicht sogar etwas zu sehr gerüstet. Ich machte mich von der Thames Street nach St John's Wood auf, eine Strecke von rund acht Kilometern quer durch London. Schon vor dem Port hatte ich den festen Entschluss gefasst, Judy einen Heiratsantrag zu machen. Schließlich kannten wir uns bereits mehrere Wochen. Es begann zu regnen. Nach Mitternacht fuhren keine Busse mehr. Ein Taxi ließ sich auch nicht sehen, außerdem wollte ich sowieso zu Fuß gehen. Als ich Judy aus dem Schlaf klingelte, war sie gar nicht erfreut, mich zu sehen. Allerdings sprach mein durchnässter Smoking seltsamerweise eher für als gegen mich. Trotzdem gingen einige Wochen ins Land, bis ich meinen Antrag zu wiederholen wagte.

Kann man sich auf die Meinungen von Juroren, die gerade sehr gut gespeist haben, überhaupt verlassen – selbst wenn es um Wein geht? Eine berechtigte Frage. Sogar der höchst angesehene Professor Peynaud bemerkt in seinem Standardwerk zur Degustation etwas überraschend: »Wer sich noch am nächsten Tag an einen Wein erinnert, hat nicht genug davon getrunken.« (Ich mache mir Notizen.) Nur selten jedoch geht man – zumindest meiner Erfahrung nach – so weit wie bei jenem Empfang in einem der berühmtesten französischen Restaurants, in das ein großzügiger Gastgeber geladen hatte, um alle berühmten Jahrgänge, die auf der Zahl »5« enden, zu feiern. Als Erstes servierte er uns den 1865er; ich glaube, wir tranken einen Großteil des noch existierenden Bestands weg. Vierzehn Weine und fünf ausgefeilte Gänge später schlug er einen Joint vor. Einen Augenblick lang stand ich verwirrt da. Professor Peynaud hingegen wäre wahrscheinlich rundum zufrieden gewesen.

Die Künstlerin Louann Lipscomb war von Manet inspiriert, als sie mich mit meinen Gastgebern bei einem texanischen Picknick porträtierte.

Verglichen mit derlei Extravaganzen sind unsere britischen Ausschweifungen harmlos. Wie weit ein amerikanischer Weinsammler gehen kann, wurde mir in Texas klar. Man schrieb das Jahr 1979. Der Neurochirurg Marvin Overton aus Fort Worth hatte anscheinend einen Narren an Château Lafite gefressen. Er hatte schon erstaunlich viele Jahrgänge bis weit ins 19. Jahrhundert zurück zusammengetragen, als er einen Brief an den damaligen Lafite-Direktor Elie de Rothschild schrieb und ihm von seinem Vorhaben erzählte, eine Flasche jedes großen Jahrgangs zu öffnen. Den Baron muss das so beeindruckt haben, dass er tatsächlich in den gutseigenen Keller griff. Das staubige Backsteinfach auf Lafite, muss man wissen, ist der heiligste Schrein im ganzen Médoc. Der Baron schickte eine Flasche des 1799ers, der neben dem 1825er und dem 1864er zu meinen süßesten Erinnerungen zählt. Damit verlängerte sich die Ahnenreihe auf 38 sehr gute oder sogar hervorragende Jahrgänge und ging bis ins ausgehende 18. Jahrhundert zurück. Michael Broadbent wurde um die Kommentierung der Weine gebeten. Ich habe ihn schon auf fünf Kontinenten Verkostungen moderieren sehen, die sogar noch länger und extravaganter waren als diese Degustation. Anscheinend hielt man das Ereignis in Texas für so bedeutend, dass die Teilnehmer vom Bundesstaat Texas offiziell willkommen geheißen wurden.

38 Weine an einem einzigen Abend sind meines Erachtens zu viel. Keiner allerdings veranstaltet mit solcher Regelmäßigkeit so großzügige Verkostungsveranstaltungen wie Hardy Rodenstock. 1995 lud er mich zu seiner 16. jährlichen Raritäten-Weinprobe ein. Eindrucksvoll waren alle damit zusammenhängenden Zahlen, nicht nur die der Jahrgänge: 23 Köche, 30 Kellner und 10 Sommeliers sorgten für die 100 Gäste, die 29 ausnahmslos blind verkostete Weine zum Essen gereicht bekamen – und weitere 32 am Morgen danach.

Die Sitzung begann mit einer »Serie«, also einer Gruppe zusammengehöriger Weine, von Château Rausan und Château Lafite aus den Jahren 1832 bis 1868. Dann folgten vier 1921er in Magnumflaschen (Pétrus, der älteste Jahrgang, den ich je von diesem Gut getrunken habe – einfach wunderschön). Anschließend vier Erste Gewächse von 1921, wieder in Magnumflaschen. Allmählich verlor ich den Anschluss: Ich war hingerissen von der Frische des Château Margaux und der Reife des Latour und wollte sie einfach nur endlos weitergenießen – aber nein: Schon kamen drei weitere 1921er, die es zu beschnüffeln und zu schwenken galt (mit einem fast perfekten Gruaud-Larose), bevor eine Yquem-Serie auf dem Programm stand. Der jüngste war 148 Jahre alt, ein 1847er. Während ich ihn auf mich wirken ließ, erschienen der 1811er, 1814er und 1825er. Ich ließ meinen Gruaud-Larose von 1921 stehen – ob ich ihn je wieder verkosten werde? – und versuchte mich auf Sauternes einzustellen. »Der 1847er ist nicht zu schlagen«, hörte ich jemanden sagen. »Auf jeden Fall«, erschallte es im Chor. Mag sein, aber jede einzelne dieser Flaschen hätte mir einen ganzen Abend lang größtes Vergnügen bereitet. Wenn es einen Sieger gab, dann mussten die anderen – drei außergewöhnliche Überlebende – zwangsläufig Verlierer sein. Die Runde erörterte noch den 1847er (ich befasste mich gerade mit dem 1811er), als eine Serie von acht weiteren roten Bordeaux-Weinen aus dem 19. Jahrhundert vor uns aufgebaut wurde. Panik. Irgendwie gelang es mir, Notizen über sie in mein Buch zu kritzeln. Drei der berühmtesten Lafite-Jahrgänge (1864, 1865 und 1870) kann man schließlich nicht ignorieren. Man kann sie aber vergeuden.

Die Ersten Gewächse

EHRFURCHTSVOLL nähern sich die meisten Weinliebhaber den Ersten Gewächsen aus Bordeaux. Ehrfurcht geht über Respekt und Bewunderung hinaus bis in den Bereich des Unfassbaren. »Ich habe einmal einen Latour getrunken«, habe ich Leute schon sagen hören, als hätten sie den Pilgerweg nach Santiago de Compostela beschritten. »Hat er Ihnen nicht geschmeckt?«, möchte ich bisweilen erwidern. Es scheint unmenschliche Beherrschung zu erfordern, auf so etwas Begehrenswertes zu verzichten, auch wenn es fünfmal so viel kostet wie das, was man als absolute Schmerzgrenze empfindet. Doch es gibt durchaus Mittel und Wege, es zu bekommen: fünf Freunde, die zusammenlegen, zum Beispiel.

Warum diese Ehrfurcht? Die Antwort lautet: 300 Jahre Marketing. Der Präsident des Bordelaiser *Parlement* war um 1650 auf die Idee gekommen, auf seinem Gut einen Superwein zu bereiten und der Londoner Society damit vor der Nase herumzuwedeln. Er nahm das Vorhaben mit Eifer in Angriff – wie er darauf kam und wie er es in die Tat umsetzte, ist allerdings nicht bekannt. Unzweifelhaft fest steht indes, warum die Idee vom Edelgewächs gerade Mitte des 17. Jahrhunderts Formen annahm. Bordeaux strotzte vor Geld, während London sich gerade von der langen Herrschaft der asketischen Puritaner erholte. Außerdem hatte die Anbauregion am Atlantik den Handel mit den holländischen Schnäppchenjägern satt. So machte sich Monsieur de Pontac auf die Suche nach einem dankbaren Abnehmermarkt.

Wäre Paris nicht naheliegender gewesen? Nicht in den 1660er-Jahren. Ludwig XIV. umgab sich mit kaltem Glanz; das Zeitalter des Parfüms und Champagners war noch nicht angebrochen. Pontac bewies Gespür. »Mein Junge«, sagte er zu seinem Sohn, »geh und eröffne ein Restaurant. London könnte eines gebrauchen. Eines Tages ist die Zeit sicher auch reif für Paris. Aber im Moment wird die Stadt an der Themse nach dem großen Brand gerade wieder aufgebaut, und mir schwebt da ein Fleckchen in der Abchurch Lane unweit des Monument vor. Nenn es einfach Pontac's Head. Und wenn man unser Sortiment auch im King's Head oder sogar dem Boar's Head führen will, so kannst du ihnen zu einem günstigen Preis entweder unseren absoluten Premium-Haut-Brion anbieten oder ihnen den Markenwein vorschlagen, den ich in meinem zweiten Gut keltere, dem Château de Pez in Saint-Estèphe in dem ebenfalls sehr guten Anbaugebiet Médoc.« Man wüsste nur zu gern mehr über Pontac junior, seine Fahrt nach London, seine Schwierigkeiten mit der englischen Sprache, seine Freundinnen und wo er seinen Koch auftrieb. Eine vage Beschreibung von seinem Wein finden wir in Samuel Pepys' Tagebüchern. Wie dem auch sei, schon bald kamen die ersten Touristen nach Bordeaux, unter ihnen der junge Philosoph John Locke, der das Land sehen wollte, in dem so unterschiedliche und außergewöhnliche Weine entstanden, und überrascht feststellen musste, dass es sich größtenteils aus Sand und Kies zusammensetzte.

Einen ähnlichen Boden gab es im Médoc, wo ähnliche Familien mit ähnlichen Zielen Güter gründeten; allen voran das spätere Château Margaux, dicht gefolgt von Latour und Lafite. Die Ersten Gewächse waren also nicht nur qualitativ, sondern auch zeitlich die Ersten. Anscheinend war allgemein bekannt, wo sich die vielversprechendsten Lagen befanden. Überhaupt scheint die damalige Gründerzeit eher von Zusammenarbeit als von Rivalitäten zwischen den Investoren geprägt gewesen zu sein, die ihre Dynastien bald durch Heirat vielfältig miteinander verknüpften.

Mit welchen Transportmethoden man den Markt beschickte, bleibt allerdings ein Geheimnis. Frieden zwischen Frankreich und Großbritannien hatte nur selten lange Bestand, und die englischen Steuereinnehmer waren sehr aktiv. Einen sicheren Schmugglerpfad gab es nicht; man riskierte ständig erwischt zu werden. Also wurden Freibeuter – vermutlich englischer Herkunft – beauftragt, die eigenen Schiffsladungen zu rauben. Vielleicht findet man eines Tages die verräterischen Papiere; bis dahin aber kann man nur mutmaßen über die Schmiergelder und verstohlenen Tipps, die unterwegs ausgetauscht wurden. 1707 fiel die gesamte Haut-Brion-Ernte als Kriegsbeute in gegnerische Hände, um kurz darauf in London als New French Claret zum Verkauf angeboten zu werden. Als sich das Ganze im folgenden Jahr wiederholte, dürften die Oberen den Braten gerochen haben.

Als ich 300 Jahre später in John Lockes Fußstapfen trat, fand ich Château Haut-Brion ziemlich genau so vor, wie der Philosoph es angetroffen haben muss – sieht man einmal davon ab, dass dem Gut die Stadt heute leider viel zu nah auf den Leib gerückt ist. Der aus bleichem Stein gemauerte Landsitz war von einer Aura beschaulichen Wohlstands umgeben. Château Margaux ragte hinter seinem riesigen Portikus stolz in die Höhe. Und Lafite präsentierte sich als jedermanns Traum vom ruhigen Zufluchtsort auf dem Lande, ein geducktes Refugium unter 100-jährigen Zedern, mit Gärten voller Blumen und Gemüse anstelle von Statuen und Statussymbolen. Fasziniert aber hat mich Latour, das zwar als »Château« firmiert – weil sich in Bordeaux jedes Gebäude mit mehr als einer Hand voll Rebstöcke freundlicherweise Schloss nennen darf –, in Wirklichkeit aber eine ziemlich gewöhnliche und unverhältnismäßig hohe Bürgervilla ist, die schon bessere Zeiten gesehen hat.

Der Vorwand für meine Reise war ein Artikel für *House & Garden*, in dem es nicht um Wein, sondern um die Innenreinrichtung berühmter Häuser ging. Monsieur Brugières, der ältliche Verwalter von Latour, gewährte mir Einlass; vermutlich war er selbst ein wenig überrascht darüber, dass jemand sich für das Gebäude interessierte. *House & Garden* druckte zwar meine Fotos der ausgebleichten Blumentapete nicht, gestattete mir aber einen Vergleich des Landsitzes mit einer »riesigen, verlassenen, ziemlich heruntergekommenen Pension«. Ich hatte die letzte Vertreterin einer aussterbenden Gattung gesehen.

Das war 1963. Im selben Jahr hatte ein Unternehmen von Lord Cowdray Château Latour gekauft. Der Lord feierte die Übernahme bei Christie's in London und trank Scotch, wenn ich mich recht erinnere. Mit seinem Einstieg wurde die kontinuierliche Linie der Besitzer, die bis auf die Ségur-Familie im 17. Jahrhundert zurückging, allerdings nicht ganz unterbrochen. Ihre Nachkommen, die Beaumonts, hatten stets ihre Hand im Spiel gehabt. Auch nach 1963 hielten sie nicht nur einen extrem wertvollen Anteil, es saß obendrein ein sehr interessierter Beaumont im Aufsichtsrat. Ansonsten aber waren Médoc-Grundbesitzer, die tatsächlich dort lebten, von jeher selten gewesen. Auch die Beaumonts besaßen riesige maschikolierte Burgen im angesagten Loire-Tal, wo es geselliger und fröhlicher zuging. Deshalb geriet Château Latour eher bescheiden.

Bei meinem ersten Besuch war der bevorstehende Wandel förmlich zu spüren. Die Tapeten fielen von den Wänden, dennoch hatte man auf Latour gerade zwei der größten Jahrgänge aller Zeiten hervorgebracht, den 1959er und den 1961er (wobei auch der 1960er und der 1962er ziemlich gut ausgefallen waren). Wollten die »leitenden Herren in dunklen Anzügen«, wie ich sie drei Jahre später in meinem ersten Buch naserümpfend beschrieb, die uralte, unzweifelhaft erfolgreiche Formel verderben?

Ihr erster Jahrgang, der 1963er, ließ ihnen oder auch allen anderen nicht die geringste Chance, sich zu beweisen. Er war ein kompletter Fehlschlag. 1964 ging man mit neuem Eifer zur Sache, nachdem man moderne Pressen und Tanks aus Edelstahl – eine Revolution für sich – angeschafft hatte, um unter Beweis zu stellen, wozu man fähig war. Ich erinnere mich noch gut an diesen Jahrgang im Médoc, wenngleich nicht speziell an den Latour. Der Sommer war heiß gewesen. Ich befand mich damals als Journalist im Château Loudenne in der etwas gewöhnlicheren Zone namens Bas-Médoc, wo es keine klassifizierten, geschweige denn Ersten Gewächse gab. Mein Gastgeber, Jasper Grinling, hatte zwei hübsche Halbschwestern, Mandy und Judy. Sie hielten sich rein zufällig hier auf, und genauso zufällig war ich Judy ein paar Tage vorher auf einer Feier in London begegnet. Es regnete – auf unser Hausfest und auf jeden, der da draußen Trauben erntete. Unbarmherzig. Die einzigen Reben, auf die es nicht regnete, waren die von Latour, wo die neuen Direktoren sich für eine frühe Lese entschieden hatten, weil ihnen noch der misslungene 1963er im Gedächtnis war und sie darauf brannten, diesmal einen Treffer zu landen. Ihr Wein geriet großartig. Als Judy und ich auf unserer Rubinhochzeit 40 Jahre später eine letzte Flasche tranken, erzählte sie uns noch immer von jenem fernen, strahlenden Sommer.

Damals hätte ich mir nie auch nur träumen lassen, dass ich 25 Jahre später einer dieser leitenden Herren sein würde – wenn auch nur selten, falls überhaupt je, in einem dunklen Anzug. Latour und die anderen Ersten Gewächse erwiesen sich als die treibende Kraft der gesamten Weinkultur im Médoc. Sie waren Schrittmacher, uneinholbar, aber stets in Sichtweite. Warum uneinholbar? Die ersten Investoren konnten frei wählen, wo sie ihre Rebstöcke pflanzen wollten, und suchten sich das beste Land. Diejenigen, die folgten, legten ihre Weinberge möglichst nah neben den Pionieren an. Die Rausans, Léovilles und Pichons, sie müssen stets gehofft haben, eines Tages auf- oder sogar überholen zu können. Nur ein Gut hat das je geschafft: Mouton, der Nachbar von Lafite. Die Beharrlichkeit und Überzeugungskraft, aber auch die geniale Bereitungskunst eines Rothschild waren dafür nötig. Zudem lebte Philippe de Rothschild im Gegensatz zu seinen Vorfahren und den allermeisten seiner Nachbarn vor Ort. Als Mouton-Rothschild 1973 nach 50-jährigen Bemühungen vom Rang eines Deuxième cru – das Gut nahm immerhin bereits ausdrücklich den ersten Rang unter den zweitklassifizierten Châteaux ein – in den eines Premier cru hochgestuft wurde, erwies man damit nicht nur dem Gut selbst, sondern dem gesamten Médoc einen Dienst.

Mouton hätte ein Teil von Lafite sein können. Warum es heute zwei Güter gibt, ist vielleicht das einzige Geheimnis, das der Boden des Médoc noch birgt. Lafite und Mouton gehörten beide dem Comte de Ségur, den man in Versailles Prince des Vignes, »Prinz der Reben«, nannte. Angeblich trug er sogar geschliffene Steine aus seinen Weinbergen als Knöpfe an der Weste – ein Werbegag, den sich sein Nachfolger Rothschild ausgedacht haben könnte. Irgendwann aber zog Ségur eine Trennlinie zwischen beiden Gütern und bereitete fortan zwei Weine (genauer gesagt vier, denn es gehörten ihm auch Latour und Calon in Saint-Estèphe). Schmeckte er wirklich einen Unterschied in den Erzeugnissen aus dem Hügel von Lafite und denen vom benachbarten Mouton-Plateau? Heute ist das nicht mehr schwer, doch sind seither auch 300 Jahre ins Land gezogen. In dieser Zeit kristallisierten sich Unterschiede heraus, und es entstand auf jedem Gut eine eigene Kultur. Man vermehrte unterschiedliche Reben, verwendete unterschiedliche Naturhefen und strebte nicht zuletzt unterschiedliche Resultate an. Irgendwie muss Ségur es dem Land angesehen oder aus den Fässern herausgeschmeckt haben. Es bleibt jedenfalls ein Geheimnis: das provozierende Geheimnis des Terroir. Hätten andere Deuxièmes crus unter anderen Besitzern bessere Weine als die Premiers-crus-Châteaux bereiten können? Nach Médoc-Maßstäben wohl kaum. Andere, der Zeit eher angepasste Weine – das wäre durchaus möglich. Wenn es aber darum geht, höhere Preise zu erzielen, dann gibt es einen einfacheren Weg, das zu erreichen: sich rar machen. Auf die Spitze getrieben wurde der Wettbewerb um die wertvollste Kreszenz mit den Garagenweinen.

DIE ERSTEN GEWÄCHSE / 205

Warum nur üben Hierarchien eine solche Faszination auf die Menschen aus? So demokratisch wir sein mögen, wir gieren nach wie vor nach Hackordnungen. Wir wollen Hierarchien, in denen das Beste ganz oben steht, ob bei Kunstwerken oder Fußballclubs. Fest steht allerdings, dass dadurch der Markt verzerrt wird, weil nur noch die Hälfte des Preises für den Genuss bezahlt wird und die andere Hälfte – oder auch wesentlich mehr als die Hälfte – für die Gewissheit, dass man auch wirklich das Beste hat, sowie natürlich für das Prestige.

GANZ OBEN
Auf der Wine-Spectator-*Degustation in New York. Latour-Präsident David Orr und ich werden flankiert von Marvin Shanken (links) und Kevin Zraly.*

OBEN
Nächste Station: Japan. Aus irgendeinem Grund war der japanische Weinmarkt attraktiver.

Das Marriott Hotel am Times Square war ein Gefängnis. Es gab kein Entrinnen für die Besitzer der Châteaux und Domaines und Porthäuser und Bodegas und Cantinas, die angereist waren, um auf der Jahresveranstaltung des *Wine Spectator* ihre Ware zu präsentieren. Marvin Shanken, der Eigentümer des Magazins, war ein mit einem Bullterrier gekreuzter Schäferhund. Er trieb die Leute zusammen und ließ sie Kunststücke vollführen. Als er mit seiner Zeitschrift zum ersten Mal auf der Vinexpo, der im Sommer stattfindenden Bordelaiser Weinmesse, vertreten war, fragte ich einige Angestellte an seinem Stand, ob ihnen Bordeaux gefiele. »Wir werden nichts davon zu Gesicht bekommen«, lautete die Antwort. Natürlich ging es mich nichts an, aber ich fragte Shanken trotzdem, ob ich ein, zwei von ihnen mit auf einen Ausflug ins Médoc nehmen und ihnen ein Château oder sogar eine Rebe zeigen dürfte. »Nein«, bekam ich zur Antwort (er brachte diese Ablehnung allerdings wortreicher zum Ausdruck). Ich erinnerte mich daran, als ich später mit den Besitzern von drei erstklassifizierten Gütern aus Bordeaux in einer verrauchten Bar im Marriott saß und dünnen Kaffee trank. Sie hatten persönlich antanzen und einer langen Schlange von Lesern des Magazins den ganzen Tag Kostproben ihrer Weine eingießen müssen. Lafite, so erfuhr ich außerdem, wurde in Amerika als »Eric Rothschild's Château Lafite« angepriesen; einen Ersatz – für Eric – akzeptierte man nicht. »Ihr könnt mehr Spaß haben«, versprach ich ihnen, »zum Beispiel in Japan.« Ich war gerade dabei, das Land im Fernen Osten für mich zu entdecken. »Soll ich nicht eine Präsentation von Ersten Gewächsen dort unten für euch organisieren?« Damals, in den 1980er-Jahren, boomte das Weingeschäft in Japan gerade, und Erzeuger in aller Welt sahen den Yen rollen. China sei als Nächstes an der Reihe, meinen einige.

Nicht ich habe letztendlich die Präsentation organisiert, sondern das Unternehmen Jardine Wines & Spirits, für das ich als Weinberater arbeitete. Als man

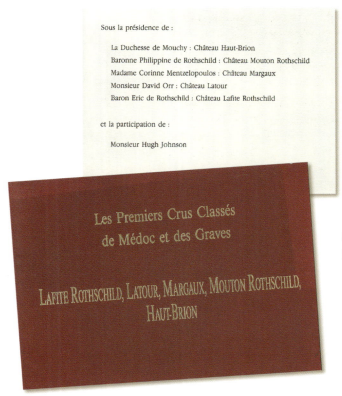

GANZ OBEN & OBEN
Die Ersten Gewächse gehen nur selten gemeinsam auf Tournee. Eines allein ist Star genug.

RECHTS
Die japanische Society war beeindruckt. Mit Heiligenschein: Asako Tsutsumi.

hörte, dass alle erstklassifizierten Güter einschließlich Château d'Yquem dabei sein würden, kam man auf die Idee, sämtliche japanischen Helden zu einem Essen einzuladen, also Sumo-Meister, Dichter, Geigenvirtuosen und Präsidenten von Automobilfirmen. Es fand eine außergewöhnliche Degustation statt, bei der ich nacheinander die Präsidenten und Schlossverwalter – ich weiß keine bessere Übersetzung für den *régisseur* eines Châteaus – von Haut-Brion, Lafite, Latour, Margaux, Mouton-Rothschild und Yquem vorstellte. Jedes Gut präsentierte zwei Jahrgänge. Es war der einzige Vergleich dieser Art, bei dem ich je zugegen war. Allerdings gab es eine kleine Vorsichtsmaßnahme. Ein Jahrgang kam nie zweimal vor, es gab also kein direktes Aufeinandertreffen. Mit Recht: Im Duell Wein gegen Wein zieht stets einer den Kürzeren, so gut er auch sein mag. Mit dem Hochgeschwindigkeitszug rasten wir zu einer zweiten Veranstaltung nach Osaka. Danach waren wir zum Essen eingeladen bei Seiji Tsutsumi, der einen Großteil des japanischen Eisenbahnnetzes besaß und angeblich viermal so wichtig wie der Premierminister war, wie man mir sagte. Er lebte in Tokio – wo Platz so kostbar ist, dass er in Teelöffeln gemessen wird – in einem modernen Haus mit jahrhundertaltem Garten, einem Meisterwerk aus Ahornen, Wasserfällen, Brücken und Laternen.

Nüchterne, analytische Verkostungsnotizen wirken auf einem Essensempfang wie diesem ziemlich flach, so gut die Provenienzen auch sein mögen. Ich

musste um mein Abendessen singen: den Wein degustieren, das Essen kosten, stehend nachdenken und etwas Sinnvolles sagen. Kritisch wurde es, als der erste Rotwein mit einem *gâteau de foie gras aux truffes* serviert wurde. Es handelte sich um den legendären Latour von 1961. Sein Bukett war raumfüllend, sein Geschmack ehrfurchteinflößend – doch *foie gras* und so viel Tannin sind einfach nicht füreinander gemacht. Mit der Fettleber wurde die Strenge und Dichte des Weins sowie seine mangelnde Reife – nach einem Vierteljahrhundert! – über Gebühr betont. Ich erinnerte mich, dass ich ihn auf dem Château in vollendetem Gleichklang mit dunklen Steinpilzen genießen durfte. Den Violinvirtuosen an meiner Seite erinnerte er an Smetana; ich habe mir seine Bemerkung notiert.

Der in Magnumflaschen servierte Lafite von 1959 riss mich aus meinen Tagträumen. Eigenartigerweise erschien er mir beim ersten Eindruck ebenso massiv und undurchdringlich wie der Latour. Einige Augenblicke später aber offenbarte er eine von honigartiger Süße ausgefüllte Tiefe und einen katzenartigen, samtigen Charme. Er füllte den Mund und blieb so nachhaltig, dass es einem fast schon langweilig werden konnte. Perfekt untermalt wurde diese unvergleichliche Ode an die Freude von einfachem hellem, zartem Kalb. Der Violinvirtuose sagte Händel. Ich widersprach ihm nicht.

Mit dem nächsten Jahrgang, einem Château Margaux von 1953, machte man einen Riesenschritt in Richtung Reife und weg von der geballten Kraft der beiden ersten Kreszenzen. Die Nase des Margaux, so erschien es mir, war weniger eine Aussage als vielmehr ein Vorschlag, seine Struktur wie aus Spitze gewirkt, zart und fein und doch mit einem Anflug von Kantigkeit, die mit der durch und durch überzeugenden Harmonie ein raffiniertes Paradox bildete. Ich wollte schon Mozart sagen, als mir der Violinvirtuose zuvorkam.

Kontrastreich ging es weiter mit dem Haut-Brion von 1949. Meine Verkostungsnotizen dazu sind schier endlos. In der Nase hätte ich ihn mit einem Latour verwechseln können: Er verströmte einen großartigen männlichen Geruch nach Rauchzimmer. Reif war er, doch nicht süßlich welk, sondern eher erdig. Ein explosiver, stechender Geruch. Die Farbe tiefer als bei einem Margaux. Kein Wein durchlief an diesem Abend eine solche Entwicklung im Glas. So komplett er auch schien, mit jedem Augenblick kam ein weiteres verführerisches Element dazu: umfassende »Süße«, eine klare Textur, die mich an ausgekippte Sahne erinnerte, die über Kies rann. Je mehr sich das Bukett entfaltete, desto deutlicher traten seine Noten von Rauch, Herbstlaub, Erde und Röstkaffee hervor, bis es schließlich einen Karamellton anschlug. Ich war viel zu sehr in Gedanken vertieft, um zu hören, was der Violinvirtuose sagte, aber für mich erklang Haydn.

Der Mouton von 1945 trat gebieterisch in einer Jeroboam auf. Wie meine Notizen offenbaren, war ich nicht mehr so nüchtern wie beim Latour. »Ein Trommelwirbel«, schwärmte ich, »Donner am Horizont«. Schon die Farbe war fast ehrfurchteinflößend, und auch die Nase hatte eine so durchdringende Cabernet-typische Tiefe, dass man förmlich zurückschreckte. In einer zweiten Welle rollte ein süß-sahniger Pilzduft heran, den ich bei großen alten Champagnern so liebe. Seinen Grund konnte man nicht ausloten, doch der Cabernet-Biss blieb bis zum Schluss jugendlich – noch im leeren Glas hing ein Geruch, der immer frischer und traubiger wurde. Beethoven, riefen der Violinvirtuose und ich im Chor.

Als wir beim 1980er Yquem angelangt waren, verließ ich mich meinen Aufzeichnungen zufolge schon auf die Urteile meiner Nachbarn, darunter die Frau eines Malers. Sie soufflierte mir alles, was ich brauchte. »Très sexuel«, lautete ihr Kommentar, den ich getreu niederschrieb. Wie immer war die geborgte Degustationsnotiz die beste.

Haben die Ersten Gewächse ihren Stellenwert errungen, weil sie zu solch waghalsigen Beschreibungen animieren? Sie sind extravagant, rufen extravagante Gedanken und extravagante Sprache hervor. Sie sind – sofern man die Geduld aufbringt – auf ihre ureigenste Weise so köstlich, wie ein Wein nur sein kann. Doch es gibt noch einen weiteren Grund, warum sie zur Legende geworden sind, weshalb so viele Weinkonsumenten von ihnen gehört und nicht wenige sie sogar schon getrunken haben: Es gibt Unmengen davon. Château Latour füllt jährlich 220 000 Flaschen ab, Lafite 250 000, Margaux und Haut-Brion 200 000 und Mouton sogar 300 000. Hinzu kommen noch die Zweitweine, die eine eigene, verdient treue Anhängerschaft haben. Auf dem Luxusartikelmarkt sind Marken, die solche Mengen zu solchen Preisen absetzen, eine ernsthafte Größe; sie erreichen die gesamte Weinwelt – und nicht nur sie.

Sie gelangen auf recht ungewöhnliche Weise in Umlauf. Wie ein Kuchen, von dem sich jeder ein Stück nimmt, werden die Erzeugnisse binnen Tagen vom Château zu den *négociants*, von den *négociants* zu den Großhändlern, von den Großhändlern zu den Einzelhändlern und von den Einzelhändlern zu den Kunden weitergereicht – und das alles noch bevor sie fertig oder auch nur abgefüllt sind. Jeder in der langen Kette von Käufern hat eine genaue Vorstellung davon, an wen er seine oft recht schmalen Stückchen weiterreichen will. Ihr Schicksal hängt aber nicht nur von der Marke, sondern auch vom Jahrgang ab. Es gibt Sammlerjahrgänge, Händlerjahrgänge, Jahrgänge für bedeutende Restaurants, Jahrgänge für aufstrebende Restaurants … und so weiter bis hinunter zu Jahrgängen, die so weit wie möglich weggeschickt werden: dorthin, wo man gerade einmal den Namen kennt. Durch cleveres Management kann jeder Jahrgang zum geeigneten Markt gelenkt und dort beworben werden. Ich habe die Führungsriege eines erstklassifizierten Gutes in Teilen der Welt getroffen, die nicht unbedingt für ihre Wertschätzung guter Weine bekannt sind. Vielleicht waren die Herrschaften ja auch im Urlaub. Es ist für das System unerlässlich, auch Erzeugnisse, auf die niemand stolz ist, dorthin zu befördern, wo sie geschluckt werden. Nicht immer allerdings verläuft alles nach Plan. Der Château Margaux, den ich im dunklen, plüschigen Ambiente des Hotels Chateau Angel in Kaohsiung mit Coca-Cola gemischt auf Eis angeboten bekam, hatte bei Christie's einen Rekordpreis erzielt.

Château Latour

MEINE BEZIEHUNG ZU BORDEAUX war eher vom Nehmen denn Geben geprägt. Ich wurde in vielen Châteaux willkommen geheißen; bisweilen gehörten sie sogar Freunden. Trotzdem war ich völlig überrascht, als mich Alan Hare, Präsident von Château Latour und Vorstandsvorsitzender der *Financial Times*, 1986 zum Essen in seinen Club, den distinguiertesten in der St James's Street, einlud und mir einen Posten im Verwaltungsrat von Latour anbot.

Der Kaffeeraum im Whites ist eine Mischung aus Tanz- und Speisesaal. Die Lüster, Porträts, Stuckverzierungen und die hohen Fenster, die auf die St James's Street hinausgehen, sind elegantestes 18. Jahrhundert. Man bestellte die Speisen, indem man einen Zettel ausfüllte. Sie wurden von einer Wirtschafterin gebracht und erinnerten etwas an ein Schulessen für Erwachsene. Alan Hare war ein zurückhaltender, sanftmütiger Mann, der stets ein Lächeln auf den Lippen hatte. Als er sich mit dem Dekanter über den glänzenden Mahagonitisch beugte, um mein Glas zu füllen, hatte ich ein Déjà-vu-Erlebnis. Sein Bruder Lord Blakenham hatte mich zehn Jahre zuvor in eben diesen Raum eingeladen, um mir die Mitarbeit an der Zeitschrift der Königlichen Englischen Gartenbaugesellschaft anzutragen. »Mit technischen Angelegenheiten haben Sie nichts zu tun«, meinte Hare, »aber wir hätten gern jemanden, der das Ganze von einer anderen Warte aus sieht. Sie finden es sicher interessant.«

Als das Gut noch ein britischer Außenposten war und die Franzosen noch kein strenges Regiment eingeführt hatten, begann der Arbeitstag für ein Mitglied des Verwaltungsrats mit einer Visite in den *chais*. Zunächst war der Erstjahres-

Alan Hare (links), Präsident von Latour, und der önologische Berater Pascal Ribereau-Gayon besprechen sich in Anwesenheit des »Prince des Vignes«, wie der Comte de Ségur genannt wurde.

chai an der Reihe, wo sich die Weine der letzten Lese in der Vorbereitungsphase befanden und die Fässer nur mit einem schweren Glaspund verschlossen waren, damit der *maître de chai* den Inhalt regelmäßig einer Überprüfung unterziehen konnte. Hier liegen in sechs Reihen 1200 Fässer, alle in der hellen Farbe neuer Eiche (ähnlich dem Gestein in Bordeaux). Der Mittelteil des Fasses ist – klar durch dunkle Schutzstreifen aus Nussholz abgegrenzt – weinrot gefärbt. Für die Fässer des Médoc gilt eben eine andere Kleiderordnung; Weinspritzer wären ein Fauxpas. Ein Kellerarbeiter in blauer Arbeitskleidung macht seine Runde. In der Hand hält er eine Kanne mit langem Schnabel, mit der er jedes Fass bis zum Rand wieder auffüllt.

Die *ouillage*, das Auffüllen der Fässer, ist Routine, denn der Wein verdunstet und wird von der Eiche aufgesogen. Der *maître de chai* geht mit dem Probenheber (einer Art Pipette, die in das Spundloch gesteckt wird, um eine Kostprobe zu entnehmen) voran, wir – fünf an der Zahl – folgen ihm und konzentrieren uns verbissen auf jeden dunkelroten Tropfen. Zu kalt, zu dumpf, zu tanninbeladen – das kann noch kein Wein sein. Der *maître* kennt jedes Fass: aus welchem Weinberg der Inhalt stammt, ob es Cabernet oder Merlot enthält, wie alt die Rebstöcke sind und wie gut die Chancen stehen, dass aus dem Inhalt ein Grand vin oder der Zweitwein Les Forts de Latour oder auch nur der Drittwein wird, der schlicht als Pauillac in Umlauf kommt.

Man braucht ein, zwei zahnsprengend kalte, schmerzlich lang gekaute Proben, bis man reifere von weniger reifen, fleischigere von dichter gewirkten, kurze und geschmacklich abrupte von schmeichlerisch verweilenden Gewächsen unterscheiden kann. Die Essenzen aus den Grand-vin-Fässern treten in ge-

Die Arbeit im Verwaltungsrat von Château Latour war nicht immer Stress. Meine Sammlung von Menükarten erinnert mich an die schönen Seiten.

bieterischerem Purpur auf. Das von der Eiche stammende Aroma nach kaltem Kaffee wird von einem süßen Duft nach Schwarzen Johannisbeeren verdrängt.

Dann geht es in den Zweitjahres-*chai*, in den die Fässer nach neun Monaten kommen. Dort werden sie mit weißen Silikonspunden verschlossen und so geneigt, dass die Spundlöcher auf zwei Uhr stehen. Sie enthalten nun das fertige Erzeugnis; es wurde selektiert und aus Weinen unterschiedlicher Trauben und Parzellen »assembliert«. Noch aber hat es nicht seine homogene endgültige Form erlangt. Die bekommt der Wein vor der Abfüllung in einem großen Bottich 18 Monate nach der Lese. Die Entnahme einer Probe aus einem versiegelten Fass gestaltet sich recht kompliziert. An einem Ende des Fasses ist eine Querlatte befestigt. Der *maître* nimmt ein Werkzeug, das wie eine kleine Axt aussieht, schlägt die Klinge zwischen Latte und Fassholz und hebelt den Fassboden nach innen. Ein dünner Strahl Wein tritt aus einer winzigen, mit einem kleinen Eichenpfropfen verschlossenen Öffnung aus. »Le voilà. Le quatre-vingt-dix.« Harry Waugh heißt der Mann, den wir alle ansehen. Er war einer der ersten britischen Château-Direktoren und hatte schon 25 neue Jahrgänge verkostet. Aussagekräftig war eher sein Gesichtsausdruck als die wenigen Worte, in die er sein Urteil kleidete (»sehr nett« gehörte dazu).

Beim nächsten Boxenstopp fühlte ich mich schon eher zu Hause: im Verkostungsraum, einem kleinen, hell vertäfelten, länglichen Zimmer mit einem Fenster, das auf den von Platanen beschatteten Hof hinausgeht. Hier besteht die morgendliche Übung darin, einen Grand vin aus ein und demselben Jahrgang, aber aus den Fässern von sechs verschiedenen Küfern nach sechs Monaten im Holz »anzusehen«, wie Weinleute gerne sagen, wenn sie »degustieren« meinen. Ist das wirklich noch dasselbe Gewächs? Die Unterschiede sind verblüffend. Die Probe aus dem Nadalie-Fass schlägt lebhafte Vanillenoten an, die aus dem Séguin-Moreau-Fass riecht pulverig und schmeckt angenehm frisch und kühl, aus dem Radoux-Fass rinnt Pikantes, ja, Animalisches. Ich weiß kaum etwas über die langfristige Wirkung dieser Versionen. Ein Fass kann heute einen Schönheitswettbewerb gewinnen und morgen das schwache Glied sein, das verhindert, dass aus einem Jahrgang ein großer Jahrgang wird. Jemand muss entscheiden, welches Fass wann verwendet wird.

Schließlich treten die beiden letzten Jahrgänge zur Beurteilung an. Der jüngere steht noch immer nur in Fassproben zur Verfügung, während der ältere bereits versandfertig abgefüllt ist. Für diesen Abschnitt des Weinlebens braucht man etwas Vorstellungskraft. Zwar fällt das Verkosten nun wesentlich leichter als vorher, doch ist es nach wie vor eine eher analytische denn genussvolle Angelegenheit. Der Wein färbt die Gläser aus massivem Kristall tief purpurn. Das für Verkostungsnotizen bereitliegende, cremefarbene Pergamentpapier ist eines Ersten Gewächses würdig.

Ich ringe nach Worten, um den vertrauten Latour-Charakter, den Geschmack des Terroir, zu beschreiben, und bleibe wie immer bei den üblichen Hinweisen auf Erde und Eisen hängen. Schon gut, ich rede zu viel, ich sollte lieber Tannin und Säure und Extrakt analysieren. Zum Glück gibt es Önologen.

Schon der Basiswein, Pauillac, schmeckt als Einsteigermodell so gut, dass ich immer wieder fast benommen werde, wenn ich die nächsten beiden Erzeugnisse degustiere: den Les Forts und den weit über die beiden anderen hinausragenden Grand vin. Bei so jugendlichen Gewächsen ist die Textur kaum weniger wichtig als der Geschmack. Sie offenbaren am Gaumen eine Energie und einen Biss von schier metaphysischen Dimensionen – eine Art aufgestauter, verborgener Kraft. Auf dem Blatt steht eine Spalte für Punkte bis 20 zur Verfügung. Bei mir bleibt sie leer. »Kaffee und Kölnischwasser« schreibe ich über den Les Forts. Zeit zum Essen.

Der Weg von den *chais* zurück zum Château durch die Rebzeilen hindurch und vorbei am kuppelförmigen, aus hellem Stein errichteten Taubenhaus, einem der beiden Wahrzeichen von Latour, ist kurz. Das andere Wahrzeichen, der Löwe, thront über dem Torbogen. Seltsam eigentlich: Wäre er beim Nachbarn Château Léoville nicht besser aufgehoben? Beim Essen sind nur zwei Gäste zugegen, acht Leute sind auch genug für den kleinen Raum. Der Architekt von Latour scheint für Ausblicke nichts übrig gehabt zu haben, sonst hätte er vielleicht einen Saal und eine Terrasse entworfen, von denen aus man diese großartige Lage über dem Fluss besser hätte genießen können.

Champagner schmeckt am besten nach der Degustation von jungem Claret und riecht doppelt so gut wie das Mittagessen. Bruno bereitet einfache, schmackhafte Gerichte zu. Heute steht auf dem Menükärtchen mit dem von einem Löwen gekrönten Turm:

Pavé de lotte aux cèpes
Filet mignon de veau
Petits légumes glacés
Fromages

Wenigstens verstand der Dekorateur etwas von Speiseräumen. Der runde Tisch füllt ihn fast vollständig aus. Die Wände und Vorhänge sind rot gehalten, die Bilder groß und die Blumen klein. Traditionell dekantiert der *maître de chai* den Wein, gießt ihn ein, kommentiert ihn und informiert uns Unwissende über seine Vergangenheit, Gegenwart und voraussichtliche Zukunft.

Zum Seeteufel in dunkler Pilzsauce trinken wir Les Forts de Latour von 1966, einen voll ausgereiften, in diesem Alter bereits etwas schlank gewordenen, doch mit intensivem Duft gesegneten Wein. Zum zarten rosa Kalbsfilet und den glänzenden Erbsen, Bohnen und Karotten aus dem Garten gibt es meinen Lieblingsjahrgang von Latour, den 1959er.

Jeder von uns bringt den Genuss, den der Wein ihm bereitet, auf seine eigene Art und Weise zum Ausdruck. Jawohl, er offenbart den vertrauten, komplexen Latour-Geschmack nach Kies und Eisen. Doch ist mit ihm auch die Sonne hervorgekommen. Besser gesagt, die Sonne jenes längst vergangenen, großartigen Sommers hat sich zu einem milden Abendglimmen verklärt, das die Schatten weicher werden lässt und die glutroten Wolken mit goldenen Spitzen verziert.

CHÂTEAU LATOUR / 213

Woher nimmt dieser Wein seine allumfassende Harmonie, die dem großen Zusammenklang eines Orchesters gleicht, bei dem das Ohr nicht mehr die einzelnen Elemente, die Holz- und Blechbläser, die Streicher, die einzelnen Töne heraushört, sondern nur noch auf das erhebende Ganze reagiert? Er erinnert mich an Simson und seinen Löwen: »Süßigkeit [ging aus] vom Starken.« Und wir sind erst beim Mittagessen.

———

Die Zeiten haben sich geändert auf Latour. Das Unergründliche an solchen Gütern ist, dass Besitzer zwar kommen und gehen, der Wein aber wie ein Wasserlauf in seinem Bett unbeirrbar seinem Lauf folgt. Flüsse mäandern mit der Zeit, unterspülen hier eine Böschung und schwemmen dort eine Bank an. Doch die Themse bleibt immer die Themse und die Seine immer die Seine. Lord Cowdray verkaufte seine Anteile an Allied Lyons. Der Aufsichtsrat von Allied beschloss dann mit untrüglichem Gespür für allerschlechtestes Timing, dass Wein eine schlechte Investition sei. Überhaupt ist so ein kleines Weingut eine Anomalie im Portfolio eines riesigen Konglomerats; je höher sein Wert steigt, desto geringer fällt der prozentuale Gewinn aus. David Orr, der Alan Hare als Präsident nachfolgte und unter dem die Jahrgänge 1989 (ein großer Wein, den die Septembersonne fast geröstet hätte), 1990 (ein Triumph), 1991 (frostig, aber im Médoc erfolgreich) und 1992 (schreckliches Wetter, leicht, aber annehmbar) entstanden, wurde darüber informiert, dass das Château wieder zum Verkauf stünde. Die Direktoren trafen sich auf dem Gut. Man bat die Pariser Bank Lazard Frères, binnen drei Wochen bei striktester Geheimhaltung eine Liste seriöser Kaufinteressenten vorzulegen. Erstklassifizierte Châteaux wurden nur alle Jubeljahre einmal angeboten. Am nächsten Tag stand die Neuigkeit im *Figaro*. So viel zum Bankgeheimnis.

Die neue Leitung 1994 im Verkostungsraum von Latour. François Pinault steht am Ende des Tischs neben mir. Zwischen uns der aktuelle gérant *Frédéric Engerer.*

Als ernsthaftester Aspirant kristallisierten sich die Chanel-Eigentümer heraus. Die Verhandlungen begannen – und zogen sich endlos hin. Sie müssen gedacht haben, dass sie die einzigen Interessenten seien. Auf jeden Fall ging es eine ganze Weile hin und her. Zuerst Zahlung für den Grund, später dann für den Bestand ... die Einzelheiten kenne ich gar nicht. Dann rief mich an einem Mittwochmorgen im Juli François Pinault an. »Wenn Sie am Freitag eine Einverständniserklärung unterzeichnen, stelle ich den Scheck aus.« Pinault, so erfuhren wir ziemlich schnell, hatte sich mit Nutzholz, Groß-, Versand- und Einzelhandel sowie strategischen Geschäften in den USA und China eines der größten Vermögen in ganz Frankreich erwirtschaftet. Der Scheck flatterte ins Haus.

Im Lauf der Wochen machte ich mir Gedanken darüber, was das für den Verwaltungsrat nun bedeutete würde. Latour befand sich mit einem Mal im Privatbesitz eines Franzosen. Ich schrieb ihm mit dem Hinweis, dass ich mich in Paris aufhalten würde, und schlug ein gemeinsames Essen vor. Ich traf mich mit ihm und seiner »Stabschefin« Patricia Barbizet an seinem Tisch im Robuchon, wo Nicht-Stammgäste normalerweise Wochen auf einen Platz warten. »Warum haben Sie denn Latour gekauft?« klang nicht sehr originell. »Weil ich konnte«, bekam ich zur Antwort. »Ich hörte, dass ein erstklassifiziertes Gut zum Verkauf stand und wollte sowieso einmal etwas anderes ausprobieren, also brauchte ich nicht lange nachzudenken. Außerdem ist Wein mein Hobby und Latour mein Lieblings-Bordeaux.«

Latour mag für Pinault ein Hobby sein, aber ein Mann wie er geht sogar seinen Steckenpferden geschäftsmäßig nach. Auf den Sitzungen des Verwaltungsrats erfuhr ich eine Menge über die unterschiedliche Mentalität von Franzosen und Angelsachsen. Für Gefühle war kaum noch Platz. Die Belegschaftszahlen sanken kontinuierlich.

Ein Gärtner war nicht länger unbedingt erforderlich (wir hatten stundenlang fruchtbare Gespräche über Böden und Drainage geführt). Die Pinaults waren fern und zugleich sehr engagiert; sie übernachteten kaum je im Schloss, wussten aber über jedes Detail Bescheid. Als ich in der Zeitschrift *Decanter* zum Mann des Jahres gewählt wurde, gaben sie mir zu Ehren ein großzügiges Essen, auf dem sie meine beiden Lieblings-Jahrgänge von Latour reichten, den 1959er und den 1949er. Madame Pinault reiste mit einem Berg von Frühlingsblumen für die Tische eigens mit dem Zug aus Paris an. Beim berühmten Taubenhaus stehen drei Fahnenmasten. An einem weht heute ständig die Fahne von Saint-Malo, der Heimatstadt von Pinault. Er behauptet, es sei einst die Flagge gefürchteter Piraten gewesen. An jenem Tag aber hisste man noch einmal die britische Flagge.

Ich habe wenig Ahnung von Wirtschaftsführung, aber der Grundsatz »erst rationalisieren, dann investieren« leuchtet sogar mir ein. Frédéric Engerer kam als Pinaults Leutnant, und mit ihm kamen neue Methoden. Die Routinearbeit im Weinberg und in den *chais* ist zeitlos (wenngleich nicht die Entscheidungen über das Personal, die Gerätschaften oder die Zahl der alten Stöcke, die gerodet und neu gepflanzt werden müssen). Was aber macht man mit den alten Weinbeständen? Die früheren Besitzer schienen sie als eine Art Ballast zu sehen, die dem Boot Bedeutungsschwere verliehen. Der neue Direktor, ein großartiger Verkoster und Geschäftsmann zugleich, überzeugte den Verwaltungsrat bald davon, dass jeder Jahrgang seine Bestimmung habe und für die meisten die Zeit reif sei, dieser auch zugeführt zu werden. Wo seine Vorgänger noch die Tradition im Auge hatten, sah er nur Flaschen. Ein privater Eigentümer hat den unschätzbaren Vorteil, dass er ohne Widerspruch bis zum Anschlag rationalisieren oder auch investieren kann. Als dieser Augenblick 1999 gekommen war und man mit der Umorganisation oder dem Umbau fast aller Betriebsteile des Guts begann, wurde der Wein – und er allein zählt schließlich – sogar noch besser. Wenn ich beim 2003er nicht verkehrt liege, dürfte er zu den ganz großen Jahrgängen gehören.

Was mich betrifft: Ich wurde wegen Fernbleibens gefeuert. Man beraumte jedes Jahr eine Sitzung auf Latour und zwei in Paris an. Ich bekam meistens nur sehr kurzfristig Bescheid. Den Zeitpunkt der Sitzungen bestimmte zudem der Eigentümer. Ich war mehrmals zu weit weg, um rechtzeitig anreisen zu können. »Monsieur Pinault legt großen Wert darauf«, hieß es in einem ausgesprochen höflichen Schreiben, »dass sämtliche Mitglieder des Verwaltungsrats an den Aktivitäten des Gutes vollen Anteil haben.« *Touché.*

Danke, Latour. Danke für viele wundervolle Augenblicke. Danke für die Weine von gestern und die Flaschen von morgen, die das Médoc am klarsten von allen zum Ausdruck bringen und dennoch das Mysterium vertiefen. Die Arbeit auf Latour bot mir Gelegenheit zu verstehen, wie die Reben eines Guts etwas Einzigartiges aus dem Boden holen, das mit jedem Jahr immer charakteristischer wird. Wenn es sich dabei um einen edlen Charakter handelt, dann drängt sich ein Vergleich mit dem menschlichen Leben förmlich auf. Ein großer Latour-Jahrgang kann ebenfalls ein Alter von 80 Jahren erreichen.

Bordeaux: linkes Ufer, rechtes Ufer

PARIS WAR TRADITIONELL – zumindest noch bis vor einer Generation – eine geteilte Stadt. Geteilt in das rechte und das linke Ufer der Seine. Rechts und links hatten hier fast schon politische Bedeutung, zumindest in meiner Gedankenwelt. Am rechten Ufer findet man den Louvre, die Champs Elysées, das Paris der Monumente, das Finanzviertel und die Modehäuser, den Präsidentenpalast, die Apartements der *haute bourgeoisie*. Kurz: das Establishment. Das linke Ufer war vor der Revolution das aristokratische Viertel. Später teilte der übrig gebliebene Adel es mit Studenten, Künstlern, Buchläden und Jazzclubs. Die Rive Gauche war immer gleichbedeutend mit Anderssein und Freidenkertum.

Auch Bordeaux teilt man in ein linkes und ein rechtes Ufer – allerdings nicht die Stadt, sondern die wichtigsten Weinbaubezirke. Als Grenzgewässer dienen die Garonne, die durch die Stadt fließt, die Dordogne, die sich wenige Kilometer hinter der Stadt zu ihr gesellt, und die Gironde, in der die beiden Flüsse vereint dem Meer zustreben. Mit dem linken Ufer ist die Stadtseite westlich der Flüsse und insbesondere das Médoc am Westufer des Meeresarms gemeint. Zum rechten Ufer zählt man die Anbaugebiete Saint-Emilion, Fronsac und Pomerol an der Dordogne. Ansonsten kann man die politischen Vorzeichen praktisch umkehren: Saint-Emilion am rechten Ufer blickt auf die längere Geschichte zurück, ist jedoch die Region der kleinen Güter und der Revolten. Attacken auf die alte Ordnung werden von hier aus geführt. Das Médoc am linken Ufer hingegen ist der Bereich der *haute bourgeoisie* mit seinen Châteaux auf ausgedehntem Grundbesitz, seinem Gepränge und der Klassifizierung von 1855.

Ich versuchte, meinen Fernsehzuschauern die Geographie von Bordeaux mit einer Schlammzeichnung verständlich zu machen. Zumindest mir ist sie im Gedächtnis geblieben.

Das linke Ufer

Wein war die einzig mögliche Bestimmung des Médoc, jener tiefliegenden, zwischen der Biskaya und dem breiten Meeresarm der Gironde eingekeilten Landzunge aus Kies und Ton und Sand, an der fast ein Viertel des französischen Wassers auf seinem Weg ins Meer vorbeifließt. Der Atlantik hat an der Westküste einige der höchsten Sanddünen der Welt aufgehäuft. Dahinter erstrecken sich kilometerweit Küstenkiefernwälder. Durch die Mitte führt ein unauffälliges, leicht erhöhtes Rückgrat. Hier beginnt eine Quasi-Monokultur aus Reben, die bis hin zum Ufer der braunen Gironde die Plateaus und sanften Hänge bedecken. Der helle Stein der Gebäude, die nur einen Zweck zu haben scheinen, hebt sich im Sommer vom Grün der Reben und im Winter vom Braun des Bodens ab. Die prachtvollen Châteaux und kauernden Höfe, aber auch die ausgebreiteten Dörfer entlang der Straßen, sie alle tragen ihr Schicksal so unübersehbar wie Weinflaschen ihr Etikett. Das Leben ist Rotwein hier und Rotwein das Leben.

An manchen Tagen kann man das Meer riechen. An anderen macht es sich durch die Wolkenparade über der Küste oder auch nur durch den wässrigen Schein des Lichts bemerkbar. Die See stürmt gegen das Land an, beschützt es aber auch. Der Winter ist grau, feucht und mild. Nichts regt sich im Dorf; die Läden des Châteaus sind geschlossen. Man hat das Médoc erst relativ spät, in etwa zur selben Zeit wie Südamerika, erschlossen. Es war noch immer ziemlich rückständig, als Somerville und Ross, zwei irische Journalistinnen, das »Weinland«, wie sie es nannten, vor 150 Jahren bereisten und von Flöhen und fehlenden Annehmlichkeiten berichteten.

Damals bekam das Médoc gerade sein kostbarstes Dokument ausgehändigt: seine Klassifizierung. Paris und London versuchten sich mit ihren grandiosen Weltausstellungen gegenseitig zu übertrumpfen. London machte 1851 mit dem Kristallpalast den Anfang. 1855 war dann Paris an der Reihe. Wie konnte man die berühmten Weine aus Bordeaux ins rechte Licht rücken? Man präsentierte die Besten einfach als Gewinner eines Wettbewerbs.

In diesem Büro und an diesem Schreibtisch der Chambre de Commerce am Kai von Bordeaux wurde die Klassifizierung von 1855 unterzeichnet.

Die Bordelaiser Handelskammer wandte sich an die Weinmakler der Stadt. Die zeigten auf eine Liste, an der man schon seit fast einem Jahrhundert feilte, die aber erst kurz vorher von dem englischen Fachbuchautor Charles Cocks systematisch erfasst und geordnet worden war. Noch etwas Feinabstimmung, und fertig war die Klassifizierung von 1855, mit der man die 61 besten Güter im Médoc in fünf Kategorien einteilte, wobei der Preis das ausschlaggebende Kriterium war. Warum nur das Médoc? So lautete nun einmal der Auftrag. Das Außerachtlassen der noch älteren Güter in Graves erscheint absurd. Château Haut-Brion konnte man zwar beim besten Willen nicht übergehen – es hatte ein historisches Anrecht auf den ersten Platz unter den ersten Kellereien. Doch sogar

Château Pape-Clément, gegründet vom Bordelaiser Erzbischof und späteren Klemens V., dem ersten Papst, der in Avignon regierte, blieb unberücksichtigt.

Hatte man damals überhaupt eine Ahnung, welchen Meilenstein man mit einer solchen Liste schuf? Hätte man sich je erträumen lassen, dass diese Klassifizierung mit einer einzigen Ausnahme 150 Jahre lang unverändert bleiben würde – ganz gleich, wie weit sie sich von der Realität entfernte? In gewisser Hinsicht spielt das auch kaum eine Rolle, denn damals wie heute erreichte man mit der Rangordnung genau das, was man wollte, nämlich das Médoc zu fördern. Warum dieser durchschlagende Erfolg? Weil die Klassifizierung wie eine Insel der Beständigkeit in einem Meer von Variablen wirkte. Wie Robert Parkers 100-Punkte-System im Amerika des 20. Jahrhunderts schien es den kürzesten Weg zur kultivierten Weinwahl zu weisen.

Variablen aber variieren naturgemäß ständig. Der Platz in der ursprünglichen Rangordnung wurde den Châteaux nach ihrer über viele Jahre hinweg erbrachten Leistung zugeteilt, die sich wiederum am Preis messen lassen musste. Im Gegensatz zur burgundischen Hackordnung war dieses System nicht unverrückbar an den Boden gebunden. Ein Château in Bordeaux ist nicht unbedingt gleichbedeutend mit einem Stück Land. Eigentümer können Parzellen kaufen oder verkaufen, ohne ihre Identität oder ihren Platz in der Klassifizierung aufgeben zu müssen. Nur zwei der 61 Güter befinden sich noch im Besitz der ursprünglichen Familie. Ironischerweise handelt es sich nicht einmal um Franzosen, sondern um die anglo-irische Barton-Dynastie auf Château Léoville-Barton und den (damals) englischen Zweig der Rothschilds auf Mouton. So ist alles im Fluss, und ein Château definiert sich über das, was es tut und zuwege bringt. Viele bringen Gott sei Dank Hervorragendes zuwege. Andere allerdings kaum etwas.

Graves

In meinem Keller nimmt das Médoc den mit Abstand größten Platz ein. Um den zweiten Rang streiten sich Pomerol und Graves. Graves hat angesichts der kleinen Zahl von Châteaux eigentlich einen ungebührlich hohen Stellenwert. Was ist das Besondere an gutem rotem Graves? Er hat einen nicht ganz so strengen Geschmack wie ein Médoc, weichere Tannine und mildere Säure. Man könnte sagen, dass er sich auf halbem Weg zum reichhaltigen, fleischigen Saint-Emilion befindet. Gelegentlich wiederhole ich mich in meinen Degustationsnotizen: »Schmeckt nach sonnenerwärmten Backsteinen« oder »mit Honig überzogener Kies« steht in meinen Aufzeichnungen öfter zu lesen. Bei einer Verkostung von Ersten Gewächsen sticht der Haut-Brion als großartiger Außenposten in Graves stets durch seine Weichheit und Milde heraus. Als schwach kann man ihn sicher nicht bezeichnen; doch fühlt er sich eher körnig als glatt an. Statt strahlender Frucht oder einem Hauch von Küste ist eine gewisse Pikanz das Graves-Ideal – ein Zug, dem unsere Gäste beim Abendessen manchmal nur schwer widerstehen können. Unter dem trockenen Boden, einem einzigen Sand- und Kiesgemisch, auf dem nur Kiefern zu wachsen scheinen, erstreckt sich wie in Saint-

Emilion ein Sockel aus Kalk. Auch spielt Merlot in der Komposition hier eine größere Rolle als im Médoc.

Château Haut-Brion ragt so übermächtig auf, dass das kleine Gefolge der Dutzend nach einem ganz anderen System als das Médoc oder auch ganz Bordeaux klassifizierten Güter oft übersehen wird. Man findet die Kellereien in den Vororten südlich der Stadt, wo sich einst der hochherrschaftliche Grundbesitz erstreckte: Der Erzbischof von Bordeaux bereitete seine Erzeugnisse auf einem Gut, das heute als Château Pape-Clément firmiert, während Haut-Brion dem Präsidenten des *parlement* gehörte. Man kann die Anwesen heute kaum noch finden zwischen all den Siedlungen, die tief in die Kiefernwälder dringen. Wer durch Pessac-Léognon fährt, wie der nördliche und beste Teil von Graves seit einiger Zeit genannt wird, verzweifelt fast, wenn er zwischen den vielen Schulen und Supermärkten nach einem Gut suchen soll.

Château Haut-Brion, das erste Premier-cru-Gut, wurde 1935 von dem amerikanischen Bankdirektor Clarence Dillon gekauft. Hier stehe ich 1987 davor, zusammen mit seiner Tochter Joan, der Duchesse de Mouchy.

Jeden zweiten Sommer, wenn in Bordeaux die internationale Weinmesse Vinexpo in einer drückend heißen, kilometerlangen Halle nördlich der Stadt stattfindet, verfahre ich mich auf der Suche nach der Domaine de Chevalier. Die Kiefernwälder glänzen in der Wärme des Juniabends, und die Reben, so man ihnen überhaupt begegnet, leuchten in dunklem, kühlendem Grün. An einem Festabend tauchten zwischen den Reben Fischerboote, ein Leuchtturm, Seeschlangen und ein Liner auf. Eine hochsommerliche Fata Morgana? Nein, bemalte Tafeln, die man in den Weinbergen aufgestellt hatte und die nun von den Rebwellen umspült wurden. Unter den Kiefern auf Chevalier – ein Château gibt es auf dem mit funkelnden neuen *chais* ausgestatteten Gut nicht, deshalb das »Domaine« im Namen – standen Tische mit Austern und jeder Menge anderer Genüsse neben hauseigenen Weinen und Gewächsen von Freunden in Burgund, der Champagne und dem Elsass. Nach dem Essen stand Jazz auf dem Programm. Kaum zu glauben, dass die tanzende Menge am nächsten Morgen wieder verkostend und Geschäfte machend in den Hallen stehen würde.

Ich verfolge die Entwicklung der Chevalier-Weine seit Jahrzehnten. Die Weißen gehören zu den leider viel zu seltenen trockenen Graves-Weißweinen, die meinen hohen Erwartungen gerecht werden. Rätselhaft bleibt, warum sie so lange – viel länger sogar noch als weißer Burgunder – brauchen, um ihr Gleichgewicht zu finden. Am Anfang ihres Lebens sind sie eine rohe, nicht sonderlich verführerische Mischung aus Sauvignon, Sémillon und Eichengeschmack. Als weißes Glanzstück hat sich über die Jahre der Château Laville-Haut-Brion erwiesen. Er ist mit dem La Mission-Haut-Brion verwandt, der wiederum dem Haut-Brion nahe steht. Es hat sich jedoch herumgesprochen, dass es sich um keinen unkomplizierten Wein handelt. Der Domaine de Chevalier kann ihm nahe kommen, und der Château de Fieuzal gehört zu denen, die wir oft trinken.

Auch der rote Domaine de Chevalier kommt nur langsam in Fahrt, zeigt sich aber als guter Mittelstreckler. Den größten Bekanntheitsgrad genießt Château Smith-Haut-Lafitte – sowohl wegen seiner klassischen Roten und Weißen als auch wegen seines vinotherapeutischen Wellnesshotels namens Les Sources de Caudalie, in dem der Gast mit Polyphenolen behandelt wird, der Wein also einmal ganz anders als sonst für Wohlbefinden sorgt. Mein Lieblingsgut der kleinen Gruppe ist Château Haut-Bailly. Ich habe seinen wohltuenden, harmonischen, angenehmen Wein einmal als »lang gegarten Lagerbestand« beschrieben. Roter Graves tritt nicht mit einem Paukenschlag auf.

Das Médoc

Ein hohes schmiedeeisernes Gitter bewacht die Zufahrt. Wirft man unter den schwarzen Ästen einer Zeder einen Blick hindurch, sieht man hinter den cremefarbenen, von Vasen mit scharlachroten Blumen gesäumten Steinstufen ein Haus aus hellem Stein mit kaum merklichem Küstenflair, dem einen oder anderen kecken Türmchen und sauberen grauen Fensterläden. Lange, rot bedachte Scheunen aus demselben Stein umschließen einen großen Hof. Hier scheint alles in hundertjährigem Schlaf zu liegen.

Die Châteaux des Médoc besetzen eine eigene Kulturnische. Sie bringen die Werte der *haute bourgeoisie* im 19. Jahrhundert zum Ausdruck, einer Zeit zwischen Napoleon und Belle Epoque. Man könnte den Stil als üppige Strenge bezeichnen. Er ist *comme il faut*, schicklich, ordentlich, oft ästhetisch – aber nicht Dionysos, sondern Apollo gewidmet, nicht dem Gott der Inspiration, sondern dem der Macht und des Geschäfts. In den langen, scheunenartigen *chais* sind hunderte von Fässern in regimentgleicher Regelmäßigkeit aneinandergereiht. Im Salon stehen die vergoldeten Stühle mit aufrechten Lehnen anständig in Gruppen beisammen und laden die Gäste ein, sich zur Konversation niederzulassen. Nichts regt die Sinne zu sehr an. Auf dem Sideboard im Esszimmer stehen die Dekantiergefäße bereit. Das Sonnenlicht durchflutet den Raum; ein warmer Duft zieht aus der Küche heran. Von draußen hört man Stimmen und Schritte auf dem Kies.

Wenn die glänzende Flasche in die Hand genommen wird, der Blick auf ihr Visitenkartenetikett fällt und die rubinrote Flüssigkeit sich in das Kristallglas ergießt, dann findet alles seinen Ausdruck und seine Berechtigung: die einsame Landschaft ebenso wie die strammen Rebzeilen, der leere Hof ebenso wie die Reihen identischer Fässer im Halbdunkel.

Ja, es geht um den Wein, der roter, tiefer und glänzender ist als ein Rubin. In seinem Aroma vereinen sich das vom Meer umschlossene Land und seine Frucht – kiesige Erde und süße Johannisbeeren – mit blassen Eichendauben und sogar dem Perlmuttlicht des Atlantiks. Es bleibt im Gedächtnis haften wie der Duft von Rosen. Und erst die Kraft, die den Gaumen umspült, dieser eigentümlich asketische Eindruck beim Schlucken: Reife, die von Adstringenz wohlkalkuliert in Schach gehalten wird; warm und kalt zugleich. Der Wein ist sowohl Rätsel wie Aussage, er befriedigt Körper und Seele gleichermaßen. Falsch, nicht die Seele, eher den Intellekt. Wir Bordeaux-Liebhaber sind keine Lärmer Rabelais'scher Prägung. Wir könnten es werden, wenn wir nach Burgund gehen, doch der Wein, den wir so sehr lieben, ist zum Nippen und nicht zum Zechen gedacht. Man probiert und fragt sich, woran er einen erinnert, aus welchem Jahr er stammt oder ob man ihn erkennt. Das Verkosten von Claret ohne dieses Insichgehen ist wie das Nachsehen der Lösungen bei einem Kreuzworträtsel.

Ich habe das Médoc erstmals 1961 zu Gesicht bekommen. Beeindruckend mag sie gewesen sein, diese Landschaft mit ihren herrschaftlichen Schlössern, doch einladend konnte man sie beim besten Willen nicht nennen. Ich kann mich nicht erinnern, auch nur ein einziges Restaurant gesehen zu haben. Selbst Bars waren ausgesprochen selten, und ein Schild mit der Aufschrift *Dégustation, Vente*, das auf Verkaufsaktivitäten hingewiesen hätte, suchte man vergebens. Einfach, weil es keines gab. Sämtliche Médoc-Weine wurden von Händlern aufgekauft, die ihren Sitz am *Place* hatten, dem Marktplatz in Bordeaux. Einige wenige etablierte Firmen kontrollierten von Büros am Quai des Chartrons aus das Geschäft. Hinter dem blassen Stein und den eleganten schmiedeeisernen Arbeiten der Fassaden am Fluss verbargen sich Fasskeller, die dreimal so lang wie Fußballfelder waren.

Mit einem Château-Besitzer bekannt gemacht zu werden war damals unüblich. Und ebenso selten kam es zu Einladungen, vor allem weil die Eigentümer der Güter anderswo lebten. Selbst in Châteaux, deren Türen Gästen offen standen, wurden meist nur die Esssäle und Küchen bewirtschaftet. Ein legendärer Schlossbesitzer, der tatsächlich auf seinem Gut wohnte, war Monsieur Dupin auf Château Grand-Puy-Lacoste. Er pflegte von seinem Stuhl an dem reich gedeckten Tisch aufzustehen, auf den Korridor hinauszutreten und der in der meilenweit entfernten Küche hantierenden Köchin zuzubrüllen: »Antoinette. Sauce!« War ein Schloss ständig bewohnt *und* einladend, avancierte es zu einer beliebten Anlaufstelle für Reisende. Château Ducru-Beaucaillou war für das Lächeln der Bories berühmt, Château Langoa-Barton für den durch und durch britischen Ronald Barton, Château d'Angludet für den schlitzohrigen Peter Sichel, Château Prieuré-Lichine für seinen unkonventionellen, energiegeladenen Besitzer Alexis Lichine. Andere Bordeaux-Besucher würden mit Sicherheit andere Güter aufzählen. Die Fixpunkte einer Geographie sind die Menschen: Beim Navigieren in einem Land orientiert man sich am Licht, mit dem die Häuser von Freunden einem den Weg weisen. Ich war kein Weinhändler, der die Lagerhäuser von Bordeaux ansteuerte. Besuchen, Lesen und Trinken formten mein Bild vom Médoc.

Das Verkosten der neuen Bordeaux-Weine im Frühjahr nach der Lese ist nie einfach und nichts für schwache Naturen. Jeder sagt, wie töricht so viel Eile sei, doch jeder geht hin. 200 Journalisten aus aller Welt begeben sich Ende März

Nichts geht mehr ohne Computer: Heutzutage müssen die Ausrichter von Verkostungen den Journalisten auch Tische für ihre Laptops zur Verfügung stellen.

nach Bordeaux zur Degustation. Sie werden gruppenweise in Bussen zu einem Château gefahren, wo man die Proben von 100 Gütern der benachbarten Gemeinden bereithält. Im kalten Gärkeller stehen lange Tische mit Flaschen. Die Besucher befragen die kalten, harten Weine zwei Stunden lang nach ihrer Zukunft. Sie beäugen, beschnüffeln und schütteln sie, riechen noch einmal daran, machen sich Notizen, schwenken und nippen. Mit einem kalten Löffel voll Wein, der ihre Vorderzähne schmerzen lässt, schlürfen und kauen und kalkulieren sie, schließen die Augen und brüten, schreiben eine Bewertung in ihre Notizbücher oder vertrauen ihre Schlussfolgerungen einem Laptop an. Noch ein Wein und noch einer, noch eine Entscheidung und noch ein Satz. Mit blauen Lippen, Zungen, Zähnen und Fingern versuchen sie die Zukunft jedes rohen, unfertigen Weins vorauszusagen. Die Kunst besteht darin, die Ablenkungen – die harten Tannine und die präsente Säure – zu ignorieren und das Wesen des Weins zu erkennen. Wie viel süße Frucht ist vorhanden, um die Kanten mit der Zeit abzuschleifen und die Elemente zu vereinen? Wie viel *charpente*, Gerüst, schützt und trägt die Frucht auf ihrem Weg durch die Jahre?

Mit dieser kalten Analyse eines Jahres harter Arbeit, schwerer Entscheidungen und wandelnder Geschicke steht und fällt der Ruf eines Châteaus ebenso wie der Preis seiner Weine. Wenn die Degustatoren zur Mittagszeit in die Wärme des Châteaus strömen und mit ihren kalten Fingern ein Glas goldenen Champagners umklammern, wird aus Geflüster Gemurmel und aus Gemurmel Gewirr. Champagner verdoppelt die Lautstärke. »Konnten Sie im Giscours etwas ausmachen?« »Ich fand den Palmer großartig.« »Soll das schon der endgültige Verschnitt des Lascombes sein?« Hundert Ansichten, kategorische wie zögerliche, vermengen und verändern sich, verharren und gerinnen. Die Merlots sind reif, die Cabernets grün. Die Saint-Juliens stechen die Pauillacs aus. Die zuletzt geernteten fallen am besten aus. Man schmeckt, ob die Reben in diesem Château sehr jung oder die

Nach einem langen Märzmorgen, in dessen Verlauf kalte, halbfertige Weine degustiert werden mussten, ist das Essen eine willkommene Abwechslung. Hier auf Château Lynch-Moussa, einem kleinen Cinquième cru in Pauillac, das noch sehr an ein Familienlandhaus erinnert.

Fässer in jenem sehr alt sind. Gewinner und Verlierer kristallisieren sich heraus, Artikel werden eingereicht. Die Neuigkeiten sind unterwegs; sie werden gelesen und von Weinliebhabern in aller Welt gespeichert. Ein großer Jahrgang, bei dem Margaux die Nase vorn hat, oder ein schwieriger Jahrgang, für den mit sinkenden Preisen zu rechnen ist. Endlich ist eine Entscheidung gefallen; sie wurde hastig getroffen, dennoch lässt sie sich nur noch schwer korrigieren.

Die Proben der bewerteten Gewächse entstammen einem Fass unter hunderten, und der Jahrgang hat gerade einmal ein Viertel der *élevage* durchlaufen. Würde sein eigener Kellermeister ihn unter den ganzen Proben überhaupt noch herauskennen? Würde er ihn für gut befinden? Harte Fragen, aber die Welt ist nun einmal unerbittlich.

Was also ist der Unterschied zwischen einem guten Jahrgang und einem, den seine Macher mit Erklärungen stützen müssen, bevor sie ihn auf die Reise schicken? Ein voller Mund, um es in aller Kürze zu sagen. Optimal ausgereifte Trauben ergeben Weine, deren prall gefüllte Adern pulsieren, deren Textur vor Substanz strotzt, die die Süße warmer Frucht in sich bergen und von angenehm warmem Alkohol getragen werden. Überreif ist gleichbedeutend mit dem Geschmack von Rosinen, Tannin, das sich festkrallt, und einem Brennen anstelle eines Glühens. Wirklich unausgereift wiederum heißt dürr, wässrig, schwächlich süß und vor dem raschen Kollaps kurzzeitig säuerlich. 1968 war der letzte verlorene Jahrgang dieser Art. Seither haben sich die Winzer jedes Jahr zumindest einige Lorbeeren verdient. Der Kellermeister (und der positiv eingestellte Trinker, so wie ich einer bin) findet einen guten Jahrgang, der unter schwierigen Bedingungen entstand, interessant, wenn nicht sogar zufrieden stellend. Er wird für ihn nicht die erste Wahl im Restaurant sein, aber durchaus zu den Geschmackskategorien zählen, die er aus dem Keller nach oben bringen kann. »Warum sollte jemand etwas wollen, das nicht das Beste ist?«, werde ich immer wieder gefragt. »Damit er besser versteht«, würde die hochtrabende Antwort lauten. »Damit er die Qualitäten des Besten schätzen lernt«, wäre nicht minder treffend.

Ich habe mich stets vom Nordteil der Halbinsel angezogen gefühlt. Auf der langen Fahrt von Bordeaux dorthin durchquert man ausgedehnte, feuchte, pappelbestandene Ebenen, zwischen denen sich immer wieder von Reben bedeckte Plateaus finden. Die erste Siedlung, die die Bezeichnung »Dorf« halbwegs verdient, ist Margaux. Sie besteht aus zwei Kurven, einer Ansammlung hoher, ziegelgedeckter Dächer und einer *mairie* mit rot-weiß-blauer Fahne. Darum herum ausgedehnte, flache Felder aus hellem Kies. Sind die Gebäude am Horizont, die wie in ruhiger See vor Anker liegende Schiffe wirken, nun Landhäuser oder Fabriken? Riesige blasse, geometrisch angeordnete Planen lenken den Blick zu einem Palast und weiter zur grauen Gironde dahinter.

Verbinde ich mit dieser Landschaft einen Geschmack? Wie angenehm und einfach das wäre. Ich habe es in meinem *Weinatlas* versucht. Doch damals hatte sich die Technik der Weinbereitung kaum verändert, seit man davon abgekommen war, Trauben mit den Füßen zu zerstampfen. Heute schätzt man Gewächse, die eher von der Traube als vom Boden geprägt sind, sofern man das überhaupt trennen kann. Sie sind fruchtiger, eichengefärbter und früher trinkreif. Châteaux, die sich nach der Mode richten, nehmen ihren Weinen etwas von ihrem Charakter. Ich bin nicht sicher, ob ich noch generell einen Margaux von einem Saint-Julien unterscheiden könnte.

Ein Margaux zeichnet sich durch Parfümduft und ein Saint-Julien durch Harmonie aus, heißt es, doch gibt es bei solch schwer fassbaren Kategorisierungen unendlich viele Überlappungen. Unter Laien ist sicherlich Margaux die bekannteste Gemeinde im Médoc, was wahrscheinlich damit zu tun hat, dass die Appellation ihren Namen mit einem erstklassifizierten Château gemein hat, das wie kaum ein anderes über den grünen Klee gelobt wird. Margaux ist der Palast im Bordeaux-Bild. Sein neuklassizistischer Portikus über Stufen, die zu einem Thron zu führen scheinen, wirkt eher ehrfurchtgebietend als einladend. Die Feierlichkeiten in diesem Schloss entsprechen dem Rahmen. Ich werde mich immer an das Fest zum 200-jährigen Bestehen der Unabhängigkeitserklärung erinnern. Rund 300 Gäste hatten sich an jenem Abend auf dem Rasen nördlich des Gebäudes mit Magnumflaschen des Grand vin aus einem Jahrgang versammelt, der angeblich alle Vorzüge in sich vereint: 1953. Auch der Château d'Yquem von 1937, laut den anerkanntesten Experten sein genaues Gegenstück, wurde in großzügigen Mengen eingegossen. In diesem Augenblick erleuchtete ein Feuerwerk den Himmel. Die Gäste strömten aus dem Zelt, um dem Schauspiel beizuwohnen – mit Ausnahme von drei oder vier Personen, die andere Prioritäten setzten. Sie blieben drinnen und leerten Glas um Glas einer als göttlich erachteten Flüssigkeit.

Selbst Erste Gewächse können einknicken. Heute befindet sich Château Margaux auf einem Höhenflug, doch durchschritt das Gut einmal eine Talsohle, als sein Nachbar Château Palmer gerade einige berühmte Jahrgänge bereitete. 1961 gelang Palmer der schönste Claret eines großartigen Jahres. Wegen seines englischen Namens hat Palmer wie Château Talbot in Saint-Julien leichtes Spiel bei den Angelsachsen. General Palmer kaufte das Château während einer langen Reise von einer hübschen Witwe und versuchte mit dem Wein im London der Regency-Ära zu Geld zu kommen. Schon immer haben Persönlichkeiten der Society versucht, aus ihren gesellschaftlichen Kontakten Kapital zu schlagen. Palmer hatte auch tatsächlich ein Produkt anzubieten, das duftend und leicht verdaulich für sich sprach – eigentlich das Erfolgsrezept schlechthin. Sogar Prinzregent Georg IV. mochte die Kreszenz; seine portweintrinkenden Freunde allerdings befanden sie für zu leicht. Palmer versuchte dem Wein mit verschiedenen Methoden auf die Sprünge zu helfen – die Folgen waren katastrophal. Der arme Mann ging Bankrott. Vielleicht dreht sich das Schicksalsrad auch heute wieder; auf jeden Fall wirken manche Weine aufgepeppt.

Wenn man wissen will, wie Claret damals schmeckte, sollte man einen Blick in ein von einem Bordelaiser Weinmakler namens Paguierre verfasstes Lehrbuch für Kellermeister werfen. Dieses Dokument ist voll von Überraschungen und enthält neben zahlreichen nützlichen Ratschlägen – etwa, dass man seine Trauben möglichst spät ernten sollte – den Abriss einer recht eigenwilligen Gärmethode. Er besagt, dass man das beste Drittel der Trauben eines Weinbergs selektieren, sorgfältig nach fauligen Beeren durchsuchen und unzermahlen sowie unzertreten in einen großen Bottich werfen und mit Branntwein bedecken solle. Das übrige Lesegut wird wie üblich zerstampft. Anschließend vergärt man die beiden Posten getrennt. Die *mère-cuve*, der »Mutter-Bottich«, wie Paguierre ihn nennt, wird so luftdicht wie möglich verschlossen. Paguierre beschrieb damit ein Verfahren, das heute als *macération carbonique* oder Kohlensäuregärung bekannt und eigentlich zum Markenzeichen des Beaujolais geworden ist. Unter Luftausschluss setzt der Gärprozess im Inneren jeder einzelnen Beere ein. Bei den in Weinbrand eingelegten Trauben zog er sich wahrscheinlich sehr lang hin; das Ergebnis war ein spektakulär fruchtiger und natürlich auch alkoholstarker Wein. Zum Schluss, riet Paguierre, verschneide man die beiden Posten. Ich kenne jede Menge Leute, die viermal so viel für die unverschnittene *mère-cuve* gezahlt hätten.

Bevor man auf der Fahrt weiter Richtung Norden in Saint-Julien eintrifft, kommt man an zwei nicht ganz so renommierten Gemeinden vorbei. Sie liegen auf einem etwas zurückgesetzten Plateau und müssen ganz ohne klassifiziertes Gut auskommen. Hier entsteht ein recht knochiger, den Speichelfluss anregender Claret, wie ich ihn mag. Man schmeckt, dass unter den Rebstöcken die tiefe Kiesschicht fehlt. Stattdessen findet man hier einen burgundähnlichen Boden. »Die besten Reben«, wird einem jeder im Médoc bescheiden, »haben einen freien Blick auf den Fluss.« In Moulis und Listrac kommt keine Kellerei in den Genuss einer solchen Aussicht. Es mag meine Sympathie für Außenseiter sein, doch wenn ich einen Château Chasse-Spleen oder einen Maucaillou oder auch eine Provenienz der verschiedenen Châteaux mit einem »Poujeaux« im Namen trinke, habe ich eine genaue Vorstellung davon, wo ich mich befinde – und einen ausgezeichneten Appetit obendrein.

Warum sollte sich der Geschmack an den Gemeindegrenzen ändern? Appellation und Geologie laufen selten synchron. Die Größe der aufgehäuften Steine macht aus dem Médoc das Weinland Médoc, und die Dicke der Schichten entscheidet über Durchlässigkeit und Temperatur des Bodens, die für die Traubenreifung entscheidenden Faktoren. Bei der Ankunft in Saint-Julien sieht man keinen Hügel und keine Verwerfungslinie. Stattdessen drängt sich Château Beychevelle ins Blickfeld. Es thront auf einer

UNTEN & GANZ UNTEN
Im wilden, einsamen Médoc müssen die palastartigen Châteaux Beychevelle und Margaux einst völlig fehl am Platz gewesen sein. Beychevelle verkörpert das Zeitalter der Aristokraten, Margaux das der Banken.

Kuppe, die Geographen als Anschauungsobjekt hätten aufhäufen können, um zu zeigen, dass das Médoc aus Stein aufgebaut ist, den der Fluss von seinem Oberlauf hierher verfrachtet hat. Beychevelle, ein Bau in royalistischem Barock statt republikanischem Klassizismus, ist mit seiner sinnlosen Pracht – wen wollte man in diesem entlegenen Landstrich schon beeindrucken? – der einzige Rivale von Château Margaux. Ich habe die breite schwarze Libanonzeder im Hof zur Straße hin in den letzten 40 Jahren nach und nach verfallen sehen. Sie dürfte in etwa so alt sein wie jenes noch schönere Exemplar, das auf dem Rasen von Château Lafite stand und den großen Orkan des Jahres 1999 nicht überlebte. Der Sturm von damals verwüstete ganz Bordeaux. Von der Küste des Médoc, wo die Dünen nicht aus Kies, sondern aus Sand bestehen, über die Landes bis fast an die spanische Grenze 250 km weiter südlich erstrecken sich Kiefernwälder. Die Stämme liegen stellenweise noch heute so da, wie sie damals umfielen, und bilden ein undurchdringliches Wirrwarr aus entwurzelten und abgebrochenen Bäumen.

In meinen Augen war das Médoc von jeher Baumland wie Weinland. Fast jedes Château wird von einem *bouquet d'arbres exotiques* umgeben. Es gibt einen Baum, der so herausragend und eigenartig ist, dass ich ihn in den Schilderungen von Jean-Paul Kauffmann, der drei Jahre lang als Geisel in Beirut gefangen gehalten wurde, deutlich vor mir sah. Der aus Bordeaux stammende Journalist beschreibt einen hohen Baum mit hellem Laub, der an einem von Weinbergen umgebenen Fluss steht. »Leben heißt alleine sein«, lässt er während seiner Gefangenschaft den Baum sagen. Ich erkannte die Sumpfzypresse, die die Grenze zwischen St-Julien und Pauillac markiert, wo die Weinberge von Château Latour, Château Léoville-Las-Cases und den beiden Châteaux Pichon-Longueville aneinander stoßen – das Fleckchen Erde also, das Kauffmann als *territoires royaux* des Médoc bezeichnet. Auch für mich hatte das Gehölz immer Symbolcharakter. Der Fremdling aus den Sümpfen von Carolina kündet davon, dass diese Landschaft ein von Menschen gemachtes Werk ist. Auch die Reben hier hat nicht die Natur gepflanzt. Aber kann der Mensch deshalb entscheiden, was sie erbringen? Nein. Und genauso ist auch die Gemeindegrenze keine echte Grenze. Ungeachtet der trennenden Linie erstrecken sich hier vier der berühmtesten Bordelaiser Güter, die vier recht unterschiedliche Weinstile bereiten. Der Latour ist ein strenges, majestätisches Gewächs, der Léoville-Las-Cases ein asketisch feines, der Pichon Comtesse ein duftendes, feminines und der Pichon Baron ein Pauillac der zedernduftigen, kräftig strukturierten Schule. Hinter jedem steht die Philosophie, das Beste aus einem Terroir zu machen. Wie sie das bewerkstelligen, mit welchen Trauben, Eichenbottichen oder Stahltanks und hundert weiteren Feinheiten, ist Teil ihrer Identität.

Ich habe die Entstehung von Jahrgängen intensiv genug verfolgt, um die vielen Dutzend kleinen Unterschiede zu sehen, die sich letzten Endes zu verschiedenen Qualitäten oder Stilen addieren. Der erste Unterschied neben dem Boden ist der Anteil der verschiedenen Rebsorten Cabernet Sauvignon, Cabernet franc, Merlot und der schwierigen, doch geschmacksintensiven Petit Verdot, die man nur selten antrifft. Eine Rolle spielen ferner das Alter der Stöcke, der Schnitt und die Weinbergpflege, die von der Unkrautbekämpfung bis zum Spritzen der Reben gegen Krankheiten reicht. Nicht vernachlässigen darf man außerdem den Zustand der tiefen Drainagegräben, die selbst in diesem steinigen Boden nicht fehlen dürfen. Geht man mit den Lesehelfern in den Weinberg, sieht man, wie sorgfältig sie arbeiten. Wenn sie ihre Traubenladung aus den Rückenkörben auf die Hänger schütten, steht jemand auf der Ladefläche. Liest er faulige Exemplare heraus? Und wenn die die Trauben auf dem Förderband angelangt sind, steht dort ein Sortierteam bereit? Ich bekam einen Stock mit einer Zinke am Ende in die Hand gedrückt und die Anweisung, etwaige verbliebene Blätter herauszufischen – sogar noch während das Lesegut in einer blauen Kaskade in die silbrige Spirale fällt, die sie zur Mühle bringt.

Im Gärkeller herrscht eine angespannte Atmosphäre. In den modernsten Anlagen verrät nur der süße Geruch das Produkt. Alles, was man sieht, ist eine Batterie aus Stahlzylindern; die Trauben werden von oben hineinbefördert. Ansonsten bestehen die Zylinder aus riesigen polierten Eichenbottichen. Ist ein Material besser als das andere? Die Edelstahltanks lassen sich leichter säubern, dafür sei die Eiche freundlicher zum Inhalt, behaupten manche.

»Typisch Pauillac« ist ein Oxymoron. Die drei erstklassifizierten Châteaux der Gemeinde – keine andere kann mehr als eines für sich beanspruchen, obwohl Margaux vor zweitklassifizierten Gütern strotzt – sind so verschieden, als verteilten sie sich über das gesamte Médoc. Ich borge mir eine Beschreibung des Unterschieds zwischen Lafite und Latour aus meinem 1984 verfassten *Großen Johnson*. »Lafite ist ein Tenor, Latour ein Bass. Lafite ist ein lyrisches Gedicht, Latour ein Epos. Lafite ist ein zarter Reigen, Latour eine schmetternde Parade.« Musikalische Vergleiche können einen Eindruck vom Wesen vermitteln, aber nicht vom Geschmack. Lafite schmeckt nach Zeder, Latour nach Eisen.

Wenn ich einen typischen Pauillac auswählen müsste, würde ich mich für einen Grand-Puy-Lacoste entscheiden. Zugegeben, ich mag ihn sehr und verfolge seine Entwicklung seit Jahrzehnten. Was mir an ihm gefällt? Er spricht die Pauillac-Sprache der Cabernet-Frucht sowie des tiefgründigen, warmen Bodens und scheint eine gewisse Energie zu vermitteln. Vitalität, ich habe es bereits erwähnt, ist die wichtigste Eigenschaft eines Weins. Auch hege ich schöne Erinnerungen an das Château, das einst Monsieur Dupin gehörte und sich heute im Besitz der Bories befindet. Grand-Puy-Lacoste gehört nicht zu den flussnahen Anwesen, sondern ragt auf dem breiten Kiesplateau hinter der Stadt auf. Dahinter öffnet sich unverhofft ein Tal, in dem Schwäne auf einem von Hortensien gesäumten Teich schwimmen. Als noch niemand hier wohnte, schlich ich mich in den verlassenen Rosengarten und nahm von einer eigenartigen Kletterrose, die die purpurne Farbe eines jungen Claret hatte, ein Steckholz ab. Ich nannte sie Grand-Puy-Lacoste. Heute kann ich den Rosenstock von meinem Schlafzimmerfenster aus sehen. Habe ich schon erwähnt, dass Nostalgie einen guten Wein noch besser macht?

Ein typischer Saint-Julien? Das müsste einfacher sein. Eine bemerkenswerte Ähnlichkeit und Qualitätsbeständigkeit zeichnet diese verstreute Flotte aus Châteaux aus, die von Beychevelle und etwas weiter landeinwärts Gruaud-Larose, dem verlässlichsten aller Güter, bis zu den drei Léovilles an der Grenze zu Pauillac hoch auf den Kieswellen reitet. Die treueste Anhängerschaft in England hat das Vorzeigeunternehmen Léoville-Barton. Es erfüllt die Briten mit Stolz, dass diese anglo-irische Familie hier schon länger wirkt als die Besitzer aller anderen klassifizierten Güter. Hugh Barton erwarb die ansehnliche Kartause von Langoa mitsamt einem Fünftel der riesigen Léoville-Anbaufläche im Jahr 1821. Sein fünffacher Urenkel Anthony ist mittlerweile selbst zu einem Wahrzeichen des Médoc geworden. Wenn sich die Verkosterschar allzu sehr zu extravaganten Vergleichen hinreißen lässt, was in den bedeutenderen Châteaux durchaus vorkommt, bringt sie der große, finstere Anthony wieder auf den Boden der Tatsachen zurück. Wir haben uns alle schon einmal übertriebener Beschreibungen schuldig gemacht. »Nasser Hund«, sagte Anthony eines Tages, als eine Gruppe von Degustatoren seinen Wein schlürfte und die ungewöhnlichsten Metaphern bemühte. »Zweifellos nasser Hund.« Die Augenbrauen der Runde gingen nach oben. Dann zustimmendes Nicken. »Ganz eindeutig nasser Hund.« Brenda, der Irische Setter, machte sich in der Ecke des Saals mit einem Schwanzwedeln bemerkbar.

Ein weiteres Château, das den Titel des typischsten Pauillac-Guts für sich beanspruchen könnte, ist Lynch-Bages. Sein Wein ist die Quintessenz des Cabernet-Sauvignon-eigenen Johannisbeergeschmacks. Auf Lynch-Bages wirkt zudem der Mann, der für viele heute Pauillac, ja, das Médoc schlechthin, verkörpert: Jean-Michel Cazes. Der rundliche, freundliche, diplomatische, geradlinige Besitzer hatte ein Versicherungsmaklerbüro von seinem Vater geerbt, der damit begonnen hatte, das verfallene Cinquième-cru-Gut wieder auf Vordermann zu bringen. (Pauillac hat 12 Cinquièmes crus, das ganze übrige Médoc nur sechs. Ich habe keine Ahnung, warum.) Wahrscheinlich versicherte Cazes' Vater jeden und alles in Pauillac. Man kannte und mochte ihn – er war auch Bürgermeister –, und er schaffte es tatsächlich, dem respektablen fünftklassifizierten Gut das Ansehen eines zweitklassifizierten zu verschaffen. Solche Geschichten hinter dem Wein machen einen Teil der Faszination von Claret aus. In Großbritannien war Lynch-Bages ein voller Erfolg; der Name ließ sich auch wesentlich einfacher aussprechen als beispielsweise Pichon-Longueville Baron de Longueville. Zu gegebener Zeit wurde Jean-Michel zum Zaren eines neuen Weinimperiums erkoren, als die Versicherungsgesellschaft AXA ins Weingeschäft einstieg und eben jenes Pichon-Longueville aufkaufte, kurze Zeit darauf seinem Portfolio noch die Quinta do Noval und das Tokajer-Haus Disznoko hinzufügte und Jean-Michel Cazes mit der Leitung der Güter betraute. Im Médoc schmiedet man noch weitere Verbindungen wie diese, im Grunde aber wirkt die Gegend so entlegen wie eh und je. *Sauvage et solitaire*, »wild und verlassen«, nannte sie ein Autor im 16. Jahrhundert einmal.

Der Baron Philippe de Rothschild machte sich als Erster daran, das Médoc wachzurütteln – in den 1920er-Jahren, als sich die Region quasi im Tiefschlaf befand. Mit der Reblausinvasion hatte die Blütezeit des Médoc im 19. Jahrhundert ein jähes Ende genommen, und mit der Russischen Revolution sowie der Prohibition in den Vereinigten Staaten waren wenig später auch noch zwei wichtige Märkte verschwunden. Philippe war der lebenslustige Spross eines Zweigs der Rothschild-Dynastie, der sich in England niedergelassen hatte. Sein Vorfahr Nathaniel kaufte in den 1850er-Jahren das Deuxième-cru-Gut Brane-Mouton, als es sich in einer schwierigen Phase befand. Michael Broadbent, dessen Notizen meine einzige Quelle sind, wenn es um alte Gewächse geht, zeichnet ein eher betrübliches Bild des 1858ers. 1864 schien es aufwärts zu gehen, und der 1870er geriet hervorragend. Anfang des 20. Jahrhunderts fiel die Qualität uneinheitlich aus. 1924 war bereits Philippe am Ruder. Der damals 22-Jährige bereitete den Wein des Jahres. Er ließ ihn im Château abfüllen – selbst die erstklassifizierten Güter verkauften ihre Erzeugnisse in Fässern – und beauftragte einen befreundeten Künstler mit dem Entwurf des Etiketts. Mit einem Streich hatte er für das Médoc – nein, für Luxusweine generell – die Richtung vorgegeben.

Statt ein Château zu bauen, errichtete Rothschild ein Museum. Er und seine amerikanische Frau Pauline (seine erste Frau war im Krieg ums Leben gekommen) konnten mit dem großbürgerlichen Stil des Médoc nicht viel anfangen und bewohnten große, helle Räume voller Plastiken und Bücher. Das Paar sammelte Kunst aller Stile und Epochen, die mit Wein zu tun hatte oder seine Geschichte erzählte. Heute führt Tochter Philippine die Sammlung fort. Philippe war ein aristokratischer Bohemien; er verbrachte die Vormittage im Bett, wo er einen umgeben von Kissen und Unterlagen und Hunden auch empfing. Am Nachmittag schrieb oder gärtnerte er und pflegte seinen Wein, seine Domaine und seinen Geist. Auf dem Weg zur Haustür ging man über einen makellos geharkten Weg aus strahlend weißem Kies. Mit jedem knirschenden Schritt wurde man an die tiefen Abdrücke erinnert, die man hinterließ. Auf dem Rückweg war der Kiespfad bereits wieder untadelig glatt.

Nach 50 Jahren perfektionistischer Arbeit hatte der Baron sein Ziel erreicht: Die Klassifizierung von 1855 wurde zu seinen Gunsten abgeändert und Mouton in den Rang eines Ersten Gewächses erhoben, wenngleich das Gut inoffiziell schon lange als solches gegolten hatte. Keine andere Korrektur wurde je vorgenommen. Und das wird vermutlich auch bis in alle Ewigkeit so bleiben, denn viel zu viele Güter müssten mit einer Herabstufung rechnen. Von wesentlich globalerer Bedeutung aber war Rothschilds Freundschaft mit Robert Mondavi und ihr Jointventure, aus dem der Mouton des Napa Valley hervorging: der Opus One.

Pauillac hat wenig Sehenswertes zu bieten. Vielleicht entdeckt der Fremdenverkehr ja eines Tages die Ufercafés und den kleinen Hafen. Immerhin empfiehlt sich der Ort als einzig mögliche Anlaufstelle zwischen Bordeaux und der Flussmündung. Vor kurzem hat hier sogar ein modernes Hotel eröffnet, ein weiteres Unternehmen von Jean-Michel Cazes. Château Cordeillan-Bages ist die erste Adresse für ein gutes Mahl – allerdings nur im Frühling und Sommer. Das Lamm aus der Gegend gilt als perfekter Begleiter der besten reifen Médoc-Weine. *Agneau de*

Pauillac ist vielleicht eher ein Name als eine Herkunftsbezeichnung, doch seine Qualität lässt keinen Zweifel: Das Tier wurde mit Muttermilch großgezogen und hat daher das hellste, butterzarteste Fleisch, das man sich vorstellen kann. Als Alternative kommt *agneau de pré salé* in Betracht. Es stand auf den von Frühlingshochwassern genährten Weiden, deren Gras das salzige Meerwasser verträgt und dem Fleisch seinen charakteristischen Geschmack verleiht. Zu einem kräftigen jungen Wein würde ich eine in Schalotten angebräunte Hammelkeule, *gigot de pré salé*, wählen. Und der Käse für großen Claret? Keine der kräftigen, salzigen Weichkäsesorten, sondern etwas Süßeres. Mein Favorit ist der harte runde, orangefarbene Mimolette aus Lille, wo er Vieux Hollande genannt wird. Nach einer Lagerzeit von eineinhalb Jahren bekommt er einen nussigen Ton, wird immer süßer und scheint wie Parmesan zu kristallisieren.

Kehrt man Pauillac den Rücken, ist jäh Schluss mit den Kiesbänken, auf denen der feinste Cabernet der Welt heranreift (lassen wir es für einen Moment so im Raum stehen und streiten ein andermal darüber). Das letzte Château ist Lafite; ein gelber Schleier aus Weiden schirmt es vor den Blicken ab. Die Straße führt nun hinunter in ein von Pappeln bestandenes Tal. Das gesamte Regenwasser, das nicht zu Lafite wird, scheint hier zusammenzulaufen und sich in die Gironde zu ergießen. Unvermutet steigt die Straße wieder an und führt auf ein merkwürdiges fernöstliches Gebäude zu. Saint-Estèphe heißt die Appellation und Château Cos d'Estournel das Kuriosum vor einem.

Ab hier mutet das Médoc ziemlich verlassen an. Man hat Bordeaux schon lange hinter sich gelassen. Die letzte Kieskuppe erhebt sich ganze 20 m über den Fluss. Sie wird gesäumt von den nördlichsten Gütern, die in der Klassifizierung von 1855 noch auftauchen. Auf der Anhöhe erstreckt sich ein Plateau mit allerlei architektonisch anspruchsvollen Châteaux, die stolz auf den Adelstitel mit dem zweideutigen Klang, Cru bourgeois, verweisen. Wie kann eine angeblich klassenlose Gesellschaft wie Frankreich solch eine Unterscheidung zwischen Aristokratie und Bürgertum treffen? Von den beiden bescheideneren Gutskategorien Cru artisan und Cru paysan hört man heutzutage nicht mehr viel.

Ich bin schon viele Male auf diesem Flussabschnitt entlanggesegelt. Vom Wasser aus erkennt man unschwer, welche Châteaux die Pole Position einnehmen. Cos d'Estournel befindet sich nur ein Pappelwäldchen weit von Lafite entfernt, Château Montrose ist das exakte Pendant zu Latour in Pauillac und besetzt ein Hügelchen für sich. Auch die Weine haben einige Charakteristiken mit denen von Latour gemeinsam: Sie besitzen eine kräftige Struktur und brauchen Zeit, um weicher zu werden. In meiner Erinnerung ist Montrose untrennbar mit einem Vorfall verbunden, über den ich in meinem ersten Buch berichtet habe und von dem ich seither so oft wieder gehört habe, dass ich den Ball am Rollen halte und die Geschichte noch einmal zum Besten gebe. Der Besitzer von Montrose, Monsieur Charmoluë, legte mir ein halbes Dutzend Flaschen in den Kofferraum meines Mietwagens, bevor ich wegfuhr – sicher aus reiner Freundlichkeit und ohne Hintergedanken, dass ich das eines Tages erzählen würde. Am nächsten Wochenende übernachtete ich allein in einem Ort weiter oben an der

Dordogne und aß in einem Fernfahrer-Café zu Abend. Zu meinem Gericht, Ragout mit reichlich Möhren, trank ich eine der Flaschen Montrose. Sie schmeckte mir so gut, dass ich zum Auto ging, die anderen fünf Exemplare mit ins Lokal nahm und den Patron bat, sie an die Lkw-Fahrer auszuschenken. Wahrscheinlich hatten die Kapitäne der Straße noch nie etwas von Deuxièmes crus gehört, dennoch hoben sie höflich ihr Glas und wollten es gerade leeren, als sie mitten während des Schluckens innehielten. Ein verzückter Ausdruck und ein strahlendes Lächeln erhellten ihre Gesichter. Die süßen herbstlichen Düfte des Weins und seine saubere, angenehme Kraft am Gaumen machten jede Erklärung überflüssig. Kein Wunder, dass ich mich in Saint-Estèphe zu Hause fühle.

Über einen Wein von der Hochebene von Saint-Estèphe machte ich erstmals Bekanntschaft mit dem Médoc. Er stammte aus dem Château Les Ormes de Pez und wurde von der konservativen, durch und durch britischen Wine Society abgefüllt. Mein Vater war völlig damit zufrieden, was die Weingesellschaft ihm bot; Kisten und Jahrgänge kamen und gingen. Meine erste Begegnung hatte ich wahrscheinlich mit der 1953er Version. Heute befindet sich das Gut im Besitz von Jean-Michel Cazes, der es modernisiert hat und ambitioniert betreibt.

Auf eine wesentlich längere ruhmreiche Geschichte blickt sein Nachbar Château de Pez zurück. Einst gehörte das entlegene, unspektakuläre Château jenem Mann, der den Londoner Markt als Erster auf Luxus-Bordeaux einschwor: Jean de Pontac, Besitzer von Haut-Brion. Vermutlich wurde der Wein von de Pez als »Pontac« in London verkauft. Warum hätte man ihn hier feilbieten sollen, wo sich Fuchs und Has gute Nacht sagen?

Vor nicht allzu langer Zeit stieß ich in einer dunklen Ecke meines Kellers auf einen alten de Pez. In meinem Notizbuch steht zu lesen: »Pez 1966, abgefüllt in London von Justerini & Brooks. Korken so locker, dass er nachgab, als ich die Spirale hineinschraubte. Er ließ sich so leicht herausziehen, als habe er kaum noch Kontakt mit dem Glas. Anfangs unangenehm harzig; nach dem Dekantieren in meiner Suffolk-Karaffe brauchte er eine Stunde, um klar zu werden. Herrlich tief leuchtendes Granatrot, am Rand weiß. Süß wie Rosinen, vergleichbar mit einem alten Cabernet aus dem Napa. Schmeckte zunächst scharf, offenbarte aber später den Geist des alten Médoc, leicht harzig, wächsern, anhaltend; ein Meditationswein, leicht und wie aus Spitze gewirkt. Bordeaux-Himmel.« Wenn man so alte Weine trinkt und noch lebendig, individuell und sich selbst treu geblieben vorfindet, dann ist das, als begegne man einem vom Schicksal beschenkten, glücklichen Menschen, dessen Alter in einer sanften, süßen Vitalität zum Ausdruck kommt, wie man sie bei der Jugend niemals vorfinden würde.

Château Loudenne, Reminiszenz an meine Jugendzeit. Ich habe auf seiner Terrasse hoch über der Gironde die Geister alter Römer gesehen – oder sie mir vielleicht auch nur eingebildet.

Die allerbesten Lagen – solche, die sich für die Bebauung förmlich anbieten, ja, die selbst primitive Urzeitmenschen als besiedelungswürdig erkannt haben müssen – haben einen ganz eigenen Reiz. Sie säumen die Flussufer wie natürliche Balkone und ziehen sich bis zu den Uferwiesen hinunter. Château Montrose beispielsweise befindet sich an solch einem begünstigten Standort, ebenso Château Latour und Château Loudenne. Hier muss schon eine Villa gestanden haben, seit das Médoc erstmals besiedelt wurde.

Ich muss an Ausonius denken, den Konsul von Bordeaux, nach dem man traditionell einen weiteren natürlichen Villenstandort benannt hat: Château Ausone auf einer Anhöhe in Saint-Emilion. Nach einer ruhmreichen Karriere in Rom kehrte Ausonius in seine Heimat Bordeaux zurück, wo er mit 84 Jahren starb. In Deutschland hatte er ein Gedicht über die Reben geschrieben, die sich im Wasser der Mosel spiegelten. »Und welch ein Farbenspiel ist das erst auf den Wassern«, schwärmte er, »wenn seine späten Schatten der Abendstern schon sandte und dann den Moselstrom gleichsam im Grün der Berge badet.« Im hohen Alter zog er sich in seine Villa – nennen wir sie Ludenensis – zurück. Die Ulmen, die Schiffe, die darauf warteten, dass die Flut sie den Fluss hinaufschob, und der helle rote Wein dort waren sicher nach seinem Gusto.

Das rechte Ufer

Von sämtlichen Speisetafeln in Bordeaux hatte während der Blütezeit der Region der Tisch von Jean-Pierre Moueix den besten Ruf. Um ihn herum versammelten sich jene, die bewiesen hatten, dass sie den Dialekt vom rechten Ufer verstanden – oder zumindest zu verstehen versuchten. Claret wird hier mit einem anderen Akzent, mit runderen Vokalen gesprochen. Junge Gewächse sind weniger hart, ältere schmeichelnder. Große Kreszenzen erinnern anfangs an reife Pflaumen und schlagen mit zunehmender Reife immer ungehemmter honiggesüßte Sahnenoten an.

In den 1970er- und 1980er-Jahren war Jean-Pierre Moueix der Hohepriester des rechten Ufers und der Kaiser von Libourne, der Marktstadt an der Dordogne am Drehkreuz der drei Anbaugebiete Saint-Emilion, Fronsac und Pomerol. Ein Erzeugnis aus dem Libournais ist kein Bordeaux. Die Weine vom rechten Ufer standen lange Zeit im Schatten ihrer Pendants aus dem übermächtigen Médoc, ihrer klassifizierten Gewächse und der Marktmaschinerie des Quai des Chartrons. Doch auch Libourne hat einen *quai*, eine bescheidene Straße an den wirbelnden Wassern der Dordogne. Kurz vor dem Zweiten Weltkrieg ließ Moueix sich hier als *négociant* für die Weine des Libournais nieder. Ich habe ihn einmal gefragt, wie er in den schweren Jahren nach dem Krieg so erfolgreich sein konnte. »Ich hatte es eben leichter«, erklärte er mir.

Jean-Pierre Moueix' Tisch in seinem Landhaus an der Dordogne außerhalb von Libourne genoss einen legendären Ruf. Pomerol wurde vielen erst durch seine Gastfreundschaft bekannt.

Moueix ist ein großer, bedächtiger Mann mit der Cello-Stimme eines Erzbischofs. Er neigte sich nach vorn und faltete die Hände, während er sprach. »Wenn ein Vertreter sich aus Bordeaux aufmacht, hat er eine ganze Ladung voll Proben im Gepäck: Weine aus Graves, aus dem Médoc, aus Margaux, Saint-Julien, Pauillac, Saint-Estèphe ... da gibt es viel zu erzählen. Ich tauche mit zwei Weinen auf: einem Saint-Emilion und einem Pomerol – zwei ungleichen Brüdern, die natürlich beide köstlich schmecken, sogar schon in ihrer Jugend. Jeder entscheidet sich für einen der beiden.« Das galt natürlich nur für den Norden Frankreichs und für Belgien, die traditionellen Märkte für das rechte Ufer. (Großbritannien war besessen vom linken Ufer und Paris vernarrt in Burgund.)

Je besser die Geschäfte für Moueix gingen, desto mehr wurde er zum Sammler. Sein Haus an der Dordogne wurde zu einem Kunstschrein für die Malerei des frühen 20. Jahrhunderts. Wenn man über glänzenden Gläsern an seinem Tisch saß, hatte man die glühenden Farben eines Dufy und die kubistischen Verzerrungen eines De Stael, de la Fresnaye und Picasso vor sich. Das Licht fiel durch die Vorhänge in eine Welt aus fantastischen Farben und Formen, während Weine die Runde machten und mit scheinbar übertriebener Bescheidenheit erläutert wurden: Kostbarkeiten von Trotanoy und Lafleur, Cheval Blanc und Pétrus, die weit entfernt waren von der Kraft des Médoc – Weine, die flossen wie Konversation, trügerisch süffig und gefährlich alkoholreich.

Moueix verkaufte ein Gemälde, um ein Château zu erwerben. Damals waren Güter unter Wert zu haben. Im Lauf der Zeit wurde er Besitzer von fünf Châteaux und Verwalter ebenso vieler weiterer Kellereien. Heute führt das Geschäft sein jüngerer Sohn Christian fort, während sein älterer, Jean-François, mit den ganz großen Namen aus dem gesamten Bordelais Handel betreibt.

Es ist halb elf am Quai du Priourat. Die braune Dordogne gleitet in öligen Strudeln unter der Steinbrücke hindurch und weiter durch die Äcker bis zum Meeresarm. Autos sind im Schatten unter Bäumen geparkt. Neben der roten Tür in der langen Steinfassade ist ein Messingschild mit der Aufschrift »Ets J-P Moueix« befestigt. Christian Moueix ist ein großer, dunkelhaariger, schlanker Mann, der die Würde und Höflichkeit seines Vaters geerbt hat. »Wir haben gerade einige unserer eigenen Weine geöffnet«, sagt er. »Magdelaine, La Grave Trigant de Boisset ... und Pétrus. Darf ich mich in einer Viertelstunde zu Ihnen gesellen, nachdem Sie Gelegenheit hatten, sich mit ihnen zu befassen?« Der Verkostungsraum ist der Inbegriff der Sprödheit: ein weißer Korridor mit einem breiten weißen Tisch, auf dem zehn schwarze Flaschen in Reih und Glied stehen. Daneben liegen perfekt ausgerichtet eine getippte Liste und ein Stift.

Den ersten Wein einzugießen erscheint mir wie Schändung. Unruhig beobachte ich, wie dichter Purpur das Glas füllt. Da, die Katastrophe – ein dunkler Tropfen ist auf den weißen Tisch gefallen. Ich versuche mich zu konzentrieren, nehme all meine Sinne für den ersten Kontakt, das erste rohe, schockierende Auftreffen des neugeborenen Weins auf meinen Gaumen zusammen. Denk analytisch, sage ich mir. Doch ich werde abgelenkt von der makellosen Energie: Frisch und irgendwie athletisch tritt der Wein auf. Es handelt sich um einen Fronsac aus einer hügeligen Gegend vor den Toren von Libourne – der schönsten Weingegend in ganz Bordeaux, die jedoch geologisch nicht so gesegnet ist wie ihre Nachbarn. Fronsac ist der ideale Ort für ein Landhaus (im Gegensatz zu Pomerol, einer scheinbar sterilen Landschaft). Seine grünen Täler sind voll von cremefarbenen Steinwürfeln mit grauen Fensterläden, auf die hohe Platanen ihren gesprenkelten Schatten werfen. In der ruhelosen Landschaft neigen sich die Weinberge mal in diese, mal in jene Richtung. Das ist nicht der Geruch von Merlot, der Haustraube von Pomerol, sondern eines Médoc-artigeren Erzeugnisses, das nicht weit von der Virilität eines Moulis entfernt ist.

Château Fonroque: »Süßer reifer Merlot mit erdigem oder vielleicht fleischigem Charakter; wie ich es von einem Saint-Emilion erwarte. Weniger Spannung: eine Art offen gewobener Struktur.« Château Magdelaine: »Alles andere als offen; keine ausdrucksvolle Nase, aber seidig, glatt und ausgefeilt am Gaumen. Anhaltend subtil. Ein Wein mit Klasse.« Die Pomerols bilden eine längere Liste. Seltsam, dass kaum jemand in der großen weiten Welt etwas von Pomerol gehört hatte, bevor Jean-Pierre Moueix auf den Plan trat. Wer meint, dass man in Frankreich entweder uralt oder nichts ist, sollte darüber nachdenken. Ich kannte die ersten englischen Händler, die die Kunde von Pomerol in Großbritannien verbreiteten: Es waren Ronald Avery und Harry Waugh. Noch während ich bei ihnen lernte, lernten sie hier vor Ort. Erfand Moueix auch den Stil, in dem die früh reifende Merlot-Traube die Hauptrolle spielt? Auf dem Pomerol-Boden, der so kiesig wie im Médoc ist, erbringt sie Weine von einer pflaumigen, milchigen Reife, die anfangs kurzlebig wirkt, bis man feststellt, dass sich in ihr eine Stahlfeder verbirgt. Die Antwort lautet: Nein. Ich habe einmal einen Pétrus von 1921 verkostet. Schon er schmeckte so.

Der Prinz von Pomerol heißt Christian Moueix. Er führt Pétrus und eine Reihe weiterer Güter, die verführerische, harmonische Weine bereiten.

Christian kommt in den Verkostungsraum. Er kennt die Textur von jedem Millimeter Pomerol, die Grobkörnigkeit des Kieses, den Anteil des Sands und die Tiefe des Bodens bis zur Tonschicht. Kies ist warm, wie jeder weiß. Je mehr Kies, desto reifer die Trauben. Château La Grave müsste also logischerweise der tiefste, kraftvollste Wein sein. Doch er ist frisch, gefällig und sauber mit einer gewissen Leichtigkeit. Dann Le Gay, ein intensiveres, zurückhaltendes, beeindruckendes Erzeugnis. Anschließend Latour à Pomerol: angenehm dicht, am Gaumen präsenter, deutet viel an, gibt aber wenig tatsächlich preis; anhaltender Abgang. Der La Fleur Pétrus: ein Hauch von Eiche und ein frischer minziger Auftakt; anschließend tränkt er den Gaumen in rauchige schwarze Frucht; dehnt sich im Abgang noch aus. Trotanoy: fast schon herzhaft; in der Nase unverhohlen warme Trauben, doch unter der Wärme rätselhaftes festes Tannin, ja, sogar Schärfe. Château Lafleur: erstaunliche Aromen. Schmecke ich da Cognac, der über die Pflaumen und die Sahne geträufelt wurde? Und schließlich Pétrus: auffallend dunkler purpurn als die anderen; der frische Kaffeeduft gerösteter Eiche, anfangs eine so süße Dichte, dass ich nichts anderes herausschmecke; dann die Quintessenz frischer Pflaume, die im Mund fast schon von schmerzlicher Intensität wäre, stünde ihr nicht Sahne als Weichmacher zur Seite.

Die Lagen haben mehr zu bieten als nur Kies. Auch ein Anteil Eisen findet sich im Boden. Welche bizarre Chemie aber sorgt dafür, dass die reifsten, subtilsten, explosivsten Weine auf einem Areal aus reinem Ton heranreifen? Pétrus ist ein Rätsel. Jean-Pierre Moueix hat die Melodie nicht geschrieben, aber orchestriert. Auch er liebt Understatement und Dementis. »Unser Beitrag ist minimal. Wir kümmern uns nur um die Reben.« Vor ein paar Jahren entfernte man den gesamten Oberboden und verlegte Drainagerohre auf der Tonschicht darunter. »Wir bemühen uns um einen vernünftigen Ertrag.« Bei der Grünlese im Juli wird die Hälfte der Trauben weggeschnitten. »Wir lesen bei schönem Wetter.« Man jagt die gesamte Mannschaft in den Weinberg und hat die Reben sogar schon mit dem Helikopter trockengeblasen. »Der Wein darf sich bei der Gärung Zeit lassen.« Und was das Château anbelangt: Es gibt keines. Die Bordeaux-Bibel von Cocks und Féret, *Bordeaux et ses Vins*, enthält einen sehr schlechten Stich, der ein Gebäude mit krudem Steinturm zeigt, doch gibt es keinerlei Beweis, dass ein solches Bauwerk je existierte. Das Gut besteht lediglich aus einem einfachen Bauernhaus mit der üblichen bescheidenen Scheune, die als *chai* dient und weder Eiche noch Stahl, sondern nur Zementbottiche enthält. Niemand weiß so recht, inwieweit man diesem stattlichen Buch Glauben schenken kann. Es erschien erstmals 1850 und liegt derzeit in 17. Auflage vor. Insgesamt 7400 »Châteaux« aus ganz Bordeaux sind darin beschrieben; davon befinden sich 150 in Pomerol. Die Hektarzahlen und Erträge sind sicher richtig, aber einige Beschreibungen lesen sich wie unverhohlene Werbung, und nach Pétrus zu urteilen können manche der Abbildungen reine Fantasie sein. Man hat mich gebeten, das Vorwort zur 13. Auflage zu schreiben. »Sollte ein Priester das Vorwort zur Bibel verfassen«, schrieb ich, »wäre er gut beraten, wenn er sich darauf beschränken würde, dem Leser die aufmerksame Lektüre ans Herz zu legen … es liegt in der Natur eines Klassikers, durch seine Eigenheiten Größe zu gewinnen.«

Während der Pétrus-Lese dient Lafleur-Pétrus auf der anderen Seite der Straße als Basisstation. Die Lesehelfer, die besten ihres Metiers, versammeln sich an einer langen Tafel zum gemeinsamen Mahl – ein Essen der Art, wie man es in den französischen Restaurants leider nicht mehr findet. Es gibt von allem reichlich: Terrinen und Rohkost, ein Schnitzel mit weichen Kartoffeln und Erbsen, Käse und einen glänzenden Aprikosenkuchen, Brot meter- und Wein literweise. Christian Moueix ist mit seinen Gästen anwesend, außerdem Jean-Claude Berrouet, der kenntnisreiche Önologe, der die Moueix-Weine seit drei Jahrzehnten bereitet.

Es scheint noch immer Raum für Veränderungen und Experimente zu geben. Vor zehn Jahren erwarb die Familie Moueix einen weiteren Weinberg, der an Pétrus angrenzt und wie in Pomerol üblich eine ganz eigene Kombination der Elemente Kies, Eisen und Ton aufweist. In typischer Pomerol-Manier trug er außerdem den Namen von zwei Nachbarn. Doch Moueix legte den alten

236 / ROT

Namen ad acta und nannte die Parzelle fortan Hosanna. Mit diesem Ruf wird man von Petrus ins Himmelreich eingelassen. Der Hosanna erschallte erstmals 1999. Er ist eine vom Boden gespielte Variation über ein Thema, die fast schon burgundisch anmutet. In meinem Verkostungsbüchlein habe ich ihn als geschmeidig und delikat beschrieben.

Bei allen Parallelen unterscheidet sich ein Saint-Emilion doch recht stark von einem Pomerol. Pomerol ist ein ganz bestimmter Ort, ein Kiesplateau, das von seinen eigenartigen Ablagerungen begrenzt wird. Saint-Emilion hingegen besteht aus mehreren Orten: einer kleinen Hauptstadt, ihrer Umgebung (mit verschiedenen Böden) und einem Konzept, das sich über die Grenzen hinaus ausdehnt.

Saint-Emilion wäre mit oder ohne Wein eine Sehenswürdigkeit. Das rechte Ufer (der Dordogne und Gironde) ist eine Kalkwand, deren heller Stein der Stadt Bordeaux ihre verführerische Einheitlichkeit verleiht. Alle Gebäude sind aus diesem hellen Stein erbaut. Das gilt auch für Saint-Emilion, wo der Stein einfach nur aus dem Untergrund geschnitten und oberirdisch in architektonischer Symmetrie aufeinander gestapelt wird. Die Häuser an den steilen Kopfsteinstraßen – die Stadt füllt eine tiefe Einbuchtung im Hügel – könnten aus jeder Epoche der letzten 800 Jahre stammen. Auch Beaune ist solch eine Ansiedlung mit undatierbarem Gesicht. Man gelangt von Toren über Kreuzgänge zu Arkaden, vorbei an kleinen Höfen voller Tische zu Wallanlagen und Türmen, geht zwischen Sakralgebäuden und Weinhandlungen und den Menütafeln vieler Restaurants hindurch.

Vielleicht lockt auch der prachtvolle Eingang des Plaisance. Dieses Hotel gewährt einen schönen Blick über das Amphitheater aus Dächern der Stadt. Erliegen Sie der Verlockung und betreten Sie das Restaurant, in dem der Damast und das Kristall und die Vasen mit hohen Blumen kein leeres Dekor sind. Fragen Sie nach Neunaugen, dem kulinarischen Wappentier von Saint-Emilion. Sie stammen aus den Flüssen der Gegend und sind vom Odeur des Schlamms durchdrungen wie Pilze vom modrigen Laub der Wälder. Die Fische werden in kleine Stücke geschnitten und mit Lauch und Rotwein angebraten, bis daraus das *ossobuco* des Bordelais geworden ist, ein braunes Schmorgericht mit Flussgeschmack, das perfekt zu reichhaltigem Rotwein passt. Was man auch von den *cèpes* behaupten kann, den dicken Steinpilzen, die in Olivenöl mit Semmelbröseln, Knoblauch und Petersilie sautiert werden (wieso kann ein Waldpilz üppiger als Käse schmecken?), oder dem *entrecôte marchand de vin*, dem Steak nach Weinhändlerart an Rotweinsauce, das mit Knochenmark sowie Schalotten fett und würzig serviert wird. Ein Ernährungswissenschaftler würde bestätigen, dass die Kombination aus Tannin und Protein gesund ist.

Der Untergrund von Saint-Emilion ist hohl. Jahrhundertelang wurde in diesen Stollen Kalk abgebaut. Hier eine Einstellung aus meiner Fernsehserie über die Geschichte des Weins.

Die Jurade de Saint-Emilion schreitet am Café de la Poste vorbei, das farblich passend zu den Roben der Parlamentsmitglieder beschirmt ist. In die Bruderschaft werden regelmäßig Gäste aufgenommen, die genügend Hingabe für die Köstlichkeiten der Gegend erkennen lassen.

In Saint-Emilion vergisst man, ob man sich in einem Haus oder einem Keller befindet. Weinkeller sind im unterirdischen Labyrinth der Stadt eine Nebensache. Mehr Raum nimmt in den dunklen, unregelmäßig geformten Höhlen die Pilzzucht ein. In einer Folge meiner Fernsehreihe über die Geschichte des Weins habe ich versucht, den Geist von Sankt Aemilianus zum Leben zu erwecken. Er war Einsiedler und lebte – so besagt es zumindest die Legende – in einer Höhle, in der später auch römische Gräber entdeckt wurden. Als die Kamera lief, nahm ich eine Fackel und tauchte ein in die beklemmende Düsternis. Unter einem hohen Felsgewölbe stieß ich unvermutet auf eine Gesellschaft aus scharlachroten Roben und Kerzen. Ich war – mit vorheriger Genehmigung, wie es sich für Filmemacher gehört – in eine Versammlung der Jurade geplatzt, des alten Gemeindeparlaments, das in seiner in den Fels gehauenen monolithischen Kirche seinen Zeremonien nachging. Tradition hat für ein Anbaugebiet stets große Bedeutung. Burgund erfand die Weinbruderschaften mit seinen Chevaliers du Tastevin, doch findet man sie heute auch außerhalb Frankreichs. Sogar die deutschstämmigen Australier frönen im Barossa Valley ihren Ritualen. Die Feierlichkeiten der Jurade sind so gut einstudiert, dass man fast glauben könnte, es handle sich um ein echtes hoheitliches Gremium. Wenn die Lesezeit naht, rufen die Honoratioren in Scharlachrot auf einem Turm, der auf den unglücklichen König Johann von England (und Aquitanien) zurückgeht, den *ban de vendanges* aus, das Signal zum Erntebeginn. Die mittelalterlichen, ja, römischen Ursprünge des rechten Ufers lassen das linke wie eine soeben erst gegründete Kolonie dastehen. Wie Bordeaux' eigene Neue Welt sozusagen.

Doch in Wirklichkeit wurde die Neue Welt von Bordeaux im 20. Jahrhundert auf dieser Seite des Flusses entdeckt, allerdings nicht in einem Château, sondern in einer Garage. *Garagistes*, »Garagenwinzer«, nennt sich denn auch das von einem Sohn der Stadt, Jean-Luc Thunévin, angeführte Grüppchen von

Pionieren. Es machte sich in den 1990er-Jahren ohne Geld auf, großen Wein von Trauben aus Lagen ohne Renommee zu bereiten. Wer Gewächse erzeugen will, die bei Parker punkten, muss vor allem auf eine ganz bestimmte Bereitungstechnik zurückgreifen: die Kasteiung. Als Erstes nimmt man – Konzentration ist alles – eine winzige Ernte hin. Eine Garage voll Wein mit reichlich Extrakt (so nennt man die Substanzen, die übrig bleiben, wenn man der Flüssigkeit das Wasser entzieht) lässt sich leichter feinabstimmen als traditionelle Ertragsmengen. Dann massiert man das Gewächs mit winzigen Luftbläschen (eine »Mikrooxidation« genannte Technik), damit sich seine Moleküle zu Strukturen formen, die dem anspruchsvollen Gaumen genehm sind. Abschließend gibt man dem Produkt ein kräftiges Aroma neuer Eiche mit auf den Weg. Man kann sogar ein und denselben Wein zweimal in neuen Barriques baden, um ganz sicher zu sein, dass auch wirklich jeder den Geruch bemerkt.

Garagenweine sind genau das, was Amerika unter der Führung von Robert Parker zu suchen scheint. Diese Etiketten verlangen nach Superlativen – Wörtern wie reichhaltig, süß, marmeladig, dicht und dick und natürlich »Blockbuster«. »Glatt« gehört nicht dazu, sollte es aber. Die Alchemie der Eiche scheint die Poren der Weine zu verstopfen und sie wie eine Glasur zu versiegeln. Die gleiche Wirkung zeigt sich an meinem Gaumen: Die elektrischen Impulse erreichen das weiche Fleisch im Hintergrund meines Mundes, durchdringen jedoch nicht die glatte Beschichtung, die mit dem Wein auf die Schleimhäute gespült wird und sich wie Blütenblätter auf ein Pflaster oder wie Teflon auf eine Pfanne legt. Ich bin dann frustriert: Warum schmecke ich nicht die Frucht – oder das Terroir? Die Garagenweine bringen Bordeaux auf direkten Kurs Richtung Kalifornien oder Australien, Regionen mit wärmerem Klima. Da in Bordeaux die wärmsten Jahrgänge die besten sind, ist das nur eine logische Konsequenz. Das Verkaufen großer Mengen wäre schwierig, denn die Konzentration und Betreuung, die sie brauchen, ist teuer. Kleine, ja, winzige Mengen machen sie zu Sammlerstücken, treiben die Preise in Schwindel erregende Höhen und rufen Nachahmer auf den Plan. Vielleicht sind sie Vorboten einer Rotweinrevolution. Wäre es aber nicht eine Katastrophe für Bordeaux, wenn man in Konkurrenz mit Regionen treten müsste, in denen dieser Stil von der Natur vorgegeben wird? Bordeaux ist das einzige Anbaugebiet der Welt, dessen unnachahmliche Stärke die Bereitung großartiger leichter Weine ist. Nirgendwo sonst findet man Provenienzen, die überall eine leichte Wirkung entfalten: am Gaumen, im Gehirn, im Körper. So leicht sie aber sind, so groß sind sie auch – wenngleich nicht im Sinne eines »Blockbusters«.

Mehr nach meinem Geschmack als ein Garagenwein ist da schon ein Château Figeac von dem Kiesplateau, das von Pomerol bis in die nordwestliche Ecke von Saint-Emilion reicht, oder ein Vieux Château Certan, um einen in Großbritannien eher seltenen Pomerol zu nennen. Bei beiden Gewächsen handelt es sich um durch und durch sortenuntypische Weine. Ob sie nach Merlot oder Cabernet schmecken, ist völlig unerheblich. Auch der Geschmack von Eiche spielt keine Rolle. Vieux Château Certan gehört übrigens derselben belgischen Familie wie das nahe gelegene Mikrogut Le Pin, das einen Mini-Pétrus mit entsprechendem Maxi-Preis bereitet.

»Ein großartiges Erzeugnis«, lese ich in meinem Notizbuch über den VCC von 1990. Normalerweise erläutere ich einen Wein gewissenhafter und lasse mich in halbwegs geordneter Manier über die Farbe, den Geruch und den Geschmack aus. »Ein großartiges Erzeugnis« bedeutet, dass ich vom ersten Eindruck in der Nase sehr angetan war, weshalb mir weitere Worte überflüssig erschienen. Ich hatte mich jedoch am Ende des Abends so weit erholt, dass ich noch hinzufügen konnte: »Leicht und zugleich körperreich, falls das überhaupt möglich ist. Die cremige Textur verfügt über einen festen Rahmen. Perfekt zu Rebhuhn.« Die Notiz entstand während eines Essensempfangs bei mir zu Hause. Es war nicht einfach – und auch alles andere als billig –, eine Flasche Le Pin zum Vergleich aufzutreiben. Die Produktionsmenge beträgt ein Viertel von Pétrus, das wiederum gerade einmal ein Zehntel des Ausstoßes von Château Lafite hat. Damit ist ein Le Pin vom Start weg ein Sammlerstück. Bei einem so opulenten Geschöpf drängt sich zwangsläufig das Wort »exotisch« auf. Unaufhörlich brandeten duftende Wellen an meinen Gaumen: Rollten in einem Augenblick noch Pflaumen heran, nahte im nächsten schon Bourbon und danach Salz. Rassige Fruchtströmungen kamen und gingen wie Sternschnuppen im Nachthimmel. »Eine großartige Kurtisane«, schrieb ich zum Abschluss – und bezog mich damit natürlich auf die verführerische Kraft des Weins und nicht auf seine Integrität.

Château Figeac ist durch und durch Ancien Régime: Das Schloss ist von einem Park umgeben und prunkt mit einem Luxus, wie man ihn auf diesem intensiv weinbaulich genutzten Plateau nirgendwo sonst findet. Durch den Park fließt ein Bach, der auch das benachbarte Château Cheval Blanc entwässert. Die Erbauer von Figeac suchten sich im 18. Jahrhundert die beste Lage aus. Die Ländereien umfassten einst den Grund des späteren Cheval Blanc und die Weinberge von einem Dutzend weiterer kleiner Châteaux mit »Figeac« im Namen. Seit einem Jahrhundert befindet sich Figeac im Besitz der Familie Manoncourt; ein Kurswechsel in der aktuellen Politik ist so wahrscheinlich wie der Austausch des Steinbodens auf dem Château. Die Strategie lautet: den Abstand zum Médoc auf ein Minimum reduzieren, Cabernet Sauvignon einsetzen, in den ersten Jahren die Unnachgiebigkeit des Weins tolerieren. Nicht jeder schenkt seine Aufmerksamkeit der bedächtigen Entwicklung von solchen Provenienzen. Warum auch? Soll ich den 1995er beschreiben? Es dauert allerdings – aber Sie können ja umblättern.

»Bisweilen sprechen wir über Rebsorten«, schrieb ich während der Degustation, »nur damit wir etwas zu sagen zu haben. Wir hoffen, dass wir dabei einen Geschmack entdecken, der sich uns bis dahin noch nicht erschlossen hat. Die Farbe (auch darüber sprechen wir): mehr Granat als Rubin, aber eher wie ein rund geschliffener Edelstein – ein Cabochon – als ein facettiertes Juwel. Die Nase: Heidelbeerkuchen, der auf einem Waldboden verstreut wurde, mit flintigem Ton und einer Muschelschalennuance, die ich für gewöhnlich mit dem Médoc in Verbindung bringe. Der Wein fließt in den Mund und dreht sich dann fauchend um. Er zeigt mir die gepanzerte Faust und schlägt einen bitteren Mollakkord an. Nun heißt das Rindfleisch ihn willkommen; der Appetit braucht eine Anregung. Ein Figeac ist diskret. Er ist ernst. Er hat mehr Eleganz als Charme. Während ich das niedergeschrieben habe, wurde die Flasche halb geleert. Wildbretartig; angesiedelt zwischen Médoc und Nuits, Eisen und angesengtem Taft; karamellisiertes Rind.« Eine lange Beschreibung – aber es ist auch ein langer Wein. Er ähnelt mit seiner ätherischen Frische zwischen Minze und Wildbret auch immer mehr einem Burgunder. Außerdem ist er kiesig, im Geschmack wie in der Textur. Zum Schluss entdeckt man, dass in diesem sanften Wein noch immer zahnfärbendes Tannin verborgen ist. Ich bitte Judy, ein einziges Wort für ihn zu finden. »Ausgewogenheit«, antwortet sie. Aber wie soll man Ausgewogenheit mit Punkten bewerten?

Tony Laithwaite begann seine Karriere als Weinhändler. Einst versorgte er britische Kunden per Lieferwagen direkt von jenem Ort am Rande von Saint-Emilion aus, wo sich heute der Hauptsitz seines Weinbereitungs- und -handelsimperiums befindet.

Saint-Emilion besteht wie bereits erwähnt aus mehreren Orten und einem einzigen Konzept. Die Orte sind die Dörfer am Rand des Anbaugebiets, die wenigstens einen gewissen Charakter erkennen lassen und das Recht haben, diesen Namen zu führen. Sie erstrecken sich alle auf ein und demselben Kreideabbruch. Man genießt von allen zumindest teilweise einen weiten Ausblick nach Süden über das Tal der Dordogne. Und sie verfügen alle über dieselben geräumigen Keller im Fels. Dieses Konzept setzt sich nach Osten durch eine Weinlandschaft fort, die bis heute nur wenige Glanzlichter zu bieten hat. Das strahlendste oder zumindest erfolgreichste war Tony Laithwaite, der 1970 Wagenladungen von Bordeaux-Direct-Wein der Genossenschaft in Puisseguin exportierte. Zu dieser Genossenschaft war er gekommen, weil er während der Semesterferien zufällig einmal dort gearbeitet hatte. Monsieur und Madame Cassin (er nannte sie nur so, obwohl er später fast schon zur Familie gehörte) verkörperten das alte provinzielle Frankreich. Bei den Cassins lernte Tony eine Offenheit für neue Ideen und eine Beharrlichkeit bei der Umsetzung dieser Ideen kennen, die ihm später noch viel nützen sollte. Zuerst importierte er die Weine der Genossenschaft, dann die der Nachbarn und später seine eigenen. Das Dorf Saint-Colombe, wo er seine Studentenbleibe hatte, ist heute der Hauptsitz seines Unternehmens, das in ganz Südfrankreich Wein produziert.

Am Rand von Saint-Emilion liegen die Côtes de Castillon. Hier ging bei Castillon-la-Bataille im Tal der Dordogne die 300 Jahre währende Herrschaft der Engländer über Aquitanien zu Ende. Der englische Oberbefehlshaber John Talbot, Earl of Shrewsbury, steht noch heute in hohem Ansehen. Er hatte sich vorher in Geiselhaft befunden und schwören müssen, nie wieder eine Waffe gegen Frankreich zu erheben. Also führte er die Schlacht gegen den Gegner ohne Waffen. Sowohl er als auch seine beiden Söhne fielen in der Schlacht, mit der Frankreich Bordeaux zurückeroberte. Mittlerweile scheint sich die Geschichte allerdings umzukehren, denn wenn man die Dordogne flussaufwärts reist, wird einem überall *rosbifs* bzw. ein Abkömmling dieses typisch britischen Fleischgerichts angeboten.

―――――――――

Der Einfluss des Claret (und seiner Trauben) ist auch noch jenseits der Grenzen der riesigen Appellation Bordeaux spürbar, die sich über das gesamte Département Gironde erstreckt. Mit denselben Strategien, auf die die *garagistes* in Saint-Emilion setzen – alte Stöcke, kleine Erträge, neue Eiche –, können Winzer in dem einstmals unbedeutenden Anbaugebiet Bergerac heute noch radikalere Ergebnisse erzielen als die berühmten Nachbarn.

In den Anfangstagen des Sunday Times Wine Club unternahmen wir einmal einen Tagesausflug nach Bergerac. Der Landeplatz wurde auch als Fußballfeld benutzt, soweit ich mich erinnere. Tony und Barbara Laithwaite erwarteten unser Flugzeug aus London gemeinsam mit dem Bürgermeister und der örtlichen Blaskapelle der Feuerwehr. Etwas Unruhe machte sich breit, als unsere Maschine unplanmäßig ein paarmal eine Warteschleife über das Feld drehte. Es war meine Schuld: Ich hatte dem Piloten befohlen, so lange in der Luft zu bleiben, bis wir unseren Champagner ausgetrunken hatten.

Als ich das letzte Mal in Bergerac landete, verfügte die Kleinstadt schon über einen vollwertigen Flughafen. Der Global-Express-Privatjet aus London, mit dem ich einflog, war so schnell, dass ich kaum Zeit für das Frühstück hatte. Mein Gastgeber war Eugene Shvidler, ein Russe, der ein Château in Bergerac gekauft hatte und nun wollte, dass ich es in Augenschein nehme. Als wir in seinem Range Rover durch das Grün der stillen, ländlichen, unspektakulären Gegend fuhren, hörte ich ihn immer wieder schwärmen: »Sehen Sie sich nur diese Hügel an. Diese Bäume! So etwas haben wir in Russland nicht.« In einem Kämmerchen im obersten Stock seines alten Steinhauses – das Wort »Château« ist hier wie üblich übertrieben – stehen ein großer Sessel und ein Teleskop, mit dem er sich die Landschaft ansieht.

Unser nächstes Ziel war Saint-Emilion, wo wir in einem der bescheideneren Restaurants Halt machten. Shvidler hatte rund ein Dutzend seiner Nachbarn in Bergerac eingeladen und sie gebeten, ihre Weine mitzubringen. Wir verkosteten 36 respektable Gewächse, die zum Teil durch moderne Ausrichtung, hohe Konzentration und massiven Einsatz von Eiche überzeugten, zum Teil aber auch in jenem einfachen leichten Stil daherkamen, bei dem ich mich entspanne und zu schlucken beginne. Auch die modernen Etiketten des neuen Besitzers schlugen sich wacker. Dann das Mittagessen: Es gab die Spezialität von der Dordogne, *confit de canard*, und als *vin d'honneur* den Château Lafite von 1964. Mein Freund war verblüfft: Woher wussten seine Gäste, dass er an jenem Tag seinen 40. Geburtstag feierte?

Ich verabschiedete mich nach dem Geburtstagskuchen, als die Feier russische Züge annahm, um noch die neuen Weine in Moueix' Gut unweit von hier zu verkosten. »Château Thénac?«, wunderte sich der gelehrte Önologe Jean-Claude Berrouet, als ich ihm erzählte, wo ich gerade herkam. »Dort habe ich 1962 meinen ersten Wein bereitet.«

Vorbild Bordeaux

EINE CHECKLISTE MIT ALLEN WEINEN DER WELT, die nach dem Bordelaiser Vorbild entstehen, wäre lang und wenig hilfreich. Ganz gleich, welche Rebe man nimmt, die Wahrscheinlichkeit einer Beziehung zu Bordeaux ist groß. Cabernet, Merlot, Cabernet franc, Petit Verdot, sogar Malbec und Tannat – sie alle stammen von der Gironde, genauer aus der Gascogne. Ihre Spuren reichen zurück bis ins römische Spanien und nach Albanien an der Adria. Nach zweitausendjähriger Kultur und Selektion haben sich einige Klone herauskristallisiert, die sich für das maritime Klima von Bordeaux besonders eignen.

In den letzten zwei Jahrhunderten hat man die Bordelaiser Reben fast jedem für den Weinbau geeigneten Klima auf der Erde ausgesetzt. In den meisten Fällen schlugen sie sich zumindest wacker. In Bordeaux selbst leben die Trauben an der Grenze des für sie Erträglichen. Eine Erwärmung des Klimas wäre gut fürs Geschäft, beim ersten Hauch einer Eiszeit aber hätte Bordeaux Probleme. Ein gutes Jahr ist in der Region per definitionem warm, trocken und sonnig. Alle großen Jahrgänge sind in außergewöhnlicher Hitze entstanden. Dasselbe gilt allerdings für alle Anbauregionen in Frankreich. Der Weinbau kam von weiter südlich hierher. Heißt das, dass höhere Temperaturen auch bessere Weine erbringen? Jetzt mal langsam.

Als erste Weinbauregion der Welt erzeugte Kalifornien Gewächse, die es mit den besten Erzeugnissen aus Bordeaux aufnehmen konnten. Möglicherweise war das schon um 1850 im Napa Valley der Fall – die ältesten Versionen, denen ich begegnet bin, stammten aus den 1940er-Jahren. Als Nächstes war Australien an der Reihe. Die Provenienzen aus dem entlegenen Außenposten Coonawarra in Südaustralien waren die ersten Bordeaux-Kopien von *down under*, auf die ich stieß. Chile hatte zu dieser Zeit bereits seit drei Generationen Cabernet bereitet, doch ob sich darunter einer fand, der einem Vergleich mit einem Bordeaux standhielt, darf stark bezweifelt werden.

Chile

Mit chilenischem Cabernet kam ich erstmals in den 1960er-Jahren in Berührung. Damals empfahl er sich mir als einer der preiswertesten Roten, zu denen sich meine Kameraden gerade noch überreden ließen. Ich muss von ihm überzeugt gewesen sein, denn ich vereinbarte mit dem Londoner Importeur die Lieferung eines ganzen Fasses, das ich im geräumigen Keller meines neuen Hauses in der Provinz lagern wollte. Ein halbes Dutzend Freunde beteiligte sich am Kauf. Unsere Spannung stieg, als wir von der Odyssee des Weins erfuhren: Er war mit dem Lastwagen nach Valparaíso gekarrt worden – das allein war noch kein weiter Weg, denn er stammte aus der Kellerei Canepa zwischen Valparaíso und Santiago. Mit dem Schiff hatte er aber dann eine lange Reise entlang der chilenischen Küste gemacht, vorbei an Peru, Ecuador und Kolumbien, hatte den Panamakanal überwunden und die feucht-tropische Karibik hinter sich gelassen, um nach fünftägiger Fahrt über den bewegten Atlantik die letzte Etappe durch den Kanal bis Southampton in angenehm ruhigen Gewässern zu bewältigen. In einem Londoner Lagerhaus wartete er, während ich für ihn noch einmal so viel Zoll zahlte, wie er gekostet hatte. Dann brachte ihn ein Brauereilaster zu mir nach Essex. Geschafft! Aber wie bekam man ihn jetzt in den Keller?

Der Fahrer kannte alle Tricks. Eine Schlinge um das Fass, das Ungetüm über die Achse des Lkw in Richtung Kellertreppe gerollt und zur Seite gesprungen. Für alle Fälle noch einen Lastwagenreifen am unteren Ende vor die Stufen gelegt, damit die Landung sanft ausfällt. Was er übersehen und ich vergessen hatte: Die Treppe verbreitert sich mit den vier untersten Stufen. Als die seitliche Begrenzung fehlte, drehte sich das Fass und fiel auf den Reifen, um schließlich mit einem Ende auf den Backsteinboden zu knallen. Die Eisenbänder hatten sich dabei gerade so weit verschoben, dass die getrockneten Dauben locker geworden waren. Es roch herrlich, als die rote Pfütze immer größer wurde. Wir schnappten uns Hämmer und ruinierten Meißel, bis die Bänder wieder einigermaßen fest saßen. Dann warfen wir Säcke in den Teich und schlugen das Fass darin ein. Warum nur war das Fass vor dem Befüllen nicht eingeweicht worden, um die Dauben anschwellen zu lassen? Die Geschichte hat dann doch noch ein mehr als glückliches Ende gefunden.

Eine Abfüllparty kann ich nur empfehlen. Qualitätskontrolle ist eine ernsthafte Angelegenheit, um die sich niemand drückt. Zu neunt oder zehnt arbeiteten wir bis spät in die Nacht. Abwechselnd saugten wir am Siphon und steckten das Rohr von einer Flasche in die nächste. Ich hatte 25 Dutzend nagelneuer Flaschen bzw. ihr Äquivalent in Magnumgröße geordert.

Das Sonderbare: Nachdem das Kontingent aufgebraucht war, schwammen noch 20 cm Wein im Fass. Das Beunruhigende: Ich musste sie dort lassen. Die Flaschen waren alle und eine Reise nach Frankreich schon gebucht. Ich rief alle meine Nachbarn an und bettelte um Behältnisse. Dann rührte ich eine auf den ersten Blick haarsträubende Menge Schwefel in den restlichen Wein, der im Fass der Luft ungeschützt ausgesetzt war. Ich kam aus Frankreich zurück, und er schmeckte gut. Wir füllten ihn in ein bunt gemischtes Bataillon alter Wein-, Bier- und Wasserflaschen – sogar ein hübsches blaues Zweiliter-Glasgefäß aus einer viktorianischen Apotheke war darunter.

Ich habe nie wieder einen billigeren Wein erstanden. Statt der erwarteten 225 l enthielt das Fass 300 l. Aber was noch wichtiger war: Sein Inhalt schmeckte köstlich. Er hatte den reifen, für einen Bordeaux aus einem guten Jahrgang typischen Geschmack schwarzer Johannisbeeren mit trockenem, erdigem Einschlag. Hätte es sich um einen echten Bordeaux gehandelt, wäre er in der hintersten Ecke des Médoc jenseits von Saint-Estèphe oder vielleicht auch in Graves entstanden. Der 1968er – übrigens ein sehr guter Jahrgang in Chile – hatte nichts von der Eleganz der heutigen Super-Chilenen, sondern einfach nur eine dichte, reife Frucht mit genug rauen Tanninen, um einen wach zu halten. 20 Jahre später tranken wir die letzte Magnum. Es wurde auch Zeit, Abschied zu nehmen.

Bei näherer Betrachtung war Chile zugleich faszinierend und frustrierend. Ich stattete dem Land 1975 einen Besuch ab, erinnere mich aber mehr an die Landschaft als an die Weine. Meine Begeisterung brachte ich nach meiner Rückkehr in glühenden Worten zum Ausdruck. »Man muss sich einen großen Bungalow vorstellen, der zu neun Zehnteln hinter tropisch anmutenden Kletterpflanzen und ehrwürdigen Baumpersönlichkeiten verborgen liegt. Bächlein blubbern und Farne entfalten ihre Fächer im würzig duftenden Schatten, der trotz der überraschend hohen, direkten Sonne Kühle spendet. Hoch droben, aber unwirklich nahe als strahlend weißer Hintergrund ragt eine schneebedeckte Bergkette auf. Sie erhebt sich so unvermittelt, als wüchse sie schon im Garten hinter dem Haus zu himalajischen Höhen.

Glühend rot steht auf dem Tisch vor mir ein Glas mit einem Wein, der ebenso vertraut wie exotisch anmutet. Sein Inhalt hat eine unverkennbare Ähnlichkeit mit einem Bordeaux, doch bekundet dieser selten einen so ›süßen‹, reifen und offenen Geschmack. Ein sehr männlicher Wein ist es, stechend und erdig, mit dichter Textur und einem Anflug von Harz, dabei einer kräftigen Tannindosis, die den Mund zusammenzieht und auf mehr einstimmt.

Allenthalben hört man Spanisch, doch wirkt es weicher, nicht so abgehackt und akzentuiert wie das Kastilische. Man ist in Chile. Seit der Inkazeit ist dieses Land ein Mittelding zwischen Schrebergarten und Paradies. Es zwingt dem Reisenden seine eigene Vorstellung vom romantischen Arkadien auf und heftet sich mit so vielen Superlativen in seine Erinnerung, dass er bei seiner Rückkehr zum willkommenen Geschichtenerzähler avanciert. «

Ich für meinen Teil konnte von einem Besuch auf einer Ranch berichten, auf der 60 Pferde in einer Koppel darauf warteten, Besucher durch die Reben, Orangenhaine und Walnussplantagen zu tragen. Und der Einsatz an Arbeitskräften war sogar noch größer als der an Pferden. Wenn ein Entwässerungsgraben gesäubert werden musste, bot man ein ganzes Dorf auf. Ich bin mir allerdings nicht sicher, ob die Rinne bei Sonnenuntergang sauberer als bei Sonnenaufgang war.

Auch die Kellereien kannten dieses Problem: Es gab reichlich Leute mit Besen, aber keinen, der kehrte. Die Fässer waren massive ovale Behältnisse aus einheimischem Holz – Rauli oder Scheinbuche –, das manchmal mit Leinsamenöl bestrichen war, »um den Inhalt vor Oxidation zu schützen«. Was schadete es schon, wenn der Cabernet nachher nach Kricket-Schlägern schmeckte? Sortennamen wurden auf jeden Fall wahllos eingesetzt. »Chardonnay« war oft Sémillon, und bei einem »Pinot noir«, den ich verkostete, handelte es sich um 35 Prozent Sémillon und 65 Prozent Cabernet Sauvignon, wie man mir sagte.

1984 kehrte ich nach Chile mit Freunden zurück, die mir viele Male in Spanien als Führer und Dolmetscher zur Seite gestanden hatten: Jan und Maite Read. Ich sollte ihnen bei ihrem ersten englischen Buch über chilenischen Wein behilflich sein. Die Lage hatte sich weniger verändert, als ich erhofft hatte. Mit einer Fregatte der chilenischen Marine unternahmen wir von Valparaíso aus einen Tagesausflug aufs Meer. Er sollte uns vermutlich in erster Linie mit der Tatsache beeindrucken, dass die einheimische Seestreitmacht eine exakte Kopie der britischen war. Selbst die Befehle auf der Brücke wurden in englischer Sprache gegeben. Vielleicht färbten die politischen Wirren der damaligen Zeit unsere Erinnerungen – ganz zu schweigen von den zahlreichen Erdbeben. Ein schönes Gut mit Namen Los Vascos, das heute den Rothschilds von Château Lafite gehört, hatte dabei einiges abbekommen. Ein Abend in Santiago lief auf die Wahl zwischen Szylla und Charybdis hinaus: Sollte man im Hotel bleiben und unter Trümmern begraben werden oder nach der Sperrstunde auf die Straße gehen und riskieren, erschossen zu werden? Im Buch kam ich zu dem Schluss, dass »es unmöglich ist, nicht frustriert zu sein angesichts der kenntnisreichen, ehrgeizigen Einzelpersonen und gut geführten Unternehmen, denen von Kräften, die sich ihrem Einflussbereich entziehen, Steine in den Weg gelegt werden«. 20 Jahre danach gibt es für kenntnisreiche, ehrgeizige Kellermeister kein besseres Terrain, um neue Ideen in die Tat umzusetzen.

Chile und Argentinien unterschieden sich recht stark voneinander. Chile erzeugte schon damals einen Großteil des Weins für den Export ins übrige Südamerika. Man versuchte vor allem Bordeaux nachzuahmen. Argentinien hatte seinen eigenen Markt und zog Erzeugnisse italienischen Stils vor. »Der typische Siedler am Río de la Plata«, erklärte man mir bei meiner Reise nach Buenos Aires, »ist ein Italiener, der Spanisch spricht, sich französisch kleidet und glaubt, er sei Engländer.« Ich bin mir nicht sicher, ob ich so jemandem begegnet bin, aber die Siedler hatten tatsächlich einen italienischen Geschmack. Die Picknicks in Patagonien wurden begleitet von süßem, perlendem Roten aus Zweiliter-Ballonflaschen im Chianti-Stil – allerdings steckten sie in Plastik- statt in Strohkörben.

Zeitweise wurde Chile von Kalifornien, Australien sowie später sogar von Italien und Spanien als Quelle erstklassiger Cabernet-Gewächse abgelöst. Sie kosteten zwar nicht unbedingt weniger als ein Bordeaux, boten aber unterschiedliche Interpretationen dieser Traube. Angeführt wurde das Rudel meiner Ansicht nach vom Napa Valley. Ein weiterer Wein, an dem man als Bordeaux-Liebhaber nicht vorbeikam, obwohl er keinerlei Cabernet enthielt, war Rioja. Er ist

Spaniens bester Versuch, an den Bordeaux-Stil heranzukommen. Gefallen fand ich an den Riojas nicht so sehr wegen der primären Fruchtaromen, sondern wegen ihres langen Atems. Nach fünf, zehn, fünfzehn Jahren in der Flasche hatten sie mehr als nur eine Alterspatina angenommen. Sie waren das geworden, was auch Menschen mit zunehmender Reife werden: mehr sie selbst.

Kalifornien

Die ersten kalifornischen Cabernets, die ich verkostete, stammten aus einer Kiste, die der Weinpionier Loeb 1959 zu einem Treffen der Wine & Food Society in Cambridge mitbracht hatte. Sie unterschieden sich grundlegend von den aufpolierten Produkten, die in dem US-Bundesstaat heute entstehen. Ich würde sie zugänglich und schlank nennen; köstlich süß wie Trauben gewordene Schwarze Johannisbeeren und von sehniger Struktur. Ihr Tannin überdeckte alles, doch gaben sich die guten balsammild. Sie tarierten Süße durch höchst appetitliche Adstringenz aus und waren unkompliziert, ohne der glättenden Wirkung von Eiche unterworfen worden zu sein. Mit der Zeit wurden sie ledrig wie Häute, die man lange der Sonne ausgesetzt hatte.

Loeb hatte Jünger in Kalifornien wie in Cambridge. Nach und nach lernte ich einige von ihnen kennen. Sie waren allesamt Ärzte. Die Rodes', die Dickersons, die Adamsons und Robert Knudsen, ein Junggeselle mit eindrucksvoll kahlem Kopf und unerschöpflicher Wissensgier. Seltsamerweise kannten sie alle vor uns die besten Küchen in London und erkundeten sie mit organisiertem Entdeckungseifer. Sie erörterten die relativen Vorzüge der Moselweine aus den 1950ern, die Austern von Colchester und Cancale sowie das kulinarische Angebot der wenigen englischen Landhaushotels. Meine Neugierde war geweckt.

André und Dorothy Tchelistcheff statteten Saling Hall zusammen mit Jancis Robinson, ihrem Mann Nick Lander und Klein Julia einen Besuch ab.

Ihr Hauptstudienobjekt war das Napa Valley. Ich hoffe, die Kellermeister dort wissen, wie viel sie der Ärzteschaft aus der Gegend von San Francisco zu verdanken haben, die den heimischen Gütern mit ihrer weitsichtigen Begeisterung den Weg ebneten. Wein wird vom Markt gemacht; die besten Kunden sind wohlwollend und kritisch; davon profitieren Napa und Sonoma. Das Napa Valley war nicht nur mit natürlichen Vorzügen gesegnet, sondern auch mit einem genialen Einwohner namens André Tchelistcheff, Kellermeister der Beaulieu Vineyards, kurz BV. In dieser Pionierregion – selbst nach einem Jahrhundert Weinbereitung wirkte das Napa Valley in den 1960ern noch jung und aufstrebend – war es überhaupt nicht abwegig, dass ein für einen Franzosen arbeitender Russe die Vorreiterrolle spielte.

Rückblickend wird klar, dass in Kalifornien viele Talente wirkten und bei der damaligen Aufbruchstimmung zwangsläufig große Weine entstehen mussten. Viele Jahre später wollte ich einem befreundeten Franzosen mit einer Flasche eines hervorragenden Napa Cabernet etwas Gutes tun. Ich opferte dafür die letzte Flasche meines 1968er BV Georges de Latour (Latour war der Gutsbesitzer, bei dem Tchelistcheff gearbeitet hatte). Mein Gast verkostete sie mit einem Lächeln. »Das ist der 68er, nicht wahr?«

»Christian«, rief ich verblüfft (mein Gegenüber war Christian Moueix), »du bist ein Genie!«

»Nein«, erwiderte er. »In dem Jahr habe ich bei BV gearbeitet. Ich brachte Cabernet-Kostproben aus Rutherford zur Kellerei und schleppte Schläuche. Ich war eine Kellerratte, musst du wissen.«

Der künftige *patron* von Pétrus hatte also damals schon seine Erfahrungen im Napa Valley gesammelt; heute besitzt er dort einen eigenen Weinbaubetrieb namens Dominus. In etwa zur selben Zeit eröffnete Robert Mondavi im Tal seine erste Kellerei nach der Prohibitionszeit. Das Gebäude ist ein architektonischer Fingerzeig, dass Kalifornien eine eigene Weingeschichte zu bieten hat: Es sieht aus wie eine jener franziskanischen Missionen mit ihren Lehmtürmen, die nördlich von Mexiko entlang der Küste zu finden sind. Die nächste Kellerei, die hier entstand, war Donn Chappellet am Pritchard Hill. Sie war Mondavis Weintempel diametral entgegengesetzt. Ihre dreiseitige Pyramide aus rostrotem Stahl am Fuße eines riesigen Amphitheaters aus Reben wirkt noch heute, 35 Jahre nach ihrem Bau, so modern wie eh und je.

Eine Sonoma-Kellerei in den 1960er-Jahren. Die Tanks waren aus Redwood – den Edelstahlglanz des modernen Kalifornien suchte man damals vergebens.

Damals herrschte beileibe keine Goldgräberstimmung wie im Médoc hundert Jahre zuvor. Eine Hand voll alter Hasen – Louis Martini, die Macher von BV und Inglenook sowie insbesondere Charles Krug – wusste bereits, wo man im Tal und in den höher gelegenen, schon von Winzern wie Jacob Schram ausgekundschafteten Enklaven »den besten Schmutz« fand, wie sie es nannten. Dort oben gab es alte Stöcke und ehemalige Weinberge, die einst dem Wald abgetrotzt, aber mittlerweile wieder von Bäumen erobert worden waren. Der Abstecher in die Gegend östlich und westlich von St Helena, hinauf zum Pritchard Hill und Spring Mountain, nordwärts bis Calistoga mit seinen Schlammquellen und über einen kleinen Pass bis ins Alexander Valley war wie eine Fahrt durchs Paradies. Man ließ die pastorale Schönheit des Tals mit seinen steifen Rebbatterien hinter sich und kletterte zwischen Felsen und Wasserläufen, Erdbeerbäumen, Rosskastanien und Gelbkiefern nach oben. Man wechselte zwischen sengender Sonne und tiefstem Schatten, und von den Bergwiesen aus sah man, wie sich Bergkette um Bergkette in purpurnem Schimmer bis zur Küste reihte. Wenn man hoch genug kletterte, konnte man im weißen Dunst sogar die roten Pfeiler der Golden Gate Bridge 90 km weiter südlich erkennen.

Mein Reiseführer auf meiner ersten Erkundungsfahrt durch das bewaldete Hinterland der kalifornischen North-Coast-Region hieß Bob Thompson, ein junger Autor, der für das Wine Institute, die gemeinsame Stimme der Weinwirtschaft, arbeitete. Er sprach mit unaufdringlicher Fachkenntnis über Kellermeister und Jahrgänge und Trauben und Schmutz und zeichnete ein Bild von jedem, der in der damaligen Renaissance des kalifornischen Weinbaus eine Rolle spielte. In seinem eigenen Keller lagen Jahrgänge, die bis zu den Anfängen zurückreichten. Das galt auch für meine Arztfreunde. Es sei an der Zeit, ein Buch zu verfassen, schlug ich Bob vor, eine Art Grammatik des kalifornischen Weins, um Leuten wie mir den Einstieg zu erleichtern. (Ich schreibe nur zu gern über Themen, von denen ich keine Ahnung habe.) Wir planten es, verkosteten die Weine und besprachen sie gemeinsam. Bob sammelte Material und schrieb einen Großteil des Texts. Das Buch erschien 1976 unter unser beider Namen und trug den Titel *The California Wine Book*. Dann zogen dunkle Wolken auf. Einer der im Buch erwähnten Kellermeister verklagte uns wegen irreführender Beschreibung seines Guts. Was wir behaupteten, stimmte seiner Auffassung nach nicht mit dem überein, was er seinen Kunden erzählte. Unser Werk wurde sofort aus den Regalen genommen. Trotzdem verklagte man uns noch auf eine halbe Million Dollar.

Bob Thompson (links) und ich verkosteten uns durch Kalifornien. Wir besuchten unter anderem die erste Heimat des Dominus, wo uns Jean-Claude Berrouet erklärte, dass er keine amerikanische Pétrus-Version plane.

Nathan Chroman, Weinredakteur der *Los Angeles Times* und Anwalt, rettete unsere Haut. Er schrieb an alle Großen der Weinszene – an Gallo, Mondavi, Bruder Timothy von den Christian Brothers und viele andere. Sie wandten sich an unseren Ankläger. »Wie können wir erwarten, dass Autoren über uns schreiben«, mahnten sie ihn, »wenn wir sie in den Ruin treiben, sobald wir mit ihnen nicht einer Meinung sind?« Der Gruppenzwang zeigte Wirkung, die Klage wurde fallen gelassen.

Unterdessen trafen sich in London ein paar, die von den Früchten der kalifornischen Wiedergeburt gekostet hatten, in Harry Waughs Haus in Camden zum Essen. Harry, altgedienter Direktor von Château Latour, hatte die siebzig zwar schon überschritten, sprühte aber noch vor Begeisterung für die neuen Weine. Seine Gäste waren Ronald Averys Sohn John, ein ebenso wissbegieriger Geist wie sein Vater, Paul Henderson, der amerikanische Besitzer eines Hotels in der Grafschaft Devon, und ich. Ich war verärgert, weil man in Großbritannien so wenig Weine aus Kalifornien zu kaufen bekam (und vielleicht auch ein wenig beflügelt vom Erfolg des Sunday Times Wine Club). Also schlug ich einen weiteren Club vor. Wir würden unser vereintes Wissen in die Waagschale werfen und die besten Kalifornier über den Teich holen, um sie mit England zu teilen – nicht um Geld zu verdienen, sondern nur zum Spaß. Weil die Bezeichnung Zinfandel nur in Kalifornien vorkam, wollten wir unseren Club auf den Namen dieser Rebsorte taufen. Sogleich beraumten wir ein Essen im Garrick Club an.

VORBILD BORDEAUX / 249

Ich kann mich noch immer an einen der 1968er Cabernets erinnern, die wir bei der Gelegenheit tranken: den Martha's Vineyard von Heitz. »Er riecht nach Eukalyptus«, meinte Harry, und wir pflichteten ihm alle bei.

Nicht nur wir waren begeistert von Kalifornien. 1976 richtete Steven Spurrier, der erste englische Weinhändler in Paris (ich habe übrigens mit ihm die Schulbank gedrückt), eine historische Degustation in der französischen Hauptstadt aus. Bei dieser Blindverkostung bewerteten französische Juroren sowohl Cabernet- als auch Chardonnay-Erzeugnisse aus dem Napa Valley höher als einige der besten Roten aus Bordeaux und Weißen aus Burgund. Innerhalb eines Jahres strömten britische Weinhändler nach Kalifornien und kehrten mit eigenen Entdeckungen zurück. Zu den einflussreichsten gehörte der elegante junge Geoffrey Roberts, dessen Name eine Zeit lang so etwas wie ein Synonym für kalifornischen Wein war – bis er sich mit ebensolchem Enthusiasmus auf Australien stürzte. Rückblickend wird mir klar, dass diese Flucht teilweise aus Enttäuschung über Frankreich erfolgte. In den 1970er-Jahren kletterten die Preise für Bordeaux-Wein in absurde Höhen, um anschließend eine spektakuläre Talfahrt zu machen. Auch Burgund durchschritt ein Tief. Kein Wunder, dass die Händler nach neuen Ufern Ausschau hielten.

Vor lauter Kalifornien-Begeisterung nahm ich ein paar Mitglieder des Sunday Times Wine Club mit an die US-Westküste. Bei der Gelegenheit fuhr ich mit einem überladenen Kombi den ganzen Weg zur Farmerstadt Modesto, die gerade durch E. & J. Gallo in den Schlagzeilen war. Ernest Gallo und seine Frau Amelia hatten mich zum Mittagessen, einem richtig schweren Pastagericht, eingeladen. Gallo hatte gerade erst angefangen, sich mit dem britischen Markt zu befassen, aber als wir wieder gingen, hatte er alles erfahren, was wir über den Gallo Hearty Burgundy und seine Chancen in unseren damals noch neuen Supermarkt-Weinabteilungen zu sagen hatten. Die nächste Etappe des Gallo-Marktforschungsprojekts war ein Wochenende auf Saling Hall. Ich war mein Lebtag noch nie jemandem begegnet, der Antworten auf so viele Fragen einforderte – einschließlich der Namen der besten Antiquitätenhändler vor Ort.

Das Weinland der Gallos war anders als alles, was ich bisher kannte. Zum Ersten Mal besuchte ich eine Kellerei, die man nicht mehr zu Fuß erkunden konnte. Man musste gefahren werden – nicht nur, um kubikkilometerweise Edelstahl zu besichtigen, sondern auch, um eine Flotte riesiger Trucks mit funkelnden Stahlkühlern und hohen glänzenden Auspuffkaminen zu bewundern. Und das Beste: Die Gallos hatten ihre eigene

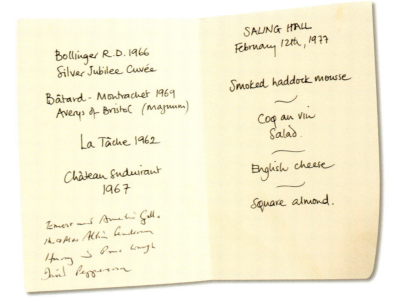

Was reicht man Mr. und Mrs. Gallo zum Essen? Das Beste aus England und Frankreich, nach dieser Menükarte zu urteilen. Der La Tâche von 1962 war mein absoluter Lieblings-Burgunder.

Flaschenfabrik. Sie kultivieren nicht nur Reben, erklärte man mir, sie bauen sogar den Sand für das Glas selbst ab. Alles, was sie machten, hatte es so bislang noch nicht gegeben. Aus den Trümmern der Prohibition hatten die beiden zielstrebigsten Brüder des Landes ein Imperium gemeißelt.

Im Verkostungsraum der Gallos in Modesto; rechts Ernest. Ob es ein »Chablis Blanc« war, der meine Aufmerksamkeit so gefangen nahm?

Sicher, sie hatten mit so einfachen Likören wie dem Thunderbird begonnen, doch sie machten Fortschritte und brachten Amerika dabei Tischweine näher, die sie Hearty Burgundy oder Chablis Blanc nannten. So sagenhafte Mengen sie auch verkauften, sie waren bestrebt, Neues zu lernen und blieben überaus selbstkritisch. Ernest quetschte jeden aus, der es bis in seinen Verkostungsraum geschafft hatte. »Beschreib ihn mir, Hugh. Ist er zu süß?«, wollte er von mir wissen. Ich bewunderte seinen Hearty Burgundy unumwunden. Er war weitaus besser als die Roten, von denen die Italiener und sogar die Franzosen lebten. Letzten Endes aber musste ich erkennen, dass Unterhaltungen mit den Gallos Einbahngespräche waren. Als ich Recherchen für mein Buch über die Geschichte des Weins anstellte, fragte ich Ernest in einem Brief, ob ich vorbeischauen und von der für ihren Umfang berühmten Bibliothek der Brüder in Modesto Gebrauch machen dürfte. Die Antwort war ein unverblümtes Nein – sie sei eine Art Unternehmensgeheimnis. Aber ich sollte doch zum Mittagessen kommen.

Es gab das Central Valley, in dem sich endlose Rebhänge mit Orangenhainen abwechselten. Dann gab es das Napa Valley, das in den 1960er-Jahren nach wie vor ein pastorales Idyll war, aber zunehmend Selbstbewusstsein gewann, als die Weinkultur es zu vereinnahmen begann. Und schließlich war da noch das sich ausbreitende Sonoma – kein Landstrich mit so charakteristischem Aussehen wie das Napa-Tal, das lang und schmal wie das Médoc ausgestreckt daliegt (nur dass es nicht von Wasser, sondern von Bergen geprägt wird). Man kann Sonoma allerdings an historischen Grenzsteinen festmachen, angefangen von der malerischen Mission und der Kaserne über die Stadthalle und das Opernhaus am Hauptplatz bis zu dem eigenartigen Fort Ross, das allerdings schon im nördlichen Nachbarbezirk Mendocino liegt. In dem Fort steht eine orthodoxe Kapelle, die einst von russischen Pelzjägern gebaut wurde. Das Gebäude mit seinen runden Türmchen wurde zu einer Zeit errichtet, als Kalifornien noch niemandem gehörte.

Südlich von San Francisco befanden sich die Santa Cruz Mountains und das nur noch als Phantom existente Anbaugebiet San José. Warum Phantom? Weil die Weinbaupioniere, unter anderem Paul Masson und Almaden, ihre Rebhänge und

Identitäten den sich ins Land fressenden Wohn- und Industrieansiedlungen opferten. Jenseits der Bucht von San Francisco lag Livermore – dieser Name steht in meiner Erinnerung für zwei der großartigsten Gaumenfreuden von San Francisco: die Crab-Louie-Salate und den in Butter angebratenen Zungenbutt in einem Restaurant am Fisherman's Wharf. In den 1960er-Jahren war das Angebot an guten Weißweinen nicht allzu groß. Ich bekam schnell mit, dass der Wente Bros Sauvignon Blanc am besten schmeckte. Wente war ein Weinbaupionier des Livermore Valley. Auf seinem Kiesboden entstand das kalifornische Gegenstück zum weißen Graves, ein nach drei, vier Jahren in der Flasche herrlich saftiger Tropfen.

Hatten die aufgezählten Gebiete und all die anderen, die weiter südlich an der Central Coast noch entstanden, eine Identität, die sich erschmecken ließ? Bob und ich und unsere Freunde hätten nur zu gern klare Steckbriefe erstellt. Doch das erwies sich als schwierig, denn alles war im Fluss. Es schwappte eine Welle des technischen Fortschritts über das Land, und immer mehr Winzer traten auf die Bildfläche. Hinzu kamen die wechselnden Modeströmungen. Mehr als der Boden aber prägt das örtliche Klima den Wein.

Wenn man etwas über kalifornischen Wein wissen wollte, musste man Robert Mondavi fragen. Er bereitete nicht nur bessere Erzeugnisse als fast die gesamte Konkurrenz im Bundesstaat, er sprach auch mit allergrößtem Vergnügen darüber. »Übrigens« – dieses nützliche Wörtchen verwendete er nur zu gern als Einleitung für eine wortgewandte Beschreibung der neuesten Grillen in seinem Kopf. Diese Grillen machten allerdings beachtliche Sprünge. Und wo sie landeten, keimten neue Projekte. Mondavis Leitthemen waren das »Formen«, »Fertigen«, »Skulptieren« oder einfach nur Anbauen von komplexerem Wein. Wenn man ihm einen Besuch abstattete, landete man zwangsläufig im sonnendurchfluteten Verkostungsraum auf dem arkadengesäumten Hof der Kellerei jenseits des großen Torbogens im Missionsstil. Auf der anderen Seite grenzte ein Cabernet-Weinberg an den Komplex – zweifelsohne ein Premier cru, hätte Kalifornien eine solche Klassifizierung. Mit jedem, der auftauchte, wurde gefeiert. Mondavi öffnete Latour und Mouton-Rothschild-Jahrgänge, damit man sie mit seinen eigenen Lieblingen vergleichen konnte, und spitzte die Ohren, um jeden Hinweis zu erhaschen, der ihn seinem Ideal näherbringen würde. Leider bin ich ihm und Philippe de Rothschild nie gemeinsam begegnet. Beide waren große Männer mit jeder Menge Vorurteilen – oder zumindest eingefahrener Ansichten –, doch sie wussten, dass sie voneinander lernen konnten. Ihr Jointventure ist der Opus One. Kam mit ihm vielleicht der Berg zum Propheten? (Ein angesichts der Thematik vielleicht etwas unpassendes Sprichwort.)

Robert Mondavi ist von der Aura eines römischen Kaisers umgeben – vor allem, wenn er sich, wie hier, neben dem Pool in seiner Villa im Napa Valley entspannt.

Mondavi ist unermüdlich – ein schönes, griffiges, aber viel zu oft missbrauchtes Wort – in seinem Streben nach immer mehr Wissen. Er war schon über neunzig, als Judy und ich mit ihm nach Spanien fuhren. Kein *bodeguero* (oder anderer Kellereibesitzer) lässt einen gehen, ohne dass man seine Abfüllanlage gesehen hat, heißt es oft. Ganz gleich, wohin wir kamen, Mondavi platzierte sich stets neben diesem Objekt der Bewunderung. »Wie viele?«, hörte man ihn laut und deutlich fragen. »Ist Merlot mit dabei?« »Was, 100 Prozent Allier-Eiche?« Beim Essen: »Was ist in der Sauce?« Beim Besuch einer Burg (er hatte die 50 Steinstufen als Erster genommen): »Wer war bei den Kreuzzügen mit dabei, er oder sein Vater?«

Ich kenne Mondavi. Und ich kenne seine Weine. Das könnte mich durchaus zu falschen Schlüssen führen, doch meine ich seine Offenheit in der Subtilität seiner besten Cabernets wiederzuerkennen. In den letzten Jahren allerdings ist diese Art von Wein in Kalifornien aus der Mode gekommen; vor allem die Versionen aus dem Napa Valley sind nicht mehr sonderlich gefragt. Es handelt sich nun einmal nicht um Weine mit großem Ego. Ende der 1990er-Jahre gingen die Punkte – Kalifornien punktet stets hoch – an die köstlichen Fruchtcremes, die in solch winzigen Mengen (wenn auch wohl kaum je in Garagen) bereitet werden, dass nur die Wenigsten sie getrunken haben oder bereit waren, ihre Preise zu bezahlen. Als ich das erste Mal eine Auswahl davon zur Verkostung bekam, bezeichnete ich sie als Weine für Zigarrenraucher – was nicht als Kompliment gedacht war. An diese Bemerkung musste ich mit säuerlichem Lächeln denken, als Marvin Shanken, der aus einer Pikkoloflöte namens *Wine Spectator* ein großes Orchester gemacht hatte, das Lifestyle-Magazin *Cigar Aficionado*, zu Deutsch etwa »Zigarrenfreund«, ins Leben rief.

Eine Jacht ist ein Loch im Meer, das Geld verschlingt. Eine Kellerei im Napa Valley ist ihr terrestrisches Äquivalent. Es gibt »Berater«, die aus dem Nichts einen Weinberg anlegen, indem sie einen Hang sprengen, um eine Senke zu füllen, und mit Bulldozern neue Erde verteilen (wen kümmert die Fauna, die Flora oder der Wasserhaushalt flussabwärts?). Ihre Trupps schneiden, bearbeiten, jäten und bringen in Form wie Coiffeure. Das bisschen Ernte wird zu Wein von sagenhafter Farbe, Tiefe, Weichheit und saftiger »Süße« massiert. Er duftet nach ... (man denke sich eine lange Liste von Frucht-, Rauch- und Steinaromen). Solche Weine haben einen Namen: »Kult«. Ich habe Sie gewarnt. Wie sagte ein Autor in San Francisco einst zu mir: »Da ist weniger drin, als das Auge sieht.«

Es braucht seine Zeit, bis das Terroir, die Signatur des Bodens, entdeckt ist. André Tchelistcheff prägte die Bezeichnung »Rutherford-Staub« für das Terroir, das er am besten kannte. Es gibt den Weinen einen flüchtigen Duft mit, der die Cabernets aus dem *benchland* zwischen Oakville und Rutherford ebenso charakterisiert, wie die Gewächse aus Pauillac von einem Zederaroma durchdrungen sind. Stags' Leap wurde in den 1970er-Jahren als Anbauzone auf der dem *benchland* gegenüberliegenden Talseite anerkannt – eine Hanglage, die von der Abendsonne verwöhnt wird, über die aber auch eine kühle, von der San Francisco Bay kommende Brise streicht. Dass unterschiedliche Böden und Temperaturen unterschiedliche Geschmacksnoten ergeben, ist für jeden offenkundig. Die Frage indes lautet: Welche Rolle spielt das? Man kann das Napa Valley mit Fug und Recht in ein Dutzend Zonen von Carneros bis Calistoga unterteilen: Mount Veeder, Spring Mountain ... sie alle haben ihren eigenen Charakter, ihren eigenen Wohlklang. Bis zu einem gewissen Grad versucht man einen Gebietscharakter auch mit den neuen American Viticultural Areas, den AVAs, zu etablieren, die man 1983 einführte – als Erstes ausgerechnet in Missouri. Natürlich aber kann man es auch den Winzern selbst überlassen, für ihre Weinberge eine eigene Identität zu schaffen, wie Joseph Heitz es mit Martha's Vineyard getan hat, Joseph Phelps mit Eisele oder jener finnische Seemann und Gründer von Inglenook mit seiner Oakville-Parzelle, der er den unglücklichen Namen »Napanook« gab. Dann ist es Sache des Gutsbesitzers, seinem Wein auf Dauer ein Gesicht zu geben. In einem ersten Schritt stimmt man die Reben exakt auf den Boden ab. Der Markt entscheidet, ob das Ergebnis interessant ist oder nicht. Es gibt keine feste Vorgehensweise: Bordeaux macht es so, Burgund anders. Beide Modelle wurden gesetzlich verankert. Irgendwie aber habe ich das Gefühl, dass es noch lange dauern wird, bis in Kalifornien ein Konsens Eingang in die Gesetzbücher findet.

Vom widerborstigen Winzer zum Mann, der Dummheit nicht ausstehen kann: Joe Heitz gab Kalifornien mit seinen exotischen, in Eiche ausgebauten Einzellagenweinen Selbstvertrauen. Sein Martha's Vineyard war das erste Gewächs, das den Namen »Kultwein« verdiente.

So gut die kalifornischen Weine auch sein mögen, sie schmecken meiner Meinung nach in Amerika besser. Ihre intensiven Geschmacksnoten passen zu den amerikanischen Gerichten, die süßer und oft auch salziger als die meisten europäischen Speisen sind. Als ich Anfang der 1980er-Jahre für das Magazin *Cuisine* schrieb, hatten wir eine Korrespondentin, die einige Weine mit Rockmusik verglich, was keinem von beiden zur Ehre gereichte. Sie entzögen sich der Aufmerksamkeit der Kritik, seien zu beliebt, zu gewöhnlich, ja, zu vulgär, um für gut befunden zu werden, hieß es. »Dem kann ich nicht beipflichten«, entgegnete ich. »Wenn etwas so vielen Menschen Freude bereitet, ist das allein schon eine Tugend. Ich mag Rock nicht [das hat sich mittlerweile geändert], aber Jazz durchaus. Von den ersten krächzenden Aufnahmen bis zum glatten Swing der Bigbands steigt mir dieser Sound zu Kopf wie Wein, wie es in dem Song *Careless Love* heißt. Wie welcher Wein, das versuche ich seit langem herauszufinden.«

Ich habe erste Chardonnay-Gehversuche degustiert, die wie Solos von Dizzy Gillespie eine Art Querbeetreise boten und auch die Farbe seiner Trompete hatten. Ein kürzlich verkosteter Stony Hill Chardonnay wiederum ließ die subtilen Harmonien und fröhliche Vitalität eines Bix Beiderbecke erkennen. Robert Mondavis Reserve Cabernets sind Nummern von Duke Ellington – eine Ansammlung von Talenten in voller Fahrt. Ein Riesling von Joseph Phelps ist Benny Goodman in Reinkultur. Louis Martinis Erzeugnisse haben den Charme und die guten Manieren eines Glenn Miller. Joe Heitz wiederum ist Armstrong im Sunset Café: virtuos, pervers und glorreich.

Logischerweise müsste ich kalifornische Weine trinken, die am wenigsten ihren Pendants in Bordeaux ähneln, um so in den Genuss der gesamten Bandbreite an Cabernet-Erzeugnissen von den verschiedensten Böden und aus möglichst vielen Klimazonen zu kommen. Bob Thompson nannte mich einmal einen Calvinisten aus dem kalten Norden, der Weine bevorzugt, bei denen man sich nicht allzu viel Gedanken über die fleischlichen Sünden zu machen braucht. Wenn die Vorliebe für munderfrischende Tannine und Säure etwas Calvinistisches an sich hat, dann trifft das in der Tat auf mich zu. Beim Verkosten von Weinen, die so konzentriert, so voller Extrakt, Alkohol, Glyzerin und Tannine sind, dass ich überrascht bin, wenn sie sich überhaupt noch eingießen lassen, mache ich mir allerdings nicht so sehr über die Sünde als über den körperlichen Verfall Gedanken. Mein Instinkt sagt mir, dass diese Essenzen in Flaschen gefüllte Kopfschmerzen sind. Und meine Erfahrung pflichtet dem bei.

Es gibt einen kalifornischen Cabernet, der die Frische in ihrer reinsten Form verkörpert. Er heißt Montebello und stammt aus einem entlegenen Weinberg auf einem mit Redwood-Bäumen bewachsenen Hang oberhalb von Silicon Valley (heißt dieses Tal noch so?) in einer gewellten Landschaft, die wie eine grüne Erweiterung des Pazifiks wirkt. Der Name der Kellerei, Ridge, wörtlich »Grat« oder »Höhenrücken«, ist für die Gegend passender als Montebello, denn man sieht dort vom Abhang aus direkt in den San-Andreas-Graben hinein. Man könnte die gerade Linie, an der die Küste eines Tages vom übrigen Kalifornien wegbrechen wird, glatt für einen Kanal halten. Nicht gerade der Ort, an dem sich ein Vergleich mit dem Médoc aufdrängt, möchte man meinen. Und doch erinnert gerade der Montebello an die Besten aus dem Médoc, denen Festigkeit, Konzentration und eine langsame Entwicklung eigen ist. Paul Draper, der Ridge gründete, ist ein gewandter, lächelnder, zurückhaltender Professorentyp mit sorgfältig gestutztem Bart und viel Geduld. Unter der Winzerelite des Bundesstaates nimmt er eine Sonderstellung ein, denn er hält der »Staatstraube« Zinfandel ebenso die Treue wie der angeseheneren Cabernet Sauvignon. Er hat zu jedermanns Zufriedenheit bewiesen, dass Zinfandel von alten Stöcken in relativ kühlen Regionen Bordeaux-ähnliche Gewächse erbringen kann, die besser als die meisten kalifornischen Cabernets ausfallen. Allerdings kauft er auch das Lesegut der renommiertesten Weinbauern ein, ganz gleich, woher es stammt, transportiert es die lange, gewundene Straße bis zu seinem Horst hinauf und bereitet seinen York Creek oder Lytton Springs dort mit ebenso viel Sorgfalt und ähnlichen Methoden wie das Flaggschiff Montebello.

Was sind die Vorzüge dieses Cabernets, der so gut reist und so lange lebt? Was ist die Quintessenz eines großen kalifornischen Claret? Zunächst einmal die Geschmacksintensität, dann die Ausgewogenheit und schließlich die Länge. Man stelle sich eine Strecke vor, an deren Anfang reife, ja, sogar gekochte Schwarze Johannisbeeren als erster Geschmackseindruck stehen. Die Route streift Andeutungen von Staub und Karamell, verlässt nie den Pfad des

Paul Draper mit einer Fassprobe seines Ridge. Der Montebello Cabernet ist sein Opus magnum, doch steht ihm der Zinfandel in puncto Ausgewogenheit und Stil nicht nach.

klaren Geschmacks, um irgendwann einmal einen Scheitelpunkt bitter-süß wie Wermut zu erreichen und schließlich ohne Unterlass einem scheinbar unendlich weit entfernten Finale zuzustreben. Cabernet hoch zwei, schrieb ich damals – und ich glaube, das traf den Punkt. Weine wie diese stammen von alten Reben, die ihre Wurzeln in problematischen Lagen tief in die Erde geschickt haben, und sie werden von Winzern bereitet, die auf dem Weg zum fertigen Erzeugnis laufend innehalten und ihren Gaumen konsultieren. Kalifornien hat viele formelhafte, ja, bombastische Cabernets hervorgebracht. Jene aus der Region aber, die ihr Gleichgewicht finden und elegant altern, gehören zu den großartigsten Interpretationen dieser Rebe auf der ganzen Welt.

Australien

Man muss den Begriff »Claret« schon ziemlich weit fassen, um Bordeaux als ein Vorbild für australischen Wein zu sehen. Doch genau das ist anfangs geschehen: Der Kontinent war des Engländers Weinberg, und Bordeaux war – nach dem Portwein – nun einmal des Engländers Wein. Also formte er die australischen Erzeugnisse nach dem Bordelaiser Ebenbild. Bei den Landwirtschaftsschauen, die auf dem Kontinent einst einen hohen Stellenwert hatten und bemerkenswerterweise noch immer haben, war »Claret« die beliebteste Tischweinkategorie. Eine weitere hieß »Burgundy«, aber weil man ein und denselben Wein in beiden Klassen ins Rennen schicken konnte, bestand der stilistische Unterschied zwischen beiden wohl hauptsächlich in den Köpfen der Preisrichter. Es war zwar eigenartig, dass beide aus der Traube von der Rhône bereitet werden konnten, doch auch genial pragmatisch. Aus Shiraz stellt man *down under* so gut wie alles her, von bemerkenswerten Schäumern bis hin zu »Port« – sogar so etwas wie Weißwein.

Das Vorbild Bordeaux lag dem größten Rotwein des Kontinents zugrunde und setzte damit indirekt den Aufschwung im Weinland Australien in Gang. Max Schubert war in der Kellerei Penfolds keine große Nummer, als man ihn in den 1950er-Jahren nach Spanien schickte, damit er sich über die Bereitung von Sherry informierte (obwohl sich Penfolds mit Sherry und Port bereits ein Auskommen sicherte). Auch war nicht unbedingt geplant, dass er auf dem Rückweg in Bordeaux Station machen sollte. Dort traf er Christian Cruse, einen Angehörigen der herrschenden Händlerkaste, der ihm feinen alten Claret eingoss. 40 Jahre später beschrieb er mir seine Reaktion: »Ich hatte keine Ahnung, dass Tischwein so schmecken, geschweige denn so lang leben konnte.« Schubert hatte eine selten markante Nase, die wie ein zerfurchter Rüssel aus seinem Gesicht ragte. Zurück in Adelaide, versuchte er eine Verbindung zwischen dem soeben Verkosteten und den südaustralischen Reben zu finden. Als Sieger im Vergleichswettbewerb erwies sich die Shiraz-Traube, allerdings erinnerte er sich auch, dass das Tannin des Bordeaux eine ganz andere Festigkeit hatte und der Wein durch seine frische Säure im Mund wesentlich länger präsent blieb. Vor allem Château Latour hatte ihm zugesagt. In Australien gab es keine auch nur annähernd vergleichbare Lage, in der so etwas entstehen konnte. Also schuf Schubert einen virtuellen Weinberg. Als überzeugter Verfechter des Terroirs und Gebietscharakters sage ich es nur ungern, aber zum Weinberg des Penfolds Grange erkor Schubert den, der ihm das ideale Shiraz-Lesegut lieferte. Nicht die geographische Lage, sondern was der Kellermeister mit den Trauben machte, verlieh dem Wein seine Persönlichkeit.

Schuberts Methoden waren beispiellos. Er vergor den Most in neuer amerikanischer Eiche, sofern er sie bekommen konnte. Amerikanische Eiche hat einen kräftigen grünen Geruch an sich, der ein bisschen den Charakter oder zumindest die Tannine eines Cabernet andeuten kann. Als die Gärung in der tropischen Hitze Australiens im Eiltempo ablief, kühlte er den neuen Wein künstlich und verlangsamte so den Prozess. War es reiner Zufall, dass zur selben Zeit André Tchelistcheff in Kalifornien dieselbe Idee hatte? Schubert wollte die Fülle des Shiraz aus dem Barossa Valley auffrischen. Deshalb ließ er eine gewisse flüchtige Säure zu, die Kellermeister für gewöhnlich meiden. (Ich rate nur – es gibt kein Rezept dafür.) In manchen Jahren fügte er ein paar Prozent Cabernet Sauvignon aus Südaustralien hinzu, der für sich genommen nichts Besonderes war, aber einem geringfügig zu weichen Verschnitt etwas Schwung verlieh. Was immer er getan haben mag, sein Arbeitgeber unterband seine Bemühungen. Der Wein sei nicht trinkbar, hieß es – bis man ihn fünf Jahre später erneut verkostete und plötzlich im Glas vorfand, was Schubert von Anfang an vorgeschwebt hatte: Australiens eigenes Erstes Gewächs.

Das Ergebnis dieses Entstehungsprozesses wirft jede Menge Fragen auf – vor allem die nach dem Terroir –, doch hatte Schubert das Modell eines für die Erzeugung großartigen Markenweins geschaffen, wie man ihn in Australien heute neben hervorragenden Einzellagengewächsen findet. Unterstrichen wird damit aber auch die Tatsache, dass Cabernet Sauvignon im typischen australischen Klima (sofern es so etwas gibt) weit hinter Shiraz rangiert. Die berühmtesten Cabernet-Lagen findet man in den relativ kühlen südlichen Breiten, insbesondere in Coonawarra, im südlichsten Südaustralien oder an der Südwestküste, wo der Indische Ozean als Klimaanlage für den Margaret River dient.

Zum Margaret River gelangt man von Perth Richtung Süden nach einer langen Fahrt durch den Busch. Hier ist nichts: keine Siedler, keine Häfen, keine bekannten Bodenschätze, nur Bäume. Nach dem Zweiten Weltkrieg verteilte man 40-ha-Parzellen an ehemalige Soldaten – das war aber auch schon alles. Ein Mann und seine Axt hatten hier keine Chance; man führte ein erbärmliches Leben. Erst in den 1960er-Jahren lockten die Leere, das Klima und der

Gaia – so hat Jeffrey Grosset seinen Cabernet-Weinberg an einem sonnenversengten Hang über dem Clare Valley genannt. Trotz der scheinbar extremen Bedingungen entsteht hier eine herrlich harmonische Kreszenz. Die Ruine heißt Grog Shop; hier konnte man einst tatsächlich Grog kaufen.

zum Surfen geeignete Ozean Hippies an. Geprägt wird die Region von der eher traurigen Schönheit des gemäßigten Australien, einer Wildnis aus Eukalyptusbäumen, die mangels spürbarer Jahreszeiten auf dem trockenem Waldboden mit ihrem hängenden Laub und der abblätternden Rinde immer gleich aussehen. Wo die Axt nie wütete, findet man nach wie vor Wälder aus Jarra-Eukalyptus mit blasser Borke, in denen einige der höchsten Bäume des gesamten Kontinents wachsen.

Immer wieder brachten Ärzte die australische Weingeschichte voran. Penfold war ein Doktor, ebenso Lindeman. Die Mediziner erschlossen den Margaret River in den 1960er-Jahren – und schon in den 1970ern sprach man überall in der Weinwelt von ihnen. Was kann ein kleines neues Anbaugebiet der australischen Weinpalette schon Neues hinzufügen, wird man sich fragen. Eine der Antworten lautet: Cabernet aller Qualitätsstufen. Er war saftig, füllig reif und lebendig, mit Anklängen an Schwarze Johannisbeeren und Kräuter. Coonawarra mag Bordeaux vielleicht näherkommen, doch die Weine vom Margaret River bestachen durch eine exotisch-kraftvolle Note, als seien die Reben optimal austrainiert.

Vanya Cullen gießt in ihrem Restaurant in der Margaret-River-Region einen Chardonnay ein.

Protzige Prachtkellereien sucht man am Margaret River vergebens. Leeuwin Estate veranstaltet zwar alljährlich Openair-Konzerte, bei denen viele großartige Sänger und Orchester auftreten, doch die Holzgebäude vor Ort sind ebenso unspektakulär wie das herrlich simple Essen im Restaurant. Das australische Weinland avanciert allmählich zu einer Region mit einer der weltweit besten Küchen. Eine echte Überraschung ist allerdings hier im Busch die Sammlung moderner Kunst im Keller. Die Könnerschaft, mit der ein Gut einen Chardonnay nach Art eines Puligny hervorzaubert, um gleich darauf einen Riesling folgen zu lassen, der an eine warme Version aus dem Rheingau erinnert, und schließlich einen glänzenden Cabernet aufzubieten, der einen unwillkürlich an … ja, an was, das ist die Frage, denken lässt, obwohl keiner davon eine erkennbare Verbindung zur ursprünglichen Landschaft hat, macht einen regelrecht sprachlos. Wie kann eine so entlegene Region so schnell solche Fortschritte machen?

In der dicht bewachsenen Mitte dieser neuen Weinlandschaft liegt im flachen Willyabrup Valley drei Kilometer vom endlosen Strand und den heranbrandenden Wellen entfernt Cullens Kellerei. Auch die Cullens waren – wie könnte es anders sein? – eine Arztfamilie. Vanya Cullen trat als Kellermeisterin in die Fußstapfen ihrer Mutter.

Sind alle australischen Winzer so unglaublich experimentierfreudig? Hier liegen das Médoc und das Graves Australiens – zumindest könnte es so sein. Die Cabernets sind anerkanntermaßen ausgezeichnet. Der Sauvignon-Semillon-Verschnitt ist bereits zum Klassiker avanciert. Vanya sitzt in ihrem Restaurant über einem Salat und bietet ihren Chardonnay an (»intensiv, angenehm, rauchig und feigig, mit Zitrusmitte«, schrieb ich in mein Notizbuch), ihren neuen Pinot noir (»überraschend reif, weiche Kirschen, recht leicht«) und ihre Cuvée aus Malbec,

Petit Verdot und Merlot. Lauter Bordeaux-Trauben, nur Cabernet fehlt im Mix. Ich stufe Letztere als pikant ein, mache in ihr eine exotische Kirschfrische aus. Sie erinnert mich an eine seltene Alpenrebe namens Mondeuse, die ich sehr schätze. Und die Mainstream-Komposition aus Cabernet Sauvignon und Merlot? Ist mit acht Jahren so »süß« wie ein Lafite, jedoch mit breiterer Basis. Im Grunde ein großer Claret.

Während sich die Winzer anderswo meist darauf beschränken, ein, zwei Weine in einem bestimmten Stil möglichst so gut zu bereiten, dass ihn die Käufer erkennen, sind die Australier die ewigen Entdecker. »Sie haben den Queensland Merlot noch nicht probiert?« »Sie kennen koreanischen Riesling nicht?« »Ich habe gerade einen Sangiovese/Shiraz ausfindig gemacht.« Nicht erklären kann ich mir allerdings bei diesen kreativen, selbstkritischen Weingelehrten, warum ihre Erzeugnisse auf so unerklärliche Weise immer kräftiger geraten. Sie fallen vielleicht nicht ganz so wuchtig aus wie ihre kalifornischen Gegenstücke, die mir so brandig erscheinen, dass ich sie kaum hinunterbekomme. Doch selbst in kühlen Klimazonen wie dem Yarra Valley und Mornington im äußersten Süden von Victoria entstehen heute Weine, die früher schon mit 12 Prozent Alkohol gut bedient waren, heute aber mit 14 Prozent auf den Markt kommen. Welcher Gaumen ist hier abgestumpft – der des Kellermeisters oder der des Kunden?

»Wenn wir das nur wüssten«, antwortete James Halliday, als ich ihn danach fragte – nach dem Alkohol, nicht nach dem Gaumen. »Diese enormen Alkoholgrade sind das Letzte, was wir wollen. Möglicherweise liegt es an der globalen Klimaerwärmung oder an der dünner werdenden Ozonschicht, die mehr UV-Strahlen durchlässt. Unsere Reben sind mittlerweile so gesund, dass die Frucht zu rasch ausreift. Vielleicht ist auch die Belaubung zu dicht. Die Hefen werden immer widerstandsfähiger gegen Alkohol; wir verwenden weniger Schwefel. Wahrscheinlich spielt jeder dieser Faktoren eine Rolle.«

Brian Croser und seine Kühlhäuser. Er kühlt und lagert das Lesegut, bis die Ernte vorüber ist und er sich den Trauben in Ruhe widmen kann.

Ließe sich das Problem nicht lösen, indem man die Trauben früher erntet, noch bevor sie so viel Zucker entwickeln? Dazu muss man die Alkoholstärke erst einmal als Problem sehen, was schwer fällt, wenn man damit bei wichtigen Juroren punktet. Außerdem läuft der Reifeprozess nicht ganz so einfach ab: Das Erreichen eines gewissen Zuckergehalts allein genügt nicht. Die Säuren, die Schale, alles muss ein bestimmtes Stadium erlangen. Die Kerne verändern ihre Farbe, sobald sie keimfähig sind. Der Weinbauer sollte sich gedulden, bis der gesamte Stoffwechsel der Trauben so weit ist – und je länger er wartet, desto besser fällt der Geschmack aus. Deshalb entstehen die besten Kreszenzen in der Regel gerade an den Grenzen der für den Weinbau geeigneten Zone nördlich wie südlich des Äquators. Viel Sonne ergibt viel Alkohol, aber wenig Geschmack.

Es gäbe viel nachzudenken in Australien, wenngleich sich nicht jeder Zeit dafür nimmt. Man begegnet Gesprächigen – und manchmal auch Schweigsamen, denen man jedes Wort aus der Nase ziehen muss. Neben einem wortkargen Australier wirken sogar Muscheln geschwätzig. Bisweilen aber laufen im Verborgenen stille Revolutionen ab. Brian Croser gehört zu den Philosophen unter den australischen Winzern. Ich habe einmal während der Lese mit ihm gesprochen, als die Erntehelfer sich im Piccadilly Valley mit den roten und grünen Papageien ein Wettrennen um die Frucht an den Stöcken lieferten. Ich wollte bei der Verarbeitung zusehen. »Dafür haben wir jetzt keine Zeit«, erklärte mir Croser. Was er damit meinte: Das Pressen und Einmaischen musste noch warten. Die Kisten mit den frisch gelesenen Trauben wurden in Kühlhäusern zwischengelagert, bis er sich in Ruhe um sie kümmern konnte.

Croser lebt im malerischsten Winkel Südaustraliens: den Mount Lofty Ranges, wie die Hügel oberhalb von Adelaide genannt werden. Adelaide, die herausgeputzte kleine Hauptstadt eines Agrar-Bundesstaates, wird von Weinbergen eingerahmt. Barossa liegt weiter nördlich, McLaren Vale im Süden, und im Osten beginnt eine Hügellandschaft, an der sich die von der Großen Australischen Bucht ins Land geschickten Winde und Regenschauer einfangen. Die Gegend wäre vergleichbar mit dem Anbaugebiet Margaret River, läge sie nicht in fast 600 m Höhe. Meine bevorzugte australische Weinstraße strebt von Adelaide aus nach Südosten, klettert bis knapp unter den Gipfel des Mount Lofty und führt im Windschatten des Bergs wieder hinunter nach Piccadilly. Hier befindet sich Crosers Gut Petaluma. Nur eine Autostunde entfernt wachsen Reben, aus deren Frucht einige der kraftvollsten Roten in ganz Australien entstehen, doch die Gegend um Piccadilly ist Chardonnay- und Pinot-noir-Territorium, ist Burgund und nicht Bordeaux, ist Adelaides Antwort auf Melbournes Yarra Valley. Die beiden Extreme veranschaulichen, wie falsch die landläufige Vorstellung von Australien als einer einzigen warmen Industrieweinregion ist. Wenn es in der Neuen Welt einen Ort gibt, an dem sich subtile Nuancen des Bodens und Klimas erschließen lassen, dann auf diesem Kontinent. Das behauptet Croser, doch steht er damit einer Marketingmaschine gegenüber, der Unterschiede nicht ins Konzept passen. Große Konzerne ziehen einfache Lösungen vor.

»Wenn alle australischen Weinberge von einem Tag auf den anderen verschwänden«, meint Croser, »würden wir mit anderen Lagen neu anfangen und mindestens so gute Arbeit wie jetzt leisten. Davon bin ich zutiefst überzeugt.« Man kann sich zwar kaum vorstellen, wie Piccadilly anderswo neu erstehen könnte, doch darum geht es nicht. Es gäbe andere gute Weine von Lagen mit anderen Eigenschaften, die auf ihre Weise ebenso wertvoll wären.

Die Mount Lofty Ranges östlich von Adelaide gehören zu den Gegenden mit dem gemäßigtsten Klima in ganz Australien. Hier die Rebflächen der Petaluma-Kellerei bei Piccadilly.

Ein Blick auf die Karte von Victoria scheint den Beweis dafür zu liefern. Die Weinberge breiteten sich hier zu Zeiten des Goldrauschs Mitte des 19. Jahrhunderts aus. Zwar findet man auf Goldfeldern nicht unbedingt den geeigneten Boden für den Rebbau, dafür aber Abnehmer – und Arbeitskräfte. Dass Ballarat im Westen sich ebenso als hervorragendes Rotweinland erwies wie Rutherglen im Nordosten als eines der weltweit besten Anbaugebiete für süßen Muscat, war einfach nur ein Glücksfall. Australien ist der älteste Kontinent der Erde. Das Muttergestein hatte endlos lang Zeit zu verwittern, weshalb man allenthalben tiefgründige Böden findet. Ich habe einen 25-jährigen Ballarat geöffnet, um sicherzugehen, dass ich nicht fantasiere. Der Balgownie Cabernet Sauvignon von 1976 war noch immer tief rubinrot. Sein staubiger Duft nach Schwarzen Johannisbeeren hätte auch von einem Médoc-Gewächs aus einem heißen Jahrgang stammen können. Er schwankte zwischen Milch und Leder, getrockneten Pilzen und rotem Samt. Man stelle sich einen Wein vor, der seinen Wohlgeruch verströmt, bis er im Magen angekommen ist. Genau so war der Balgownie.

Coonawarra war sicher kein Zufall und spielte auch bei der Suche nach Gold keine Rolle. Vielmehr machte hier ein Obstbauer einen Glücksgriff – damals, als ganz Australien ein Schnäppchen war und Pioniere mit zusammengekniffenen Augen überlegten, ob sich ein Schafland, ein Weizenland oder ein Obstland vor ihnen erstreckte oder ob sie im Erdreich nach Bodenschätzen wühlen sollten.

Das offene Flachland erstreckt sich 80 km von der Küste entfernt in jenem länglichen Landstrich, mit dem sich Südaustralien noch ein Stück nach Süden in eine Ecke schiebt, die genauso gut Victoria hätte zugeordnet werden können. Der Streifen schien wie geschaffen für die Schafzucht. Dann nahm ein schottischer Gärtner den Boden genauer unter die Lupe und meinte, man solle es doch einmal mit dem Obstanbau probieren. Also pries Besitzer John Riddoch seinen Grund als »Penola Fruit Colony« an und fand auch 26 Leute, die Parzellen kaufen und Wein anbauen wollten. Es stellte sich heraus, dass das eigenartige, 14 km lange Band aus roter Erde auf Kalk bestand und mit reichlich Wasser gesegnet war. Nicht nur die Fruit Colony, sondern der gesamte Landstrich schien für den Rebbau geeignet. Als die Schafzüchter tiefe Gräben anlegten, um ihre Weiden zu entwässern, sah das Ganze noch vielversprechender aus. Auch das Médoc entstand einst durch Trockenlegung von Land.

Man muss schon eine gewisse Beharrlichkeit an den Tag legen, um sich fernab jeder Zivilisation dem Weinbau zu verschreiben. Kalifornien konnte zumindest noch auf jede Menge Arbeitskräfte aus Mexiko zurückgreifen, doch Australien verfügte weder über ein Kontingent an Helfern noch über irgendwelche Annehmlichkeiten dort draußen im Busch – ja, nicht einmal über eine Kundschaft, die kaufte, was man produzierte. Dennoch hatten die Rotweine aus Coonawarra der Konkurrenz im übrigen Südaustralien etwas voraus: einen Charakter, den man tatsächlich mit rotem Bordeaux vergleichen konnte. Wie andernorts spielte auch hier Shiraz die Hauptrolle, erbrachte jedoch keine marmeladigen Gewächse, sondern helle, klare, lebhafte Weine mit moderatem Alkohol- und Tanningehalt. Cabernet war in der Minderheit, lieferte aber noch Bordeaux-ähnlichere Erzeugnisse. Jahrelang kelterten die Redmans als einzige Familie Wein; als Absatzmarkt diente ihnen Adelaide. Dann rückten die großen Unternehmen an. Coonawarra erschien ihnen geeignet für den Einsatz der Massenverarbeitungstechnologie, die für Industrieweine in der Riverland-Region im Norden entwickelt worden war. Das arbeitsintensive Schneiden und Lesen wurde abgeschafft: Das Zurückstutzen wurde mit der Heckenschere und das Lesen mit Erntemaschinen erledigt.

Heute ist Coonawarra zu einer Art Schlachtfeld geworden. Auf der einen Seite stehen die Industrieweinproduzenten, welche die Reben so effizient wie möglich als Umwandler von Wasser und Sonne in Zucker nutzen möchten. *Vitis vinifera* verwertet die Energie besser als jede andere Pflanze. Australischer Wein fließt geradewegs in Richtung Massenmarkt – nicht zuletzt deshalb, weil die Großkonzerne einen Kampf um Regalplätze in den Supermärkten ausfechten.

Auf der anderen Seite stehen Propheten wie Brian Croser, die in der Verbindung von Geschmack und Terroir nach französischem Vorbild die Zukunft sehen. Sie investieren in die optimale Abstimmung von Rebsorte und Weinberg. Bestes Beispiel: Coonawarra und Cabernet. Hat man die Idealkombination gefunden, braucht man nur noch kritische Selbstdisziplin – und viel Einsatz. »Natürlich liefert ein großer, dicht belaubter Stock reichlich Alkohol«, so Croser. »Das ist keine Kunst. Aber ihren Weltruhm haben sich die französischen Weindörfer damit nicht erworben. Auch wäre das Potential eines nationalen Schatzes wie Coonawarra mit einer solchen Massenproduktion sinnlos vergeudet.«

Seelenverwandte findet Croser in aller Welt. Zu ihnen gehörte auch der verstorbene Peter Sichel, ein Winzer und Händler, der den Bordeaux und seinen oft haarsträubenden Markt für eine ganze Generation von Angelsachsen interpretierte. »Die größte Errungenschaft in der Weinwelt ist die Entdeckung eines Terroirs, das Gewächse mit Charakter hervorzubringen vermag«, sagte er einmal. Mit anderen Worten: Nur bestimmte Fleckchen Erde auf der Welt verleihen einem Erzeugnis einen beständigen Charakter mit Wiedererkennungswert. Es hat keinen Sinn, im kalifornischen Central Valley oder der Murrumbidgee Irrigation Area nach einem singulären Geschmack zu suchen. Aber wenn man das Gück hat, über ein Terroir zu verfügen, das dem Wein ein klar erkennbares Profil verleiht, sollte eine Anpassung an den Markt das Letzte sein, was man tut. Vielmehr muss man den Verbraucher lehren, das zu schätzen, was das Terroir hervorbringt. Aber warum, könnte man einwenden, soll sich der Käufer nach dem Winzer richten und nicht umgekehrt?

Ich muss noch einmal Peter Sichel zitieren. Ein guter Winzer mit eindeutig identifizierbarem Terroir hilft »dem Verbraucher zu verstehen, zu welch außergewöhnlich komplexer Leistung die Natur fähig ist und wie diese Leistung in den kleinen Beeren wundersam zum Ausdruck kommt, sofern der Mensch sich darauf beschränkt zu beobachten, zu erkennen und zu unterstützen ...« Demgegenüber steht »die Bereitung eines Weinstils, der einem vorgefertigten Ideal entspricht«.

An diese Worte dachte ich, als ich den Schwergewichten der australischen Weinindustrie zuhörte, die nach Verkostungen anlässlich des Londoner Australientags in einem Vortrag ihre Ziele bis zum Jahr 2025 formulierten. Mit Leuten wie ihnen liegt Brian Croser im Clinch. So sehr Australier Wein mögen und so gut sie ihn bereiten, Bescheidenheit ist oft nicht ihre Zier. Sie bereiten meisterlichen Wein, indem sie sich zu Meistern der Natur aufschwingen.

Das Wort »Stil« verrät ihre Haltung. Ist Ihnen schon aufgefallen, dass Australier keine Weine, sondern »Weinstile« trinken, erzeugen oder verkaufen? Die Natur kennt aber keine Stile. Die Natur kennt Individuen, Arten, Familien, Sorten, das sind ihre Einheiten. Und dazu gehört natürlich auch das Terroir.

Italien

Florenz im Jahre 1904. Der Marchese Piero Antinori verlässt seinen Palast im Stadtzentrum, dessen riesige Steinquadern der Ruß und die Zeit schwarz gefärbt haben, um nach Santa Cristina zu fahren. Als er auf der anderen Seite des Arno die Straße zum Kloster La Certosa hochrattert, kommt hinter grauen Sturmwolken die Sonne hervor. Die nackten Pappeln leuchten wie Bündel rotbrauner Stäbe, während Mimosen Honigdüfte über die Straße schicken. Antinori ist dabei, einen Plan in die Tat umzusetzen. Der Chianti, den er und seine Freunde auf ihren Gütern bereiten, ist ein haarsträubend ungehobelter Geselle. Früher war er gut genug, ja, man exportierte ihn unter der Bezeichnung »Florence« sogar in Flaschen nach England. Seltsam, dass die französischen Theorien zur Verbesserung von Weinen in der Toskana nicht funktionierten. Auf Schloss Brolio hatte Bettino Ricasoli zwar durchaus Fortschritte gemacht, indem er auf einen Verschnitt aus roten und weißen Rebsorten setzte. Doch auf dem kalten Boden der Chianti-Hügel gerät die Haupttraube Sangiovese einfach zu adstringierend. In den meisten Jahren muss man ihren Biss so gut es geht mildern, was aber noch lange nicht heißt, dass das Ergebnis deshalb allzu exquisit ausfiele.

Zwei Aristokraten auf der Burgmauer von Brolio. Die Familien Ricasoli (in der Mitte Graf Bettino) und Antinori (rechts der Marchese Piero) schreiben seit 150 Jahren Chianti-Geschichte.

Der Marchese führt eine Kiste Château Lafite im Gepäck mit. Er hat die Mittel, er hat das Land, und er hat ein wärmeres Klima als Bordeaux. Warum kann er auf Villa Antinori keinen Roten bereiten, wie er in Bordeaux entsteht? Als Erstes wird er es mit einem Verschnitt versuchen – mal sehen, was passiert, wenn er seinen Villa Antinori mit einem Lafite mischt. Er ruft den Kellermeister. Sie vermengen die beiden Weine und verkosten sie. Der Kellermeister verzieht das Gesicht. Antinori hält das Ergebnis für eine enorme Verbesserung. Der Schlüssel liegt also in der Verwendung von Bordelaiser Trauben.

Wir wissen, wie die Geschichte ausgeht. 100 Jahre später stellen Cabernet und Merlot einige der größten toskanischen Kreszenzen. Sangiovese hat eine Verbesserung und Differenzierung erfahren. Man schätzt die Traube heute in mehreren guten Spielarten, die für verschiedene Gegenden unterschiedlich gut geeignet sind. Der Chianti in seiner Ausprägung als berühmtester toskanischer Beitrag zur Tischkultur, verkörpert durch den bauchigen *fiasco* im Strohkleid, ist fast völlig verschwunden. Sein Tod wird nur von wenigen betrauert. Ich bin einer von ihnen, denn ich erinnere mich an die Einfachheit des Produkts und die Schönheit der Flasche. Es erfüllte den Bauern mit Stolz, sie zu besitzen; ihr trüber Inhalt war ihm heilig. Das zumindest ist der noch heute lebendige Mythos eines Landes, das sich selbst als Idyll aus einer verklärten Vergangenheit sieht, obwohl die Ochsen längst verschwunden und die Felder mit Bulldozern planiert sind.

Als neues Bordeaux hat die Toskana sich blendend bewährt. Antinori hatte das Erfolgsrezept gefunden: Verfeinere deinen Chianti mit Cabernet und fülle ihn in eine Bordeaux-Flasche. Sein Enkel Piero gestand mir vor 20 Jahren, dass Cabernet die Geheimwaffe seines Villa Antinori Reserva sei. »Eines Tages«, erklärte er, »brauchen wir die Traube hoffentlich nicht mehr. Dann werden wir wieder Chianti ausschließlich aus toskanischen Trauben bereiten. Doch bis dahin müssen wir unsere einheimischen Sorten noch verbessern. Im Moment benötigen wir gerade noch zehn Prozent Cabernet als Geschmacksverstärker.« Ich habe die verschiedenen Entwicklungsstadien toskanischer Rebflächen vom wilden Durcheinander roter und weißer Reben mit Olivenbäumen und sogar Ulmen als Stütze sowie einer Unterpflanzung aus Gemüse und sämtlichen anderen farbenfrohen Notwendigkeiten des bäuerlichen Broterwerbs hin zur sterilen Monokultur unserer Tage beobachtet. Sie spiegeln die grundlegende Wandlung der erzeugten Weine wider. Mit einem Unterschied: Die Weine sind besser geworden.

Die hinreißende Landschaft war wie der schlechte Wein das Ergebnis des Halbpachtsystems, *mezzadria* genannt, das im Grunde zur Ausbeutung der Bauern, der *contadini*, diente. Die Toskana, wie ich sie am Anfang kennen gelernt habe, war ein Paradox: ein reiches Land, dessen Hauptexport nach Amerika seine Bevölkerung war. Wein wurde wahllos aus roten und weißen Reben bereitet, die man teils an Bäumen und teils an Spalieren wie Wäscheleinen erzog. Die Trauben wurden in große Tragkörbe geworfen, von dort in klapprige, von einem Ochsenpaar gezogene Bottichkarren geschüttet und noch auf dem Feld mit einem Knüppel zerstoßen. Kein Wunder, dass die meisten den noch nicht ganz vergorenen Wein bevorzugten, bevor er sauer und bitter wurde. Etwas Süße und ein leichtes Prickeln machten ihn genießbar. Genau das erwartete man von einem Chianti, zumindest in den amerikanischen Trattorien, die die besten Abnehmer gewesen sein müssen.

So präsentierte sich mir das Chianti bei meinem ersten Besuch. Die Weinbaumethoden der contadini *hatten sich seit Vergil nicht mehr verändert – zumindest nicht zum Besseren.*

Im Rahmen meiner Recherchen befasste ich mich auch mit dem transatlantischen Leben der Italiener aller Gesellschaftsebenen – auf dem Dampfer *Rafaello*, der von New York nach Neapel fuhr. Das Essen in der ersten Klasse war die übliche Schwelgerei in internationaler Küche: Stopfleber, Hummer, *filet de bœuf en croûte* und dazu französische Weine. In der zweiten Klasse entsprach das Essen jenem in Geschäftshotels, Speisen ohne Herkunft mit langen Namen und zweitklassige Weine mit den bekanntesten italienischen Etiketten. In der dritten Klasse ging es zu wie auf einem Jahrmarkt: untersetzte Frauen ganz in Schwarz, die goldene Pasta schöpften, *prosciutto*, *mortadella*, der Geruch getrockneter Tomaten und Literkrüge mit süßem jungem Wein. Wenn schon die einfachen Italiener so viel Genuss in den Tafelfreuden fanden, warum war dann ihr Wein so ein willkürlich zusammengebrautes Machwerk?

Eine mögliche Erklärung hat mein Bruder parat, der seit langem in einem einst entlegenen Teil der Toskana, der Maremma, lebt: »Sie trauen keiner Menschenseele.« Wenn Italiener etwas besonders loben, hört man oft das Wort *genuino*. Das Glas Marmelade, das man von der Köchin eigenhändig in ihrer Küche in die Hand gedrückt bekommt, ist *genuino*. Sie hat das Glas von einem Freund auf dem Markt? Unverhohlener Zweifel. Fabrikware mit einem Etikett? Alles, nur nicht das! Diese Haltung entspringt gar nicht einmal so sehr dem Misstrauen gegenüber dem Handel, sondern der Gewohnheit, Dinge an ihrer exakten Herkunft zu messen. Was nicht *genuino* ist, muss nicht automatisch zweitklassig ausfallen – nur fehlt eben die beruhigende Sicherheit, genau zu wissen, woher es stammt. Nicht anders ist es mit der Ursprungsbezeichnung beim Wein. Natürlich hat man grundsätzlich Vorbehalte gegenüber allem, was durch fremde Hände gegangen ist – und gerade beim Wein ist die exakte Herkunft von besonderer Bedeutung.

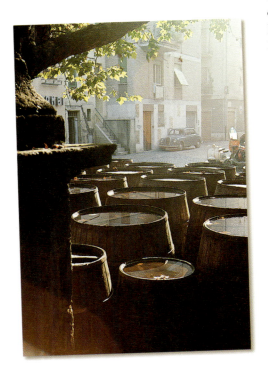

Italien, wie es einmal war: Fässer werden vor dem Befüllen am Dorfbrunnen eingeweicht.

Cabernet hat die Toskana runder gemacht. Auf die sanfte Art in Form einer Beigabe zum Chianti – auf die harte Tour in Form von Reben, die ein Antinori-Vetter fast schon aus einer Laune heraus in den 1940er-Jahren auf einem steinigen Fleckchen Erde in seinem küstennahen Gut Bolgheri pflanzte, um daraus den ersten Sassicaia-Jahrgang zu bereiten. Hier zeigt sich die Mittelmeerküste von ihrer lieblichsten Seite: Hinter Kiefernwäldern und Weiden steigen Hügel sanft an. Bolgheri präsentiert sich als befestigtes Dorf. Man nähert sich ihm über eine Allee aus schwarzen Zypressen, die eigentlich ein herrschaftliches Anwesen erwarten lassen. Und in der Tat besitzen hier etliche Florentiner Adelige Sommerhäuser, Pferdekoppeln und Obsthaine. Bis Mitte des 19. Jahrhunderts allerdings war der Küstenstrich weder gesund noch sicher: Moskitos machten ihn zum Malariagebiet und arabische Piraten auf Sklavensuche zur Hölle. 1770 entführten sie Fischer vor der Küste von Pisa.

Das Schicksal der Gegend wendete sich grundlegend, als Nicoló Incisa della Roccheta Cabernet-Reben aus Bordeaux hier pflanzte, um seinen Hauswein daraus zu bereiten. Sein Vetter Piero Antinori verkostete ihn, dessen Önologe Giacomo Tachis stand ihm zur Seite – und schon hatte die Toskana ihr archimedisches Heureka. Warum nur hatten sie sich all diese Jahrhunderte droben in den kalten Chianti-Hügeln um die Ausreifung roter Trauben bemüht, wo sie doch hier an der Küste problemlos Cabernet hätten anbauen können? Antwort siehe Australien: keine Einwohner, kein Geschäft. Wein machte man dort, wo die Kundschaft saß – um Florenz.

So entstand der Sassicaia. In den 1980er-Jahren sorgte er als der teuerste Wein der Toskana für Furore. Eigentlich gab es keinen Grund zur Überraschung. Warum sollte man auf italienischem Boden nicht genau das erreichen, was auch im Napa Valley möglich gewesen war? Die Antinoris zogen Frankreichs größten Önologen, Emile Peynaud, zu Rate, der sie in ihrem Vorhaben uneingeschränkt bestärkte. Also erzeugten sie fortan Tignanello und Solaia, zwei Verschnitte aus Sangiovese mit einem Anteil Cabernet und umgekehrt. Bei einem Essen im Jahr 1994 servierte ich den Sassicaia von 1975 mit drei erstklassifizierten Bordelaiser Gewächsen aus demselben Jahrgang, der gut ausgefallen war, aber sehr tanninhaltige Weine erbracht hatte. Der Sassicaia gab sich jünger, dunkler und lebendiger als die französische Konkurrenz, hatte einen ausgeprägteren Cabernet-Sortencharakter, war eichengetönter, entwickelte ein leichtes, wildartiges Reifebukett und klang mit einem Anflug von Rosinen aus. Ich empfand ihn als ein Mittelding zwischen Bordeaux und Kalifornien. Seine Nachfolger hielten am Bordeaux-Vorbild fest. Niemand war überrascht, als Lodovico Antinori 1985 in freundschaftliche Konkurrenz zu seinem Bruder Piero trat und in unmittelbarer Nachbarschaft Ornellaia gründete, mit dem Ziel, ein opulenteres Modell zu bereiten. Später mischte er den amerikanischen Markt mit einem Merlot namens Masseto auf – genau der Art von »süßem«, fettem Wein, wie man ihn in den Städten mag. Italiens Antwort auf den Pétrus? Möglich.

Auf die alten Chianti-Güter kommt eine harte Bewährungsprobe zu. Ob mit oder ohne Hilfe von Cabernet (und Merlot, der früher reift und sich eher auf Ton wohl fühlt), ihr Wein muss seine Persönlichkeit in die Waagschale werfen, um bestehen zu können. Was, wird man sich fragen, hat die historische Anbauregion zu bieten, was an der Küste nicht leichter zu haben ist? Selbst die nobelsten Familien, die schon seit der Renaissance und noch früher einen Namen in Florenz hatten, versuchen noch auf den Zug aufzuspringen. Die Grundstückspreise in der Maremma sind in die Höhe geschnellt – nicht nur in Bolgheri, sondern auch weiter südlich. Das Panorama, das sich meinem Bruder in Scansano beim Blick über die welligen Hügel der Argentario-Halbinsel bietet, hat mit der Ausbreitung von Weinbergen neue Grünschattierungen bekommen. Die Sangiovese-Traube bzw. ihre einheimische Variante namens Morellino reift hier nicht nur verlässlicher aus, sie erbringt auch Gewächse mit einem saftigen Einschlag, der angeblich an Morellen, Weichselkirschen, erinnert. Mit leuchtenden Augen haben sich die örtlichen Winzer funkelnagelneue französische Eichenfässer angeschafft, um ihren Weinen einen Hauch von Klasse zu verleihen. Der Preis spiegelt natürlich den neuen Modestatus wider. Sogar in den Genossenschaften findet man kaum noch den alten saftigen Tropfen, der so gut schmeckte – und selbst dessen Preis ging quasi solidarisch nach oben. Der neue eichengefärbte Morellino di Scansano ist nur allzu oft nichts anderes als ein weiterer moderner Toskaner.

Die Eigenschaften eines guten Chianti sind eher Hemmnisse für den Verkaufserfolg. Er präsentiert sich nicht als ein von Natur aus fruchtiger, zugänglicher Wein, sondern als ein Produkt mit Textur und Struktur. Sein Tannin ist rau, seine Säure frisch und appetitanregend. In einem guten Riserva kommt ein warmer, runder, aber erfrischend fester Geschmack dazu – ein Charakteristikum, das ein Chianti mit einem roten Bordeaux teilt. Er braucht zwar nicht so lange wie sein Pendant von der Biskaya, um zu reifen, doch muss man ihm mindestens drei oder vier Jahre Zeit lassen. Man findet aber noch weitere Parallelen: 30 oder 40 Güter haben die Größe von Châteaux im Médoc. Eingeweihte können sogar einige Subzonen aufzählen: das Dorf Radda hoch droben in den Bergen, die tiefer gelegene, wärmere Gemeinde Castellina oder die Rufina-Hügel östlich von Florenz, wo einige der besten Weine entstehen.

Weine ergründet man durch Vergleiche. Bei mir mag es die Gewohnheit einer lebenslangen Beschäftigung mit Wein sein, doch gibt es niemanden, der das Gegenüberstellen von Weinen nicht als aufschlussreich empfindet. Lässt man zwei ähnliche Erzeugnisse gegeneinander antreten, wird man mit an Sicherheit grenzender Wahrscheinlichkeit eines besser als das andere finden. Genießen Sie Ihren Favoriten. In der Toskana verzichte ich oft auf Weißwein – die Winzer dort haben in dieser Sparte noch erheblichen Nachholbedarf – und leite ein Essen mit dem einfachen jungen Chianti ein, der auf der Karte steht. Wenn die Vorspeise aus *bruschetta*, gerösteten Brotstückchen mit Olivenöl, belegt mit getrockneten Tomaten oder grobem Pâté, besteht, ist ein leichter (respektive dünner), adstringierender Chianti ein guter Appetitanreger. Gleichzeitig dient er als hervorragender Wegbereiter für einen Riserva, der verglichen mit ihm umso besser schmeckt. Noch besser ist es natürlich, man öffnet zwei Weine aus verschiedenen Zonen oder einen klassischen Chianti und dazu eine mit exotischen Rebsorten garnierte Variante, besser bekannt als Supertoskaner.

Als Supertoskaner werden nonkonformistische Weine bezeichnet, die superteure Preise scheinbar nur deshalb erzielen, weil sie sich nicht um Vorschriften scheren. Genau genommen erfand der Marchese den Supertoskaner schon 1904. Der Name kam jedoch erst in den 1970er-Jahren auf, als man einen neuen Begriff suchte, mit dem sich alle laufenden Experimente griffig zusammenfassen ließen. Vorreiter waren der Tignanello und der Solaia, doch folgte ihnen eine ganze Reihe weiterer Supertoskaner auf dem Fuß. Manchmal schien es mir, als bräuchte es nur eine tiefrote Farbe, eine Überdosis Eiche und eine kiloschwere schwarze Glasflasche, um sich den Titel zu verdienen.

Wir trinken am häufigsten den Fonterutoli vom Gut der Familie Mazzei in Castellina. Ich mag Geschichtsträchtiges, und von dieser Kellerei stammt dem Vernehmen nach der erste Chianti – ein Weißer übrigens –, der auch als solcher bezeichnet wurde. Als Beleg dafür dient ein Brief, den Ser Lapo Mazzei im Jahr 1398 an seinen Freund Datini, einen Weinhändler in Prato, schrieb. Fonterutoli ist ein Dörfchen an der Chiantigiana, der Straße, die sich von Florenz nach Siena durch die Hügel windet. Sogar eine bescheidene Burg findet man hier, denn die Chianti genannte Gegend wurde von den Florentinern während ihrer häufigen Kriege gegen Siena als Front genutzt. Von der Festung aus kann man die lange Linie der Mauern Sienas sehen, die unterbrochen wird von der Silhouette des mächtigen Wachturms. Als ich sechs Jahrhunderte später dem Gut einen Besuch abstattete, stellte ich erfreut fest, dass der Besitzer Lapo Mazzei hieß. Eine große Veränderung aber hatte es gegeben: Der Wein war jetzt rot.

Die Reaktion der Mazzeis auf die Cabernet-Revolution war typisch für das Chianti. Sie bereiteten Weine mit Cabernet, Merlot und Sangiovese in verschiedenen Kombinationen. Nach zehn Jahren hatten sie sich auf den Chianti als Flaggschiff festgelegt. Auch die anderen waren keine schlechten Erzeugnisse, ja, sie zeigten sogar einen deutlich toskanischen Einschlag. Klassischer Chianti aber war einfach etwas Besonderes.

Wie tranken kürzlich einen 14 Jahre alten Chianti Classico Fonterutoli von 1990, den Ser Lapo von Mazzei. Er schimmerte in burgundertypischem, leuchtendem, hellem Granatrot; der Duft war kräftig, scharf, pflaumig, aber gleichzeitig staubig und rau. Er wirkte völlig flüssig und klar, man könnte auch sagen: leicht und unbekümmert fließend – und doch blieb er beim Schlucken in jeder Phase ungemein präsent. Pflaumen und lebhaftes Tannin erinnern eher an einen Burgunder als an einen Bordeaux. Trotzdem ähnelte der Wein keinem von beiden; er war einfach nur leicht und befriedigend zugleich – ein Wesenszug, der sehr schwer zu erreichen ist und das Gewächs zum idealen Begleiter von gegrilltem Lammfleisch mit Rosmarin macht.

Auch die parallele Entwicklung des Montalcino brachte das Chianti in Bedrängnis. Dort unten, südlich von Siena, in den Hügeln um die gleichnamige befestigte Stadt, wird es heißer als weiter nördlich. Und noch wärmer ist es im großen Becken des Val d'Orcia, wo sich das Flüsschen Orcia in einem Bogen am Monte Amiata vorbeidrängt. Hier wächst eine andere Sangiovese-Traube. Sie trägt kleinere Beeren mit dickerer Schale und erbringt dunklere, kräftigere, fleischigere Weine. Ihr Name lautet Brunello di Montalcino. Ich habe diese offene Landschaft, die sich stark von den komplexen Konturen des Chianti unterscheidet, das erste Mal von einem Helikopter aus gesehen, der von Rom

Burton Andersons Vino *war das erste Buch, das sich mit der modernen italienischen Weinlandschaft befasste. Hier sitze ich mit dem amerikanischen Sportjournalisten im Ristorante La Chiusa in Montefollonico – nach 16 Gängen und ebenso vielen Kreszenzen, wie Gläser auf dem Tisch stehen.*

heranknatterte. Die Mariani-Brüder John und Harry aus New York hatten mich eingeladen, den riesigen Grund in Augenschein zu nehmen, den sie im Val d'Orcia erworben hatten und nun mit großen gelben Raupen in Weinberge des 21. Jahrhunderts verwandelten. Eine futuristische Kellerei – die computergesteuertste, die ich je gesehen habe – hatten sie schon, und nun arbeiteten sie mit einem Gerüst so hoch wie der Turm von Siena am Schloss, das das umgestaltete Tal überragte. Als Önologe stand ihnen Ezio Rivella zur Seite, der wie Antinoris Berater Giacomo Tachis aus Piemont stammte. Ich bin mir nicht sicher, ob seine Herkunft mit seinem überraschenden Plan, sich auf Moscadello zu spezialisieren, zu tun hatte (Moscato hat in Piemont eine lange Tradition, man denke nur an Asti Spumante). Für Moscadello, der als Süßwein aus Montalcino schon im 18. Jahrhundert berühmt gewesen war, hatten sich die Marianis vermutlich in erster Linie deshalb entschieden, weil sie glaubten, dass er in Amerika ein Erfolg sein würde. Sie hatten schon mit dem süßen Lambrusco vom Po Recht behalten, von dem sie unter der Bezeichnung Reunite Millionen Kisten verkauften. Doch blieben sie stets offen für Neues, einschließlich Brunello.

Heute, 20 Jahre später, will jeder Brunello. Die Gebrüder zogen eine große Show auf. Sie veranstalteten in ihrer Burg ein mittelalterliches Bankett bei Fackellicht und Fanfarenklängen. Das Essen wurde nach Brueghel'scher Manier auf Tragen hereingebracht. Ich frage mich allerdings, ob ihre mittelalterlichen Interpretationen historisch genau waren. So behaupteten sie zum Beispiel, eine mit Kopfstein gepflasterte Rampe, die vom Fuß der Burgmauern zum ersten Stockwerk führt, sei dazu da gewesen, einem Ritter in voller Rüstung Schwung zu verleihen. Wenn der Kämpfer die Rampe hinuntergeritten sei, habe sein Pferd unten eine solche Geschwindigkeit erreicht, dass er ungehindert durch die Reihen der Belagerer hätte brechen können.

Ich habe allen Grund, den Marianis dankbar zu sein. Als ich in den 1980er-Jahren auf der Suche nach einem Finanzier für meine Fernsehreihe über die Geschichte des Weins war, ein kostspieliges Projekt in 13 Teilen, zögerten sie nicht. »Wir verdanken dem Wein etwas«, meinten sie nur. Die Sponsorengesetze waren sehr streng; ich durfte zwar den Namen jedes Weinerzeugers nennen, dem ich während der Dreharbeiten in aller Welt einen Besuch abstattete, nur nicht den ihres Gutes Villa Banfi.

Für Weinliebhaber ist Brunello *der* Wein der Toskana. In ihm findet die großartige Sangiovese-Traube ihren reinsten Ausdruck. Um ihre Klasse zu definieren, muss ich mein eigenes Buch *Die Toskana und ihre Weine* zitieren: »Die Königin der Toskana bleibt die Sangiovese; ihr flüchtiges Aroma und ihre fest gewirkte Struktur machen die toskanischen Roten aus. Sie leben vom Spannungsverhältnis zwischen Frucht, Säure und Tannin mit charakteristischer regionaler Prägung. Manchmal bilden die Tannine das Rückgrat, ein ander Mal den Überbau. Die Tannine der Sangiovese füllen den Mund mit einer mehr oder weniger deutlichen Rauheit. Sie geben Speisen die Würze und machen gleichzeitig durstig. Zu viel wirkt bitter, das rechte Maß hingegen belebt wie ein raues Handtuch.«

Cabernet kam, sah, aber siegte nicht in der Toskana.

Spanien

Lange bevor ich es mir leisten konnte, regelmäßig guten reifen Bordeaux-Wein zu trinken, entdeckte ich den Rioja. Er war schon fast sprichwörtlich reif – zumindest was die Versionen anbelangte, die nach England importiert wurden (allzu viele waren es nicht). Anfang der 1960er-Jahre stattete ich der Region das erste Mal einen Besuch ab. In meinem Erstlingswerk schilderte ich den kläglichen Zustand von Haro, der Rioja-Hauptstadt mit ihren unzähligen Bodegas. Mit den ausdauernden, schlanken Weinen von dort allerdings hatte ich kein Problem: Ihnen war eine saftige Säure und ein reinigendes Tannin um einen Kern aus roter Frucht eigen, was mir ausgesprochen behagte. Zudem verströmten sie einen Duft nach Erdbeeren und Vanille, der von der Tempranillo-Traube und dem jahrelangen Aufenthalt in amerikanischer Eiche herrührte, wie ich erfuhr.

Rioja hatte sich schon früh – selbst an der Geschichte von Bordeaux gemessen – auf die Bereitung von Weinen Bordelaiser Prägung spezialisiert. Der nächstgelegene Hafen ist Bilbao. Die dortigen Händler wurden Zeuge des wirtschaftlichen Aufschwungs der Stadt Bordeaux, die neue Straßen und Plätze baute, sogar ein Theater errichtete und sich als französischer Haupthafen für Schiffe empfahl, die Richtung Karibik und Asien in See stachen. Wenn wir Bordeaux kopieren, überlegten sie, können wir Rioja exportieren. Dazu brauchte man aber Fässer und Keller. Die große Stunde für Rioja schlug allerdings erst, als Bordeaux selbst dringend Wein brauchte, weil die Reblaus den eigenen Stöcken den Garaus gemacht hatte. Nun waren Geldgeber bereit, in moderne Anlagen zu investieren. Der Marqués de Riscal errichtete ein Gut nach französischem Vorbild und pflanzte sogar Cabernet-Reben.

Langfristig erwies es sich jedoch als Vorteil, dass mit Cabernet kein Staat zu machen war. Stattdessen besannen sich die Rioja-Väter auf ihre eigenen Trauben und begannen mehr Wert auf Fässer zu legen. Sie merkten, dass sie das Aroma des kräftigen Tempranillo mit Graciano und Mazuelo duftiger machen konnten. Damals war langer Fassausbau vom Mittelmeer bis zum Rhein hinauf das Standardverfahren zur Stabilisierung und Abrundung kantiger Gewächse. In Rioja widmete man sich dieser Behandlung mit besonderer Gründlichkeit und verwendete obendrein amerikanische Eiche. Das verlieh der Region ihre Identität, ließ sie zum fast ausschließlichen Lieferanten feiner Weine für ganz Spanien (und seine Kolonien) aufsteigen und festigte auf geschickte Weise die Position der kapitalstarken Winzer, die sich dadurch die große Zahl neuer Fässer und die vielen Arbeitskräfte leisten konnten. Kleine Familiengüter waren in Rioja unbekannt.

Ausgelassenes Treiben in Rioja. Beim alljährlichen San-Pedro-Fest macht die Bevölkerung keinerlei Hehl mehr aus ihrer Liebesbeziehung zum Wein. Jeder ist bewaffnet mit einer bota, *einem ledernen Weinschlauch.*

Die Riojas haben sich ihren kraftvollen Geschmack von früher bewahrt. Zwar findet man auch in anderen Anbauregionen noch gelegentlich Bereitungstechnologie aus dem 19. Jahrhundert, doch nirgendwo hat sie noch immer eine so beherrschende Stellung wie in meiner Lieblings-Bodega in Rioja, López de Heredia. Sie entstand im ausgehenden 19. Jahrhundert neben einem Abstellgleis in Haro; wie die Händler am Quai des Chartrons in Bordeaux versuchten die Bodegas den Transportwegen so nah wie möglich zu sein. In den Hallen unter dem Backsteinturm, einem teils maurisch, teils gotisch anmutenden Wahrzeichen, hat sich die Technik in den letzten 100 Jahren nicht merklich verändert; man kann Eichenfässer, duftende graubraune Bottiche und Flaschenzüge mit Eisenketten bestaunen. In den aus dem Fels gehauenen Kellern – die Gänge dienten als Steinbrüche für das Baumaterial, aus dem man die oberirdischen Gebäude errichtete – liegen 15 000 *bordelesas*, wie man die nach Bordelaiser Vorbild gefertigten Fässer noch heute nennt. Sie dienen dem bis zu 15-jährigen Ausbau der Rot- und Weißweine. Rund um den Globus erzählen einem Winzer stolz, dass bei ihnen ein, zwei Arbeitskräfte reichen, um den gesamten Fassbestand zu stapeln (die Hallen sind hier fünf *bordelesas* hoch) oder für das Abstechen und Säubern vorzubereiten. In dieser Kellerei, die 100 Jahre im Dornröschenschlaf gelegen zu haben scheint, sind 40 Angestellte für die Fässer zuständig – angefangen von den Küfern, die sie bauen, über die Stapler, die sie auf- und umschichten, bis hin zu den Meistern, die den Inhalt abziehen. Man begegnet Letzteren im Dunkeln, während sie sich in ihrer blauen Arbeitskleidung über einen vom Kerzenlicht beschienenen rubinfarbenen Weinfaden beugen und das funkelnde Glas schwenken, um nach den Spuren eines Bodensatzes zu suchen. Eine intensive balsamische Süße hängt in den pilzgeschwärzten Gewölben in der Luft. Ein hoher, dämmriger Raum mit flaschengefüllten Backsteingefächern und einem dichten Baldachin aus Spinnweben dient in diesen Katakomben als Verkostungsraum. Beim Durchschreiten der Hallen kommt man an Höhlen mit hohen Flaschenstapeln vorbei, die granatrot oder topasgelb schillern. Man steht an einem großen Tisch und verkostet Jahrgänge, die zum Teil schon 60 Jahre hier liegen. Das ist nicht der Ort, Aromen zu analysieren und Verkostungsnotizen in Bücher zu kritzeln. Das Brot und der dünne scharlachrote Schinken sehen zu verlockend aus. Warum wurde der Wein so lange gelagert? Einfach nur, um zum perfekten Getränk zu reifen: einem erfrischenden, erfüllenden Genuss. Und nicht, um nach Beurteilung zu heischen.

Ich habe zu Hause ein paar Flaschen des Viña Tondonia von 1964 liegen, dem Jahr, als ich Judy zum ersten Mal begegnete. 1964 entstanden großartige rote und weiße Riojas – geschliffene Juwelen, wie es sie nur in Rioja gibt (das jahrelange Abziehen scheint sie tatsächlich zu polieren). Sie entsenden einen intensiven Duft nach süßer weicher Frucht und Balsam. Balsam ist mit Harz verwandt, aber süßer, und kratzt nicht im Hals. Es gibt zwei Rote aus unterschied-

Im Keller von López de Heredia. Der Wein wird viele Male abgestochen, bis er diamantenklar ins Glas rinnt.

lichen Weinbergen: den Tondonia (in einer Bordeaux-Flasche) und den Bosconia (in einer Burgunder-Bouteille). Die beiden Stile haben bis heute Bestand. Frankreichs Vorbilder werfen lange Schatten.

Rioja ist kein Paradies. Das Ebro-Tal ist offen und spröde, eine Art riesige Hängematte, die zwischen den verschneiten Gipfeln zweier Sierras gespannt ist. Toskanisch anmutende Städte aus Stein überziehen die Hügel: Labastida, Laguardia, Haro, Briones.

OBEN
Rioja ist kein Garten Eden. Blick von den Mauern von Clavijo.

UNTEN LINKS & UNTEN
Neue Kellereien sind der letzte Schrei in Spanien. Die vogelähnliche Bodega Ysios in Laguardia ist ein Werk von Santiago Calatrava.

Irgendwo in diesem Land entstehen all die Köstlichkeiten, die auf den Märkten der Städte feilgeboten werden. In der Regionalhauptstadt Logroño hat man eine ganze Straße zur Flaniermeile erhoben. In der Calle del Laurel findet man in Bars mit vielsagenden Namen und langen Warteschlangen allerlei Spezialitäten: Das Soriano bietet *champi*, weiße, auf Brot gegrillte Pilze mit Shrimps, die in Knoblauch- und Petersilienöl gedippt wurden. Im Perchas lässt man sich gebratene Schweineohren schmecken. Das Diagonal offeriert frittierte Tintenfische, das Sebas gefüllte Peperoni, das Jubera gebackene Kartoffeln mit Mayonnaise, das El Soldado de Tudellila Sardinen und grüne Paprika, das Pagano Kebab. Die Namen der Weine des Tages werden mit Kreide auf Tafeln geschrieben und eifrig erörtert. In einem Restaurant namens Iruna kommen unaufhörlich zarte Gemüsehappen auf den Tisch. Der Schinken oder das Hähnchen sind Nebensachen neben dem gebackenen Knoblauch, den weißen Bohnen mit Muscheln, dem Sellerie in Mandelsauce, den gegrillten roten Paprika, den Borretsch-Krapfen, den Artischocken und Erbsen und Bohnen und riesigen weißen Spargelstangen. Alles wird von eifrigen Frauen in Weiß herbeigeschafft, die den alten eisernen Ofen hüten, als sei er ein Altar.

In Spanien hat es Tradition, dem Wein einen imposanten architektonischen Rahmen zu geben. Bestes Beispiel dafür sind die monumentalen weißen Sherry-

Glaskunst in Miguel Merinos Bodega. Das Werk fängt die schimmernde Schönheit eines Kelchs mit Rotwein effektvoll ein.

Lagerhäuser, die immer wieder mit Kathedralen verglichen werden. Auch die Italiener haben einen Sinn für Theatralik, dennoch ist mir noch nie aufgefallen, dass sie Fabriken in derart fantasievolle Hüllen steckten wie die Spanier. Eine neue Bodega bei Briones bedeckt die Landschaft wie ein riesenhafter Vogel, der gerade auf einem See gelandet ist und sein silbriges Gefieder ordnet. In Labastida, wo der Marqués de Riscal die ersten nach dem Bildnis von Bordeaux geformten *chais* modellierte, häufte Architekt Frank Gehry, der auch für das Guggenheim Museum in Bilbao verantwortlich zeichnete, Bahnen aus glänzendem Metall auf, die wie verbogene Flugzeugteile wirken.

»Ich weiß, die Geschichte interessiert dich«, sagte mein Freund Miguel Merino zu mir, nachdem er mir in seinem Keller in Briones seine neue Reserva zum Verkosten gegeben hatte. »Wenn du noch eine halbe Stunde Zeit hast, zeigt dir ein Freund von mir eine Sammlung, die dir gefallen wird.«

Miguel gehört zu einer neuen Winzergeneration in Rioja. Er betreibt eine kleine Kellerei ohne die vielen tausend Fässer, die früher eine Grundvoraussetzung für die Weinbereitung waren. Dadurch bleibt er flexibel und kann mit Trauben, Fässern oder Einzellagen experimentieren – ein Vorteil, der in der alten Rioja-Kultur unbekannt war. Wir sahen uns die kleine Sammlung seines Freundes an. Dinastía Vivanco, verkündete das Schild an den Toren. Mit der Dynastie ist Pedro Vivanco samt Söhnen gemeint – und mit der Sammlung das ambitionierteste Museum der Weinwelt, wie ich erstaunt feststellte. Namen wie Vivanco treten selten in Erscheinung; er ist der größte Händler für Massenwein in Rioja. Er scheint aber auch eine Elster zu sein, die in ihrem langen Leben von alten Traktoren bis zu assyrischen Grabbeigaben, von mittelalterlichen Handschriften bis hin zu Picassos alles zusammengetragen hat. Miguels kleine halbe Stunde weitete sich zu einem ganzen Tag zwischen Pflügen und Pergament, Enzymforschung und Radierungen aus. Ich muss nochmal hin, denn ich habe noch nicht alles gesehen.

---

160 km südwestlich des Ebro fließt der Duero. Beide verlaufen parallel, aber in die entgegengesetzte Richtung. In Portugal wird der Duero zum Douro und beschert uns Portwein. Man kann sich kaum einen ausgefalleneren Landstrich für die Errichtung einer Kellerei zur Erzeugung von Bordeaux-Kopien vorstellen als die Gegend am Oberlauf des Duero. Die Hauptstadt hier heißt Valladolid und war einst Kastiliens und damit Spaniens Kapitale. Kapitalen aber brauchen Wein, und das

Duero-Tal lieferte ihn. Der Weiße aus Rueda hatte anscheinend den besten Ruf. Später entstand auf einem Bauernhof mit Mischwirtschaft eine exzentrische Rioja-Imitation. Die Entstehungsgeschichte von Vega Sicilia passt eher zum Napa Valley als zur kastilischen Hochebene und ist geprägt von Geld, Beziehungen und wohlwollender Nachlässigkeit. Damals galt es schon als radikale Modernisierung, wenn man seinen Keller mit hölzernen Gärbottichen ausstattete, denn *lagares* und Lederschläuche waren die Norm. In der Regel blieb Wein in den Fässern (falls man welche besaß), bis ihn jemand kaufte. Auf Vega Sicilia wartete der 1916er-Jahrgang noch 1939 auf die Abfüllung. Dank ihrer Beziehungen konnte die Kellerei aber auch Cabernet zwischen den Tempranillo-Reben kultivieren, die hier Tinto fino hießen. Zufällig wuchsen sie an einem gut entwässerten Nordhang, der sich bis zum Fluss hinunterzog. Weil die Weinberge hier fast doppelt so hoch lagen wie in Rioja, waren beträchtliche Temperaturschwankungen zwischen heißen Tagen und kalten Nächten die Regel.

Ein Winzer, der eine geregelte Einnahmequelle im Blick gehabt hätte, wäre wahrscheinlich ausgestiegen. (In Mexiko verkaufter Brandy brachte mehr ein.) Zudem ist die Gegend berüchtigt für ihre Fröste, die den Reben im Frühjahr und Frühherbst zusetzen. Im Sommer wiederum sucht regelmäßig Hagel die Weinberge heim. Doch weil die Kellerei eine seltene, lange reifende Kreszenz mit intensivem Geschmack bereitete, hatte sie zufällig das Erfolgsrezept für Kultwein entdeckt. Man konnte einen Vega Sicilia nur von einem Freund bekommen, der einen Freund hatte, der … usw. Anfangs machte er unter Bekannten die Runde (die Klientel traf sich auf Jagdgesellschaften und Rennen), dann führte man Versandlisten ein, die es bis heute gibt. Um eine Legende zu begründen und diesen Ruf zu bewahren, braucht man Geld. Der Hahn wurde 1982 aufgedreht, als David Alvarez, ein Geschäftsmann aus Bilbao, die Kellerei unbesehen kaufte. Er führte Vega Sicilia aus dem Zeitalter der Spinnweben und alten Holzbottiche und machte aus dem »fragilen Produkt«, wie er es nannte, die Spitzenkreszenz einer pulsierenden neuen Weinregion.

Kultstatus bringt Verpflichtungen mit sich. Zunächst einmal müssen hochkarätige Weine produziert werden. Der Vega Sicilia ist in jeder Hinsicht kraftvoll, ein hoch intensiver, hoch tannin-, säure- und alkoholhaltiger Verschnitt aus Tinto fino mit einem gewissen Anteil an Bordelaiser Trauben. Der lange Ausbau in amerikanischer Eiche lässt die primären Fruchtaromen verschwinden. Übrig bleibt eine wuchtige Quintessenz des spanischen Geschmacks.

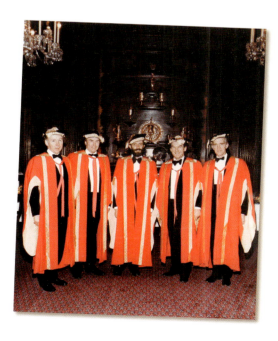

Der Gran Orden de los Caballeros del Vino wurde 1984 in London aus der Taufe gehoben, um Liebhaber spanischer Weine in ihrer Leidenschaft zu bestärken. Die Amtseinsetzung mit Bankett im Januar ist ein fester Bestandteil des Londoner Gesellschaftslebens.

Der Rest ist Stilsache – ein unablässiges Feilen an Details. Die Kellerei ist makellos sauber und gesichert wie Fort Knox. (Nicht ohne Grund: Die Alvarez-Familie besitzt den führenden Reinigungsbetrieb und Sicherheitsdienst des Landes.) Vor den nüchternen alten Lagerhäusern erstreckt sich ein ungewöhnlicher spanisch-japanischer Garten. Drinnen glänzen die Fliesen und funkeln die Tanks. Selbst die Fässer – sie werden auf dem Betriebsgelände gefertigt – wirken wie frisch gewaschen. Die Flaschen bekommen eine Prägung und Nummerierung, denn es sind sogar schon Fälschungen in Umlauf gelangt. Man schlägt sie in Seidenpapier ein, das vermutlich aus einer speziellen Papiermühle stammt. Die extrem langen Korken werden von Hand verlesen. Auf der Holzkiste, die eine mit einfachen technischen Mitteln eingeprägte Ansicht der Bodega trägt, steht der Name des Käufers zu lesen.

Zwei über 90-jährige Weinbauern: Alejandro Fernández (links) gründete seine Bodega in Pesquera 1972 – sechs Jahre, nachdem Robert Mondavi seine Kellerei im Napa Valley ins Leben gerufen hatte.

Der Grand vin, um einen Bordelaiser Begriff zu verwenden, heißt Vega Sicilia Unico. Er reift bis zehn Jahre im Fass und noch einmal drei in der Flasche. Die Bodega gibt ihn auf seinem Höhepunkt in optimal trinkreifem Zustand frei. Damit unterscheidet er sich radikal von den Bordelaiser Weinen, bei denen der Käufer die Zuständigkeit für die Flaschenreifung übernimmt. In Spanien ist das Einkellern von Wein so gut wie unbekannt. »Das Aufbewahren einer Flasche über mehr als 25 Jahre lässt auf einen Mangel an Respekt schließen«, meint Alvarez. Oder auf einen Sammlerinstinkt, möchte man hinzufügen. Der Zweitwein von Vega Sicilia heißt Valbuena und kommt schon nach fünf Jahren auf den Markt; manche ziehen diese leichtere, frischere Version dem Flaggschiff sogar vor. Das dritte Etikett wird Alión genannt und entsteht in einer separaten Bodega unweit der Hauptkellerei, ein modernerer, »geschmeidiger« Wein (was in der Weinsprache »weich« bedeutet, so wie »elegant« ein Synonym für schlank ist). Mittlerweile gibt es sogar einen vierten Wein. Er wird in Toro ein Stück flussabwärts hinter Valladolid bereitet. Die Zähmung dieses ungeschliffenen Kraftpakets ist Alvarez' erklärtes Ziel. Wir bekamen in einem Restaurant in Anwesenheit der renommiertesten Weinkenner Amerikas eine Flasche der Toro-Version serviert. Alle fanden ihn großartig – ich bat den Ober um ein Glas Hauswein gegen den Durst.

Nachahmer hatten sich am Duero schon eingefunden, bevor die Familie Alvarez das Gut übernahm. Die Legende war bereits begründet; die Genossenschaft in Peñafiel fand, dass der Wein vom Duero von Haus aus reichlich kräftig war – ihn zu verfeinern würde länger dauern. Alejandro Fernández hatte Landmaschinen verkauft, bevor er La Pesquera direkt gegenüber Vega Sicilia auf der anderen Seite des Flusses als Konkurrenzkellerei gründete. Der Tinto fino ist sein Ding – Bordeaux ist ihm egal. Und auch Peter Sisseck, der Neffe meines alten dänischen Freundes Peter Vinding, setzt seit kurzem mit seinem Pingus auf diese Traube. In der Region, in der früher ein einziges Weingut auf einsamem Posten stand, bereitet heute eine ganze Reihe von Gütern Wein. Die Welt hat Erwartungen.

Lässt sich ein Spanier vom Duero mit einem Claret vergleichen? Die Duero-Versionen haben Neue-Welt-Saiten mit spanischem Klang aufgespannt. Winzer, die ihre Töne anschlagen, findet man mittlerweile in ganz Spanien. Gibt es einen spanischen Nationalgeschmack, den diese Weine gemeinsam haben? Diese Frage kann man in jedem Land stellen, ohne eine klare Antwort zu bekommen. Wie auch? Eine regionaltypische Küche wird als selbstverständlich hingenommen, aber es gibt keinen nationalen Boden oder eine nationale Rebsorte. Hier sind zwei Gläser Cabernet, einer aus Spanien und der andere aus Italien. Können Sie sie zuordnen? Das Gleiche gilt für einen Australier und einen Kalifornier. Sicher, es gibt stilistische Unterschiede, aber die allerwenigsten bemerken sie. Deshalb zieht auch kaum jemand den einen oder den anderen vor. Manche sehen in der Gleichförmigkeit sogar einen Vorteil: Wenn alle Weine gleich schmecken, brauche ich mir nicht mehr über einer Weinliste den Kopf zerbrechen. Wer aber Vielfalt liebt und das Identifizieren von Wein zu den großen Freuden des Daseins zählt, kann aufatmen: Winzer machen in der Regel einen Rückzieher, wenn sie feststellen, dass ihre Identität auf dem Cabernet-See davonzuschwimmen droht.

In Spanien haben die erfolgreichsten Weinerzeuger es geschafft, den internationalen Geschmack zu bedienen, ohne ihren eigenen zu verraten. Cabernet sichert ein Auskommen, während einheimische Sorten aufholen können. Das

OBEN
Weitere ältere Semester. Angeregt diskutieren sie 1980 auf der Plaza von Haro über den Wein und seine Preise. Aus welcher Gegend sie stammen, lässt sich an den Baskenmützen unschwer erkennen.

UNTEN
Spanien liebt Fässer. Die Hallen der Bodegas von Rioja bis Andalusien gehören zu den größten Fassparks der Erde.

katalanische Haus Torres in den Penedés-Bergen westlich von Barcelona gab die Marschroute vor. Es stieg als Handelsunternehmen für überdurchschnittliche Regionalweine in Großgebinden ein. Ich besitze noch immer eines seiner Fassetiketten, wie sie heute selten geworden sind: eine große rot-gelbe Scheibe, die am Fassboden befestigt wurde. Nach und nach füllte der mittlerweile verstorbene Miguel Torres immer bessere Weine ab, ohne indes die Rebsorten preiszugeben. Als sein Gran Coronas Black Label wichtige internationale Medaillen einzuheimsen begann, räumte er ein, dass das Gewächs sich zu drei Vierteln aus Cabernet Sauvignon zusammensetzte. Das ist auch heute noch der Fall, doch konnte sich der Wein allein durch seine hervorragende Qualität etablieren und hat einen Hinweis auf seine Zusammensetzung nun gar nicht mehr nötig. Unterdessen experimentiert Sohn Miguel mit fast völlig in Vergessenheit geratenen katalanischen Trauben und ersetzt sein Flaggschiff Black Label allmählich durch den hundertprozentig aus lokalen Traditionsreben bereiteten Grans Muralles. Er enthält sogar einige Varianten, die beinahe ausgestorben wären, hätte Torres sie nicht vor dem völligen Verschwinden gerettet. Es steht zu erwarten, dass neben den Hauptreben, aus denen etablierte spanische Klassiker wie der Rioja oder Priorat entstehen, immer mehr authochthone Trauben ins Rampenlicht rücken und vor internationalem Publikum auftreten.

Portugal

»Mit einem Apfel kaufen und mit Käse verkaufen«, lautet eine alte Faustregel im Weinhandel. Ein Apfel bringt die Verfassung eines Gewächses unerbittlich zum Vorschein. Kein Wein zeigt sich in Begleitung dieser Frucht von seiner besten Seite – schlechte Erzeugnisse aber schmecken förmlich abstoßend. Einen ganz anderen Einfluss hat Käse: Er puffert die Säure mit einer vorteilhaften Fettschicht ab und setzt den Tanninen Eiweiß entgegen. Man übersieht die Mängel – oder verzeiht sie dem Wein. Käse ist der Freund des Verkäufers.

Wenn ein Winzer bei einer Verkostung allerlei Appetitliches anbietet, werde ich grundsätzlich misstrauisch, ganz gleich, ob Käse dabei ist oder nicht. Auch das Ritual im Keller von Bussaco hätte meine Alarmglocken zum Klingen bringen müssen. Wir stiegen in die Gewölbe unter der Burg hinunter, um den *lagar* zu besichtigen, in dem der Wein in alter portugiesischer Manier nach wie vor mit den Füßen zerstampft wird – sowohl der Rote als auch der Weiße, wie mir Señor dos Santos versicherte. Das Zertreten weißer Trauben gegen Ende des 20. Jahrhunderts deutet zweifellos auf eine konservative Haltung hin, dachte ich bei mir.

Señor dos Santos hatte eine Köchin mitgebracht. Während er mit dem Entkorken der Flaschen begann, zündete sie einen eigenartigen kleinen Ofen an, der eigentlich mehr eine Schale mit einer Art Grillgitter war. Sie füllte Brandy hinein – ich hoffe zumindest, dass es Brandy war –, zündete ihn an und legte die Würstchen auf den Grill. Der entstehende Geruch machte eine Prüfung des Weinbuketts unmöglich, doch schien das Haus sowieso keinen sonderlichen Wert darauf zu legen, dass man seine Nase zu tief ins Glas steckte. Schade eigent-

VORBILD BORDEAUX / 277

lich, denn wie ich später im Restaurant weiter oben herausfand, sind die Bussaco-Gewächse eine Reminiszenz an ein untergegangenes Zeitalter, in dem Portugal eine Blüte erlebte. Die Jahrgänge auf der Liste reichten bis in die 1940er-Jahre zurück, und obwohl manche Veteranen schon recht gebrechlich waren, präsentierten sie sich noch elegant, schlank, süß in der Nase und mit einem langen, sauberen Geschmacksausdruck, den man in jeder beliebigen Sprache als »guter Claret« übersetzen kann.

Noch bizarrer als der Wein ist das Schloss – ein Bauwerk aus einem Stein, der aus Erinnerungen an das Meer gehauen wurde. Der manuelinische Stil ist reich an maritimer Ornamentik, z. B. Tauen und Ankern. Er vermählt gotische Elemente mit dem Takelwerk einer ganzen Flotte. Vor allem aber steht das Schloss in einem Zauberwald am Gipfel eines Grats, der das ganze Jahr in Nebel gehüllt ist. In diesem Dauerdunst wachsen exotische Gehölze zu beispielloser Größe heran. Wer den Tennisplatz vor dem Mittagessen bucht, muss damit rechnen, gegen einen unsichtbaren Gegner zu spielen. Der Bach unter der Zufahrt, die sich in Serpentinen nach oben windet, versteckt sich in einem Dickicht aus Farnen und Hortensien, und während man auf der Terrasse sitzt, setzt das Glas Moos an.

Kein anderer Ort verkörpert so beispielhaft das Wesen der Weinberge am Atlantik – oder das Klima an jeder anderen Westküste. Westlich von Lissabon ragt bei Sintra ein ähnlich nebelverhangener, von tiefen moosbewachsenen Wäldern bedeckter Hügel auf. In Galicien wachsen sogar Flechten an den Rebstöcken. Die Berge von Oregon und Puget Sound werden ohne Unterlass vom Meer befeuchtet, das sein Wasser mit den nie abflauenden Winden über das Land schickt. Sogar an der Westküste Siziliens überragt Trapani als grüne Anhöhe die sonnenversengten Weinberge von Marsala.

Bairrada heißt das Anbaugebiet am Fuß des Schlossbergs von Bussaco. Die Einheimischen scheinen eine Vorliebe für Wein mit Biss zu haben: Die rote Lokal-

Das moderne Douro lässt die Vergangenheit rasch hinter sich. Wasserskifahren und samtige, ja, sogar elegante Tischweine sind die neuen Attraktionen.

Blick von Noval. An die dramatische Schönheit der Landschaft am Douro reicht nur noch das Moseltal heran. Hier das Dorf Vale de Mendiz in den 1980er-Jahren.

sorte Baga wagt sich in den Grenzbereich schwarzer Adstringenz vor. Mit ihrer dicken Schale und späten Reife ist sie die Cabernet von Nordportugal. Oder besser die Tannat des Landstrichs – eine Traube, die dem schneidenden Madiran aus der Gascogne und den neu entdeckten Rotweinen aus Uruguay ihre Unverwechselbarkeit verleiht. Ob sie das Zeug hat, ganz große Weine zu liefern, darf bezweifelt werden, doch nur wenige Rebsorten geben ihren Weinen mehr gaumenreinigendes, den Speichelfluss anregendes Tannin mit auf den Weg. (Ihr Name bedeutet übrigens Holunderbeere.) Luis Pato bereitet Bairrada-Erzeugnisse für den modernen Markt; sie fegen mit ihrem Tannin nach wie vor den Mund frei, doch bieten sie auch viel frische Frucht auf. Ich freue mich immer, wenn ich einem Winzer begegne, der eine unmoderne Traube an ihre Qualitätsgrenze führt: Pato bereitet unterschiedliche *cuvées* aus unterschiedlichen Weinbergen – gerade so, als befände er sich in Burgund. Sonderbarerweise verströmt sein Lieblingswein, der Quinta do Ribeirinho von seinen wärmsten, sandigsten Böden, einen burgunderartigen Duft. Mit rund zehn Jahren erreichen sie ihren Höhepunkt als Begleiter der von ihm servierten ländlichen portugiesischen Gerichte: dicke Gemüsesuppe mit einem kräftigen Schuss Olivenöl, gebratener Schwertfisch mit Kartoffeln, Ente (als *pato* eine Art Nationalgericht) auf einem mit Entenleber kräftig gewürzten Reis und cremig reifer Käse aus Schafsmilch.

Wer will heute noch diese Art von Wein? Weniger unverhohlen landestypische Gewächse aus den Portweinlagen am Douro haben ihm den Rang abgelaufen. Früher hieß es, dass Wein vom Douro der Gesundheit so lange abträglich sei, bis ihn die Portweinhäuser gezähmt hätten. Das Verstärken mit rohem Branntwein ist eine sonderbare Art, Wein zu zähmen, könnte man einwenden. Vermutlich wurde das gesamte hochwertige Traubengut für die Portherstellung verwendet, denn die in Porto benötigten Tischweine holte man alle aus einem anderen Teil Portugals: dem Alentejo südlich von Lissabon. Eine alte *quinta* namens Mouchão belieferte anscheinend den Club der Porterzeuger, Factory House, ein Jahrhundert lang mit Fasswein. Er wurde unetikettiert als Hauswein abgefüllt. Ich erinnere mich daran, dass er ausgesprochen üppig ausfallen konnte. Trotzdem bekam stets der Port alle Aufmerksamkeit.

Ein Umdenken setzte am Douro ein, als sich herausstellte, dass das Lesegut, das man als nicht portwürdig einstufte, zu Tischwein verarbeitet noch schlechter ausfiel. Tischweintrauben müssen in perfektem Zustand, in geringen Mengen und zu einem ganz bestimmten Zeitpunkt geerntet werden. Die Toleranzgrenzen sind enger gesteckt als bei ihren gespriteten Pendants.

Kam der Anstoß zur Bereitung von Tischwein aus Ribera del Duero, wo Vega Sicilia den teuersten spanischen Rotwein bereitete? Nein, wieder einmal diente Bordeaux als Vorbild. 1950 stattete der Chefkellermeister des Porthauses Ferreira der französischen Anbauregion einen Besuch ab. Beinahe wäre er dort Max Schubert aus Adelaide begegnet. Beide hatten ähnliche Vorstellungen. Fernando Nicolau de Almeida ging zurück zum Douro, wo er auf Ferreiras Quinta do Vale Meão in der höchstgelegenen und heißesten Gegend den ersten Jahrgang des Barca Velha erzeugte. Wie Schubert wollte er dem Vorbild Bordeaux in einem anderen Klima mit anderen Trauben nacheifern. Wie Vega Sicilia bediente er sich vor allem der Trempranillo-Traube, die man in Portugal Tinta Roriz nennt. Allerdings gab es auch genug andere Sorten – Port verfügte über ein Rebsortiment, das in seiner Bandbreite dem von Châteauneuf-du-Pape nicht nachstand. Einen wichtigen Anteil am Verschnitt hatte Tinta francesca, während Touriga nacional, das für Vintage Port verwendete Kraftpaket, nur eine Nebenrolle spielte. In den 1950ern erschien der Barca Velha auf der Bildfläche und warf eine Frage auf, die ein Jahrhundert lang ad acta gelegt worden war: Warum muss Wein vom Douro eigentlich alkoholverstärkt werden? Schon in den 1830er- und 1840er-Jahren war eine hitzige Debatte darüber geführt worden. Der britische Baron Forrester warf den Porthäusern vor, ihren Wein mit Holundersaft und Branntwein zu ruinieren. Vielleicht ließ er sich mit Alkohol aufgepeppt einfach leichter herstellen, blieb fruchtiger und konnte besser auf den Markt geworfen werden. Auf jeden Fall schätzten die Briten kräftige Weine. Forrester hatte keine Chance.

Als ich Vale Meão das erste Mal einen Besuch abstattete, sah es nicht so aus, als könne hier Claret entstehen. In der riesigen *quinta* stand eine Reihe großer *lagares* aus Granit, in denen das Lesegut zerstampft wurde. Ich kann mich noch gut daran erinnern, dass sich in den Wänden Löcher auf Brusthöhe befanden, um den Saft bequem ablassen zu können. Anschließend kam der Barca Velha in Holzbottiche, wie man sie auch in Bordeaux verwendete, und wurde mit Eisblöcken gekühlt, die man mit dem Zug aus Porto herbeischaffte. Er war dicht bepackt mit portartigen Geschmacksnuancen, erinnerte in Kraft und Textur aber eher an ein Gewächs von der Rhône. Man bereitete ihn nur in hervorragenden Jahrgängen, weshalb er selten aufzutreiben war. Jahrelang nahm man kaum Notiz von ihm. Erst in den 1990er-Jahren wurde man allmählich auf ihn aufmerksam. Forrester hatte Recht: Vielleicht kommt der beste portugiesische Tischwein tatsächlich vom Douro. Die Zeit wäre auf jeden Fall reif für ihn.

Burgund

EIN WINZER AUS BURGUND hat ein gutes Jahr gehabt und will mit seiner Familie Strandferien im Médoc machen. Als er die Sanddünen schon fast vor Augen hat, findet er sich inmitten flacher Rebgärten wieder. Komisch, denkt er, man baut auch hier Wein an. Er hält an, erkundigt sich im Rathaus und wird zu einem imposanten schmiedeeisernen Tor geschickt. Dahinter erstreckt sich ein prachtvolles Gut mit breiter Zufahrt, einem Schloss mit Türmen und riesigen Scheunen. Unter dem Protest seiner Kinder biegt er in den Kiesweg ein.

Die Tür öffnet sich, ein Mann im Anzug erscheint und bittet den Gast herein. Statt ihn aber in den Keller zu führen, öffnet er die Tür zu einer der Scheunen, die mit gleich aussehenden, neuen, sauber aufgereihten Fässern gefüllt ist. Dann holt er zwei große Kristallgläser und eine Pipette, überlegt einen Augenblick und geht dann zu einem Fass in der Mitte einer Reihe. Er öffnet das Spundloch, senkt die Pipette in den Wein, nimmt eine Probe heraus und verteilt sie auf die beiden Gläser. Monsieur Moutarde aus Muligny nimmt den ihm angebotenen Kelch und sieht sich den Inhalt an. Welch außergewöhnliche Farbe – noch nie hat er so einen dunklen Wein gesehen. Und die Nase: kraftvoll, intensiv, wie Muschelschalen und frisches Holz, allerdings gar nicht so recht einladend. Er nimmt einen Schluck und hält erstaunt inne. Das Tannin lässt seine Zähne rau und die Zunge pelzig werden. Er spuckt den Schluck in den ehrfurchteinflößend sauberen Kies und bemüht sich, dabei ein nachdenkliches Gesicht zu machen. Sein Gastgeber scheint wohl mit etwas Rauem einzusteigen, damit seine Spitzenweine besser schmecken. Noch während er auf der Suche nach den Fässern, in denen sie stecken müssen, umherblickt, hängt sein Kollege die Pipette wieder an ihren Platz und sagt: »Voilà.« Was, diese riesige Domäne bereitet nur ein einziges Etikett? Oder ist der Mann bloß knauserig? Sie tauschen Nettigkeiten aus. Monsieur Moutarde gesteht, dass auch er Winzer ist. »Hier ist meine Karte«, verabschiedet er sich, »besuchen Sie mich doch einmal, wenn Sie in Burgund sind.«

Ein Jahr später sperrt der Bordelaiser Erzeuger sein Château für eine Weile zu und fährt zum Skifahren in die Alpen. Auf dem Weg durch die grüne Hügellandschaft fällt ihm sein Besucher wieder ein. Zufällig heißt das nächste hübsche Dörfchen Muligny. Hier ist sie ja schon, die Moutarde-Kellerei, ein kleines Steinhaus an der Dorfstraße mit einem Schild, auf dem *Dégustation, Vente* steht. Er klopft. Eine Frau in einer Schürze öffnet, begleitet von einem Bratengeruch, der sein Herz schneller schlagen lässt. Sie wirft einen Blick auf die Uhr und eilt davon, um ihren Mann zu suchen. Unser Freund erscheint in blauer Arbeitskleidung mit einem großen Schlüsselbund und erkennt seinen Kollegen aus Bordeaux wieder. Er führt den Besucher in einen winzigen, bis an die Decke mit abgestoßenen Fässern vollgestopften Keller. Dort nimmt er die Pipette vom Haken, holt zwei kleine runde Branntweingläser und öffnet ein Fass.

Was für ein außergewöhnlicher Wein! Er ist praktisch farblos – mehr als ein hübsches tiefes Rosa hat er nicht zu bieten. Doch er springt förmlich aus dem Glas, süß wie der Frühling, wie köstlich reife Kirschen vor einem Hintergrund aus frisch gepflügtem Ackerland und jungem Wuchs. Unser Skiurlauber nippt davon und ist fast benommen von den hinreißenden Aromen. »Sehr interessant«, meint er und sieht sich erwartungsvoll um. Doch Monsieur Moutarde hängt seine Pipette wieder weg. »Voilà«, sagt er. »Das war eine Degustation à la Bordeaux. Und jetzt« – er nimmt den Probenheber wieder – »verkosten wir wie die Burgunder!«

Eine etwas an den Haaren herbeigezogene Geschichte, sicher, aber es ist auch viel Wahres dran. Der Abstand zwischen den beiden großen französischen Weinpolen beispielsweise. Die geographische Entfernung wirkt größer, als sie eigentlich ist, weil das Land dazwischen zu den ärmsten und am wenigsten befahrenen gehört. Eine neue Autobahn soll demnächst Bordeaux und Lyon über Clermont-Ferrand verbinden, doch die alte Route hatte durchaus ihren Reiz, bot sie doch eine aufschlussreiche Zeitreise durch das Landleben vergangener Tage. Bordeaux ist ein Klein-Paris, mit Boulevards aus symmetrisch glatten Häuserfronten, Brasserien auf den Gehsteigen, Bussen und bunten Läden sowie einem südlichen Akzent. Beaune ist eine kleine befestigte Stadt mit Kopfsteinpflaster und steilen Dächern, schmalen Häusern und einer Atmosphäre, die den Eindruck vermittelt, dass hier das Herz Euroapas schlägt und bei einer Weiterfahrt nach Osten in Richtung exotischer Gefilde lediglich der Schwerpunkt etwas anders gelagert ist. Die fünf großen europäischen Flüsse, erklärte mir ein Burgunder einmal, befänden sich alle nur eine Tagesreise von Beaune und der Côte d'Or entfernt (einen Fußmarsch konnte er nicht gemeint haben – die Frage ist: mit dem Auto oder dem Flugzeug?). Also läge Burgund in der Mitte Europas. Wahrscheinlich meinte er: im Zentrum der Welt. Mit anderen Worten, es besteht kein großer Bedarf für eine Verbindung Bordeaux-Burgund, weder verkehrstechnisch noch kulturell.

Das Vorbild Bordeaux hat die halbe Welt überzeugt; wir haben uns nur ein paar wenige Umsetzungsbeispiele angesehen. Die Cabernets sind gefürchtete Weltenbummler, und selbst ohne Cabernets wäre Bordeaux ein Modell für farbkräftige, fest strukturierte Rote mit Fruchtnoten und Tanninen in einem bestimmten Verhältnis, dem man nacheifern müsste. Was aber ist mit dem Stil Burgunds?

Im November werden die Weine versteigert, die an den Hängen im Besitz der altehrwürdigen Hospices de Beaune herangereift sind. Das Ereignis bildet den Auftakt für den Handel mit dem jeweiligen Jahrgang – und für ein dreitägiges Fest, genannt Les Trois Glorieuses. Mit den Einnahmen wird das Hospiz finanziert. Die bei der Auktion erzielten Preise sind ein Indikator für den gesamten Jahrgang.

Die Pinot-noir-Traube reist nicht allzu gern. Bis vor einer Generation war ihre Welt die Côte d'Or, die Champagne (aber für Weißwein) und das Rheinland, wo sie allerdings so blutleere Gewächse erbrachte, dass nur die Einheimischen sie zu trinken bereit waren. Sie ist auf jeden Fall kapriziöser als Cabernet und sogar genetisch instabil, weshalb jederzeit Klone mit bizarren Eigenschaften auftreten können. Ihr zweites Problem aber ist der geheimnisvolle Glamour, der sie umgab. Ein Liebhaber guter Gewächse wähnte sich schon im Besitz des Heiligen Grals der Weinwelt, wenn er einen wirklich großen Burgunder nur verkosten durfte – von seiner Bereitung ganz zu schweigen. Der Augenblick, wenn die Nase sich dem glänzenden *ballon* näherte, durfte nicht jedem zuteil werden. Dennoch ging von dem Auserwählten die Kunde aus, dass neben der trüffelbesetzten, violetten Seide eines Musigny, der orientalischen Opulenz eines Romanée-Conti oder der martialischen Glorie eines Chambertin jeder sinnliche Genuss verblasse. Wenn man die richtigen Leute kannte. Und die richtigen Jahrgänge. Und den idealen Augenblick in der unvorhersehbaren Alchemie ätherischer Aromen erwischte.

An der ganzen Geschichte war etwas Wahres dran, doch das Bild hat sich geändert. Zum einen beherrschen heute wesentlich mehr Winzer die wissenschaftlichen Grundlagen der Weinbereitung. Selbst berühmte Güter arbeiteten früher nach dem Rezept von Muttern, ja, sogar von Großmuttern. Glück spielte eine wichtige Rolle. Heute präsentieren sich sehr viele Burgunder als das Optimum, was man aus einem Jahrgang herausholen kann. Natürlich gibt es nach wie vor genügend Zyniker, die allein von ihrem guten Namen leben, doch das liegt in der Natur des Menschen – und wer wollte sie ändern?

Zum anderen wird eine Ehrfurcht gebietende Eminenz allmählich entzaubert. Sobald die Gründe für das Verhalten einer neurotischen Rebsorte auch nur annähernd nachvollziehbar werden, lässt sich auch das zu erwartende Ergebnis abschätzen. Man kann sie dann sogar in Amerika oder Australien kultivieren, ohne dass der Eindruck entsteht, die Gebrauchsanleitung sei nicht mitgeliefert worden.

Pinot noir ist wie Riesling eine Linse, die einen klareren Blick auf den Boden zulässt. Sie vergrößert Erde, Klima und Saisonwetter und bringt deren Eigenheiten gnadenlos zum Vorschein. Werden die Mitglieder der Cabernet-Familie miteinander verschnitten, wie es in Bordeaux der Fall ist, stehen sie füreinander ein. Pinot noir indes ist transparenter: Die Traube hat eine dünnere Haut, daher auch weniger Pigmente und Tannine. Der Schleier ist durchsichtiger, man kann Unzulänglichkeiten weniger gut dahinter verbergen. Unreife oder Überreife, zu viel Eiche oder einen zu hohen Alkoholgehalt schmeckt man mit beschämender Deutlichkeit. Eingeweihte kennen den Boden jeder Weinbergparzelle, *climat* genannt (das Wort heißt auch »Atmosphäre«).

Wonach also muss man suchen? Woher weiß man, dass man einen Burgunder im Mund hat? Und was rechtfertigt den zwei-, drei-, fünf-, ja, zwanzigfachen Preis für eine Flasche der Besten? Jetzt bitte klare Parameter. Zunächst die Grundlagen.

Nehmen wir einen Musterwein. Verglichen mit einem regulären Roten ist er beunruhigend blass, gerade einmal ein dunkler Rosé, außerdem mehr im ziegelroten als im bläulichen Bereich des Farbspektrums angesiedelt. Er duftet scharf und eher erdig als fruchtig. Rote Bete, wenn sie noch ihren krautigen Schopf trägt und Erdreste an ihrer dunklen Schale haften, riecht ähnlich. Aber sonst ist Burgunder eher scharf-süß. Würden Kirschen einen intensiveren Geruch verströmen, könnte man das Aroma eines Burgunders mit ihnen vergleichen. Und im Mund? Wirkt er sehr flüssig. Da ist wenig spürbare Substanz; man hat eher das Gefühl, einen pikanten Weißwein zu trinken – der allerdings dünner ausgefallen wäre als beispielsweise ein guter Chardonnay. Kurzum: Da scheint nicht viel zu sein, außer einer aromatischen Intensität, die sich mit der Zeit bemerkbar macht. Wie aus dem Nichts erscheint eine leichte, weiche, runde »Süße«. Was vorher adstringierend war, wird nun weich; ein Hauch von Pflaumenkernen oder Mandeln zieht vorbei, und den Mund füllt eine angenehme Wärme, die Lust auf mehr macht.

Im Vergleich zum dichten Bordeaux ist ein Burgunder durchscheinend und blass. Hier ein fünf Jahre alter Volnay. An die Stelle des jugendlichen Purpurs ist ein warmer Ziegelton getreten.

Wir sprachen von einem Burgunder für Einsteiger, einem Erzeugnis von den Hautes Côtes, jener an die kalten Weinberge auf den Gipfeln wohlwollend vergebenen Appellation. Sie sind nicht mit dem Boden und der Ausrichtung gesegnet, von der die mittleren und oberen Hanglagen profitieren. Wie wäre es also jetzt mit einem zugänglicheren Wein? Da gibt es einen, den wir recht häufig zu Hause trinken. Er stammt aus einem Dorf, das selten erwähnt wird, weil es auf der falschen Seite der wichtigen Hauptstraße N74 liegt. Man orientiert sich in Burgund an dieser Verkehrsader, so wie im Médoc die gewundene D2 als Fixpunkt dient. Sie verbindet die Gemeinden Gevrey-Chambertin, Vougeot und Vosne-Romanée bis Nuits-Saint-Georges und führt anschließend weiter nach Süden bis Beaune, Pommard und Meursault. Seit prähistorischer Zeit hat jeder nordeuropäische Reisende auf dem Weg in den Mittelmeerraum diese Route genommen und dieselben Wolkenschatten über dieselben Hügel ziehen sehen. In Meursault steht eine mittelalterliche Kapelle, deren gezackter grauer Torbogen aussieht, als sei er teilweise im Boden versunken, weil das Niveau der uralten Straße schon so oft erhöht wurde.

Fährt man Richtung Süden, findet man die guten Lagen rechter Hand. Sie nehmen die Hänge ein, die wie ein langes, anschwellendes und wieder zurückweichendes Fries vorbeiziehen. Der Legende zufolge ließ Napoleon seine Truppen die rechten Hügel entlangmarschieren, um ihnen Frankreich in seiner glorreichsten Ausprägung vor Augen zu führen. Auf Höhe des Clos de Vougeot wurden scheppernd die Musketen präsentiert. Oder war das ein anderer General? (Napoleon trank Chambertin, den er 1:1 mit Wasser verdünnte.)

Chorey-lès-Beaune (lès bedeutet »bei«) heißt seit zwei Jahren unser roter Hausburgunder und Tollot-Beaut sein Erzeuger. Dieser Wein ist schmeckbar gewordene Landschaft – und schwebt dabei keineswegs in abgehobenen Sphären. Als ich mir das erste Mal Degustationsnotizen über ihn aufschrieb, bezeichnete ich ihn als »minzig«. Einer seiner reiferen Jahrgänge lässt einen gewissen fetten Zug erkennen. Man überlegt sich, ob man den Wein nicht zurücklegen sollte, um seine Freuden später in gesteigerter Form zu genießen. Doch die Erfahrung sagt: Nein. Die Blüte der Jugend ist sein Trumpf, ein Alter von zwei, drei Jahren ideal. Er gehört zu der Sorte, die kühl am besten schmeckt und nicht zu etwas allzu Rotfleischigem getrunken werden sollte. Man muss den Hang weiter nach oben klettern, um die Knochenstruktur zu finden, die dem Fleisch mit der Zeit eine angenehmere Form verleiht. Bis Savigny beispielsweise, obwohl man an vielen Stellen einen Querschnitt durch den Hügel ziehen könnte und stets dasselbe Profil bekäme: leichte Erzeugnisse in den unteren Lagen und mit zunehmender Höhe immer mehr Fülle und Energie, wobei das Optimum etwa auf halbem Wege erreicht ist. Die Stärke von Savigny ist Vitalität. Die besten Weine der Gemeinde sind nicht füllig und tiefgründig, sondern fest und schwungvoll. Ihr Tannin reizt sacht die Zungenränder. Für diese Art von Burgunder finde ich in meinem Haushalt am leichtesten Verwendung – im Gegensatz zu den grobknochigen, mundfüllenden Bordeaux-Weinen und Konsorten.

Als früher alle Burgunder noch von Händlern zusammengestellt, sprich: verschnitten, wurden, bekam jede der Hauptappellationen einen Charakter zugeteilt. Woher hätte der Kellermeister sonst auch wissen sollen, wie viel der einzelnen Ingredienzen er hinzufügen musste? Die Côte d'Or etwa lässt sich in zwei Bereiche unterteilen; Beaune befindet sich so ziemlich in der Mitte. Die Provenienzen von der Côte de Nuits im Norden wurden als langlebig, dunkel und tanninschwer eingestuft, ihre Pendants von der Côte de Beaune als leichter. Diese Unterscheidung beruht sowohl auf Traditionen als auch auf geographischen Besonderheiten. Die Güter wurden ganz sicher unterschiedlich geführt und die Weinberge anders bestellt. Warum aber soll man die Kundschaft durch eine Abkehr von Stereotypen verwirren?

Gevrey-Chambertin? Mach ihn nachgiebig und fleischig. Morey-Saint-Denis? Nach seinem Charakter wird selten gefragt: siehe Gevrey. Chambolle-Musigny? Eher leicht und duftig. Clos de Vougeot? Mittendrin. Vosne-Romanée? Schwer zu bekommen: Stell den bestmöglichen Verschnitt zusammen. Nuits-Saint-Georges? Tanninreich; dafür kannst du Presswein hernehmen, der das Zahnfleisch zusammenzieht. Mit Corton beginnt die Côte de Beaune; mach ihn dunkel und fest, etwa wie einen Côte de Nuits. Savigny? Leicht und saftig. Beaune selbst? Der verkauft sich gut und sollte weich und unkompliziert ausfallen. Pommard? Da erwarten die Kunden etwas in der Art eines Nuits; viel Farbe. Misch einen Spritzer algerischen Wein mit hinein. Volnay? Blasser; ein Tropfen Weißwein kann nicht schaden. Chassagne-Montrachet und Santenay als südlichste Bastion der Côte de Beaune? Sind nicht sonderlich gefragt; sorge einfach dafür, dass sie schön dunkelrot ausfallen.

Hier stellt sich Burgund der Kritik. Eine Londoner Handelsdegustation des neuen Jahrgangs kurz vor dem Startschuss.

Soviel ich weiß, hat im Weinhandel niemand mehr die Abgebrühtheit, so vorzugehen. Außerdem hat der Winzer mittlerweile einen höheren Stellenwert als früher. Selbst die größten *négociants* heben heute mehr die Güter hervor als die Markennamen. Wer verschneidet, nimmt einem Wein zwangsläufig etwas von seinem Charakter – selbst wenn er dabei die allerbesten Absichten hat. Er missachtet den Winzer mit seiner Kompetenz, ja, seinem Geschmacksempfinden. Genau darin liegt das Problem in Burgund, gleichzeitig aber auch der Reiz der Region. Auch Weißweine sind betroffen, jedoch vor allem Rotweine. Dabei hat der Erzeuger Entscheidungsvollmacht. Es ist seine Sache, wann er schneidet, wie er seine Stöcke behandelt, zu welchem Zeitpunkt er erntet und ob er chaptalisiert. Er bestimmt die Länge des »Einfärbens«, wie man den einfachen Prozess des Einweichens der Schalen im Saft nennen könnte. Früher betrug die Standzeit mindestens 20 Tage – heute gelten je nach Jahrgang ungefähr zehn Tage als optimal. Erhitzt man den Most, nimmt er schneller Farbe und Tannin auf. Wird die schwimmende Maische, die durch die Gärung an die Oberfläche steigt, nicht immer wieder gut mit der Flüssigkeit gemischt, färbt sich der Wein kaum rot. Traditionell erfolgt das Unterstampfen des Tresterhuts unter Einsatz des eigenen Körpers: Männer – und zwar nur Männer – springen dazu unbekleidet in den Bottich; ein riskantes Unterfangen, das man nach dem Abendessen nie allein in Angriff nehmen darf. Wenn man ausrutscht und einem niemand heraushilft, ertrinkt man unweigerlich.

Wie lässt sich herausfinden, welche Rolle der Weinberg und welche der Winzer spielt? Das ist gar nicht so einfach, aber ich könnte es ja trotzdem einmal versuchen. Am besten ginge es, dachte ich mir, mit einem relativ überschaubaren Weinberg mit eindeutigem Stil und nicht allzu vielen Besitzern. Ich wählte Chambolle-Musigny Les Amoureuses. Gibt es einen Weinberg mit schönerem Namen? Selbst in der Übersetzung klingen »Die liebenden Frauen« noch recht einnehmend. Ich wäre von ihnen hingerissen, ganz gleich, wo sie sich befänden, doch weil sie an den besten Weinberg Burgunds, den Le Musigny, angrenzen, ziehen sie mich ganz besonders an. Der Weinberg hat nur knapp fünf Hektar, die sich auf zehn Besitzer verteilen – ein typisch burgundischer *cru* also.

Ich sprach mit Russell Hone darüber, der mit seiner amerikanischen Frau Becky Wassermann eine der – zumindest bei Angelsachsen – beliebtesten Weinbrokerfirmen in Burgund leitet. Er erklärte sich bereit, die zehn Erzeuger zu kontaktieren und sie zu einer Verkostung in sein altes Steinhaus im Dorf Bouilland einzuladen. Jeder sollte ein, zwei Flaschen mitbringen.

Die Straße nach Bouilland gehört zu den schönsten Strecken der gesamten Region. Man fährt direkt hinter Savigny auf einen versteckten Einschnitt in den Hügeln zu. Wo die Weinberge aufhören, beginnt ein Teil der Côte d'Or, der ganz anders ist als das Bild, das man von der Region kennt. Tiefe Buchen-

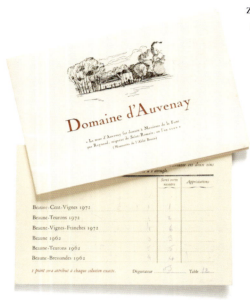

Der härteste aller Verkostungstests: Die Domaine Leroy lässt ihre Weine gegen die erfahrensten Gaumen antreten. Hier wurden Gäste bei einem Sommerfest in Auvenay gebeten, Weine ihren Lagen und Jahrgängen zuzuordnen. Das Blatt zeigt mein (bei weitem) bestes Ergebnis.

und Eichenwälder bedecken die steilen Hänge entlang einem schmalen, von Wiesen geprägten Tal, durch das ein Bach an Viehherden vorbeieilt, um sich durch Erlenhaine und Wildblumenkolonien hindurchzuwinden. Die Geologie rückt sich hier mit dramatischer Geste in den Blickpunkt. Weiter unten, zwischen den Reben, deutet nichts auf das harte Muttergestein aus Kalk hin, welches das Rückgrat der Côte bildet und der Erde ihre magischen Eigenschaften verleiht. Hier aber öffnet es sich zu einer Schlucht mit Steilhängen für Bergsteiger, die sich an den Felswänden abseilen. Bouilland liegt am Talboden, ein Dörfchen aus Ställen und Milchkammern, das nie ein Weinfass gesehen hat.

Unsere Verkostung war keine formale Degustation, sondern diente der Wertschätzung einer singulären Lage durch Menschen, die ihren Charakter schon fast zu gut kennen, um ihn zu kommentieren. Wenn man eng verwandte Provenienzen vergleicht, bekommen leichte Unterschiede mehr Gewicht, was für die Spezialisierung oder zumindest die Eingrenzung einer Auswahl spricht. Was eine Rose von einer Ringelblume oder eine Eiche von einer Palme unterscheidet, ist so offensichtlich, dass es kaum einer Beschreibung bedarf. Die winzigen Abweichungen zweier Rosenzüchtungen hingegen, von denen eine vielleicht etwas mehr Blütenblätter und die andere einen geringfügig durchdringenderen Duft besitzt, können so interessant sein, dass es sich lohnt, beide zu kultivieren.

Nicht alle Winzer fanden sich zu unserer Degustation ein, doch alle außer einem sandten Flaschen. Roumiers Amoureuses war cremig und delikat, ein Satinwesen, das ich als »Luxus-Lingerie« beschrieb. Mugniers Version gab sich fester und offenbarte einen mineralischen Einschlag. Drouhins Wein wiederum war minzig und hell, der von Groffier rein und »süß« mit Andeutungen von Mandeln, und Serveau bot eine rauchige, pflaumige und nussige Interpretation auf. Wo Moine-Hudelots Kreszenz durch Weichheit für sich einnahm, bestach Amiot-Servelles Erzeugnis durch einen festen, frischen, schlanken und angenehmen Charakter. Bertheau hatte einen relativ mächtigen, fruchtigen Wein abgefüllt, während de Vogüé, der als größte Domäne mit den teuersten Erzeugnissen den Maßstab setzte, ein merklich kraftvolles und konzentriertes, »süßes«, eichengetöntes, pflaumiges und feines Gewächs ins Rennen geschickt hatte.

Das klingt, als wären sie sehr unterschiedlich ausgefallen. Doch meinen Mitverkostern fiel noch etwas anderes auf: Da war ein Zug, der sie von den Weinen aller benachbarten Weinberge abgrenzte. Einer bezeichnete es als »Beweglichkeit«, ein anderer sah »mathematische Eleganz« in ihnen (was mir zu hoch war). »Ballerinas« konnte man schon eher begreifen. Becky murmelte etwas von der »unerträglichen Leichtigkeit des Seins«. Das mag alles gekünstelt wirken, doch fand man in den Beschreibungen einen gemeinsamen Nenner: Les Amoureuses ist kein Macho, er scheint seine ganze Energie für eine Gratwanderung zu brauchen. Der Name, der Geschmack, das Image und die Wirklichkeit verbinden sich zu einer Identität – Burgund nennt sie *cru*. Das ist nicht mit einem Markencharakter gleichzusetzen, denn jeder Erzeuger interpretiert die Lage auf seine Weise. Sowohl die Weine, die ihre Identität verkörpern, als auch die Abweichungen davon sind zweifelsohne trinkenswert. Einen Vergleich wie diesen kann man 50-mal die Côte d'Or rauf und runter durchexerzieren und wird immer wieder dasselbe feststellen.

Die Chevaliers du Tastevin

Ein Defilee riesiger Limousinen, die aus ihrer blitzenden Noblesse keinen Hehl machen, schlängelt sich durch die Straßen zwischen den Weinbergen. 500 Gäste werden zum Schauplatz des Geschehens befördert. Vom Frühjahr bis in den Herbst hinein verköstigt und entzückt das Château du Clos de Vougeot allwöchentlich burgunderbegeisterte Pilger aus aller Welt.

Unerreicht ist das königliche Gepränge der Engländer. Andere Länder stellen mit gleicher Hingabe ihre militärische Potenz zur Schau. Doch nur Frankreich kann einen Essensempfang mit ebenso viel prunkvoller Zeremonie, aufwendiger Gastronomie und einer Garnierung aus musikalischen Saucen und witzigen Beilagen zelebrieren. Für 500 staunende Gäste wohlgemerkt, die voller unvergesslicher Erinnerungen nach Hause zurückkehren. Eines Tages,

Der imposante Chefkoch Hubert Hugot im Clos de Vougeot. Fünf Gänge für 500 Gäste sind für ihn ein Klacks.

das nehme ich mir jedes Mal vor, sehe ich mir die Küche an und interviewe den Chefkoch. Doch nein, viel lieber sitze ich da, dicht gedrängt und beseelt von festlicher Gier, und wohne der Messfeier der Chevaliers du Tastevin bei. In ihren Ansprachen und Liedern beschwören sie den Geist von Rabelais, Gargantua und dessen unstillbarem Appetit herauf. Sie spannen einen Bogen zu Molière und bedienen sich unverfroren seiner Späße. Ist der kulturelle Teil abgeschlossen, stellen sie kulinarische Stücke in fünf Akten zusammen und schicken Weine als Schauspieler ins Rampenlicht, vom fragilen Laien zum überragenden, reifen, die Bühne dominierenden Star.

Schnecken waren der erste Gang, als ich an einem Frühlingsabend mit von der Partie war; zu Dutzenden wurden sie in kräftig nach Knoblauch duftender Butter herbeigeschafft. Als Wein reichte man einjährigen Aligoté, einen weißen Rachenputzer mit scharfer Säure, den man nur selten außerhalb der Region antrifft, wo seine appetitanregenden Eigenschaften geschätzt werden. In den Erläuterungen auf der Menükarte – im Rabelais-Stil – wurde er als »alert und frisch« beschrieben. Als zweiter Gang kam ein Südsee-Snapper mit grünen Spargelspitzen auf den Tisch. Das Geleit gab ihm ein »sinfonischer« weißer Chassagne-Montrachet. Der dritte Gang, als *entremets*, »Zwischengericht«, tituliert, muss einst das Trostessen der Burgunder Weinbauern gewesen sein: *œufs en meurette*, Eier in Rotweinsauce, dazu ein »aufrechter« roter Savigny-lès-Beaune, jung und kernig und saftig.

Das Hauptgericht, als *dorure*, »Vergoldung«, angekündigt, bestand aus Entenbrust mit Senfsauce. Bei einem anderen, nicht minder unvergesslichen Essen bestand die *dorure* aus einer Kasserolle mit Hähnchenaustern, dem filetartigen Rückenstück des Federviehs. In Burgund nennt man es *sot l'y laisse*,

Jagdhörner, fröhliche Weisen und Aufrufe zum Mitsingen: ein Bankett der Chevaliers du Tastevin.

was so viel bedeutet wie »Ein Narr, wer es nicht isst«. Auf meinem Teller lagen zehn davon – ein Hähnchen hat gerade einmal zwei. Für 500 Gäste wurden also 2500 Hühner geopfert. Gemäß Speisekarte diente der Wein dazu, das Gericht zu »befeuchten«. Meiner Ansicht nach tat er mehr als das. Es handelte sich um einen appetitanregend tanninhaltigen, jungen Kraftbolzen, der unweit des Clos de Vougeot in Nuits-Saint-Georges, dem Zentrum der Côte de Nuits, herangereift war.

Käse gilt in Burgund als Krönung eines Festmahls. Ein reifer Epoisses als beliebtester burgundischer Käse treibt die Geschmacksdezibel an die Schmerzgrenze – es gibt keine Speise, die nach diesem senffarbenen, zur zerfließenden Masse faulenden Laib noch serviert werden könnte. Gegen diesen Ansturm von Aromen wird traditionsgemäß der beste, reifste Wein mit den vielfältigsten Aromen ins Feld geschickt – ein seltsamer Brauch. Mein Verstand und meine Nase signalisieren mir stets, beim Käse Zurückhaltung zu üben, um die Vielschichtigkeit des Weins erkunden zu können. Der Verstand zieht dabei oft den Kürzeren.

Das Spektakel dauerte fast drei Stunden und war durchsetzt von Fanfaren scharlachrot gekleideter Jäger, Reden, Vereidigungen neuer Chevaliers und teils banaler, teils sehr witziger Gesänge, vorgetragen von den Cadets de Bourgogne, den »jungen Burgundern«.

Der letzte Gang besteht aus einer riesigen weißen Schnecke, die auf einer geschulterten Trage durch die Halle getragen wird und sich als Werk aus Eiskrem erweist, das den Kopf wieder frei macht. Der letzte Wein ist bereits serviert – Burgund kennt kein Äquivalent zum Bordelaiser Sauternes. Die Edelfäule befällt Chardonnay und Pinot noir nicht, zumindest nicht in diesem Anbaugebiet. Zum kochend heißen Kaffee, der laut Menükarte »die Nebel der Gedanken zum Wallen bringt«, gab es Marc de Bourgogne, das kräftig duftende Destillat der nach dem Pressen getrockneten Beerenschalen. Die Heimfahrt bekommt man kaum noch mit.

Was das alles soll? Burgund lebt davon, eine Legende zu verkaufen. Seine Pflanze ist natürlich die Rebe, doch fast ebenso wichtig ist die endlose Kulisse aus mittelalterlichen Gebäuden und Ritualen. Man bekommt immer wieder ins Gedächtnis gerufen, dass Mönche die Weinberge angelegt haben, Herzöge ihren Wert erkannten und sie berühmt machten und Beaune das berühmteste Hospital in Europa durch Einnahmen aus wohltätigen Versteigerungen finanziert. Die Bruderschaft der Chevaliers du Tastevin wurde während der Weltwirtschaftskrise in den 1930er-Jahren gegründet, um für die Region zu werben. Mit genialem Geschick präsentiert die Confrérie eine Technicolor-Version der Geschich-

UNTEN & GANZ UNTEN
Riesige Schnecken aus Speiseeis und mindestens eine Rede zu viel markieren die Feierlichkeiten der Chevaliers.

te, als handle es sich um das moderne Burgund. Das Essen im Clos de Vougeot bekräftigt das Signal, das die Weinberge aussenden. Burgund bereitet zwei Arten von Wein, diese aber in endlosen Variationen. Ihren Charakter – und nachweislich auch ihre Qualität – schöpft jede dieser Variationen direkt aus dem Land, auf dem sie entsteht.

Têtes de Cuvée

Exklusivität können sich nur die wenigen Domänen leisten, denen die Kronjuwelen gehören. Verkostungen in der DRC, wie eine oft frustrierte Klientel die Domaine de la Romanée-Conti nennt, sind die Eintrittskarte ins Paradies. Eine Flasche ihres Flaggschiffs, des Romanée-Conti, kostet so viel wie die ganze Kiste eines erstklassifizierten roten Bordeaux. Müßig zu erwähnen, dass es eine Warteliste gibt.

Auch wenn noble Zurückhaltung nicht zwangsläufig auf hohes Niveau schließen lässt, haben Château Pétrus und die Domaine eines gemeinsam: Sie tun nichts, um Aufmerksamkeit zu erlangen – oder auch nur auf ihre Existenz hinzudeuten. Ein Namensschild sucht man vergebens. Die Gebäude sind so unauffällig, dass sie mit dem Hintergrund zu verschmelzen scheinen. Natürlich sind die Rebstöcke die Hauptsache, aber selbst wenn man vor dem Weinberg steht und nach einer Steinmauer sucht, die das kostbarste Fleckchen Erde in Burgund abgrenzt, findet man lediglich ein Mäuerchen – und auch das nur auf einer Seite. Ein Steinkreuz dient als stummer Wegweiser.

In dieses Schema passt DRC-Direktor Aubert de Villaine. Sein Stil ist leidenschaftliche Askese und täglicher Einsatz vor Ort. Nicht einmal einen Kellermeister lässt er die Pipette ins Fass tauchen und eine Probe entnehmen. Der *patron* überwacht jeden Tropfen und legt sogar Wert darauf, dass der nicht geschluckte oder gespuckte Wein wieder ins Fass gegossen wird.

Pferdepflüge schonen den Boden und sind ein willkommenes Motiv für Fotografen. Der Landmann hier in Vosne-Romanée reist im Frühjahr eigens aus Hamburg an, um seine Frühjahrsarbeit zu erledigen.

Die Kellerroutine in Burgund ist überall gleich: Man fängt mit dem einfachsten Erzeugnis an und arbeitet sich zum Spitzengewächs vor. Nur hier in der DRC haben sämtliche Weine Grand-cru-Status. Die Fässer sind neu und blass, der von Backsteinbögen überspannte Keller wirkt streng, sauber und geschäftsmäßig. De Villaine führt mich zu einem Fass links neben der Tür. Flugs ein Spritzer Echezeaux aus dem Probenheber in ein Verkostungsglas. Seine Nase hat nichts Geheimnisvolles mehr an sich: Süßer reifer Kirschensaft mit Eichenwürze steigt einem entgegen. Worauf soll man da noch warten, fragt man sich – man könnte ihn so trinken, wie er ist. Dennoch rate ich zu zehn Jahren Geduld. Noch ein Fass, noch ein Spritzer: Der Grands Echezeaux ist an der Reihe. Er offenbart eine andere Art von »Süße« und einen sanften Biss, deutet an, dass er mehr zu bieten hat, und bereitet mir doppelt so lange Genuss wie sein Vorgänger. Ich bezeichne ihn als »saftig«, aber eher, weil mir das Wort gefällt, und nicht so sehr, weil ich wirklich weiß, was damit gemeint ist. Lebendig, fruchtig-schmackhaft vielleicht. Schön und gut. In einem dritten Fass auf der anderen Seite des Flügels liegt der Romanée-Saint-Vivant. Sein Weinberg befindet sich näher am Dorf und ist gerade einmal 100 Meter von dem Keller entfernt, in dem wir gerade stehen. Der Wein: scheinbar leichter, würziger und nicht so sehr an Süßkirschen erinnernd. Weniger *franchise*, erklärt unser Kellerführer. Ich übersetze es als »Freimütigkeit«. Ein zugeknöpfter Bursche, dieser Saint-Vivant.

Richebourg heißt der nächste Spritzer. Er stammt von einem höher gelegenen *cru* in einem Bereich, der wohl eine Art Premiumlage ist und »Niere des Hangs« genannt wird. »Süß« ist er. Vor lauter Reife riecht und schmeckt er fast geröstet. Die Eiche verleiht ihm Kaffeeduft, doch das beherrschende Element ist Fleisch. Es gibt für all diese Noten Fachbegriffe, die von Experten sofort eindeutig zugeordnet werden können. Ich bringe meine eigenen Wörter mit. Gibt es eigentlich einen geschmacklichen Fixpunkt, ein eindeutiges Indiz, das ausnahmslos Qualität signalisiert? In rotem Burgunder etwa suche ich immer nach einem ganz bestimmten Wesensmerkmal, weil es mich stets in Verzückung versetzt. Ich nenne es Kirschgeist und meine damit nicht den trockenen Kirschbrand, sondern den süßen Cherry-Heering-Likör aus Dänemark. Als ich zum ersten Mal einem DRC-Wein begegnet bin – das war noch bevor die Erzeugnisse des Guts zu internationalen Superstars aufstiegen –, ging das Gerücht, dass die Fässer mit Spirituosen, ob aus Kirsche oder anderen Früchten, ausgespült würden.

Aubert de Villaine, Besitzer und Direktor der Domaine de la Romanée-Conti, nimmt eine Kostprobe der größten Kreszenz unter den roten Burgundern.

Nun zum La Tâche. Er gibt sich verschlossen, scheint nicht so kraftvoll zu sein wie der Richebourg, präziser konturiert, aber auch vielsagender. Seltsam, dass ich überhaupt Geschmacksnoten in ihn hineininterpretieren kann. Wenn ich an Port denke, schmecke ich Port heraus. Kommt mir Cabernet in den Sinn, ist diese Nuance auch irgendwo vorhanden. Das Gleiche gilt für Syrah. Dann ist da die Länge. Ich nenne sie Linie. Sie gibt gleich zu Anfang eine geschmackliche Richtung vor – ich habe keine Ahnung, welche – und hält diese präzise, undefinierbare Note den gesamten Weg unbeirrbar bis zum Ende und weit darüber hinaus durch. Diesen Eindruck vermittelt nur großer Wein.

Noch einen, den letzten, die Krönung: der Romanée-Conti. Von ihm gibt es gerade einmal 20 Fässer. Er duftet so geradlinig wie der Grands Echezeaux, sehr süßfruchtig und mineralisch sauber. Den Geschmack aber beschrieb ich als »zutiefst wohlschmeckend« – nicht linear wie beim La Tâche, sondern wirbelnd. Eigentlich fast schon barock. Von ihm wird es noch in 50 Jahren Flaschen geben – und Menschen, die ihn zu beschreiben versuchen.

Eine so seltene Kreszenz wie der Romanée-Conti ist verkauft, bevor die Kasse zweimal klingelt. Ist der Wein dazu noch so gut wie dieser, klingelt sie nur einmal und schwupp, ist der Posten weg. Kontingentierung ist eine Form von Wirtschaftsdiplomatie, die den Wert von etwas Begehrtem nutzt, um den Verkauf von etwas weniger Begehrtem anzukurbeln. Niemand kann eine Flasche Romanée-Conti solo kaufen – das heißt, ohne andere Etiketten zu erwerben. Als Erstes muss man auf der Versandliste stehen. Diese wiederum bringt bald eine Warteliste hervor, auf der all jene aufgeführt sind, die auf die Versandliste kommen wollen. Hat man es bis zum erlauchten Kundenkreis geschafft, wird man per E-Mail vorgewarnt: Morgen geht ein Angebot raus; lass alles stehen und liegen und warte auf den Postboten. Dann kommt das Angebot, ein hübscher Ordner. »Nur wenige Güter«, steht darin zu lesen, »waren in der Lage, die außergewöhnlichen Bedingungen des letzten Jahres uneingeschränkt für sich zu nutzen« (oder so ähnlich). »Der Winter war hart; wir befürchteten eine Trockenheit und sind dem Hagel nur knapp entronnen. Frostrisiko. Verzweifelte Vorsichtsmaßnahmen während der Blüte. Regen im Juli. Hohe Luftfeuchtigkeit im August. Außergewöhnliche Temperaturen, Behangausdünnung um 50 Prozent unerlässlich. Ein perfektes Laubdach verhinderte, dass die Trauben von der Sonne versengt wurden. Bei der Lese stand alles auf Messers Schneide – wir allein blieben vom Regen verschont. Fabelhaftes Ergebnis. Winziger Ertrag, beispiellose Nachfrage.«

Verglichen mit den nun folgenden Beschreibungen wirken meine Degustationsnotizen kurz und knapp. Das Wörterbuch wird hemmungslos geplündert, um Synonyme für reif, kraftvoll und lang aufzubieten. »Selbst wenn Sie auf alle anderen Weine des Jahrgangs oder auf sämtliche anderen Jahrgänge der Domaine verzichten, diesen müssen Sie haben. Leider ist nur ein Bruchteil dessen vorhanden, was wir bräuchten.« Die Chancen, eine Flasche zu ergattern, hängen auch davon ab, wie viel man früher gekauft hat. Vor allem aber steigen und fallen sie mit der Zahl der Etiketten auf der regulären Liste, die man kauft oder zu kaufen versucht. Mit jedem Jahr wird die Liste der Erzeuger länger, deren Gewächse als absolut außergewöhnlich angepriesen werden. Entsprechend selbstbewusst werden die Preise angehoben, und die Kasse klingelt und klingelt.

———————————

Burgunder und Bordeaux-Weine kommen und gehen in meinem Haus. Doch in der Art und Weise, wie dies geschieht, unterscheiden sie sich voneinander. Ich kaufe keine Paletten und auch nur wenige komplette Kisten Burgunderwein, staple keine blassen Behältnisse aus Kiefernholz, um sie in zehn Jahren zu öffnen. Bordeaux bleibt eine Ware, die unschwer zu bekommen ist. Die meisten, die sich die Weine als erstklassige Geldanlage kistenweise in den Keller legen, sehen in ihnen recht unhandliche Werte – wenn sie sie überhaupt zu Gesicht bekommen. Viel einfacher ist es, sie in Zollverschlusslagern wegzusperren und stattdessen Papiere hin- und herzuschieben.

Ein Burgunder ist – zumindest für mich – eine Einzelhandelsware: Ich kaufe gerne zwei Flaschen hiervon und drei davon (wenn ich Glück habe). Er wird mit wenigen Ausnahmen sogar in Kartons statt Holzkisten geliefert. Karton zerfällt im Keller, also packt man die rundlichen Flaschen aus, genießt ihre Kühle in der Hand, hält sie vor die Glühbirne, um die fast scharlachrote Flüssigkeit durch das Glas betrachten zu können, studiert das Etikett, dessen endlos lange Familiennamen sich wie eine Litanei lesen, und weist ihnen ihren Platz im Regal zu. Wie oft betrachtet man ihre roten Kapseln, bis man beschließt, dass die Zeit reif ist? Burgunder wehrt einen nicht mit einer Mauer aus Tannin ab, wenn man zu früh mit ihm beginnt. Der Geschmack von Pinot noir ist klar und kann vom Start weg köstlich ausfallen. Allerdings formen ihn Tannine, und sie können einem mit ihrem Klammergriff im Mund die erhoffte Erfüllung verwehren. Die Blüten-, Trüffel- und herbstlichen Unterholznoten, der Samt und das innere Feuer entfalten sich nur, wenn man sich in Geduld übt.

Wie lang aber? Das ist bei Pinot noir schwerer vorauszusagen als bei Cabernet. »Trinken Sie ihn, wenn er gut schmeckt«, wäre ein vernünftiger Rat. Ich habe viele Male versucht, den Genuss, den mir ein Wein wegen seiner frischen Geschmacksnuancen bereitete, hinauszuzögern, nur um festzustellen, dass sich der Alterungsprozess nicht aufhalten lässt. Mein Alltags-Chorey ist drei Jahre lang gut, nach einem großen Jahrgang wie dem 1999er auch einmal vier Jahre, doch dann leert sich seine Batterie. Ein Erzeugnis aus einem besseren, höher gelegenen Weinberg sagt noch ein Jahr länger, was es zu sagen hat, und bringt sogar zwei, drei weitere Jahre neue Gedanken in die Konversation mit ein.

Burgund hat mehr als ein Museum alter Weine, denen ewiges Leben beschieden zu sein scheint. Passenderweise begegnet man einer großen Auswahl dieser Kreszenzen im Château de Beaune. Hier befinden sich die Keller von Bouchard Père & Fils, die im 18. Jahrhundert gegründet wurden und heute Joseph Henriot gehören, einem für seine Gastfreundschaft bekannten Champagnerhändler. Eine Jahrgangszahl, die mit 18 beginnt, scheint hier nichts Besonderes zu sein – im Gegensatz zu den Weinen selbst. Die meisten stammen von der Côte de Beaune, aus Gemeinden wie Volnay und Beaune, und sind für ihre Langlebigkeit nicht so berühmt wie ihre Pendants von der Côte de Nuits.

Wenn ein 75-jähriges Gewächs der Jungspund einer Gruppe ist, verliere ich leicht die Orientierung. »Noch immer dunkelrot – kann es sich wirklich um einen Pinot noir handeln?«, notierte ich kürzlich auf meine Menükarte, nachdem ich einen 1929er Pommard Rugiens aus der Domäne der Bouchards verkostet hatte. »Aggressiv scheint das richtige Wort für ihn zu sein: trotzig, alkoholisch, mit festen Tanninen, zimtwürzig und schier endlos anhaltend.« Es erschien mir fast als Wohltat, dass ein 1870er Volnay Santenots sich bereits beruhigt hatte. »Könnte beinahe als alter Weißwein durchgehen«, schrieb ich. »Sein Geschmack ist von einer karamellartigen Weichheit durchdrungen; trotzdem zieht das Tannin noch den Gaumen zusammen und lässt eine außerordentlich lang anhaltende ›Süße‹ erkennen.« Hätte man mich nach dem Jahrgang gefragt, hätte ich mich glatt um ein halbes Jahrhundert verschätzt. Was soll man von einem weißen 1858er Meursault Charmes (aus dem Weinberg in fast unmittelbarer Nachbarschaft) halten, der nach wie vor frisch duftet und den Gaumen mit seinem Zitrusatem kühlt, bevor seine weinige Energie verebbt? Man kann Erklärungen bemühen: Der Wein entstand vor der Reblausinvasion; die Erträge waren nach heutigen Maßstäben gemessen winzig und die Geschmacksnuancen umso konzentrierter. Doch wie müssen diese Essenzen in ihrer Jugend geschmeckt haben?

Der Fluch von Burgund auf allen Qualitätsebenen ist sein dünner, transparenter Charakter, der vor allem in kalten und nassen Jahren von keinem polsternden Fleisch getragen wird. Ich schätze die Frische und Leichtigkeit, doch schlagen sie schnell in Aggressivität und zu viel Säure um. Die Mehrheit hat immer für robustere Versionen votiert – und die Händler kamen diesem Wunsch nur zu gern nach. Vor vielen Jahren machte man im ältesten Handelshaus von Beaune, dem 1720 gegründeten Unternehmen Champy, eine Entdeckung. Eine Dachkammer war gefüllt mit geheimnisvollen Milchkannen, die allem Anschein nach aus dem 19. Jahrhundert stammten. Wozu dienten sie? Aus den Archiven ging hervor, dass sie zur Konzentration von Wein verwendet wurden: Man ließ ihn gefrieren und entfernte das Eis. Das nannte man dann *gelage. Vin gelé* kostete eineinhalb Mal so viel wie das ursprüngliche Produkt.

Wenn mehr Konzentration einer der Schlüssel zur Bereitung besserer Weine ist – und diesen Eindruck bekommt man tatsächlich, wenn man bei einer Degustation mit Villages-Weinen beginnt und sich zu Premiers und Grands crus vorarbeitet –, dann lassen sich bessere Weine recht einfach erzeugen. Die simpelste Methode ist das Entnehmen einer bestimmten Saftmenge für Rosé, noch bevor die eigentliche Einmaischung beginnt. Man nennt dieses Verfahren *saignée* oder Mostabzug. Doch es gibt noch weitere Methoden mit mehr High-Tech-Einsatz, etwa die Vakuumverdampfung oder die Umkehrosmose. Interessanterweise halten die besten Erzeuger nichts davon. Warum? Weil sie darauf vertrauen, dass der Wein ohne ihre Unterstützung besser gerät?

In jedem guten Winzer steckt ein Philosoph. Lieber die leichteren, kühleren Jahrgänge hinnehmen, sagt er, als sie durch Konzentrationsverfahren zu dopen. Nur Unwissende setzen wuchtiger mit besser gleich. Idealerweise zielt man auf eine weder zu große noch zu kleine Ernte ab und liest die Trauben zum rechten Zeitpunkt. »Phenolische Reife« lautet das Zauberwort heute, doch den exakten Augenblick kennt man schon seit Jahrhunderten. Vor 250 Jahren wandte sich die Academia dei Georgofili, eine Gesellschaft zur Verbesserung des Landbaus in der Toskana, an einen burgundischen Mönch, um zu erfahren, wie man burgunderähnlichere Weine erzeugte. Dom Denise war ein Zisterzienser und arbeitete in dem Kloster, das sieben Jahrhunderte zuvor den Grundstock für die Côte de Nuits gelegt hatte. Zwischen seinen klaren Anweisungen zur Rebstock- und Weinbergpflege, zum Pressen und den Kellertechniken (einschließlich der Destillation) findet sich auch eine exakte Beschreibung, wann zu lesen sei.

Nie, so erklärte der Mönch, habe es einen Jahrgang gegeben, in dem alle Trauben zur selben Zeit reif gewesen seien. Das wäre auch gar nicht von Vorteil, denn der Wein würde zu stark ausfallen. Man brauche überreife Trauben, die für Farbe und Kraft sorgten, und einige nicht ausgereifte, die Frische und Ausgewogenheit ins Spiel brächten. Woran man erkenne, wann die Zeit reif sei? Pflück eine einzelne Beere. Sieh dir den kleinen hölzernen Pinsel aus ihrem Inneren an, der am Stiel hängen bleibt. Er sollte purpurrot sein. Ist der Bereich um das Loch in der Beere noch grün, ist sie nicht ganz reif. Saug den Saft durch das Loch. Bei reifen Beeren fühlen sich die Kerne im Mund trocken an. Die Kerne von Pinot noir sollten dunkelbraun, die von Chardonnay beige sein. Kau einen Kern: Er muss wie eine reife Mandel schmecken. Zerdrücke nun die Beerenhaut zwischen Zeigefinger und Daumen; die Finger sollten sich dunkelviolett färben und selbst nach dem Spülen mit Wasser fleckig bleiben. Mit der Mostwaage bestimmt man den zu erwartenden Alkoholgehalt, doch ist Reife viel mehr als nur eine Angelegenheit des Zuckers. Ein guter Erzeuger benutzt auch heute noch seinen Daumen und Zeigefinger wie einst der Mönch.

UNTEN
Die Gamay-Rebstöcke im Beaujolais sind ungebundene Geschöpfe, die sich ohne Drähte und andere Erziehung entfalten und ein hohes Alter erreichen können.

GANZ UNTEN
Der Wirbel um den Beaujolais nouveau hat der Region langfristig mehr geschadet als genützt.

Beaujolais

Nie wird man Beaujolais und Côte d'Or verwechseln. Weder den Wein noch die Landschaft. Die Côte d'Or kann man zu Fuß erkunden, zumindest in ihrer Breite, wenn auch nicht ganz in ihrer Länge. Sie ist sauber geordnet und bleibt im Gedächtnis haften. Das Beaujolais wirkt riesig, wie ein Schleier aus Reben, der über die unteren und mittleren Hänge drapiert wurde und sich die Täler hinauf und in die steilen Lichtungen des Waldes auf den Gipfeln einer beachtlichen Bergkette zieht. An den oberen Hängen rechnet man fest mit dem Gebimmel von Kuhglocken. Was um alles in der Welt tun die Menschen hier, fragt man sich? Sie sichern sich mehr schlecht als recht ein Auskommen mit Wein. Mit erstaunlicher Präzision kultivieren sie ihn auf unkrautfreien, blitzsauberen, dachsteilen Hängen und in Winkeln, in denen ein Traktor nur hinderlich wäre.

Wir alle wissen, warum wir dem Beaujolais den Rücken gekehrt haben. Ein, zwei Jahre lang machten wir uns in den frühen 1990er-Jahren einen Spaß

daraus, möglichst als Erster den rohen neuen Jahrgang nach Hause zu bekommen – ganz gleich wie, ob auf dem Land-, Luft- oder Wasserweg. Wir zwangen uns, die blass purpurne, nach Banane schmeckende Säure zu trinken, als käme diese Gelegenheit nie wieder. Es war eine ganz neue Entdeckung, dass ein Wein nicht ein, zwei Jahre lang gelagert werden musste, um trinkreif zu werden. Dass der Weinhandel überhaupt etwas in Eile tat, galt damals als kleine Revolution. Seltsam: Heute sehen wir es fast schon als selbstverständlich an, dass die meisten Weißweine zumindest das Datum vom letzten Jahr tragen. Beaujolais, wie er fast überall jenseits der Bistros von Lyon verkauft wurde, galt einmal als dubiose dunkle Brühe. Mit einem Mal aber war Party angesagt, eine Art weltweiter Jahrgangsfeier, bei der man den Wein fast direkt von der Rebe zu trinken wagte. In Japan scheint der Trick noch zu funktionieren, doch im Westen verloren wir rasch die Lust daran – und leider auch an allen anderen Gewächsen aus dem Beaujolais.

Doch es gibt noch andere Gründe für unsere Beaujolais-Verdrossenheit. Zur gleichen Zeit setzte nämlich eine Rebsorten-Manie ein. Man war mit einem Mal ganz wild auf Chardonnay und Cabernet, ganz egal, woher sie kamen. Doch niemand jenseits der Beaujolais-Grenzen pflanzt Gamay. Gäbe es einen australischen Gamay, sein Name wäre in aller Munde. Würde das Beaujolais Pinot noir kultivieren, wäre der Wein ein Muss. Aber so? Warum soll man das Leben komplizierter machen, als es ist? Trinken wir einen Merlot.

Hin und wieder allerdings setzt ein Jahrgang Zeichen. Zum Beispiel der 2003er: In ganz Europa bekamen kleine Weine die Chance, endlich auch einmal zu glänzen, während viele große Rebberge, die dank ihrer privilegierten Lage in durchschnittlichen Jahren allen Ruhm einheimsen, bei der Hitze ins Trudeln kamen. Im Beaujolais rieb sich die ganze Bevölkerung die Augen.

Dabei war das Jahr nicht einfach. Am Anfang suchte Hagel die Weingärten heim, was den Ertrag letztendlich halbierte. Niemand war auf den Jahrhundertsommer gefasst. Noch nie hatte man Mitte August reife Trauben gesehen. Was sich zutrug, erzählte mir Guy Marion, die rechte Hand von Georges Dubœuf, der als unangefochtener König der Region gilt. Marion hat seit 30 Jahren jeden Tag von 12 bis 13 und von 18 bis 19 Uhr jeden Posten in der riesigen Dubœuf-Kellerei und jeden Posten, den die vielen hundert Kleinwinzer heranschaffen, zusammen mit Dubœuf verkostet. Seine Meinung gilt also etwas.

Wir aßen im Le Cep, einem hübschen Gourmettempel am Hauptplatz von Fleurie. Als Vorspeise gab es zwölf verschiedene, ausnahmslos frische Gemüse mit Vinaigrette. Dann folgte eine Täubchenkasserolle und schließlich Käse, Käse, Käse. Wir tranken einen reifen, nussigen Pouilly-Fuissé von 2000 und anschließend einen Moulin-à-Vent aus demselben Jahr. Lauter respektable Tropfen.

Im August, erzählte mir Marion, läuteten die Alarmglocken, als die Supermärkte plötzlich leere Regale meldeten. Sie bereiteten sich gerade auf die Lesezeit und den Zustrom von Arbeitern nach dem Ferienende vor. Mit einem Rundruf wurden alle aus dem Urlaub geholt, um sich bei Notrationen die Seele aus dem Leib zu schwitzen.

Wenn heiße Trauben heimgefahren werden und der Keller eine Sauna ist, kann viel schiefgehen. Nicht jeder Tank war ein Volltreffer, und die Techniker aus dem Forschungszentrum lagen noch am Strand. Mit den Privilegien eines potentiellen Kunden ausgestattet, konnte ich mir jedoch die Rosinen heraus-picken – und ich sah und schmeckte kurvenreiche, cremige Gewächse, die die Unterschiede zwischen den einzelnen *crus* so deutlich zutage brachten, wie ich es kaum für möglich gehalten hatte. Wenigstens einmal musste niemand Zucker hinzufügen – und natürlicher Alkohol ist guter Alkohol.

Es war wieder warm, als ich der Region im darauf folgenden Mai erneut einen Be-such abstattete. Die Sonne schickte ihre Strahlen zwischen die frischen, knospen-den Reben, und die Kühle des Kellers bot eine angenehme Zuflucht. Winzer geben selten Erhellendes von sich, wenn sie sich mit dem Probenheber zwischen ihren Fässern hindurchzwängen und Kostproben der Weine entnehmen, von denen sie hoffen, dass sie ihre besten sind. Sie bemühen dann oft schwärmerische Klischees. In diesem Jahr aber gingen die Klischees nicht weit genug. Ihre Weine waren nicht nur reichhaltiger und entsandten wildere, exotischere Düfte, der Gamay offen-barte auch einen ungewohnten Zug: seidig glatte Tannine, die die Kirschreife des Weins zu etwas Großartigem formen und strukturieren konnten.

Nehmen wir als Beispiel einen Brouilly, den ich mit einem Weinbauern auf der Terrasse seines Hauses zwischen steilen Weinbergen in Lantignié mit wei-tem Blick auf den »Berg« Brouilly im Osten verkostete. »Klares, volles Rot mit violetten Reflexen«, schrieb ich nieder. »Schmeckt nach Schwarzkirschen mit einer Andeutung an gekochte, cremig weiche Bananen. Am Gaumen süß und frisch. Wird dann fester, wie ein seidiges Korsett, das sich um die Frucht legt.« Dieser Eindruck wurde immer wieder bestätigt. Brouilly ist in der Regel der un-komplizierteste der *crus* im Beaujolais, ein Liebling der Pariser Cafés. Bei seinen ernsthafteren Vettern aus Moulin-à-Vent und Morgon oder sogar Chénas war in die Seide des Korsetts allerdings ein verstecktes Knochengerüst eingearbeitet.

Auf eine gewisse Weise sind die *crus*, die zehn Gemeinden im Norden der Region, in denen die stilvollsten und langlebigsten Weine entstehen, für das Beaujolais sogar ein Nachteil. Die französischen Appellationsgesetze in ihrer unendlichen Weisheit verweigern ihnen nämlich das Recht, gut sichtbar »Beaujolais« auf ihre Etiketten zu drucken. Zugegeben, auch die Bezeichnung »Bordeaux« erscheint auf den Flaschen von Château Latour sehr klein, doch da hegt niemand Zweifel an der Herkunft.

Brouilly, Chénas, Fleurie und die anderen *crus* sind ein logischer, geographischer und gastronomischer Bestandteil der Appellation Beaujolais-Villages, der nördlichen (und bes-seren) Hälfte des Beaujolais, doch die Gesetze vertuschen die Zugehörigkeit. Nicht nur wird Fleurie nicht als Spitzen-Beau-jolais verkauft, auch fällt vom Glanz der Besten überhaupt

Ein guter Sommelier ist Führer, Freund und Philosoph. Hier Michael Williams im Restaurant Plateau am Londoner Canada Square.

nichts auf den einfachen Beaujolais. Es gibt viel zu viel Basisqualität – Unmengen werden routinemäßig zur Zwangsdestillation verurteilt – und keine Möglichkeit, das Ansehen zu heben. Allein das, was den Weg in Flaschen findet, muss schon als Oberklasse gelten. Ich würde nie eine Gelegenheit missen, davon zu probieren, aber ebenso wenig zögern, in meinem Geldbeutel nach dem Extra-Cent zu kramen, der mir einen Beaujolais-Villages beschert. Denn selbst in einem guten Jahr scheint sich einfacher Beaujolais zu verflüchtigen, sobald er den Gaumen gestreift hat (was gar nicht einmal so schlimm ist, wie es oft heißt). Ich habe die Feinheiten der Unterschiede zwischen den Villages-Lagen nie so ganz begriffen, doch ist das Geheimnis ihres Erfolgs der Boden. Während sich das übrige Beaujolais in den meisten Lagen mit kaltem Ton zufrieden geben muss, sind sie mit stark durchlässigem Granit und Sand gesegnet. Die besten Versionen kann man in der Regel in den Kellern von Erzeugern verkosten, die über Grund in den *crus* verfügen und ihre Weine auf jeden Fall ambitionierter bereiten.

In meinem Notizbuch steht ein Eintrag über den Beaujolais-Villages einer kleinen Verkaufsgenossenschaft progressiver Winzer in Oingt – einem Dorf, das anscheinend von einem Schwein getauft wurde. »Ein leichter, klarer Wein mit merklicher Textur. Er riecht nach reifen Bananen und Birnenbonbons, schmeckt nach Kirschen. Angenehme, saftige Säure. Klingt mit einem Walderdbeerton aus.« Nicht schlecht für fünf Euro die Flasche. Meine Notizen zu einigen 2003ern werden richtiggehend lyrisch und steigern sich bisweilen sogar zur Hysterie. Bleibt die knifflige Frage: Wann und wo trinkt man ihn?

Die traditionelle Antwort lautet: in einem Bistro. Hier, wo es noch echte Hausmannskost gibt, wäre allein der Gedanke an eine gedruckte Weinliste absurd. Der *patron* kauft den Wein fassweise – und der Tropfen, der am schnellsten fließt (was wichtig ist, wenn man ein Fass im Keller stehen hat), ist der Beaujolais. Allerdings kommen Bistros aus der Mode. Werden sie je zurückkehren? Restaurants hingegen haben ein Gespür für das, was in Mode ist, und ziehen die Gewinnspannen exaltierterer Etiketten vor. Man sollte nicht einmal im Traum daran denken, in einem Restaurant mit einer Liste argentinischer Malbec-Gewächse und Barossa-Highlights von alten Rebstöcken nach einer Flasche Fleurie oder dergleichen zu fragen.

Und zu Hause? Gibt es einen unbeschwerteren Genuss? Beaujolais-Gewächse – und damit meine ich nicht den einfachen Beaujolais, sondern Beaujolais-Villages und die *crus* – sind exzellente Weine, die man ohne Essen genießen kann. Durch ihren geringen Tanningehalt bieten sie sich als Sologetränke an. Ein gekühltes Glas ergibt einen guten Aperitif. Beaujolais empfiehlt sich als idealer Caféwein, was gleichzeitig heißt, dass er ein guter Gartenwein ist. Aber jemand mit einem Keller voller vor sich hinreifender Schätze wird wohl kaum auf die Idee kommen, ihn seiner Sammlung hinzuzufügen. Er muss wie die meisten Weißen rasch beiseite geräumt werden, meinen sie. Er steht praktisch im Weg.

Wird sich mit einem großen Jahrgang diese Haltung ändern? Es ist Sache der *crus* Moulin-à-Vent und Morgon, vielleicht sogar Chénas, Côte de Brouilly, Juliénas und Fleurie, zu zeigen, aus welchem Holz sie geschnitzt sind.

Vorbild Burgund

Ich habe behauptet, dass Bordeaux rund um den Erdball Erzeuger beeinflusst hat und alle Flaschen mit hoher Schulter ihre Bordelaiser Wurzeln offenbaren – und sei es unbewusst. Hat Burgund ebenso weite Kreise gezogen? Ist die Flasche mit den abfallenden Schultern der Hinweis auf eine Affinität zu dieser Region oder gar das Zeichen eines spirituellen Bandes? Wenn man von einer Verbindung zwischen Burgund und der Rhône ausgeht, dann ist diese Theorie nicht abwegig. Aber auch wenn man keine solche Verbindung sieht, signalisieren die unterschiedlichen Flaschenformen eine Teilung der Welt in Bordeaux-Jünger und Weinliebhaber mit einem anderen Wertesystem.

An Pinot noir haben sich viele Pioniere in den ungewöhnlichsten Gegenden versucht. David Lett war der Erste, der in Oregon auf die Traube setzte. Es erwies sich als ausgezeichnete Idee.

So organisiere ich zumindest meinen Keller. Rechts liegen die Burgunder und die immer größere Zahl von Pinot-noir-Etiketten, die Rhône-Weine und die Syrah/Shiraz-Produkte. Zu ihnen gesellen sich die Piemonteser aus Nebbiolo, Barbera oder Dolcetto – Trauben, wie sie für diese alpennahe Enklave typisch sind. Wahrscheinlich dachte man an Burgund, als man zum ersten Mal Barolo abfüllte. Zur selben Zeit erfand sich übrigens damals im 19. Jahrhundert Rioja nach dem Vorbild von Bordeaux neu.

Wenn die toskanischen Landbesitzer vor 200 Jahren mit dem Nachahmen von Burgundern begannen, dann kann man durchaus annehmen, dass auch andere aufstrebende Winzer in der Alten sowie Neuen Welt dasselbe taten. Wenigstens haben sie es alle versucht – und sind, ihrer eigenen Einschätzung nach, alle gescheitert.

Bordeaux indes ging ihnen relativ leicht von der Hand: Man brauchte nur Cabernet zu pflanzen. Das Ergebnis ist zwar manchmal nur eine annähernde Kopie, doch auf jeden Fall ein herrliches Getränk. Obendrein bot sich das Bordelaiser Idiom für eine Interpretation förmlich an, ob mit oder ohne Cabernet. Burgund war da schon schwerer verständlich.

Die simple Deutung bestand darin, Produkte mit weniger Tanninstruktur, also vollere, süßere und generell freundlichere Weine, einfach als Burgunder zu titulieren. Das war zumindest der Fall auf den australischen Weinschauen. Die Gebrüder Gallo mit ihrem Hearty Burgundy würden zustimmend nicken. Diese Philosophie hat große Weine hervorgebracht. In Australien beispielsweise die fast schon sirupartigen Shiraz-Versionen aus Barossa, Rutherglen und dem McLaren Vale.

Während Barolo und Barbaresco anfangs Burgundern nacheiferten, um schließlich zu einer eigenen, nicht minder wertvollen Sprache zu finden, blieben andere puristischer und setzten weiter auf die Burgundertraube. Ihnen schwebte ein Beaune oder Nuits oder Chambertin vor – doch was sie bekamen, war nichts weiter als ein Pinot noir. Er schmeckte ihrer Meinung nach entweder wie ein kühler oder wie ein heißer Jahrgang aus Burgund, aber nie wie ein guter. Pinot noir kann köstlich ausfallen, aber sie hatten nun einmal ein anderes Ergebnis erwartet. Am nächsten kamen den Originalen bestenfalls Regionen mit einem ebenso temperamentvollen Klima wie Burgund. Der hartnäckige David Lett glaubte in den 1960er-Jahren in den grünen Hügeln von Oregon südlich von Portland den rechten Geschmack getroffen zu haben. In Australien erhob Andrew Pirie die Farbe des Grases zum Erfolgsindikator: Um Gewächse mit französischem Timbre zuwege zu bringen, musste man dorthin, wo es ganzjährig grün blieb. Also machte er sich auf nach Tasmanien. Kalifornien erkor sich Carneros in der relativ kühlen Bucht von San Francisco zum gelobten Pinot-noir-Land. In Australien richtete man die Aufmerksamkeit auf das Yarra Valley. Mittlerweile waren die 1980er-Jahre angebrochen. Hamilton Russell bereitete am Kap einen guten Pinot noir. Dann war Neuseeland an der Reihe.

»Pflanz Pinot noir, wo das Gras des Sommers grün bleibt«, sagte sich Andrew Pirie. Er war Australiens erster promovierter Önologe – und ging nach Tasmanien. Sein Piper's Brook Pinot Noir gab ihm Recht.

Zwar erfüllte die Pinot-noir-Traube den Wunsch nach einem den Burgundern ebenbürtigen Tropfen nicht, doch sprach für sie ihr Talent, Schäumendes wie Champagner schmecken zu lassen. In der Tat stehen in der Champagne doppelt so viele Pinot-noir-Stöcke wie an der Côte d'Or. In Kalifornien lohnte sich ihr Anbau überall dort, wo man champagnerähnliche Bläschen anvisierte. Außerdem konnte man, falls die Trauben viel versprechend aussahen, immer noch Rotwein aus ihnen herstellen, ihn in französischer Eiche ausbauen und so die Gäste zu täuschen versuchen. Genau das machte James D. Zellerbach in seinen Hanzell Vineyards in den Bergen oberhalb von Sonoma. Und weil genug andere ebenso dachten, kam die Lawine ins Rollen. Doch nicht Hanzells Lesegut war entscheidend, sondern die Eiche aus Frankreich. In diesem Jahr, nämlich 1959, wurden alle Kalifornier, ja, alle Weine aus der Neuen Welt, erfunden, die französisch schmecken – oder zumindest annähernd französisch.

Als Erstes profitierte Chardonnay vom Holz aus der Alten Welt. In Kalifornien hatte man sich für diese Rebsorte kaum interessiert; erst als sie mit Zellerbachs Eiche in Berührung kam, wurde man hellhörig. Auch Cabernet Sauvignon bekam Aufwind, als Joe Heitz im Napa Valley für seine ersten Weine aus französischen Fässern Anfang der 1960er-Jahre doppelt so viel verlangte wie für seine regulären Erzeugnisse. Bald wunderten sich Frankreichs Küfer über die vielen Aufträge von der US-Westküste. Allerdings schmeckte Pinot noir von ganz anderen Böden und unter einer viel heißeren Sonne als in Burgund nach wie vor sonnenverbrannt und abweisend, ob mit oder ohne Eiche.

Der erste Vertreter seiner Art, der mich stutzen ließ, stammte aus einer Gegend, wo man im Sommer vom Grün nur träumen kann. Die Kellerei Chalone steht auf einem Kalksteinaufschluss im Bezirk Monterey weit südlich von San Francisco. Man wundert sich, dass hier überhaupt etwas wächst. Oben angekommen, wird man von Dick Graff erwartet, einem drahtigen, kastanienbraunen Mann mit nacktem Oberkörper. Man würde diesen besonnenen Menschen keineswegs für einen Fanatiker halten – bis man ihm bei der Arbeit zusieht. »Hier ist das Burgund Kaliforniens«, schwärmt er. »Man sieht es der Gegend nicht an [wie wahr], aber sie hat den Boden.« Er gab dem Boden absolute Priorität – zu einer Zeit, als niemand in Kalifornien ihn überhaupt erwähnte – und ließ sogar Wasser nach oben karren. Sein Pinot konnte nicht so frisch und saftig schmecken wie das Original, aber er war wunderschön gemacht. Und das galt auch für seinen Chardonnay.

Natürlich kamen manche auch auf die Idee, Burgund völlig zu vergessen und aus Pinot noir einen ganz anderen Wein zu bereiten. Immer wenn ich in San Francisco bin, gehe ich ins Fairmont Hotel auf dem Nob Hill, um mir eine der schmalzigsten Dixieland-Bands in einem Ambiente anzuhören, das durchdrungen ist vom vulgären Flair des alten Hollywood. Bier oder Wein? Eines Nachts sah ich, dass offener Pinot noir angeboten wurde. Er stammte aus einer großen Kellerei weit landeinwärts, wo das Gras nur selten grün ist, war dunkel, dick, gefällig, einfach und köstlich und hatte mehr Pinot-noir-Geschmack, als in ein Riedel-Glas passt. Wie sollte man darauf reagieren? Vielleicht mit: »Alle Achtung!«

Ohne Umrühren geht es nicht bei der Pinot-noir-Bereitung. Hier Bob Sessions in der Kellerei Hanzell.

Für Dick Graff war Kalkboden der Schlüssel zum Erfolg seines Chalone Pinot Noir.

Als sich herausstellte, dass die Methoden der Zisterzienser nicht der Weisheit letzter Schluss gewesen waren, eröffneten sich ungeahnte Möglichkeiten. 1985 überzeugte mich James Halliday, dass er im Yarra Valley die idealen Trauben gefunden hatte, und bereitete 1986 einen Pinot noir, den auch ein Weinbauer in Volnay wohl gutgeheißen hätte. Meine Zuversicht stieg, als er mit jedem weiteren Jahr im Keller reifte, wie es sich für einen guten Burgunder gehörte, das heißt, dass seine lebhafte Frucht immer mehr in den Hintergrund trat, während er seidiger und wildbretartiger wurde, ohne seine Energie zu verlieren. Es war an der Zeit, dachte ich mir, Konkurrenten aus aller Welt gegen ihn antreten zu lassen und zu sehen, ob sich daraus Schlüsse ziehen ließen. Wir trafen uns an einem Frühlingsmorgen in James' Haus, von dessen Veranda aus man den Blick über die Rebhänge von Lilydale im Norden schweifen lassen konnte. In Australien gilt etwas schon als Tal oder Berg, was noch nicht einmal erkennbare Landschaftskonturen hat, doch diese Rebflächen waren so steil, dass sie mich an die Hänge über dem Rhein erinnerten. Das frische Laub fing die Sonne ein und ließ grüne Lichtpunkte zwischen den Stockreihen tanzen.

Das Aufspannen von Vogelnetzen ist auf Coldstream Hills vor der Lese ein Muss. Die Schleier verleihen den Reben ein geisterhaftes Aussehen.

Wir verkosteten an jenem Tag acht Weine desselben Jahrgangs, ohne zu wissen, woher sie stammten, und beschrieben sie uns gegenseitig. Die Degustation war so aufschlussreich, dass ich meine Notizen behalten habe. Der erste Konkurrent – er erwies sich später als ein Côte de Beaune-Villages von Joseph Drouhin – duftete herrlich und unverhüllt nach frischer, minziger Frucht. Im Mund zeigte er sich überraschend trocken. So angenehm er sich trinken ließ, sein Gesamtprofil war schlank. Das zweite Etikett war ein Neuseeländer von den Martinborough Vineyards. Er roch so süß wie eine Heuwiese, hatte aber nicht viel Statur. Er begann weich und endete scharf. Mit vier Jahren schon zu alt, dachte ich bei mir.

Nummer drei war die Standardabfüllung von Coldstream Hills und der preiswerteste der Weine. Er präsentierte sich in kräftigem, klarem Rot, entwickelte ein intensives Aroma nach roten Früchten mit einer wohlgefälligen Andeutung von Eiche. Schon jetzt hatte er sich ein seidiges Gewand übergestreift, unter dem sich jedoch ein kraftvoller, durchdringender, von lebendiger Säure getragener Körper abzeichnete. Ich war begeistert. Als Nächstes stand ein Kalifornier auf dem Programm: der Calera Jensen aus derselben Region wie der Chalone. Er duftete nach Rosinen und gab sich am Gaumen cremig – eine neue Pinot-noir-Interpretation, der es jedoch an Geschmacksintensität mangelte, um den Alkohol zu kaschieren. Zudem verabschiedete er sich zu abrupt. Nummer fünf präsentierte sich als attraktiver Eroberer: frisch, angenehm, minzig, kraftvoll. Unermüdlich reihte er in einem endlos scheinenden Crescendo Note an Note. Nun ja, er erwies sich schließlich auch als weitaus teurere Kreszenz: Es handelte sich um einen Clos de

Vougeot von dem renommierten Erzeuger Mongeard-Mugneret. Der sechste im Bunde war ein Coldstream Hills Reserve: wesentlich dunkler als der Burgunder, süßer und scheinbar simpel, aber mit festem Tanningriff, den ich ganz einfach mit »sehr jung, intensiv, kraftvoll. Warten« bewertete. Als siebter war eine Provenienz aus der Lombardei an der Reihe. Der Casotte Bellavista trat in klarem Kirschrot auf und ließ einen sahnigen Röstgeschmack erkennen, den ihm das Fass mitgegeben hatte. Am Gaumen fühlte er sich angenehm kühl an, dann folgte ein trockenes Finale ohne viel Frucht im Mittelteil. Den Abschluss bildete ein Mazis-Chambertin von Armand Rousseau, dem strahlendsten Chambertin-Winzer. »Für einen Pinot noir sehr farbintensiv«, schrieb ich. »Tiefgründiger, süßer Duft. Fleischig, aber grazil. Von Eiche keine Spur, dafür ein kraftvolles Chassis aus Tannin. Alles andere als ein Strohfeuer.«

Die Auswahl der verkosteten Exemplare war beileibe nicht breit gefächert, nicht einmal für damalige Verhältnisse. Meine Notizen sind vage; trotzdem gebe ich sie wieder, denn noch Jahre später erinnere ich mich ausgesprochen gut an die Degustation. Zudem spiegelt sich in ihnen wohl auch die internationale Pinot-noir-Landschaft jener Zeit, wobei der Schwerpunkt natürlich auf dem Yarra Valley lag. Die Côte d'Or war gut, ja, sogar sehr gut vertreten. Kalifornien schien zu heiß, Italien zu technisch, Neuseeland zu grün; die Weine stammten vermutlich alle von jungen Rebstöcken. Oregon hätte auf jeden Fall noch dazugehört.

Zehn Jahre später müssten die Jungpflanzen reif sein – eine Bestandsaufnahme bietet sich daher an. Aller Augen sind auf Neuseeland gerichtet. Es hat eine Weile gedauert, bis das Land seine wahre Bestimmung gefunden hat, denn jahrelang blickte es in die falsche Richtung. In den 1970er-Jahren hielt man dort anscheinend Deutschland für das Vorbild und pflanzte törichterweise die uninteressantesten Sorten von dort. Ein neuseeländischer Müller-Thurgau ist ungefähr so aufregend wie ein deutscher Merlot. Dann die Sensation: Neuseeland brachte so wohlschmeckende Sauvignon-blanc-Gewächse auf den Markt, dass jedermann nach ihnen Schlange stand. Als Nächstes wartete man mit gutem Chardonnay auf – allerdings sind gelungene Versionen von dieser Traube auch andernorts zu bekommen. Und zu guter Letzt kam die Rebe mit der längsten Liste frustrierter Anhänger an die Reihe: Pinot-noir-Fans behaupten, dass Neuseeland für ihre Lieblingsrebe das Gelobte Land sein könne. Die besten Editionen machen bereits durch ein süßes, frisches Aromenspektrum aus minziger Frucht und Erde, einen kraftvollen Auftakt am Gaumen, Geschmackstiefe und immer mehr Nachhall auf sich aufmerksam. »Riecht nach Heidelbeermarmelade«, notierte ich über einen, der mich besonders beeindruckte, »aber auch erdig, mit Anklängen an Thymian und sogar Ingwer. Frisch und pflaumig. Alkohol (14 %) gut eingebunden. Vielleicht ein leichter brandiger Augenblick kurz vor dem langen Heidelbeerfinale. Ausgezeichnet zu Lachssteak in Öl, Kräutern und Balsamico-Essig.« Manche sind mir zu alkoholisch, aber das ist überall so.

Trotzdem bleibt noch einiges zu tun – in Neuseeland wie anderswo: Appellationen abstecken, die besten Böden und Lagen aufspüren, all das also, was Burgund 1000 Jahre lang auf Trab gehalten hat. Diesmal aber dauert es bei weitem nicht so lange – sagen wir, fünf Jahrzehnte. Was für eine Aufregung muss unter den Bauern herrschen, die vor gar nicht allzu langer Zeit glaubten, sich ein Auskommen mit der Schafzucht sichern zu müssen, und nun entdecken, dass die Welt an ihren Lippen hängt, wenn sie über ihren Pinot noir sprechen? Wie schneiden Sie Reben? Ging die Blüte problemlos vonstatten? Bleiben Sie auch dieses Jahr bei Tronçais-Eiche? Das ist in der Tat eine Neue Welt für sie. Schon wird in Martinborough und Marlborough, in Christchurch und Central Otago mit einem Spektrum lebhafter neuer Pinot-Aromen ein neues Kapitel aufgeschlagen. Für mich der ideale Vorwand, ein weiteres Weinregal aufzustellen.

Gaja

Man setze mich in irgendeinem Anbaugebiet aus, und ich finde heraus, wo ich bin. Ich orientiere mich am Landschaftsrelief, der Vegetation, der Weinberggestaltung, dem Abstand der Stöcke, ihrem Schnitt und den Erziehungssystemen und selbst dem Licht, von etwaigen Gebäuden ganz zu schweigen. In einigen Regionen allerdings genügt ein einziger Blick zur Orientierung. Die Mosel, der Douro, das Médoc, sie sprechen für sich. Und das gilt auch für die Langhe, die Hügellandschaft mit ihren an hohen Pfosten erzogenen Reben, die in Barolo und Barbaresco gipfelt. Wenn ich dort bin, ist immer Herbst. Oder Winter. Oder ein sommerlicher Regentag. Das Piemont ist eine halb vom Hochgebirge umschlossene Enklave. Von jeder Kuppe aus kann man die Alpenkulisse sehen, die sechs Monate im Jahr in Weiß getaucht ist. Angelo Gaja hat seinen eigenen Gipfel: Seine Villa überragt die Weinberge von Barbaresco in erhabener Position. Überhaupt ist er ein Mann, der erhaben über alles regiert, was mit Wein zu tun hat.

Ein Mann voller Leidenschaft, eine Sprungfeder, ein Energiebündel: Angelo Gaja erzählt alles über die Vergangenheit, Gegenwart und Zukunft des italienischen Weins.

Gajas *cantina* ist eine Festung hinter einem Eisenwall. Drückt man den Klingelknopf, hört man weit hinten die Glocke läuten. Drinnen sieht man einen Hof, einen unzusammenhängenden kleinen Garten, einen Eingangsbereich aus Marmor – und einen kleinen Mann auf Hochtouren. Eines Nachts hörte ich, wie jemand meinen Namen über einen Platz in San Francisco rief. »Hm?« Unverkennbar: Es war Angelo mit fünf Personen im Schlepptau. Was ich heute Abend vorhabe? Und morgen? Wir müssen uns treffen. Ob ich schon … verkostet hätte? Also trafen wir uns am nächsten Tag 100 Kilometer weiter nördlich in St. Helena. Mir ist es egal, wie weit ich fahren muss.

Zurück in Barbaresco. »Schau, was wir haben. Alles.« Auf dem Verkostungstisch standen hinter 90 Gläsern im Großformat 40 Flaschen in Habachtstellung. »Wovon willst du probieren? Von allem?« Da stehen Weine, die ich selten trinke. Die niemand oft trinkt. »Wie du willst. Stefano öffnet.« Rasch, er ist immer in Eile. »Komm erst mal her. Setz dich. Ich erzähle.« Was er auch tut.

Die Verkostung kann warten. An seinem Schreibtisch sitzend gibt er mir einen Abriss vom Werdegang des italienischen Weins, seinen Problemen, Chancen und Kompromissen sowie den neuesten Entwicklungen. Der Chianti sei mit den falschen Rebsorten ruiniert und von raffgierigen Newcomern verfälscht worden. Er sagt mir, dass er sich nun erhole, und liefert mir gleich die Formel für seinen künftigen Erfolg. Weiter erklärt er mir, dass das Piemont vernachlässigt werde und dass es nur 2000 Stöcke pro Hektar gebe, wo doch 5000 stehen sollten. Die Gewächse lägen zu lange in Fässern, die obendrein oft schmutzig seien. Noch vor einer Generation sei italienischer Wein selbst in den renommierten Regionen in einem traurigen Zustand gewesen. Dann erläutert er mir den mühsamen Wiederaufbau, angefangen mit der Neubestockung der Rebhänge. Jetzt breite sich die Renaissance von der Toskana und dem Piemont – und auch von Friaul, wobei der protestantische Nordosten von jeher relativ sauber und aufgeräumt gewesen sei – über den gesamten Stiefel aus.

Da war ein brillanter Denker am Werk – und die Geistesquelle sprudelte. Schau dir an, wie begünstigt Italien von der Natur ist. Die Apenninen quer durch die Mitte bieten jede nur erdenkliche Kombination aus Höhenlage, Sonneneinstrahlung, geschützter Position, Hangneigung, Bodendurchlässigkeit, Ober- und Unterboden. Am Berg Erna in 800 Höhenmetern kann man mit Afrika in Sichtweite guten Pinot noir kultivieren, die empfindsame Traube nördlicher Breiten. Aber warum soll man auf Pinot noir setzen, wo Italien doch 350 Rebsorten hat – nicht in einem botanischen Garten, sondern offiziell in Kultur?

Sieh dir die Italiener an: Gibt es ein kreativeres Volk? Sie sind geschickt, hartnäckig, eigensinnig, originell, voller Energie. Sie wollen mit etwas Neuem reüssieren. Und sie sind reich (viele zumindest): Es ist nicht strafbar, Geld zu besitzen und es auszugeben, vor allem, wenn man die Nachbarschaft einlädt. Ihre Technologie ist fabelhaft, ihr Beraterstab brillant. In der Welt ist viel *changement* (Angelos Lieblingswort). Und nicht nur die Reichen und Berühmten speisen die Gewinne aus ihren Unternehmen wieder in den Kreislauf ein. Auch die einfachen Erzeuger in den Genossenschaften lieben ihr Land – wenigstens manche. Händler, die berühmte Weine en masse produzieren, legen sich stärker ins Zeug als beispielsweise ihre Kollegen in Beaune (eine subjektive Sicht). Italiens Trumpf sind die Restaurants. Das Essen ist das A und O. Jeder versteht es. Französisches Essen ist verglichen mit italienischem zu raffiniert, zu kompliziert. Italienische Gaststätten sind wie ihre chinesischen Pendants Essstationen, in denen Frohsinn herrscht. Japan hat sich in italienisches Essen verliebt. Es hat denselben Stil wie das ihre, nur unterschiedliche Geschmacksrichtungen. (Stimmt, denke ich bei mir. Ich würde jederzeit Glasnudeln gegen Pasta tauschen.)

Angelo hat dem italienischen Wein zur Selbstachtung verholfen. Sein Vater war ein traditioneller Barbaresco-Bauer. Niemand war scharf auf den harten roten Wein, den die Nebbiolo-Traube in den Langhe lieferte – und noch weniger auf das dünne Getränk, das man aus ihrer Zweitrebe Barbera (eine von insgesamt fünf oder sechs Sorten) kelterte. Wer begriff schon, dass Barbera eine Rebsorte und Barbaresco ein Ort war? Angelo machte – nicht als Einziger –

alles besser und verlangte mehr Geld. Viel mehr Geld. Die Welt fuhr in Mailand auf die Autobahn, verließ sie bei Asti, düste den Fluss Tanaro mit seinen Pappeln und Gemüsefeldern entlang, durchkreuzte im Zickzackkurs die Isola d'Asti, Costigliole d'Asti, Castagnole Lanze und ihre Nussplantagen, durchbrach die Rebenregimenter und stand schließlich vor Gajas eisernem Tor.

Zur Verkostung. Wir einigten uns auf 24 Weine – lediglich die Neuerscheinungen der letzten beiden Jahre, angefangen mit dem Chardonnay, den Angelo als Einziger pflanzte, um zu zeigen, dass er keine Piemonteser Vorurteile hegte, und den er Gaja & Rey (der Mädchenname seiner Mutter) nannte. Wenn feiner weißer Burgunder ein Geigen- und Bratschenensemble ist, dann lässt sich Gajas Chardonnay mit einem Cello vergleichen: golden, massiv, mit einem Aroma nach Ingwerkeksen, was immer ein gutes Zeichen ist. Ich bin angetan davon.

Nun folgen Erzeugnisse aus Nebbiolo, rubinrote Gewächse, die nach Pflaumenkernen und französischer Eiche riechen. Gut geplante Degustationen (und Keller) setzen etwas relativ Offenes und Offensichtliches zuoberst auf die Liste und schrauben Intensität und Biss allmählich hoch. Die Stöcke werden älter und die Hänge steiler. Die besten Lagen nennt man »Sorí« und »Costa« soundso. Der Sorí Tildín ist voll und rund, aber alles andere als weich. Er schmeckt nach Teer und Veilchen – und Luxus. Der Sorí San Lorenzo hebt mit erstaunlicher süßer Intensität an. Er erinnert mich dann in seiner fruchtigen Transparenz an einen Burgunder, schlägt kurz eine Karamellnote an und klingt schließlich mit einem Eisen- und Jodton aus. Er verabschiedet sich, aber geht noch nicht, der Geschmack (welcher?) verweilt scheinbar endlos lange. Die wichtigste Frage, die man einer halbwüchsigen Provenienz wie dieser stellt, lautet: »Was ist mit deiner Ausgewogenheit?« Verhindert ein Zuviel von allem – Alkohol, Tannin, Eiche, Säure – kontinuierliche Harmonie?

Als Nächstes steht der Costa Russi, ein weiterer Barbaresco, auf dem Programm. Er kommt geringfügig dunkler daher, riecht nach Papier und frischer Minze. Mir erscheint er breiter und tiefgründiger und schmackhafter. Ich dringe bis zu verborgenen Noten von Karamell, Teer und Hustensaft vor. Halt, ich glaube, wir wecken ein schlafendes Kind. Dabei sind wir erst bei Gajas einheimischen Produkten. Er hat auch eine gesamtitalienische Perspektive. In den 1980er-Jahren richtete er sich in Amerikas liebstem italienischem Anbaugebiet Montalcino ein – und binnen kurzem auch im neuen Arkadien: der Maremma an der toskanischen Küste südlich von Livorno. Erzählen diese neuen Weine mehr über die Toskana oder über Gaja?

Sie entsenden einen ganz anderen Geruch. Ich habe zeit meines Lebens vergeblich versucht, ein einziges Wort zu finden, mit dem sich der Duft des Sangiovese, der toskanischen Traube schlechthin, beschreiben ließe. Eine Zeit lang hatte ich geröstete Kastanien im Sinn, verwarf diesen Vergleich aber wieder, weil er eher für den gesamten Wein als nur für sein Bukett zutrifft. Das eigentliche Erkennungsmerkmal eines Sangiovese ist die Textur: Nach der Seide des Nebbiolo fühlt der Wein sich im Mund wie Tweed an. Die Adstringenz der Tannine verursacht auf der Zunge und am Gaumen ein austrocknendes, pelziges Gefühl –

was in dieser Dosis sehr angenehm ist. Tannine können bitter schmecken; diese hier aber sind reif und mild und dank einer beachtlichen Dosis französischer, fast schon karamellartig gerösteter Eiche süß und sahnig. Kein Wunder, dass Amerikaner auf Montalcino stehen. Hier finden sie die derzeit hoch gehandelte Dichte und »Süße« mit einer einnehmend rauen Schale. Sugarille heißt Gajas Brunello di Montalcino. »Extravagante Eleganz«, kritzelte ich hin. »Unverhohlen luxuriös wie das Halstuch eines Kavaliers. Promisk.«

Gajas neueste Leidenschaft ist seine dritte Kellerei. Er steht um vier Uhr morgens auf und fährt die 400 Kilometer von Barbaresco nach Bolgheri, bevor die Radarfallen aufgestellt werden. In diesem neuen Bordeaux sah Gaja einen Platz für sich. Seit dem Jahr 2000 besitzt er unweit von Sassicaia und Ornellaia ein Gut größer als die beiden Nachbarn. Er mag Namen, die eine Geschichte erzählen. Seinen Cabernet-Rebberg in Barbaresco nennt er Darmagi, wörtlich »Welch ein Jammer« – die Reaktion seines Vaters, als er die alten Nebbiolo-Stöcke rodete. Sein neues Gut trägt den Namen Ca' Marcanda, »ich musste um den Preis feilschen«. Und sein jüngstes Projekt heißt Magari, eine Art verbales Schulterzucken.

Wie der Ca' Marcanda schmeckte? Alles andere als einfach zu durchschauen. Mir schien hinter dem von gerösteten Fässern stammenden, modischen Kaffeearoma die Piemonteser Mentalität hervorzublitzen. Er war pflaumenreif, dabei fest und tiefgründig. Wie ein Barbaresco? Wie Angelo Gaja.

Slow Food

Die weiße Trüffel aus dem Piemont ist ein Pilz von besonderer Kraft. Ich begegnete ihm das erste Mal in Genua auf einer Weinmesse mit 100 Ständen, die ein großes Gebäude mit einer Treppe in der Mitte füllten. Wir verkosteten auf dem zweiten Stockwerk. Unsere Köpfe waren voll von frischen Friauler Düften, die einem Dutzend grünlichbrauner Flaschen entstiegen. Plötzlich legte sich ein penetranter Geruch über die Messe. Die Quelle dieses sonderbaren Brodems, der roch, als sei der intensivste Käse in einen gasförmigen Zustand übergegangen, musste ausfindig gemacht werden. Die Menge setzte sich in Bewegung – bis hin zur Eingangstür. Dort stand ein etwas schmuddeliger Bauer, diskutierte mit dem Personal und hielt Zeitungspapier in den Händen. Warum, schimpfte er, könne er seine Trüffeln denn nicht auf der Messe verkaufen?

Alba südlich von Turin ist Italiens Trüffelhauptstadt. Im Oktober wird hier zur Trüffeljagd geblasen. In Bra ganz in der Nähe hat Slow Food, eine Art gastro-politischer Bewegung, ihren Hauptsitz. Gründer Carlo Petrini ist ein besessener Qualitätsverfechter von allem, was mit Essen und Trinken zu tun hat. »Slow« – er sagt es tief und langsam und mit einem stimmhaften S am Anfang – »wurde an dem Tag geboren, als McDonald's in Rom eine Filiale eröffnete. Food sollte nie fast sein.« Die Gourmetwelt entdeckte die Langsamkeit. »Komm nach Alba«, lud er mich in stark italienisch eingefärbtem Französisch ein, »wir gehen zusammen auf die Trüffeljagd.«

Beim Abendessen sagte er zu mir: »Geh früh schlafen. Wir müssen um drei Uhr aufstehen.« Wahrscheinlich für ein langsames, ausgiebiges Frühstück, dachte ich mir, aber selbst dafür ...? Oder wollte er Nachttrüffeln jagen? »Du wirst sehen.« Das erschien mir an einem Wintermorgen um vier Uhr früh doch recht unwahrscheinlich. Gleichwohl standen wir um drei Uhr bereit, tranken ganz unlangsam einen Kaffee und wagten uns in einem kleinen stinkenden Auto mit einem kleinen stinkenden Hund im Fond in die schwarze Nebelsuppe.

Die nächsten zwei Stunden rutschten wir durch Brombeer- und Holundergestrüpp an steilen Hängen und versuchten im Licht unserer Taschenlampen dem Hund zu folgen. Der Hund hat es aber auch nicht leicht, dachte ich bei mir, denn die in einem mehr französischen als italienischen Patois ausgestoßenen Befehle seines Herrn waren fast nicht von seinen Flüchen zu unterscheiden. Gelegentlich fiel unser Licht auf den schmutzigen Vierbeiner, als er unter einem Busch herumkratzte. Kaum hatte ihn sein Herrchen erreicht, eilte er weiter. Einmal in der Stunde hörte ich Carlo in größter Aufregung »si, si« rufen und sah, wie er sich über das grabende Tier beugte. Bekam auch der Hund etwas ab, wenn der Herr die Ausgrabungen übernahm und sich triumphierend aufrichtete? Wir rutschten zwischen die Dornen zu ihm hinunter. Er hielt eine Art Kieselstein in der Hand.

Dämmerung, einsetzender Regen und eine Hand voll Kiesel. »Andiamo. Frühstück.« Wir füllten das Auto mit Schmutz und nassen Jacken und fuhren dampfend zum Dorf zurück. Das Marktleben begann, die ersten Stände wurden aufgestellt. Wir eilten in ein Café, überwältigt von der Wärme und dem Duft von Brötchen und Kaffee. Ein unvergessliches Frühstück: Man brachte uns drei Spiegeleier auf einem weißen Teller, die wir mit gefleckten braunen Scheibchen aus einer Trüffel von der Größe eines Brötchens bedeckten. Keine, die wir gefunden hatten. Und dazu eine Flasche Barbera, ein tief maulbeerfarbener Wein, subtil wie eine Alarmglocke. Schließlich konnte ich fragen: »Warum so elend früh?«

»Weil niemand sehen durfte, wohin wir fuhren«, meinte unser Trüffeljäger schlitzohrig.

»Oder woher wir kamen?«, fügte ich fragend hinzu.

Der Grund für unsere Heimlichtuerei wurde klar, als wir in Alba einkaufen gingen. Hinter den Ständen auf dem Trüffelmarkt saßen Frauen hinter Haufen aus blassen, kastanienbraunen oder fast schwarzen Kieseln. Einige Kunden klemmten sich mit einem »Permesso?« eine Juwelierslupe ins Auge, um eine Knolle zu prüfen. 90 Gramm auf der kleinen Messingskala ergaben 300 000 Lire.

Bra ist die Slow-Food-Kapitale. Die Büros der Organisation grenzen an einen Hof mit Galerie an, über den man auch zum vereinseigenen Restaurant mit Küche, Werkstatt und allem, was langsam ist, gelangt. Die Wände bestehen aus gelbem Gips, die Tischdecken aus rauem weißen Leinen, die Stühle aus Holz mit Binsensitz. Auf der Karte findet man keine Restaurantgerichte, sondern Rezepte aus einem Piemont, das Slow Food am Leben zu halten versuchte. Carpaccio? Ein Modewort für eine dünne Scheibe. Kalbsbacken? Kalbsgelee oder Knorpel aus einer Zeit, als der Todesschrei des Tieres das Einzige war, was nicht verwertet wurde. Heute wird es mit einem tiefgrünen Pesto serviert, das nach gemahlenem Laub schmeckt. Ein Glas Arneis, ein lokaler Weißwein, den man aus der Versenkung geholt hat. Dann saftiger Kaninchenbraten und ein Krug junger Nebbiolo, der schmeckt wie eine Hand voll Beeren, die man sich frisch in den Mund schiebt. Die ganze Slow-Food-Bewegung erscheint wie das Relikt einer Heimindustrie – bis man erkennt, wie sie die Welt erobert.

Italiens wichtigste Weinmesse ist die alljährliche Vinitaly in Verona. Als größtes für das allgemeine Publikum geöffnetes Event lockt eine Slow-Veranstaltung in der ehemaligen Fiat-Fabrik in Turin, die so riesig ist, dass sogar eine Rennstrecke auf dem Dach Platz hat. Wo einst Topolinos entstanden, steht jetzt eine Bar mit 1000 Roten in Regalen, die bis an die Decke reichen, und daneben eine zweite mit 1000 Weißen. Mit der Eintrittskarte erwirbt man das Recht, jeden einzelnen zu probieren. Auf der anderen Seite der Halle befindet sich eine riesige *salumeria*, in der man jede nur erdenkliche Schinken- und Wurstsorte sowie einen Berg von Brot bekommt. Dazwischen haben sich Familien zum Mittagessen niedergelassen. Ein kleiner Junge läuft, um einen Chianti für die Mutter und einen Barbera für den Vater zu holen. Träume ich? »Wenn nur die ganze Welt ebenso zur Langsamkeit zurückkehren würde«, sagt Carlo.

Slow *heißt die Zeitschrift der Slow-Food-Bewegung. Sie erscheint in vier Sprachen und 45 Ländern. Allerdings ist sie kein Gourmetmagazin, denn sie enthält Kulturkommentare und keine Rezepte.*

Der warme Süden

DIE PROVENCE IST EIN LAND, in das ich immer wieder zurückkehren werde: nächstes Jahr, nächste Woche, in Kürze, sobald ich den Zug besteigen kann ...« Diese Zeilen las ich in Elizabeth Davids Werk *French Provincial Cooking* in dem Jahr, als ich Herausgeber von *Wine & Food* wurde. Wenn sie von »bleichen Suppen in der Farbe von Sommerkleidern« erzählt, bleiben die Suppen und Stimmungen sofort im Gedächtnis haften. Ich hatte Feuer gefangen. Elizabeth war doppelt so alt wie ich und meine Vertraute, als ich Judy so ungeduldig umwarb. In die Flitterwochen schickte sie uns nach Südfrankreich in die Provence. Als Beleg besitze ich noch ein rot kariertes Schulheft, auf das ich »Was wir in den Flitterwochen 1965 aßen« geschrieben habe.

»Lamastre. Donnerstag ist Markttag. Um sechs Uhr morgens beginnen die Händler mit dem Aufbauen ihrer langen Stände. Allmählich finden sich die Bauern mit ihren Schafen, Kälbern, Ziegen und Gänsen ein. Während von Lastwagen Ballen und Kisten gezerrt werden, setzt immer wieder Nieselregen ein. Tragekörbe und Schirme werden geöffnet und rund um den Marktplatz herum Plastikplanen lang wie Kricketfelder von Baum zu Baum gespannt. Zwischen das Hämmern und Hupen, die Tierlaute und ersten Feilschereien mischen sich die blechernen Schläge der Rathausuhr. Halb sieben, sieben, an unser Ohr dringen die Geräusche von Schlegeln auf Eisen, von Hämmern auf Holz, von Sägen in Brettern, von Ziegen, die in Säcke gesteckt und gewogen werden, von Rollern, die sich ärgerlich zwischen den Artischocken und Orangen hindurchschlängeln.«

Lamastre war der erste Ort, zu dem uns Elizabeth auf unserer Fahrt durch die Provence schickte. Das Hôtel du Midi verkörperte in ihrer Erinnerung das Ideal des alten provinziellen Frankreich. Man erreicht es nach einer langen Fahrt durch braune Buchenwälder westlich des Rhône-Tals oberhalb von Hermitage, Cornas und Saint-Joseph – Namen, die alle auf Madame Barrateros Weinliste standen und ihre Küche inspirierten.

Damals begann das Essen traditionell mit Suppe. Manchmal hatte sie einen Namen; an unserem ersten Abend bei den Barrateros etwa bekamen wir Kartoffelsuppe, eines der köstlichsten Gerichte, die ich je genossen hatte. Oft aber hieß sie auch einfach nur *potage* und erwies sich als so geschickt komponiertes Gebräu, dass jeder Versuch, die Zutaten herauszufinden, zum Scheitern verurteilt war. Damals – und leider noch heute – pflegten die Franzosen ihr Mahl mit einem »Cocktail« einzuleiten, der oft nur aus Weißwein und Johannisbeersirup bestand. Als Weißer kam in der Regel ein Hermitage Blanc auf den Tisch, der dem legendären Namen keinerlei Ehre machte. Mehr Wert legte man auf Rotwein. Wir tranken einen Hermitage von 1957 zur Lammhaxe, einen 1959er Côte Rôtie zu Brathähnchen, einen Cornas aus dem Jahr 1959 zur Täubchenkasserolle und einen Hermitage von 1953 zu einem butterweichen Rinderragout. Keine der Speisen war schwer zu übersetzen, es handelte sich um fünf einfache Gänge, die vom Angebot an den Marktständen vorgegeben wurden. Wir bekamen eine Lektion in französischer Provinzküche dort, wo sie entstanden war.

Selbst wenn ich schon einmal Bekanntschaft mit den Weinen gemacht haben sollte, ich erkannte sie nicht mehr. Das einzige Gewächs von der Rhône, das in England häufiger getrunken wurde, war der Châteauneuf-du-Pape, einer von vie-

»Die Neigung der Franzosen, festlich zu schmausen.« Der Künstler Gort fing den Zeitvertreib der französischen petite bourgeoisie *mit einer Reihe von Zeichnungen ein. Hier findet man die wahre Welt der französischen Provinzküche.*

len dunklen Roten ungewissen Ursprungs. Auf den Markt brachten ihn Brauereikonzerne, die das Monopol über fast den gesamten Getränkemarkt hatten. Den geschichtsträchtigen Rhône-Anteil im Weinkeller eines Gentlemans hingegen bildeten Hermitage und Côte Rôtie, die von renommierten Händlern stammten. Aus heutiger Sicht erscheint es sonderbar, kurzsichtig, ja, töricht, dass Anbauregionen außerhalb von Bordeaux und Burgund so wenig bekannt waren. Doch damals wurden sie selbst in der französischen Weinliteratur oft über einen Kamm geschert. Sie kamen nun einmal aus der Provinz. Gleichzeitig aber dienten sie als Krückstock für die schwachen Gewächse aus Bordeaux und Burgund, die etwas mehr Stütze gebrauchen konnten. Im 19. Jahrhundert peppten die Engländer ihren Claret gern mit etwas Kräftigerem auf – und keineswegs im Verborgenen. Ein »hermitagierter« Lafite war sogar teurer als ein Lafite natur.

Die ersten Weinberge, die wir im Rhône-Tal sahen, erinnerten mich an die Mosel: Auf steilen Klippen balancierten Reben, als seien Sonnenstrahlen hier ein kostbares Gut, das es um jeden Preis zu ergattern und horten gelte. Auf die Terrassenwände hatte man Côte Rôtie gepinselt. Welchen Grund konnte es über 160 Kilometer südlich von Burgund für diese Sonnengier geben? Die kälteerprobten Trauben Pinot noir und Gamay waren an die Grenze ihres Territoriums gestoßen. Hier begann das Reich der Syrah.

Man könnte auch sagen: Hier endete es. Wer immer sie aus dem östlichen Mittelmeerraum, vielleicht sogar aus Persien, nach Frankreich brachte – wahrscheinlich waren es eher die Griechen als die Römer –, pflanzte sie in der Provence im Süden. Dann nahm man sie mit auf den Weg nach Norden, hinauf durch den immer kühleren Rhône-Korridor bis dorthin, wo keine Olivenbäume mehr wachsen und die Eichen im Winter ihre Blätter verlieren. Ihren idealen Bestimmungsort fand man schließlich auf dem Granithügel Hermitage, wo der Fluss eine Linkswendung macht und die Reben mit dem Rücken zum Nordwind

Ein Blick vom Hermitage-Hügel nach Süden über die Biegung der Rhône. Am Fuß des Hangs das Städtchen Tain, am anderen Ufer Tournon.

wachsen. 50 Kilometer weiter nördlich war an der Biegung oberhalb von Condrieu der Schutz vor den kalten Böen aus dem Norden noch wichtiger. Beide Lagen sind winzig; sie haben nicht einmal die Größe einer Gemeinde an der Côte d'Or. Es überrascht kaum, dass sie so unbekannt blieben – wohl aber, dass ihre Weine so berühmt waren.

Man könnte sie eher Bordeaux als Burgund zuordnen. Syrah ist eine tanninhaltige Traube und erbringt anders als die transparente Pinot noir geschmacksintensive Kreszenzen. Allerdings ist sie auch ein Chamäleon und offenbart keinen eindeutig fruchtigen oder pflanzlichen Zug wie zum Beispiel Cabernet Sauvignon mit seinem Anflug von Schwarzen Johannisbeeren. Zwar sind Feigennoten typisch für Syrah, aber nur für ältere Weine, nicht für junge. An der Côte Rôtie entwickelt die Traube manchmal eine himbeerartige Süße, während ihr australisches Alter Ego Shiraz nach Heidelbeeren schmecken kann – eine nur scheinbare Ähnlichkeit, denn die Geschmacksnoten sind gänzlich verschieden. Im Übrigen ist Syrah nur an der nördlichen Rhône eine Einzelkämpferin. Weiter südlich in der Provence wird sie fast ausnahmslos mit Sorten verschnitten, die sich problemloser kultivieren lassen oder aber höhere Erträge erbringen.

Zu Hause beobachte ich die Jahrgangsentwicklung der besten Hermitage- und Côte-Rôtie-Weine genauso wie die der Großen von der Côte d'Or. Jedesmal wenn ich eine Flasche öffne, nehme ich mir vor, es regelmäßiger zu tun, verfalle aber letztendlich doch wieder in meinen Bordeaux-Trott. Im Vergleich zum Hermitage weckt die Côte Rôtie in mir Erinnerungen an duftendere Kreszenzen, die mit der Zeit so fein und delikat wurden, dass Margaux-Blut in ihren Adern hätte fließen können, wäre da nicht die Ledernote, die ein alter Syrah annimmt. Früher pflegte man Syrah-Erzeugnissen einen Anteil des weißen Viognier hinzuzufügen, der sie leichter, parfümduftiger und weicher machte. In einigen Kellereien ist das bis heute so. Die Fässer damals waren alt, und die Weine hatten mindestens ein Prozent weniger Alkohol als die heutigen Kraftprotze. Inzwischen wurde die Côte Rôtie einer umfassenden Neuinterpretation unterzogen – zum Glück von einem Meister seines Handwerks. Marcel Guigal brachte moderne Ideen und neue Fässer an die Rhône. Er spielte in jeder Liga mit Erfolg, angefangen von einfachen Rhône-Erzeugnissen bis hin zu Abfüllungen von der Seltenheit eines Romanée-Conti. Ich habe mich mit seinen Côte-Rôtie-Versionen zwar nie so recht anfreunden können, bin aber alles andere als maßgeblich.

Wann trinkt man die modernen Weine von der Rhône? Etwa zehn bis fünfzehn Jahre nach der Lese. Werden sie älter, entwickelt das Bukett eine »empyreumatische« Note. Der Begriff stammt nicht von mir, sondern aus dem Aromakreis, bedeutet wörtlich »durch Verkohlung entstanden« und meint einen brenzligen Ton. Es gibt sogar eine Pflanze, deren Blüte einen ähnlichen Duft verströmt: der Goldlack. Manchmal erinnern mich die Weine von der Côte Rôtie aber auch an eine von Fliegen in Beschlag genommene Metzgerei. Man sieht: Sie lassen sich mit Fug und Recht als »komplex« bezeichnen.

Nicht einmal ein sehr guter Hermitage-Jahrgang aber hält so lange durch wie ein guter Bordeaux. Höchstens ein wirklich großer: Jaboulets La Chapelle von

Weinetiketten mit Druckfehlern sind selten – vor allem wenn es sich um so renommierte Provenienzen wie diese handelt. Beim »Château« sind die Buchstaben etwas durcheinander geraten, und in die Côte hat sich unvermutet ein »i« eingeschlichen.

1961 spielt in derselben Champions-League der Superweine, in der auch der Château Palmer mitmischt. Monumente wie der La Chapelle flößen dem Verkoster Ehrfurcht ein und erzielen bei Versteigerungen ein Vermögen. In der Regel aber brechen die Tannine weg. Oft bilden sie zusammen mit den Pigmenten eine dunkle Kruste in der Flasche. Übrig bleibt eine ledrige Adstringenz anstelle des sanften Bisses, wie sie feine Bordelaiser Kreszenzen offenbaren. Seltsamerweise sind es die Weißen vom Hermitage, die 30, 40 Jahre lang ohne zu wanken durchhalten.

Das klingt fast so, als sei Syrah eine Rebsorte nur für Sammler, die auf Granithängen isoliert wachse, doch ganz so abgehoben ist sie in Wirklichkeit nicht. Der Côte Rôtie und der Hermitage haben einen korpulenten Bruder in Cornas, einer Appellation, die eher an die robustere Fraktion unter den Weinliebhabern appelliert. Ein paar Vettern leben außerdem in den noch profaneren Anbaugebieten Saint-Joseph und Crozes-Hermitages. Einen Cornas hebt man sich am besten für das Ende eines Essens an einem warmen Sommertag auf, wenn die Sinne nicht allzu empfindsam sind und Käse – je rassiger, desto besser – sich anbietet. Ein Glas mit dunkelrotem, fleischigem und zugleich lebendigem Wein ist dafür der beste Schmierstoff. Ein Cornas kann süß-rotfruchtig daherkommen und dennoch eine gewisse Konzentration erkennen lassen. Er ist der südlichste unter den Syrah-Solisten und schmeckt auch so.

Der Saint-Joseph reicht manchmal an den Cornas heran, doch verlassen kann man sich darauf nicht: Die Appellation umfasst Weinberge, die verstreut entlang der 60 Flusskilometer zwischen Condrieu und Valence liegen. Hier muss man sich auskennen. Wer das Terroir studieren will, kann in Saint-Joseph problemlos einen ganzen Tag mit dem Vergleichen von Granitlagen und Kieselflächen verbringen. Etwas vielversprechender klingt da schon Crozes-Hermitage. Die Zone ist kleiner als Saint-Joseph, liegt aber leider zum größten Teil auf der falschen Seite des Hermitage-Hügels. Ansonsten gilt für beide dasselbe. Als wir für die Hochzeit unserer Tochter Kitty nach einem Wein suchten, den alle mögen und zur Kenntnis nehmen würden (aber auch nicht zu sehr), dachten Kitty und ich an den gleichen Wein: den Crozes vom König des Hermitage, Paul Jaboulet Aîné aus Tain-l'Hermitage. Also tranken wir den drei Jahre alten Domaine de Thalabert von 1999, abgefüllt in Magnumflaschen. Er hatte genau die Mischung aus gefälligem Wesen und Biss, die eine Hochzeitsgesellschaft braucht. Die wenigen Exemplare, die ich für diverse Jubiläen rettete, werden noch mindestens zehn Jahre lang immer himbeerartiger, rauchiger und subtiler werden.

Sind Sie lebenslustig, gesellig und ein Sonnenanbeter? Dann sind die Weine, die noch weiter südlich am Unterlauf der Rhône entstehen, genau das Richtige für Sie. Auf den warmen Feldern des Südens reifen Trauben zu überaus weich fließenden Elixieren heran, die aber je nach Temperament auch Kraft, Würze und Biss mitbringen. Das ist das Rezept für Châteauneuf-du-Pape und die Formel für sämtliche Anbaugebiete, die die Rhône auf ihrem Weg ins Meer streift. Die Basis sind Rebsorten, die sich problemlos kultivieren lassen und reichlich Alkohol liefern, allen voran Grenache. Hier im Süden findet man auf steinigen Weinbergen alte Grenache-Stöcke stämmig wie knorrige Bäume, die grandiose Weine ergeben – nicht dunkel, aber reichhaltig, weich und sehr kräftig. Macht man es der Traube einfach, liefert sie nur blasse, leere Tropfen – die Beispiele sind zahlreich. Ausgedehnte Carignan-Felder erbringen dünnere Rote, während Cinsault als Verschnittwein von passabler Qualität Verwendung findet, doch diese Namen wird man kaum hören. Die Reben, über die Winzer reden wollen, sind die mit Würze und Biss: Syrah und Mourvèdre.

Die südliche Rhône erscheint in vielerlei Hinsicht als verwirrende Region. Ich verbinde sie fälschlicherweise immer mit der Provence und nenne sie sogar so. Die Zentren der alten Kultur, die Städte, deren römische Bauten noch immer funktionsfähig sind, liegen zu beiden Seiten des Flusses – von Nîmes im Westen bis Aix-en-Provence im Osten. Die Provence aber erstreckt sich nur im östlichen Teil, während das Land im Westen als Languedoc bekannt ist. Beide begegnen sich an der Rhône. Die Appellationen zu durchschauen erfordert Ortskenntnisse. Es ist alles andere als einfach, sich einen Überblick über die Winzer, ihre Güter, ihr Rebensortiment und die Anbaugebiete zu verschaffen.

Châteauneuf-du-Pape wirkt auf den ersten Blick recht überschaubar. Die Zone mit ihren Château-ähnlichen Kellereien unter einer einenden Appellation würde sehr stark an Bordeaux erinnern, wären da nicht die Rebsorten: 13 an der Zahl stehen dem Winzer nach Belieben zur Verfügung. Von den besten Domänen kultiviert eine – Château de Beaucastel – die gesamte Palette, während eine andere – Château de Rayas – sich auf eine einzige, Grenache, spezialisiert hat. Jedes Gut hat sein Hausrezept. Vermutlich spürt man in einem Wein mit hohem Syrah-Anteil noch die Pfeffernoten auf oder erkennt an harten Tanninen, dass man es mit einem Gewächs überwiegend aus Mourvèdre zu tun hat. Hätten alle die gleichen Böden, Keller und Philosophien, könnte man noch eine gewisse Ordnung einführen. Doch einige Lagen werden von großen Kieseln – ein Lieblingsmotiv der Fotografen – beherrscht, während in anderen langweiliger Sand die Szenerie prägt. Der eine Keller strahlt im Glanz neuer Fässer, der andere ist düster von staubigem Holz. Und was die Philosophien anbelangt, so findet man keine zwei, die sich gleichen.

Gäbe es eine Klassifizierung, würde sich die Spitzenkategorie aus einem halben Dutzend Kellereien zusammensetzen. Beaucastel hat das höchste Renommee und bereitet reichhaltige, wildbretartige Weine. Vieux Télégraphe, Château Rayas, Fortia, La Nerthe und Clos des Papes sind allesamt Güter, die ihren Ruhm verdient haben, doch gibt es daneben auch kleinere Ezeuger, die nicht im Entferntesten Ähnlichkeit mit einem Château haben und doch mindestens ebenso gute Gewächse zuwege bringen. Außerdem drängen so viele gesichtslose Machwerke auf den Markt, dass die Bezeichnung Châteauneuf-du-Pape für überhaupt nichts eine Gewähr bietet – außer vielleicht für Alkoholstärke. Die Appellation wurde als Erste einer offiziellen Qualitätskontrolle unterworfen, doch hat man versäumt, ihre Identität zufrieden stellend zu umreißen oder ein Mindestmaß an Qualität zu garantieren.

Obendrein werden heute immer mehr Weine von der Rhône auf den neuen amerikanischen Markt zugeschnitten. Und was dieser verlangt, macht Robert Parker mit seiner Beschreibung eines Châteauneuf-du-Pape deutlich, den er mit einer großzügigen Punktezahl bedachte. »Reiner Sex in der Flasche ... ganze Fruchtklumpen, süßes Tannin, Glyzerinladungen und keine harten Kanten. Diese Essenz bringt sogar den eingefleischtesten Puritaner in Amerika dazu, seinen Feldzug gegen den Alkohol abzublasen.« Wer auf Rotwein steht, findet das alles vielleicht nicht ganz so verlockend.

———————————

Die Provence (bzw. die südliche Rhône) wurde nie aufgeräumt wie Bordeaux und für einen weit entfernten Markt präpariert, der gern in etwas Ordentliches investiert. Einige der glorreichsten Châteauneufs, die je in meinen Besitz gelangten, fanden aus (oder zumindest über) Bordeaux den Weg zu mir. Eines Tages stieß ich auf ein Dutzend Flaschen mit dem merkwürdigen Etikett »Châteauneuf-du-Pape 1937, Jean Sanders, Barsac« – zu einem Preis, aus dem hervorging, dass niemand noch für ihn bürgen würde. Sanders war vermutlich der belgische Besitzer meines Lieblings-Châteaus in Graves, Haut-Bailly. Ich erstand die Kiste und fand heraus, wie gut ein 50-jähriger Châteauneuf von einem Bordelaiser Händler schmecken kann. Ich könnte Erdbeeren und Rosinen, Rauch und Teer als Geschmacksnoten anführen, doch was hätte das für einen Sinn?

Am besten erinnere ich mich an eine alles beherrschende süße Wärme: Süße ohne Zucker, Wärme ohne Hitze und ein perfektes Gleichgewicht statt einer klassischen Struktur oder exakten Linie.

Deshalb lassen sich die Weine von der südlichen Rhône in ihrer Jugend genauso gut trinken wie im Alter. Sie sind eher korpulent denn asketisch, können feurig geraten und werfen auf jeden Fall eine Menge Alkohol in die Waagschale, doch lenken keine harten Kanten vom Genuss ab. Es sind allesamt keine Solisten, sondern Weine, die den intensiven Geschmack von Lammbraten mit Rosmarin und von Schafskäse brauchen, der mit Kräutern der *garrigue* gewürzt wurde.

Damit wir uns ein genaueres Bild von der Appellation Côtes-du-Rhône-Villages mit ihrer verwirrenden Vielfalt an Gemeinden machen konnten, ließen wir uns einmal ein Haus am verschlafenen Marktplatz von Sablet zur Verfügung stellen, wo nachts das einzige Geräusch das Plätschern des Dorfbrunnens ist. Unser Gastgeber war André Roux, der seit 30 Jahren das Familiengut Château du Trignon am Ortsrand führte. In Sablet befindet man sich eingezwängt zwischen den östlichen Hügeln des Rhône-Tals: hier der zerklüftete Kalk der Dentelles de Montmirail, dort die majestätische Symmetrie des Mont Ventoux. Fährt man ein Stück nach Westen, erreicht man das etwas tiefer gelegene Châteauneuf-du-Pape. Jeder Winzer, dem wir einen Besuch abstatteten, hatte seine eigene Erklärung dafür, was es für einen Wein bedeutet, ein Sablet, Séguret, Gigondas, Vacqueyras oder Beaumes-de-Venise zu sein. (Der Letzte wäre einfach zu beschreiben: Es handelt sich um den Universal-Aperitif der Gegend, einen hell bernsteinfarbenen, süßen Muscat Vin Doux Naturel. Zwei davon zur Mittagszeit, und die Siesta ist garantiert.)

Eine angeregte Diskussion. Jean-Marc Sauboua (links) arbeitet als Kellermeister für Direct Wines; Tony Laithwaite (rechts) ist sein Chef. Ich lege gerade die Unterschiede zwischen zwei Gemeinden an der Rhône dar.

Wie viel ist Geologie, wie viel Geschichte und wie viel Gewohnheit, das ist immer die Frage. Die physikalische Antwort kann simpel ausfallen: In Sablet mit seinem sandigen Boden beispielsweise (früher war der Ort für seinen Spargel bekannt, der in Sand am besten gedeiht) gerät der Wein leichter als im benachbarten Gigondas. In anderen Dörfern wiederum prägen Überlieferungen die Weinbautradition. Einige gehörten einst den Päpsten von Avignon – ein Terroir-Merkmal, das keine Bodenanalyse zutage fördert. Ich überzeugte mich, dass der Gigondas ein generell fetterer Wein als der Vacqueyras ist. Weil sich aber der Traubenmix von Kellerei zu Kellerei unterscheidet (wobei Grenache allerdings immer den Hauptanteil hat), kann man da nie ganz sicher sein. Wenn dann noch neue Fässer verwendet werden, was in einigen Kellereien der Fall ist, wird die Gleichung so kompliziert, dass man sich zu fragen beginnt, was dieser Aspekt überhaupt noch für eine Rolle spielt. André Roux erzeugte einen Sablet und einen Gigondas, aber wahrscheinlich wusste er allein, bis zu welchem Grad der Boden und bis zu welchem Grad die Anteile von Grenache, Syrah und Mourvèdre für die Unterschiede zwischen beiden verantwortlich waren. Er experimentierte wie viele in den 1970er-Jahren im Süden mit der Beaujolais-Methode der *macération carbonique*, bei der die Gärung noch vor dem Mahlen im Inneren jeder einzelnen Traube einsetzt. Das Ergebnis ist eine fast schon übertriebene Fruchtigkeit. Zurückhaltend eingesetzt allerdings ließ sie die Absätze in die Höhe schnellen.

Wem nutzt das vielschichtige französische System der bürokratischen Kontrolle und die Ausweisung immer neuer Appellations contrôlées? Sicher nicht nur den Autoren von Weinatlanten. Nein, die französische Psyche verlangt es. Die Ursprünge gehen auf die Enzyklopädisten des 18. Jahrhunderts und vermutlich noch viel weiter zurück: Alles soll in eine Schublade gesteckt werden. Es gibt *fonctionnaires*, Beamte, die sich förmlich danach sehnen, für jede Weinbaugemeinde in Frankreich Listen zu erstellen: Was sie anbauen, welche Trauben sie verwenden, wie ihre Weine schmecken und wie sie gemacht sein sollten. Dem Verbraucher bringt das natürlich nur wenig: Der Markt und nicht das Gesetzbuch bestimmt unser Kaufverhalten.

Teil zwei unserer Flitterwochen fand in der eigentlichen Provence in einem weiteren von Elizabeth Davids Lieblingslokalen statt, einem kleinen Gasthaus namens Lou Paradou am Rand des mittlerweile zum »In«-Dorf aufgestiegenen Lourmarin. Mitte März ist selbst in dieser geschützten Ecke der Provence im Windschatten der Lubéron-Bergkette noch frühester Frühling. Wir waren die einzigen Gäste in einem Haus, dessen Besitzer es kaum erwarten konnte zu kochen. Während wir noch über dem Morgenkaffee und *pain grillé* saßen, verkündete der Küchenchef, unser Gastgeber, dass er auf den Markt nach Aix fahren wolle, und fragte uns, was wir gern zu essen hätten. »Was immer Sie auftreiben«, antworteten wir. Mein Notizbuch erzählt von den Schätzen, die er heimbrachte: Kürbisse, Drosseln, Rettiche, Meerbarbe, Lamm, schwarze Trüffeln, Kalb, Fenchel, Schwarzwurzeln, Nieren, Wachteln, Aprikosen, Endivien, Meeresfrüchte-Törtchen und zahllose Käsesorten. Es ist typisch für uns exzentrische Engländer, schon im März unter freiem Himmel speisen zu wollen (dachte wahrscheinlich der Koch), doch Picknicks sind uns heilig. Wir fanden immer eine sonnige, windgeschützte Ecke, in der wir unsere Köstlichkeiten ausbreiten konnten. Der Rosé de Provence war auch ohne Kühlung frisch genug.

Abends deckte man für uns den Tisch am offenen Kamin. Wir tranken Châteauneuf-du-Pape und einen Wein, den man bei uns zu Hause nie sah: Bandol Rouge. Ich wusste nicht, dass

Tage der Unschuld: unsere Flitterwochen im Lou Paradou. Damals war der Lubéron noch völlig unbekannt, heute ist er in aller Munde.

ein Bandol aus ganz anderen Rebsorten gekeltert war als alles, was wir sonst tranken, nur dass er gerade so schmeckte, wie ich mir ein Gewächs aus der Provence vorstellte: geröstet, wie mageres Fleisch mit Oliven und mit den klaren, schneidigen Tanninen eines Barolo. Nach ungefähr zehn Jahren wurde er wildbretartig und kräuterig. Warum um alles in der Welt schüttete die Provence so viel unsäglichen Rosé auf den Markt (der Château Simone im Lou Paradou war allerdings exzellent), fragte ich mich, wenn sie so gute Rote bereiten konnte? Die Antwort: Bandol kultiviert Mourvèdre bzw. mehr Mourvèdre als der Rest der Region – und das auch noch besser. Die Zone liegt in Meeresnähe zwischen Marseilles und Toulon in zwei kleinen Tälern hinter einer der vielen Hafenstädte der Südküste versteckt. Nächste Frage: Wenn Wein aus Bandol so gut gerät, warum findet man dann so wenige Rebflächen am Meer? Eine Antwort lautet: Es waren mehr, als es noch nicht so viele Villen gab.

Die Zukunft liegt weiter westlich an der Küste und in den Hügeln des Languedoc. Hier erstreckte sich im 19. Jahrhundert Frankreichs Neue Welt, in der riesige Güter Wein und Branntwein für den Massenmarkt produzierten. Traurige Berühmtheit erlangte der Midi wegen seiner regelmäßigen, gewalttätigen Bauerndemonstrationen, als die Nachfrage nach einfachem Wein hinter dem immer größeren Angebot zurückblieb. Was hatte die Neue Welt, was der Midi nicht hatte? Mehr Platz, günstigeres Klima, bessere Bedingungen? Nein, die Ausdrucksfreiheit war es. Der Süden war in Bestimmungen erstarrt, die Australien keine tausendstel Sekunde geduldet hätte.

Der offizielle Ausweg aus dieser Starre, die Befreiung von den Zwängen der Bürokratie, hieß neue Vorschriften und die Bereitung von Vin de Pays. Landweine waren nicht nur ein großer Erfolg, sondern sogar eine Sprosse auf der Leiter zur offiziellen Anerkennung und Gründung einer neuen Appellation. In seinen Anfangstagen erschloss der Wine Club den modernen Midi als wichtige neue Rotweinquelle. Unsere Mitglieder fanden umgehend Gefallen an Corbières und Minervois, den Hügellandschaften mit ihren beschaulichen, aus Stein gebauten Dörfern, die wir mit Genuss erforschten. Kaum zu glauben, dass Lagen mit so offenkundigem Potential ein halbes Jahrhundert lang in der Versenkung verschwunden gewesen waren. Man hatte sie wie die küstennahe Ebene um Sète und Béziers verdorben, weil man jahrzehntelang zu viel produziert und zu wenig investiert, die schlimmsten Rebsorten gepflanzt und fehlende Kraft und Geschmacksintensität mit Importen aus Algerien zu kaschieren versucht hatte.

Dabei war im Grunde nicht einmal an den Lagen in der Ebene etwas auszusetzen. Die Vins de Pays waren alle gut geraten. Von Freiheit aber konnte nicht die Rede sein. Freiheit ist das Recht, einen Wein Cabernet Réserve mit dem eigenen Namen als Zusatz zu nennen, sich über regionale Bestimmungen hinwegzusetzen und das zu tun, was man am besten kann. In Frankreich undenkbar.

Doch auch hier trägt Entschlossenheit Früchte. Aimé Guibert ist der lebende Beweis dafür. Seit er bei Aniane in den Bergen oberhalb von Montpellier eine

Lage mit einzigartigem Boden entdeckte und bestockte, ist sein Mas de Daumas Gassac fast ununterbrochen in den Schlagzeilen. Aus Bordeaux hatte man ihm von höchster önologischer Stelle bestätigt, dass sein Boden der Cabernet-Traube behagen würde. Er bereitete einen Wein, den niemand mit dem alten Midi in Verbindung gebracht hätte und der Lichtjahre von den Grenache-, Carignan- und Syrah-Erzeugnissen seiner Nachbarn entfernt war. Selbst seine Farbe war einzigartig. Ich brachte eines Tages einen frühen Jahrgang in einem Dekantiergefäß ins Zimmer, um ihn Michael Broadbent zum Mittagessen zu servieren. Er warf einen kurzen Blick darauf und meinte: »Das ist doch nicht etwa der Mas de Daumas, Hugh?« Wir hatten noch nie einen anderen Wein mit solch schwarzrotem Glanz gesehen. Die frühen Ausgaben waren zwar eher robust als ansprechend, doch schon 1985 beginnt in meinen Notizen Begeisterung mitzuschwingen: »Feigenreif, fleischig und einnehmend, Andeutungen von Thymian, ein Turbowein mit kraftvollen Tanninen, aber abgepolstertem, dynamischem Abgang.« Aus keiner meiner Beschreibungen geht hervor, dass mir das Cabernet-Bukett aufgefallen wäre. Als Guibert auch noch ein höchst orginelles weißes Gegenstück anbot, stellte er ein weiteres Mal eindrücklich unter Beweis, dass jegliche Beschränkung des Languedoc selbst auferlegt war.

Paris scheint nicht ganz so beeindruckt gewesen zu sein wie ausländische Investoren. Im Jahr 2000 baten mich zwei Freunde, Robert Mondavi und Aimé Guibert, ein Waldstück bei Aniane in Augenschein zu nehmen, das Mondavi zu kaufen gedachte. Guibert und seine Freunde vor Ort beschrieben das Areal als ein seltenes altes Gehölz mit wertvoller Flora, ein Heiligtum, das unbehelligt bleiben müsse. Das Mondavi-Lager verwies auf die alten Steinmauern, die zwischen den Bäumen verfielen. Sie hielten sie für ehemalige Weinbergmauern. Das erschien mir plausibel. Mondavi wollte den Hang (neu) bepflanzen, um dort Premiumwein zu erzeugen. Ich stufte die Wälder zwar als wertvoll ein, aber sie als unersetzlich zu betrachten ging mir zu weit. Die ganze Angelegenheit endete in einem politischen Feuergefecht. Mondavi wurde die Genehmigung verwehrt. Guibert hatte die Umwelt gerettet – zumindest jenen Teil, der beinahe in kalifornische Hände gefallen wäre. Die Gemüter haben sich bis heute nicht beruhigt.

Australien

Australien ist der bei weitem größte Syrah-Erzeuger der Neuen Welt. Als Erstes nahm sich allerdings Kalifornien in Gestalt von Joseph Phelps im Napa Valley Ende der 1970er-Jahre der Traube an. Heute sind die »Rhône Rangers« unter der Führung von Randall Grahm gut etabliert – und zwar nicht nur mit Syrah, sondern auch mit Viognier, Marsanne und Roussanne, den weißen Rebsorten von der nördlichen Rhône. Südafrika offeriert Syrah zum Schnäppchenpreis. Die Einstandsversionen aus Chile – der Montes Folly war der Erste, dem ich begegnete – schmecken so verheißungsvoll wie alles, was aus Südamerika kommt.

Australiens Shiraz aber hatte fast zwei Jahrhunderte Zeit, sich zu bewähren. Man findet alte Stöcke auf allen erdenklichen Böden in den unterschiedlichsten

Klimazonen, angefangen vom kühlen Südosten bis zum sengend heißen Hunter Valley. Die Traube hat sich als Australiens größter Rebenjoker erwiesen – und entzieht sich jeder verallgemeinernden Beschreibung ihres Stils.

»Hermitage« nannten die meisten Winzer mit Anspruch ihren Shiraz, als ihnen mit der Traube ihr bester Wein gelang. Man konnte wählen zwischen dem weichen, blassen und erdigen, aber sonderbarerweise für lange Lagerung geeigneten Hunter-Modell und dem dunklen, reichhaltigen und salzigen Südaustralier. »Verschwitztes Sattelleder«, so lautete das Schlagwort für jene dekadente Note, die dem Wein einen Glanz verlieh wie Trüffeln einem Gericht, das ansonsten nichts zu bieten hat. Die von einem gespenstischen Küstenabschnitt namens Langhorne Creek stammenden Versionen wirkten ausgesprochen stechend und schmeckten außerdem nach rostigem Eisen. Beeindruckt war ich von einem Gericht, das besonders gut zu den Weinen passte: dem Carpetbag Steak, einem faustdicken Filet, das der Koch aufschnitt und mit Austern füllte. Nach dem Garen waren die Austern angenehm warm.

Der Hermitage unter den »Hermitages« war damals der Penfolds Grange (1990 wurde der geborgte Name gestrichen). Manche Gewächse kamen als Hermitage, andere als Bordeaux und wieder andere als Burgunder auf den Markt. Man musste bei weitem nicht die Gipfel der australischen Weinwelt erklimmen, um guten Erzeugnissen zu begegnen. Die Hardys und Hill-Smiths, wie die Winzerbarone von Adelaide hießen, oder ihre Pendants in Victoria, aber auch alteingesessene Familienbetriebe wie Best's mit seiner Concongella-Lage, d'Arenberg, Wendouree und Bailey's mit dem Bundarra brachten Erstaunliches zuwege. Mir hat die Kombination aus europäischen Namen und Aborigine-Bezeichnungen schon immer gefallen, in der Regel schienen die sonderbar klingenden Laute der Ureinwohner sogar am besten zu den Weinen zu passen.

Der Bundarra beispielsweise gehörte früher zu den charaktervollsten, denkwürdigsten Shiraz-Gewächsen, die ich kannte. Man hatte ihn mit einem schwarzen Etikett versehen, auf dem in großen roten Lettern Hermitage stand – ein echter Warnhinweis. Er stammte aus Glenrowan in einer Gegend von North East Victoria, die für ihre zuckersüßen Muskatweine und »Tokajer« berühmt war. Ich hatte noch nie zuvor einen so dichten Wein getrunken, dunkel und duftend wie Brombeeren, nicht süß, aber durch und durch fruchtig, dabei mit einer Art kühlem Geschmacksfokus, was ihn besonders faszinierend machte. Viele bessere Kreszenzen sind seither entstanden, aber als ich diese Kostprobe 1977 mit nach Hause brachte, versammelte man sich in Bewunderung um sie. Sie hatte auf jeden Fall nichts von einem Rhône-Wein an sich. Als ich das letzte Mal eine Flasche öffnete, merkte ich, dass sich die Dichte zu verflüchtigen begann, während die Geschmacksnuancen sich noch weiter entwickelten. Der Wein dominierte nach wie vor das Essen viel zu stark.

Die modischen Shiraz-Ausgaben aus dem Barossa Valley nehmen sich als eine Karikatur dieses Stils aus. Zu vielen fehlt der Fokus. Mit Heidelbeerkompott und Melasse sowie einer Bourbon- und gelegentlich sogar Rumnote sind sie allzu rasch beschrieben. Der Bourbon-Geruch wurde ihnen von den Fässern aus amerikanischer Eiche mitgegeben (falls er, was Gott verhüten möge, nicht aus einer Flasche stammt). Nicht selten findet man auch Exemplare mit 16 Prozent Alkohol und einem brandigen Zug, den die »Süße« nur teilweise kaschiert.

Peter Lehmann personifiziert für mich das alte Barossa. Das Tal ist nach wie vor eher ein Land der Weinbauern als der Kellereien. Die meisten zählen zu den Nachkommen von Siedlern, die im 19. Jahrhundert aus Schlesien ausgewandert sind. Güter im herkömmlichen Sinne oder unterschiedliche kleine Parzellen, wie man sie aus Burgund kennt, sind in diesen ausgedehnten, weitgehend flachen Rebenfeldern unbekannt. In den 1980er-Jahren hatten die Landwirte es hier nicht leicht. Lehmann ist trotzdem ein unerschütterlicher Menschenfreund. Er gründete ein Unternehmen, um den Bauern ihre Trauben abzukaufen, sie zu verarbeiten und den Wein an Kellereien weiterzuveräußern, wo sie den letzten Schliff bekamen – das alles mehr oder weniger auf eigenes Risiko. Sein Geschäft benannte er nach Sky Masterson, dem Spieler in dem Film *Schwere Jungs und leichte Mädchen*.

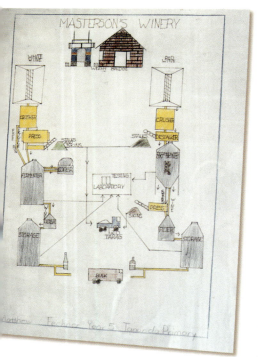

Schon Schüler lernen das Wein-ABC: Tafel aus der Grundschule von Tanunda im australischen Barossa Valley.

Ich habe einmal einen Tag mit ihm in seinem kleinen Büro neben der Brückenwaage verbracht, als die Weinbauern mit ihren Traktoren vorfuhren und die Ernte ablieferten. Der stämmige Lehmann hatte stets einen Ausdruck amüsierter Überraschung auf seinem Gesicht und legte typisch australische Offenherzigkeit und Jovialität an den Tag. »Sieben Tonnen«, sagte er zu einem deutschsprachigen Farmer, den die Sonne nussbraun gefärbt hatte. »Nimm einen Schluck, Fritz, die Trauben sehen okay aus.« Fritz ging zu seinen Kumpels neben dem Kühlschrank, dessen Tür sich wie der Schnabel eines hungrigen Kükens öffnete und schloss, als die kalten Riesling-Flaschen herausgenommen wurden.

Australischer Shiraz wurde zwar als *burgundy* verkauft, doch hielt wohl kaum jemand seinen Geschmack wirklich für den eines Burgunders. Man wollte mit ihm auch gar nichts imitieren. Im Gegenteil: Er legte allmählich den Grundstock für eine neue Weinkultur, in der die Kellereien sich seiner Vorzüge bewusst waren, ob er nun aus Südaustralien oder Neusüdwales stammte, und ihn so einsetzten, wie sie es für richtig hielten. Shiraz wurde, wie es heißt, von den »breiten Rücken und klugen Köpfen« der Weinbauern geformt.

Die gar nicht so geheime Geheimwaffe der Barossa-Winzer – zumindest einiger – sind ihre alten Reben. Man findet Shiraz-Stöcke, aber auch Grenache- und Mourvèdre-Exemplare, die mindestens ein Jahrhundert auf dem Buckel haben. Sie erbringen nur wenige Trauben, die jedoch in ihrem Saft ein Vielfaches an Geschmack zu konzentrieren scheinen. Vielleicht ließen die genügsamen Farmer ihre alten Reben aus reiner Faulheit stehen – wenn, dann lachten oft die Faulsten zuletzt. Als in den 1970er-Jahren ein Weißweinboom

Australien erfasste, wurden nämlich ganze Hänge mit alten roten Rebsorten gerodet – insbesondere Mourvèdre, hier auch unter dem spanischen Namen Mataro bekannt – und durch weiße Sorten ersetzt.

In den Dörfern von Barossa drängen sich Dutzende asketischer Kirchlein. »Die Leute hier sind freikirchliche Lutheraner«, erklärte mir Lehmann. »Jedesmal wenn sie streiten, bauen sie wieder eines von den Dingern.« Keines dieser Gotteshäuschen aber hat eine solche Aura wie die kleine gotische Kirche Gnadenburg. Sie thront 100 Meter über dem Talboden auf den Hügeln, die mit echtem australischem Gespür für Topographie Eden Valley genannt werden. »Gnadenberg«, Hill of Grace, heißt der uralte Shiraz-Weinberg, der sich seit fünf Generationen in den Händen der Familie Henschke befindet und nach allgemeiner Auffassung Weine liefert, die neben dem Penfolds Grange Australiens hohen Anspruch eindrucksvoll untermauern. Im Vergleich – nicht Wettbewerb – mit den besten Syrah-Kreationen von der Rhône erweist sich der mutmaßliche Zwilling Shiraz (er und Syrah sind ein und dieselbe Rebsorte) fetter und offenbart eine reichere Frucht, allerdings auch eine geringere Mineralität. Bei der Beschreibung reifer Shiraz-Versionen taucht regelmäßig Schokolade und oft auch Lakritz auf. Heidelbeeren hat allerdings schon fast jeder Wein heutzutage – und natürlich auch Eiche.

Der bärtige Stephen Henschke und seine Frau Prue wirkten auf mich schon immer eher wie Kalifornier und nicht wie Australier. Sie sind keine schwierigen, dogmatischen Charaktere, sondern zurückhaltend, aufrichtig und vergnügt. Sie bereiten eine außergewöhnliche Palette von Weinen. Ihr Flaggschiff ist zweifellos der Shiraz, doch umfasst ihr Sortiment auch guten Riesling und Semillon (die beide mit Eiche »verbessert« werden, wie der Franzose sagt), einnehmenden Sauvignon blanc, Pinot gris, Gewürztraminer, Pinot noir, Grenache und Cabernet. Warum diese Vielfalt? Ist es Neugier? Oder das Bemühen, jeden zufrieden zu stellen? Vier Generationen lang begnügten sich die Henschkes damit, Unspektakuläres als Fassware an größere Kellereien zu verkaufen. Heute aber scheint Forscherdrang die Triebfeder ihres Erfolgs zu sein. Prue ist Wissenschaftlerin, Stephen der ewig suchende Geist. »Erkennst du einen Unterschied zwischen diesen beiden Roten?«, fragte er mich und reichte mir zwei Gläser. Die Weine waren jung, relativ leicht, recht schwungvoll. Bei einem glaubte ich einen Anflug von Eiche in der Nase auszumachen. »Es handelt sich um ein und denselben Wein«, klärte mich Stephen auf, »aber der hier war mit einem Korken und der mit einer Schraubkappe verschlossen.« Es war mir bis zu diesem Tag noch nie in den Sinn gekommen, dass ein Korken nach Eiche riechen könnte, aber genau das ist Kork ja. Korken und Schraubverschluss – die Debatte geht weiter.

Australier haben ein zwiespältiges Verhältnis zum Terroir. Wenn sie es aber entdecken, lassen sie es uns wissen. Stephen Henschke zwischen den alten Shiraz-Stöcken seines Hill of Grace, zu deutsch »Gnadenberg«.

Das erinnerte mich an eine Degustation vor 30 Jahren mit einer gänzlich anderen Persönlichkeit, die ebenfalls ihren Weg aus Deutschland in das Barossa Valley gefunden hatte. Der Mann heißt Wolf Blass und hatte zunächst in Bristol in den Kellern meiner Freunde bei Avery's gearbeitet, bevor er nach Australien ausgewandert war. Er arbeitete in Barossa für Tolley, Scott & Tolley – keine Anwälte, wie man annehmen könnte, sondern eine Kellerei. Mit Holz ging Blass sehr großzügig um. Die Eichenladung in seinen Erzeugnissen war so riesig wie die Wolf-Blass-Etiketten, die kaum auf seine Flaschen passten. Blass stand mit seinen Methoden in krassem Gegensatz zum konservativen australischen Flügel (Australier bevorzugen eher Evolution als Revolution). Doch Jahr für Jahr heimste er alle nur erdenklichen Medaillen ein. Weine, die ich in ihrer Jugend für untrinkbar hielt, weil sie so eichenlastig waren, erwiesen sich später als triumphaler Erfolg. Man braucht zwar inzwischen einen Börsenmakler, um die Besitzverhältnisse in der australischen Weinindustrie zu durchschauen, doch Blass hält einen erklecklichen Anteil.

Mittlerweile sind zu dem rot karierten Notizbuch rund 50 weitere dazugekommen. Wenn ich sie wieder aufschlage, hole ich die Vergangenheit wie mit einem Teleskop näher: Unsere erste Reise an der Rhône wird wieder so lebendig wie unser letzter Besuch in Australien. Aber ist etwas Substantielles von der Welt übrig geblieben, die wir 50 Notizbücher früher so begierig in uns aufsogen? Unter der Oberfläche fast alles, denke ich. Australien ist weiterhin bestrebt, immer bessere Weine von unverwechselbarer Prägung zu bereiten. Und in der Provence schmecken die Gewächse und Gerichte nach wie vor ganz zwangsläufig nach der Landschaft.

Sizilien

Eine weiße Scheibe Schafskäse und ein Kilo kleiner Pfirsiche kosteten so gut wie nichts. Die Pfirsiche waren so saftig, dass das Kinn schon nach dem ersten Bissen tropfte. Alles zusammen kam in eine braune Papiertasche – mitsamt einer Flasche Wein. Und den gab es in Sizilien anscheinend gratis.

Das war meine erste Berührung mit diesem halb europäischen, halb afrikanischen Eiland. Ich war hinuntergereist, um mir die Ruinen der alten griechischen Kultur anzusehen. Im Hinterkopf hatte ich außerdem die Anekdote von Admiral Nelson, der auf Sizilien einmal zum Herzog eines Dorfs auf einem Vulkan ernannt worden war, was allerdings wenig mit meiner Fahrt zu tun hatte. Ich übernachtete in einem Viertel von Syrakus, das aussah wie der Basar der Stadt. In mein nüchternes kleines Zimmer mit blauen Jalousien gelangte man vom Markt aus über eine weiße Treppe. Vom Fenster genoss ich einen direkten Blick auf das Ionische Meer in seiner faszinierenden Reinheit. Ich bekam das Zimmer verbilligt, weil es ruhig war: Es ging nämlich nach hinten hinaus, weshalb mir das Vergnügen versagt blieb, das Stimmengewirr und Knattern der Motorroller auf dem Marktplatz zu genießen. Ein Stück die Straße hinauf stand die Kathedrale. Der barocke Glanz auf dem zum christlichen Gotteshaus umfunktionierten athenischen Tempel ließ ihn heidnischer aussehen als andere, nur noch in Ruinen vorhandene Kultstätten. Die Berge von Ortygia schützen die Bucht, in der die athenische Flotte von den Syrakern vernichtend geschlagen wurde und die britische Flotte 2000 Jahre später ihre Wasserfässer auffüllte. Das Wasser des Arethusabrunnens floss nach wie vor in die salzige Bucht – und fühlte sich anders auf der Haut an als das Meerwasser, wenn man darin schwamm.

Ebenso weit entfernt wie die Epoche Lord Byrons, der einst die Dardanellen durchschwamm, erscheint mir heute diese Zeit scheinbarer Unschuld, in der Sizilien noch unverdorben, unerforscht und ungezähmt als eine Art historischer Saum existierte, der gleichermaßen an Griechenland, Arabien und dem Italien des Risorgimento haftete. Selbst ein Delikt schien nichts Verwerfliches, sondern vielmehr Routine zu sein. Man musste lediglich die Spielregeln beachten. Als ich einen winzigen Fiat mietete, um den Tempeln von Selinunte und Agrigento einen Besuch abzustatten, fragte mich meine Zimmerwirtin, wo ich parken wollte. »Auf der Straße«, antwortete ich. »Nein, nein«, meinte sie. »Stellen Sie das Auto in die Garage meines Sohnes. Sie werden die Reifen brauchen, wenn Sie morgen losfahren.«

Der einzige sizilianische Wein von Rang war damals der Marsala aus der westlichen Provinz auf der Syrakus direkt gegenüberliegenden Seite der Insel. Dort begann eine unternehmungsfreudige Familie aus Liverpool einst, spanischen Malaga nachzuahmen. Eine Order von 15 000 Fässern zur Versorgung von Nelsons Flotte in Malta hatte für den Marsala so ziemlich dieselben Folgen wie Sir Francis Drakes Sherry-Plünderung nach der Schlacht von Cádiz für den Wein aus Jerez: Sie setzte unter den leicht zu beeindruckenden Engländern eine Modewelle in Gang und verhalf seinem Erzeuger zu Reichtum.

Warum bis nach Australien schweifen, wenn eine für den Rebbau ebenso viel versprechende Insel vor der Südküste Europas liegt? Die Neuordnung Europas durch die EU hatte auf Sizilien die gleiche Wirkung wie auf den Mezzogiorno, auf Spanien und auf Portugal. Doch das sizilianische Spiel läuft nach eigenen Regeln, weshalb die Geschichte der Region zahlreiche verborgene Nebenhandlungen und ebenso viele erfolgreiche Akteure aufweist, die teils bekannt, teils aber auch unbekannt sind.

Sizilianer erzählen einem nur zu gern, womit sich ihre Rivalen durchs Leben mogeln. Beispielsweise mit einem EU-Zuschuss für das Roden eines Weinbergs, der sowieso überflüssig war. Mit einem weiteren Zuschuss für einen neuen Weinberg auf demselben Grund. Manchmal auch mit einem Zuschuss für das Pflanzen von Olivenbäumen, ebenfalls auf besagter Parzelle. Mit noch einem Zuschuss für den Bau einer Kellerei (ein echter Glücksgriff: Die Familie war gleichzeitig das Bauunternehmen). Schließlich – oder besser: vorläufig – mit einem Zuschuss für die Errichtung einer Destillerie neben der Kellerei, die den Überschuss verarbeitet. Da capo.

Es war eine echte Überraschung, als sich viele der Gewächse mit angeblich zweifelhaftem Hintergrund als ausgesprochen trinkbare Genossen erwiesen. Dabei hatte es so etwas schon vorher gegeben. Ein Wein namens Corvo war bereits in den 1960er-Jahren zum internationalen Standardwein in Restaurants avanciert. Gegen seine geniale unbeschwerte Reife war wirklich nichts einwenden.

Ein weiteres Bild von Sizilien ist das der weltverdrossenen Adeligen, die stoisch ihre letzten Karten ausspielen. Guiseppe Tomasi di Lampedusa hat ihnen in dem Werk *Der Leopard* ein Denkmal gesetzt. Das Bild ist bis heute lebendig geblieben. Vor nur einem Jahr liefen wir auf der Suche nach einem Palazzo die sengend heißen Gassen von Palermo auf und ab. Eines von den vielen riesigen Barockgebäuden an der schmalen Kopfsteinpflasterstraße musste das richtige sein. Alles schien durchdrungen von Mattigkeit, schlafende Hunde waren das einzige Zeichen von Leben. Die Mauern und riesigen Tore wirkten durchweg schäbig und abweisend. Als wir schließlich den richtigen Eingang fanden, führte er in einen Innenhof mit Galerie, Stallungen und einer breiten Marmortreppe. Von Jalousien verdunkelte und von drückender Hitze erfüllte Apartments reihten sich aneinander. Waren die Gemälde an der Wand wirklich die Caravaggios und Tizians, als die sie sich ausgaben? In einem der Salons hatte sich an Tischen, auf denen Flaschen standen, die Aristokratie der Insel versammelt. Ihre Wappen prangten stolz auf frisch gedruckten Flaschenetiketten. Die Weine waren eine Offenbarung.

Sizilien und der Mezzogiorno haben der eigentlichen Neuen Welt in Australien sowie Nord-, Mittel- und Südamerika etwas voraus: eine erkleckliche Anzahl einheimischer Rebsorten. Sicher, Siziliens Winzer haben ebenfalls Chardonnay und Shiraz im Angebot, doch wer außer ihnen kultiviert schon Fiano und Grillo und Falangina und Catarratto und Nero d'Avola und Negroamaro? Negroamaro heißt wörtlich »bitteres Schwarz«. Damit konnte man den Wein früher durchaus treffend beschreiben, heute aber hat er sich gemausert und dient als intensive Basis für die viel versprechenden Roten aus Apulien und dem äußersten Süden. Nero d'Avola? Avola ist eine entlegene kleine Stadt im Südosten Siziliens auf der Höhe Afrikas und ihr Nero ein potentieller Cabernet des Südens.

Als an jenem Nachmittag das Thermometer mit dem Überschreiten der 40er-Marke liebäugelte, machten wir Bekanntschaft mit dem Harmonium von Firriato (ein sortenreiner Nero d'Avola), dem Cometa von Planeta (ein reines Fiano-Gewächs mit Anklängen an Honigmelonen), dem Vigna di Gabri von Donnafugata (aus Ansonica-Trauben; fest und appetitanregend), dem Grillo von Chiaramonte, dem Insola von Almerita und dem Catarratto von Rapitalà.

Verwirrt? Ich auch. Überwältigt? Ein bisschen. Verwirrt *und* überwältigt bin ich bei Degustationen von 200 unterschiedlichen Versionen von sieben, acht gängigen australischen Verschnittformeln. Noch kann man nicht sagen, wie gut Sizilien, Apulien und die anderen Anbauregionen im Süden Italiens ihr Potential nutzen werden. In der Sparte Massenwein verfügt Australien über ein Privileg, das der Mezzogiorno nie haben wird: genug Flusswasser, um ganze Landstriche zu bewässern. Deshalb kann der Kontinent die Supermarktregale so lange füllen, wie es Abnehmer für die Weine gibt. Sizilianischer Wein wird nie wieder so preiswert zu haben sein wie bei meinem ersten Besuch. Doch er hat etwas, was anderen Gewächsen auf ewig versagt bleiben wird.

Wilde Weingestade

DIE ARBEIT AN MEINEM WEINATLAS führte mich auf manch beschwerliche Reise und meine Filmtätigkeit in eine Reihe sonderbarer Keller. Noch nie aber hat jemand die Spur der Reben bis in die entlegensten Winkel der Erde mit solcher Ausdauer und Gründlichkeit verfolgt wie der Pariser Sommelier André Jullien. Wer der Ansicht ist, dass sich die Franzosen noch nie ernsthaft für ein Getränk jenseits ihrer Grenzen interessiert haben, sollte seine 1816 erstmals erschienene *Topographie des tous les vignobles connus* lesen. Sie ist das Ergebnis einer offenbar unermüdlichen Reisetätigkeit, gefolgt von weiteren Expeditionen zu neuen Ufern, die er für die Ausgaben der Jahre 1822, 1832 und 1848 unternahm. Griechenland, die Türkei, Asien, Afrika und Amerika, sie alle wurden von ihm unter die Lupe genommen. Wie vielen Anbaugebieten er allerdings tatsächlich einen Besuch abstattete, ist schwer zu sagen.

Seine Beschreibungen der Weine im Kaukasus oder sogar in Persien sind indes so lebendig und überzeugend, dass man sich den jungen Pariser nur zu gut mit Schnurrbart und schmucken Beinkleidern vorstellen kann, wie er von Keller zu Keller reitet und zwischen exotisch gewandeten Menschen, Eseln und morgenländischem Staub eifrig verkostet und Notizen macht.

»Die Bergtataren aus den höchstgelegenen Landstrichen des Kaukasus«, schreibt er, »bringen in die Stadt Kislar Weine, die kräftiger sind und einen besseren Geschmack haben als jene aus Terek; überdies halten sie sich besser und werden von den begüterten Schichten getrunken. Die Tataren, obgleich mohammedanischen Glaubens, bereiten die Weine selbst und verstärken ihre berauschende Wirkung sogar noch durch Beifügung von Schlafmohnsamen zum gärenden Saft. Dann trinken sie die Weine in aller Öffentlichkeit ohne die geringste Zurückhaltung.«

Jullien durchquert das Osmanische Reich mit einem feinen Gespür für die einst berühmten Kreszenzen Anatoliens und insbesondere Zyperns bzw. das, was von ihnen noch übrig war. Trapezunt hat nur Rosinen zu bieten, doch in Aleppo entdeckt er Erzeugnisse, die ihn entfernt an einen Bordeaux erinnern. Am Berg Libanon wiederum findet er Süßweine von edler Qualität – er nennt sie *vins d'or*, Goldweine. Sie erzielen in Beirut erstaunliche Preise. Weiter geht es nach Damaskus und Jerusalem, wo er »kräftigen Weißen mit unangenehmem Schwefelgeruch« begegnet. Er durchquert Arabien, wo man eine zwiespältige Haltung zu Likör an den Tag legt, gleichzeitig aber einer ausgeprägten Vorliebe für Palmwein frönt, und landet schließlich in Persien mit seinem legendären »Schiras, der besten Kreszenz des gesamten Orients«. Sie ist »rot, aber nicht dunkel, mit gutem Geschmack und Körper sowie reichlich Kraft, Saft und einem intensiven Aroma, weder lieblich noch klebrig süß, hinterlässt aber im Mund ein frisches Gefühl und reinigt den Gaumen von allem, was man gespeist hat – ein Gefühl der Frische, fast vergleichbar mit dem Einatmen nach einer Minzepastille ... Der Wein ist in seinem Wesen völlig natürlich – kein *eau de vie* wurde hinzugefügt. Die Wärme, die er im Magen hervorruft, ist sanfter als die der meisten wegen ihrer stärkenden Eigenschaften empfohlenen Rebsäfte. Obgleich sehr warm, ist er alles andere als wuchtig.«

»Hochgestellte Persönlichkeiten in Persien«, fügt er hinzu, »trinken georgische Kreszenzen und Schiras in Flaschen aus venezianischem Glas. Sie geben ihnen den Vorzug vor Weinen aus Spanien, Deutschland oder Frankreich, genießen sie jedoch heimlich, während strengere Mohammedaner sich an Opium und Cannabis berauschen.«

Moderne Weinautoren legen bei ihren Recherchen kaum je Julliens Energie an den Tag. Allerdings bringt eine Reise in die muslimische Welt heute auch andere Probleme mit sich. Einer, der sich auf der Suche nach den wildesten Gestaden des Weins trotzdem dorthin wagte, war Warren Winiarski von der Kellerei Stags' Leap im Napa Valley. Winiarskis Interesse galt der Obstvielfalt und seltenen Pflanzen, die es angeblich in den entlegenen Tälern des Hindukusch gab: große, saftige Walnüsse, Rosen mit schwerem Duft, Pfirsiche und Aprikosen, wie man sie in der Welt draußen noch nie gesehen hatte. Sie gedeihen hier schon wer weiß wie lange – was natürlich auch für die Reben gilt. Hunza an der Seidenstraße zwischen Pakistan und China hat eine Weinbautradition, was den Schluss zulässt, dass hier noch alte Sorten zu finden sind – entweder einheimische oder solche, die von Reisenden im Verlauf von über 2000 Jahren Handelsverkehr zurückgelassen wurden. Winiarskis Recherchen blieben weitgehend ergebnislos. Er machte in Hunza weniger Weinbau aus, als er gehofft hatte, stieß aber immerhin auf einige anscheinend wilde Stöcke an unzugänglichen felsigen Aufschlüssen, die vor hungrigen Ziegen verschont geblieben waren. Auch sah er genügend Reben, die an Pergolen und Hauswänden rankten oder nach italienischer Manier an Bäumen hochgezogen wurden und dort eine nicht unbeträchtliche Ernte abwarfen. Einen Beweis für klassischen Weinbau zu finden erwies sich aber als schwierig. Zahlreiche andere Besucher entdeckten allerdings immer wieder versteckte Vorräte von so genanntem »Hunza-Wasser«. Die Berichte darüber variieren. Ich bin gespannt, was aus Winiarskis

Stecklingen in der Neuen Welt wird. Sein bisher einziger Kommentar dazu: »Erwarte nicht zu viel.«

In etwa zeitgleich mit Winiarskis Expedition unternahm ich den Versuch, die Weinberge im Grenzland zwischen der pakistanischen Nordwestprovinz und Afghanistan aus der Sicht eines Weinatlasschreibers zu erfassen. Unsere Tochter Lucy war dort Lehrerin an einer Schule, die damals die Kinder der besseren Kreise in der Gegend unterrichtete und nach dem Chitrali-Adler Sayurj benannt worden war. Ihr Rektor, Major Langlands, war ein geschätztes Relikt aus der Zeit der britischen Kolonialherrschaft und angeblich die angesehenste Persönlichkeit in Chitral. Die Schüler trugen alle graue Hosen und grüne Pullover. Lucy hatte sich bereits auf den Besuch ihrer Eltern vorbereitet und jeden Wein in der Gegend aufgespürt. Die vielversprechendste Spur führte zu den Kalasha. Sie leben in drei fruchtbaren Tälern tief im Hindukusch und sind der Überlieferung nach gar keine richtigen Einheimischen, sondern sozusagen die letzte Nachhut des Heeres von Alexander dem Großen, das auf dem Rückweg von seinem Indienfeldzug hier Station machte.

In der Tat zeigen sie wenig Ähnlichkeit mit ihren Nachbarn in Chitral. Viele haben blondes Haar, lange Nasen und westliche Gesichtszüge. Muslimische Beschränkungen kennen sie nicht: Die Frauen tragen bunte Kleider und zeigen ihre Gesichter nicht nur, sondern bemalen sie sogar für hypnotische Tänze zu eingängigen Trommelklängen. Die Kalasha hängen anscheinend einer animistischen Religion an und verehren einen Fels, einen Berg oder einen Baum. Es gibt viel anzubeten in der elysischen Landschaft des Bumboret-Tals, in dem die riesigen, silbrigen Äste uralter Walnussbäume ihren Schatten auf plätschernde Bewässerungsgräben werfen.

Vor der Moschee in Chitral mit meiner Tochter Lucy und einem gebrochenen rechten Arm. Wein ist in Chitral natürlich kein offizielles landwirtschaftliches Produkt.

Der Wein der Kalasha wird aus festen französischen Gläsern getrunken, die in ihrem früheren Leben Senfgläser waren. Er präsentierte sich dick, rosarot, frisch und relativ sauber im Geschmack, offenbarte ein einnehmendes Aroma wilder Beeren, aber keinen speziellen Charakter. Vielleicht hat der salzige Ziegenkäse seine subtileren Seiten kaschiert. Mir ist nichts untergekommen, was man als Weinberg bezeichnen könnte; die Reben wachsen hier an Mauern und Bäumen – wie schon im Griechenland Alexanders des Großen.

Wir tranken auch Chitrali-Wein, an den ich mich aber nur verschwommen erinnere. Ich kehrte in etwas angeschlagenem Zustand aus dem Tal der Kalasha zurück. Unser Jeep war in einer Innenkurve in die Felswand gerast, was einem Ausflug in den Schwindel erregenden Abhang auf der anderen Straßenseite zwar bei weitem vorzuziehen war, doch meinem Arm nicht gut getan hatte. Der Medizinmann der Bumboret war ein Vollprofi. Er schiente meinen gebrochenen Knochen und gab mir irgendetwas Undefinierbares zu trinken. Es machte mich so glücklich, dass ich darauf bestand, mit den Kalasha-Mädchen zu Trommelklängen zu tanzen, bevor man uns nach Chitral zurückbrachte.

Ein paar Tage lang saßen wir in dieser urwüchsig schönen Gegend fest, während ich die Rückreise organisierte, damit man zu Hause meinen Ellbogen wieder in Ordnung bringen konnte. Lucy lud derweil zu einem Abschiedsessen ins Mountain Inn mit einem Dutzend Freunden. Wir tranken alle brav unseren Coca-Cola-Aperitif mit dem Besitzer. Mitten im Essen wisperte Lucy mir aufgeregt zu: »Wir können erst trinken, wenn er geht. Er würde ihn erkennen.« Sie meinte den Wein aus dem privaten kleinen Rebberg des Wirts, den der Koch entwendet hatte. Ich bezweifle, ob er wirklich einen so feinen Gaumen hatte. Was dann in die Gläser floss, war rötlich – doch damit enden meine Verkostungsnotizen über Chitrali-Wein auch schon. Während wir in den darauf folgenden Tagen auf den Heimflug warteten, war kein Gewächs mehr aufzutreiben. Um mir wenigstens eine Flasche Bier am Tag zu gönnen, musste ich eine Erklärung unterschreiben, dass ich alkoholabhängig sei. Als mein Arm immer mehr zu schmerzen begann, beschlich mich allmählich das Gefühl, dass das nicht übertrieben war.

Es muss die Abhängigkeit vom Alkohol oder ein dunkles dionysisches Verlangen sein, aber auf jeden Fall mehr als reine Neugier, die die Weinkultur in den unmöglichsten Winkeln der Erde am Leben hält. Wenn man ein modernes Pendant zu Jullien finden kann, das es sich zur Aufgabe gemacht hat, obskure Anbaugebiete aufzuspüren, dann John und Erica Platter. Der kampferprobte Journalist und seine Frau, eine Autorin, machten sich einst auf, die Gewächse vom Schwarzen Kontinent zu entdecken. In den 1970er-Jahren waren sie die ersten Chronisten des südafrikanischen Weins. Dann steckten sie ihre Energie in eine beschwerliche, um nicht zu sagen donquichottische Reise durch jedes afrikanische Land, in dem sie auch nur die geringsten Anzeichen von Weinbautätigkeit vermuteten. Ihr Bericht erschien unter dem Titel *Africa Uncorked* in Buchform.

Das Aufspüren von Wein in Busch, Wüste und Dschungel ist in einem Metier, in dem einem das Wild in der Regel schnurstracks vor die Flinte getrieben wird, mit einem blinden Herumballern in der Hoffnung auf einen Zufallstreffer vergleichbar. Der rote Faden, der die Persönlichkeiten und Orte verknüpft, denen man in ihrem Buch begegnet, ist eigentlich gar nicht der Kontinent. Afrika dient nur als schwieriger, extremer, gewalttätiger und zutiefst menschlicher Schauplatz und seine Schönheit als farbenprächtige Kulisse für Abenteuer und Absurditäten. Der wirkliche Handlungsstrang wird zusammengehalten von den Bemühungen, eines der kostbarsten, ausgefeiltesten, ja, heiligsten Produkte der Welt gerade dann zuwege zu bringen, wenn die Hürden schier unüberwindlich sind. Sicher, Wein ist zum Zechen da. Das gilt aber auch für Whisky, Arrak, Bier … und Bier wäre ungleich einfacher zu brauen. Warum so viel Beharrlichkeit, wenn einem doch Zerberus in Form einer unangenehmen Alkoholfahne und eines noch schlimmeren Kopfschmerzes den Weg in das Reich des Vergessens verwehrt? Die Triebfeder ist dieselbe irre Logik, die einen Gärtner in der Tundra oder in feuchten Sümpfen die perfekte Rose mit pfirsichzarten Blütenblättern züchten lässt oder einen Musiker antreibt, ein Konzert für ein großes Orchester und Kammbläser zu schreiben.

Die mit Bedacht gewählten Verkostungsnotizen der Platters über ziemlich »rustikale« Weine wirken ausgesprochen erheiternd. (In der gängigen Weinansprache bewahrt man sich die metaphorischsten Vergleiche für die besten Kreszenzen auf, doch die beiden bringen sie bei den scheußlichsten Brühen zur Anwendung.) Eigentlich geht es in dem Buch aber um die Verbissenheit, die Leidenschaft und den Aberwitz, den man als Winzer braucht, wenn die Natur – oder ein islamistischer Fundamentalist – sagt: Lass es lieber.

Nehmen wir als Beispiel Algerien, wo die Reise der Platters begann. Was einmal das viertgrößte Weinland der Welt war, wurde von den Franzosen, die die Rebberge einst anlegten und die besten Kunden waren, gerodet, beschossen und obendrein übel verleumdet. Für die militante Islamistische Front war Wein das Symbol für alles, was sie hassten und fürchteten. Bei einem ihrer ersten Besuche benötigten John und Erica eine bewaffnete Eskorte. Vielleicht hatten sie beim Verkosten sogar Schutzwesten angelegt. Unter den Önologen aber trafen sie auf junge Frauen in Designer-Jeans und mit Lidschatten statt Burkas. Es geht aufwärts.

Marokko ist ambivalent und legalistisch; die Franzosen kehren wieder zurück. Tunesien gibt sich etabliert und weltmännisch, und Ägypten gilt als Pulverfass, in dem man den Islam in seiner radikalsten Form ebenso findet wie die neuesten stilistischen Trends aus Bordeaux. Ein glühender Islamist fordert zwar auch seinen Anteil am Wein, doch hat er den Glauben und die Geduld, auf die in Aussicht gestellte Ration zu warten, bis sie ihm von glutäugigen Jungfrauen im Garten Eden dargereicht wird. Bis dahin zitiert er die herrschenden Glaubenshüter und wirft gelegentlich ein Auge auf die Kühlung.

Die Tropen bringen andere Prüfungen mit sich – für die Weinreben ebenso wie für ihre seit langem darbenden Winzer. Die Rebe braucht Winterruhe. Wo es keine kalte Jahreszeit gibt, sondern bestenfalls ein paar zusätzliche Regengüsse, fängt sie an zu siechen, versucht unablässig zu blühen und zu fruchten und stirbt schließlich ab. Trotz der Hitze, ob trocken oder schwül, reifen die Trauben nicht aus. Deshalb muss paradoxerweise Zucker in den Most geschaufelt werden, um die Defizite des Leseguts auszugleichen, das noch grün sein kann und trotzdem schon faul. Was nicht heißt, dass es keine guten Ansätze

Erstrecken sich hier noch unentdeckte Weingefilde? Ein Schäfer hütet seine Schafe in den Weinbergen von Tianjin nahe der Küste östlich von Peking, während ein Dunstschleier aus Industrieabgasen über der Landschaft liegt. Der Wein ist trinkbar, mehr nicht. Aber was passiert, wenn China sich ernsthaft mit seinem Anbau zu beschäftigen beginnt?

gäbe. Intelligente Fast-Erfolge sind erstaunlich oft zu verzeichnen – und auch genug gelungene Versuche, um den völligen Zusammenbruch zu verhindern. Man muss über die Ampelographen nur staunen, die mit einem bei M für Merlot aufgeschlagenen Lehrbuch in einer Lichtung zwischen den Bananenstauden sitzen und ihre Träume träumen.

In Kenia, Äthiopien, Tansania und Simbabwe (wo bewaffnete Gangster ein großes Problem sind), aber vor allem auf den ostafrikanischen Inseln Madagaskar, Réunion und Mauritius machen sich Möchtegernwinzer auf in höhere, trockenere und vielleicht sogar kühlere Gefilde. Auf Réunion, wo Pinot noir und Chenin blanc sich sogar *produits de France* nennen dürfen, wagten sich die Platters auf irrwitzigen Bergstraßen in 1200 Meter Höhe, um dort an Kraterrändern Rebflächen aufzuspüren. Auf Madagaskar produziert die florierende *Foie-gras*-Industrie einen gänzlich unpassenden Partner für Wein. In Zimbabwe empfahl man als Weinbegleiter fünf Aspirin. Auf Mauritius sitzen in den Plantagenhäusern nach wie vor Aristokraten, die allerdings nicht zu stolz sind, Traubensaftkonzentrat zu importieren, um damit ihren Papaya-Saft aufzupeppen.

Wo die Platters hinkamen, triumphierte die Hoffnung über die Erfahrung. Überbleibsel aus der kurzen Kolonialherrschaft – in Äthiopien isst man noch heute *spigittii*, Namibia genießt deutsche Küche – werten oft die dürftigen Ergebnisse unverdrossener Rebfanatiker auf. Die Aufzeichnungen der Platters enthalten so viele Details, dass ein Reiseveranstalter allein auf der Grundlage ihrer wegweisenden Odyssee eine Weinreise durch Afrika anbieten könnte. Flugreisen (haarsträubend), Straßenzustand (welche Straßen?), Unterkünfte

In der Nähe der georgischen Militärautobahn. Es herrschten nicht gerade Idealbedingungen, als ich meinen Exkurs durch die Geschichte des Weins vom Kaukasus aus startete, wo angeblich seine Wiege stand.

von luxuriös bis »im Stehen schlafen«, Gerichte (»Stacheldraht und gebratene Ziege«) und natürlich Wein werden mit erstaunlich viel Humor beschrieben.

Plinius der Ältere war es, glaube ich, der den Reisenden im alten römischen Reich eine Flasche *conditum* als Proviant empfahl. Diese Mixtur aus Honig und Pfeffer sollte den gewöhnungsbedürftigen Geschmack einheimischer Rebsäfte kaschieren helfen. Auch die Platters machten sich diesen Trick zu eigen. Ihr Rezept: eine Flasche Cassislikör. Nur für Notfälle natürlich. John und Erica sind die bereitwilligsten Versuchskaninchen der Welt. An ihrem positiven Denken kann man sich ein Beispiel nehmen. »Der Abgang hängt arg ungeschickt am Gaumen, doch mit einem Spritzer Likör ist die Sache schon erledigt.«

Zurück zu den Anfängen

Irgendwo musste ich mit meiner Fernsehreihe über die Geschichte des Weins ja ansetzen. Gott sei Dank führten uns unsere emsigen Recherchen nach Georgien. Man hätte das alte Ägypten heraufbeschwören, nach Mesopotamien zurückreisen oder die Griechen zitieren können und einen völlig untadeligen Aufhänger gehabt. Doch auf Kachetien wäre man im Leben nie gekommen. Kachetien muss nicht der Ort sein, wo alles begann – doch ist hier zumindest der Ort, wo alles noch ist wie am Anfang, ja, wie es immer war: Reben an Bäumen, Trauben, die man in ausgehöhlten Baumstämmen zerstampft, und ein Wein, der mitsamt den Stielen, Schalen und allem in einer in die Erde versenkten *kwevri* vergoren wird.

Eine *kwevri* hätte man wahrscheinlich in jedem Keller der Antike angetroffen. Es handelt sich um eine fassartige Amphore, die immer an Ort und Stelle bleibt. Wie in Georgien. Wir filmten einen Bauern, wie er seine Strümpfe auszog, um sein Lesegut in einem hohlen Baumstamm zu zerstampfen. Dann kratzte er die Erde von einem dicken Pfropfen, der geschützt zwischen den Büschen seines Gartenkellers aus dem Boden ragte, und nahm mit einer Kalebasse eine Probe des Weins vom letzten Jahr aus der *kwevri*, die dort bis zum Rand vergraben im Boden steckte. In ihr schwamm noch der Trester, jene Masse aus Stielen, Kernen, Fruchtfleisch und Schalen, die wir hier im Westen wegwerfen. Ein erfrischendes Getränk, doch mit einem Geschmack, an den man sich erst gewöhnen muss, dachte ich mir damals. Kürzlich bekam ich ein Paket von einem Professor aus Tiflis zugesandt. Es enthielt eine Abhandlung über die Geschichte des georgischen Weins und eine Flasche als Kostprobe. Devis Siskhla Saperavi aus Khashmi in Kachetien, stand darauf kaum entzifferbar geschrieben. Ein üppiger Wein in tiefstem Rubinrot, der nach Beeren roch, lebhaft und gehaltvoll schmeckte und den Gaumen mit diamanthartem Tannin weckte. Ich konnte mir gut vorstellen, dass er einmal zu etwas Außergewöhnlichem heranreifen würde. Es handelte sich, wie mir der Professor erklärte, um den archetypischen Kachetier, das historische Musterbeispiel für sämtliche großen Weine der Welt.

Saperavi heißt die Traube. Man wird ihr in Moskau begegnen, denn die Russen lieben sie. Puschkin – der Dichter scheint Lenin als Russlands Lieblingssohn abgelöst zu haben, wie seine Bildnisse auf öffentlichen Plätzen und die Straßennamen bezeugen – schätzte den besten Saperavi mehr als einen Spitzenburgunder. Ich treffe keine solchen Aussagen, sondern wundere mich nur. Was lässt sich schon aus so einer winzigen Kostprobe schließen, die noch dazu aus einem Land mit tausend Sorgen stammt? Man weiß, dass die ältesten Weinartefakte aus Georgien stammen. In Tiflis werden 6000 Jahre alte *kwevris* gehütet. Dieser winzige, entlegene und isolierte Außenposten der Christenheit betrachtet sich als Weinland, hat 500 einheimische Traubensorten zu bieten und erfand angeblich sogar das Wort für Wein. Saperavi mag der Cabernet – oder Pinot noir – Georgiens sein, doch welches Genusspotential in den Rebstöcken schlummert, von deren Namen wir noch nie gehört haben, bleibt abzuwarten.

»Welche Region, welches Land, welcher Kontinent ist wohl als Nächstes an der Reihe?«, hörte man in den letzten 30 Jahren in der Weinwelt mit ihren turbulenten Fortschritten oft rufen. Nach und nach wird klar, was Chile mit Cabernet, Neuseeland mit Pinot noir, Argentinien mit Malbec und Australien mit Riesling zuwege bringen. Italien, Griechenland und Spanien lassen zum ersten Mal ihre alten, andernorts unbekannten Sorten aufmarschieren. Georgien, das Land, dessen Name wie »Geographie« mit »Erde« beginnt, ist wohl nicht als Nächstes an der Reihe. Doch das letzte Wort wird erst gesprochen werden, wenn wir dereinst von dem ältesten Wein der Welt in seiner modernen Interpretation kosten.

V Süß

Portwein

MAN SIEHT IM EICHENHOLZ nach wie vor die Kerben der Axt, und die Gefächer aus Backstein sind nicht allzu gut gemauert. Niemand sollte wohl je den kleinen Weinkeller zu Gesicht bekommen, den Jones Raymond unter Saling Hall anlegte.

Sein Vater Hugh Raymond hatte das frisch renovierte Haus im Jahr 1717 erworben. Die roten und blauen Ziegel wirkten mit dem weißen Mörtel ausgesprochen farbenfroh, und die Fensterscheiben glänzten. Aus sieben Schornsteinen stieg der Rauch auf, bevor er vom Wind fortgetragen wurde. Im Garten standen sauber gestutzte Formschnittgehölze und zurückgeschnittene Obstbäume. An die alten Keller dachte Jones zu allerletzt. Allerdings hatte er von seinem Vater einen teuren Geschmack geerbt. Auf seiner ersten Reise nach China hatte dieser für Saling Hall Wappenteller aus Porzellan brennen und mit heraldischen Fantasien in Blau, Rot und Silber bemalen lassen. Zwei dieser Schätze befinden sich noch in meinem Besitz. Mit seiner Vorliebe für Chinesisches war er seiner Zeit voraus, andererseits konnten damals auch nicht allzu viele Menschen ihre eigenen Handelsschiffe bauen und damit in den Fernen Osten fahren. Raymond betätigte sich erfolgreich als Schiffskapitän, Händler, dann als Direktor der Ostindischen Kompanie und schließlich als Leiter der Südseekompanie, die sich als der größte Spekulationsflop jener Zeit erwies.

Mit ihr endete auch Raymonds Höhenflug, was seine geschmacklichen

Wie durch ein Wunder hat der aus dem Jahr 1769 stammende Inhalt des kleinen Kellers auf Saling Hall die Zeiten überdauert. Das Hauptgewicht lag auf Port und nicht wie heute auf rotem Bordeaux.

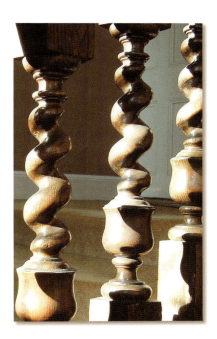

Vorlieben aber nicht beeinträchtigte. Der neueste Schrei damals war Portwein. Er kaufte ein Fass und sah zufrieden zu, wie der Inhalt in wuchtigen, dunkelbraunen Flaschen – sie kosteten damals so viel wie der Wein selbst – und anschließend in seinem Keller auf Saling Hall verschwand. Er trank das meiste, doch was er nicht schaffte, erbte seine Schwester Amy Burrell. Ich habe die Inventarliste noch.

Port war verglichen mit allen anderen Weinen herrlich süß und stark. *Sack*, wie weißer Likörwein von den Kanarischen Inseln genannt wurde, zeigte zwar auch Stärke, hatte aber nicht diesen köstlich kratzigen Fruchtgeschmack. Selbst Holunderwein bekam man kaum so fruchtig und kräftig. Außerdem trennte sich Holunderwein bekanntlich nicht von allen seinen Unreinheiten und ließ sie beim Dekantieren wie schmutzige Wäsche in der Flasche zurück, um wie von Zauberhand verwandelt rubinrot ins Glas zu fließen.

LINKS
Kein Zweifel: Es war ein Weinliebhaber, der die Treppe auf Saling Hall bauen ließ.

UNTEN
Es war um 1720 ein Novum, sich Porzellan aus China mit dem Familienwappen kommen zu lassen. Hugh Raymond baute sich ein Schiff und segelte höchstpersönlich in den Fernen Osten, um seine Schätze abzuholen.

Hugh Raymond hatte ein Dutzend von Ravenscrofts neuen Bleikristallgläsern gekauft, die aussahen wie funkelnde Tulpen auf gedrechselten Säulen. In seiner Begeisterung ließ er sogar die Treppe erneuern und mit einer Balustrade versehen, die die Form seiner Gläser mit darauf gesetzten Korkenziehern aufgriff. Im Schein des Kaminfeuers und der Kerzen bot das Rubinrot im Glas einen großartigen Anblick. Raymond erzählte vom Chinesischen Meer und der Ladung, die er heimgebracht hatte, bis er allmählich einnickte.

Port war ein Notbehelf, der wie eine Bombe einschlug, ein in den Wind gekommenes Notsegel. Er betrat die Bühne, als Allongeperücken gerade in Mode waren, und sah sie wieder gehen; war Zeuge, wie Staatsperücken kamen und verschwanden, dann kleine Perücken mit Schleifen, dann langes Haar, dann kurzes Haar nach Prinz-Albert-Fasson. Mittlerweile hatte er seine Anfangstage als Notbehelf längst hinter sich gelassen; die Portbereitung war zur Kunst avanciert, und Flaschen mit 50-jährigem Waterloo-Port standen als kostbare Raritäten hoch im Kurs.

Am 175. Jahrestag der Schlacht von Waterloo trug ich dazu bei, eine der letzten zu leeren. Michael Broadbent hat immer dafür gesorgt, dass nicht jeder Schatz aus seinen Weinauktionen bei Christie's auf Nimmerwiedersehen verschwand. Er hatte den aktuellen Duke of Wellington und David Sandeman, dessen Vorfahr eine freundliche Korrespondenz mit dem ersten Wellington geführt hatte, zum Essen in den Sitzungssaal von Christie's geladen. Ich beschloss, mein einziges Erbstück, die rote Soldatenuniform meines eigenen Urahns aus der Waterloo-Zeit (er war am Tag der Schlacht woanders), zu tragen. Sie steht mir, heißt es, und passt zu allen Körperteilen mit Ausnahme der Arme: Die Ärmel beweisen, dass der Mensch (und speziell ich) vom Affen abstammt, denn sie gehen mir bis zu den Knien. Wie dem auch sei, Seine Gnaden bezeugte mir seine Anerkennung. Verdient hatte sie auch der Port: Er war von außergewöhnlicher Qualität, rosabernsteinfarben, rauchig, teerig und noch immer sehr süß. Und er hatte die typische Charaktereigenschaft großer alter Weine: einen nicht enden wollenden Nachgeschmack.

Ich trinke nicht genug Port. Die ältesten der relativ wenigen Portweine in Raymonds Kellerfach stammen von 1945, einem Jahrgang, der in Portugal ebenso hervorragend ausfiel wie in ganz Europa. Vertreten ist der ausgesprochen reichhaltige und noch immer süße 1955er, ebenso der 1960er, der 1963er, der 1966er und ab dann die meisten Jahrgänge bis heute. Allerdings werde ich nicht mehr derjenige sein, der sie konsumiert. Warum ich mir nicht mehr von ihnen schmecken lasse? Es liegt wohl an gewissen Vorbehalten gegenüber dem enthaltenen Alkohol. Auch unsere Freunde legen sie an den Tag: Sie nehmen ein Schlückchen nach dem Essen oder werfen einen Blick in die Runde, ob sie nicht vielleicht einen weniger alkoholischen Tokajer ausfindig machen können. Port ist außerdem nicht unbedingt der Wein, den ich allein im stillen Kämmerlein trinke (im Gegensatz zu Jones Raymond). Er ist mir ein bisschen zu herzhaft für die Spätnachrichten.

Der gebrochene Arm verlieh mir einen Hauch von Authentizität, als ich die Uniform meines Urahns Captain John Henry Johnson trug, der um 1815 in der North York Militia gedient hatte.

Gleichwohl bleibt er ein großartiges Getränk. Er vereint in sich die Tugenden, falls man sie als solche bezeichnen kann, von Wein und Spirituosen in einem warmen Strom und durchläuft in seiner Entwicklung von der (relativen) Jugend bis ins Alter Stadien, die von zerdrückten Beeren und Sirup über Schokolade und Lakritz bis hin zu Veilchen und Walnüssen und manchmal sogar Zigarren reichen. In der Tat ist Port genau das: eine Kombination von Wein und Spirituosen, besser gesagt, von halbfertigem Wein (in Burgund nennt man ihn *paradis*), dessen Zucker größtenteils unvergoren bleibt, und Branntwein, der mit Feuerwasser treffender beschrieben wäre. Daher braucht er die Jahre so dringend. Extrem hohes Alter allerdings ist eine Geschmacksfrage. Heute ist es Mode geworden, Port viel früher zu trinken, als ich es für empfehlenswert halte (dieselbe Mode hat übrigens süßlichen, dicken und kraftvollen Tischweinen zum Erfolg verholfen). Der moderne Gaumen scheut nicht den Biss und schätzt die »Süße« eingekochter Früchte. Man denke nur an die Cabernets aus dem Napa Valley. Wenn ich es eilig hätte, würde ich jungen Port trinken. Ansonsten frage ich mich, was für einen Sinn es hat, zwei Genüsse zu mischen, wenn man nacheinander in jedem einzelnen von ihnen schwelgen kann?

Wenn mir Freunde erklären, dass sie keinen Süßwein mögen, was oft geschieht, dann ist das für mich nur schwer zu verstehen. Sie haben nämlich gleichzeitig nichts gegen Erdbeeren, Schokopudding, Mangofrüchte oder Tiramisù einzuwenden. Kultivierte Menschen würden trockene Weine wählen, heißt es, und unkultivierte Angst davor haben, dass ihre Tarnung auffliegt, wenn sie sich als Liebhaber von Süßem zu erkennen geben. Bei anderen leiblichen Genüssen allerdings machen sie auch nicht so viel Aufhebens um ihre Wirkung auf andere. Was also ist der Grund für ihre Ablehnung? Sie haben noch keinen guten Süßwein getrunken. Trotzdem ist die Auswahl enorm. So ziemlich jedes Anbaugebiet glaubt, mit einer klebrig süßen Version aufwarten zu müssen; als einzige Ausnahme fällt mir Burgund ein. Das klebrig süße Abteil in meinem Keller hat nicht annähernd genug Fassungsvermögen für alle.

Port-Accessoires haben sich im Lauf der Zeit nur wenig verändert. Dieses Foto stammt aus meinem ersten, 1965 erschienenen Buch und zeigt englisches Bleikristall aus dem 18. Jahrhundert.

Ich bin Portwein in einem zarten Alter begegnet – und in einer anderen Epoche. Einer Eopoche vor unserer Zeit gewissermaßen. Sie endete, als der Douro, die Verkehrsader der Portweinindustrie, mit Staudämmen zur Energiegewinnung versehen wurde und die Schiffe, die die Weinberge mit den Kellern verbanden, überflüssig wurden. Harvey's in Bristol, Besitzer des 1815 gegründeten Hauses Cockburn's Port, lud einige Freunde und Journalisten zu einer letzten Fahrt auf dem Douro ein. Unser Boot war ein *barco rabelo*, das anscheinend ohne größere Veränderungen den Schiffen der Phöniker nachempfunden worden war. Während die Wikinger eine Art Sportmodell verwendeten, ist die Douro-Version massiver und befördert 20 bis 30 *pipes*, wie die mächtigen Fässer genannt werden, sowie acht Ruderer auf einer Plattform. Sie lenken eigentlich mehr, als dass sie rudern, denn für das Vorankommen sorgt die Strömung. Für das Steuerruder über der hinteren Steuerbordseite müssen Schiffsdarstellungen in Pharaonengräbern als Vorlage gedient haben.

Der Tag auf dem langsam dahinfließenden Douro verläuft zunächst träge wie der Fluss selbst, gewinnt aber zusehends an Fahrt. Zu den Sardinen und Rippchen und *bacalhau* und *manchego* wird eine Holzflasche herumgereicht, die selbst so rund wie ein Käselaib ist und eine Trinktülle hat. Ein Schluck davon erfüllt den Körper mit herrlicher Wärme: Der Inhalt besteht augenscheinlich aus Wein mit der passenden Bezeichnung »Holz«-Port, ein gelbbraunes Getränk, das rund zehn

Das barco rabelo *von einst trägt heute keine Portlast mehr den Douro hinunter. Für Ausflüge auf einem ruhigen See sind seine Nachkommen aber immer noch gut.*

Jahre lang in alten, staubigen *pipes* in Cockburns altem, staubigem Lagerhaus unweit der Flussmündung reift. Man muss sich den Mut für die Weiterfahrt auch tatsächlich antrinken. Das felsige Flusstal wird immer schmäler und das Wasser vor dem spitzen Bug zusehends unruhiger. Man hört die hastigen Schritte der Ruderer, ein portugiesisches »Ao!«, und schon verlieren unsere Füße die Bodenhaftung. Links und rechts spritzt braunes Wasser hoch. Das war Stromschnelle Nummer eins.

Jeder Portwein wurde auf diese Weise nach Porto bzw. bis zum Vorort Vila Nova de Gaia am rechten Ufer des Douro gebracht, wo lange Lagerhäuser die Hänge in Beschlag nehmen. Man versuchte die *barcos* zwar nach dem Transport wieder den Douro hochzusegeln, doch meist musste man sie mühsam mit Männern und Ochsen flussaufwärts ziehen. Das Land am Douro erfreut sich seiner Entlegenheit und wilden Fruchtbarkeit, die es als Reich des Dionysos ausweist.

Hier bin ich einmal Gott persönlich begegnet. Es war eine so mondhelle Nacht, dass das Laub auf den steilen Terrassen sichtlich grün leuchtete. Wir hatten den ganzen Tag gegen die Hitze gekämpft und waren müde, hatten Fleisch gegessen und jungen Wein getrunken und gingen ins Freie, um die kühle Luft einzusaugen und im Mondlicht zu baden. Plötzlich waren wir wie besessen. Wir ertasteten im Dunkeln unsichtbare Trauben und zerquetschten sie mit unseren Händen, schlürften ihren süßen Saft, rieben ihn uns in das Haar und auf den Körper, tanzten in der Finsternis, lachten und sangen Lieder, die wir nicht kannten. Wir waren Satyre und Mänaden und so sehr wir selbst, dass mich die Erinnerung vor Selbsterkenntnis erschauern lässt. Immer wenn ich eine attische Vase sehe, auf der umherspringende schwarze Figuren dargestellt sind, muss ich an jene Nacht denken. Am nächsten Morgen war der blassblaue Himmel mit silbrigen, golden gefleckten Schleiern aus zartesten Wolken marmoriert. Poussin hätte den Himmel über einem stattlichen dorischen Tempel zwischen Arkaden, Gärten und Schreinen mit Menschen in Togas genau so gemalt – den Tempel in gebranntem Siena, den Himmel in Lapislazuliblau.

In dieser atemberaubenden Landschaft ist jedoch weder Bedarf an Tempeln noch Platz für sie. Sie präsentiert sich als riesiges Theater aus vielen Bühnen, dessen Flügel sich hundert Meter erheben und dessen gestuftes Auditorium sich wie gewaltige Amphitheater für zehntausende von Zuschauern bis zum Horizont erstreckt. Die Sonne bringt darauf grüne Punkte zum Tanzen wie auf einem gekräuselten Meeresspiegel. Jeder Sitz, jede Bank und jeder Sims, jede Bühne und jeder Flügel ist grün vor Reben.

Kurz nach unserer Heirat übernachteten Judy und ich in der Quinta da Roeda des 1678 gegründeten Hauses Croft. Der Bauernhof war eine mit Kissen vollgestopfte alte Welt. Weiße Bögen umrahmten üppige, fruchtbare Gärten mit Gemüse und Orangenbäumen, die bewirtschaftet wurden wie eh und je. Direktor Robin Reid machte sich auf den Weg zu entlegenen Bauernhöfen, um Wein einzukaufen. Dort bereitete man sich auf den neuen Jahrgang vor, säuberte die Granit-*lagares* und spritzte die Fässer aus. Reid ging schnüffelnd um jedes Fass herum und untersuchte es auf etwaige Essigspuren, die den Inhalt hätten verderben können. Er zählte Trauben, probierte sie, berechnete die Ernte und fuhr zum nächsten Hof. Seine Arbeit hatte schon Vergil beschrieben. Port stammte damals tatsächlich noch aus einer alten Welt.

Für Engländer ist Port eine britische Erfindung. Niemand hat davon mehr getrunken als sie. In der Politik des frühen 18. Jahrhunderts wurde er sogar zum Symbol englischer Ablehnung alles Französischen. Viele Historiker haben über die Portfestigkeit der Briten im 18. Jahrhundert gerätselt. William Pitt der Jüngere bekam mit 14 Jahren von seinem Arzt den Ratschlag, eine Flasche am Tag zu trinken. Mit 21 wählte man ihn zum Premierminister. Drei Flaschen am Tag waren damals keineswegs ungewöhnlich. Ganz gleich aber, wie sehr man einen Unterschied zwischen dem Port von gestern und heute sucht, gesund war diese Ration sicherlich nicht. Nehmen wir einmal an, eine Flasche enthielt 0,5 Liter anstelle des mittlerweile üblichen Standardmaßes von 0,75 Liter. Gehen wir weiter davon aus, dass Port wesentlich weniger aufgespritet war und statt der derzeit gängigen Alkoholmenge von mindesten 20 Prozent um die 16 Prozent enthielt. Dann tranken viele Männer noch immer das Äquivalent von zwei vollen Flaschen eines regulären Tischweins vom Schlage eines Châteauneuf-du-Pape oder Cabernet aus dem Napa Valley. Hinzu kam noch ihre reguläre Bier, Rot- und Weißweinration – Tag für Tag. Sie begannen früh und tranken so lange, bis sie ins Bett sanken. Pitt hatte im Parlament immer ein Glas neben sich stehen. Die

Regierungsgeschäfte wurden also geführt, ja, sogar mit enormer Energie geführt von Leuten, die nur selten nüchtern waren (Pitt war keine Ausnahme).

Wenn man zwischen den Zeilen der Geschichte liest, bekommt man den Eindruck, dass Nüchternheit als Normalzustand eine Erfindung der Moderne ist. Großbritannien sprach dem Alkohol wahrscheinlich nicht mehr zu als andere nordeuropäische Länder. Auch Frankreich zeichnete sich durch gewaltigen Konsum aus. Ich erinnere mich an einen Fall, der in den frühen 1960er-Jahren durch die Pariser Presse ging. Ein Bauarbeiter musste vor Gericht, weil er ständig betrunken war. Vor dem Richter gab er zu Protokoll, dass er sich täglich die unglaubliche Menge von 16 Liter Rotwein durch die Kehle rinnen ließ. Wie viel seine Kollegen denn in der Regel bräuchten, wurde er gefragt. Der Durchschnitt lag, wie sich herausstellte, bei sechs Litern. Triumphierten die Briten vielleicht nur deshalb gelegentlich auf dem Schlachtfeld, weil sie vergleichsweise nüchtern waren?

Jeder Wein ist ein kulturelles Artefakt. Wenn ein Gewächs so lange symbolhafte Signifikanz hatte wie Port, kann es fast schon zu bedeutungsschwer werden. Jahrgangsport beschwört ebenso sehr eine Stimmung wie einen Geschmack herauf. Im Grunde ist jede Portkategorie von einer eigenen gesellschaftsgeschichtlichen Aura umgeben. Ruby war der jüngste, dünnste und billigste Port. Ich stelle ihn mir in den britischen Weinbars vor, die so gut wie ausgestorben sind; man nannte sie *lodges*, wie die Lagerhäuser am Douro. Yates's in Manchester hatte hohe Räume und harte Möbel; auf dem Boden lag Sägemehl, und hinter der Bar stapelten sich Fässer. Die Klientel war alt oder sah mir zumindest alt aus und trank ihre »Schoner« – wieso trägt ein Glas Wein eigentlich den Namen eines Schiffs? – mit methodischer Hingabe, als sei es eine Arbeit. Port mit Limonade war ein süßer Longdrink, mit dem man die Pausen streckte.

Auf anderen Fässern stand Tawny. War diese blassere Flüssigkeit der Port für Kenner? Es gibt mehrere Möglichkeiten, einen leichten braunen Wein zu bereiten. Die teuerste Variante besteht darin, ein dunkelrotes Gewächs zu nehmen und es 20 Jahre zu lagern. Fine Tawny ist fassgereift; er entsteht in hundert staubigen, mit dicken grauen Fässern gefüllten Hallen in Vila Nova de Gaia am Douro. Während seines Ausbaus verdrängt der Geschmack nach alter Eiche allmählich die Anklänge an frische Trauben und Branntwein. Manchen Vertretern reichen zehn Jahre, andere mit schärferen Nuancen brauchen 20, sogar 30 Jahre. Auch die Textur ändert sich im Lauf der Jahre; die besten Versionen ähneln mit der Zeit seidigem Sirup.

Warum trinken wir zu Hause keinen Tawny Port? Jedesmal wenn ich auf diesen stets weichen, etwas an Karamell erinnernden, von alter Eiche getönten und nach Walnuss duftenden Genuss zurückgreife, meine ich eine Gewohnheit daraus machen zu müssen. Weil sich auf demselben Raum aber auch noch Sherry und Madeira drängen und ich sie alle mag, wird aus diesem Vorsatz nichts.

Jahrgangsraten kann man mit allen Weinen spielen, die aus einem bestimmten Jahr stammen. Sehr viele tun es mit jeder Flasche aufs Neue, und sei es unbewusst, wenn nicht gerade jemand die Auflösung verrät und auch das Etikett nicht in Sicht ist. Dazu muss man das Gewächs aber gut unter die Lupe nehmen und in seinen Erinnerungen nach einer Entsprechung kramen. Ohne eine genaue Kenntnis der Weinlandschaft funktioniert dieses Ratespiel nicht. In den meisten Anbauregionen wäre ich völlig orientierungslos; nur in den gängigsten Zonen hätte ich eine reelle Chance. Trotzdem lohnt sich die Frage nach dem Jahrgang immer. Jahrgangsport bietet sich förmlich dafür an, schließlich trägt er den Gegenstand der Suche sogar im Namen. Außerdem ist das Jahrgangsraten fast schon Pflicht, vor allem bei einem mit so vielen Ritualen behafteten Produkt. Es gibt sogar ein Wimbledon des Jahrgangsratens: Das Factory House in Porto, das letzte Relikt einer Clubspezies, die früher sehr verbreitet, ja, allgegenwärtig, war und im Ausland lebende Handelstreibende in Scharen anlockte. Für Generationen im Portgeschäft tätiger Briten war das Factory House Handelssaal, Tanzparkett, Offiziersmessse und Trinkhalle zugleich. Es steht auffällig wie ein Perückenträger mit Gehrock in einem Viertel von Porto, das sich längst schon jeglichen Modeströmungen entzogen hat: im Herzen der Altstadt.

Die Altstadt von Porto. Michael Broadbent studierte Architektur, bevor er sich als Auktionator und Chronist großer und alter Weine einen Namen machte. Seine subtilen, stimmungsvollen Zeichnungen beweisen, dass er sich sein architektonisches Gespür bewahrt hat.

OBEN & UNTEN RECHTS
Der Tanzsaal und der Dessertraum im Factory House von Porto. Hier diskutieren britische Händler seit mehr als zwei Jahrhunderten über Port. Filmteams mitzubringen ist nicht obligatorisch.

Der Clubbereich mit der nostalgischsten Atmosphäre ist die Bibliothek, eine Sammlung von akademischem Umfang. Alle Bücher sind von den Spuren der Zeit gezeichnet, ihre Einbände von unzähligen Händen zerschlissen. Hier stehen sie, die Romane, Erinnerungen und Biographien aus einer Ära, die noch vor dem Kommunikationszeitalter zu Ende ging. Die Zeit zwischen den Kricket- und Krocketspielen war lang und musste überbrückt werden. Werke neueren Erscheinungsdatums findet man nur sehr wenige, und auch die Mitgliederzahl ist stark geschrumpft. Mittwochs versammelt man sich gemeinsam zum Mittagessen. Treffpunkt ist das steinerne Eingangsgewölbe an der Straße, wo im 18. Jahrhundert die Geschäfte abgewickelt wurden. Wurde ein Londoner Club einmal mit einem herzoglichen Haus verglichen, dessen Besitzer bereits verstorben ist, trifft das noch mehr auf das Factory House im 21. Jahrhundert zu. Die Säle befinden sich im Obergeschoss, in das man über eine herzogliche Treppe gelangt; Porträts alter Mitglieder in den prachtvollsten Regimentsuniformen säumen den Weg nach oben. Das Essen, eine nicht besonders feierliche Angelegenheit, dauert nicht lang, obwohl die Portionen reichlich sind. Anschließend begeben sich die Mitglieder und ihre Gäste in den Nebenraum und nehmen an einem identischen Tisch wieder die gleichen Plätze wie zuvor ein. Auch sieht das Zimmer genauso aus wie das vorherige. Warum also nicht im ersten bleiben? Die Gerüche und Geräusche in einem Essenssaal würden den Portgenuss beeinträchtigen.

Sagte ich Wimbledon? Die Ähnlichkeiten beschränken sich auf die eine oder andere Sportjacke. Im Nu ist das Jahrgangsraten vorbei. Vor dem Schatzmeister steht ein Dekantiergefäß. Er reicht es herum. Die Gläser sind klein und stehen gefüllt auf dem Tisch. »Ich meine diesen hier wiederzuerkennen«, hört man ein

Mitglied sagen. »Es ist einer von deinen, nicht wahr, David?« Hohe Einsätze lohnen sich kaum; bei 16 Häusern und rund 40 Jahrgängen im Keller bewegen sich die Quoten im Rahmen. Vielmehr gehört es zum Berufsstolz der Anwesenden, die Fülle eines Fonseca, die Süße eines Graham, die Kraft eines Dow und die Erhabenheit eines Taylor den Charakteristiken und Reifegraden der Jahrgänge 1977, 1970, 1966 oder 1963 zuzuordnen.

Ist die Probe vorbei, gibt es viel zu bereden: Man spricht über den technischen Fortschritt, neue Bestimmungen, schwierige Bauern, den Verkehr oder unvorhergesehene Probleme im Geschäft. Die Mitglieder sind Rivalen und Kollegen zugleich. Sie wollen den Trauben ein Maximum an Farbe und Geschmack entlocken, wenn möglich ohne die geduldige Belegschaft, die sie einst zerstampfte – und das in vielen Fällen auch heute noch tut. Portweinbauern arbeiten härter als andere Winzer. Die Hänge sind steil, die Böden hart, das Wetter extrem. Die Männer tragen die bis zu 60 kg schweren Lesekörbe auf ihren Schultern; anders geht es nicht. Dann stellen sich alle, auch Frauen und Kinder, in Reihen auf und springen in die purpurrote Suppe im Stein-*lagar*. Bis nach Mitternacht stehen sie schenkeltief im Saft, während der Vorarbeiter »*Um, dois, esquerdo, direita*« – »eins, zwei, links, rechts« – ruft und ein Akkordeon die Lieder eines ganzen Lebens spielt.

Angeführt von Akkordeon und Trommel, tragen Erntehelfer das Lesegut in Körben auf Schultern über eine steile Terrasse am Douro.

Am Geschmack wird alles gemessen. Wenn ein Winzer dieselbe reichhaltige Extraktdichte mit einem Autofermenter oder einem automatisierten *lagar* erzielen kann, wird er modernisieren. Das gilt natürlich nicht für die kleinen Bauernhöfe am Ende felsiger Straßen, wo die Trauben nicht einmal reichen, um die Bottiche zu füllen. Und der Geschmack entscheidet auch, ob die besten Weine zusammengenommen einen Jahrgang ergeben, den es sich zu deklarieren lohnt – eine Art von Arithmetik, zu der nur die erfahrensten Gaumen fähig sind. Nur selten stimmen sämtliche Häuser überein. In keinem Jahr sind alle Teile des Tals, alle *quintas*, alle Trauben gleich gut. Absolutes gibt es nicht; jeder Verschneider hat ein Ziel vor Augen, das er entweder erreicht oder aufgeben muss. In der Champagne entsteht ein Jahrgangswein durch Auslese. In den meisten Jahren kann man das beste Lesegut selektieren, falls der Markt danach verlangt. Der Kunde weiß zudem genau, was ihn erwartet. Wenn man am Douro einen Jahrgang deklariert, stellt man verbindlich ein Ziel in Aussicht, das noch lange nicht erreicht ist. Niemand kann sicher sein, wann die abweisende Flüssigkeit zum ersten Mal einer Beurteilung unterzogen wird und was sich nach 20 Jahren in der Enge der Flasche alles abgespielt hat. Und doch kann man die feinen Wolken über den tiefen Tälern nach 50 Jahren noch schmecken. So besagt zumindest die Legende – und ich liebe Legenden. Raymond lässt grüßen.

Edelfäule

DIE DÜSTERNIS DES BACKSTEINGEWÖLBES wurde von wagenradgroßen eisernen Kronleuchtern erhellt. An einer Wand stand eine lange Tafel mit jeweils drei Jahrgängen der Châteaux Lafite, Latour, Margaux, Mouton und Haut-Brion. Gegenüber befand sich ein weiterer Tisch mit dem gesamten Aufgebot der Domaine de la Romanée-Conti. In einer Ecke defilierten die seltenen Champagner, in einer anderen die Jahrgangsports, und der Château d'Yquem funkelte golden auf einem Tisch in der Mitte. Dazwischen standen Fässer, in denen sich jedoch kein Wein befand, sondern Austern und Hum-  mer, während sich auf Tischen Filets und Rückenstücke türmten. Diszipliniert standen wir an, um uns auf dieses gargantuanische Buffet zu stürzen.

Ein Hummer wäre der geeignete Auftakt für dieses Festmahl, dachte ich mir. Ich war damals 23 Jahre alt und hungrig. Der alte Herr neben mir in der Schlange hatte in in das Knopfloch seines grauen Anzugs ein viel sagendes Band gesteckt und lächelte mich über seine Brille hinweg an. Als er sah, dass ich ein Auge auf den Hummer geworfen hatte, meinte er in französisch eingefärbtem Englisch: »Was wollen Sie dazu trinken, junger Freund?«

»Ich bin mir nicht sicher«, antwortete ich.

»Ich schlage vor, Sie nehmen ein Glas Château d'Yquem.«

Ich kannte den Yquem aus meiner unbeschwerten Zeit in Cambridge als größten Dessert- und Aufschneiderwein schlechthin. Ich hatte ihn sogar schon mit der hervorragenden Crème brûlée unseres College getrunken; es war so ziemlich die einzige Speise, die ihm etwas entgegenzusetzen hatte – und seine fantastische sahnige Süße verderben konnte. Aber zu Hummer? Wer war dieser exzentrische Franzose?

Er stellte sich als Bertrand de Lur Saluces vor. Ich kannte den Namen: Er steht in goldenen Lettern auf dem schlichtesten aller Weinetiketten. Es trägt die Aufschrift Château d'Yquem Lur Saluces und den Jahrgang. Ich stand mit der illustresten Gestalt in ganz Bordeaux an, dem Erben von Château d'Yquem und Spross einer jahrhundertealten Dynastie von Edelmännern mit demselben Namen und Titel. Seit 25 Jahren stand er der Vereinigung erstklassifizierter Güter als Präsident vor – und nun schlug er vor, diese geheiligte Essenz zu Hummer zu trinken. Ich nahm mir wie er ein Glas. Der Wein entlockte dem Hummer eine Süße, die mir bis dahin verborgen geblieben war.

Schauplatz dieser Szene war eine Lebègue-Verkostung. Für ein paar der sonnenbeschienenen Jahre meiner Jugend stand ich auf der Einladungsliste für dieses Fest, das damals das wichtigste Ereignis der gesamten Weinwelt war. Direktor Guy Prince war ein genialer Veranstalter. Die Keller seines Unternehmens unterschieden sich nicht von anderen viktorianischen Gewölben unter den Londoner Bahnhöfen, doch er verwandelte die düsteren Räume in ein Burgund und Bordeaux seiner Fantasie. Vertreter kann jeder auf die Straße schicken, pflegte er zu sagen, da sei es doch viel besser, das Geld in ein Fest für die Weinprominenz zu investieren. Einladungen waren nicht einfach zu bekommen, Begegnungen wie die meine mit dem Marquis das A und O der Veranstaltung.

Ich lernte von dem Marquis noch mehr, als ich ihm auf Château d'Yquem und in seinem Haus in Bordeaux, einer in einer Seitenstraße versteckten Orangerie aus dem 18. Jahrhundert, einen Besuch abstattete. Zum Beispiel die oberste Grundregel über die goldenen Weine aus Sauternes, die da lautet: Man diskutiert nicht mit Leuten, die ihn trinken. Yquem erlangte einen Ruf als größter aller Weißweine, die Bordelaiser Antwort auf Le Montrachet. In einer Zeit, als man noch nicht darüber grübelte, welches Gewächs zu welchem Essen passt (schon das Problem der Abstimmung zwischen ihnen war unseren Vorvätern völlig unbekannt), öffnete man für die besten Gerichte schlichtweg die besten Kreszenzen. Steinbutt als größter und edelster Fisch war wie geschaffen für Yquem (dazu idealerweise Trüffeln und Hahnenkämme). Auch zu Austern wird er oft empfohlen. Bei einem Essen auf Yquem kam als erster

GANZ LINKS
Der Marquis Bertrand de Lur Saluces.

OBEN
Lebègue-Verkostung unter der U-Bahn-Station London Bridge, wo ich dem Marquis erstmals begegnete.

UNTEN LINKS
Château d'Yquem.

Gang eine köstliche *foie gras* auf den Tisch. Sie wurde warm mit einer Sauternes-Sauce (aller Wahrscheinlichkeit nach mit Yquem als Ingredienz) und geschälten, entkernten weißen Trauben serviert. Die große Überraschung kam mit dem zweiten Gang: meine alten Freunde, eiskalte Austern und heiße Würstchen, dazu eine Art Zweitwein oder trockener Weißer, der Château Ygrec. Er brachte den Gaumen wieder für das nachfolgende Federwild in Stimmung.

———————————

Das grüne, gerippte Tuch aus Reben zieht sich von den Trutzmauern des Schlosses nach Osten und Norden in Richtung der Garonne sowie nach Westen zum verstreut liegenden Dorf Bommes und dem Fluss Ciron. Dass hier Süßweinland ist, scheint ein Naturgesetz zu sein. Im Norden wird trockener weißer Graves bereitet und noch weiter nördlich Rotwein, doch auf dem luftigen Hügel von Yquem gerät der Weißwein golden, konzentriert und so süß, wie Wein nur sein kann. Hat jemand eine Ahnung, warum?

Man weiß nicht mehr genau, seit wann auf Yquem Süßwein entsteht bzw. seit wann er ernsthaft bereitet wird, statt einfach nur in Richtung Süße zu tendieren. Die Holländer zahlten im 17. Jahrhundert für süßen Wein höhere Preise. In Sauternes und an der Loire in Anjou sowie der Touraine, jenseits des Flusses in Loupiac und Sainte-Croix-du-Mont, am Oberlauf der Dordogne in Bergerac und Monbazillac, überall hielten sie Ausschau nach ihm und empfahlen zu seiner Haltbarmachung die Schwefelung mit dem »holländischen Streichholz«, damit er unterwegs nicht vergor. Erstmals so richtig Schlagzeilen machte der Yquem, als der außergewöhnliche Jahrgang 1847 vom Bruder des russischen Zaren zu einem unerhörten Preis erstanden und in vergoldetem Kristallglas abgefüllt wurde. Hatte sich vielleicht der Geschmack gewandelt? Auch Champagner war von Haus aus süß gewesen, bis ein Exzentriker ihn Mitte des 19. Jahrhunderts speziell für sich trocken bereitet haben wollte. Süße wurde zum Thema – und das Gegenteil die Norm. Der Geschmackswandel ist allerdings nur eine Theorie. Ich vermute eher, dass letztendlich die Unterschiede zwischen den Jahrgängen für die Hinwendung von Yquem zur Zuckerseite verantwortlich waren. Manche Jahre fielen einfach süßer aus als andere und galten als besser. Und auf Yquem gab es mehr süße Jahre als andernorts. Möglicherweise mied man das Thema aber, weil der Grund für die Süße bzw. ihr Verursacher alles andere als ansehnlich war. Auch sein Name hat keinerlei Wohlklang: Man nennt ihn *Botrytis cinerea*.

———————————

Sie sind schon erstaunliche Organismen, diese Pilze. Vom saftigen Steinpilz bis zum pikanten Pfifferling, vom munteren Wiesenchampignon bis zum düsteren Tintling oder dem duftenden Knoblauchpilz schmecken sie weder nach Gemüse noch nach Fleisch. Oft vereinen sie in sich erdige, ätherische oder hefige Nuancen. Sie scheinen dem Wesen des Weins näher zu sein als jedes andere Nahrungsmittel. Sahne dominieren sie und verleihen ihr eine aufregende Kraft. In

Form von Trüffeln verströmen sie einige der am schwersten zu beschreibenden und gleichzeitig am intensivsten nach Knoblauch riechenden Duftnoten. Als Lebewesen aber sind sie allein darauf ausgelegt zu zerstören, sich eines von Sonnenreife erfüllten Organismus zu bemächtigen und ihn ins Grab zu ziehen.

Sporen sind ihre Waffe, mit der sie dem Weinberg millionenfach zu Leibe rücken. Die meisten Angriffe sind zerstörerisch. Wenn sie die falschen Trauben treffen, richten sie verheerende Schäden an. Sie machen allen, die dünnschalig, aufgebläht, von Vögeln angepickt oder von Wespen angefressen sind, den Garaus. Hefen und Bakterien gesellen sich zu ihnen und verwandeln den Saft in Essig. Sie zerstören die Pigmente schwarzer Beeren, weshalb man in Sauternes keinen Rotwein findet. Gegenüber gesunden, dickschaligen, reifen weißen Trauben allerdings zeigen sie sich von ihrer wohltätigen Seite. Sie schicken Wurzeln bzw. das pilzliche Äquivalent von Wurzeln durch die Haut ins Innere der Beere und ernähren sich von ihrem süßen Saft. Die Beere schrumpft, und ihre Säure wird zusammen mit ihrem Wassergehalt verbraucht. Wegen des Überzugs aus graubraunem Flaum sieht sie zwar unappetitlich schimmelig aus, doch erlangt der Saft unter diesem abweisenden Belag eine unvergleichliche Süße.

Der *Botrytis*-Pilz in seiner nützlichen Ausprägung stellt sich mit herbstlichem Nebel ein. Er geht nicht gezielt vor, deshalb muss man ihm die passenden Trauben gezielt zuführen. In Gegenden mit häufigem Herbstnebel zeigte sich, dass es sich auf ihn zu warten lohnte und dass er vor allem in Jahren auftrat, wenn Dunst sich mit trocknendem Sonnenschein abwechselte. Für die Kleinbauern und Pächter der Subsistenzwirtschaft erwies sich das Risiko allerdings als viel zu groß. Edelfäule war ein Glücksspiel, und die Chancen konnte man nur durch den Anbau weniger und besserer Trauben erhöhen.

Zu Desserts, zu Käse oder allein für sich? – das ewige Dilemma des Sauternes-Liebhabers. Pflaumen gehören zu den Früchten, die ich zum goldenen Wein am liebsten nasche.

Vorläufer des Sauternes ist vermutlich der Tokajer. Im 17. Jahrhundert wurde der mit viel Sorgfalt aus aufwendig selektiertem Traubengut bereitete Aszú als Wunder bezeichnet, und zwar von keinem Geringeren als dem französischen König. Schon damals waren die Lur Saluces aktiv, allerdings noch nicht auf Yquem (sie mussten sich erst durch Heirat mit der Yquem-Familie Sauvage verbinden), sondern im nahe gelegenen feudalen Château Fargues. In Italien war das Verlangen nach Süßwein nicht minder ausgeprägt, doch besorgte man sich dort den Rohstoff einfach, indem man die Trauben zum Trocknen in die Sonne legte. Deutschland und das Elsass nutzten die Gunst der Stunde, wenn der *Botrytis*-Pilz in guten Jahren ihre Weinberge heimsuchte. Systematisch? Man weiß es nicht.

Das Yquem-Verfahren diente ganz Südwestfrankreich als Vorbild – zumindest denen, die es sich leisten konnten. Der erste Kostenfaktor ist das starke

Zurückschneiden der Reben, um den Ertrag zu verringern, der zweite, ungleich höhere das selektive Lesen ausschließlich edelfauler Trauben. Geduldige Erntehelfer durchkämmen die Rebhänge immer wieder in aufeinander folgenden, nicht selten bis zu einem Dutzend *tries*. Nur einige Nachbarn von Yquem, die klassifizierten Güter von Sauternes und Barsac, gehen mit ähnlichem Aufwand zur Sache. Dabei entstehen wundervolle Kreszenzen, die mindestens so unterschiedlich ausfallen wie die Rotweine im Médoc, was meines Erachtens umso bemerkenswerter ist, weil der *Botrytis*-Pilz eine alles verschlingende Kraft zu sein scheint und Trauben zu nicht mehr unterscheidbaren Ansammlungen fauliger Beerenreste macht. Statt jedoch die Qualität zu mindern, ruft er genau das Gegenteil hervor: Durch Konzentration des Saftes intensiviert er den Charakter und bringt dadurch das Wesen jeder Lage umso deutlicher zum Ausdruck. Die Châteaux, die Yquem am nächsten liegen, also Rieussec im Osten, Suduiraut im Norden, Guiraud im Süden und die beiden Peyragueys sowie Tour Blanche im Westen, reichen noch am ehesten an die Üppigkeit des übermächtigen Nachbarn heran. Coutet, Climens und die drei Doisys jenseits des Flusses Ciron in Barsac liefern elegantere Interpretationen desselben Themas, indem sie weniger Sahne und mehr Zitrusfrucht offenbaren.

Nur wenige Weine altern so beständig und lange wie feiner Sauternes. Seine Farbe geht von Strohgelb allmählich in leuchtendes Orange über. Von rechts nach links die drei exzellenten Jahrgänge 1995, 1983 und 1967.

Sehr süßer Traubensaft vergärt unruhig – damit fängt es schon einmal an. Mit guten Hefen und in einem nicht allzu kalten Keller erbringt er ausnehmend starke Weine. Würde *Botrytis* lediglich den Zucker konzentrieren, bräuchte man um das Ergebnis nicht mehr viele Worte machen. Doch der Pilz impft dem Saft auch ein eigenes Antibiotikum ein, das so genannte Botrytizin. Hinzu kommen Hefen, die sich über viele Generationen in Weinberg und Keller entwickelt haben, Antibiotika eines speziellen Pilzes usw. ... ich kenne mich mit den chemischen Abläufen nicht aus, aber es kommt eine ungewöhnliche Gärung in Gang. Der durch den hohen Zuckeranteil und die Schalenreste eingedickte Most blubbert viele Wochen lang unsicher vor sich hin – Yquem stellt ihm dafür jedes Jahr neue Eichenfässer zur Verfügung. Dann hört er einfach auf. 15 Prozent Alkohol ist das Maximum, das die Hefen vertragen – und in Anwesenheit des Botrytizins müssen sie sich sehr abmühen, um überhaupt so weit zu kommen. Theoretisch enthält der Most allerdings genug Zucker für rund 20 Prozent. So bleibt noch der Gegenwert von mindestens fünf Prozent Alkohol in Form von Zucker als jene üppige Süße übrig, die diese Kreszenzen nicht nur auf Jahre, sondern auf Jahrzehnte konserviert, während eine molekulare Gavotte in unendlich langsamem Rhythmus den Geschmack perfektioniert.

Weinliebhaber in aller Welt hielten den Atem an, als sie 2003 erfuhren, dass die Familie Lur Saluces, nachdem sie jahrhundertelang Yquem perfektioniert hatte, das Gut an einen Trophäensammler verkauft hatte: den Präsidenten von LVMH. Zum Verhängnis wurde ihr das für Frankreich typische Erbschaftsproblem. Gemäß einem napoleonischen Gesetz muss Familienbesitz unter den Erben jeder Generation aufgeteilt werden. Selbst entfernte Vettern können ihren Anteil einfordern und den Verkauf von Besitz verlangen. Alexandre de Lur Saluces, der das Château 30 Jahre lang mit einem in der Welt der Weinbereitung bislang beispiellosen Perfektionismus geführt hatte, musste sich der neidvollen Verwandtschaft geschlagen geben. Die meistbewunderte aller Dynastien der Gier nach Geld zu opfern und einem Konzern zu überlassen, der für das Zusammentragen von Weinmarken Berühmtheit erlangt hat, ist mehr als pervers.

Ich trinke wesentlich mehr Riesling-Auslesen aus Deutschland als Sauternes. Meine Notizbücher sind voller kleiner lyrischer Loblieder auf ihre Tugenden. Ein frischer, schwungvoller 1991er Kiedricher Gräfenberg von Robert Weil beispielsweise veranlasste mich zu dem Eintrag: »Immense Reichhaltigkeit mit der Frische von Linden und Mineralien.« Über eine 15 Jahre ältere Schlossböckelheimer Kupfergrube des Staatsweinguts an der Nahe schrieb ich: »Ein überragender Dessertwein. In jeder Hinsicht makellos: seidige Textur, nach wie vor üppig süß, verweilt im Mund mit Anklängen an Grapefruit und Öl. Kam mit Rhabarber- und Erdbeermus hervorragend zurecht.« Man verlangt einem alten Süßwein schon eine ganze Menge ab, wenn man ihn mit Rhabarber konfrontiert.

Der Unterschied zum Sauternes liegt in den Trauben und den Kellern begründet. Riesling ist eine aromatische Sorte mit hoher Säure, Sémillon (die Basis von Sauternes) geschmacksintensiv, aber aroma- und säurearm. Beim Zuckergehalt bekommen beide Trauben die gleiche Startration mit auf den Weg, doch beim Sauternes verwandelt die Gärung wesentlich mehr Zucker in Alkohol. Die Deutschen haben gelernt, durch Regulierung der Kellertemperatur Zucker und Alkohol so aufeinander abzustimmen, dass das Ergebnis immer durch optimale Ausgewogenheit glänzt.

Früher halfen die üblichen Informationen, jedes Fass und die Prognosen für den abgefüllten Wein zu verstehen – wie reif die Trauben gelesen wurden, wie stark der Botrytis-Befall fortgeschritten war usw. Die großen Süßweine waren eine Kunstform, bei der es darüber hinaus viel half, den Erzeuger oder zumindest seinen Ruf zu kennen und die verschlüsselten Botschaften seiner Etiketten und Kapseln zu verstehen. Das ist mittlerweile anders geworden – und gesorgt hat dafür das deutsche Weingesetz von 1971.

In jener idealistischen Welt, die die Keller der besten deutschen Winzer trotz aller Versuchungen nach wie vor sind, hat man ein tiefes Verständnis für die erzeugten Süßweine. Das Gesetz, das jeden Wein nach seinem Zuckergehalt bzw. Mostgewicht in eine Weinkategorie vom leichtgewichtigen Kabinett bis zur Trockenbeerenauslese einstuft, kann man getrost vergessen. Falls ein Weinbauer wirklich einmal Trauben erntet, die sich für eine Trockenbeerenauslese eignen oder einen potentiellen Alkoholgehalt von über 20 Prozent aufweisen, was selten genug vorkommt, wird er natürlich bereitwillig die nüchternen Werte bekannt geben, doch in Wirklichkeit ist Stil wichtiger als Substanz. Die durch den *Botrytis*-Pilz eingebrachten Geschmacksnoten sind es, die eine Auslese zum Nektar machen. *Botrytis* scheint den Charakter einer guten Lage aufzuspüren und zu verstärken. Sicher, in einem warmen Herbst kommen auch feine Auslesen aus sonnengetrockneten, nicht edelfaulen Beeren zustande – und einfach nur zuckrige Versionen ebenfalls. Zudem erscheinen immer mehr trockene Auslesen, weil man erkannt hat, dass sehr süßer Riesling durch seinen hohen potentiellen Alkoholgehalt in der Regel ein ausgesprochen schwerer, uneleganter Wein ist. Die ideale Auslese allerdings ist »eine Gelegenheit, die man am Schopf gepackt hat«, eine Auswahl der besten Trauben aus einem Weinberg, in dem der Pilz wohlwollend gewirkt hat. Perfekt ausgereiftes Lesegut ohne *Botrytis* ergibt einen anderen Wein: eine nach frischen, grün-goldenen Früchten schmeckende Spätlese. Trauben für Auslesen hingegen sind (zumindest in meiner Vorstellungswelt) bereits in den Zustand der Überreife übergegangen. Ihr Saft ist förmlich steif vor Geschmack; die daraus bereiteten Weine offenbaren im fortgeschrittenen Alter ein cremiges Wesen und im hohen Alter die aufschlussreiche, für einen edelfaulen Riesling typische Zitrusnote.

Bevor einem die Regulierungswut moderner Bürokraten den Spaß verdarb, waren die Gaumen der Rieslingfreunde höchst sensible Organe. Vor dem hohen, aufrechten, im Kellerlicht glänzenden Fuder diskutierte man angeregt über die Qualität des Inhalts. Graue Köpfe beugten sich über kleine Kostgläser. »Mindestens eine feine Auslese«, sagte jemand. »Das Fass dort ist eine gute Auslese, doch das hier hat eine bessere Qualität. Der Wein ist runder und länger als ein Rattenschwanz.«

»Eine feinste Auslese, würde ich sagen, mein Lieber. Ich stelle einen bemerkenswerten Schieferton fest. Das ist fast schon ein großer Wein.«

Und so versammelte man sich wie Trainer um einen Boxring, bis jede Stufe von der feinen bis zur hochfeinsten Auslese erörtert war und der Oscar an Fuder Nr. 27 verliehen wurde – außer von jenen, die den Anflug von Pfirsichen in Fuder Nr. 30 vorzogen.

Kein Erzeuger brauchte die Beharrlichkeit oder den Einfallsreichtum seiner Kollegen am Rhein, geschweige denn derer an der Mosel hoch oben im Norden, um Süßweine zu bereiten. Die hochwertigsten deutschen Erzeugnisse sind die Beerenauslese und die Trockenbeerenauslese, die Traube für Traube in rosiniertem Zustand gelesen werden, wobei »trocken« natürlich heißt, dass sie von der Edelfäule getrocknet wurden. Mit diesem letzten Rest der Ernte, der oft erst bereitet wurde, wenn das Gros längst gelesen und eingekellert war, ließ sich keine Industrie à la Sauternes aufziehen. Manchmal sprang nur ein einziges, winzig kleines Fässchen TBA dabei heraus, »das man ins Bett nehmen konnte, um es warm zu halten«, wie es ein Winzer aus Bernkastel mir gegenüber einmal ausdrückte. In puncto Süße war der Wein möglicherweise dem Tokajer Eszencia näher als dem

Sauternes – und daher kaum mehr zu vergären, ob mit oder ohne Bett. In solchen Kreszenzen, aber auch in vielen nicht so extremen Versionen, kommt die Rieslingtraube in einer Vollendung zum Ausdruck, die in der Welt des Weins einmalig ist. Meditationswein ist die beste Bezeichnung für diese überirdischen Essenzen. Worüber man meditieren soll? Über die Dufteruption, die bei einem jungen Wein aus dem Glas geschleudert wird. Darüber, dass Riesling dem Boden auf mysteriöse, ungeklärte Weise Mineralien zu entziehen scheint. (Keine neue Eiche, keine Zweitgärung trübt das Prisma; der Geschmack wird von Schiefer, Sandstein, Quarz oder Lehm belebt, intensiviert oder abgerundet.) Über die exotischen Früchte, den Honig und das Öl, vielleicht auch die Gewürze und die Veränderungen der Textur, die sich nach und nach einstellen. Rotwein altert wie die Haut eines Mannes: Er bekommt mit der Zeit einen festen, ledrigen Einschlag. Großer süßer Riesling hingegen altert wie die Haut der Frau, denn er wird immer subtiler. Das Alter ist natürlich ebenfalls ein Gegenstand meiner Meditation: Eine Flasche TBA von 1971 hat mich schon mehr als mein halbes Leben lang begleitet.

Bernkastel an einem Dezembermorgen um sieben Uhr. Wer die erstarrten Trauben ernten will, kommt um frühes Aufstehen nicht herum. Das Wasser in den Beeren muss gefroren sein, damit die Presse es von der süßen Quintessenz trennen kann.

Und wenn die Edelfäule ausbleibt? Wenn keine spätherbstliche Apotheose aus Nebel und weicher Fruchtreife die Trauben adelt? Dann lässt man sie eben hängen, bis sie erfrieren, und erntet sie im Morgengrauen. Damit die Winzer diesen letzten Trumpf ausspielen können, müssen die Beeren allerdings in Topzustand sein, sonst überstehen sie den langen Weg in den Winter nicht. Wie bei der Trüffeljagd muss man früh aufstehen, doch wenigstens ist die Jagdbeute sichtbar: Trist hängen die gefrorenen Trauben im Dunkeln an laublosen Reben, umhüllt von Plastikplanen, die sie vor den Unbilden der Witterung schützen sollen. Sie müssen steinhart gefroren sein, wenn sie in die Presse kommen, damit das zuckerbeladene Fruchtfleisch herausgedrückt und vom zu Eis gefrorenen Wasser getrennt wird. Da sich Minusgrade im Winter zwangsläufig einstellen, lässt sich Eiswein in einem industriellen Maßstab bereiten, dem sich der launische *Botrytis*-Pilz entzieht. Eis ist zudem nicht wählerisch: Es lässt die gesamte Frucht eines Weinbergs erstarren. In den 1970er-Jahren kamen auch die Winzer in Niagara auf den Geschmack und erzeugen seither Kanadas Beitrag zur Welt des Weins: Ice-wine ist ein süß-saurer Hit, der den Mund wie ein Zitronensorbet in Beschlag nimmt.

Halbe Sachen sind normalerweise nicht mein Ding, doch Sauternes kaufe ich durchaus in Miniflaschen. Das liegt gar nicht einmal so sehr an seinem Alkoholgehalt, der den eines modernen Chardonnay aus Kalifornien nicht übersteigt, sondern an seiner Fülle, die ein Glas zum eindrucksvollen Erlebnis und zwei zu einem kompletten Festschmaus macht. Seine Zuckerdosis ist zu hoch, als dass man über längere Zeit hinweg immer wieder an ihm nippen könnte. Bei jungen Gewächsen ist für mich manchmal sogar die Grenze des Erträglichen erreicht, denn es fehlt der Süße die Säure als Gegengewicht, weshalb ich in der Regel deutsche Weine vorziehe. Die den Mund reinigende Säure gehört auch zu den Vorzügen, die ich am Tokajer schätze. Baron Philippe de Rothschild lebte und bewirtete wohlüberlegt und gepflegt wie jeder Gutsbesitzer in Bordeaux. Er besaß eine bemerkenswerte Sammlung von Yquem-Flaschen, die er sicher gegen Mouton-Jahrgänge eingetauscht hatte (auch die Champagnerhäuser gelangen durch diesen Warentausch in den Besitz von erstklassifizierten Gewächsen). Der Baron pflegte seinen oft über ein halbes Jahrhundert alten Yquem zu dekantieren und den Dekantierer in die kälteste Ecke seines Kühlschranks zu stellen. Ich schwöre, ich sah einmal Eisstückchen in einem Exemplar schwimmen, das die Farbe einer Havana hatte. Die Kälte jedes Schlucks durchschnitt den Mund zunächst, um ihn gleich darauf mit kandierten Früchten, Karamell und meiner Meinung sogar Tabak zu füllen.

Intensive Süße ist auch das Erkennungszeichen der Dessertweine aus Österreichs östlichstem Bundesland, dem Burgenland. Der Ausbruch aus Rust und den tief gelegenen Gemeinden um den schilfbewachsenen Neusiedlersee sind möglicherweise ebenso alt wie die ungarischen Konkurrenzweine, die Aszú aus Tokaj. Der Wechsel von Nebel und warmer Sonne ist hier fast schon garantiert. In den 1970er-Jahren, als diese Weine noch fast völlig unbekannt waren, erkundigte ich mich einmal nach dem Ausbruch. Ich befand mich gerade in Eisenstadt, der Hauptstadt des Burgenlandes. Die riesigen gelben Herrenhäuser der Esterházys prägen das Bild der Kleinstadt, in der Haydn jeden Tag ein neues *divertimento* geschaffen hat. Wo konnte ich diese historischen Weine bekommen, fragte ich damals. Wurden sie überhaupt noch bereitet? Man führte mich in den Keller. An welchem Jahrgang ich interessiert sei? In Regalen lagen staubige, jahrzehntealte Flaschen. Durfte es Welschriesling, Weißburgunder, Muskateller oder Müller-Thurgau sein? Jeder Winzer musste anscheinend sechs Flaschen zum jährlichen Wettbewerb einreichen. Vier, fünf davon kamen in die Regale. Es folgte ein lukullischer Nachmittag.

Heute sind die Süßweine aus dem Burgenland eher unter ihren modernen Bezeichnungen Beerenauslese oder Trockenbeerenauslese bekannt. In den 1980er-Jahren begann ihr Aufstieg zu Österreichs Erfolgsgewächsen. Das Land, das bis dahin an seinen eigenen Erzeugnissen überraschenderweise kaum interessiert gewesen war, erkannte plötzlich ihr Potential. Heute bemühen sich die Winzer um immer süßere, exotischere Geschmacksnoten. Auch das Elsass mischt mit seiner *Sélection de grains nobles* in der Süßweinszene mit. Sogar Kalifornien und Australien haben Mittel und Wege gefunden, die Trauben für einen guten Zweck faulen zu lassen. Bleibt die Frage: Wer soll diese ganze Süße trinken? Der Alltag bietet nicht allzu viele Gelegenheiten. Ich trage meinen Teil bei, doch mit meinen beiden Gläsern – das eine nach dem Abendessen, das andere zu den Spätnachrichten – werde ich die Flut kaum bewältigen können.

Tokajer

UNGARN IM JAHR 1985. Ein Aufgebot an Husaren in unglaublich schäbigen Uniformen galoppierte über den Hauptplatz der Stadt Mór, um uns willkommen zu heißen. Angeführt wurden sie von einem Reiter in jener seltsamen ungarischen Cowboy-Kluft, die man anscheinend aus einem katholischen Seminar entwendet hatte. In ihren ausgestreckten Händen hielten die Pusta-Recken glänzende Humpen mit mindestens einem halben Liter Inhalt, der bei dem verwegenen Ritt auf wundersame Weise unverschüttet geblieben war. Kaum hatten sie ihre Rösser abrupt zum Stehen gebracht, wurde der Wein in einem mächtigen Zug geleert.

Rund 40 Jahre mehr oder weniger kommunistischer Herrschaft hatten den Freiheitswillen der Magyaren ebenso wenig brechen können wie jahrhundertelange Heimsuchungen durch Österreicher und Türken. Budapest kam nach dem Zusammenbruch des Ostblocks als erste Stadt wieder auf die Beine, hatte allerdings weder seine ungestüme Energie noch seine leicht melancholische Eleganz je ganz eingebüßt. Der stolze Stamm der Magyaren zählt zu den eigenständigsten Völkern Europas. Ihre Leidenschaft, ihr Charme, ihre Respektlosigkeit und ihre Theatralik unterscheidet sie von ihren Unterdrückern, den Österreichern und Türken, die von beiden Seiten auf sie einstürmten, ebenso sehr wie von ihren anderen Nachbarn.

Weniger bekannt ist, dass Ungarn mit Ausnahme von Frankreich und Deutschland als einziges Land der Welt auf eine uralte, eigenständige und wahrhaft klassische Weinbautradition zurückblicken kann. Vielleicht würde noch Georgien mit einigem Recht Anspruch auf Aufnahme in diesen illustren Kreis erheben, und auch Portugal könnte wohl das eine oder andere Argument vorbringen, doch haben beide nie in der Oberliga feiner Weine gespielt, sieht man einmal von Port ab. Was uns aus Italien und Spanien heute vertraut ist, nahm erst im 19. Jahrhundert Formen an. Die Magyaren hingegen bereiten seit mindestens vier Jahrhunderten Wein. Wenn Ungarn als Weinbaunation von Großbritannien nicht wahrgenommen wurde, liegt das wohl daran, dass für die Engländer die leichte Verfügbarkeit damals naturgemäß eine wichtige Rolle spielte. Und es gibt nun einmal keine günstige Schiffsverbindung zwischen Donau und Themse.

Der Unterschied zwischen den traditionellen Weinen Ungarns, Frankreichs und Deutschlands ist schnell umrissen. Die Magyaren suchen im Wein traditionell nach einer ganz bestimmten Eigenschaft, die sie »feurig« nennen. Man sollte dabei allerdings nicht gleich an Alkohol und scharfe Chilis denken, die Zunge und Geschmacksknospen verätzen. Mit »Feuer« meinen sie Lebendigkeit und geschmacksintensive Süße.

Reisen auf die andere Seite des Eisernen Vorhangs gewährten immer einen faszinierenden Einblick in das Europa vergangener Zeiten. Die schmutzigen Straßen hatten etwas verblüffend Einfaches und Unschuldiges, und die Städte standen – wenn überhaupt noch – genau so da, wie sie dereinst errichtet worden waren. Außerdem fehlten ihnen die Wörter. In einer modernen Stadt kann man heute nirgendwo mehr hinblicken, ohne auch zu lesen: Werbung, Anweisungen, Warnungen, Schilder, ständig drängen sich Buchstaben ins Gesichtsfeld. Jedes Wort aber verändert die Wahrnehmung, lenkt ab, nimmt einen geringen Teil unserer Aufmerksamkeit gefangen. Der Times Square besteht nur aus Wörtern, während man auf dem Markusplatz in Venedig kein einziges findet. Hätten nicht gelegentlich Leninporträts die Szenerie verunstaltet, wäre ganz Osteuropa ein einziger Markusplatz gewesen.

Beim Verkosten in einem von Kerzen erleuchteten Keller an einem zum Tisch umfunktionierten Fass habe ich mich in Tokaj verliebt. Gläubigen, so heißt es, sei das Himmelreich sicher. Wir Übrigen müssen uns damit begnügen, auf Erden flüchtige Blicke ins Paradies zu erhaschen.

Ein großes, kaltes, schäbiges Budapest und ein entlegenes, schmutziges, rückständiges Tokaj – diese Erinnerungen habe ich aus dem Ungarn von damals mit nach Hause gebracht. In meinem ersten Weinatlas war ein Foto des Marktplatzes von Tokaj mit einem Bauern in Stiefeln, mehreren Westen und mit Mütze zu sehen. Neben ihm stand ein mit alten Fässern beladener Karren in dem von Wagenspuren zerfurchten gefrorenen Schlamm. So stellte ich mir eine Szene aus einem Werk Dostojewskis vor, denn ich kannte Russland kaum und hatte nur Bilder eisiger Düsternis im Kopf. (Die ungarischen Behörden hielten das Foto für unsäglich und baten mich, es auszutauschen.) Von meinem ersten Besuch in Ungarn im Jahr 1970 sind mir die Wärme und der Lärm der kleinen Gasthäuser, der köstliche Anblick des scharfen, rotbraunen Gulaschs und die Farbe des Weins am lebhaftesten in Erinnerung geblieben. Noch besser als an den Geschmack erinnere ich mich an den Bernsteinglanz der halb im Kellerschimmel versunkenen Flaschen. Ich befand mich im staatlichen Weinkeller einer Stadt mit dem klangvollen Namen Sátoraljaújhely (es dauerte Tage, bis ich ihn ausspre-chen konnte). Die Weine, die wir im Kerzenlicht verkosteten, während wir um ein aufgerichtetes schwarzes Fass herumsaßen, reichten bis ins 19. Jahrhundert zurück – und wurden, je weiter wir zurückgingen, immer einnehmender. Je älter sie waren, so schien es, desto mehr Farbnuancen von Kastanien und Eichhörn-chen und welkem Buchenlaub gewannen zwischen den bernsteinfarbenen und goldenen Reflexen die Oberhand, desto frischer und blütenduftiger rochen sie. Ich beschrieb sie alle als »himmlische Sahnebonbons«, doch bei manchen suchte ich auch zwischen Veilchen, Rosen, Goldlack und Hyazinthen verzweifelt nach Duftnuancen, für die ich dann doch keine Worte fand.

Das hier war nicht der Tokajer, den man in London bekam. Edward Roche, polnischer Weinhändler in Soho und Vertreter der ungarischen Staatskellereien, hatte die Reise für mich arrangiert. Er erzählte mir, dass sein Vater in Danzig jeden Tag zum Mittagessen einen halben Liter »reinen Weingeist« zu trinken pflegte. Das wären 98 Prozent purer Alkohol gewesen. Der staatliche Tokajer hatte einen gerade noch merklichen Sahnebonbon-Einschlag, aber kaum noch bernsteinfarbenen Glimmer und überhaupt keine Blütendüfte mehr.

Tokajer gehörte nicht zu den Weinen, die in London getrunken wurden. Jeder hatte seinen Namen schon einmal gehört, aber als etwas, das weit ent-fernt, exotisch, sündhaft teuer, fabelumwoben kraftvoll und unmöglich zu be-kommen war. Außerdem war Tokajer beileibe nicht der einzige Wein, dem man aphrodisierende Eigenschaften nachsagte. Wen hatte Champagner je schon im Stich gelassen?

Ich war ein Tokajer-Bewunderer, aber kein Experte, als Peter Vinding darüber nachzudenken begann, wie man die große alte, brachliegende Tradition wie-derbeleben könnte. Er hatte schon immer den Kopf voller Grillen gehabt. Sein Traum vom großen Château in Graves war zerplatzt; geblieben waren nur ein paar schöne Flaschen Wein. Die Fortführung der Tokajer-Tradition erschien noch viel weiter hergeholt – aber mit einem Mal auch gar nicht mehr so un-möglich.

1987 hatte ich den Anfang vom Ende des Sowjetsystems erlebt, als in Mos-kau plötzlich die erste Ausgabe der *Moscow Times* in den Straßen zum Verkauf angeboten wurde. Sie war in englischer Sprache erschienen und kaum mehr als ein Pamphlet, enthielt aber Binsenwahrheiten, die in Russland seit zwei Gene-rationen niemand mehr auszusprechen gewagt hatte. Wenn so etwas in Druck gehen konnte und niemand etwas dagegen unternahm, mutmaßten wir, würde das ganze kommunistische Lügensystem im Handumdrehen wie ein Kartenhaus zusammenfallen. Gorbatschow hatte *Perestroika* geschrieben – als Menetekel in Buchform. 1989 versank der Kommunismus im Chaos – und es waren die Magyaren, die die Deiche hatten brechen lassen, indem sie ihre Grenzen geöff-net hatten. Der eiserne Vorhang, der die große Weinregion Tokaj isoliert hatte, war beiseite geschoben worden.

Konnten wir etwas unternehmen? Der Träumer in mir wurde wach und damit auch die Erinnerung an jene außergewöhnliche funkelnde, bernsteinfarbene Essenz. Ich hätte alles getan, um die Weine zu trinken, an denen sich Homer und Vergil einst labten. Und auch für die Gewächse, die Puschkin und Tolstoi genossen, die Peter und Katharina – beide »groß« genannt – als Privileg der Zaren erachtet hatten. Aber wie konnte man aktiv werden?

1989, kurz vor dem Zerfall des Kommunismus, war die einzige Möglichkeit ein Jointventure. Peter Vindings Geldgeber organisierten ein Treffen zunächst in Budapest, dann im Städtchen Mád, zu dem alle Weinbauern kommen konnten. Man hatte einen Tag lang das Schulhaus angemietet – zum Teil vielleicht auch, weil man annahm, dass man eine Tafel brauchen würde, um den Anwesenden ein Jointventure zu erklären. Zudem wurden zwei Dolmetscher von Konkurrenzunternehmen engagiert, um geheime Absprachen zu verhindern. Die Winzer, so lautete der Vorschlag, sollten ihr Land zur Verfügung stellen, während die ausländischen Geldgeber für das Kapital sorgen würden. Das neu gebildete Unternehmen würde den Gütern die Trauben abkaufen. Nach einiger Diskussion einigte man sich auf den Namen Royal Tokaji.

Isztván Szepsy (links) stieg als Förderer des Tokajers zu einer Ikone des modernen Ungarn auf. 1990 stellte ich mich mit ihm und Peter Vinding vor Szepsys Keller dem Fotografen.

Nach der Sitzung unternahmen wir einen Spaziergang durch das heruntergekommene Städtchen Mád. Schon seit 50 Jahren hatte hier niemand mehr einen Farbpinsel in die Hand genommen. Es gab ein einziges Geschäft, das eine Art Café unterhielt, und keinerlei Übernachtungsmöglichkeiten. Doch Peter hatte Nachforschungen angestellt. Er führte mich zu einem Keller, auf dessen Existenz lediglich eine Tür in einer niedrigen Mauer an der Straße hinwies. »Hier wohnt Isztván Szepsy«, erklärte er mir. »Seine Familie hat den Tokajer erfunden. Warte ab, bis du den Wein schmeckst.« Szepsy war ein kleiner schlanker, stotternder Mann. Zu behaupten, seine Vorfahren hätten den Tokajer erfunden, war eine Übertreibung, aber auf jeden Fall wird die Bereitung des ersten süßen Aszú für die Herrscherfamilie Rákóczi im Jahr 1650 jemandem gleichen Namens zugeschrieben. Stammbäume wurden allerdings bedeutungslos, als uns Szepsy die schmalen dunklen Stufen zu seinem kleinen, aus dem Fels gehauenen Keller hinunterführte, der kaum hoch genug war, um aufrecht darin zu stehen. Er enthielt eine Reihe alter dunkler Fässer, die gemessen an ihren französischen Pendants winzig wirkten. Unter der Treppe lagen außerdem noch einige Exemplare aus auffallend blasser neuer Eiche. Aus einem von diesen zog er eine Kostprobe. »Fünf *puttonyos*«, erklärte er, als er uns die Gläser reichte.

Perfekter Wein braucht keine Erklärung, so exotisch er ausfallen mag. Die Regeln sind stets dieselben: Er riecht einladend, belebt den Mund, wartet am Gaumen mit immer neuen Aspekten auf und hallt nach dem Schlucken noch lange süß nach. Dieser hier bot Apfel, Quitte, Birne, Honig und Heu auf und sandte eine Energieladung durch den ganzen Körper. Gleichzeitig schlug er Toffee- und Marmeladetöne an – es waren zu viele, um sie alle festzuhalten – und zog in den Gaumen wie Öl in Seide, weigerte sich zu gehen. Und er zog ein glühendes, scharfes goldenes Schwert – die Klinge der Säure, die das Markenzeichen eines großen Tokajers ist.

Es gab viel zu erklären. Szepsy war der fähige, für die Weinberge zuständige Direktor des Borkombinats gewesen, der verstaatlichten Weinkellereien. Als er die Anweisung bekam, die Produktion zu maximieren, trieb er die Reben zu erstaunlichen Erträgen. Die Turbotrauben, räumte er ein, ließen jeden Geschmack vermissen. Die Vorgabe war, die Weine sämtlicher Bauern zum vorgegebenen Preis ungeachtet der Qualität einzusammeln und sie so schnell wie möglich einer Karikatur der traditionellen Kellermethoden zu unterziehen und zu verschicken, um das Plansoll zu erfüllen. Es gab allerdings durchaus Qualitätsunterschiede: Die Sowjetunion bekam die schlimmste Plörre – als Gegenleistung für Traktoren, die zu breit für die Rebzeilen waren, so dass man die Stöcke in doppeltem Abstand bepflanzen, zweimal so hoch wie bisher wachsen lassen und an fünf Drähten erziehen musste. Die Trauben so riesiger Reben werden nicht reif genug für Süßwein. Aber wozu gibt es Zucker?

So viel zu Szepsys Arbeitsalltag. An den Wochenenden dagegen pflegte er die Weinberge der Familie (jedes Mitglied durfte 0,3 Hektar besitzen). Dort reduzierte er die Erträge so drastisch, wie es für große Weine notwendig ist, erntete jede Traube einzeln, sobald sie schrumpelig war, unterzog sie den Methoden, die sein Namensvetter vor ihm eingeführt hatte, und baute sie sechs, sieben Jahre aus, wie es die Tradition und sein Gaumen verlangten.

Wir fragten ihn, ob er uns bei unserem Jointventure zur Seite stehen würde. Für ein, zwei Jahre erklärte er sich dazu bereit. Noch gab es keine Royal-Tokaji-Kellerei, nur ein Areal hinter einem Bauwerk am Hauptplatz, das einstmals eine bischöfliche Residenz gewesen war. Am Hang dahinter befand sich ein typischer Eingang in einen Tokajer-Keller: ein riesiges, zu keinem Gebäude gehöriges Tor, das direkt zu einer Steintreppe führt. Weiter unten erstreckten sich auf mehreren Ebenen fast zwei Kilometer dunkler, enger, gewundener Gänge. Keller sind wichtiger als Häuser. Isztván Szepsy lagerte darin Weine von einigen unserer Teilhaber aus den Jahren 1990 und 1991. Ich besitze noch immer ein paar Flaschen, deren Inhalt mittlerweile ein tiefes Bernsteingelb anzunehmen beginnt. Unser erster Jahrgang, der 1993er, wurde unter freiem Himmel bereitet.

Am allerwichtigsten war die Qualität des Leseguts, was nicht alle beteiligten Weinbauern begriffen hatten. Was sie aus den Weinbergen in unseren improvisierten Keller karrten, enthielt einen erklecklichen Anteil Unbrauchbares einschließlich dessen, was man in Kalifornien als MOG, »Matter Other Than Grapes«, bezeichnet, also alles, was nicht aus Trauben besteht. Zum Glück hatte Peter einen jungen Franzosen namens Samuel Tinon aus Sainte-Croix-du-Mont vom rechten Ufer der Garonne engagiert. Er war ebenso unbeugsam wie eigenwillig. Während Peter zwischen Mád und Bordeaux pendelte, wohnte Samuel den ganzen Herbst und Winter über im Dorf.

Zeitweilig versetzte er die Dorfbewohner in Aufruhr. Als der Polizeichef, einer unserer Partner, mit Erde und Steinen im Lesegut bei uns auftauchte, erklärte ihm unser treuer Husar, wo er sie sich hineinschieben konnte. Drei Tage lang weigerte man sich daraufhin im Dorfladen, Samuel etwas zu verkaufen, so dass er im benachbarten Tarcal essen musste. Doch irgendwann fiel der Groschen. Was hatte es für einen Sinn, den Namen von Mád in den Schmutz zu ziehen? Wen betrog man damit eigentlich?

_____

Tokaj lässt sich in nichts mit anderen Weinbaugebieten vergleichen. Die Trauben, der Boden, das Klima, die Erntemethoden, das Gärverfahren, die Hefe, die Fässer, der Ausbau und die Keller sind einmalig. Der Schlüsselbegriff allerdings lautet Aszú. Aszú heißt trocken, denn die Beeren werden idealerweise wie beim Sauternes in eingetrocknetem, also edelfaulem Zustand verarbeitet. Die Qualität eines Tokaji Aszú, so die vollständige ungarische Bezeichnung, wird an dem Anteil der geschrumpelten Trauben im Gärbehälter und damit am Zuckergehalt gemessen. Traditionell dienen als Maßeinheit die *puttonyos*, Butten, also ein bestimmter Anteil der kostbaren Ernte aus handverlesenen Trauben. Sechs *puttonyos* sind die Obergrenze; ein 6-buttiger Tokajer entsteht normalerweise in Jahren, in denen es an Aszú nicht mangelt. Fünf *puttonyos* ergeben ein Gewächs so süß wie die meisten Sauternes oder eine deutsche Beerenauslese. Der restliche Fassinhalt besteht entweder aus trockenem Wein desselben Weinbergs oder aus unvergorenem Saft nicht edelfauler Trauben.

Zum Einsatz kommen zwei Rebsorten: die feurige, geschmacksintensive Furmint und die fruchtigere Hárslevelü. Im Sauternes spielen Sauvignon blanc und Sémillon eine ähnliche Rolle, doch ist im Tokajer die ausgeprägte Säure der Furmint das entscheidende Element. Ohne sie hätte der Wein nicht seine typische Rasse. Wie in Sauternes kommt außerdem Muskateller als dritte Traube im Bunde zum Einsatz; in Ungarn steht er in etwas höherem Ansehen als andernorts. Perfektionisten zögern die Lese gegebenenfalls bis in den November hinaus, damit der *Botrytis*-Pilz so viele Trauben wie möglich befallen kann. Das Herumsuchen im Weinberg mit zwei Eimern – einem für Aszú und einem für Beeren, die saftig genug für den Grundwein sind – ist nichts für jemanden, der Kälte verabscheut.

_____

Der Einstieg in das Tokajer-Geschäft war eine komplizierte, kontroverse Angelegenheit. Schon lange hatte man in Ungarn nicht mehr so viele Perfektionisten auf einen Haufen gesehen. Die Meinungen gingen darüber auseinander, ob man beispielsweise den Aszú mit frischem Saft, bereits trocken ausgebautem Wein oder sogar – wie es jeder tat – mit dem Produkt vom letzten Jahr vergären sollte. Es gab jedoch auch Positives zu vermelden. 1990 und 1991 waren gute Aszú-Jahrgänge, und außerdem entdeckten wir, dass die meisten unserer Reben auf Land standen, das vor langer, langer Zeit als erstklassig eingestuft worden war. Die Klassifizierung von 1700 war im Lauf der Zeit in Vergessenheit geraten. Sie basierte wie das Burgunder System auf den Vorzügen und Eigenschaften bestimmter Lagen. In der Praxis war diese Einteilung allerdings von einem Bordeaux-ähnlicheren Schema etwas überlagert worden, in dem der Name des Gutes bzw. des Winzers mehr Gewicht hatte.

Anfangs erwiesen sich die Bezeichnungen für die Lagen, besser gesagt die breiten Streifen Hügelland, in denen unsere Partner Land besaßen, als unaussprechbar. Sie bekamen mit der Zeit allerdings einen vertrauteren Klang und begannen im Verlauf von fünf Jahren und vier Lesen sogar für recht deutlich differenzierbare Geschmacksnuancen zu stehen. Mád liegt in einer Mulde zwischen den Ausläufern der Zemplén-Berge. Die Anbauregion heißt mit vollem Namen Tokaj-Hegyalja und ist mit der Côte d'Or vergleichbar – sowohl was die Gesamtfläche als auch die Lagen auf den unteren und mittleren Hängen einer von Wäldern bekrönten Hügelkette betrifft. Der Birsalmas aus unserem etwas willkürlich zusammengewürfelten Portfolio erwies sich als leichter, lebendiger, der Betsek als üppiger, der Nyulaszo als stahliger und der St. Tamas als draller Wein. Hätte Burgund Süße im Repertoire, würde deren Degustation genauso ablaufen wie die gemeinsame Verkostung dieser Tokajer in den feuchten, dunklen Kellergewölben: als Abfolge von Variationen. In ihrer Jugend geben sich die Aszú-Gewächse honigsüß, doch wird diese Süße von der rassigen Furmint so gut austariert und im Zaum gehalten, dass der Wein im Mund ein blitzsauberes Gefühl hinterlässt. Manchmal könnte man fast meinen, er wäre trocken. Wenn es um die Beschreibung der Geschmacksnuancen geht, werden wortreich allerlei imaginäre Obstsalate komponiert. Meistens mit dabei ist Quitte, die mich mit ihrer eigenartigen Fruchtnote immer an eine mit einer Birne gekreuzte Trüffel erinnert. Apfel und Birne haben einen hohen Stellenwert, manchmal außerdem Aprikose, Orange und Zitrone. Orange ist typisch für Botrytis-Weine, vor allem wenn sie schon etwas älter sind. Ein großer alter Sauternes, ein Tokajer oder auch eine Trockenbeerenauslese offenbart immer auch eine Andeutung von Marmelade, ganz gleich, woraus sein Repertoire sonst noch besteht.

In den frühen 1990er-Jahren gab die ungarische Regierung ein Privatisierungsprogramm bekannt. Es bot viele der besten Weinberge und Keller in Tokaj zum Verkauf an. Mehrere Investoren bekundeten Interesse; sie stammten vorwiegend aus Frankreich, aber auch aus Spanien. Die Familie Alvarez – ihr gehört auch Vega Sicilia – erwarb ein einst berühmtes Gut mit dem lateinischen Namen Oremus, was übersetzt eine Aufforderung zum Beten ist. Die französische Versicherungsgesellschaft AXA kaufte das herrlich gelegene Disznóko, das auf dem Weg nach Mád liegt. Ein weiteres französisches Unternehmen, Grands Millésimes de France, dem bereits Château Beychevelle im Médoc gehört, sicherte sich einen Hang namens Hetzolo zwischen den Städten Tokaj und Tarcal (auf Burgunder Verhältnisse übertragen, könnte man sagen, zwischen Vosne-Romanée und Chambolle-Musigny) und begann ihn umzuarbeiten, neu zu bepflanzen und in einen Vorzeige-Weinberg zu verwandeln. Exilungarn und deutsche Aristokraten steckten ihre Claims ab. Es herrschte kurzzeitig Goldgräberstimmung – allerdings fand niemand Gold. Ich für meinen Teil hatte ein

Auge auf einen benachbarten Keller mit Weinberg geworfen und – als ich erfuhr, wie preiswert es zu haben war – auf ein prachtvolles altes Schulgebäude mit bewaldetem Park zwischen den besten Rebstöcken von Tarcal.

Offerten mussten bis zu einem bestimmten Datum im Dezember beim zuständigen Ministerium in Budapest eingereicht werden, aber nicht nur die Höhe des gebotenen Preises, sondern auch Geschäftspläne, Lebensläufe der Käufer und Einzelheiten über die prognostizierten Vorteile für die Wirtschaft – und alles in siebenfacher Ausführung. Bis Januar hatte ich noch keine Antwort erhalten. Noch eine Woche verging ohne ein Lebenszeichen. Ich rief das Ministerium an. »Es tut mir schrecklich Leid«, meinte der Minister, »wir hätten Sie informieren sollen. Wir haben die Ausschreibung des Grundstücks ausgesetzt.«

»Warum?«, fragte ich.

»Weil nur ein Kaufangebot einging.«

»Ich kann Ihnen so viele schicken, wie Sie möchten«, antwortete ich. Aber ich hatte keine Chance mehr.

Johnson Var, »Johnsons Burg«, tauften die Einheimischen das gelbe Häuschen im Weinberg Mészes Mály. Hier entstehen ausgesprochen honigsüße Tokajer.

Mézes Mály, der Weinberg, für den ich mich am meisten interessierte, war nicht ausgeschrieben worden und alles andere als einfach zu erwerben. Seine 18 Hektar hatte man in Parzellen zu je einem Drittel Hektar unterteilt, die insgesamt 30, 40 Familien gehörten bzw. von ihnen auf die eine oder andere Weise gepachtet worden waren. Der Wein von Mézes Mály hatte seit vielen Jahren schon keine eigene Identität mehr; er war in den Verschnitten des Borkombinats oder der privaten Keller aufgegangen. Gleichwohl gibt es in der ganzen Region keinen strahlenderen Namen. Die erste urkundliche Erwähnung der Lage findet sich in einem Kaufvertrag aus dem Jahr 1571. Zahlreiche Dokumente nennen sie als Entstehungsort des kostbarsten Tokajers. In der lateinisch verfassten Klassifizierung von 1700 findet man den Eintrag *Pro mensa caesaris primus haberi*, erste Wahl für die königliche Tafel – eine Auszeichnung, die sie mit einem anderen, noch in Staatsbesitz befindlichen Weinberg namens Szarvas teilte.

Ich tat mich mit Royal Tokaji zusammen, weil ich versuchen wollte, die Parzellen dieser illustren Lage wieder zu einem einzigen Weinberg zu vereinen. Unterstützung bekamen wir von Deszo Pataki, dem »Bergsachverständigen« von Tarcal. Er war eine Art Bürgermeister für das Ressort Rebflächen. Wir verbrachten viele Nachmittage in seinem Keller und brüteten über Weine, die er aus den verschiedenen Mézes-Mály-Parzellen bereitet hatte. Während wir auf einer Holzbank saßen und eine Lampe von der Leuchtkraft eines Glühwürmchens die schwarzbemoosten Wände erhellte, verkosteten wir uns durch alle Versionen. Glaubten wir mit einem

Glas Klarheit zu bekommen, stellte uns das nächste schon wieder vor unlösbare Rätsel. Wir begegneten üppigen Honignuancen und gleich darauf mostartigen Noten. Gab sich ein Glas als Muskateller zu erkennen, war das nächste durchdringend wie eine Nadel. Mézes Mály ist eine unspektakuläre, aber trotzdem unverwechselbare Lage. Das nach Süden und Westen gerichtete Areal mit hohen Bergen im Hintergrund nimmt den untersten Hangbereich eines Hügels unter mehreren ein. Man findet hier kaum Steine, nur lockeren, schluffigen, tiefgründigen Boden. Welchen Einschlag würde er einem Wein mit auf den Weg geben? Anscheinend eine Honignote, denn der Name bedeutet »Honigecke«.

»Willst du das Haus?«, fragte mich Pataki. Es lag inmitten der Reben auf dem Hügelkamm. Das lange schmale, gelbe Gebäude war anscheinend das Arbeiterquartier gewesen. »Keiner nutzt es mehr«, fügte er hinzu. »Warum kaufst du es nicht?« Am Abend ging ich mit Peter noch einmal zu der Hütte. Sie hatte nur noch das halbe Dach und enthielt Reste einer ehemaligen Küche. Wir nahmen uns eine Flasche jungen Aszú, setzten uns auf die Treppe und betrachteten den Sonnenuntergang. Das Panorama hatte nichts Malerisches, war aber von elementarer Erhabenheit. Hinten auf alten Vulkankuppen erstrecken sich bewaldete Hügel. Zu ihren Füßen breitet sich wie ein Band dieser fruchtbare Boden aus, bevor die Monotonie der großen ungarischen Alföld-Ebene einsetzt. Kein Windhauch bewegte das Laub der Reben, das sich der sengenden Sonne untertänig ergeben hatte. »Komm schon«, meinte Peter. »Warum nicht?« Es war eine Herausforderung.

Wann soll die Lese beginnen? Mit der Familie und Freunden auf der Veranda des gelben Häuschens. Man kann mit vielleicht sechs guten Aszú-Jahrgängen in einem Jahrzehnt rechnen. 1993 und 1999 entstanden sogar Tokajer mit außergewöhnlichem Potential.

Der Verkauf von Tokajer erwies sich als fast ebenso schwierig wie die Bereitung. Ich hatte mir ausgemalt, dass jeder, der von diesem mit keinem anderen Wein vergleichbaren Nektar einmal kostete, ihm genauso verfallen würde wie ich. In keiner Weise hatte ich mit einer verbissenen Debatte über die Machart gerechnet. Eine Schule von Instant-Experten befand unser Erzeugnis für altmodisch (und damit auch das der meisten anderen Winzer). Es müsse frisch wie ein Sauternes sein, forderten sie. Wir ließen den Wein im Keller oxidieren, statt ihn unter Luftausschluss zu bereiten, damit er die Fruchtnoten bewahrte.

Ich bin kein Theoretiker. Auch kein Techniker mit wissenschaftlicher Ausbildung. Der Pragmatiker sieht und hört zu. Etwas Einmaliges läuft in den ungarischen Kellern ab. In dem weichen vulkanischen Gestein herrscht bei niedrigen Temperaturen und hoher Luftfeuchtigkeit eine einzigartige Mikroflora vor. Kellerschimmel, der auf den Wänden, Fässern und Flaschen wie weißes, dann graues und schließlich schwarzes Moos wächst, ist in dieser Form in Deutschland und Frankreich unbekannt. Zweifellos sind es andere Mikroben, Hefen und Bakterien, die hier wirken. Tokajer wird in durchlässigen kleinen Fässern mindestens vier Jahre lang unter diesen Bedingungen ausgebaut. So schrieben es die Tradition und bis vor kurzem auch die Gesetze vor. Ich habe erstaunt mitangesehen, wie stark der Austausch zwischen Wein und Keller sein kann. Die Wände werden gelegentlich vom dicken Schimmel gereinigt und die Fässer in ein anderes Gewölbe gerollt. Legt man ein leeres Fass neben eine saubere Wand, bleibt der Fels unbewachsen. Platziert man hingegen ein volles Fass an die gleiche Stelle, bildet sich binnen einer Woche direkt daneben ein neuer Schimmel auf dem Stein. Der Wein wiederum färbt sich sehr langsam bernsteingolden und nimmt einen Geschmack sowie eine einzigartige Frische an, die entfernt an Sherry erinnern.

Ungarische Wissenschaftler befassen sich schon seit über einem Jahrhundert mit dem Phänomen. Der Austausch zwischen den Zuckern und Säuren des Weins und der Umgebung wird Darabbantartas genannt, wie man mir erzählte. Unter den Kellerbedingungen verwandeln Aminosäuren sich in Aldehyde oder erzeugen sie bzw. tragen zu ihrer Entstehung bei – schon das ist mir zu kompliziert. Sherry reift in trockenen *bodegas*, in denen Temperaturen von über 20 °C herrschen. Läuft in feuchten, 10 °C kälteren Kellern vielleicht ein ähnlicher Prozess ab? Wie dem auch sei, das Ergebnis ist *umami*, der geheimnisvolle fünfte Geschmack neben den vier bekannten Empfindungen süß, salzig, sauer und bitter. *Umami* ist ein verführerischer Einschlag, denn er macht Appetit auf mehr. Tokajer hat ihn – oder sollte ihn zumindest haben. Da bin ich gern sehr altmodisch.

Die Renaissance des Tokajers hat in Ungarn 1990 eingesetzt. Die klassische Ära dieses nationalen Schatzes ist vor fast einhundert Jahren zu Ende gegangen. Begonnen aber hatte sie bereits im 16. Jahrhundert. Tokajer betrat die Weltbühne als Schöpfung der Rákóczi-Fürsten von Siebenbürgen. Als offizielle Geburtsstunde wird 1650 angegeben, obwohl sich bis dahin seine besonderen Eigenschaften schon längst herauskristallisiert hatten. Franz II. Rákóczi, der auf der einen Seite gegen die Türken und auf der anderen gegen die Habsburger kämpfte, zog mit dem Wein die Aufmerksamkeit Ludwigs XIV. auf sich. Zumindest darin war er erfolgreich: Der Sonnenkönig pries den Tokajer als *le vin des rois et le roi des vins*. Gleichwohl war tatkräftige Hilfe aus Paris nicht zu erwarten. Im 18. und 19. Jahrhundert begeisterten sich die Franzosen, die Österreicher, die Russen und die Höfe von Polen und Preußen für Tokajer. Mit seiner Popularität war es allerdings schlagartig vorbei, als die europäischen Höfe, ja, das gesamte politische System, im Ersten Weltkrieg unterging. Heute formiert sich Europa neu, die Länder des Ostens sind wieder zum Leben erwacht. War das 20. Jahrhundert nur eine Unterbrechung?

Isztván Szepsy ist in Ungarn zu einer Symbolfigur avanciert, die sowohl traditionelle Werte als auch liberale Ideen verkörpert. Er brachte Royal Tokaji auf den rechten Weg, zog aber die Unabhängigkeit der Arbeit für ein ausländisches

Unternehmen vor. Heute träumt er davon, seine Weinberge wieder mit historischen Methoden aus der Zeit vor der Rebenerziehung an Drähten und Gerüsten zu bewirtschaften. Jeder seiner Stöcke steht allein und wird im Frühjahr aufs Neue an eine Stütze gebunden. Szepsy schneidet so, dass ein minimaler Ertrag zu erwarten ist, was die Chance für einen *Botrytis*-Befall erhöht, und lässt die Trauben bis November an der Pflanze hängen. »Bereite deinen Grundwein aus Trauben vom oberen Hang«, riet er mir. »Die Edelfäule breitet sich von unten nach oben aus. Aber ernte spät: Je mehr Kraft und Charakter die Gewächse haben, desto besser.« Er vergärt seinen gesamten Wein in überwiegend neuen Fässern aus einheimischer Zemplén-Eiche. So entsteht ein verblüffend harmonisches Nebeneinander von Intensität und Zartheit – ein großer Tokajer eben.

Was aber soll man in der Zwischenzeit trinken? Aszú-Tokajer reifen lange: Traditionell setzt man pro *puttonyo* ein Jahr im Fass an – und noch einige obendrauf. Es dauert eine Ewigkeit, bis die Vergärung von so viel Zucker auf natürliche Weise abbricht. Beim Eszencia-Tokajer, der Quintessenz des Tokajers, kommt sie kaum in Gang. Er wird ausschließlich aus dem Vorlauf bereitet und weder mit Grundwein noch mit Most gemischt, ja, nicht einmal gepresst – außer durch das Eigengewicht. 1993 war ein guter Eszencia-Jahrgang mit schönem Wetter. Die Sporenwolken, die aus den Beerenhaufen aufstiegen, glänzten im Sonnenlicht wie goldener Nebel. In unserer rudimentären Kellerei hefteten wir Plastikplanen an die Wände und schichteten die Frucht über einem System aus Kunststoff-Drainagerohren auf, um die kostbaren Tropfen zu erhaschen. Die Gärung dieser viskosen Flüssigkeit mit bis zu 80 Prozent Zuckergehalt setzt nie so richtig ein. Sie erreicht vielleicht 3 Prozent Alkohol oder auch mehr, doch wird eher Marmelade zu Champagner als diese Essenz zu normalem Wein. Früher wurde der Eszencia oft mit Branntwein aufgespritet, um ihm den Charakter eines echten alkoholischen Getränks zu verleihen.

Damit eine Kellerei Bestand hat, müssen jedoch Flaschen verkauft werden. Szepsy – und bald auch seine Nachbarn – reagierte auf die Zwänge der Marktwirtschaft mit der Bereitung einer Spätlese, ohne den Vorlaufmost zu selektieren, *puttonyos* hinzuzufügen bzw. die Gärung neu in Gang zu bringen. Das lieferte einen Wein nach Art der Spätlese aus dem Elsass, wo man dem Tokajer vor langer Zeit die Ehre erwies, seinen Namen zu übernehmen. Die Spätlesen sind bisweilen unwiderstehliche, weiche, traubig süße Tropfen, die glatt durch die Kehle rinnen und den Gaumen dabei nur sachte streifen. Leider sind sie völlig deplatziert. Der Ruhm von Tokaj gründet sich nicht auf die simple Vergärung süßer Trauben – ja, nicht einmal edelfauler Furmint-Trauben. Vielmehr entstand der Wein durch exzessive Selektion wie ein Yquem, durch Zweitgärung wie ein Champagner und durch Einfluss der Mikroflora im Fass und Keller wie ein Sherry. Im Zusammenspiel all dieser Faktoren entstehen Geschmacksnoten, die sich auf keine andere Art erzielen lassen.

Madeira-Party

IRGENDWIE GELANG ES DEN DÜNNEN ROTWEINEN mit Namen wie Cru des Ptolomées und Reine Cléopâtre nicht so recht, den Glanz der Pharaonen heraufzubeschwören. Mit Sicherheit hatte man Tutanchamun nicht Weine wie diese ins Grab gelegt – noch dazu mit einem Etikett, auf dem der Weinberg, Jahrgang und Name des Winzers aufgedruckt waren. Ich habe mich schon immer gefragt: Was für einen Wein tranken die alten Ägypter wirklich?

Als meine Familie einmal Weihnachten mit fast 30 Leuten auf dem Nil feierte, war ich für die Verpflegung zuständig. Wie aber sollte ich genug guten Wein für unsere durstigen Kehlen ins antike Theben bekommen? Welches Erzeugnis wäre weihnachtstauglich, für die Welt der alten Pharaonen angemessen und transportierbar? Ich entschied mich für Madeira. Er reagiert überhaupt nicht empfindlich auf Transport, sondern profitiert sogar davon. Gerade weil die Hitze ihm nichts anhaben konnte, stand er bei Europäern in Indien und der Neuen Welt gleichermaßen hoch im Kurs. Eine geringe Menge reicht für eine lange Strecke – gastronomisch wie geographisch. Und jeder mag ihn.

Die Hitze war tatsächlich nicht das Problem, wie sich herausstellte, denn aus der Wüste wehte ein eisiger Nordwind heran. Wir scharten uns um unser Kurzwellenradio, um Weihnachtsliedern zu lauschen, die im 3000 Kilometer entfernten Cambridge gerade in der Kapelle des King's College gesungen wurden. Dabei wärmten wir uns am hellbraunen, honigartigen Glanz des Madeira, der mir vollendet zu Ägypten zu passen schien – ob zum alten oder neuen, sei dahingestellt. Der Kapitän steuerte unser Schiff derweil auf seiner glänzenden Brücke durch die ständig wechselnden Untiefen des Nils. Sein einziges Navigationsbuch war eine Ausgabe des Koran. Die Welt des Glaubens ist mannigfaltig.

Für mich war der Madeira schon von jeher der ideale Schiffswein. Aber ich beschäftige mich auch viel mit der Seefahrt. Chablis und Schiffe oder auch Champagner und Schiffe passen nicht unbedingt zusammen. Madeira hingegen vereint in sich Säure und Glut auf einzigartige Weise. Wenn gerade kein Madeira zur Hand ist, schlingern auch alter nussiger Sherry oder Tawny Port im Mund, wie es sich gehört. Nur Madeira aber hat jenen Säurekern, der ihm Frische verleiht und ihn gleichzeitig mildert – und über Generationen hinweg am Leben erhält.

Der 1830er ist mein Lieblingsjahrgang. Das von einem anderen Wein zu behaupten wäre grotesk. Die Flasche hatte schon 160 Jahre hinter sich, als ich sie kaufte – und trotzdem bekam ich zwei Dutzend davon für weniger Geld, als ein aktuelles erstklassifiziertes Gewächs aus Bordeaux mich gekostet hätte. Leider haben mittlerweile auch andere festgestellt, dass der Preis für einen solchen Methusalem viel zu niedrig liegt. Trotzdem aber verkauft sich antiker Madeira nach wie vor weit unter seinem eigentlichen Wert.

Schon das Etikett erzählt mir viel über den 1830er. Es handelt sich um einen Malmsey, den üppigsten Stil. Vielleicht halte ich mit ihm das Original in den Händen: die Traube, die um 1500 vom Peloponnes aus den Weg auf die Insel Madeira fand. Sie wurde auf der Quinta do Serrado in Cama de Lobos an der Südküste westlich der Hauptstadt Funchal kultiviert. Möglicherweise verstärkte man den Wein mit Rum oder Weingeist aus Rohrzucker – es gibt ein paar alte, auf diese Weise aufgespritete Madeiras. Das Fass, in dem er lag, stand 105 Jahre lang in den warmen Schuppen der *quinta* (man füllte wahrscheinlich hin und wieder ein paar Tropfen nach). Dann kam er in bauchige Glasflaschen. 50 Jahre später befand ihn ein Mr. Blandy für trinkreif. 1988 kam er zu Christie's. Auf Saling Hall endete seine Reise.

Es ist mir nie gelungen, ihn zu meiner Zufriedenheit zu beschreiben. Ich weiche nur zu gern auf schwer fassbare Charakteristiken wie »Konzentration« und »Ausgewogenheit« aus. Seinen Geruch mit altem Bauholz und seinen Geschmack

Madeira ist einzigartig unter den Weinen. Er verträgt den Luftkontakt, selbst in einer geöffneten Flasche. Diese Flaschen aus dem 19. Jahrhundert tragen die Namen ihrer einstigen Besitzer. Sie stehen auf einer Kommode in Savannah im US-Bundesstaat Georgia.

mit verbranntem Karamell zu vergleichen ist nicht sonderlich zweckdienlich. Und ein Hinweis auf »Essig« würde sich in einer Verkaufsbeschreibung nicht gerade positiv auf den Absatz auswirken. Weihrauch und Orangen sind mit Sicherheit im Spiel. Sie vertragen einen so stechenden Wein in Ihrem Mund nicht? Dann geben Sie Ihr Glas mir.

––––––––––

Der Wein, den wir mit nach Ägypten schleppten, war bei weitem nicht so kostbar. Er hatte sozusagen einen echten Madeira-Charakter ohne die ganz aufregenden Nuancen. Madeira steckt seit 150 Jahren in einer Langzeitkrise, die zum Glück nun allmählich zu Ende geht. Einmal war es fast um ihn geschehen. Die schlimmste Form des Mehltaus hatte die Reben befallen. Ihm folgte die Reblaus auf dem Fuß und vernichtete die Stöcke vollends. Man war gezwungen, sich von alten Gewohnheiten zu trennen. Vor der Prohibition waren die Bundesstaaten an der amerikanischen Ostküste die Hauptabnehmer für die Spitzenversionen, denn in Europa hatte man für Madeira bestenfalls als Kochwein Verwendung. Aus all diesen Gründen stellte man den Anbau der vier klassischen Madeira-Trauben ein und stieg stattdessen auf eine Allzweckrebe um, die vermutlich auch noch mit ruchlosen Hybriden verwässert wurde. Unternehmen mit einem Renommee, das mit dem der großen Porthäuser unserer Zeit vergleichbar war, brachen daraufhin zusammen oder mussten den Gürtel enger schnallen. Jahrgangs-Madeira wäre beinahe völlig von der Bildfläche verschwunden, und mit dem, was letztendlich auf den Markt kam, stieß man all jene vor den Kopf, die um die hohe Reputation dieses Weins wussten.

Welche Chance hat überhaupt ein Gewächs, dessen Name eher mit einem Fehler als einer Tugend in Verbindung gebracht wird? Wenn man einen Wein als »maderisiert« beschreibt, will man damit sagen, dass er verdorben ist. Der Sauerstoff hat ihm den Garaus gemacht. Wäre er Eisen, würde man ihn rostig nennen. Und der Farbe nach zu urteilen ist ein maderisierter Wein tatsächlich verrostet.

Warum Madeira wegen eines Prozesses überlebt, der für andere Weine fatal wäre, ja, warum er gerade deswegen überhaupt erst entsteht, weiß niemand so recht. Er wird einer Tortur unterzogen, die ihn für alle Zeiten stabilisiert. Heute steckt man ihn in riesige Saunas: Soll es ein guter Wein werden, malträtiert man ihn sechs Monate lang mit einer Temperatur von 50 °C. Früher gab man ihm den letzten Schliff, indem man ihn auf Reisen schickte. Die Insel Madeira diente Schiffen als letzte Station auf einer langen Fahrt nach Westen oder Süden. Der Inhalt wurde überhaupt nicht auf die beschwerliche Tour vorbereitet; man verstaute die plumpen großen Fässer einfach nur irgendwo. Je länger die Reise aber dauerte, desto besser wurde der Wein, was den Reedern ebenso gelegen kam wie ihren weit entfernten Kunden, die sowieso für fast alles Trinkbare dankbar waren. Und noch etwas Seltsames geschah: Wenn das Klima heiß war, verbesserte der Wein sich noch einmal. Eine Reise durch die Tropen war so viel wert wie zwei über den Nordatlantik. So avancierten Asien sowie Mittel- und Südamerika zu bevorzugten Absatzmärkten für Madeira. Seine Vorzüge sprachen sich bald auch in den noch jungen Städten an der amerikanischen Ostküste von Savannah und Charleston bis hinauf nach Neuengland herum.

Besonders Savannah wurde ihm zur zweiten Heimat. Als ich meine Fernsehserie über die Geschichte des Weins drehte, hoffte ich, dass durch irgendeine glückliche Fügung des Schicksals die alte Madeira-Kultur dort überlebt hatte. Das alte Savannah aus dem 18. und 19. Jahrhundert ist zu einem bemerkenswert großen Teil bis heute erhalten geblieben. Würde ich hier etwas über Madeira erfahren? Und das Wunder geschah: Ich fand die letzten Reste einer Tradition, die so alt war wie die Vereinigten Staaten selbst. Der Madeira Club of Savannah beziehungsweise ein nostalgisches Überbleibsel davon kam in einem Saal zusammen, der speziell für eine seit langem gepflegte Madeira-Zeremonie eingerichtet worden war. Das polierte Mahagoni, das Silber und Kristallglas, die sanften Südstaatler mit ihren guten Manieren, der grauhaarige Butler, der die Dekantiergefäße zurechtrückte, all das war eine Reminiszenz an das Amerika eines Oliver Wendell Holmes, eines Andrew Carnegie – und natürlich eines Silas Weir Mitchell, der sich als renommierter Arzt und Autor der Kurzgeschichte *A Madeira Party* einen Namen gemacht hatte.

Mitchells Geschichte beschreibt augenzwinkernd die Sitten der amerikanischen Gesellschaft, besser gesagt, der Aristokratie an der nordamerikanischen Ostküste Mitte des 19. Jahrhunderts. Gastgeber Hamilton bewirtet drei männliche Gäste und unterweist Chestnut, der sich 30 Jahre lang in Europa aufgehalten hatte – der Ärmste! –, in der angemessenen Wertschätzung von amerikanischem Wein, sprich: Madeira. Das Essen setzt sich aus Schildkröte und Riesentafelente zusammen. (Wir speisten dasselbe.) Danach werden die Dekantierer mit Madeira auf den Tisch gestellt (wir warteten nicht so lange), und man unterhält sich angeregt. Der Wein wird »mit der Sonne, meine Herren« herumgereicht – ein Seitenhieb auf die Tradition, Madeira im Uhrzeigersinn kreisen zu lassen, was aus irgendeinem Grund liberale Geister in Aufruhr zu versetzen scheint. Selbst meine eigenen Kinder kritisieren mich deswegen. Vater, du bist ein Spießer, werfen sie mir – mit einigem Recht – vor. Zwei gegenläufige Dekantiergefäße bringen doch nur die Gefahr einer Kollision mit sich, entgegne ich. Also ist ein Einbahnsystem sinnvoll – und das »mit der Sonne« funktioniert genauso gut wie das in die andere Richtung.

Nur noch Erinnerung: Die Zusammenkunft des Madeira Club von Savannah im Jahr 1988 war vielleicht die letzte überhaupt. Dr. Bernard Rhodes aus Oakville in Kalifornien steuerte den ältesten Wein des Abends bei, einen Bual von 1795.

Warum Amerika vom Madeira abgekommen ist, bleibt unklar. Allerdings besaß ein Madeira Eigenschaften, aufgrund derer er sich als Getränk der Reichen empfahl. So wurde er nie in herkömmliche Flaschen abgefüllt, sondern wie mein 1830er-Jahrgang vom Fass direkt auf Demijohns gezogen und bis zum endgültigen Konsum in diesen bauchigen Flaschen aufbewahrt. Der berühmteste Savannah-Madeira-Keller war alles andere als ein Keller: Man lagerte den Wein in einem Wintergarten auf dem Dach des Hauses, wo er Jahr für Jahr in der Sonne kochte. »Die Engländer haben keine Ahnung von Madeira«, behauptet Hamilton. »Sie füllen ihren Wein ständig ab, und das ist sein Tod. Madeira war nie für den Verkauf gedacht.« Was vielleicht erklärt, warum er vom Markt verschwand.

Süßer Sherry hat nicht an einer solchen emotionalen Last zu tragen. Er kann überragend üppig oder ausgesprochen nussig ausfallen. Er kann so braun und tiefgründig wie flüssige Rosinen geraten. Er kann sogar mit ausgezeichnetem Madeira verwechselt werden. Zwischen dem Erlebnis, das ein feiner alter, süßer Oloroso bietet, und einem absolut nichts sagenden Bristol Cream liegen Welten. Dabei stand Bristol Cream einst für das Beste vom Besten. Das hat sich leider geändert. Trotzdem hat es der Weinhandel geschafft, das Prestige renommierter alter Namen zu erhalten, um noch Nutzen daraus zu ziehen.

Jede *bodega* in der Sherry-Region besitzt ein streng gehütetes Arsenal alter Weine, ob süß oder trocken. Mit ihrer Hilfe mischt sie Produkte jedes Süßegrads bzw. jeder Qualitätsstufe zusammen, die der Markt verlangt. Zucker lässt sich problemlos produzieren; die Geheimwaffe ist unter dem Kürzel PX bekannt. Ihr voller Name lautet Pedro Ximénez, und sie erbringt explosive Solisten, wirkt jedoch auch als Beigabe höchst überzeugend. Dennoch bleibt süßer Sherry bis auf wenige Ausnahmen ein künstliches Konstrukt. Die eigentliche Natur und Zweckbestimmung des Sherrys ist trocken, ob als frischer Fino, ob als Amontillado ausgebaut oder duftend und kompliziert (und für Alterung prädestiniert) wie ein Oloroso. Wenn ich Exemplare wie den zuckersüßen Methusalem von González Byass oder Sandemans Royal Ambrosante verkoste, widerrufe ich meine häretischen Äußerungen zwar vorübergehend. Aber so, wie ich mit trockenem (oder weißem) Port nur schwer zurechtkomme, so ist süßer Sherry in meinem Keller äußerst gering vertreten.

Der späte Vormittag sei die beste Zeit für ein Glas süßen Sherry, erzählten mir einige alte Haudegen. In diesem Fall (in Jerez) fiel sie mit einem späten Frühstück zusammen.

Die Weinkarten der meisten Mittelmeerländer sind durchsetzt von Gegenden, in denen Süßweine bereitet werden können, die ihren Stellenwert durchaus verdienen, aber größtenteils wieder von der Bildfläche verschwunden sind. Die größte Nachfrage nach ihnen herrschte manchmal, wenn die Briten sich wieder einmal auf einem Feldzug befanden. Die Napoleonischen Kriege brachten den Marsala in Sizilien, den Malaga in Andalusien, den Tarragona in Katalonien und mehrere Versionen in der Kampfzone um Lissabon hervor oder waren zumindest ihrer Verbreitung dienlich. Sicher, die alten Römer hatten sich vermutlich schon vorher daran gelabt, doch um einen Namen bekannt zu machen, braucht man einen Markt – und die Offiziersmessen und Kanonendecks an Bord von Schiffen waren bestens dafür geeignet.

Die Franzosen mussten natürlich nicht in die Ferne schweifen, sondern konnten sich ihre süßen Verführungen in den Weinbergen der Provence, des Languedoc und der Roussillon-Hügel holen. Es versetzt Nichtfranzosen oft in Erstaunen, dass das französische Äquivalent für Portwein Vin Doux Naturel heißt. Was soll *naturel* an einem Wein sein, dessen Vergären mittendrin durch einen kräftigen Schuss Alkohol abgestoppt wurde? Die Antwort lautet: Zucker. Natürlicher Traubenzucker ist Extrakten aus Zuckerrohr oder – Gott bewahre – Zuckerrüben bei weitem vorzuziehen.

Verglichen mit Tischweinen waren Süßweinspezialitäten nie sonderlich gefragt. Man verwendete sie als Begrüßungstrunk. Gastfreundschaft hieß, dass man mehr als nur das tagtägliche Getränk für Besucher bereitstellte; das gleiche galt für eine Hochzeit oder Beerdigung. Obwohl der Midi seine Vins Doux Naturels in industriellem Maßstab bereitete und als »Aperitif« in jeder französischen Arbeiterbar feilbot, verteidigen diese einfachen Erzeugnisse nach wie vor ihre Stellung unter den einheimischen Weinen. Mittlerweile besinnt man sich aber wieder auf individuelle Fertigung – zumindest in begrenztem Umfang. Es überrascht, wie vielfältig die Weine ausfallen können.

Im Verlauf der verschiedenen Modeströmungen kommt mal der eine, mal der andere Süßwein zum Zug. Ganz groß *en vogue* war einst der süße goldene Muscat de Frontignan aus der Gegend um Sète. Lunel hatte ebenso seinen Auftritt wie der Beaumes-de-Venise. Aus den Bergen von Saint-Jean de Minervois stammte ein lebhafter Muscat, während südlich von Roussillon aus ebenso nüchternen wie nützlichen Grenache-Trauben der beliebteste Vin Doux Naturel aller Zeiten bereitet wurde. Sommeliers in französischen Spitzenrestaurants jonglieren sicherer als ich mit diesen kraftvollen Süßweinen und ihren Appellationen. Wenn sie ein Glas Maury vorschlagen, handelt es sich um einen Roten, der nicht unbedingt mit der Alkoholstärke eines Port aufwartet. Von der Küste unweit der spanischen Grenze stammt der Banyuls aus roten Grenache-Trauben (es gibt auch eine weiße Variante), die von der Sonne zu feuriger Süße eingekocht wurden.

Früher ließ man diese Weine üblicherweise oxidieren, wenn auch nicht unbedingt auf dem offenen Meer wie im Falle eines Madeira. Sie wurden in Fässern oder bauchigen Glasflaschen auf der Terrasse oder in der Sonne ausgebaut und hatten auf jeden Fall Luftkontakt. Dabei entstand ein Geschmack, den man als *rancio* bezeichnet. Eine genaue Entsprechung für diesen Begriff gibt es nicht. »Ranzig« hat den gleichen Ursprung und eine ähnliche Bedeutung, wird aber nur auf Öle und Fette angewandt und nicht auf Wein. In passender Umgebung entwickelt der *rancio*-Ton einen ganz eigenen Reiz, vor allem, wenn man ihn mit Eichengeschmack kombiniert. Madeira, Cognac, Banyuls sind alle auf ihre Weise ranzig (oder können es werden). Das gilt auch für die beliebtesten australischen »Sirups«, Liqueur Muscat und Liqueur Tokay aus dem Nordosten Victorias.

Die Wellblechschuppen, in denen die arg mitgenommenen alten Liqueur-Muscat-Fässer gelagert werden, entsprechen überhaupt nicht dem Bild eines herkömmlichen Weinkellers. Ein Keller ist ruhig, kühl, feucht, ein Hort stets gleich bleibender Temperatur mit gedämpftem Licht, durchdrungen von religiöser Feierlichkeit. Die Süßweine von Rutherglen werden der glühenden Hitze und den eisig kalten Nächten des australischen Buschs unterworfen, geschützt lediglich durch ihre eigene Konstitution. Mick Morris ist ein lakonischer Australier, neben dem der Held aus *Zwölf Uhr mittags* geradezu neurotisch wirken würde. Ich schwöre, dass einer seiner Schuppen bis etwa einen Meter über dem Boden mit Wellblech verkleidet war. Ob die untersten Fässer es in der prallen Sonne kühler hatten als die anderen in dem eisernen Backofen darüber? Einige Fässer wurden schon fast ein Jahrhundert lang malträtiert und nur gelegentlich nachgefüllt, wenn ein Teil des Inhalts sich verflüchtigt hatte. Kein anderer Wein der Welt ist so intensiv, sirupsüß, viskos und lebendig – man könnte sogar sagen, frisch.

Im Grunde spielt es keine Rolle, wie man zur Süße gelangt. Die Edelfäule ist der eine Weg, die Hinzufügung von Alkohol ein anderer und simpler Wasserentzug ein dritter. Die europäischen Behörden schreiben gern exakt vor, wie die Bereitung eines Weins abzulaufen habe, aber der italienische Bauer, der einem einen Becher Vin santo reicht, hat sich nicht unbedingt die Nächte mit der Lektüre der Bestimmungen um die Ohren geschlagen. Sein Produkt ist irgendwo zwischen süß und nussig-trocken angesiedelt und offenbart eine entfernte Verwandtschaft mit Sherry. Er wird einem stolz die Scheune zeigen, in der sich die Gestelle zum Trocknen der Trauben und ein, zwei kleine Fässer befinden. Der cremigste und aromatischste Vin santo, den ich je getrunken habe, war in einer toskanischen Kleinstadt unter dem Ziegeldach eines Palazzo in kleinen Fässern gelagert worden, die man zu zweit tragen konnte. Er vereinte in sich die Vorzüge eines Vin santo und eines jungen Madeira. Lehne nie ein Glas Vin santo ab, lautet meine Devise. Es ist eine Geste der Gastfreundschaft und öffnet einem die Tür zu den Herzen einer Familie schneller als sechs Flaschen Rotwein.

Ich durchforste nur zu gern Auktionskataloge nach Gegenständen ohne erkennbaren Ursprung, ohne Expertise, ohne eine offensichtliche Zielgruppe – und daher auch ohne großen Schätzwert. Vor einigen Jahren kam ein Teil des Besitzes des Duke of Wellington bei Christie's unter den Hammer, darunter auch der Port, den ich im Gewand meines Urahns genoss. Bei den letzten Posten aus dem Keller handelte es sich um einige Dutzend Exemplare eines Weins namens Molino del Rey. Er befand sich in handgefertigten braunen Walzenflaschen, die Ende des 18. Jahrhunderts mit tief eingezogenem Boden gefertigt worden waren. Sie trugen kein Etikett, nur ein wenig aufschlussreiches Wachssiegel. Schon allein die Flaschen lohnten meiner Ansicht nach den Kauf. Sie stammten aus den Kellern von Apsley House. In dieser herrschaftlichen Villa am Hyde Park Corner residierte einst der Herzog von Wellington, Sieger über Napoleon in der Schlacht von Waterloo, britischer Premierminister und englischer Nationalheld. Seither ist das Gebäude schlicht als »Number One, London« bekannt. Ich bot und bekam den Zuschlag.

Die erste – und Jahre später auch die letzte – Flasche öffnete ich mit dem großartigsten Kenner feiner Weine, Len Evans. Er hieß sie mit einem herzhaften australischen Fluch willkommen. Was zum Teufel? Der Inhalt, bereits weit über 150
Jahre alt, schmeckte außerordentlich süß und sahnig, bekundete eine rauchige
Weichheit, gleichzeitig aber einen deutlich rassigen Orangenton. War das überhaupt Wein? War es nicht vielleicht ein Orangenlikör, mit dem der Butler des Her-
zogs nichts anzufangen gewusst hatte? Nein, ich musste unwillkürlich an eine der
letzten Flaschen eines anderen legendären Muscat-Weins denken, des Constantia
vom südafrikanischen Kap. Ich hatte ihn 30 Jahre zuvor getrunken und erinnerte
mich noch an denselben Orangengeschmack in einem Bad warmer Sahne.

Kurz darauf las ich zufällig einen Zeitschriftartikel über Güter in Spanien
und Portugal, die die beiden Länder dem Herzog von Wellington nach den Napoleonischen Kriegen auf der Iberischen Halbinsel zum Geschenk gemacht hatten, weil er die Franzosen vertrieben hatte. Darunter befand sich auch eine Be-
sitzung namens Molino del Rey in den Bergen oberhalb von Málaga. Als der
Herzog hörte, dass sie Rebgärten umfasste, entsandte er einen Weinbauern aus
Bordeaux nach Südspanien, damit dieser sich um die Bereitung kümmerte. In
den 1830ern wurden einige Jahre lang Fässer nach England geschickt. Mehr ist
nicht bekannt. Anscheinend hatte man die paar Flaschen in den Kellern von
Apsley House schlichtweg vergessen.

Über die letzte Flasche unterhielt ich mich mit Len während eines Sommer-
abends 2003 bis weit in die Nacht hinein. Wir hatten einen Champagne Krug
von 1971, einen Pulginy-Montrachet Les Pucelles von 1992, einen Les Forts de
Latour von 1982, einen Château Margaux von 1982, einen Quinta do Noval
von 1960 und meinen Malmsey Madeira von 1830 getrunken. Die anderen
waren schon zu Bett gegangen, als ich den geheimnisvollen Molino aus dem
Keller holte. Die letzte Flasche versetzte uns ebenso in Erstaunen wie die erste.
Len verglich das Gewächs mit Orangenschalen, ich entgegnete, dass nur frisch
gepresster Orangensaft eine derartige Frische aufweise. »Honighimmlische
Textur und Weichheit«, schrieb ich. »Ein Anflug von Gewürznelken, Zimt und
cremigem Rauch. Er trotzt dem Alter: kein Anzeichen von Oxidation, keinerlei
flüchtige Säure. Len und ich sind uns einig: der beste Wein, den wir je getrunken
haben!« Als ich um vier Uhr morgens aufwachte, konnte ich ihn noch immer
schmecken.

Die Geschichte hat ein Happyend. Telmo Rodríguez ist ein Kellermeister aus
Rioja, der seine Dienste auch anderen spanischen Weinregionen mit Leidenschaft zur Verfügung stellt. Er erfuhr von meinem Molino del Rey, begab sich
auf die Suche, spürte einen Weinberg mit alten Moscatel-Stöcken in den Bergen
oberhalb von Málaga auf und erkundigte sich bei den Alteingesessenen, ob sie
wussten, wie der Wein zu Zeiten ihrer Großväter bereitet worden sei. Man habe
die Trauben in perfektem Reifezustand gelesen, bekam er zur Antwort, und in
den Weinbergen ausgebreitet, damit sie in der Sonne trockneten. Dann seien sie
in die Olivenpresse gekommen, da es die einzige Presse gewesen sei, die man gehabt habe. Der Saft sei in kleinen Fässern vergoren worden, bis der Prozess von

selbst zum Stillstand gekommen sei. Rodriguez machte sich an die Wiederbelebung dieses alten Weinstils. Er verwendete neue Fässer. Die Gärung, in deren Verlauf sich ein herrlicher Duft nach Treibhaustrauben entwickelte, sei bei 12 Prozent Alkohol zum Stillstand gekommen, berichtete er mir, so dass der Wein einen Zuckergehalt wie ein Château d'Yquem gehabt habe.

Als ich seinen Molino Real, wie er ihn nannte, zum ersten Mal verkostete, war mir, als hätte ich einen Geist gesehen. In meinem Glas lag die Wiedergeburt des alten Malaga. Der unvergleichliche Geschmack eines Weins, den ich für perfekt befand, hatte fast 200 Jahre lang im Boden in einem Dornröschenschlaf gelegen und nur auf einen neugierigen Winzer gewartet, der ihn wieder wachküsste und zu neuem Leben erweckte.

Dieses Leben macht Wein letztendlich so einzigartig. Nichts, was wir essen oder trinken, vermittelt uns so eindringlich die Identität eines Orts und einer Zeit. Nichts erzählt – falls wir zuhören – so lebendig von seinen Erinnerungen und den Umständen seiner Entstehung. Man kann natürlich wie ein Examensprüfer jede Kostprobe derselben kritischen Begutachtung unterziehen und sie annehmen oder ablehnen. Man kann aber auch ihre Identität auf sich wirken lassen, den Augenblick genießen und sich an andere Orte oder in andere Zeiten versetzen lassen. Man kann sich sogar den Mythen hingeben, die sich um den Wein ranken. Sie sind eine weitere Facette im Farbenspiel des Lebens.

Register

Kursiv gesetzte Seitenzahlen verweisen auf Abbildungen oder Bildunterschriften.

A

Abfüllung 66–7
Afrika 330–3
Albariño 173
Alfred Gratien 92
Aligoté 288
Alión 274
Alkohol 15, 59, 60, 351
Almaden 21, 157, 250
Almeida, Fernando Nicolau de 279
Alvarez, David 273, 274
Amoureuses, Les 286–7
Anderson, Burton 267
Anderson, Colin *156*
Anjou 166, 167
Antinori, Marchese Piero 262, *262*, 263, 264, 265
Appellationen 67–71, 96, 297
Argentinien 176, 245, 334
Aromakreis 48, 313
Asti Spumante 106, 107, 268
Aubry, Gebrüder 99
Aufzuckerung 59
Ausbau 63, 145, 223
Ausbruch 354
Auslese 31, 71, 121, 122, 129, 351–2
Australien 36, 39, 48, 242, 245, 255–62, 326, 334
    Chardonnay 40, 139, 161–3
    Claret 255
    Pinot noir 300
    Schaumwein 101, 104–6
    Shiraz 300, 320–4

    Süßwein 354, 372
    Weißwein 110–11, 114–16, 120
Avery, Ronald 27, 71, 141, 164, *164*, 234
Avery's, Bristol 27, 141, 161, 324
Ay 80, 87, 97

B

Baga 277–8
Bailey's Bundarra 321
Bairrada 277–8
Baker, Bill *153*
Balgownie 260
Bandol Rouge 318–19
Banyuls 371
Barbara, Denis 56
Barbaresco 300, 304, 305, 306, 307
Barbera 299, 305, 308, 309
Barca Velha 279
Barolo 35, 67, 70, 299, 300
Barossa Valley 105, 130–1, 237, 256, 259, 300, 321–4, *322*
Barton, Anthony 228
Basserman-Jordan 124
Bâtard-Montrachet 152
Bault de la Morinière, Jean-Charles Le 153–4,*155*
Beaujolais 18, 46, 49, 225, 295–8
Beaujolais nouveau 34, 295
Beaulieu Vineyards (BV) 21, 158, 246–7
Beaumes-de-Venise 317, 371
Beaune 281, 282, 284, 285, 289, 293, 294
Beauroys, Les 141
Beazley, John 30, *30*
Beerenauslese 352, 354, 360
Bergerac 166, 241
Berkmann, Joseph *188*

376 / REGISTER

Bernkastel 130, *353*
Berrouet, Jean-Claude 235, 241, 248
Bespaloff, Alexis *163*
Bewertung von Wein 16, 40–1, 42–5
Beyer, Marc *134*
Bienvenues-Bâtard-Montrachet 152
Billecart-Salmon 92
Biodynamik 135, 151, 166–7
biologischer Säureabbau 62–3, 64, 98
Bizot, Christian 88
Blanc de Blancs 97
Blanchots, Les 144
Blanquette de Limoux 108
Bleach, Tim 137, *137*
Blot, Jacky *165*
Boden 53, 68, 120, 150–1, 218–19, 298
   Champagne 82–3
   Loire 167, 170
   Médoc 225–6
   Napa Valley 252–3
   Pinot noir 282–3
Boisset, Pierre 11, 45
Bollinger 86, 88, 92, 93, 95, 97, 110
Bonetti, Bill 158, *159*
Bonneau du Martray 153–4
Bordeaux (Region) 25–6, 30, 39, 44, 54,
   189–92, 201–41, 242, 262, 265,
   281–2, 299
   Appellationen 68, 69
   Klassifizierung 12, 68, 217–18, *217*, 229
   Sauternes 347
   Sauvignon blanc 170
Bordeaux (Wein) 20–1, 25–6, 39, 43, 73,
   186–7, 188–92, 193–241, 242, 269,
   282, 292, 293, 300
   Alterung 25, 26
   Gläser für 74, 76
   Jahrgänge 27, 32–5, 130
   Médoc 221, 224, 225
   Premiers crus 201–8
   Saintsbury Club 197–8
Bordeaux Club, The 193–4, *194*
Botrytis siehe Edelfäule
Bourbonnais 52, 53, *55*, 65, 170
Bourgogne Blanc 152
Bras, Michel 178, *178*
Breuer, Bernhard 126, 127, 128, 129
Broadbent, Michael 71, 76, 156, *156*, 194,
   196, 200, 229, 320, 337, *343*
Brouilly 297, 298
Brown Brothers 161
Brunello di Montalcino 267, 268, 307
Bruno Paillard 92
Buhl, von 124
Bulgarien 137
Burgund 26, 35, 39, 54, 125, 135, 178–9,
   233, 237, 280–98, 299
   Appellationen 68, 69, 152
   Biodynamik 166
   Chablis 140, 143–4

Chardonnay 149
Crémant 108
Dynastien 150
Eiche 66
Jahrgänge 29, 30
Burgunder 25, 27, 73, 186–7, 280–98, 299
   Gläser für 74, 76
   Jahrgänge 31, 33, 34
   Weißwein 35, 39, 40, 148–9, 158, 194, 198
   siehe auch Chablis, Chardonnay
Bürklin-Wolf 124

C

Cabernet franc 192, 226, 242
Cabernet Sauvignon 19, 37, 49, 130, 186,
   207–8, 242, 275, 282
   Australien 40, 255, 256, 258, 260, 261,
   323
   Bordeaux 192, 195, 226, 228, 230, 238
   Chile 243, 245, 334
   Gläser für 76
   Italien 262, 263, 264, 265, 267, 268, 307
   Kalifornien 34, 40, 44, 102, 104, 158, 231,
   245, 246–55, 301
   Spanien 269, 273, 275, 276
   Weine im Bordeaux-Stil 39–40, 192, 242,
   281, 300
Ca' del Bosco 106
Calera Jensen 302
Ca' Marcanda 307
Cambridge University 21, *21*
Campanae Veteris Vites 99
Canepa 243
Carignan 315
Casotte Bellavista 303
Cava 106
Cazes, Jean-Michel 228, 229, 231
Chablis 114, 135, 136, 139–47, 148, 149,
   155
   Boden 133, 170
   Dekantieren 71
   Japan 117, 118
Chalone 159, 301, *301*
Chambertin 282, 284, 285, 303
Chambolle-Musigny 285, 286, 361
Champagne 83–5, *83*, 87, 90, 98, 101, 282
   biologischer Säureabbau 62–3
   Chardonnay 149
   Jahrgänge 29, 345
   Klima 80, 82
   Marketing 95
   Pinot noir 300
   Weinberge 96–7
Champagner 39, 78–101, 108, 117, 300, 348
   Gläser für 74, 75
   Jahrgänge 32, 33, 34
Chapelle, La 113, 313
Chappellet, Donn 159, 169, 247
Chappellet, Molly 102, *103*

Chaptalisierung 59
Chardonnay 36, 39, 40, 49, 120, 148–63,
    181, 253, 295
  Anbau 54, *54*, 57, *57*
  Australien 105, 115–16, 160–3, 257, *257*,
    259
  Chablis 70, 139
  Champagne 80, 83, 90, 97
  Crémant 108
  Italien 306
  Napa Valley 104, 158–9, 249, 253, 301
Charles Heidsieck 92, 93
Charles Krug 159, 247
Chassagne-Montrachet 150, 285, 288
Château de Beaucastel 316
Château Belá 138
Château Beychevelle 225–6, *225*, 361
Château Canon 194–5
Château Cheval Blanc 198, 233, 239
Château Clos des Papes 316
Château Cos d'Estournel 230
Château l'Enclos 198
Château de Fieuzal 219
Château Figeac 238–40
Château La Fleur Pétrus 234
Château Fonroque 234
Château Fortia 316
Château Le Gay 234
Château Grand-Puy-Lacoste 221, 227
Château La Grave 233, *234*
Château Grillet 177
Château Gruaud-Larose 30, 200, 228
Château Haut-Bailly 220, 316
Château Haut-Brion 27–8, 95, 194, 195,
    202, 206, 207–8, 217–9
Château Lafite 23, 27–8, 43, 101,126, 199,
    202, 204, 205, 207, 227, 230, 241,
    262, 312
  Jahrgänge 20, 23, 200, 206–7
Château Lafleur 233, 234
Château de Landiras 171, *171*
Château Latour 27–8, 33, 43, 72, 169, 208,
    209–15, 226, 227, 232, 297
  1975 195
  Geschichte 189
  Jahrgänge 29, 33, 199–200, 203–4, 206
  Premiers crus 202–4, 206, 207
Château Latour à Pomerol 234
Château Laville-Haut-Brion 219
Château Léoville 204, 212
Château Léoville-Barton 218, 228
Château Léoville-Las-Cases 226
Château Loudenne 171, 190, *190*, 203, 231,
    232
Château Lynch-Bages 20, 228
Château Lynch-Moussas 222
Château Magdelaine 233, 234
Château Margaux 27–8, 195, 200, 202, 206,
    207–8, 223–4, *225*, 373
Château La Mission-Haut-Brion 219

Château Mouton-Rothschild 204, 206, 207,
    208, 218, 251
Château La Nerthe 316
Château Les Ormes de Pez 21, 231
Château Palmer 224, 314
Château Pétrus 93, 200, 233, 233–5, 239,
    290
Château de Pez 202, 231
Château Pichon-Lalande 195, 204
Château Pichon-Longueville 226, 228
Château Rahoul 171
Château Rausan 200, 204
Château de Rayas 316
Château Respide 171
Château Rieussec 196, 350
Chateau St-Jean 159
Château Smith-Haut-Lafitte 220
Chateau Tahbilk 180
Château du Trignon 317
Château Trotanoy 233, 234
Château Ygrec 348
Château d'Yquem 30, 110, 135, 200, 206,
    208, 224, 347, 365, 374
  Edelfäule 348, 349–50
  Lur Saluces 346–7, 351
  Rothschild 354
Châteauneuf-du-Pape 68, 179, 311–12,
    315–17, 318
Chénas 297, 298
Chenin blanc 108, 162, 165–7, 169, 332
Chéreau-Carré 169
Chevalier-Montrachet 152, 153, 156
Chevaliers du Tastevin 237, 287–90, *288*, 289
Chianti 19–20, 36, 68–9, 262–7, *263*, 305,
    309
Chile 36, 40, 242, 243–6, 320, 334
China 78–9, *332*
Chinon 166
Christian Brothers 21, 248
Chroman, Nathan 248
Cinsault 315
Clape, La 181
Clare Valley 19, 111, 131, *131*, 162, 256
Claret *siehe* Bordeaux (Wein)
Clarke, Oz 46, *47*
Clavoillon 152, 153
Clos, Les 142
Clos des Capucins 135
Clos des Goisses 92
Clos des Papes 316
Clos Vorbourg 135
Clos de Vougeot 23, 70, 124, 284, 285, 287,
    287, 289, 290, 302–3
Cockburn's Port 339
Cognac 39, 66, 372
Coldstream Hills 105, 163, 302, *302*, 303
Combettes, Les 152, 156
Condrieu 177–8, 179
Confrérie St-Etienne *133*
Coonawarra 70, 243, 256, 257, 260–1

Corbières 319
Cornas 179, 310, 311, 314
Corton 285
Corton-Charlemagne 153–5, 156
Corvo 325–6
Costa Russi 306
Côte de Beaune 285, 293, 302
Côte de Nuits 284–5, 289, 293, 295
Côte d'Or 70, 141, 145–6, 284, 295, 303
   Chardonnay 148, 149, 153, 157
   Rotwein 281, 282, 286, 287
Côte Rôtie 179, 311, 312, 313, 314
Coteaux du Layon *166*
Côtes-du-Rhône-Villages 317
Coulée de Serrant, La 166–7
Crawford River 115
Crémant 108, 169
Criots-Bâtard-Montrachet 152
Croser, Brian 111, 171, 258, 259, 261–2
Crotoy, Le 112, *113*
Crozes-Hermitage 314, 315
Cullen, Vanya 257, *257*

D

David, Elizabeth 24–5, *24*, 310, 318
Davies, Jack und Jamie 102, *102*, 103, 104
Dekantieren 71–3, 89
Deutschland 21, 26, 102, 106, 121–33
   Jahrgänge 31, 34
   Riesling 119–21, 124–7, 130, *130*, 133, 136
   Süßwein 349, 351–3
Deutz 92
Devis Siskhla Saperavi 334
Dillon, Clarence *219*
Dolcetto 299
Dom Denise 294
Dom Pérignon 78, 80, *80*, 89, 93, 98, 99, 100, 108, 155
Domaine de Chevalier 219–20
Domaine Leroy 286
Domaine de la Romanée-Conti (DRC) 290–2
Domaine de Thalabert 315
Douro 272, 277–9, *277*, *278*, 304, 339–40, *340*, 345, *345*
Doyle's 114, *114*
Draper, Paul 254, *254*

E

Echezeaux 291
Edelfäule 129, 134, 166, 346–54, 360, 365, 372
Edelzwicker 135
Eden Valley 19, 131, 323
Eiche 20, 40, 49, 51, 65–6, *65*, 66, 115, 136, 150, 152, *152*, 155, 173–4, 269, 300–1
   Australien 161–2, 163, 256, 323, 324
   Chablis 139, 145

Kalifornien 158, *159*, 160
   siehe auch Fässer
Eiswein 353, *353*
élevage siehe Ausbau
Elsass 34, 68, 124, 133–5, 166
   Crémant 108
   Süßwein 349, 354, 365
England 80–1, 82, 106, 119, 201–2, 341
Epernay 84, 92
Essen, Wein und 16–17, 99–100, 175, 229–30, 287–9, 305
   Fisch 111–18, *179*
   Provence 310, 311
   Slow Food 307–9, *309*
   Spanien 271
   Süßwein 347–8, 349
Evans, Len *60*, *105*, 110–11, *111*, 114, 161, *162*, 163, 171, 374

F

Factory House, Porto 343–4, *344*
Faller, Théo 135
Fässer 63–7, *64*, 145–6, *146*, 158, 269–70
   siehe auch Eiche
Fernández, Alejandro 274, *274*
Filtration 67
Firestone 159
Fleurie 296, 297, 298
Flugzeug, Wein im 89–90, 155–6
Folatières, Les 152
Fonterutoli 267
Forts de Latour, Les 210, 212, 373
Fortune, John *33*
Frankreich 52–3, 54, 56, 133–6, 324, 342, 371
   Appellationen 67–8, 69–71, 96, 297
   Crémant 108
   Loire 34, 53, 108, 164–74
   Rhône 29, 34, 40, 167, 299, 311–19
   Vin de Pays 72, 319
      siehe auch Bordeaux; Burgund; Champagne
Frankenwein 132, 136
Freemark Abbey 158, 159
Fronsac 216, 232, 234
Fry, Christopher *25*
Fumé Blanc 174
Furmint 360, 365

G

Gaja, Angelo 163, 304–7, *304*
Gallo, Brüder 142, 248, 249–50, *250*, 300
Gamay 49, 53, 63, 72, 295, 296, 297
Gärung 12, 60–3, *64*, 107, 225, 285, 350, 374
   Chablis 145
   Champagner 78–9, 80, 90, 98
   Rhône 317–18
   Tokajer 360, 365

Geoffroy, Richard 100
Georgien 328, 333–4, 355
Geschmackstunnel 49–51, 49
Gevrey-Chambertin 284, 285
Gewürztraminer 133, 135, 181, 323
Gigondas 317
Gläser 71, 72, 73–6, 73, 75, 76, 339
Goolden, Jilly 47
Graff, Dick 301, 301
Gran Orden de los Caballeros del Vino 273
Grandes Marques 94, 95, 96–7, 98
Grands crus 66, 68, 114, 141–2, 145, 147,
    154, 291
Grans Muralles 276
Grauburgunder 127
Graves 54, 124, 170, 171, 217, 218–20
Great Western 105
Green, Dan 40–1, 41
Grenache 315, 316, 317, 322, 323, 371
Grenouilles, Les 142
Griechenland 182–3, 334
Grosset, Jeffrey 131, 131, 256
Grüner Veltliner 136
Guibert, Aimé 181, 319–20
Guigal, Marcel 313

H

Halliday, James 34, 67, 91, 105, 105, 163,
    162, 258, 302
Hamilton Russell, Tim 163, 163, 300
Hare, Alan 209, 209
Harslevelü 360
Harvey's, Bristol 339
Hefe 60–1, 86, 90, 127, 135, 182, 258,
    350
Heidsieck 92, 93
Heitz, Joseph 158, 249, 253, 253, 301
Hennessy 74
Henschke, Stephen 323, 323
Hermitage 72, 179, 310, 312, 312, 313, 314,
    321
Hermitage Blanc 179–80, 311
Hill of Grace 323, 323
Hochheim 124, 128
Hogarth, Paul 14, 63
Hugel, Johnny 134, 134
Hunter Riesling 161
Hunter Valley 110, 114, 115–16, 160, 162,
    163, 321

I

INAO 69, 70
Indien 82, 329–30
Inglenook 21, 247, 253
Iron Horse 104, 159
Italien 68–9, 106–7, 262–8, 304–9, 334
    Süßwein 349, 372
    Weißwein 163, 182

J

Jacquesson 92, 194
Jahrgänge 29–35
    Champagne 86–7, 95, 345
    Portwein 342–3, 345
Japan 75, 99–100, 116–18, 154–5, 159, 184,
    205–6, 205, 305
Jerez 61, 67, 183, 370
Johnson, Kitty 34, 35
Joly, Nicolas 166
Jordan, Tony 105
Joseph Phelps 253, 320
Jullien, André 327–8

K

Kabinett 121, 129, 351
Kalifornien 21, 36, 142–3, 157–60, 161–2,
    169, 242
    Cabernet 34, 40, 44, 104, 158, 245,
    246–55
    Chardonnay 40, 139, 157–60
    Pinot noir 300, 301, 303
    Riesling 130
    Schaumwein 101, 102–4
    siehe auch Napa Valley
Kanada 353
Kardinal Richard 168
Katzenelnbogen, Graf 125
Kaukasus 327, 333
Keller 15, 25–8, 63–4, 93, 360, 363, 364,
    365
Kiedricher Gräfenberg 351
Kleine Johnson, Der 32, 35–6, 35
Kloster Eberbach 124–5, 125
Kohlendioxid 60, 79, 86, 88–9
Korbell 101–2
Korkeln 195–6
Kornell 102
Krug 86, 88, 89, 92–3, 94, 97, 104, 159,
    247, 373
Krug, Rémi 93

L

Laithwaite, Tony 181, 189, 240, 240, 241,
    317
Lake, Max 161
Lambrusco 106, 268
Languedoc 181, 315, 319–20, 371
Laroche, Michel 144, 146
Leeuwin Estate 161, 257
Leflaive, Anne-Claude 151–2, 166
Lehmann, Peter 322–3
Lencquesaing, May-Eliane de 195
Leneuf, Noël 153
León, Jean 163
Lett, David 299, 300
Lindemans 161

Lipscomb, Louann *199*
Loeb, Otto 21, 123, 246
Loire 53, 108, 164–74
López de Heredia 172, 270, *270*
Louis Latour 153
Louis Martini 21, 247, 253
Louis Métaireau 168
Louis Michel 142
Lur Saluces, Alexandre de 351
Lur Saluces, Bertrand de 346–7, *346*
Luxemburg 67, 108

M

»M« 168
McCrea, Fred 159
McWilliam's 115
Madeira 29, 85, 86, 197, 342, 366–70, *367*,
    371, 373
Magnumflaschen 96, *110*, 144, 146, 200
Malbec 242, 257, 334
malolaktische Gärung
    siehe biologischer Säureabbau
Malvasia 182
Marc de Bourgogne 289
Mariani, John und Harry 268
Marionnet, Henry *167*
Marlborough *174*, 304
Marsala 325, 370
Marsanne 179–80, 320
Martha's Vineyard 249, 253, *253*
Martinborough 302, 304
Mas de Daumas Gassac 181, 320
Mataro *siehe* Mourvèdre
Matuschka, Graf 127
Maury 371
Mavrud 29
Médoc 124, 167, 186, 200, 202, 203–4, 217,
    220–32, 239, 260, 266, 304
Meeresfrüchte 111, 112, 114–15, *114*, *115*,
    117, 147
Mercier 94
Merino, Miguel 272, *272*
Merlot 70, 242, 258
    Bordeaux 186, 188, 192, 219, 226, 234
    Italien 263, 265, 267
Merrett, Christopher 80–1, *81*
Methusalem 370
Meursault 113, 135, 139, 145, 148, 152,
    155–7, 163, 284, 294
Mézes Mály 34, 362–3, *362*
Minervois 319
Mitchell, James 30, *30*, 32
Moët & Chandon 78, 79, 82, 93–4, 104,
    105
Molino del Rey 372–4
Mondavi, Robert 158, 161, 169, 173–4,
    229, 247, *247*, 248, 251–3, *251*, 274,
    320
Montebello 254, *254*

Montée de Tonnerre 142
Montrachet 145, 150, *150*, 152, 158, 163
    siehe auch Puligny-Montrachet
Morellino 265–6
Morgon 297, 298
Moscadello 268
Mosel 16, 31, 108, 119–21, *121*, 123, 127,
    129–30, 246, 304
Moueix, Christian 233, 234, *234*, 235, 247
Moueix, Jean-Pierre 232–3, *232*, 234, 235
Moulin-à-Vent 296, 297, 298
Mount Horrocks 131
Mourvèdre 315, 316, 317, 319, 322
Muir, Angela 46
Müller, Egon 121, *121*, 122, 138
Müller-Thurgau 127, 303, 354
Mumm 93, 104, 105
Muscadet 167–9
Muscat 49, 181, 260, 317, 371, 372, 373
Musigny, Le 282, 285, 286
Muskateller 360
Mysterie of Vintners, The 81, *81*

N

Napa Valley 34, 36, 70, 102–4, 118, 242,
    250, 252–3, 338
    Cabernet 34, 245, 246–7, 249, 252, 338
    Chardonnay 157–9, *159*, 160, 162, 249
    Chenin blanc 169
    französische Eiche 300–1
    Opus One 229
    Riesling 130
    Shiraz 320
Nebbiolo 70, 299, 305, 306, 307, 309
Negroamaro 326
Nero d'Avola 326
Neuseeland 108, 163, 174, *174*, 300, 302,
    303–4, 334
Noble, Anne 48
Nuits-St-Georges 284, 285, 289
Nyetimber 106

O

Opus One 72, 229, 251
Ornellaia 265
Orr, David *205*, 213
Österreich 136–7, 354
Osteuropa 137–8, 356
Overton, Marvin 199

P

Palomino 184
Parker, Robert M. 40–1, *41*, 43–4, 218,
    238, 316
Pascal Bouchard 141
Pasteur, Louis 62, 176
Pataki, Deszo 362

Pato, Luis 278
Pauillac 31, 35, 113, 186, 195, 210,
    227–30
Paul Jaboulet Aîné 313–14, 315
Penfolds Grange 34, 255, 321, 323
Perrier-Jouët 87–8, 93
Petaluma 161, 259, 259
Petit Chablis 147
Petit Manseng 181
Petit Verdot 226–7, 242, 258
Petrini, Carlo 307–8, 309
Peynaud, Emile 48, 72, 199, 265
Pfalz 123, 124, 129
Philipponnat 92
Pin, Le 239
Pinault, François 213, 214
Pinot blanc 108, 135, 162
Pinot Chardonnay 157–8
Pinot gris 54, 79, 88, 133, 162, 323
Pinot meunier 79, 90, 97
Pinot noir 87, 148, 186, 282–3, 293, 295,
    299–304
    Afrika 332
    Anbau 97–8, 97
    Australien 105, 162, 257, 259, 300, 300,
        302, 323
    Champagne 79, 83, 85, 90, 97, 97, 98,
        100, 104, 105, 108, 300
    Côte d'Or 70, 148
    Deutschland 125
    Elsass 133
    Italien 305
    Napa Valley 104
    Neuseeland 300, 303–4, 334
    Oregon 299, 300
    Sancerre 170
Pirie, Andrew 300, 300
Pithon, Jo 166
Platter, John und Erica 330–2
Plumb, Sir John 193–4, 194
Pol Roger 87, 88, 92, 92, 94
Polish Hill 131
Pomerol 35, 61, 70, 216, 218, 232–6, 232,
    238
Pommard 23, 284, 285, 293
Pommery & Greno 83–4, 84, 92, 93, 104
Pontac, Jean de 201–2, 231
Portugal 172–3, 276–9, 339–40, 355, 371
Portwein 39, 138, 188, 197, 198, 255, 272,
    278, 336–45
    Dekantieren 71
    Gläser für 74, 75, 339
    Jahrgänge 32, 34, 342–3, 345
Pouilly-Fuissé 296
Pouilly-Fumé 169
Poupon, Pierre 26
Preise 19–20, 27, 94–5, 147
Premiers crus 27, 66, 68, 114, 129, 141–2,
    145, 147, 150, 152, 155, 200, 201–8,
    213, 227, 229

Prince, Guy 347
Prosecco 106–7, 107
Provence 176–81, 310–12, 315–19, 324,
    371
Pucelles, Les 152, 373
Puligny-Montrachet 150, 152, 155, 156, 373

Q

Quartet 104
Queen 30, 30
Queensberry, David 74, 75
Quinta do Noval 228, 373
Quinta do Ribeirinho 278

R

Raveneau, Jean-Marie 147
Raymond, Hugh 336–7, 337, 345
Reims 83, 84–5, 84
Relph, Simon 33
Rhein 31, 70, 121, 124, 127, 128, 133
Rheingau 121, 123, 124–7, 128, 129, 130
Rhodes, Bernard 369
Rhône 29, 34, 40, 166, 176, 179, 180, 299,
    311–19
Ribereau-Gayon, Pascal 209
Ricasoli, Bettino 262, 262
Richebourg 291
Ridgeview 106
Riedel, Georg 75–76, 76
Riesling 16, 26, 40, 46, 47, 68, 70, 110, 117,
    138, 161, 253
    Australien 111, 115, 116, 120, 130–1,
        160–1, 257, 323, 334
    Chappellet 169
    Deutschland-21, 124–7, 130, 130, 133,
        135, 136
    Elsass 133, 135
    Gläser für 76
    Jahrgänge 34
    Kornell 102
    Österreich 137
    Schaumwein 106
    Süßwein 351–3
    Trefethen 118
Rioja 34, 36, 172, 245–6, 269–72, 269, 271,
    275, 276, 299
Roberts, Geoffrey 249
Robinson, Jancis 45, 156, 156, 246
Roche, Edward 357
Rodenstock, Hardy 200
Rodriguez, Telmo 373–4
Roederer 92, 93, 94, 98, 101, 104, 105
Romanée-Saint-Vivant 291
Romanée-Conti 282, 290–2
Romorantin 167
Rosé 97, 99, 100, 180, 318, 319
Rosemount Estate 116, 161
Rothbury Estate 115

Rothschild, Baron Elie de 200
Rothschild, Baron Philippe de 25, 204, 228–9, 251, 354
Roussanne 179–80, 320
Roux, André 317
Royal Tokaji 34, 358, 359, 362, 364
Ruinart 92
Russia 334, 357

S

Sablé 99
Sablet 317
St-Emilion 194–5, 216, 218, 232–4, 236–7, 236, 237, 238, 240, 241
St-Estèphe 202, 204, 230, 231
St-Joseph 179, 310, 314–15
St-Julien 31, 222, 224, 225, 228
St-Pourçain-sur-Sioule 56
Saintsbury Club 197–8
Saling Hall 14–15, 14, 25–8, 31, 32–3, 97, 120, 336, 336, 337
Salon 98
Sancerre 53, 133, 143, 165, 169, 170
Sandeman's Royal Ambrosante 370
Sangiovese 76, 262, 263, 265, 267, 268, 306–7
Santenay 285
Santorini 183, 183
Saperavi 334
Sassicaia 264–5
Sauboua, Jean-Marc 317
Saumur 108, 165, 166, 169
Säure 16, 45, 76, 120, 121
Sauternes 11, 167, 170, 171, 196, 347–8, 350, 351, 353, 360, 361
    Edelfäule 349–50
    Jahrgänge 32, 34
Sauvignon blanc 11, 28, 51, 68, 138, 142, 170–1, 173–4
    Australien 257, 323
    Kalifornien 251
    Neuseeland 174, 303
Sauvignon gris 54, 171
Savigny 284, 285, 288
Scharzhof 121, 121, 122
Scharzhofberger 123, 138
Schaumwein 101–8
Scheurebe 127
Schiras 328
Schlossböckelheimer Kupfergrube 351
Schoonmaker, Frank 157–8
Schram, Jacob 102, 247
Schramsberg 102–4, 102, 103
Schubert, Max 255–6, 279
Schwefel 59–60, 62, 127–8, 258
Ségur, Comte de 204, 209
Séguret 317
Sekt 106
Selosse, Jacques 98

Sémillon 11, 51, 170, 171, 176, 245
    Australien 114, 115, 160, 257, 323
    Sauternes 11, 351
Seppelt 29, 105–6
Sessions, Bob 301
Seyssel 108
Shanken, Marvin 205, 205, 252
Sherry 39, 61, 67, 176, 198, 342, 364, 365, 370
    Fino 46, 172, 183–4, 370
    Gläser für 74
    siehe auch Madeira
Shiraz siehe Syrah
Sichel, Peter 261
Sillery 88
Silvaner 127, 133, 135
Simon, André L. 23–4, 24, 25, 47, 87, 113, 197
Sizilien 163, 182, 324–6, 371
Solaia 265, 266
Sonoma 104, 158, 159, 162, 246, 247, 250, 301
Sorí San Lorenzo 306
Sorí Tildín 306
Sous le Dos d'Ane 152
Spanien 106, 163, 245–6, 269–76, 334
    Süßwein 370, 373–4
    Weißwein 172, 173
Spätburgunder siehe Pinot noir
Spätlese 121, 352
Spurrier, Steven 249
Stacey, Neil 33
Stags' Leap 43, 252, 328
Steinberg 125
Steinwein 132
Stony Hill 159, 253
Südafrika 39, 163, 169, 320
Sunday Times, The 23, 30, 156, 189
Sunday Times Wine Club 32, 49, 49, 137, 189, 192, 241, 248–9
Süßwein 30, 31, 126, 127–8, 134–5, 335–74
Suzuki, Honami 118
Syrah/Shiraz 19, 40, 51, 105, 255, 256, 299, 300, 313, 320–3
    Coonawarra 260–1
    Rhône 312, 313, 314, 315, 316, 317
    Schaumwein 105–6
Szepsy, Isztván 358–9, 358, 364, 365

T

Tâche, La 291
Taittinger 84, 93, 94, 104
Tannat 242, 278
Tannin 16, 63, 187, 207, 244, 246, 254, 255, 266, 268, 293, 298, 306–7, 314
Tchelistcheff, André 246, 246, 252, 256
Tempranillo 269, 273
Thompson, Bob 248, 248, 254
Tignanello 265, 266

Tinon, Samuel 359
Tinta Francesca 279
Tokajer 35, *75*, 338, 349, 352, 353, 355–65, *356*
Toole, Stephanie 131, *131*
Toro 274
Torres 276
Toskana 19–20, 34, 182, 262–5, 266, 268, 294, 306
Touraine 165, *165*, 166, *167*, *167*
Touriga nacional 278
Tower 115
Travers, Louise 33
Trebbiano 69, 182
Trefethen 104, 118, 159
Trefethen, Janet 159, *159*
Trockenbeerenauslese 130, 351, 352, 354, 361
Tronçais 65–6, *65*
Tsuji, Shizuo 116, *116*
Tyrrell 115, 160–1

U

Ugni blanc 181
Ungarn 34, 36, 355–65

V

Vacqueyras 317
Valbuena 274
Vale de Mendiz 278
Varichon & Clerc 108
Vatan, Philippe 165
VDP 129
Vega Sicilia 273–4, 279, 361
Verkostung 16–17, 21, *124*, 147, 249, 276–7, 286–7, 309
Verney, John *120*
Verschneiden 19, 80, 90, 91, 108, 225, 256, 285, 313
Veuve Clicquot 88, 91, 92, 94
Vieilles Vignes Françaises 97
Vieux Château Certan 238
Vieux Télégraphe 316
Vigna di Gabri 326
Villa Antinori 262, *263*
Villaine, Aubert de 290, *291*, *291*
Vin de Pays 72, 319
Vin Doux Naturel 371
Vin jaune 176
Viña Tondonia 172, 270
Vinding, Peter 54, 171, *171*, 274, 357, 358, *358*, 359, 363

Vinding, Susie 54, 171
Vinho verde 172, 173
Vintners' Company *197*
Viognier 51, 176–8, 181, 313, 320
Vivanco, Pedro 272
Vogue 22–3, *22*
Volnay 18, 148, 186, 283, 285, 293
Voltaire 18
Vosne-Romanée 284, 285, 290, 361
Vouvray 35, 167

W

Waugh, Evelyn 25
Waugh, Harry 186, 193, *194*, 211, 234, 248, 249
Webb, Brad 158–9
Weinatlas, Der 30–1, 35, 129, 146, 156
Weinberge 35, 52–8
    Champagne 96, 97
    Côte d'Or 70, *151*
    Deutschland 126, 128–9
    Médoc 226–7
    Napa Valley 252–3
    Rhône 312
    Tokaj 360, 362–3
Weingesetz
    Deutschland 26, 128–9, 351
    Frankreich 67–8, 69–71, 96, 297, 319
    Italien 68–9
Wente Bros 251
Wexler, Joan *41*
Williams, Michael 297
Wine & Food Society 21, *21*, 23–4, 25, 74
Wine Spectator 41, 205, 252
Winiarski, Warren 328–9
Wolf Blass 324

Y

Yarra Valley 105, 163, 258, 300, 302
Yeringberg *162*, 163
Yoxall, Harry 22, 23–4
Yquem *siehe* Château d'Yquem

Z

Zaca Mesa 159
Zellerbach, James D. 301
Zind-Humbrecht, Olivier 135, 166
Zinfandel 248, 254
Zraly, Kevin *205*
Zucker 59, 90, 121, 126, 127, 128, 133, 135, 297, 350, 351, 371, 374

BILDNACHWEIS

ALLE ABBILDUNGEN WERDEN MIT
FREUNDLICHER GENEHMIGUNG DES
HUGH JOHNSON ARCHIVE VERWENDET,
AUSGENOMMEN:

HELEN BETTINSON: 91
ZEITSCHRIFT BRUTUS: 118
CONDÉ NAST PUBLICATIONS: 22
DIRECT WINES: 69, 318(O)
HUGH JOHNSON: 38–39, 55, 57, 58, 59(O), 60, 62, 65, 73(O), 80, 81, 83, 84, 92, 102, 109, 112, 114, 115, 124, 130, 131, 140, 141, 143, 149, 150, 153, 162(O), 163, 164, 165, 166, 165, 167, 169, 176, 178, 179, 180, 182, 183, 190, 192, 196, 197, 209, 215, 221, 222, 225(O), 231, 240, 246, 247, 253, 254, 256, 257, 259, 263, 264, 269, 270, 272, 274, 276, 277, 278, 283, 285, 287, 290-291, 295(O), 297, 299, 300(O), 302, 312, 322, 332, 337, 339, 334(O), 346, 349, 350, 370, 374
JUDY JOHNSON: 4, 61, 146, 194, 251, 271(U), 303, 329, 333, 338
LUCY JOHNSON: 97
LAY & WHEELER: 288–289
GERED MANKOWITZ: 33
ROBIN MATTHEWS: 9, 15, 26–27, 63, 70, 73(U), 75, 314, 336
STEVEN MORRIS: 48
MARTIN NORRIS: 120
MIT FREUNDLICHER GENEHMIGUNG
VON DAVID ORR: 311
JANET PRICE: 151
DAVID ROSS: 267
Umschlagfoto vorne und Rücken:
WOWE/AGENTUR FOCUS
Umschlagfoto hinten: GRÄFE UND UNZER

Die englische Originalausgabe ist 2005 unter dem Titel *Hugh Johnson Wine, A Life Uncorked* bei Weidenfeld & Nicolson erschienen.

Weidenfeld & Nicolson
The Orion Publishing Group Ltd.
Wellington House
125 Strand
London WC2R 0BB
United Kingdom

Text copyright © HUGH JOHNSON 2005
Design und Layout © WEIDENFELD & NICOLSON 2005
All rights reserved

Deutschsprachige Ausgabe © GRÄFE UND UNZER VERLAG GMBH 2006
Grillparzerstr. 12, 81675 München
Alle deutschen Rechte vorbehalten
HALLWAG ist ein Unternehmen des
GRÄFE UND UNZER VERLAGS,
München, GANSKE VERLAGSGRUPPE.
leser-service@hallwag.de

Alle Rechte vorbehalten. Nachdruck, auch auszugsweise, sowie Verbreitung durch Bild, Funk, Fernsehen und Internet, durch fotomechanische Wiedergabe, Tonträger und Datenverarbeitungssysteme jeder Art nur mit schriftlicher Genehmigung des Verlages.

PROGRAMMLEITUNG: Dorothee Seeliger
PROJEKTLEITUNG: Marc Strittmatter
ÜBERSETZUNG: Reinhard Ferstl
LEKTORAT: Eva Meyer
REDAKTIONSASSISTENZ: Helene Aigner
GESTALTUNG UMSCHLAG: independent Medien-Design, Sandra Gramisci, München
HERSTELLUNG: Markus Plötz
SATZ: Filmsatz Schröter, München

Printed and bound in Italy

ISBN (10):   3-8338-0341-X
ISBN (13):   978-3-8338-0341-3

Ein Unternehmen der
GANSKE VERLAGSGRUPPE